Christian Huschke

Immobilienbewertung im Kontext der IFRS

GABLER EDITION WISSENSCHAFT

Auditing and Accounting Studies

Herausgegeben von
Prof. Dr. Annette Köhler,
Handelshochschule Leipzig,
Prof. Dr. Kai-Uwe Marten,
Universität Ulm,
Prof. Dr. Reiner Quick,
Technische Universität Darmstadt,
Prof. Dr. Klaus Ruhnke,
Freie Universität Berlin,
Prof. Dr. Matthias Wolz,
Universität Dortmund

Christian Huschke

Immobilienbewertung im Kontext der IFRS

Eine deduktive und empirische Untersuchung der Vorziehenswürdigkeit alternativer Heuristiken hinsichtlich Relevanz und Zuverlässigkeit bei der Fair Value-Ermittlung von Investment Properties

Mit einem Geleitwort von Prof. Dr. Klaus Ruhnke

Deutscher Universitäts-Verlag

Bibliografische Information Der Deutschen Nationalbibliothek
Die Deutsche Nationalbibliothek verzeichnet diese Publikation in der
Deutschen Nationalbibliografie; detaillierte bibliografische Daten sind im Internet über
<http://dnb.d-nb.de> abrufbar.

Dissertation Freie Universität Berlin, 2007

1. Auflage Dezember 2007

Lektorat: Frauke Schindler / Nicole Schweitzer

Der Deutsche Universitäts-Verlag ist ein Unternehmen von Springer Science+Business Media.
www.duv.de

Umschlaggestaltung: Regine Zimmer, Dipl.-Designerin, Frankfurt/Main
Gedruckt auf säurefreiem und chlorfrei gebleichtem Papier
Printed in Germany

ISBN 978-3-8350-0957-8

Geleitwort

Investoren benötigen für ihre Entscheidungen entscheidungsnützliche Informationen. Die International Financial Reporting Standards (IFRS) erheben den Anspruch, solche Informationen bereit zu stellen. Nach § 315a Abs. 1 HGB müssen kapitalmarktorientierte Mutterunternehmen, die dem Recht eines Mitgliedstaates der EU unterliegen, ihre konsolidierten Abschlüsse nach IFRS erstellen. Dabei stellt sich die Frage, ob die bestehenden komplexen und oftmals auch zukunftsorientierten Rechnungslegungsnormen geeignet sind, um entscheidungsnützliche Informationen hervorzubringen. Der Verfasser fokussiert hier die Immobilienbewertung im Kontext des IAS 40 und unternimmt den Versuch, sowohl logisch-deduktiv als auch empirisch-induktiv geeignete Problemlösungen herzuleiten. Obgleich die Immobilienbewertung nach IFRS bereits vereinzelt logisch-deduktiv beleuchtet wurde, liegen vergleichbare oder ähnlich angelegte Werke nicht vor.

Vor diesem Hintergrund stellt der Verfasser zunächst die Regelungen in IAS 40 umfassend dar, arbeitet anschließend die relevanten Anwendungsprobleme heraus, um dann einen quellenorientierten Problemlösungsrahmen aufzuzeigen. Darauf aufbauend beschäftigt er sich mit induktiven und deduktiven Problemlösungsbeiträgen. Die aufgezeigten Beurteilungsprobleme und die zuvor erarbeitete Vermutung, dass Heuristiken in dem vorliegenden Fall vermutlich eine geeignete Problemlösungsstrategie darstellen, greift der Verfasser auf, indem er anhand einer originellen verhaltensorientierten empirischen Studie (conjoint-Analyse) versucht, die Vorziehenswürdigkeit alternativer Heuristiken bei der fair value-Ermittlung zu beurteilen.

Dabei konnten erstmals Erkenntnisse hinsichtlich der Präferenzstruktur von Immobiliensachverständigen in Deutschland gewonnen werden, die sich vor allem auf die Relevanz und Zuverlässigkeit der zentralen Parameter des DCF-Verfahrens beziehen. Die gut nachvollziehbaren Ergebnisinterpretationen können durchweg überzeugen und liefern einen anschlussfähigen Beitrag zur Immobilienbewertung im Kontext der IFRS, der sich zudem gut mit der in IAS 8.7 ff. normierten Problemlösungsmethodik vereinbaren lässt. Insofern besitzt die Arbeit explorativen Charakter.

Die vorliegende Dissertationsschrift richtet sich vor allem an in der Forschung und Lehre tätige Personen. Gleichwohl werden auch Praktiker und der Normengeber die Arbeit mit Gewinn lesen. In der Hoffnung, dass die Arbeit Denkprozesse auslösen und die gegenwärtige Diskussion befruchten wird, wünschen die Herausgeber der vorliegenden Dissertation eine gute Aufnahme durch den Markt.

Berlin, im September 2007 *Für die Herausgeber: Klaus Ruhnke*

Vorwort

Die vorliegende Arbeit entstand während meiner Zeit als externer Doktorand am Institut für Betriebswirtschaftliche Prüfungs- und Steuerlehre, Lehrstuhl für Unternehmensrechnung und Wirtschaftsprüfung. Sie wurde im Dezember 2006 eingereicht und im Juli 2007 vom Fachbereich Wirtschaftswissenschaft der Freien Universität Berlin als Dissertation angenommen.

Besonderer Dank gilt meinem Doktorvater Prof. Dr. Klaus Ruhnke, dessen Unterstützung und wissenschaftliche Betreuung mein Promotionsvorhaben erst ermöglicht haben. Frau Prof. Dr. Kerstin Lopatta danke ich für die bereitwillige Übernahme und Erstellung des Zweitgutachtens. Herrn Prof. Dr. Jochen Hundsdoerfer, Herrn Prof. Dr. Kay Blaufus sowie Herrn Dipl.-Kfm. Robert Imiela danke ich für die Mitwirkung in meiner Promotionskommission.

Die kollegiale und freundschaftliche Atmosphäre zu den (ehemaligen und derzeitigen) wissenschaftlichen Mitarbeitern des Lehrstuhls, die Unterstützung bei der Literaturbeschaffung durch die studentischen Hilfskräfte (hier möchte ich insbesondere Kay danken) sowie der vielfältige persönliche und fachliche Austausch mit meinen Doktorandenkollegen haben ebenfalls zum Gelingen meiner Promotion beigetragen. Hervorzuheben ist insbesondere Herr Dr. Martin Schmidt, dem ich meinen ganz besonderen Dank für die nimmermüde Diskussionsbereitschaft, die wertvollen Ratschläge sowie auch die anhaltende moralische Unterstützung bei der Erstellung dieser Arbeit aussprechen möchte.

Für die kritische Durchsicht meiner Dissertation bedanke ich mich weiterhin bei Herrn Dr. Christoph Nerlich und Herrn Dipl.-Kfm. Oliver Unglaube. Bei Letzerem bin ich zuversichtlich diese Schuld bald tilgen zu können.

Besonders danken möchte ich darüber hinaus meiner Freudin Tina, auf deren Hilfe und Motivation beim Durchleben diverser Höhen und Tiefen, insbesondere in der Schlussphase der Erstellung meiner Dissertation, ich immer bauen konnte.

Schlussendlich möchte meinen Eltern Doris und Karl danken, die mir auf meinem bisherigen Weg stets unterstützend zur Seite standen und auf die ich auch zukünftig immer werde zählen können. Ihnen möchte ich die vorliegende Arbeit widmen.

Berlin, im Oktober 2007 *Christian Huschke*

Inhaltsübersicht

Inhaltsverzeichnis

Abkürzungsverzeichnis

a.A.	anderer Ansicht
Abschn.	Abschnitt
ADS	Adler Düring Schmalz
AfA	Absetzung für Abnutzung
AG	Aktiengesellschaft (im laufenden Text und als Bestandteil einer Firma)
AG	Application Guidance (in Verbindung mit den IFRS)
AG SG	Arbeitskreis der Schmalenbach-Gesellschaft für Betriebswirtschaft e.V.
AK	Arbeitskreis
AMAI	Associate Member of the Appraisal Institute
ARY	All Risk Yield
ASB	Accounting Standards Board
BauGB	Baugesetzbuch
BaFin	Bundesanstalt für Finanzdienstleistungsaufsicht
BB	Betriebs-Berater (Zeitschrift)
BFuP	Betriebswirtschaftliche Forschung und Praxis (Zeitschrift)
BBK	Buchführung, Bilanz, Kostenrechnung (Loseblattsammlung)
BC	Bilanzbuchhalter und Controller (Zeitschrift)
BetrKV	Betriebskosten-Verordnung
BewK	Bewirtschaftungskosten
BGB	Bürgerliches Gesetzbuch
BIIS	Bundesverband der Immobilien-Investment-Sachverständigen e.V.
BVS	Bundesverband der öffentlich bestellten und vereidigten sowie qualifizierten Sachverständigen e.V.
BuW	Betrieb und Wirtschaft (Zeitschrift)
CAPM	Capital Asset Pricing Model
CJM	Conjoint Measurement
DAX	Deutscher Aktienindex
DB	Der Betrieb (in Verbindung mit Literaturangaben) (Zeitschrift)
DB	Deutsche Bank (AG) (im laufenden Text)
DBW	Die Betriebswirtschaft (Zeitschrift)
DCF-Verfahren	Discounted Cashflow-Verfahren
DIA	Deutsche Immobilien Akademie an der Universität Freiburg GmbH
DN-Schema	Deduktiv-nomologisches Schema
DP	Discussion Paper (bzw. Diskussionspapier)
DRSC	Deutsches Rechnungslegungs Standards Committee e.V.
DStR	Deutsches Steuerrecht (Zeitschrift)

EAA	European Accounting Association
ED	Exposure Draft
E & G	Ellwanger & Geiger
E & G-DIMAX	Ellwanger & Geiger Deutscher Immobilienaktien-Index
EITF	Emerging Issues Task Force
EPRA	European Public Real Estate Society
EStR	Einkommensteuerrichtlinien
EU	Europäische Union
EVS	European Valuation Standard der TEGoVA (EVS 2003)
FASAC	Financial Accounting Standards Advisory Council
FASB	Financial Accounting Standards Board
Fn.	Fußnote
FRICS	Fellow of the Royal Institution of Chartered Surveyors
g.A.	gleicher Ansicht
gif	Gesellschaft für Immobilienwirtschaftliche Forschung e.V.
GDV	Gesamtverband der Deutschen Versicherungswirtschaft e.V.
ggf.	gegebenenfalls
ggü.	gegenüber
GNs	IVSC Guidance Notes
GoB	Grundsätze ordnungsmäßiger Buchführung
G-REIT	German Real Estate Investment Trust
GrStG	Grundsteuergesetz
GuG	Grundstücksmarkt und Grundstückswert (Zeitschrift)
HABU	High and Best Use
HB	Handelsblatt (Zeitung)
HGB	Handelsgesetzbuch
IAS	International Accounting Standard
IASB	International Accounting Standards Board
IASC	International Accounting Standards Committee
IDW	Institut der Wirtschaftsprüfer in Deutschland e.V.
IE	Illustrative Examples
IFD	Initiative Finanzstandort Deutschland
IFRIC	International Financial Reporting Interpretations Committee
IFRS	International Financial Reporting Standard
IG	Implementation Guidance
IGC	Implementation Guidance Committee
insb.	insbesondere
IRZ	Zeitschrift für internationale Rechnungslegung

i.d.R.	in der Regel
ISA	International Standard on Auditing
i.S.d.	im Sinne der, des
i.S.v.	im Sinne von
IVA	International Valuation Application
IVD	Immobilienverband Deutschland e.V.
i.V.m.	in Verbindung mit
IVS	International Valuation Standard des IVSC (IVS 2005)
IVSC	International Valuation Standards Committee
IZ	Immobilien Zeitung
MiFID	Markets in Financial Instruments Directive
MRICS	Member of the Royal Institution of Chartered Surveyors
MV	Market Value
NIÖ	(Neue) Institutionen Ökonomie
NZG	Neue Zeitschrift für Gesellschaftsrecht
o.Ä.	oder Ähnliche(s)
ö.b.u.v.S.	öffentlich bestellte und vereidigte Sachverständige
OMV	Open Market Value
Par.	Paragraph
PSs	Practice Statements
RDM	Ring Deutscher Makler e.V.
REIT	Real Estate Investment Trust
Richtl.	Richtlinie
RIC	Rechnungslegungs Interpretations Committee des DRSC e.V.
RICS	Royal Institution of Chartered Surveyors
Rn.	Randnummer
RoE	Rohertrag
Rz.	Randziffer
SFAC	Statement of Financial Accounting Concepts
SFAS	Statement of Financial Accounting Standards
SIC	Standing Interpretations Committee
SG	Schmalenbach-Gesellschaft für Betriebswirtschaft e.V.
Sp.	Spalte
SPSS	Statistical Product and Service Solution (Software)
StuW	Steuer und Wirtschaft (Zeitschrift)

TAF	The Appraisal Foundation
TEGoVA	The European Group of Valuers' Associations
Tz.	Textziffer
UM	Unternehmensbewertung & Management (Zeitschrift)
US-GAAP	US-General Accepted Accounting Principles
UK PS	United Kingdom Practice Statements
USPAP	Uniform Standards of Professional Appraisal Practice
WACC	Weighted Average Over Cost of Capital
WertR	Richtlinien für die Ermittlung der Verkehrswerte (Marktwerte) von Grundstücken (Wertermittlungsrichtlinien - WertR 2006)
WertV	Verordnung über die Grundsätze für die Ermittlung der Verkehrswerte von Grundstücken (Wertermittlungsverordnung - WertV 1998)
ZfB	Zeitschrift für Betriebswirtschaft
ZgS	Zeitschrift für die gesamte Staatswissenschaft
II. BV	Zweite Berechnungsverordnung

Abbildungsverzeichnis

Tabellenverzeichnis

Teil I Einleitung

1 Problemstellung

Seit dem 1. Januar 2005 sind ca. 7.000[1] in der EU ansässige kapitalmarktorientierte Unternehmen dazu verpflichtet, ihren Konzernabschluss nach International Financial Reporting Standards (IFRS) aufzustellen.[2] Darüber hinaus ist eine freiwillige Anwendung der IFRS im Konzernabschluss sowie im informatorischen Einzelabschluss möglich.[3] Eine Vielzahl dieser Unternehmen hat Immobilien im Bestand. Immobilien gelten heutzutage aufgrund ihres dominierenden Anteils am volkswirtschaftlichen Gesamtvermögen als ein wesentlicher Faktor für die gesamtwirtschaftliche Stabilität und Entwicklung.[4] Viele dieser von kapitalmarktorientierten Unternehmen gehaltenen Immobilien dienen nicht Produktions- oder Verwaltungszwecken, sondern der Vermietung an Dritte oder Wertsteigerungszwecken. Letztere fallen als so genannte "Investment Properties"[5] in den Anwendungsbereich von IAS 40.[6] Zu den betroffenen Unternehmen zählen sowohl reine Immobilienaktiengesellschaften[7] (einschließlich der Real Estate Investment Trusts (REITs))[8] als auch alle anderen Unternehmen

---

1 Vgl. HEINTGES (2006), S. 1569.

2 Vgl. Artikel 1 der Verordnung (EG) 1725/2003 der Europäischen Kommission sowie Verordnung (EG) Nr. 1606/2002 des Europäischen Parlamentes und des Rates vom 19. Juli 2002 betreffend die Anwendung der internationalen Rechnungslegungsstandards (EU-IAS-Verordnung) sowie ausführlich VAN HULLE (2003), S. 976 ff. Die Umsetzung in deutsches Recht erfolgte im Rahmen des Bilanzrechtsreformgesetzes (BilReG) durch Einführung des § 315a HGB. Als kapitalmarktorientiert werden hierbei Unternehmen qualifiziert, die Wertpapiere auf einem organisierten Markt eines Mitgliedsstaates der Europäischen Union (EU) handeln, vgl. für Deutschland § 315a Abs. 1 und 2 HGB. Es muss ein organisierter Markt i.S.d. Richtlinie 2004/39/EG des Europäischen Parlaments und des Rates vom 21. April 2004 ("MiFID", ehemals Wertpapierdienstleistungs-Richtlinie), vorliegen. So zählt der Freiverkehr (Segment der Frankfurter Wertpapierbörse) beispielsweise nicht zu den organisierten Märkten.

3 Vgl. § 315a Abs. 3 HGB (Konzernabschluss) und § 325 Abs. 2a HGB (Einzelabschluss) sowie beispielsweise HALLER (2003), S. 415 ff. und RUHNKE (2005), S. 13 f.

4 Vgl. FERNANDEZ (2005), S. 15. So beträgt das Immobilienvermögen in Deutschland ca. 3.800 Mrd. €, vgl. SCHACHT/GÄNSLER (2006), S. 1518.

5 Hierunter fasst IAS 40 bebaute und unbebaute Grundstücke, die vom Eigentümer oder Leasingnehmer gehalten werden, um Miete, Pacht oder sonstige regelmäßige Einkünfte und/oder Wertsteigerungen zu erzielen, vgl. IAS 40.5. Im Rahmen dieser Arbeit werden ausschließlich diese zu Vermietungs- oder Wertsteigerungszwecken gehaltenen Immobilien, so genannte Investment Properties, behandelt.
Im Nachfolgenden werden sowohl der Begriff "Investment Properties" als auch weitere in der Literatur einheitlich verwandte englischsprachige Begriffe grundsätzlich großgeschrieben und nicht hervorgehoben.

6 In der Studie aus dem Jahr 2003 von VON KEITZ (2005), S. 79 ff. haben von 100 untersuchten Unternehmen 86 Unternehmen keinerlei Angaben zu Investment Properties gemacht, und nur 9 Unternehmen haben explizit die Anwendung von IAS 40 und damit die Existenz von Investment Properties bejaht.

7 Stellvertretend für Deutschland, beispielsweise die IVG AG, die Deutsche Euroshop AG und die Patrizia Immobilien AG (in absteigender Reihenfolge nach ihrer Marktkapitalisierung im E & G-DIMAX per 30.06.2006), vgl. E & G (2006) sowie zu den Aufnahmekriterien und zur Berechnung des E&G-DIMAX BECK (2003), S. 138 ff.

8 Die Einführung eines deutschen REIT (sog. G-REIT) ist zum 1. Januar 2007 beabsichtigt, vgl. BMF (2006). Infolgedessen wird ein Anstieg der Marktkapitalisierung börsennotierter Immobilienaktiengesellschaften

beliebiger Branchen[9] mit entsprechendem Immobilienbesitz.[10] Die Anwendung des IAS 40 verschafft diesen Unternehmen die Möglichkeit, die Effekte aus einer Neubewertung der Immobilien des Anlagevermögens jedes Jahr ergebniswirksam in die Gewinn- und Verlustrechnung einfließen zu lassen. Sie können somit ihre Jahresergebnisse sowie ihre Bilanzsummen durch "Höherbewertung von Immobilien aufpeppen. Experten bezweifeln jedoch, ob sich damit die Transparenz für die Anleger verbessert."[11]

Hintergrund der Entwicklung der IFRS ist eine internationale Harmonisierung der externen Rechnungslegung, durch die eine internationale Vergleichbarkeit von Jahresabschlüssen von Unternehmen geschaffen werden soll.[12] Rechtliche Gültigkeit erlangen die einzelnen IFRS jedoch erst, nachdem sie auf EU-Ebene ein sog. Komitologieverfahren durchlaufen haben.[13] Der für als Finanzinvestitionen gehaltene Immobilien (Investment Properties) maßgebliche Standard IAS 40 wurde ohne Einschränkung von der EU übernommen und ist somit für in der EU ansässige kapitalmarktorientierte Unternehmen, deren Immobilien in den Anwendungsbereich von IAS 40 fallen, verbindlich anzuwenden.

Das International Accounting Standards Board (IASB)[14] hat sich, unter Fokussierung auf die Informationsfunktion des Jahresabschlusses, in zunehmendem Maße einer Bilanzierung zum Fair Value[15] verschrieben.[16] Seit Einführung des für die Abbildung von Investment Properties maßgeblichen Standards IAS 40 im März 2000[17] können[18] diese Immobilien zum Fair Value bewertet werden.

---

von derzeit ca. 10 Mrd. € auf 57 Mrd. € (vgl. ROLAND BERGER (2006), S. 5) bis 127 Mrd. € (vgl. IFD (2006), S. 1) erwartet. Der überwiegende Teil der voraussichtlich von G-REITs gehaltenen Immobilien wird in den Anwendungsbereich von IAS 40 fallen, vgl. DETTMEIER/PÖSCHKE (2006), S. 1733.

9 Dies betrifft insbesondere Versicherungsunternehmen, vgl. PERLET (2003), S. 448. So betragen allein die direkten Immobilienbestände deutscher Versicherungsunternehmen im Jahr 2005 mehr als 21 Mrd. €, vgl. GDV (2006), S. 137.

10 Vgl. auch RESTANI (2004), S. 19. Eine von ROLAND BERGER (2006), S. 5, durchgeführte Selektion von 13 DAX-Unternehmen zeigte einem Immobilienbesitz von über 80 Mrd. €; Berechnungen der M.M. Warburg & Co. (2006), S. 11, zufolge liegt das Immobilienvermögen aller 30 DAX-Unternehmen bei mindestens 167 Mrd. €.

11 O.V. (2006), S. 7.

12 Vgl. hierzu auch SPANHEIMER (2002), S. 26 ff.

13 Vgl. zum Komitologieverfahren BUCHHEIM/GRÖNER/KÜHNE (2004), S. 1783 ff.

14 Der IASB ist ein privater, unabhängiger Standardsetter, dessen Ziel die Entwicklung von internationalen Rechnungslegungsstandards ist, vgl. IFRS Preface.6.

15 Vgl. zu den Begriffen "Fair Value", "Marktwert" und "Marktpreis" ausführlich Teil II Kapitel 1.2.1.4.2.1.

16 Diese Entwicklung zeigt sich beispielsweise an den zuletzt veröffentlichten Standards IAS 39, IAS 40, IAS 41, IFRS 2, IFRS 3.

17 Es wird, sofern nicht explizit benannt, von den Regelungen des IAS 40 (rev. 2003) ausgegangen und auf den Zusatz (rev. 2003) verzichtet.

Liegt ein Marktpreis für die zu bewertende Immobilie vor, erfolgt eine Bewertung auf Grundlage dieses Preises ("mark-to-market").[19] Existiert kein Marktpreis, so ist dieser durch Simulation des Preisbildungsmechanismus des Marktes zu errechnen. Hierzu enthält IAS 40 in einer Art Stufenverfahren[20] verschiedene Vorgehensweisen. Bei mangelnder Markttransparenz oder weil schlicht keine vergleichbare Immobilie existiert, sieht IAS 40 auf der untersten Stufe die Ermittlung des Fair Value auf Basis diskontierter Zahlungsströme vor ("mark-to-model").[21] Diese Vorgehensweise stellt in der Bewertungspraxis den Regelfall dar. Hierbei soll der Fair Value auf der Basis von verlässlichen, marktorientierten Schätzungen in Bezug auf die Immobilie ermittelt werden. Bezüglich des konkret anzuwendenden Bewertungsverfahrens sowie der Bestimmung der in das Bewertungsverfahren eingehenden Größen, wie den zukünftigen Cashflows oder des Diskontierungszinssatzes, enthalten die Regelungen des IAS 40 keine Angaben.[22] Somit liegt die Beurteilung, wie der Fair Value im Einzelfall zu ermitteln ist, im Wesentlichen im Ermessen des Bilanzierenden.[23]

Vor dem Hintergrund der vom IASB im Framework (Rahmenkonzept) festgelegten qualitativen Anforderungen an einen IFRS-Abschluss erscheint es schwierig, die Qualität der jeweiligen Schätzung unter Beachtung des Spannungsverhältnisses zwischen Relevanz und Zuverlässigkeit beurteilen zu können.[24] Auch der vielfach in der Literatur geäußerte Vorschlag zur Lösung des Verlässlichkeitsproblems durch Delegierung der Bewertung an einen qualifizierten und unabhängigen externen Gutachter[25] erscheint zumindest fragwürdig.[26]

---

18 IAS 40 bietet für die Folgebewertung ein Wahlrecht zwischen der Bilanzierung zu fortgeführten Anschaffungskosten und einer Bilanzierung zum Fair Value, vgl. IAS 40.30 sowie ausführlich zur Folgebewertung Teil II Kapitel 1.2.1.4.

19 Vgl. IAS 40.45.

20 Vgl. hierzu BAETGE/ZÜLCH (2001), S. 554 sowie ähnlich RUHNKE/SCHMIDT (2003), S. 1037 f.; a.A. sind BALLWIESER/KÜTING/SCHILDBACH (2004), S. 533, welche aus den Regelungen des IAS 40 keine allgemein gültige Hierarchie ableitbar sehen.

21 Vgl. IAS 40.46 (c).

22 Vgl. BAUMUNK (2005), Rn. 333.

23 Vgl. BALLWIESER/KÜTING/SCHILDBACH (2004), S. 534.

24 Vgl. zum Spannungsverhältnis zwischen Relevanz und Zuverlässigkeit Teil II Kapitel 4.1.1.

25 Im folgenden Kontext werden analog zum Schrifttum die Begriffe Immobilienbewerter, Immobiliengutachter und Immobiliensachverständiger synonym verwendet, vgl. zum Begriff des Sachverständigen im Kontext der Immobilienbewertung KLEIBER/ SIMON/WEYERS (2002), S. 152, Rn. 4 ff. sowie zum Begriff des Gutachters LEFFSON/ MEYER ZU LÖSEBECK (1992), S. 1651. Nach Letzteren kann Begutachtung definiert werden als umfassender, analytischer Prozess zur Gewinnung eines theoretisch fundierten, vertrauenswürdigen Urteils über gegebene oder zukünftige Tatbestände.

26 So befürwortet von DOHRN (2004), S. 219 und BAUMUNK (2005), Rn. 350 ff. Auch das IASB befürwortet die Beauftragung eines externen Gutachters, vgl. IAS 16.32 sowie IAS 40.75 (e); kritischer ZÜLCH (2003), S. 326. Empirische Belege hierzu für das Vereinigte Königreich finden sich bei DIETRICH/HARRIS/MULLER (2001), S. 149 ff. sowie MULLER/RIEDL (2002), insb. S. 879.

Ein gutes Beispiel für die Bewertungsunsicherheit bei Immobilien liefert der Fall Deutsche Telekom AG. Nach Auffassung der klagenden Anleger sind die Immobilien zum Zeitpunkt des Börsenganges um drei

Durch eine Übertragung der Bewertung auf einen externen Gutachter werden Ermessensspielräume und deren eventuelle abschlusspolitische Nutzung nicht eingeschränkt.[27] Nach Auffassung von BALLWIESER/KÜTING/SCHILDBACH kennen professionelle Gutachter "die bei der Bewertung offen stehenden Freiräume eher besser als ein nur gelegentlich Bewertender. Diese Spielräume können Bilanzierende sehr weitgehend nutzen, da sie sich den Gutachter nach Maßgabe von dessen Bereitschaft aussuchen können, auf ihre Wertvorstellungen einzugehen, und weil der Wettbewerb zwischen den Gutachtern zwischen diesen ein Klima der Konzessionsbereitschaft schafft."[28]

Da das IASB keine Hilfestellung zur Gewichtung der qualitativen Beurteilungsmaßstäbe liefert, sind die Rechnungsleger in der Praxis dazu angehalten, auf Grundlage ihrer eigenen Einschätzung eine mögliche Alternative aus vielen auszuwählen. Somit stellt sich die Frage, inwieweit die in der Praxis tätigen Immobiliensachverständigen bei der Auswahl der geeigneten Alternativen (z.B. zur Bestimmung des Diskontierungszinssatzes) die qualitativen Anforderungen an eine durch Schätzung gewonnene Rechnungslegungsinformation beachten. Das IFRS Framework formuliert als wesentliche qualitative Anforderungen an eine Rechnungslegungsinformation die Relevanz und die Zuverlässigkeit.[29] Diese Anforderungen müssten dementsprechend auch bei der Auswahl der alternativen Bewertungsparameter Berücksichtigung finden.

Milliarden Euro zu hoch angesetzt gewesen. Ein im Auftrag der Bonner Staatsanwaltschaft gefertigtes Gutachten eines bekannten Sachverständigenbüros scheint dieses zu bestätigen, vgl. VOGEL (2005), S. 163. Ebenfalls kritisch zur Unabhängigkeit der Immobiliensachverständigen QUENTIN (2006), S. 207.

27 Vgl. BALLWIESER/KÜTING/SCHILDBACH (2004), S. 537. In Bezug auf die Bewertung von offenen Immobilienfonds zeichnet sich eine Entwicklung dergestalt ab, dass zukünftig neben Immobiliensachverständigen in Gestalt "natürlicher Personen" auch Immobilienberatungsgesellschaften als "juristische Personen" beauftragt werden können. Dem Vorteil einer besseren Marktkenntnis steht aber die Gefahr bestehender Interessenkonflikte gegenüber. So kann ein Immobilienberatungsunternehmen einerseits objekt- und marktspezifische Informationen der Investmentsparte im Rahmen der Immobilienbewertung nutzen, gerät aber andererseits in einen Interessenkonflikt, sofern beispielsweise eine Schwestergesellschaft Käufer oder Verkäufer dieser Immobilien berät, vgl. REICHEL (2006).

28 BALLWIESER/KÜTING/SCHILDBACH (2004), S. 537. Zu ähnlichen Erkenntnissen kamen GWIN/MAXAM (2002), S. 252, in einer prinzipal-agenten-theoretischen Betrachtung (vgl. auch Teil II Kapitel 1.1.2, Fn. 100), deren empirische Bestätigung jedoch noch aussteht. Vgl. ebenfalls zur Problematik der Unabhängigkeit von Immobiliensachverständigen LOIPFINGER (2006) und PLENKER/PLENKER (2006), S. 287 ff. LOIPFINGER führt in seinem Beitrag fünf Bewertungsbeispiele aus dem Geschäftsbericht des "DB grundbesitz-invest" Immobilienfonds auf, in denen nach seiner Ansicht bewusst keine marktgerechte Bewertung vorgenommen wurde, um einem möglichen Wertberichtigungsbedarf zu entgehen. Ähnliche Kritik äußert SCHWERDTFEGER an der Auftragsvergabepraxis der DB Real Estate zur Überprüfung der Immobilienwerte des "DB grundbesitz-invest", der am 13.12.2005 als erster deutscher offener Immobilienfonds vorübergehend geschlossen wurde. Zur Überprüfung der Immobilienwerte wurden dieselben Sachverständigen beauftragt, welche auch zuvor die Bewertungen durchführt hatten. Diese werden sich bei der Überprüfung "kaum selber schlechte Noten ausstellen.", SCHWERDTFEGER (2006), S. 114.

29 Neben den qualitativen Anforderungen der Relevanz und Zuverlässigkeit fordern die IFRS noch Verständlichkeit und Vergleichbarkeit, vgl. IASB Framework.24.

Untersuchungsgegenstand der vorliegenden Arbeit ist somit ein konkretes Rechnungslegungsproblem innerhalb der IFRS. Das Ziel der Arbeit ist die Entwicklung möglicher Lösungsansätze bzw. Handlungsempfehlungen. Zu diesem Zweck erfolgt sowohl der Versuch einer logisch-deduktiven Ableitung einer möglichen Lösung als auch eine induktive Ableitung auf Grundlage einer empirischen Untersuchung der Bewertungspraxis.

Die vorliegende Arbeit hat den Anspruch durch empirisch gewonnene Erkenntnisse über die Vorgehensweise in der Bewertungspraxis einen neuen Beitrag zu diesem alltäglichen Bewertungsproblem zu leisten. Im Rahmen der empirischen Erhebung wird untersucht, inwieweit einzelne Immobiliensachverständige bei der Bewertung die Kriterien der Relevanz und Zuverlässigkeit beachten und welches Gewicht sie ihnen beimessen. Die Untersuchung ermöglicht hierbei eine differenzierte Betrachtung einzelner Einflussfaktoren[30] bei der Fair Value-Ermittlung von Investment Properties hinsichtlich ihres Beitrages zur Relevanz und zur Zuverlässigkeit.

Auf Grundlage der Erhebung lassen sich Rückschlüsse auf das Vorgehen der Sachverständigen bei der Fair Value-Ermittlung ziehen, um schließlich im Hinblick auf das Ziel der Arbeit insgesamt Lösungsansätze bzw. Handlungsempfehlungen in Bezug auf die betrachtete Problematik zu generieren. Nicht ausgeschlossen werden kann, dass sich die Sachverständigen in ihrem Vorgehen an den Präferenzen, die sie beim Adressaten der Rechnungslegungsinformation vermuten, orientieren. In diesem Fall ließen sich auch Erkenntnisse über die mutmaßlichen Präferenzen der Nutzer aus Erstellersicht gewinnen. Darüber hinaus werden Erkenntnisse über die tatsächlich in der Bewertungspraxis angewandten Verfahren erlangt und darauf aufbauend mögliche Ursachen für eine vergleichsweise geringe Stellung des Discounted Cashflow-Verfahrens (DCF-Verfahren) in der deutschen Bewertungspraxis diskutiert.

Abschließend erfolgt eine Würdigung der empirisch gewonnenen Erkenntnis vor dem Hintergrund der Zielsetzung der IFRS. Die Harmonisierung der Rechnungslegung verfolgt primär das Ziel, die Vergleichbarkeit der Jahresabschlüsse zu erhöhen.[31] Divergierende methodische Vorgehensweisen bei der Fair Value-Ermittlung könnten die Vergleichbarkeit einschränken. Als mögliche Einflussfaktoren für die methodische Vorgehensweise werden unter anderem die Verbandszugehörigkeit der Immobiliensachverständigen und deren

---

[30] Der Parameter des DCF-Verfahrens, vgl. hierzu ausführlich Teil II Kapitel 2.1.2.2.2.

[31] Vgl. IASC Foundation Constitution.2 (a).

Vorbildung untersucht. Zudem ist das Spannungsverhältnis zwischen den hier konfligierenden qualitativen Anforderungen der Relevanz und Zuverlässigkeit innerhalb des bestehenden Framework aufgrund der dort verankerten Gleichrangigkeit nicht auflösbar. Aufbauend auf den gewonnenen Erkenntnissen werden daher mögliche Implikationen für den Normengeber diskutiert.

2 Thematische Einordnung und Abgrenzung

2.1 Wissenschaftstheoretischer Hintergrund

Die Betriebswirtschaftslehre wird als anwendungsorientierte Wissenschaft verstanden, die praxisrelevantes Wissen hervorbringt. Hierzu muss sie sich mit dem Erkennen der Realität sowie deren Gestaltung beschäftigen.[32] Jedoch gibt es über die Funktion von Theorien, über die Anforderungen, die an die Struktur von Theorien zu stellen sind sowie das Verhältnis wissenschaftlicher Theorien zu anderen Aussagen unterschiedliche Auffassungen.[33] So reicht das Spektrum der inhaltlichen Füllung des Begriffs Theorie von einer Erkenntnis ohne Ziel, einem empirischen Befund in einem bestimmten Bereich über die Ableitung allgemeiner Aussagen (= nomologische Aussagen) mit empirischem oder normativem Informationsgehalt bis hin zur umgangssprachlichen Beschreibung in der menschlichen Praxis.[34] Es ist nicht das vorrangige Ziel, den Ergebnissen wissenschaftlichen Denkens durch Verankerung in ein sicheres Fundament eine Wahrheitsgarantie zu verschaffen (da es eine solche für Theorien niemals gibt),[35] sondern vielmehr die Schwächen bisheriger Problemlösungen aufzudecken, die Entdeckung alternativer Lösungen zu begünstigen und die Weiterentwicklung von Problemstellungen und Lösungen zu fördern.[36]

Im Hinblick auf die in dieser Arbeit untersuchten Fragestellungen ist im Besonderen problematisch, dass eine einheitliche Theorie der Rechnungslegung, auf deren Grundlage eine Lösung möglicherweise ableitbar wäre, nicht existiert. Vielmehr existiert eine Vielzahl von theoretischen Erklärungsansätzen, welche zur Lösung rechnungslegungsspezifischer Problemstellung geeignet sind.[37] Diese Ansätze lassen sich in Anlehnung an RUHNKE wie folgt systematisieren:[38]

---

32 Vgl. RUHNKE (2003), S. 94.

33 Vgl. ALBERT (1972), S. 6.

34 Vgl. hierzu CHMIELEWICZ (1994), S. 8 ff

35 Wissenschaftliche Theorien zeichnen sich dadurch aus, dass sie grundsätzlich falsifizierbar sind, vgl. etwa POPPER (2005), S. 14. Erfolglose Falsifizierungsversuche führen lediglich dazu, dass die Theorie als vorläufig bestätigt gilt, und erhöhen im Sinne von WILD (1970), S. 560, die induktive Wahrscheinlichkeit, dass die Theorie gültig ist.

36 Vgl. ALBERT (1972), S. 4.

37 Zur Differenzierung von Theorien, Hypothesen und Erklärungen vgl. Teil II Kapitel 2.2.2.5. Vgl. für einen Überblick ökonomischer Modelle zur Analyse von Fragen der Rechnungslegung auch EWERT/WAGENHOFER (2003), S. 604 ff.

38 Vgl. RUHNKE (2005), S. 24.

- Ansätze zur Erklärung und Rechtfertigung der Rechnungslegung: Hierunter sind etwa die institutionenökonomischen Ansätze sowie der informationsökonomische Ansatz zu subsumieren,
- Ansätze zum Inhalt und zur Ausgestaltung der Rechnungslegung: Hierunter sind Ansätze zum Formalinhalt der Bilanz und zur Ergebnisermittlung zu fassen[39] sowie
- Ansätze zur zielgerichteten Anwendung von Rechnungslegungsnormen: Hier ist vor allem der entscheidungsorientierte Ansatz von Bedeutung.

Als mögliche Erklärungsansätze für das in dieser Arbeit zu untersuchende Bilanzierungsproblem kommen die Institutionenökonomie, die Informationsökonomie sowie der entscheidungsorientierte Ansatz in Betracht. Die IFRS verfolgen das Ziel der Bereitstellung entscheidungsnützlicher Informationen. Zur Gewinnung und Übermittlung solcher Informationen sind daher die allgemeinen Grundsätze aus der Informationstheorie[40] zu übernehmen.[41] Die vom IASB im Framework aufgeführten Anforderungen an eine entscheidungsnützliche Rechnungslegungsinformation entsprechen diesen allgemein anerkannten Prinzipien der Informationstheorie.[42] Jedoch kann eine gezielte Betrachtung dieser Theorien unter Umständen zu Erkenntnissen führen, die vom IASB bisher nicht im Framework umgesetzt wurden.

2.2 Abgrenzung zu thematisch verwandten Arbeiten

Die vorliegende Arbeit dient nicht der Untersuchung des Beitrags einer auf Fair Values basierenden Rechnungslegung gegenüber einer auf historischen Anschaffungs- oder Herstellungskosten basierenden Rechnungslegung. Diese Problematik ist im jüngeren Schrifttum

---

[39] Hier wären auch die Bilanzauffassungen des klassischen sog. "bilanztheoretischen Schrifttums" einzuordnen (es sei daraufhingewiesen, dass der hiebei verwandte Theoriebegriff nicht dem von beispielsweise POPPER entspricht, vgl. Fn. 35). Diese Bilanztheorien folgen sämtlich sowohl einem bestimmten Gewinnbegriff und legen auch den Formalinhalt der Bilanz unter Bezug auf diesen Gewinnbegriff fest. Zum Beispiel versteht die sog. statische Bilanztheorie die Bilanz als Ermittlung des Reinvermögens des Kaufmanns als Differenz aus Vermögensgegenständen (Aktiva) und Schulden (Passiva). Der Gewinn stellt sich dar als die Änderung des Reinvermögens zwischen zwei Stichtagen. Vgl. für einen (historischen) Überblick beispielsweise den Beitrag von HOMMEL/SCHMIDT/WÜSTEMANN (2004).

[40] Vgl. zur Informationstheorie stellvertretend SHANNON (1949), S. 18 ff.

[41] Vgl. STREIM/BIEKER/LEIPPE (2001), S. 185.

[42] Vgl. zu den Prinzipien der Informationstheorie stellvertretend COENENBERG (1971), S. 735 ff.; MOZES (1992), S. 93 ff. sowie SNAVELY (1967), S. 223 ff. COENENBERG (1971), S. 740 ff., unterscheidet hierbei in Zielrelevanz und Entscheidungsrelevanz, wobei die Entscheidungsrelevanz den Versuch eines eher operationalen Kriteriums darstellt, welches in Verbindung mit weiteren Faktoren, insbesondere der Messgenauigkeit und der Prognoseeignung, zur Beurteilung einer Rechnungslegungsinformation hinsichtlich ihrer Zielrelevanz dient. Die Ähnlichkeit mit den im IASB Framework formulierten qualitativen Anforderungen für eine entscheidungsnützliche (zielrelevante) Rechnungslegungsinformation ist offensichtlich.

ausführlich diskutiert worden und soll daher nicht Gegenstand der nachfolgenden Betrachtung sein.[43] Die überwiegende Mehrheit erachtet eine Fair Value-basierende Rechnungslegung grundsätzlich als entscheidungsnützlicher, verweist jedoch durchgängig auf die mit der Ermittlung des Fair Value verbundenen Probleme der Zuverlässigkeit.[44] Im Rahmen dieser Arbeit wird daher eine Fair Value-basierte Rechnungslegung, insbesondere für die Abbildung von Investment Properties, als zur Vermittlung entscheidungsnützlicher Rechnungslegungsinformationen geeignet angesehen.[45] Ebenfalls nicht Gegenstand dieser Arbeit ist eine Untersuchung der Auswirkungen einer Fair Value-Bewertung auf die Performancemessung und deren Darstellung.[46]

Die vorliegende Arbeit grenzt sich durch das empirische Vorgehen auch methodisch deutlich von den bereits vorliegenden Arbeiten zur Bilanzierung von Investment Properties ab.[47] In diesen Arbeiten erfolgte, ausgehend von einem (mehr oder weniger) dem IASB Framework entsprechenden Referenzsystem,[48] lediglich eine logisch-deduktive Ableitung optimaler Ansatz-, Ausweis- und Bewertungsregeln.[49]

---

43 Vgl. stellvertretend BAETGE/ZÜLCH (2001); BIEKER (2006); BÖCKING/LOPATTA/ RAUSCH (2005); BALLWIESER/KÜTING/SCHILDBACH (2004); HITZ (2005); KESSLER (2005); MUJKANOVIC (2002); PFAFF/KUKULE (2006); STREIM/BIEKER/ESSER (2003); STREIM/BIEKER/ESSER (2005), insb. S. 98 ff.; WAGENHOFER (2006).

44 Vgl. stellvertretend BAETGE/ZÜLCH/MATENA (2002), S. 366; BLAUFUS (2005), insb. Tz. 315 ff. und Tz. 523 ff.; KLEY (2001), S. 2259; LÜDENBACH/FREIBERG (2006), S. 437; STREIM/BIEKER/ESSER (2005), S. 101; VATER (2002a); S. 456. A.A. beispielsweise SCHILDBACH (1999).

45 Vgl. hierzu auch Teil II Kapitel 1.1.1, insb. Fn. 85.

46 Vgl. beispielsweise zum Financial Statement Presentation-Projekt des FASB und IASB (ehemals "Performance Reporting") KERKHOFF/DIEHM (2005) und zum bereits veröffentlichten Exposure Draft zu IAS 1 BOGAJEWSKAJA (2006) sowie ZIMMERMANN/ VOLMER (2006). Zur Eignung von Fair Values zur anreizorientierten Performancemessung vgl. EWERT (2006).
In einem engen Zusammenhang hierzu stehen auch die vielfältigen Studien zur Vorteilhaftigkeit eines "Comprehensive Income", vgl. für einen aktuellen Überblick relevanter Studien EAA (2006), S. 26 ff.

47 So vor allem die Werke von DOHRN (2004) sowie ZÜLCH (2003). Nicht auf Investment Properties gerichtet, jedoch methodisch ebenfalls ähnlich aufgebaut KÜMMEL (2002). Die Arbeit von RANKER (2006) beschäftigt sich primär mit der Bilanzierung von Sachanlagevermögen nach HGB und IFRS am Beispiel von Immobilien und nur sekundär mit IAS 40.

48 Unter einem System ist eine geordnete Gesamtheit von Elementen zu verstehen, vgl. zum Systembegriff beispielsweise BRUGGER (1981), S. 392.

49 An dieser Stelle wird bewusst nicht von Normen gesprochen. Im Allgemeinen Sprachgebrauch ist unter "einer Norm [...] eine Regel, ein Gesetz, eine Vorschrift, ein Prinzip, ein Maßstab, ein Befehl, eine Bitte, eine Erlaubnis oder eine Ermächtigung zu verstehen. [...] Normen drücken nicht das aus, was ist, sondern was sein soll, und beinhalten insofern eine Wertung.", RUHNKE (2000), S. 11 m.w.N. In dieser Arbeit wird der Begriff Normen dagegen im Sinne von Rechtsnormen verwandt. Die IFRS erlangen den Status von Rechtsnormen durch das Komitologieverfahren der EU, vgl. Fn. 13. Zum Normencharakter durch Rechtsverweis, wie er etwa bei den Grundsätzen ordnungsmäßiger Buchführung (GoB) gegeben ist, vgl. JELLINEK (1966), S. 132 ff.

2.3 Abgrenzung zu anderen empirischen Arbeiten

Die Frage der Entscheidungsnützlichkeit[50] von Rechnungslegungsinformationen hat in der empirisch geprägten US-amerikanischen Rechnungslegungsforschung weite Beachtung gefunden. Insbesondere Tests auf "Bewertungsrelevanz" von Rechnungslegungsgrößen bzw. -informationen, so genannte "Value Relevance Studies", sind weit verbreitet.[51] In diesen Tests wird zumeist entweder die Beziehung zwischen Buchwerten und Unternehmenswerten, repräsentiert durch die Marktkapitalisierung, oder zwischen Erfolgsgrößen des Jahresabschlusses und der Börsenrendite gemessen. Value Relevance[52] einer Rechnungslegungsgröße (unabhängige, beeinflussende Variable) liegt vor, wenn sie und die verwendete Bezugsgröße (abhängige Variable), also Aktienkurs oder Börsenrendite, statistisch korrelieren.[53]

Ziel dieser Tests sei eine empirische Operationalisierung der Kriterien der Relevanz und Zuverlässigkeit.[54] Dies ist jedoch insofern irreführend, da stets nur ein verbundener Test auf beide Kriterien erfolgen kann: Falls sich die Value Relevance einer Rechnungslegungsgröße nachweisen lässt, wird daraus gefolgert, dass diese Rechnungslegungsgröße entscheidungsnützlich gewesen sein muss und demnach ex definition sowohl relevant als auch hinreichend zuverlässig war.[55] Lässt sich dagegen keine Value Relevance der Rechnungslegungsinformation messen, sind durch diese Tests keine Rückschlüsse auf die Ursache möglich. Die Ursache kann vielmehr sowohl in einem Mangel an Relevanz als auch an einem Mangel an

---

50 In der amerikanischen Literatur wird vielfach der Begriff "Entscheidungsrelevanz" anstelle von "Entscheidungsnützlichkeit" verwendet. Entscheidungsrelevanz einer Information in diesem Sinne liegt dann vor, wenn die Entscheidung des Informationsadressaten beeinflusst oder bestätigt wird. Voraussetzung hierfür ist, dass die Information sowohl relevant als auch zuverlässig ist. Demzufolge ist die Verwendung des Begriffs Entscheidungsrelevanz im amerikanischen Schrifftum deckungsgleich mit der Definition der IFRS für die Entscheidungsnützlichkeit. Da in der vorliegenden Arbeit das Regelwerk der IFRS den Bezugsrahmen bildet, erfolgt eine terminologische Orientierung am IASB Framework. Nachfolgend wird somit ausschließlich von Entscheidungsnützlichkeit gesprochen.

51 Vgl. für eine umfassende Übersicht zur Value Relevance-Literatur den Übersichtsartikel von KOTHARI (2001); eine Diskussion desselben bei LEE (2001) sowie insbesondere die kritische Betrachtung von Value Relevance-Studien durch HOLTHAUSEN/ WATTS (2001).

52 Value Relevance ist allerdings weiter zu fassen als Entscheidungsnützlichkeit, da Informationen wertrelevant für die Erklärung des Aktienkurses sein können, auch wenn sie aus Sicht des Informationsadressaten nicht entscheidungsnützlich sind. Beispielsweise kann eine öffentlich zugängliche Information wertrelevant sein, jedoch erst mit Verzögerung im Rechnungswesen abgebildet werden, sodass sie zum Zeitpunkt ihrer Publizierung in der Bilanz oder Gewinn- und Verlustrechnung keine Gewinne aus Aktienkäufen oder -verkäufen induzieren kann, vgl. BARTH/BEAVER/ LANDSMAN (2001), S. 80.

53 Vgl. hierzu EBENDA, S. 79.

54 Vgl. EBENDA, S. 80.

55 "Value-relevant means the accounting amount is associated with some measure of value, e.g., share prices. If the amount significantly increases the power of the estimating equation to explain equity value, then it must be relevant and measured with at least some reliability. If it is not relevant, there would be no relation with equity value. If the amount is fraught with 'too much' measurement error, the researcher also would not detect a significant relation.", BARTH (2000), S. 16. Vgl. ebenfalls IASB (2006), BC2.24.

Zuverlässigkeit, aber auch in hohen Informationskosten[56] liegen.[57] Hieraus ist zu schließen, dass Value Relevance-Studien aufgrund der Methodik keine Aussage zum Verhältnis von Relevanz und Zuverlässigkeit liefern können.[58]

Sowohl in der kapitalmarktorientierten[59] als auch in der verhaltenswissenschaftlichen[60] empirischen Rechnungslegungsforschung sind bislang keine Differenzierungskriterien zur Unterscheidung der Relevanz und Zuverlässigkeit entwickelt worden.[61] Die im Rahmen dieser Arbeit durchgeführte Untersuchung ermöglicht dagegen im Ergebnis eine Differenzierung einzelner Einflussfaktoren zur Wertermittlung hinsichtlich ihres Beitrages zur Relevanz und zur Zuverlässigkeit. Zielgruppe der Untersuchung sind im Gegensatz zu der Mehrzahl der bisher veröffentlichten Untersuchungen nicht die Adressaten, sondern die Abschlussersteller. Insgesamt ist zu konstatieren, dass die vorliegende Arbeit ein neues Feld empirischer Forschung betritt und insoweit einen wertvollen wissenschaftlichen Beitrag zu leisten versucht.

---

56 In diesem Fall wäre die untersuchte Information zwar entscheidungsnützlich; die Akteure am Kapitalmarkt haben sie aber bei der Entscheidungsfindung nicht berücksichtigt, weil der erwartete Nutzen aus der Auswertung der Information geringer war als die geschätzten Informationsbeschaffungskosten. Die Begriffe werden erst in Teil II Kapitel 1.1.1 definiert, da Gegenstand dieses Abschnitts lediglich die Abgrenzung dieser Arbeit zu anderen Arbeiten ist.

57 Vgl. BARTH/BEAVER/LANDSMAN (2001), S. 81.

58 So auch HOLTHAUSEN/WATTS (2001), S. 63: "Potential differences between the attributes reflected in stock market associations and the FASB's definition of the attributes (e.g., reliability or relevance to another user group) are not explored." sowie IASB (2006), BC2.24.
Die Begriffe Relevanz und Zuverlässigkeit werden ausführlich in Teil II Kapitel 3.2.1.3.2 erläutert.

59 Für einen Überblick über kapitalmarktorientierte Studien in der Rechnungslegung vgl. beispielsweise BONSE (2004), S. 170 ff.

60 Für einen Überblick über verhaltenswissenschaftliche Studien in der Rechnungslegungsforschung vgl. ebenfalls BONSE (2004), S. 84 ff. sowie CLARKSON/MATTESSICH (1992), S. 366 ff.

61 Vgl. beispielhaft KUHNER (2001), S. 533. Auch das von KIRSCHENHEITER (1997), S. 57, entwickelte Modell zur differenzierten Untersuchung von Relevanz und Zuverlässigkeit bedarf noch einer empirischen Überprüfung.

3 Gang der Untersuchung

Die Arbeit gliedert sich in den einleitenden Teil (Teil I) sowie zwei Hauptteile (Teil II und Teil III). In Teil II erfolgt die Herleitung und Festlegung des konzeptionellen Rahmens sowie Vorüberlegungen bezüglich des methodischen Vorgehens zur Problemlösung. Die hierauf aufbauende empirische Untersuchung ist Gegenstand des Teils III.

Teil II beginnt mit einer problemorientierten Erläuterung der Zielsetzung der IFRS und des Fair Value als Bewertungsmaßstab für Investment Properties (Kapitel 1.1). Hierauf aufbauend werden die Regelungen des IAS 40, welcher das angesprochene Fair Value-Konzept für die Abbildung von Investment Properties innerhalb der IFRS umsetzt, dargestellt und eine Einordnung dieser Regelungen in die grundlegende Bewertungskonzeption der IFRS vorgenommen (Kapitel 1.2). Das einführende Kapitel schließt mit der Konkretisierung des Problems der Fair Value-Ermittlung als Zwischenergebnis (Kapitel 1.3).

Da unabhängig von der Wahl der bilanziellen Bewertungskonzeption in jedem Fall eine Ermittlung des Fair Value von Investment Properties gemäß IAS 40 gefordert wird, konkretisiert sich die Betrachtung auf das Problem der Anwendung von Schätzverfahren zur Bestimmung des Fair Value (Kapitel 2.1). Das DCF-Verfahren erscheint aufgrund seiner methodischen Vorteile und seiner Dominanz in der internationalen Bewertungspraxis als das geeignete Verfahren. Demzufolge konzentriert sich das Wertermittlungsproblem auf die Bestimmung der einzelnen Parameter des DCF-Verfahrens (Kapitel 2.1.2.2). Im Vorfeld methodischer Überlegungen ist eine untersuchungsspezifische Definition des betrachteten Problems notwendig. Hierzu erfolgt im Rahmen der Problemdefinition zunächst eine Festlegung auf ein "Prognoseproblem" (Kapitel 2.2).

Die Entwicklung möglicher Lösungsansätze für dieses Prognoseproblem erfolgt sowohl durch eine logisch-deduktive Ableitung aus einem zuvor festzulegenden Bezugsrahmen (dem Problemlösungsrahmen) als auch durch eine induktive Ableitung auf Grundlage einer empirischen Untersuchung der Bewertungspraxis. Ausgangspunkt für eine Festlegung des Problemlösungsrahmens ist die Betrachtung möglicher rechnungslegungsspezifischer Erkenntnisquellen (Kapitel 3.2). Dafür kommen neben dem IASB Framework insbesondere die Interpretation des SIC/IFRIC[62] sowie, falls vorhanden, Anwendungshilfen[63] zu den IFRS in

---

62 Standard Interpretation Committee (SIC) bzw. International Financial Reporting Interpretation Committee (IFRIC), vgl. hierzu Teil II Kapitel 1.1.3.

63 "Anwendungshilfen" ist der Oberbegriff für "Implementation Guidances", "Application Guidances" sowie "Illustrative Examples" zu den einzelnen Standards.

Betracht. Ergänzend könnten außerhalb des eigentlichen IFRS-Normensystems Verlautbarungen anderer Standardsetter, wie die US-GAAP (US-General Accepted Accounting Principles), oder vergleichbarer Rechnungslegungsnormen zur Auslegungsunterstützung herangezogen werden. Hierzu werden insbesondere die US-GAAP näher untersucht, die aufgrund der Ähnlichkeit der Zielsetzung beider Rechnungslegungssysteme,[64] des großen Umfangs an relevanter Literatur und empirischer Studien sowie der gemeinsamen Projekte des FASB und IASB als Erkenntnisquelle geeignet erscheinen (Kapitel 3.2.2.1).[65]

Da IAS 40 in der Basis for Conclusion einen direkten Verweis auf die international anerkannten Bewertungsstandards für die Bewertung von Immobilien, die International Valuation Standards (IVS) des International Valuation Standards Committee (IVSC) (sog. "White Book") enthält,[66] sind diese für das betrachtete Problem der Fair Value-Ermittlung ebenfalls als Erkenntnisquelle bedeutsam. Die für den europäischen Raum vergleichbaren European Valuation Standards (EVS) der (The) European Group of Valuers' Associations (TEGoVA) (sog. "Blue Book"), welche das Ziel hat, europäische Bewertungsstandards zu entwickeln und diese in die Bewertungspraxis einfließen zu lassen, werden im Hinblick auf einen möglichen Beitrag ebenfalls betrachtet (Kapitel 3.3).

Auf dem zuvor spezifizierten Problemlösungsrahmen aufbauend folgen induktive und deduktive Überlegungen zur Problemlösung (Kapitel 4). Hierzu wird zunächst eine Konkretisierung der Anforderungen an eine Problemlösung und mögliche Wege zur Problemlösung vorgenommen (Kapitel 4.1). Mangels Existenz allgemein anerkannter Theorien zur Lösung des in Kapitel 2.2 identifizierten Prognoseproblems finden heuristische Verfahren zur Problemlösung Anwendung (Kapitel 4.1.3).[67]

---

64 Beide Standardsetter betrachten die Vermittlung entscheidungsnützlicher Informationen für Investoren als Primärziel ihrer Rechnungslegungssysteme. "The objective of financial statements is to provide information about the financial position, performance and changes in financial position of an entity that is useful to a wide range of users in making economic decisions", IASB Framework.12 sowie für die US-GAAP: "Financial reporting should provide information that is useful to present and potential investors and creditors and other users in making rational investment, credit, and similar decisions", Statement of Financial Accounting Concepts (SFAC) 1.34.

65 Dies erscheint insbesondere vor dem Hintergrund einer bevorstehenden Angleichung beider Rahmenkonzepte relevant, vgl. hierzu FASB (2004), insbesondere das Kapitel "The Project to Revisit the Conceptual Framework". Darüber hat das IASB, den FASB Standard SFAS 157 "Fair Value Measurements" als eigenes Diskussionspapier veröffentlicht, vgl. IASB (2006c) und IASB (2006d).

66 Vgl. IAS 40.BC52 ff.

67 In Anlehnung an die Terminologie von DÖRNER handelt es sich im vorliegenden Fall um Probleme, die eine dialektische Barriere enthalten, vgl. DÖRNER (1979), S. 13. Charakteristisch für dialektische Probleme ist, dass die Kriterien für die Beurteilung, ob das Ziel erreicht ist, mit der Konstruktion des Zielzustandes zusammen entstehen, vgl. DÖRNER (1979), S. 95. Aus diesem Grund ist im Vorfeld des eigentlichen Beurteilungsprozesses die Bestimmung von nur vorläufigen Beurteilungskriterien möglich, da sich die endgültigen

Unter einer Heuristik ist in Anlehnung an FELGENBAUM/FELDMANN eine Denkregel zu verstehen, mit deren Hilfe sich der Aufwand zur Findung einer Lösung bei komplexen Problemen reduzieren lässt.[68] Wesentlicher Bestandteil einer Heuristik ist die Problemdekomposition. Diese erfolgt durch Zerlegung in die Teilprobleme "Einzahlungen", "Auszahlungen" sowie "Diskontierungszinssatz". Zur Lösung dieser Teilprobleme finden Erfahrungsregeln aus der Praxis, die Heuristiken im engeren Sinne, Anwendung (Kapitel 4.2).

Die Bestimmung der Heuristiken erfolgt dabei in mehreren Schritten. Zunächst erfolgt eine Erhebung möglicher Handlungsalternativen mit Hilfe von Experteninterviews (Kapitel 4.2.1). Anschließend erfolgt eine Eingrenzung und Würdigung dieser induktiv gewonnenen Handlungsalternativen im Hinblick auf die Anforderungen des Problemlösungsrahmens (Kapitel 4.2.2). Im Ergebnis konnten somit jeweils zwei alternative Vorgehensweisen zur Bestimmung der Parameter identifiziert werden, die sich lediglich hinsichtlich ihrer Ausprägungen an Relevanz und Zuverlässigkeit unterscheiden. Daher erfolgte zunächst der Versuch einer deduktiv begründeten Entscheidung zwischen diesen Alternativen (Kapitel 4.3.2), welcher jedoch auf Grund der fehlenden Kenntnis der tatsächlichen Präferenzstrukturen der Jahresabschlussadressaten keine eindeutige Schlussfolgerung zuließ. Die Erkenntnis der Grenzen einer deduktiv begründbaren Entscheidung zwischen den möglichen Alternativen bildet das Ergebnis des zweiten Teils und zugleich die Grundlage für die nachfolgende empirische Untersuchung (Teil III).

Im Rahmen des Teils III wird untersucht, inwieweit die im Rahmen der Untersuchung befragten Immobiliensachverständigen bei der Durchführung der Wertermittlung die zuvor identifizierten Kriterien berücksichtigen und welches Gewicht sie damit implizit den Kriterien der Relevanz und Zuverlässigkeit beimessen. Zur Messung der Präferenz der Immobiliensachverständigen findet das "Conjoint Measurement", ein in der empirischen Marktforschung zur Präferenzmessung geläufiges Verfahren, Anwendung (Kapitel 2.2). Die eigentliche Präferenzmessung wird ergänzt durch einen qualitativen Fragebogen, welcher Erkenntnisse über die Vorbildung der befragten Immobiliensachverständigen, die Erfahrungen mit Bewertungen für Zwecke der IFRS sowie hinsichtlich des prozentualen Anteils einzelner Bewertungsverfahren in der Praxis liefert (Kapitel 2.3).

Kriterien erst im Rahmen der eigentlichen Lösungsfindung konkretisieren. Verwendet man die (häufig verwandte) Klassifizierung in gut und schlecht definierte Probleme, so lassen sich schlecht definierte Probleme unter die Probleme mit einer dialektischen Barriere subsumieren, vgl. DÖRNER (1979), S. 13

68 Vgl. FEIGENBAUM/FELDMANN (1963), S. 6.

Aufbauend auf den empirisch gewonnenen Erkenntnissen erfolgt eine umfassende Ergebnisinterpretation sowie die Ableitung von Implikationen für die zukünftige Bewertungspraxis im Kontext der IFRS (Kapitel 4). Hierbei werden Verknüpfungen zwischen den logisch-deduktiv und den empirisch gewonnenen Erkenntnissen gezogen und die Ursachen für ein bestimmtes Antwortverhalten untersucht. Die Arbeit schließt mit einer thesenförmigen Zusammenfassung. Der Gang der Untersuchung stellt sich grafisch wie folgt dar:

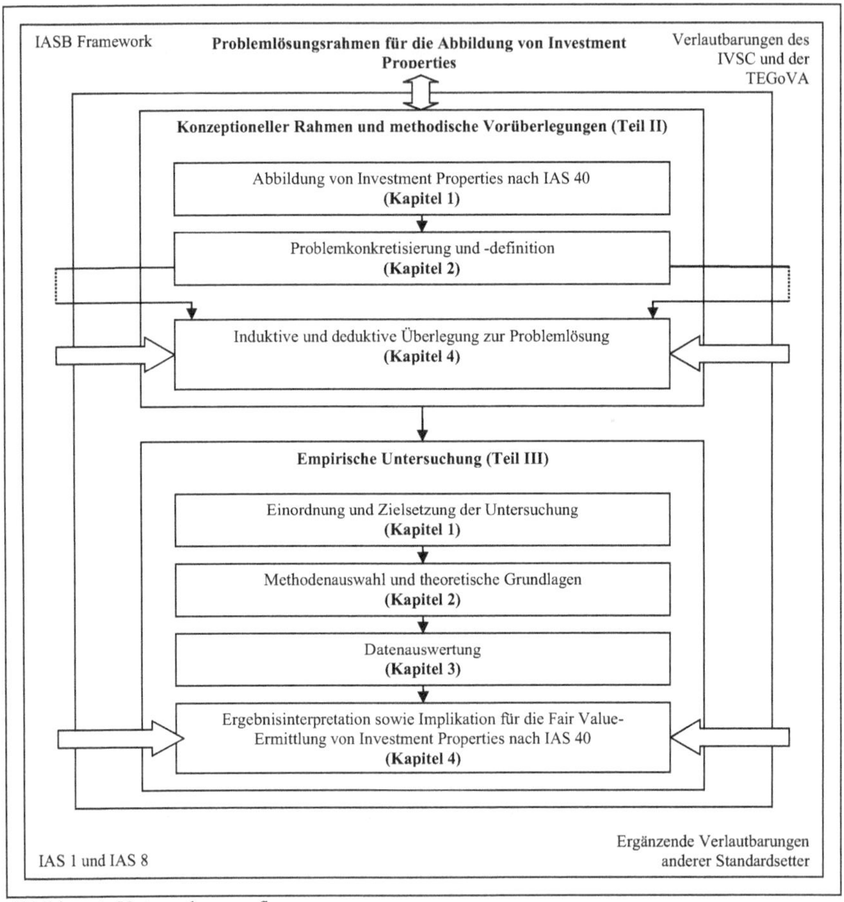

Abbildung 1: Untersuchungsaufbau

Teil II Konzeptioneller Rahmen und methodische Vorüberlegungen

1 Abbildung von Investment Properties nach IAS 40

1.1 Normzweck und Verpflichtungsgrad des IAS 40

1.1.1 Vermittlung entscheidungsnützlicher Informationen als Zielsetzung

Der Herausgeber der IFRS, das IASB, bezweckt mit den IFRS die Entwicklung eines qualitativ hochwertigen, verständlichen und durchsetzbaren Systems internationaler Rechnungslegungsnormen sowie die Bereitstellung qualitativ hochwertiger, transparenter und vergleichbarer Informationen zur Unterstützung der Kapitalmarktteilnehmer bei ihren wirtschaftlichen Entscheidungen.[69]

Der Begriff "Information" wird in der wirtschaftswissenschaftlichen Literatur als "zweckorientiertes Wissen" definiert.[70] Zweckorientierung von Wissen ist gegeben, wenn es den Adressaten in der Vorbereitung seines zielgerichteten ökonomischen Handelns unterstützt.[71] Falls keine Beeinflussung des Verhaltens des Adressaten gegeben ist, liegt demzufolge keine Information vor.[72] Gebräuchlicher im Schrifttum ist dagegen eine weite Auslegung des Informationsbegriffs. Hiernach liegt eine Information vor, sofern sie zur Erwartungsbildung über die Eintrittswahrscheinlichkeiten der künftigen Ereignisse der jeweiligen Handlungsalternativen und zur Einschätzung der damit verbundenen Konsequenzen beiträgt.[73] Somit liegt eine Information auch dann vor, wenn die Einschätzung des Adressaten lediglich bestätigt wird.[74] Folgt man der strengen Auffassung des Informationsbegriffs, dürfte nur dann von einer Information gesprochen werden, wenn sie auch

---

69 Vgl. IASC Foundation Constitution.2 (a). So werden in der Ökonomie rationale Entscheidungen auf das Erreichen von Zielen ausgerichtet. Inhaltlich sinnvoll wird dieses Ziel mit dem Streben nach Einkommen und Einkommensverwendung gefüllt, vgl. BEYHS (2002), S. 34.

70 Vgl. WITTMANN (1959), S. 14 sowie PELLENS (1989), S. 33. Diese Definition basiert auf dem entscheidungstheoretischen Informationsbegriff, vgl. MAG (1977), S. 4 f. Kritisch hierzu BODE (1997), S. 458 ff.; SCHNEIDER (1997), S. 80 ff. sowie VOLK (1990), S. 7 ff.

71 In einer engen Begriffsabgrenzung kann insofern von einer Information gesprochen werden, wenn in einer Entscheidungssituation günstigstenfalls eine Entscheidungsänderung vollzogen wird, vgl. stellvertretend BALLWIESER (2002), S. 117; BONSE (2004), S. 61.

72 Vgl. beispielsweise STERLING (1970), S. 40.

73 Vgl. BEAVER (1989), S. 22 ff.; PELLENS (1989), S. 33. So auch das IASB Framework.26 "bei der Beurteilung vergangener, derzeitiger oder zukünftiger Ereignisse helfen oder ihre Beurteilungen aus der Vergangenheit bestätigen" und SFAC 2.47 "information must be capable of making a difference in a decision by helping users to form predictions about the outcomes of past, present, or future events or to confirm or correct expectations."

74 Zur Abgrenzung der verschiedenen Informationsbegriffe vgl. auch HIRSHLEIFER/RILEY (1992), S. 167 ff.

relevant im Sinne von entscheidungsunterstützend ist. Nachfolgend wird in Abkehr von dem zum Teil im informationstheoretischen Schrifttum eng abgegrenzten Informationsbegriff die Relevanz einer Information als qualitative Eigenschaft derselben betrachtet.[75]

Zielsetzung eines IFRS-Abschlusses ist die Vermittlung von entscheidungsnützlichen Informationen für bestehende und potentielle Investoren.[76] Die im IFRS-Abschluss bereitgestellten Informationen, einschließlich der Anhangangaben, sollen den Adressaten bei der Prognose der zukünftigen Cashflows sowie der zukünftigen Vermögens-, Finanz- und Ertragslage unterstützen.[77] Der IFRS-Abschluss soll eine "fair presentation" der tatsächlichen Vermögens-, Finanz- und Ertragslage bieten.[78]

Die Informationsbedürfnisse der bestehenden und potentiellen Investoren sind zukunfts- und zahlungsstrombezogen.[79] Die Befriedigung dieses Informationsbedürfnisses ließe sich sowohl durch direkte Prognosen der Unternehmen[80] als auch durch Ableitung von Prognosen aus den Daten des IFRS-Abschlusses realisieren.[81] Die Formulierung der Zielsetzung im IASB

---

[75] Vgl. hierzu insbesondere die Ausführung des FASB im SFAC 2.46, Fn. 5: "Information theorists assert that 'relevant' as an adjective qualifying 'information' is redundant, for irrelevant information is mere data. This statement does not follow that usage."

[76] Vgl. IASB Framework.12 sowie IAS 1.7 sowie stellvertretend RUHNKE (2005), S. 16 f.; STREIM/BIEKER/LEIPPE (2001), S. 179 ff.
Folglich können Informationen, die das Entscheidungsverhalten des Adressaten beeinflussen, als entscheidungsnützlich bezeichnet werden. Sie weisen somit einen Informationsgehalt auf. Abzugrenzen vom Informationsgehalt ist der Informationswert. Der Wert einer Information leitet sich aus der Eigenschaft ab, die Qualität der vom Adressaten zu treffenden Entscheidung zu verbessern. Eine Rechnungslegungsinformation mit Informationswert muss sich also nicht nur in einer informationsinduzierten Verbesserung der individuellen Zielerreichung in Bezug auf ein Entscheidungsproblem niederschlagen, sondern auch die Informationskosten berücksichtigen. Nur wenn unter Einbezug der Informationskosten die individuelle Zielerreichung gesteigert wird (positiver Netto-Nutzen als Differenz aus Informationsgehalt und Informationskosten), ergibt sich ein positiver Informationswert. Anhand dieses Kriteriums lässt sich somit die Entscheidungsnützlichkeit von Informationen bewerten. Deshalb ist zur Bestimmung des ökonomischen Nutzens von Informationen eine systematische Einbettung der Informationsverwendung in die Entscheidungsprobleme des jeweiligen Adressaten erforderlich. Der Informationswert hängt somit von den jeweiligen Präferenzen und dem Entscheidungsfeld des Rechnungslegungsadressaten ab, vgl. stellvertretend BALLWIESER (1985), S. 25; WAGENHOFER/EWERT (2003), S. 76 ff. sowie grundlegend ohne Bezug zur Rechnungslegung ENGELS (1962), S. 12 ff. und 17 f.; WITTMANN (1956), S. 58 ff.

[77] Vgl. IAS 1.7 sowie IASB Framework.28.

[78] Vgl. IAS 1.13. Zur Umsetzung dieser "fair presentation" verweist IAS 1 explizit auf die im IASB Framework festgelegten qualitativen Anforderungen an eine Rechnungslegungsinformation, vgl. IAS 1.15 (b) sowie zu den qualitativen Anforderungen Teil II Kapitel 3.2.1.3.

[79] Es besteht ein Interesse an Informationen über die Breite, Struktur und Unsicherheit der zukünftigen Ausschüttungen, vgl. STREIM/BIEKER/LEIPPE (2001), S. 181.

[80] BEHYS spricht in diesem Zusammenhang von der Informationsfunktion der Rechnungslegung im engeren Sinne, vgl. BEYHS (2002), S. 209. Nach Ansicht von STREIM/BIEKER/LEIPPE (2001), S. 181 lässt sich dieses Informationsinteresse nur durch Finanzpläne und nicht durch Bilanzen befriedigen.

[81] So ist KRÖNERT (2001), S. 52 der Auffassung, dass Informationsadressaten nicht an selbständigen Prognosen der Unternehmen interessiert sind, sondern aus Gründen der Zuverlässigkeit vergangenheitsorientierte Daten bevorzugen. Auf Grundlage dieser Daten würden sie selbständig Analysen und Prognosen vornehmen, um

Framework lässt eine Entscheidung des IASB zugunsten der zweiten Variante vermuten.[82] Die aktuelle Entwicklung innerhalb der IFRS hin zum Fair Value als Bewertungsmaßstab weist hingegen eher auf die der Bereitstellung direkter Prognosen hin.[83]

Der Fair Value spiegelt ebenso wie beispielsweise der "Value in Use" als Barwert die zukünftigen Einzahlungserwartungen eines Vermögenswertes zum Bewertungsstichtag wider. Beim Fair Value handelt es sich um eine mehrheitlich marktbasierte Schätzung der erwarteten Einzahlungsüberschüsse, während dem Value in Use eine Schätzung aus Unternehmenssicht zu Grunde liegt. Der Fair Value stellt damit, in Gestalt eines tatsächlich vorhandenen Marktpreises oder bei einer Ermittlung durch Anwendung eines anerkannten Schätzverfahrens, die zukünftig erwarteten Einzahlungsüberschüsse abgezinst auf den Abschlussstichtag aus Sicht der Marktteilnehmer bzw. des Bewertenden dar. Mit dem Fair Value hat demzufolge eine Zukunftserfolgsgröße Eingang in die IFRS-Rechnungslegung gehalten. Insbesondere bei der Abbildung von als Finanzanlagen gehaltenen Immobilien wird die Orientierung hin zu einer Bereitstellung von Zukunftserfolgsgrößen deutlich. Die Bewertung der Investment Properties kann (und sollte nach Ansicht des IASB)[84] zum Fair Value erfolgen.[85]

Grundsätzlich unterstellt das IASB einen breiten Kreis an potentiellen Informationsadressaten. Hierzu zählen neben den derzeitigen und potentiellen Investoren und Fremd-

---

daraus ihre Handlungsalternativen ableiten zu können. Zur Ableitung von eigenen Prognosen aus Jahresabschlussinformationen vgl. auch STÜTZEL (1967), S. 338 f.

82 Vgl. IASB Framework.13.

83 Die Bilanzierung von Vermögenswerten zum Fair Value entspricht einer verdichteten Bereitstellung von marktbasierten Prognosen über den mit einen Posten verbundenen Zahlungsstrom. Im Unterschied zur Bereitstellung der einzelnen Zahlungsmittelzufluss-Erwartungen des Managements für die zukünftigen Perioden, aus denen sich der Informationsadressat unter Verwendung seines individuellen risikoadäquaten Diskontierungszinssatzes den Barwert als Entscheidungsgrundlage für eine Investitions- oder Desinvestitionsentscheidung ableiten kann, erfolgt hierbei eine Bestimmung des Barwertes durch das Management unter Verwendung eines "für alle Adressaten gleichermaßen geeigneten" Diskontierungszinssatzes, vgl. hierzu auch SCHMIDT (2006), S. 121.

84 Vgl. zur eindeutigen Präferenz des IASB für eine Fair Value-Bewertung von Investment Properties den Exposure Draft zu IAS 40 (E64) sowie IAS 40.BC44 ff. "E64 proposed that all investment property should be measured at fair value. Supporters of the fair value model believe that fair values give users of financial statements more useful information than other measures, such as depreciated cost. In their view, rental income and changes in fair value are inextricably linked as integral components of the financial performance of an investment property and measurement at fair value is necessary if that financial performance is to be reported in a meaningful way.", IAS 40.BC44. Aufgrund der Vorbehalte gegenüber einer ausschließlichen Fair Value-Bewertung wurde den Unternehmen (zumindest vorerst) ein Wahlrecht eröffnet, vgl. IAS 40.BC47 ff. sowie ausführlich Teil II Kapitel 1.2.1.5.3.

85 Vgl. IAS 40.33 sowie ausführlich zum Fair Value Model Teil II Kapitel 1.2.1.4.2. Auf eine grundlegende Diskussion der Vor- und Nachteile eines Fair Value-basierten Rechnungslegungssystems wird aufgrund der Vielzahl existenter Beiträge verzichtet, vgl. zur Diskussion stellvertretend BALLWIESER/KUHNER (1994), S. 93 ff.; BALLWIESER/ KÜTING/SCHILDBACH (2004); BARTH/LANDSMAN (1995); BLAUFUS (2005); MUJKANOVIC (2002); LORSON (2005); SHIM/LARKIN (1998); SIEGEL (1997); STARBATTY (2001); STREIM/BIEKER/ESSER (2003); WILLIS (1998). Vgl. auch Fn. 43.

kapitalgebern auch die Arbeitnehmer, Kunden, Lieferanten, Regierung sowie die Öffentlichkeit.[86] Voraussetzung für die Entwicklung eines Rechnungslegungssystems ist die Kenntnis der Informationsbedürfnisse der potentiellen Adressaten. Jedoch lässt sich eine allen Informationsadressaten gleichermaßen dienliche Rechnungslegung nicht umsetzen.[87] Demzufolge nimmt das IASB eine Fokussierung auf die Informationsbedürfnisse der Investoren[88] vor.[89] Hierbei wird unterstellt, dass das Informationsbedürfnis der Investoren auch dem Informationsbedürfnis der meisten anderen Adressaten entspricht.[90]

1.1.2 Rechenschaftsfunktion

Neben der Unterstützung der Adressaten bei ihren wirtschaftlichen Entscheidungen durch die Bereitstellung entscheidungsnützlicher Informationen wird durch die IFRS ein "investor protection" verfolgt, d.h. der Schutz der bestehenden und potentiellen Investoren vor einem eigennützig handelnden Management.[91] Aufgrund der in der Realität vorliegenden Unvollkommenheit und Unvollständigkeit der Märkte,[92] der Gefahr opportunistischen Verhaltens sowie der asymmetrisch verteilten Informationen[93] zwischen dem Management und den Anteilseignern ist eine Kenntnis der Marktpreise für Entscheidungen unzureichend. Zumeist fehlen Marktpreise völlig.[94] Die Rechnungslegung hat daher neben ihrer Informationsfunktion immer auch eine Rechenschaftsfunktion.[95]

---

86 Vgl. IASB Framework.9.

87 Vgl. zu dieser Problematik auch BALLWIESER (1982), S. 784: "(da, d. Verf.) verschiedene Personen unterschiedliche Zielfunktionen und Entscheidungsfelder haben und deshalb aus einem gegebenen Informationensystem unterschiedlichen Nutzen ziehen".

88 Jedoch tendieren das IASB und das FASB momentan zu einer Erweiterung der Fokussierung auf die Informationsbedürfnisse der Investoren und Fremdkapitalgeber (sowie deren Berater), vgl. beispielsweise IASB (2006), OB6 ff. Eine weitere Auslegung des Begriffs der Investoren befürwortend und die Fremdkapitelgeber unter den Begriff der Investoren subsumierend ebenso STREIM/BIEKER/LEIPPE (2001), S. 179.

89 Deutlicher wird das FASB, welches in seinem Rahmenkonzept, den Statements of Financial Accounting Concepts (SFAC), eine ähnliche Typisierung vornimmt, indem es ausführt, dass "optimal information for one user will not be optimal for another", vgl. SFAC 2.36.

90 Vgl. IASB Framework.10. Insofern erfolgt eine Typisierung. Die Fokussierung auf das Informationsbedürfnis der Investoren ist aus Sicht des Standardsetters sinnvoll, da die Informationsbedürfnisse dieser Adressatengruppe als weitgehend erforscht gelten, vgl. LORSON (2005), S. 10.

91 Vgl. IASB Framework.9 und IASB Framework.12 sowie stellvertretend STREIM (2000), S. 113. Die US-GAAP verfolgen eine ähnliche Zielsetzung, vgl. beispielsweise SFAC 1.30 und 1.32.

92 Vgl. zu den Annahmen eines vollständigen Marktes auch RICHTER/FUROBTN (2003), S. 346 ff

93 So hat das Management als Abschlussersteller zumeist einen Informationsvorsprung. Dieser kann sowohl in zeitlicher Hinsicht als auch in quantitativer und qualitativer Hinsicht vorliegen. Der zeitliche Informationsvorsprung, den interne Akteure besitzen, lässt sich beispielsweise durch institutionelle Regelungen, welche eine sofortige Veröffentlichung kursrelevanter Informationen erfordern, (Ad-hoc-Publizität), reduzieren, vgl. RUHNKE (2005), S. 28.

94 Vgl. PFAFF/KUKULE (2006), S. 544. Erklärungsansätze hierfür liefert die (Neue) Institutionen Ökonomie (NIÖ), die die neoklassischen Annahmen der vollkommenen Information, der unbegrenzten Rationalität

Daher ist das Ablegen von Rechenschaft des Managements über die ihm anvertrauten Ressourcen (sog. "stewardship function") ein weiterer Zweck der IFRS.[96] Insbesondere aus der Trennung von Eigentum und Verfügungsmacht bei börsennotierten Kapitalgesellschaften erwächst die Notwendigkeit einer Kontrolle des handelnden Managements durch die Investoren.[97] Die Finanzberichterstattung durch Bereitstellung eines IFRS-Abschlusses ist dabei ein wesentliches Element der Beurteilung des Managements.[98] Demzufolge muss der IFRS-Abschluss den Investoren Informationen bereitstellen, welche eine Beurteilung der Leistung des Managements im Sinne der Investoren ermöglichen. Der IFRS-Abschluss bildet damit zugleich die Grundlage für eine eventuelle Bestätigung oder Ersetzung des Managements.[99] Diese Problematik wird in der Wissenschaft auch unter dem Begriff "Prinzipal-Agenten-Problematik" diskutiert.[100]

---

sowie der Freiheit von Transaktionskosten verwirft und stattdessen unterstellt, dass die Individuen unvollständige Informationen und begrenzte Rationalität besitzen, was zu Unsicherheit bezüglich der Einschätzung der Zukunft führt. Weiterhin wird realitätsnäher unterstellt, dass die Informationsbeschaffung Transaktionskosten verursacht, vgl. MÉNARD/SHIRLEY (2005), S. 1 sowie RUHNKE (2005), S. 26 ff. m.w.N. Daher erscheint es aus dem Blickwinkel der NIÖ notwendig, Handlungen von Individuen in dem Sinne zu kanalisieren, dass sie die Anreize der Individuen beeinflussen, da Individuen zum Opportunismus neigen, vgl. ERLEI/LESCHKE/SAUERLAND (1999), S. 23.

95 Vgl. beispielsweise LEFFSON (1987), S. 55 ff. sowie PFAFF (2001), S. 19 ff.

96 Die Rechenschaftsfunktion der Rechnungslegung ist Ergebnis des unter dem Begiff "stewardship" diskutierten Problems im Rahmen der Institutionenökonomie. Vgl. hierzu auch die Diskussion im Rahmen der Neufassung des Framework, IASB (2006), BC 1.32 ff. Diese als Rechenschaftsfunktion bezeichnete Zielsetzung soll zukünftig als eigenständige Zielsetzung innerhalb der IFRS entfallen, vgl. IASB (2006), OB27 ff. So ist die Mehrheit des IASB der Auffassung, dass die Vermittlung entscheidungsnützlicher Informationen die Rechenschaftsfunktion mit einschließt, vgl. IASB (2006), OB 18 ff. Dieser Auffassung ist entgegenzuhalten, dass sich Investoren selbst bei einer im Vorhinein befristeten Kapitalanlage eine Rechenschaftsfunktion ausbedingen werden, da hiervon eine zumindest disziplinierende Wirkung auf das Management ausgeht. Die Rechenschaftsfunktion geht daher nicht vollständig in der Vermittlung entscheidungsnützlicher Informationen auf, vgl. auch KAMPMANN/ SCHWEDLER (2006), S. 525 sowie zum Entwurf des gemeinsamen Rahmenkonzeptes von FASB und IASB Teil II Kapitel 3.2.2.2.2.

97 Das Management ist von den Eigentümern (den Aktionären) beauftragt, eine bestimmte Aufgabe, die erfolgreiche Steuerung des Unternehmens, auszuführen. Der Eigentümer (Prinzipal) erwartet vom Management (Agenten) eine bestmögliche Verwendung des Ressourcenbestandes und vertraut diesem im Vertrauen auf die Kompetenz des Agenten sein Vermögen an, vgl. EWERT (1986), S. 1. Diese ökonomische Beziehung wird als Prinzipal-Agenten-Beziehung bezeichnet und allgemein wie folgt definiert: "a contract under which one or more persons (the principal(s)) engage another person (the agent) to perform some service on their behalf which involves delegating some decision making authority to the agent", JENSEN/MECKLING (1976), S. 308.
Der prinzipal-agenten-theoretische Ansatz beschäftigt sich folglich mit Problemen, die aus der aufgrund von Spezialisierungsvorteilen gewollten Trennung von Eigentum und Verfügungsmacht resultieren. Das Grundproblem bei Auftragsverhältnissen (zwischen dem Prinzipal und dem Agent) besteht in der asymmetrischen Informationsverteilung zwischen dem Investor (Prinzipal) und dem Management (Agent).

98 Die Rechnungslegung ist der Versuch eines institutionellen Regelwerkes zum Abbau dieses Informationsvorsprunges und zur Beurteilung der Managementleistung, vgl. zur Regulierung der Rechnungslegung beispielsweise LENZ/BAUER (2002), S. 252 ff.

99 Vgl. auch IASB Framework.14.

100 Vgl. Fn. 97. Ziel einer idealistischen Rechnungslegung wäre es folglich, diese asymmetrische Informationsverteilung zwischen den Kapitalmarktteilnehmern zu beseitigen oder zumindest abzumildern.

Aus dem Blickwinkel der Rechnungslegung stellt sich die Frage, wann das Management des bilanzierenden Unternehmens ein Interesse an einer nicht normenkonformen[101] Berichterstattung an die Rechnungslegungsadressaten besitzen könnte. Hierbei wird unterstellt, dass Individuen immer dann bereit sind, Normen zu verletzen, wenn der erwartete Nutzen die erwarteten Nutzeneinbußen übersteigt.[102] Im Kontext des betrachteten Bilanzierungsproblems von Investment Properties ergeben sich erhebliche Möglichkeiten für Opportunismus. So könnte das Management des bilanzierenden Unternehmens durch eine Überbewertung des Vermögenspostens Investment Properties aufgrund der ergebniswirksamen Behandlung der Wertänderung Einfluss auf das Jahresergebnis nehmen. Durch die Bewertung von Investment Properties zum Fair Value ergeben sich somit für den Abschlussersteller (das zu beurteilende Management) erhebliche Ermessensspielräume.[103]

1.1.3 Verpflichtungsgrad des IAS 40 innerhalb des IFRS-Normensystems

Das Normensystem der IFRS besteht, zunächst ohne verpflichtungsgradorientierte Rangfolge, aus folgenden Komponenten:[104]

- dem "Preface" (Vorwort),
- dem "Framework for the Preparation and Presentation for Financial Statements" (nachfolgend als IASB Framework bezeichnet),[105]
- den einzelnen Standards (IFRS und IAS),[106]
- den Interpretationen des IFRIC und des früheren SIC als auch

---

[101] Eine nicht normenkonforme Berichterstattung liegt beispielsweise dann vor, wenn das Management zur Beeinflussung des bilanziellen Ergebnisses Vermögensposten überbewertet oder Passivposten unterbewertet.

[102] Dies ist dann der Fall, wenn der erwartete Nutzen aus dem Normenverstoß größer ist als die Aufdeckungswahrscheinlichkeit des Normenverstoßes, multipliziert mit der erwarteten Nutzeneinbuße, vgl. RUHNKE (2005), S. 27 m.w.N. Jedoch ist die Aufdeckungswahrscheinlichkeit bei geschätzten Werten tendenziell geringer als bei anderen bilanziellen Wertmaßstäben. Aufgrund der Komplexität der in die Bewertung Eingang findenden Annahmen beschränkt sich die (Jahresabschluss-)Prüfung zumeist auf eine Plausibilisierung des vom Unternehmen verwandten Prognosemodells sowie der Annahmen und Gesetzmäßigkeiten, vgl. ausführlich zum Problem der Prognoseprüfung RUHNKE/SCHMIDT (2003), S. 1044 ff.

[103] So auch VATER (2002), S. 537. Vgl. zur Problematik der Ermessensspielräume auch Fn. 513.

[104] Vgl. BAETGE/ZÜLCH (2004), Rn. 179 m.w.N.

[105] Obwohl das IASB Framework nicht formell von der EU übernommen wurde, wurde es dennoch einem Kommentar der EU-Kommission als Anhang beigefügt. Die EU wollte durch diese Einbindung des IASB Framework eine kohärente Anwendung der IFRS sicherstellen. Gleichwohl erlangt es dadurch keinerlei rechtliche, sondern allenfalls faktische Verbindlichkeit aufgrund überzeugender Argumentation und der Tatsache, dass das IASB Framework Grundlage für die Standardentwicklung ist, vgl. F.1 (a).

[106] Die einzelnen Standards sind entsprechend ihrer chronologischen Verabschiedung durchnumeriert. Ältere Standards, welche von der Vorgängerinstitution des IASB, dem International Accounting Standard Committee (IASC), verabschiedet wurden, heißen International Accounting Standards (IAS), vgl. zu den Entwicklungsstufen des IASC KLEEKÄMPER/KUHLEWIND/ALVAREZ (2002), Rz. 24 ff. Neuere Standards, welche vom IASB verabschiedet werden, heißen zur Schaffung einer sprachlichen Differenzierung International Financial Reporting Standards (IFRS). Sprachlicher Obergriff für sämtliche Standards (IAS und IFRS) sowie für die Interpretationen des ehemaligen SIC und des IFRIC ist jedoch IFRS, vgl. IAS 1.11.

- den "Application Guidances" sowie den "Implementation Guidances"/"Illustrative Examples".

Die Ausführungen des Preface zu den IFRS besitzen lediglich den Charakter von allgemeinen Hinweisen. So erläutert das Preface u.a. die Zielsetzung des IASB sowie den Anwendungsbereich und die Funktion von Standards. Für die Anwendung und Auslegung der IFRS hingegen hat das Preface kaum Bedeutung.[107]

Das IASB Framework dient als Auslegungs- und Orientierungshilfe[108]. Das IASB Framework richtet sich, als eine Art Bezugsrahmen, sowohl an das IASB als Grundlage zur Erarbeitung neuer Standards als auch an die Abschlussersteller, Prüfer, Adressaten sowie sonstige an der Rechnungslegung interessierte Personen und Institutionen zur Auslegung bereits bestehender Standards.[109] Hinsichtlich seines Verpflichtungsgrades wird explizit herausgestellt, dass das IASB Framework kein Standard ist und auch keinem Standard vorgeht.[110]

Die einzelnen Standards dagegen befassen sich mit abgegrenzten Bereichen des IFRS-Normenwerkes, folgen jedoch keinem einheitlichen Regelungsfokus. So sind die Standards zum Teil deckungsgleich mit bestimmten Bilanzposten,[111] oder bestimmten Abbildungsproblemen[112] oder behandeln die Gestaltung von Instrumenten der Rechnungslegung.[113] Zur Aufstellung eines IFRS-Abschlusses sind grundsätzlich alle gültigen IFRS verpflichtend anzuwenden.[114]

Die Interpretationen des IFRIC bzw. der Vorgängerorganisation SIC stellen verbindlich anzuwendende[115], vom IASB autorisierte, Auslegungen der bestehenden Standards dar.[116]

---

[107] Vgl. WOLLMERT/ACHTLEITNER (1997), S. 209; a.A.WAGENHOFER (2005), S. 115 ff.

[108] Vgl. IAS 8.11 (b) sowie stellvertretend LÜDENBACH/HOFFMANN (2006), Rz. 2.

[109] Vgl. IASB Framework.1 und stellvertretend BALLWIESER (2003), S. 337 f. m.w.N. sowie ausführlich Teil II Kapitel 3.2.1.

[110] Vgl. IASB Framework.2.

[111] Beispielsweise IAS 2 zur Bilanzierung von Vorräten, IAS 12 zur Bilanzierung latenter Steuern oder IAS 37 zur Bilanzierung von Rückstellungen.

[112] Beispielsweise IAS 11 zur Abbildung langfristiger Auftragsfertigung in den IFRS oder IAS 17 zur Abbildung von Leasingverhältnissen.

[113] Beispielsweise IAS 7 zur Kapitalflussrechnung, IAS 14 zur Segmentberichterstattung oder IAS 33 für das Ergebnis je Aktie.

[114] Vgl. IAS 8.7. Jedoch kann auf die Anwendung eines Standards verzichtet werden, wenn seine Anwendung unwesentliche Auswirkungen auf die Vermögens-, Finanz- und Ertragslage des bilanzierenden Unternehmens hat, vgl. IAS 8.8.

[115] Ein Abschluss darf nur dann als IFRS-konform bezeichnet werden, wenn sämtliche Anforderungen der IFRS erfüllt sind, vgl. IAS 1.14.

[116] Aufgrund des in der EU notwendigen Komitologieverfahrens sind auch vom IASB bereits veröffentlichte Interpretationen erst nach dessen erfolgreichem Abschluss in der EU verbindlich anzuwenden. In der Praxis kann es somit zu Abweichungen zwischen der internationalen und europäischen Bilanzierungspraxis

Aufgabe des IFRIC ist zum einen die Entwicklung von Normen für Sachverhalte, für die in den jeweiligen IFRS keine Regelung enthalten ist (Regelungslücken)[117] und zum anderen die Auslegung bestehender Normen in Fällen von divergierender oder unbefriedigender Anwendung einzelner IFRS (Auslegung einer bestehenden Norm).[118] Auf Grundlage der Interpretationen sollen die Standards bei Bilanzierungsfragen, die in den Standards selbst nicht ausdrücklich geregelt sind, einheitlich und zutreffend angewandt werden. Die Interpretationen sollen zeitnah herausgegeben werden und sollen sich nur auf Bilanzierungsfragen von allgemeinem Interesse beziehen. Sie werden konsistent zum IASB Framework und zu den bestehenden Standards entwickelt.[119]

"Application Guidances" sind integraler Bestandteil des jeweiligen Standards[120] und demnach verpflichtend anzuwenden. Abzugrenzen von den Application Guidances sind die "Implementation Guidances" (IG), welche Probleme bei der Einführung und Anwendung komplexer Standards verringern sollen. Sie wurden erstmals mit IAS 39 veröffentlicht. Mittlerweile werden Implementation Guidances im Zusammenhang mit nahezu jedem neuen Standard[121] herausgegeben. Zu diesem Zweck wurden und werden vom IASB für bestimmte Standards Arbeitsgruppen, die Implementation Guidance Committees (IGC), eingesetzt. Diese Arbeitsgruppen erarbeiten Handlungsanweisungen für komplexe bilanzielle Sachverhalte, welche den IFRS-Anwendern die praktische Umsetzung der Standards erleichtern sollen. Die Verabschiedung der Implementation Guidances erfolgt durch die IGCs selbst und nicht durch das IASB. Somit entfalten die IGs keine unmittelbare Bindungswirkung, sondern besitzen nur Empfehlungscharakter.[122] Auch die "Illustrative Examples" sind kein Standardbestandteil und besitzen ebenfalls nur Empfehlungscharakter. Sie dienen als praktische

---

kommen. Ein Beispiel für die Nicht-Anerkennung einer Interpretation durch die Europäische Union gab der IFRIC 3 "Emission Rights", welcher aufgrund einer als sicher geltenden Ablehnungsentscheidung der Europäischen Union noch vor der tatsächlichen formellen Entscheidung im Juni 2005 vom IASB zurückgezogen wurde, vgl. IASB (2005), S. 1.

117 Vgl. zu Regelungslücken RUHNKE/NERLICH (2004), S. 390 ff.

118 Vgl. IFRIC Preface.1.

119 Hierzu trägt auch bei, dass die Interpretationen zusätzlich vom IASB verabschiedet werden müssen, vgl. WAGENHOFER (2005), S. 65.

120 Vgl. beispielsweise IAS 32, IAS 33 und IAS 39.

121 Vgl. beispielsweise IFRS 1, IFRS 2, IFRS 4 und IFRS 5.

122 So auch HEUSER/THEILE (2005), Rz. 29 f.

Umsetzungsbeispiele und repräsentieren nicht die einzige mögliche Umsetzungsmöglichkeit des jeweiligen Standards. Sie sind daher auch nicht als abschließend zu bezeichnen.[123]

Die Strukturierung der IFRS erfolgt im Hinblick auf das Vorgehen in dieser Arbeit anhand des jeweiligen Verpflichtungsgrads der einzelnen Normen und ergänzenden Erkenntnisquellen. Hierbei wird bewusst vom Rechtsnormencharakter der einzelnen Bestandteile des IFRS-Normensystems abstrahiert.[124] Die Strukturierung orientiert sich dabei im Wesentlichen am Vorgehen von PELLENS/ FÜLBIER/GASSEN,[125] die unter Bezugnahme auf die in IAS 8.7 ff. normierte Vorgehensweise,[126] eine Hierarchie innerhalb der IFRS ableitbar sehen. Danach erfolgt eine Unterscheidung in Basisregeln, Regeln mit Empfehlungscharakter und ergänzende Auslegungshilfen. Die Rechnungslegungsbasis bilden die einzelnen Standards sowie die Interpretationen. Zu den Regeln mit Empfehlungscharakter werden die Anwendungshilfen, ähnliche oder verwandte Standards und/oder Interpretationsregeln sowie das IASB Framework gezählt. Ergänzende Auslegungsfunktion kommt den Verlautbarungen anderer, mit der Zielsetzung der IFRS übereinstimmender, Standardsetter, beispielsweise den US-GAAP, vorherrschenden Branchenpraktiken und Kommentarmeinungen zu. Darüber hinaus können auch verfügbare Entwürfe zukünftiger Standards und/oder Interpretationen herangezogen werden.[127]

Hinsichtlich des Verpflichtungsgrads geht demnach die Anwendung eines Standards sowie der gegebenenfalls existierenden Interpretation den sonstigen Regelungen innerhalb der IFRS voran. Aus Sicht eines Bilanzierenden ist demnach die Anwendung des Standards, sofern der zu bilanzierende Sachverhalt von der Norm erfasst wird, vorrangig. Daher werden zunächst

---

[123] An der Stellung der Illustrative Examples innerhalb der IFRS-Normenhierarchie wird auch die grundlegende Prinzipienorientierung der IFRS deutlich, vgl. zur Problematik der Prinzipienorientierung KUHNER (2004) m.w.N.; LÜDENBACH/HOFFMANN (2003a); PREIẞLER (2002); SCHILDBACH (2003).

[124] So ergeben sich in Europa aufgrund des Komitologieverfahrens Unterschiede hinsichtlich der Verbindlichkeit zwischen IFRS auf der einen Seite sowie dem IASB Framework, dem Preface und der "Basis for Conclusion" auf der anderen Seite. Nur die IFRS durchlaufen das Komitologieverfahren der Europäischen Union und erlangen dadurch den Charakter von Rechtsnormen.

[125] Vgl. PELLENS/ FÜLBIER/GASSEN (2006), S. 88 ff. BAETGE/ZÜLCH (2004), Rn. 179 ff. sehen dagegen eine Hierarchie innerhalb des Normenwerkes der IFRS in Abhängigkeit von der Konkretisierung und schlagen daher eine Strukturierung anhand des Konkretisierungsgrades vor. Sie formulieren hierzu in Anlehnung an die US-GAAP ein "House of the International Financial Reporting Standards (IFRS)" (vgl. zum "House of US-GAAP" Teil II Kapitel 3.2.2.1.2, insb. Fn. 546). Dieses Vorgehen ist jedoch im Hinblick auf den unterschiedlichen "Rechtsnormencharakter" einzelner Bestandteile des IFRS-Normensystems bedenklich (vgl. Fn. 124). Eine Ablehnung der Strukturierung nach dem Konkretisierungsgrad induziert auch der Beitrag von ZÜLCH (2005), S. 5, in dem dieser sich (nunmehr) ebenfalls einer Strukturierung nach dem Verpflichtungsgrad zuwendet.

[126] Vgl. hierzu auch Teil II Kapitel 3.1. Es sei daraufhingewiesen, dass IAS 8.7 ff. -streng genommen- nur Regelungenslücken betrifft.

[127] Vgl. ähnlich ZÜLCH (2005), S. 5.

die relevanten Ansatz- und Bewertungsregeln des für Investment Properties einschlägigen Standards IAS 40 nachfolgend erläutert.

1.2 Umsetzung des Fair Value-Konzepts für Investment Properties in IAS 40

1.2.1 Regelungen des IAS 40 für Investment Properties

1.2.1.1 Anwendungszeitpunkt und Anwendungsbereich

Die erste Fassung von IAS 40 wurde im Jahre 2000[128] veröffentlicht und ist in der derzeit geltenden Fassung auf Berichtsperioden anzuwenden, deren Geschäftsjahr am oder nach dem 1. Januar 2005 begonnen hat.[129] Investment Properties sind solche Immobilien[130], die vom Eigentümer zur Erzielung von Mieteinnahmen und/oder zum Zweck der Wertsteigerung gehalten werden, und nicht zur Herstellung oder Lieferung von Gütern bzw. zur Erbringung von Dienstleistungen oder für Verwaltungszwecke[131] oder zum Verkauf im Rahmen der gewöhnlichen Geschäftstätigkeit[132] dienen.[133]

Investment Properties grenzen sich demnach dadurch von anderen Vermögenswerten des Unternehmens ab, dass sie weitgehend unabhängig von diesen Cashflows produzieren.[134] Als Beispiele für Investment Properties nennt IAS 40 folgende Sachverhalte:[135]

---

128 Vgl. zur Entwicklungsgeschichte des IAS 40 beispielsweise HELM (2001), S. 171 ff.

129 Vgl. beispielhaft allgemein zur Bilanzierung von Immobilien zum Fair Value BAUMUNK/BÖCKEM/SCHUHRBOHM-EBNETH (2002); BÖCKEM/SCHURBOHM (2002); KÜTING/DAWO (2003); LEINEMANN (2004) sowie explizit zu IAS 40 BAUMUNK (2005), S. 71 ff.; BECK (2004); BÖCKEM/ SCHURBOHM-EBNETH (2003); DOHRN (2004), S. 167 ff.; ENGEL-CIRIC (2001); OLBRICH (2003); RANKER (2006), S. 317 ff.; REHKUGLER/SCHINDLER (2005); VATER (2002); ZÜLCH (2003).

130 Unter dem Begriff Immobilie sind Grundstücke oder Gebäude, Teile von Gebäuden, sofern diese selbständig nutzbar sind, oder Grundstücke zusammen mit den darauf errichteten Gebäuden zu verstehen, vgl. IAS 40.5. Der Begriff ist demnach nicht deckungsgleich mit dem des deutschen Zivilrechts nach dem Gebäude wesentliche Bestandteile des Grund und Bodens sind, da sie mit diesem fest verbunden sind. Das Zivilrecht kennt demnach keine Trennung in Grund und Boden und Gebäude, vgl. § 94 BGB. Das deutsche Steuerrecht, welches ähnlich den IFRS von einer wirtschaftlichen Betrachtungsweise geprägt ist, unterteilt dagegen die verschiedenen Gebäudeteile nach ihrer Nutzung in einzelne Wirtschaftsgüter. Zwar ist auch hier der Grund und Boden als einzelnes Wirtschaftgut, aber immer im Zusammenhang mit einem zugehörigen Gebäudeteil, zu betrachten, vgl. R 4.2 Abs. 4 EStR.

131 Es handelt sich in diesem Fall um eine eigengenutzte Immobilie. Die Bilanzierung erfolgt in diesem Fall nach IAS 16, vgl. IAS 40.9 (c).

132 Sofern die Immobilien ausschließlich zum Zwecke der Weiterveräußerung erworben oder errichtet wurden und nur zur Weiterveräußerung in naher Zukunft gehalten werden, ist IAS 2, der maßgebliche Standard zur Bilanzierung von Vorräten einschlägig, vgl. IAS 40.9 (a). Abzugrenzen hiervon sind Immobilien, die zunächst in den Anwendungsbereich von IAS 40 fallen, da erst zu einem späteren Zeitpunkt in der Zukunft die Weiterveräußerung beschlossen wird. Diese Immobilien werden ab dem Zeitpunkt des Beschlusses der Veräußerung als zur Veräußerung gehaltene Immobilien klassifiziert und gemäß IFRS 5 bilanziert, vgl. IAS 40.56.

133 Vgl. IAS 40.5.

134 Vgl. IAS 40.7.

- Grundstücke, die langfristig zum Zwecke der Wertsteigerung gehalten werden und nicht zum kurzfristigen Verkauf im Rahmen der gewöhnlichen Geschäftstätigkeit bestimmt sind,
- Grundstücke, deren zukünftige Nutzung gegenwärtig unbestimmt ist,
- Grundstücke, die sich im Besitz des Unternehmens befinden und im Rahmen von Operating-Leasingverhältnissen vermietet sind[136] sowie
- leer stehende Gebäude, welche zur Vermietung im Rahmen eines oder mehrerer Operating-Leasingverhältnisse gehalten werden.

Nicht unter den Anwendungsbereich von IAS 40 fallen (über die oben bereits genannten Sachverhalte hinaus):[137]

- Im Rahmen eines Fertigungsauftrages für Dritte erstellte Immobilien,[138]
- Immobilien in der Erstellungsphase, unabhängig davon, ob nach Abschluss der Fertigstellung eine Nutzung zu Vermietungs- und/oder Wertsteigerungszwecken geplant ist.[139] Erst mit Fertigstellung findet bei entsprechender Verwendung eine Umqualifizierung der Immobilien in Investment Properties statt. Bestehende, bereits als Investment Properties qualifizierte Immobilien fallen dagegen während einer zwischenzeitlichen Sanierungsphase unter den Anwendungsbereich von IAS 40.[140]

Werden Immobilien neben der Erzielung von Mieteinnahmen und/oder von Wertsteigerungen auch zur Herstellung oder Lieferung von Gütern oder Erbringung von Dienstleistungen oder für Verwaltungszwecke gehalten, und diese Immobilienteile gesondert verkauft werden können,[141] sind sie getrennt von den als Investment Properties zu klassifizierenden Gebäude-

---

135 Vgl. IAS 40.8 (a) bis (d).

136 Auf Grund vielfältiger Kritik wurde im Rahmen des "Improvement Project" der Anwendungsbereich von IAS 40 auf Grundstücke, welche sich zwar nicht im Besitz des Unternehmens befinden, jedoch im Rahmen eines Finance-Lease durch dieses gehalten und anschließend im Rahmen eines Operating-Lease weitervermietet werden, erweitert, vgl. IAS 40.6 i.V.m IAS 40.8 (c). Vgl. zur Abbildungsproblematik bei Leasingverträgen auch HELMSCHROTT (2001), S. 2457 ff. und KÜMPEL/BECKER (2006), S. 86.

137 Vgl. IAS 40.9. Vgl. zu Detailfragen bei der Klassifikation auch BÖCKEM/SCHUHRBOHM-EBNETH (2003), S. 335 ff.

138 Hier ist IAS 11 einschlägig, vgl. IAS 40.9 (b).

139 Vgl. beispielhaft zur Diskussion VATER (2002), S. 538 sowie die Stellungnahme des IDW (1999), S. 556 zum Exposure Draft E64 zum damaligen IAS 40. Das IASB beabsichtigt allerdings den Anwendungbereich von IAS 40 zukünftig auf Immobilien in der Erstellungsphase auszudehnen, vgl. IASB (2006d), S. 1 ff.

140 Vgl. ausführlich zur Sanierungsproblematik in IAS 40 ZÜLCH/WILLMS (2005).

141 Der Standard spricht an dieser Stelle zwar von "können", vgl. IAS 40.10. Jedoch wird der Wortlaut der englischsprachigen Originalfassung "could be sold" im Schrifttum mehrheitlich als "könnten" interpretiert. Diese sprachliche Differenzierung hat zur Konsequenz, dass die Möglichkeit einer separaten Veräußerung als ausreichend erachtet wird. Das Vorliegen einer Abgeschlossenheitsbescheinigung oder einer Teilungserklärung ist demnach für eine separate bilanzielle Behandlung nicht notwendig. Jedoch muss diese ohne

teilen gemäß IAS 16 als Sachanlagen zu bilanzieren.[142] Ist eine separate Veräußerung aus praktischen oder rechtlichen Gegebenheiten nicht möglich, ist die gesamte Immobilie nur dann als Investment Property zu qualifizieren, wenn der Anteil, der nicht auf die Erzielung von Mieteinnahmen und/oder Wertsteigerung entfällt, unbedeutend ist. Eine Konkretisierung des Begriffs "unbedeutend" sieht das IASB bewusst nicht vor,[143] sondern stellt auf eine Beurteilung des jeweiligen Einzelfalls durch den Abschlussersteller anhand eines Kriterienkataloges ab, welche im Anhang offenzulegen ist.[144] Allerdings ist das Schrifttum hinsichtlich geeigneter Schwellenwerte uneinheitlich. Schwellenwerte zwischen 5% und 30% Eigennutzungsanteil werden als grundsätzlich möglich diskutiert.[145]

Der Anwendungsbereich der einzelnen Standards ist somit abhängig von der Zweckbestimmung der zu bilanzierenden Immobilie. Wird die Immobilie zu Vermietungs- oder Wertsteigerungszwecken gehalten, dann fällt sie in den Anwendungsbereich von IAS 40. Im Rahmen dieser Arbeit werden ausschließlich Investment Properties behandelt. Demzufolge werden nachfolgend ausschließlich die Regelungen des IAS 40 zum Ansatz, Ausweis und Bewertung solcher Investment Properties erläutert.

1.2.1.2 Ansatz und Bilanzausweis

Auch bei Investment Properties gelten die allgemeinen Ansatzvoraussetzungen für einen Vermögenswert in den IFRS.[146] So sind Investment Properties dann, und nur dann, als Vermögenswert anzusetzen, wenn der Zufluss eines zukünftigen wirtschaftlichen Nutzens aus der Immobilie wahrscheinlich ist[147] und die Anschaffungs- und Herstellungskosten der Immobilie verlässlich ermittelbar sind.[148]

---

rechtliche Zweifel jederzeit durchführbar sein, vgl. hierzu stellvertretend BÖCKEM/SCHURBOHM-EBNETH (2003), S. 338.

142 Vgl. IAS 40.10.

143 Vgl. IAS 40.BC39.

144 Vgl. IAS 40.14 iVm 40.75 (c). Vgl. zur Ableitung eines geeigneten Schwellenwertes ENGEL-CIRIC (2006), Rz. 14 sowie zum hierdurch entstehenden Interpretationsspielraums durch den Abschlussersteller, ZÜLCH (2005a), S. 69.

145 Vgl. ENGEL-CIRIC (2006), Rz. 14; ZÜLCH (2005a), S. 69. A.A. BÖCKEM/SCHURBOHM-EBNETH (2003), S. 339, die eher einen Anteil von 5% als von 10% als unwesentlich erachten.

146 Vgl. zur allgemeinen Definition von Vermögenswerten in den IFRS IASB Framework.53 ff.

147 Vgl. IAS 40.16 (a).

148 Vgl. IAS 40.16 (b). Die Anschaffungs- und Herstellungskosten umfassen dabei sowohl die anfänglichen Kosten für den Erwerb oder die Errichtung der Immobilie als auch die späteren Kosten für den Ausbau, die teilweise Ersetzung und für die nicht-tägliche Instandhaltung, vgl. IAS 40.17. Abzugrenzen hiervon ist die tägliche oder laufende Instandhaltung, die sämtliche Aufwendungen für Verbrauchsgüter sowie Kosten für kleinere Reparaturen einschließt. Die laufende Instandhaltung stellt unmittelbaren Aufwand dar, vgl. IAS 40.18

Als Investment Property qualifizierte Immobilien sind von eigengenutzten Immobilien zu unterscheiden und müssen aus diesem Grund von diesen gesondert auf der Aktivseite der Bilanz unter den langfristigen Vermögenswerten ausgewiesen werden.[149] Eine weitere Unterteilung bzw. die Hinzufügung weiterer Bilanzposten ist geboten, wenn dies für das Verständnis der Vermögens-, Finanz- und Ertragslage des Unternehmens notwendig ist.[150]

Verbindliche Normen für den konkreten Ausweis (bilanzielle Gliederung) von Investment Properties existieren nicht. Jedoch existiert eine Empfehlung der European Public Real Estate Society (EPRA) für den Ausweis von Investment Properties in der Bilanz und den korrespondierenden Wertänderungsergebnissen in der Gewinn- und Verlustrechnung sowie der Kapitalflussrechnung.[151]

1.2.1.3 Erstbewertung

1.2.1.3.1 Erstbewertung bei Herstellung

Da Immobilien während der Herstellungsphase nicht in den Anwendungsbereich von IAS 40 fallen,[152] sind sie bis zum Zeitpunkt des bestimmungsgemäßen Gebrauchs als Investment Property, also zumeist bis zur Fertigstellung, als Sachanlagevermögen gemäß IAS 16 zu bilanzieren. Die Erstbewertung hat somit zu den Herstellungskosten zu erfolgen.[153] Die Herstellungskosten entsprechen dem zur Herstellung der Immobilie aufgewandten Betrag an Zahlungsmitteln oder Zahlungsmitteläquivalenten.[154] Die Abgrenzung der Herstellungskosten erfolgt dabei analog dem Vorgehen bei Vorräten.[155] Die Herstellungskosten umfassen demnach die zurechenbaren Einzelkosten sowie die systematisch zurechenbaren Gemeinkosten.[156]

---

[149] Vgl. IAS 1.68 (b).

[150] Vgl. IAS 1.69. Die Unterscheidung in zusätzliche Posten soll sich hierbei an der Art und Liquidität der Vermögenswerte sowie deren Funktion innerhalb des Unternehmens richten, vgl. IAS 1.72 (a) und (b). So schlägt BAUMUNK eine Unterteilung in
- Grund und Boden,
- Gebäude sowie
- davon im Rahmen eines Finanzierungsleasings gehalten und gleichzeitig im Rahmen eines Operating-Lease weitervermietet,

vor, vgl. BAUMUNK (2005), Rn. 372.

[151] Vgl. EPRA (2006), S. 17 ff.

[152] Vgl. IAS 40.9 (d) sowie auch Fn. 139.

[153] Vgl. IAS 16.15 ff.

[154] Vgl. IAS 16.6.

[155] Vgl. IAS 16.22.

[156] IAS 2 fordert das Vollkostenprinzip, vgl. IAS 2.12 f.

1.2.1.3.2 Erstbewertung bei Erwerb

Die Erstbewertung einer erworbenen Immobilie erfolgt mit den Anschaffungskosten. Die Anschaffungskosten umfassen neben dem Kaufpreis alle unmittelbar zurechenbaren Kosten wie Rechtsberatungskosten, Maklerhonorare, die Grunderwerbssteuer[157] sowie sonstige transaktionsbezogenen Kosten.[158] Nicht zu den Anschaffungskosten zählen:[159]

- Ingangsetzungskosten, außer wenn sie erforderlich sind, um die Immobilie erstmals in einen betriebsbereiten Zustand, z.B. durch eine notwendige technische Abnahme, zu versetzen,
- anfängliche Betriebsverluste, die bis zum Erreichen der beabsichtigten Belegungs- oder Vermietungsquote entstehen,[160]
- ungewöhnlich hohe Material- und Personalkosten oder andere Aufwendungen, die bei der Herstellung oder Entwicklung der Immobilie angefallen sind.

Sofern die zu bilanzierende Immobilie im Rahmen eines "Finance-Lease" gehalten wird, richtet sich die erstmalige Bewertung nach den Regelungen des IAS 17.[161] Die Immobilie ist demnach mit dem höheren Wert aus dem Fair Value der als Investment Property klassifizierten Immobilie und dem Barwert der Mindestleasingzahlungen anzusetzen. Korrespondierend ist in gleicher Höhe eine Verbindlichkeit zu passivieren.[162]

1.2.1.4 Folgebewertung

1.2.1.4.1 Cost Model

Für die Folgebewertung von Investment Properties bietet IAS 40 ein Wahlrecht. Die Folgebewertung kann entweder zu fortgeführten Anschaffungs- oder Herstellungskosten ("Cost Model") oder zum Fair Value ("Fair Value Model") erfolgen. Das Wahlrecht muss für alle Investment Properties einheitlich ausgeübt werden.[163]

---

[157] Soweit die Grunderwerbsteuer, wie in Deutschland üblich, vom Käufer getragen wird, vgl. GONDRING (2004), S. 249.

[158] Vgl. IAS 40.20.

[159] Vgl. IAS 40.23.

[160] Es handelt sich hierbei um klassische Anlaufverluste, welche nicht die Definition eines Vermögenswertes erfüllen, vgl. IASB Framework.53 ff.

[161] Vgl. Bilanzierung von Immobilien im Rahmen eines Finance-Lease beispielsweise ZÜLCH (2003), S. 52 ff. m.w.N.

[162] Vgl. IAS 40.25 i.V.m. IAS 17.20.

[163] Vgl. IAS 40.30. Eine Ausnahme bilden die Bilanzierung einer in einem "Operating-Lease" gehaltenen und als Investment Property klassifizierten Immobilie, welche ausschließlich zum Fair Value bilanziert werden

Erfolgt eine Bewertung nach dem Cost Model, so sind sämtliche Investment Properties in Übereinstimmung mit IAS 16 zu bilanzieren.[164] Die Anschaffungs- und Herstellungskosten sind hierbei um die planmäßigen Abschreibungen und die kumulierten Wertminderungsaufwendungen zu mindern.[165] Insbesondere muss zu jedem Bilanzstichtag eine Überprüfung auf eventuell vorhandene Wertminderungsindikatoren stattfinden[166] sowie die geschätzte Nutzungsdauer und die Abschreibungsmethode überprüft werden.[167]

Jedoch ist bei Anwendung des Cost Model nachrichtlich der Fair Value aller Investment Properties im Anhang offenzulegen,[168] sodass auch bei Wahl des Cost Models eine Ermittlung des Fair Values aller Investment Properties erforderlich ist. Da der Fokus der Untersuchung auf dem Problem der Fair Value-Ermittlung liegt, und diese auch im Fall der Anwendung des Cost Model erforderlich ist,[169] konzentrieren sich die nachfolgenden Ausführungen ausschließlich auf die Anwendung des Fair Value Model.

1.2.1.4.2 Fair Value Model

1.2.1.4.2.1 Eigenschaften des Bewertungsmaßstabs Fair Value

Entscheidet sich das bilanzierende Unternehmen für das Fair Value Model, so hat es sämtliche Investment Properties zum Fair Value zu bewerten.[170] Änderungen des Fair Value sind hierbei in der betreffenden Periode der Wertänderung ergebniswirksam zu buchen.[171]

---

darf, vgl. IAS 40.34, sowie mit Verbindlichkeiten verbundene Investment Properties, für die ein separates Wahlrecht besteht, vgl. IAS 40.32A.

164 Vgl. IAS 40.56. Ausgenommen sind jedoch zur Veräußerung gehaltene langfristige Vermögenswerte und aufgegebene Geschäftsbereiche, welche gemäß IFRS 5 zu bilanzieren sind, vgl. ebenfalls IAS 40.56 sowie Fn. 132.

165 Vgl. IAS 16.30.

166 Vgl. IAS 36.12. Indikatoren für eine mögliche Wertminderung können aus externen Informationsquellen z.B. das starke Sinken des Marktpreises der Immobilie in der Berichtsperiode oder signifikante, nachteilige Änderungen im technischen, marktbezogenen, ökonomischen oder gesetzlichen Umfeld sein, beispielsweise die Einführung einer gesetzlichen Mindestnorm für Gebäudewärmekoeffzienten. Ein Indikator aus internen Informationsquellen könnte beispielsweise die mögliche Überalterung des Gebäudes sein.

167 Vgl. IAS 16.51 und .61.

168 Vgl. IAS 40.79 (e).

169 Vgl. Teil II Kapitel 1.2.1.5.3.

170 Vgl. IAS 40.33. Ein Wechsel zwischen den Modellen kann in Übereinstimmung mit IAS 8 nur dann erfolgen, sofern es hierdurch zu einem zutreffenderen Bild der Vermögens-, Finanz- und Ertragslage kommt. Dies sieht der IASB jedoch nur bei einem Wechsel vom Cost Model hin zum Fair Value Model als gegeben, vgl. IAS 40.31. Da jedoch auch bei der Wahl des Cost Model eine Angabe des Fair Value im Anhang erforderlich ist, ist die Ermittlung des Fair Value unausweichlich, vgl. IAS 40.79 (e).

171 Vgl. IAS 40.35. IAS 40 legt allerdings nicht fest, in welchen Zeitabständen eine Neubewertung zu erfolgen hat. Jedoch gehen beispielsweise BAETGE/ZÜLCH (2001), S. 554, aufgrund der Volatilität des Immobilienmarktes von einer jährlichen Neubewertung aus, vgl. zur Volatilität auch SEARFOSS/WEISS (1990), S. 69.

Der Fair Value ist definiert als "the amount for which an asset could be exchanged between knowledgeable, willing parties in an arm's length transaction."[172] Die Definition des Fair Value lehnt sich dabei an das international anerkannte Konzept der funktionalen[173] Wertlehre an. Nach Ansicht von BÖCKEM/SCHURBOHM ist mit der Einführung des Fair Value die "Integration des abschlusspostenorientierten Wertbegriffs in bestehende berufsständische und gesetzliche Wertsysteme"[174] faktisch vollzogen.

Die Definition des Fair Value in IAS 40 entspricht auch weitestgehend der Marktwertdefinition des IVSC[175] sowie der TEGoVA[176]. Dem Wunsch des IVSC nach einer vollständigen Übernahme der Marktwertdefinition des IVSC kam das IASB jedoch nicht nach.[177] Auch der britische Berufsverband, die Royal Institution of Chartered Surveyors (RICS), hat im Rahmen der fünften Auflage des "Red Book"[178] eine Angleichung an die Marktwertdefinition des IVSC vollzogen.[179] Im Rahmen der durch das Europarechtsanpassungsgesetz erfolgten Novellierung des Baugesetzbuches wurde der Verkehrswertdefinition gemäß § 194 BauGB der erläuternde Zusatz "Marktwert" hinzugefügt.[180] Der Gesetzgeber versprach sich hiervon eine sprachliche Klarstellung des grundsätzlich mit dem Marktwert vergleichbaren Wertbegriffs Verkehrswert.[181]

---

172 IAS 40.5.

173 Die funktionale Wertlehre ist das Ergebnis eines Methodenstreits zwischen der objektiven Wertlehre, welche den Wert einer Immobilie als eine ihr anhaftende objektive Eigenschaft und damit als "Normalpreis" auffasst, und der subjektiven Wertlehre, welche sich als eine subjektbezogende Wertgröße versteht, die als Preisober/-untergrenze den Konzessionsrahmen einer Kauf-/Verkaufsituation determiniert, vgl. PAUL (2005), S. 549, Rn. 905.
PAUL definiert die funktionale Wertlehre für Zwecke der Immobilienbewertung wie folgt: "Im Rahmen der funktionalen Wertlehre wird der Wert eines Bewertungsobjekts im Hinblick auf eine gegebene Zielsetzung unter Berücksichtigung des Entscheidungsfeldes des Bewertenden abgeleitet; d.h., die Gesamtheit der Handlungsmöglichkeiten, die ihm in einer bestimmten Situation zur Zielerreichung zur Verfügung stehen, wird i.S. der subjektiven Wertlehre berücksichtigt, doch lassen sich (wissenschaftlich) begründete und nachprüfbare Urteile über den Wert abgeben, da sein Zustandekommen nachvollzogen werden kann.", PAUL (2005), S. 550, Rn. 906. Zu einem Beispiel für die Wertermittlungsschritte nach der funktionalen Wertlehre für Zwecke der Rechnungslegung nach IFRS vgl. BÖRDLEIN/PAUL (1999), S. 77.

174 BÖCKEM/SCHURBOHM (2002), S. 44.

175 So definiert das IVSC den Marktwert wie folgt: "Market Value is the estimated amount for which a property should exchange [*sic!*] on the date of valuation between a willing buyer and a willing seller in an arm's-length transaction after a proper marketing wherein the parties had each acted knowledgeably, prudently, and without compulsion.", IVS 1, Par. 3.1.

176 Vgl. EVS 4, Par. S 4.10.

177 Vgl. den Comment Letter des IVSC zum Exposure Draft E64, vgl. IVSC (1999), S. 3 f.

178 Das Red Book spiegelt die Verlautbarungen der RICS zur Immobilienbewertung wider. Es ist jedoch nur für Mitglieder der RICS verbindlich, vgl. THÖNE (2000), S. 575.

179 Vgl. hierzu auch Teil II Kapitel 2.1.2.1.2.

180 Vgl. zur Verkehrswertdefinition in § 194 BauGB auch Teil II Kapitel 2.1.2.1.1.

181 So handelt es sich bei dem Verkehrswert und dem Marktwert um konzeptionell grundsätzlich vergleichbare Wertbegriffe, vgl. BAUMUNK (2005), Rn. 294 f.

Die Existenz eines Marktwertes setzt allerdings gleiche Präferenzen aller Marktteilnehmer voraus. Diese Annahme ist nur bei Vorliegen eines vollkommenen und vollständigen Marktes erfüllt.[182] Nur auf einem solchen Markt würde *ein* Markt*wert* existieren, der für alle Marktteilnehmer den Entscheidungswert darstellt. Da in diesem Fall jedoch die Entscheidungswerte für alle Marktakteure identisch wären, würde es zu keinerlei Umsätzen kommen, da kein Marktakteur einen Anreiz zur Durchführung einer Transaktion hätte. Mangels Transaktionen ließe sich auf einem solchen Markt gar kein Marktpreis beobachten. Da die realen Märkte nicht vollkommen sind, existieren individuelle Entscheidungswerte sowie (umsatzmaximierende) Marktpreise, aber keine Marktwerte.[183] Hinzu tritt das Phänomen, dass für einen vollkommenen und vollständigen Markt, wie er für einen Marktwert im Sinne eines Gleichgewichtspreises Voraussetzung wäre, gezeigt werden kann, dass kein Bedarf für Rechnungslegung besteht.[184]

Der im Schrifttum häufig anzutreffende synonyme Gebrauch der Begriffe Marktwert und Marktpreis ist somit - streng genommen - falsch. Aus Vereinfachungsgründen wird nachfolgend trotz dessen auch der Begriff Marktwert verwandt. Jedoch ist in diesen Fällen letztlich nicht der Marktwert, sondern der Marktpreis gemeint.

So gehen sowohl das IASB, das IVSC und die TEGoVA (übereinstimmend mit der Verkehrswertdefinition des BauGB) davon aus, dass ein Wert gesucht ist, der dem Preis entspricht, der als Ergebnis einer fairen Verhandlung aus den Grenzpreisen zweier oder mehrerer Parteien am Markt am wahrscheinlichsten resultieren würde.[185] Dabei werden "sachverständige", d.h. sowohl die Charakteristika der Immobilien als auch die Situation des Immobilienmarktes kennende und "vertragswillige", d.h. unter keinem Zwang zum Kauf oder Verkauf stehende Parteien angenommen.[186]

---

182 Vgl. hierzu auch den Beleg in Fn. 92.

183 Vgl. exemplarisch SCHMIDT (2005), S. 195 sowie mit ähnlicher Begründung SCHNEIDER (1989), S. 481 ff.

184 vgl. BEAVER/DEMSKI (1979), S. 41.

185 Vgl. zum Preisbildungsprozess bei der Zeitwertermittlung ausführlich OLBRICH (2003), S. 349 ff., welcher von einem Schiedswert als Ergebnis der Verständigung der Transaktionsparteien, basierend auf ihren subjektiven Entscheidungswerten, spricht. So geht auch der deutsche Gesetzgeber beim Verkehrswert nicht von einem Gleichgewichtspreis, sondern vielmehr von einem Wert aus, der sich mehr oder weniger um diesen Gleichgewichtspreis bewegt, vgl. ENGEL (2002), S. 328. Daher wird auch in der deutschen Rechtsprechung für die Verkehrswertermittlung von Grundstücken "von einem Ungenauigkeitsgrad von 'bis zu ±20 bis ± 30 %' ausgegangen", KLEIBER/SIMON/ WEYERS (2002), S. 437, Rn. 134. LEOPOLDSBERGER/THOMAS/ NAUBEREIT (2005), S. 461 gehen jedoch im Allgemeinen von einer Genauigkeit von 10% aus.

186 Vgl. IAS 40.42 f.

Nicht aktuelle Vergleichspreise einer zurückliegenden Periode sind dagegen unter Zuhilfenahme von Indexreihen an die Verhältnisse am Bewertungsstichtag anzupassen.[201]

3. Stufe: Schätzung auf Basis diskontierter Zahlungsströme

Sofern beispielsweise aus Gründen mangelnder Markttransparenz keine geeigneten Preise beobachtet werden können, oder weil schlicht keine vergleichbaren Immobilien existieren, sieht IAS 40 die Ermittlung des Fair Value auf Basis diskontierter Zahlungsströme vor ("mark-to-model").[202] Hierbei soll der Fair Value auf der Basis von verlässlichen, marktorientierten Schätzungen in Bezug auf die Immobilie ermittelt werden. Bezüglich des konkret anzuwendenden Bewertungsverfahrens sowie der Bestimmung der in das Bewertungsverfahren eingehenden Größen wie die zukünftigen Cashflows oder des Diskontierungszinssatzes enthalten die Regelungen des IAS 40 keine Angaben.[203] Somit liegt die Beurteilung, wie der Fair Value im Einzelfall zu ermitteln ist, im Wesentlichen im Ermessen des Bilanzierenden.[204]

1.2.1.5 Anhangangaben

1.2.1.5.1 Notwendige Anhangangaben unabhängig von der Wahl des Folgebewertungsmodells

Unabhängig vom gewählten Folgebewertungsmodell sind folgende Anhangangaben erforderlich:

- Angabe des gewählten Bewertungsmodells ("Fair Value Model" oder "Cost Model"),[205]

---

[201] Vgl. IAS 40.46 (b). Auch für die Indexreihen bietet sich ein Rückgriff auf die Daten der Gutachterausschüsse an. Jedoch werden diese zumeist nur für die in § 9 WertV genannten Bodenwerte und Eigentumswohnungen ermittelt, sodass ein tatsächlicher Rückgriff auf die Daten der Gutachterausschüsse für die Mehrzahl der Bewertungsanlässe nicht möglich ist.

[202] Vgl. IAS 40.46 (c).

[203] Vgl. BAUMUNK (2005), Rn. 333. Jedoch lässt sich aus der Basis for Conclusion zum IAS 40 eine Verbindlichkeit der Verlautbarungen des IVSC, insbesondere des IVS 1, erkennen, vgl. IAS 40.BC52 f. Diese Verbindlichkeit entspricht allerdings nicht dem Grad einer Rechtsnorm, da die Basis for Conclusion als solche keine Norm darstellt. Andernfalls könnten die IVS ähnlich der GoB zu den Rechtsquellen mit abgeleiteter Rechtssatzwirkung gehören, vgl. zum Rechtsnormencharakter der GoB JELLINEK (1966), S. 132 ff. Auf die Verlautbarungen des IVSC und deren Nützlichkeit zur Fair Value-Ermittlung bei Investment Properties wird im Teil II Kapitel 3.3.2 ausführlich eingegangen.
Darüber hinaus verweist das IASB auf die Hinweise zur Fair Value-Ermittlung bei Finanzinstrumenten (IAS 39), immateriellen Vermögenswerten (IAS 38) sowie bei landwirtschaftlichen Vermögenswerten (IAS 41), vgl. IAS 40.BC54.

[204] Vgl. BALLWIESER/KÜTING/SCHILDBACH (2004), S. 534.

[205] Vgl. IAS 40.75 (a).

- angewandete Kriterien zur Unterscheidung von Investment Properties, eigengenutzten Immobilien sowie zum Verkauf von im Rahmen der gewöhnlichen Geschäftstätigkeit gehaltenen Immobilien im Falle einer schwierigen Zuordnung,[206]
- die im Ergebnis erfassten Beträge für[207]
    - Miet- und Pachterträge aus Investment Properties,
    - direkt den Investment Properties zurechenbare betriebliche Aufwendungen, einschließlich der laufenden (täglichen) Instandhaltung und Wartung, mit denen Mieterträge erzielt wurden,
    - direkt zurechenbare betriebliche Aufwendungen, die in der Berichtsperiode ertragslosen Investment Properties zurechenbar sind,
- die Existenz von rechtlichen oder sonstigen Beschränkungen hinsichtlich der Veräußerbarkeit und die betragsmäßigen Auswirkungen auf die Miet- und Pachterträge sowie ggf. die Veräußerungserlöse dieser Beschränkung,[208]
- wesentliche vertragliche Verpflichtungen hinsichtlich des Erwerbes, der Erstellung oder Entwicklung von Investment Properties sowie zur Durchführung von Instandhaltungs-, Wartungs- oder Verbesserungsmaßnahmen.[209]

1.2.1.5.2 Zusätzliche Angaben bei Wahl des Fair Value Model

Über die zuvor genannten Angabepflichten hinaus sind bei der Wahl des Fair Value Model folgende Angaben zu tätigen:

- Ob und in welchen Fällen Operating-Leasing-Verhältnisse als Investment Properties bilanziert wurden,[210]
- die angewandten Bewertungsmethoden und wesentlichen Annahmen zur Fair Value-Ermittlung. Insbesondere ist darauf einzugehen, ob die Fair Value-Ermittlung im Wesentlichen auf Marktdaten gestützt wurde oder ob aufgrund der Art der zu bewertenden Immobilie oder der fehlenden Existenz geeigneter Marktdaten überwiegend marktfremde Daten Eingang in die Wertermittlung gefunden haben,[211]
- das Ausmaß, in dem der Fair Value auf der Bewertung durch einen unabhängigen Immobiliensachverständigen beruht, dessen berufliche Qualifikation und dessen

---

206 Vgl. IAS 40.75 (c).
207 Vgl. IAS 40.75 (f).
208 Vgl. IAS 40.75 (g).
209 Vgl. IAS 40.75 (h).
210 Vgl. IAS 40.75 (b).
211 Vgl. IAS 40.75 (d).

Erfahrung mit Art und Lage der zu bewertenden Immobilie. Hat keine Bewertung durch einen unabhängigen Sachverständigen stattgefunden, sondern sind die Immobilien durch das bilanzierende Unternehmen selbst bewertet worden, ist diese Tatsache explizit anzugeben.[212]

Zusätzlich ist eine Überleitungsrechnung zu erstellen, welche die Buchwertentwicklung der Investment Properties zu Beginn und zum Ende der Berichtsperiode zeigt und dabei die Zugänge, Erwerbungen oder nachträgliche Anschaffungskosten und Erwerbe im Rahmen von Unternehmenszusammenschlüssen separat darstellt.[213] Darüber hinaus sind die Abgänge einschließlich der Umwidmung von Investment Properties in "als zur Veräußerung gehaltene Vermögenswerte"[214] sowie Übertragungen aufgrund einer Umqualifizierung von Investment Properties in Vorräte oder eigengenutzte Immobilien oder umgekehrt[215] zu erläutern.

Des Weiteren ist der Einfluss von Wertänderungen auf die Buchwertentwicklung in der Berichtsperiode offenzulegen. Hierzu fordert IAS 40 eine Erläuterung der Nettogewinne und -verluste aus Fair Value-Anpassungen.[216] Ebenso sind Buchwertänderungen aufgrund von Nettoumrechnungsdifferenzen in der Berichtswährung darzustellen.[217]

Von besonderer Bedeutung für die Offenlegungspraxis sind die in IAS 40.75 (d) geforderten Angaben zur Fair Value-Ermittlung. Eine Durchsicht willkürlich ausgewählter Geschäftsberichte deutscher kapitalmarktorientierter Unternehmen zeigt jedoch, dass die getätigten Angaben im Allgemeinen keine Hilfestellung zur Nachvollziehbarkeit der Wertermittlung bieten, sondern sich vielmehr auf Formulierungen wie "nach international anerkannten Bewertungsmethoden ermittelt, wie z.B. der Discounted Cashflow-Methode oder der Ableitung aus dem aktuellen Marktpreis vergleichbarer Immobilien."[218] beschränken.[219]

---

212 Vgl. IAS 40.75 (e).
213 Vgl. IAS 40.76 (a) und (b).
214 Vgl. IAS 40.76 (c).
215 Vgl. IAS 40.76 (f).
216 Vgl. IAS 40.76 (d).
217 Vgl. IAS 40.76 (e).
218 Exemplarischer Auszug aus dem Konzernabschluss 2003 der RWE AG, vgl. VON KEITZ (2005), S. 82.
219 Vgl. hierzu auch ZÜLCH (2003), S. 362 ff., der aus diesem Grund konkrete Vorgaben für eine Offenlegung der relevanten Parameter zur Fair Value-Ermittlung entwickelt hat. Jedoch sollte eine beliebige Ausweitung der Anhangangaben im Kontext eines möglichen "Information Overload" auch kritisch und nicht unter allen Umständen als zielführend angesehen werden, so auch SCHMIDT (2006a), S. 72. Vgl. allgemein zum Information Overload beispielsweise PAREDES (2003).

1.2.1.5.3 Angabe des Fair Value bei Wahl des Cost Model

Entscheidet sich ein Unternehmen für das Cost Model, so hat es trotz dessen den Fair Value der Investment Properties im Anhang anzugeben.[220] Obwohl IAS 40 an dieser Stelle keine genaueren Angaben zur Darstellung enthält und insbesondere der Detaillierungsgrad dieser Fair Value-Angabe nicht spezifiziert ist, erscheinen, wie nachfolgend erläutert, ähnlich umfangreiche Angaben wie bei der Wahl des Fair Value Model erforderlich.

Das Cost Model als Wahlrecht resultiert aus der vielfältigen Kritik am Standardentwurf ("Exposure Draft") E64 im Vorfeld der Verabschiedung des IAS 40, der ausschließlich eine Bewertung zum Fair Value vorsah.[221] Das IASB entschied sich aufgrund der Kritik, den bilanzierenden Unternehmen ein Wahlrecht zwischen dem im Exposure Draft ausschließlich vorgesehenen Fair Value Model und dem auf IAS 16 verweisenden Cost Model zu gestatten.[222] Dieses Wahlrecht sollte den Unternehmen Gelegenheit geben, Erfahrungen mit der Fair Value-Ermittlung von Investment Properties zu erlangen.[223] Das IASB ist jedoch davon überzeugt, dass der Fair Value als Bewertungsmaßstab den Abschlussadressaten entscheidungsnützlichere Information bietet als ein auf historischen Kosten basierender Bewertungsmaßstab.[224] Aus diesem Grund entschied sich das IASB auch, bei der Wahl des Cost Model die Angabe des Fair Value von Investment Properties im Anhang verbindlich vorzuschreiben.[225]

Betrachtet man die Argumentation des IASB in der "Basis for Conclusion", so ist die Präferenz für das Fair Value Model unverkennbar.[226] Entscheidet sich ein Unternehmen gegen das Fair Value und somit für das Cost Model, so ist es trotz dessen zur Fair Value-Ermittlung verpflichtet. Würde das IASB an die Fair Value-Ermittlung für Zwecke einer Anhangangabe geringere Anforderungen stellen als für Zwecke der Bewertung eines Bilanzpostens, ergäbe sich indirekt eine Gewichtung hinsichtlich der Bedeutung einzelner Geschäftsberichtsbestand-

---

220 Vgl. IAS 40.79 (e).

221 Vgl. hierzu stellvertretend für die zahlreichen "Comment Letters" die Stellungnahme des IDW (1999), S. 555 f. zum Exposure Draft E64 sowie IAS 40.BC44.

222 Vgl. IAS 40.BC49 sowie Fn. 84.

223 Vgl. IAS 40.BC48.

224 Vgl. IAS 40.BC44.

225 Vgl. IAS 40.BC49.

226 Vgl. IAS 40.BC 44 ff.

teile, was im Gegensatz zur Sichtweise des IASB, welches alle Bestandteile des IFRS-Abschlusses als gleichwertig erachtet, stehen würde.[227]

1.2.2 Markteigenschaften und Bewertungskonzeption

1.2.2.1 Eigenschaften eines aktiven Immobilienmarktes

In Zusammenhang mit der ersten und zweiten Stufe der Bewertungshierarchie zur Ermittlung des Fair Value gemäß IAS 40 stellt sich die Frage nach der Definition eines aktiven Immobilienmarktes. IAS 40 selbst enthält zur Definition eines aktiven Marktes keinerlei Ausführungen. Hilfsweise bietet sich ein Rückgriff auf die Definition eines aktiven Marktes in IAS 36, IAS 38 und IAS 39 an. So definieren IAS 36 und IAS 38 einen aktiven Markt einheitlich wie folgt:[228] "An active market is a market in which all the following conditions exist: (a) the items traded within the market are homogeneous; (b) willing buyers and sellers can normally be found at any time; and (c) prices are available to the public."

In Anlehnung an diese Definition lässt sich ein aktiver Immobilienmarkt wie folgt charakterisieren:[229]

1.) Die Vergleichsimmobilien sind hinsichtlich Lage, Ausstattung, Zustand des Gebäudes sowie der Vermietungssituation zur zu bewertenden Immobilie ähnlich und

2.) für diese Vergleichsimmobilien lassen sich in absehbarer Zeit transaktionsbereite Käufer bzw. Verkäufer finden und

3.) die Verkaufspreise der einzelnen Vergleichsobjekte sind öffentlich zugänglich.

Die Besonderheit des Immobilienmarktes besteht insbesondere in seiner Heterogenität.[230] Die Homogenitätsbedingung der Definition eines aktiven Marktes ist damit nur in Ausnahmefällen erfüllt.[231] Indes erlaubt die standardspezifische Fair Value-Hierarchie in IAS 40, statt-

---

[227] Die vom IASB vertretende Ansicht ist jedoch durch mehrere empirische Studien widerlegt worden. So ergab eine Studie von HIRST/HOPKINS (1998), insbesondere S. 63 ff., unter 96 Finanzanalysten und Portfoliomanagern im Jahr 1997 eine bevorzugte Darstellung in der Gewinn- und Verlustrechnung. BARTH/CLINCH/SHIBANO (2003) konnten belegen, dass der Informationswert der gleichen Information geringer ist, wenn sie im Anhang publiziert wurde.

[228] IAS 36.6 und IAS 38.8.

[229] Vgl. auch BAUMUNK (2005), Rn. 310.

[230] KÜTING/TRAPPMANN/KEßLER (2006), S. 1853 sprechen von der "geographischen Einzigartigkeit jedes einzelnen Grundstückes".

[231] So auch KÜTING/DAWO (2003), S. 235.

dessen auf ähnliche Objekte (nicht notwendigerweise identische Objekte) zurückzugreifen.[232] Demzufolge ist es mit der Definition eines aktiven Marktes im Sinne des IAS 40 grundsätzlich vereinbar, auf ähnliche Objekte abzustellen.

Eine weitere Besonderheit des Immobilienmarktes besteht im Hinblick auf die Umschlagshäufigkeit und -geschwindigkeit. Grundsätzlich fordert die Definition eines aktiven Marktes die jederzeitige Existenz transaktionswilliger Käufer bzw. Verkäufer. Übertragen auf den Immobilienmarkt stellt sich die Frage, innerhalb welcher Zeitspanne ein tranksaktionswilliger Akteur am Immobilienmarkt gefunden werden kann. Diese Zeitspanne ist beispielsweise im Vergleich mit börsengestützen Aktienmärkten zweifelsfrei größer.[233] Hinzu treten bestimmte Einzelfälle, in denen noch nicht einmal von Markt und insbesondere nicht von einem aktiven Markt gesprochen werden kann.[234]

Besonders problematisch ist die Forderung nach der öffentlichen Verfügbarkeit von Vergleichspreisen. Erfolgt eine strenge Orientierung an der Definition des aktiven Marktes in IAS 36 und IAS 38, so müsste man diese Forderung in Deutschland als unerfüllt erachten. Ursächlich hierfür sind insbesondere die datenschutzrechtlichen Bestimmungen, welche bis heute einen Zugang der Öffentlichkeit zu immobilienbezogenen Transaktionsdaten verhindern.

Zwar existiert mit den Gutachterausschüssen in Deutschland eine Institution, welche auf Grundlage ausgewerteter Kaufpreise für die Wertermittlung erforderliche Daten[235] für bebaute Grundstücke ableitet, jedoch dürfen die diesen Daten zugrunde liegenden Kaufpreissammlungen nur öffentlich bestellten vereidigten Sachverständigen[236] im Rahmen einer kon-

---

[232] Diese Charakterisierung lässt sich implizit auch aus dem Wortlaut des IAS 40 ableiten, da IAS 40.45 explizit von "current prices in an active market for *similar* property" (Hervorhebung durch den Verfasser) spricht. Vgl. auch BAUMUNK (2005), Rn. 311.

[233] In einzelnen Fällen werden Zeiträume von bis zu 36 Monaten als ausreichend für eine jederzeitige Transaktionsbereitschaft angesehen, vgl. BAUMUNK (2005), Rn. 310. Es ist jedoch fraglich, ob eine derart weite Auslegung zulässig ist.

[234] So existieren selbstverständlich Immobilien am Markt, welche aufgrund ihrer speziellen Objekteigenschaften oder ihrer Lage nur für eine sehr kleine Zahl oder sogar nur einen einzigen Nutzer interessant sein könnten. Hierzu zählen beispielsweise Spezialimmobilien wie Flughäfen. So existieren insbesondere für Terminals und Landebahnen i.d.R. keine Vergleichsdaten, die für eine Bewertung herangezogen werden können und für grundsätzlich drittverwendungsfähige Gebäude auf dem Flughafengelände, wie Bürogebäude und Parkhäuser, aufgrund der exponierten Lage, kein Markt, vgl. KRIEG (2005), Rn. 1213.

[235] Hierzu zählen Bodenpreisindexreihen, Umrechnungskoeffizienten, Bewirtschaftungsdaten, Liegenschaftszinssätze und Vergleichsfaktoren, vgl. § 193 Abs. 3 BauGB sowie zur Entwicklung und den Aufgaben SCHMIDT (1996), S. 352.

[236] Ein vollständiges Einsichtsrecht in die Kaufpreissammlungen der Gutachterausschüsse besitzen nur die dem Gutachterausschuss angehörenden Gutachter. Die Einsichtnahmerechte Dritter dagegen sind in den

kreten Anfrage mitgeteilt und von diesen auch nicht im Gutachten benannt werden. Darüber hinaus haben die Gutachterausschüsse die Aufgabe, Verkehrswerte von unbebauten und bebauten Grundstücken zu ermitteln. Ziel dieser allgemeinen Verkehrswertermittlungspflicht war es, dass alle am Wert der Immobilie interessierten Kreise die Möglichkeit haben, sich über den marktgerechten Preis zu informieren. Der Gesetzgeber versprach sich hiervon mehr Transparenz des Marktes.[237]

Da jedoch zum einen keine allgemeine Wertermittlungspflicht für die Gutachterausschüsse besteht, d.h. diese werden nur auf Antrag des jeweiligen Grundstückseigentümers tätig, und zum anderen die Daten- und Wertermittlungstätigkeit stark von der Aktivität und der technischen und personellen Ausstattung des jeweiligen Gutachterausschusses abhängt, wird das Ziel eines transparenten Immobilienmarktes durch die Errichtung von Gutachterausschüssen momentan nicht erreicht.[238]

Sofern keine externen, öffentlich zugänglichen Quellen für Vergleichspreise verfügbar sind, stellt sich die Frage, inwiefern auch unternehmensinterne Quellen, beispielsweise aus eigenen Transaktionen oder Marktbeobachtungen, oder Kaufpreissammlungen von Immobilienberatungsunternehmen, Maklern und Verbänden Berücksichtigung finden dürfen. Bei Rückgriff auf interne Quellen ist es fraglich, ob die verwendbaren Vergleichspreise tatsächlich marktüblichen Transaktionen entstammen. Der Rückgriff auf Kaufpreissammlungen von Immobilienberatungsunternehmen und Maklern dagegen dürfte vor allem am fehlenden Zugang scheitern. Insbesondere große, überregionale Unternehmen[239] profitieren in ihrem Beratungsgeschäft von der großen Anzahl dokumentierter Transaktionspreise, mit deren Hilfe innerhalb kürzester Zeit und mit sehr geringem Aufwand eine Taxierung des voraussichtlich erzielbaren Marktpreises möglich ist.[240] Da diese Datenbasis wesentlicher Bestandteil des Know-hows dieser Immobilienberatungsunternehmen und Makler darstellt, ist die Möglichkeit eines Zugriffs als unrealistisch einzustufen.

---

jeweiligen Gutachterausschussverordnungen geregelt und unterscheiden sich von Bundesland zu Bundesland, vgl. KLEIBER/ SIMON/WEYERS (2002), S. 461, Rn. 7 ff., insb. Rn. 21.

237 Vgl. SIMON/SIMON (2005), Rn. 1.159.

238 Vgl. MÜNCHEHOFEL/SPRINGER (2004); SIMON/SIMON (2005), Rn. 1.161; A.A. SCHMIDT (1996), S. 352 f.

239 Hierzu zählen in Deutschland beispielsweise AtisReal, CB Richard Ellis, Engel & Völkers und viele andere.

240 Im Fall einer starken Marktpräsenz eines solchen Unternehmens liegen beispielsweise die Kaufpreise und objektspezifischen Eigenschaften von bis zu sieben Objekten in einer Straße in der internen Datenbank vor, sodass durch einen Vergleich dieser Objekte mit dem zu bewertenden Objekt unter Berücksichtigung der objektspezifischen Besonderheiten ein sehr zuverlässiger und marktgerechter Preis ermittelbar ist (Gespräch mit Herrn Rakham Schröder, Geschäftsführer Engel & Völkers, Berlin, nicht protokolliert).

Zusammenfassend ist festzuhalten, dass aufgrund der Heterogenität und der Intransparenz des Immobilienmarktes in Deutschland die zur Kaufpreiserhebung notwendige Identifizierung einer Transaktion einer vergleichbaren Immobilie in jüngster Vergangenheit als nahezu ausgeschlossen betrachtet werden kann.[241] Demzufolge scheint in der Bewertungspraxis zwar ein "aktiver Markt" in einem weiteren Sinn zu existieren, nicht jedoch ein aktiver Markt im Sinne der strengen Definition des IAS 40 vorzuliegen, da es in der Mehrzahl der Bewertungsfälle schlicht an Kaufpreisen vergleichbarer Immobilien mangelt. Ein Rückgriff auf Vergleichspreise ähnlicher oder auch vergleichbarer Immobilien in einem aktiven Markt gemäß IAS 40.45 erscheint somit zurzeit nur sehr eingeschränkt möglich.[242]

1.2.2.2 Bewertungskonzeption

1.2.2.2.1 Bewertungsmaßstäbe innerhalb der IFRS

Die IFRS kennen neben dem Fair Value noch weitere Bewertungsmaßstäbe für Vermögenswerte[243], welche nebeneinander innerhalb eines IFRS-Abschlusses zur Anwendung kommen können. Vier dieser Bewertungsmaßstäbe sind im IASB Framework definiert:[244]

(a) Historische Anschaffungs- und Herstellungskosten; hierunter ist der zum Erwerb oder der Herstellung eines Vermögenswertes entrichtete Betrag an Zahlungsmitteln bzw. Zahlungsmitteläquivalenten oder der Fair Value der Gegenleistung im Erwerbszeitpunkt zu verstehen.[245] Bei einem Anschaffungsvorgang Vermögenswert gegen Geld handelt es sich demnach um einen pagatorischen Wert, da auf den Fair Value der eigenen Leistung, dem gezahlten Geldbetrag, und nicht auf den Fair Value des empfangenen Vermögenswertes abgestellt wird. Dieser Anschaffungspreis ist ein Transaktionspreis; dieser entspricht jedoch nicht notwendigerweise dem Fair Value des empfangenen Vermögenswertes.[246]

---

241 Vgl. auch LORENZ/TRÜCK/LÜTZKENDORF (2006), S. 406.

242 Vgl. stellvertretend BAUMUNK (2005), Rn. 319; BAUMUNK/BÖCKEM/SCHUHRBOHM-EBNETH (2002), S. 359; VATER (2002a), S. 458; ZÜLCH (2003), S. 264.

243 Auf eine Betrachtung von Wertmaßstäben für Schulden wird aufgrund der fehlenden Relevanz für diese Arbeit verzichtet. Grundsätzlich kommen für Schulden die Wertmaßstäbe "Historische Anschaffungskosten", "Tageswert" sowie "Present Value" gleichermaßen in Betracht, vgl. IASB Framework.100.

244 Vgl. IASB Framework.100 (a) bis (d).

245 Vgl. zu den Anschaffungs- und Herstellungskosten beispielsweise KÜMPEL (2002).

246 Vgl. zur Problematik SCHMIDT (2006a), S. 66.

(b) Wiederbeschaffungskosten sind der Betrag, welcher am Bilanzstichtag für die Wiederbeschaffung eines identischen[247] oder eines vergleichbaren[248] Vermögenswertes aufzuwenden ist.

(c) Den Veräußerungswert (Erfüllungsbetrag) bilden die am Bilanzstichtag hypothetisch erzielbare Veräußerungserlöse eines Vermögenswertes.

(d) Der vierte "Wertmaßstab" ist der Barwert. Der Barwert eines Vermögenswertes ist der Betrag der diskontierten Zahlungsströme, die dieser Vermögenswert im Rahmen der normalen Geschäftstätigkeit voraussichtlich erzielen wird. Jedoch stellt der Barwert keinen eigenen Bewertungsmaßstab dar, sondern ist vielmehr eine Methode, wie aus zukünftigen Zahlungsströmen auf den Gegenwartswert geschlossen werden kann.[249] Diese Methode der Barwertermittlung lässt sich im Zusammenhang mit verschiedenen Bewertungsmaßstäben, insbesondere dem Fair Value und dem Value in Use, anwenden.

Das IASB Framework enthält somit keine Definition des Bewertungsmaßstabes Fair Value. Einzig unter den "Bewertungsmaßstab" Barwert, welcher vielmehr eine Methode und keinen Maßstab darstellt, lässt sich das Fair Value Konzept des IAS 40 subsumieren. Durch die Vielzahl verschiedener Bewertungsmaßstäbe vermittelt es daher keine geschlossene Bewertungskonzeption.[250] Auch die aktuellen Entwicklungen lassen zumindest kurzfristig keine Reduktion hin zum einem geschlossenen System erwarten.[251]

1.2.2.2.2 Kapitalerhaltungskonzeption der IFRS

Zwischen der Wahl des Kapitalerhaltungsansatzes und der Ergebnisgröße (Gewinn, Jahresüberschuss, realisierter Gewinn u.a.) besteht ein Zusammenhang. So lässt sich das Ergebnis als diejenige Größe definieren, die nach Abzug der Beträge verbleibt, die für die Erhaltung eines wie auch immer zu bestimmenden Kapitals erforderlich sind. Somit besteht auch ein

---

[247] Angesprochen sind hier die so genannten "Reproduction Costs", d.h. die niedrigsten Kosten für den Ersatz eines Vermögenswertes durch einen identischen Vermögenswert.

[248] Angesprochen sind hier die so genanten "Replacement Costs", d.h. die niedrigsten Kosten für den Ersatz eines Vermögenswertes durch einen gleich nützlichen Vermögenswert. Beispielsweise der Ersatz einer Maschine durch einen neueren Typ mit gleicher Produktionskapazität, vgl. IASB (2005a), Tz. 81.

[249] Vgl. IASB (2005a), Tz. 71.

[250] Vgl. stellvertretend HAYN (1994), S. 721; MUJKANOVIC (2002), S. 102; WOLLMERT/ ACHLEITNER (1997a), S. 251. Für einen Überblick der verschiedenen Folgebewertungsmodelle vgl. auch NAUMANN/BREKER (2003), Rn. 372 ff.

[251] Vgl. FASB (2006a) zum gemeinsamen Projekt des FASB mit dem IASB zur Überarbeitung des Frameworks sowie das Diskussionspapier des Canadian Standard Board zur Bewertungskonzeption als Auftragsarbeit des IASB, vgl. IASB (2005a).

direkter Zusammenhang zwischen der Wahl des Bewertungsmaßstabes und der Wahl der Kapitalerhaltungskonzeption, da der Bewertungsmaßstab nicht losgelöst von der Frage der Gewinnmessung diskutiert und beurteilt werden kann.[252]

Jedoch folgen die einzelnen Standards derzeit keinem einheitlichen Kapitalerhaltungskonzept.[253] Dies lässt sich durch die Entstehungsgeschichte der IFRS über einen längeren Zeitraum erklären.[254]

1.2.2.2.3 Einordnung der Bewertungsmaßstäbe und der Kapitalerhaltungskonzeption/Gewinnmessung des IAS 40 in die IFRS

Der im IAS 40 im Rahmen des Fair Value Model verwandte Bewertungsmaßstab Fair Value ist unter dem Oberbegriff "Barwert" in die Bewertungsmaßstäbe der IFRS einzuordnen. Die Fair Value-Definition ist auch deckungsgleich mit der in anderen IFRS verwandten Definition.[255]

Das IASB und das FASB tendieren zu einer Orientierung am "Asset Liability Approach",[256] welcher als Konsequenz die Ergebnisgröße als Ergebnis einer Vermögensänderung definiert. Betrachtet man die Regelungen des IAS 40 zur ergebniswirksamen Berücksichtigung von Bewertungsunterschieden zwischen Beginn und Ende der Berichtsperiode, so spiegeln diese das vom IASB präferierte Konzept des "Asset Liability Approach" wider. Da einem nach IFRS erstellten Abschluss keine Ausschüttungsbemessungsfunktion zukommt bzw. eine solche nicht intendiert ist,[257] hat der Ausweis der Ergebnisbeiträge innerhalb der Gewinn- und Verlustrechnung nur informellen Charakter, insbesondere zur Beurteilung des Managements. Demzufolge erscheint eine Diskussion der Kapitalerhaltungskonzeption auch nicht relevant.

1.3 Zwischenergebnis

Durch Einführung des IAS 40 sind in der EU ansässige kapitalmarktorientierte Unternehmen zur Ermittlung von Fair Values zum jeweiligen Bilanzstichtag für ihre Investment Properties

---

252 Vgl. hierzu SCHMIDT (2006a), S. 66 sowie IASB (2005a), Tz. 50 ff.

253 Vgl. hierzu LORSON (2005), S. 17; LÜDENBACH/HOFFMAN (2006), Rz. 121 sowie RUHNKE (2005), S. 322 f. Derzeit enthält das IASB Framework in Paragraph 102 ff. nur eine Darstellung alternativer Kapitalerhaltungskonzeptionen.

254 Vgl. auch Fn. 427.

255 Vgl. beispielsweise IAS 39.8; IAS 39.9; IAS 41.8.

256 Vgl. hierzu auch FASB (2004), S. 3 sowie LÜDENBACH/HOFFMANN (2006), Rz. 122, die im Zusammenhang mit dem Performance Project eine weitestgehende Umsetzung des Asset Liability Approach erwarten.

257 Vgl. beispielsweise WAGENHOFER (2002), S. 233 f. sowie allgemein zu den Zwecken des IFRS-Abschusses auch Teil I Kapitel 1.1.1. Vgl. ausführlich zur Zweckmäßigkeit internationaler Rechnungslegungstandards für die Ausschüttungsbemessung KAHLE (2002a), S. 699 ff.

gezwungen. Die Notwendigkeit der Fair Value-Ermittlung besteht unabhängig von der Wahl des Fair Value Model. Zwar hat das IASB aufgrund der im Rahmen des sog. "Due Process"[258] als Reaktion auf die Stellungnahmen zum Exposure Draft (E64) geäußerten Kritik für eine unbestimmte Übergangszeit alternativ die Bewertung von Investment Properties zu fortgeführten Anschaffungs- und Herstellungskosten ("Cost Model") zugelassen, fordert jedoch trotz dessen die Angabe des Fair Value im Anhang. Hieraus wird die Einschätzung des IASB, dass der Fair Value der geeignetere Bewertungsmaßstab zur Vermittlung entscheidungsnützlicher Informationen ist, nochmals deutlich.

Zur Ermittlung des Fair Value sieht der IAS 40 im Idealfall einen Rückgriff auf aktuelle Vergleichspreise von Immobilien ähnlicher Art auf einem aktiven Markt vor. Falls dies nicht möglich ist, sollte auf Vergleichspreise von Immobilien ähnlicher Art aus vergangenen Transaktionen oder Immobilien anderer Art oder anderen Zustandes zurückgegriffen werden. Diese Vergleichspreise wären an die Gegebenheiten der zu bewertenden Investment Properties anzupassen. Voraussetzung hierfür wäre jedoch die Existenz und die Transparenz eines zumindest teil-aktiven Immobilienmarktes in Deutschland. An beiden Voraussetzungen fehlt es zurzeit. Insbesondere die mangelnde Markttransparenz führt in der Bewertungspraxis dazu, dass notwendige Vergleichspreise schlicht nicht identifiziert werden können. Die vom IASB vorgesehene Fair Value-Ermittlung durch Rückgriff auf Vergleichspreise besitzt somit in Deutschland momentan praktisch keine Bedeutung.

Die Fair Value-Ermittlung von Investment Properties reduziert sich daher (mehrheitlich) auf die Anwendung geeigneter Bewertungsverfahren auf Basis diskontierter Zahlungsströme, sog. Barwertverfahren. Bezüglich des konkret anzuwendenden Bewertungsverfahrens sowie der Bestimmung der in das Verfahren eingehenden Größen wie der zukünftigen Cashflows oder des Diskontierungszinssatzes enthalten die Regelungen des IAS 40 keine Angaben.[259] Hinzu tritt das Problem, dass die Bewertungsverfahren weltweit nicht normiert sind.[260] Diese konkrete Bewertungsfrage bildet auch den Schwerpunkt der vorliegenden Arbeit. Im nachfolgenden Kapitel werden daher das Problem der Schätzung von Fair Values mittels diskontierter Zahlungsströme konkretisiert und geeignete Schätzverfahren diskutiert.

---

[258] Der "Due Process" ist ein formelles Verfahren bei der Entwicklung von neuen IFRS, vgl. IFRS Preface.18 sowie beispielsweise RUHNKE (2005), S. 66 ff.

[259] Vgl. BAUMUNK (2005), S. 86.

[260] Vgl. BIIS (2006), S. 5.

2 Problemkonkretisierung und -definition

2.1 Anwendung von Schätzverfahren

2.1.1 Bedeutung von Schätzverfahren für die marktgestützte Ermittlung von Fair Values

Betrachtet man ausschließlich Barwertverfahren,[261] so lassen sich diese in zwei Gruppen unterteilen: Einperiodische und mehrperiodische Barwertverfahren. Zu den einperiodischen Verfahren zählen das in Deutschland normierte Ertragswertverfahren nach WertV[262] und die angelsächsischen einperiodischen Verfahren ("income approach", "investment method", "direct capitalization method").[263] Das DCF-Verfahren dagegen zählt zu den mehrperiodischen Barwertverfahren.[264] Beide Verfahrenstypen können grundsätzlich zur Fair Value-Ermittlung gemäß IAS 40[265] Anwendung finden.[266]

---

261 Vergleichswertverfahren sind, wie im vorangegangenen Abschnitt gezeigt, aufgrund der mangelnden Transparenz des Immobilienmarktes derzeit in Deutschland kaum anwendbar, vgl. Teil II Kapitel 1.2.2.1.

262 Hierunter sind insbesondere die in Deutschland kodifizierten Verfahren gemäß §§ 15 bis 20 WertV zu subsumieren.

263 Vgl. hierzu ausführlich KLEIBER (2004), insb. S. 195 ff. sowie KORMAIER (2006), S. 380 ff.

264 Vgl. zu einer vergleichenden Betrachtung von DCF- und Ertragswertverfahren beispielsweise BRAND (2000), S. 211 ff.

265 Vgl. IAS 40.46 (c), der zur Ermittlung des Fair Value mit Hilfe von Bewertungsverfahren (d.h. auf der letzten Stufe der Bewertungshierachie) auf den ersten Blick relativ konkrete Anwendungsregeln enthält: "discounted cash flow projections based on reliable estimates of future cash flows, supported by the terms of any existing lease and other contracts and (when possible) by external evidence such as current market rents of similar properties in the same location and condition, and using discount rates that reflect current market assessments of the uncertainty in the amount and timing of cash the flows." Die Wortwahl "discounted cash flow projection" lässt vermuten, dass hiermit ausschließlich das DCF-Verfahren zu fassen ist. Aufgrund der weitgehend übereinstimmenden Definition des dem Ertragswertverfahren nach WertV zu Grunde liegenden Verkehrswertbegriffs mit dem Fair Value-Begriff in IAS 40, erachtet das deutschsprachige Schrifttum auch dieses als normenkonform, vgl. stellvertretend FRIEß/ KORMAIER (2004), S. 2027 f. Dieses ist zumindest fraglich, da das deutsche Ertragswertverfahren eben nicht auf "discounted cash flows", sondern auf der nachhaltigen Miete aufbaut.

266 Daneben existieren noch überschlägige Verfahren zur groben Abschätzung, welche unter dem Begriff Maklermethode bekannt sind. Bei diesen Verfahren wird der Jahresrohertrag mit einem Vervielfältiger multipliziert. Das Ergebnis stellt den überschlägigen Verkehrswert dar, vgl. ZIMMERMANN/HELLER (1995), Abschn. A.3, Rz. 3. Das Problem dieses Verfahrens ist der angewandte Vervielfältiger, bei welchem es sich um ein mixtum compositum aus Durchschnittsverzinsung des Eigenkapitals, Fremdkapitalanteil, Bewirtschaftungskosten, Alter und Zustand des Gebäudes sowie einer Risikobeurteilung handelt. Diese Vervielfältiger werden vom (ehemaligen) Ring Deutscher Makler (RDM) veröffentlicht und erfordern zur Erreichung realistischer Verkehrswertschätzungen Zu- und Abschläge, die nur bei genauer Kenntnis des regionalen Immobilienmarktes möglich sind, vgl. STANNIGEL/KREMER/WEYERS (1984), S. 168 f.; VOGELS (1996), S. 14 f. Demzufolge erscheint die Maklermethode für die Fair Value-Ermittlung kein geeignetes Verfahren und wird im Nachfolgenden nicht weiter betrachtet.
Entsprechendes gilt für die Verfahren zur Beleihungs- und Versicherungswert-Ermittlung, bei der jede Bank oder Versicherung über entsprechende interne Richtlinien verfügt, welche von der BaFin zu genehmigen sind. In beiden Fällen erfolgt keine direkte Verkehrswertermittlung, sodass diese Verfahren ebenfalls ungeeignet sind, vgl. ZIMMERMANN/HELLER (1995), Abschn. A.3, Rz. 4 f.

Die einperiodischen Barwertverfahren ermitteln den Marktwert einer Immobilie i.d.R. durch Vervielfältigung des Reinertrages des ersten Jahres mittels Multiplikatoren; bei den mehrperiodischen Verfahren hingegen erfolgt eine Unterscheidung des Prognosezeitraumes in eine Detailplanungsperiode von gewöhnlich zehn Jahren[267] sowie einer Rentenperiode, die dem Fortführungs-/Veräußerungsrestwert nach Ablauf der Detailplanungsperiode entspricht. In der Detailplanungsperiode werden die tatsächlichen jährlichen Größen (Einzahlungen und Auszahlungen) und keine fiktiven nachhaltigen Größen kapitalisiert. Daher wird zunächst das Ertragswertverfahren nach WertV als deutscher Vertreter der einperiodischen Barwertverfahren dargestellt.[268] Anschließend wird auf die einperiodischen angelsächsischen sowie auf das DCF-Verfahren als mehrperiodisches Barwertverfahren eingegangen.

2.1.2 Bestimmung des anzuwendenden Schätzverfahrens

2.1.2.1 Überblick und Würdigung

2.1.2.1.1 In Deutschland normierte Bewertungsverfahren

In Abhängigkeit vom Zweck der Bewertung, des Bewertungsanlasses, existieren in Deutschland vier verschiedene Wertbegriffe: Der Verkehrswert, der Beleihungswert, der Versicherungswert und der Einheitswert bzw. der steuerliche Bedarfswert.[269] Da sich ausschließlich der Verkehrswert mit der in IAS 40 geforderten Definition des Fair Value deckt, wird nachfolgend nur dieser näher erläutert. Der Begriff des Verkehrswertes wird in § 194 BauGB wie folgt definiert: "Der Verkehrswert (Marktwert) wird durch den Preis bestimmt, der in dem Zeitpunkt, auf den sich die Ermittlung bezieht, im gewöhnlichen Geschäftsverkehr nach den rechtlichen Gegebenheiten und tatsächlichen Eigenschaften, der sonstigen Beschaffenheit und der Lage des Grundstücks oder des sonstigen Gegenstandes der Wertermittlung ohne Rücksicht auf ungewöhnliche oder persönliche Verhältnisse zu erzielen

---

267 Vgl. beispielsweise HINRICHS/SCHULTZ (2003), S. 266; KLEIBER (2004), S. 199.

268 Vgl. zur Anwendbarkeit des Ertragswertverfahrens nach WertV zur Fair Value-Ermittlung von Investment Properties auch FRIEß/KORMAIER (2004), S. 2027 f., deren Beitrag jedoch aufgrund vielfältiger terminologischer Unschärfen und fehlender Begründungen angezweifelt wird.

269 Vgl. für einen Überblick der Wertbegriffe beispielsweise LEOPOLDSBERGER/THOMAS/ NAUBEREIT (2005), S. 460 ff. sowie PFNÜR (2002), S. 72 ff. Da der zu bestimmende Wert einer Immobilie im Zusammenhang mit dem Bewertungsanlass zu ermitteln ist, hat dieser maßgeblich Einfluss auf das Bewertungsergebnis, vgl. PAUL (2005), S. 549 f., Rn. 905 f. Vorherrschend ist hierbei die funktionale Wertlehre, bei welcher der Wert einer Immobilie im Hinblick auf eine gegebene Zielsetzung und unter Berücksichtigung des Entscheidungsfeldes des Bewertenden abgeleitet wird. Die im Rahmen der Bilanzierung geforderte "objektive" Wertermittlung lässt sich somit im Rahmen der funktionalen Wertlehre durchführen, vgl. PAUL (2005), S. 551 f., Rn. 912 f.

wäre." Wie sich aus den einzelnen definitorischen Merkmalen ersehen lässt, besteht weitgehende Übereinstimmung mit der Definition des Fair Value gemäß IFRS.[270]

Bei den deutschen Verfahren zur Verkehrswertermittlung wird zwischen normierten und nicht normierten Verfahren unterschieden. Als normierte Verfahren werden die in der Wertermittlungsverordnung 1998 (WertV) geregelten Verfahren bezeichnet. Hierzu gehören das Vergleichswertverfahren (§§ 13 bis 14 WertV),[271] das Ertragswertverfahren (§§ 15 bis 20 WertV) sowie das Sachwertverfahren (§§ 21 bis 25 WertV).[272] Die in der WertV normierten Verfahren sind jedoch lediglich für Gutachter der örtlichen Gutachterausschüsse[273] bindend.[274] Alle anderen Gruppen von Sachverständigen[275] sind an die Regelungen der WertV nicht gebunden und somit bei der Wahl des anzuwendenden Bewertungsverfahrens grundsätzlich frei.[276] Allerdings ist zu berücksichtigen, dass es sich bei den in der WertV normierten Verfahren um anerkannte Bewertungsverfahren handelt und eine Abweichung von diesen zumindest im Gutachten begründet werden müsste.[277] Nach Auffassung von LEOPOLDSBERGER/THOMAS/NAUBEREIT sind Abweichungen von den normierten Verfahren, z.B. durch Anwendung des DCF-Verfahrens, nur sinnvoll, sofern "die Wertermittlung nicht der Bestimmung eines objektivierten Verkehrswertes [*sic*!], sondern der Ermittlung eines subjektiven entscheidungsorientierten Wertes dient."[278]

Bei Investment Properties gemäß IAS 40 handelt es sich definitionsgemäß um Renditeobjekte. Die marktgerechteste Methode stellt ohne Zweifel das Vergleichswertverfahren dar. Jedoch ist die Anwendung des Vergleichswertverfahrens für die Bewertung von bebauten

---

270 Gemäß IAS 40.5 ist der Fair Value "the amount for which an asset could be exchanged between knowledgeable, willing parties in an arm's length transaction."

271 Vgl. für eine Darstellung des Vergleichswertverfahrens beispielhaft LEOPOLDSBERGER/SAFFRAN (2005), S. 432 ff.

272 Alle drei Wertermittlungsverfahren sind als gleichrangig anzusehen, vgl. BGH-Urteil vom 23. November 1962 V ZR 148/60. A.A. PAUL (2001), S. 624, der das Ertragswertverfahren als alleiniges von der Rechtssprechung akzeptiertes Verfahren sieht.

273 Vgl. zur Funktion der Gutachterausschüsse auch Teil II Kapitel 1.2.2.1.

274 Vgl. KLEIBER/SIMON/WEYERS (2002), S. 570, Rn. 1 ff.; RÖSSLER/LANGNER/SIMON (1986), S. 35. A.A. ZIMMERMANN/HELLER (1995), Abschn. A.3, Rz. 1 ff.

275 Hierzu gehören sowohl die öffentlich bestellten und vereidigten Sachverständigen als auch die Gruppe der freien Sachverständigen, vgl. LEOPOLDSBERGER/THOMAS/NAUBEREIT (2005), S. 470.

276 KLEIBER/SIMON/WEYERS (2002), S. 571, Rn. 8 sprechen der WertV jedoch eine "mittelbare Bindungswirkung" zu. Dies gilt für privat tätige Sachverständige insbesondere dann, wenn der Sachverständige sich "werkverträglich zur Anwendung normativ geregelten Rechts der Verkehrswertermittlung verpflichtet hat.", EBENDA, S. 571, Rn. 12.

277 Vgl. ZIMMERMANN/HELLER (1995), S. 36 ff.

278 LEOPOLDSBERGER/THOMAS/NAUBEREIT (2005), S. 470. So auch KLEIBER (2002), S. 12; VOGEL (2000), S. 206. A.A. PAUL (2005), S. 580 f., Rn. 973; bei Verwendung marktbasierter Parameter auch ENGEL (2002), S. 332.

Grundstücken umstritten.[279] Mehrheitlich wird das Ertragswertverfahren als das geeignete Verfahren zur Bewertung von Renditeobjekten angesehen.[280]

Der Ertragswert im Sinne der WertV bestimmt sich durch zwei Komponenten: den Bodenwert und den Ertragswert der baulichen Anlagen.[281] Beide Werte werden zunächst getrennt ermittelt.[282] Die Ermittlung des Bodenwertes orientiert sich zumeist am Vergleichswertverfahren.[283] Die Feststellung des Wertes der baulichen Anlagen erfolgt durch Kapitalisierung des nachhaltig erzielbaren jährlichen Reinertrages. Der Reinertrag ergibt sich aus dem jährlichen nachhaltigen Rohertrag (RoE) abzüglich der nachhaltigen Bewirtschaftungskosten (BewK).[284] Der nachhaltige Rohertrag umfasst dabei alle bei ordnungsmäßiger Bewirtschaftung und zulässiger Nutzung erzielbaren Einnahmen aus dem Grundstück, insbesondere Mieten und Pachten einschließlich Vergütungen.[285]

Vom Jahresreinertrag des Grundstücks wird der Verzinsungsbetrag des Bodenwertes abzogen, wobei die Erträge aus Grund und Boden als unbegrenzt angenommen werden, sodass der

---

279 Vgl. beispielsweise LEOPOLDSBERGER/THOMAS/NAUBEREIT (2005), S. 471. Ähnlicher Ansicht ist BONCZEK (1978), S. 173, der das Vergleichswertverfahren nur in Ausnahmefällen für die Bewertung von bebauten Grundstücken als geeignet erachtet. Vgl. hierzu auch Teil II Kapitel 1.2.2.1.

280 Vgl. für eine ausführliche Darstellung des Ertragswertverfahrens SIMON/SIMON (2005), Rn. 4.1 ff.

281 Der Begriff der baulichen Anlagen ist als Oberbegriff zu verstehen. Er umfasst sowohl den Wert des Gebäudes als auch die sonstigen baulichen Anlagen (Außenanlagen), vgl. WertR Nr. 3.3.2.

282 Vgl. § 15 Abs. 1 WertV. Bewirtschaftungskosten umfassen die Abschreibung, die bei gewöhnlicher Bewirtschaftung nachhaltig entstehenden Verwaltungskosten, Betriebskosten, Instandhaltungskosten sowie das Mietausfallwagnis, vgl. § 18 Abs. 1 WertV. Der Ansatz der Verwaltungs- und Instandhaltungskosten sowie des Mietausfallwagnisses hat nach Erfahrungssätzen, die unter Berücksichtigung der Restnutzungsdauer einer ordnungsgemäßen Bewirtschaftung entsprechen, zu erfolgen, vgl. § 18 Abs. 6 WertV. In der Praxis erfolgt zumeist ein Ansatz der Instandhaltungskosten, die sich nach der Zweiten Berechnungsverordnung (II. BV) entsprechend dem Baujahr ergeben, vgl. KLEIBER (2006), S. 32.

283 Vgl. § 15 Abs. 2 WertV sowie zur Bodenrichtwertermittlung im Kontext der IFRS KÜTING/TRAPPMANN/KEßLER (2006), S. 1855 ff.
Stehen weder Kaufpreise vergleichbarer Grundstücke noch geeignete Bodenrichtwerte zur Verfügung, so kann der Bodenrichtwert von den Gutachterausschüssen unter Umständen auch aus dem Ertrag ermittelt werden, vgl. JOERIS/SIMON (2005), Rn. 3.25.

284 Vgl. § 16 Abs. 1 WertV.

285 Vgl. § 17 Abs. 1 WertV. Nachhaltige Einnahmen sind diejenigen Einnahmen, die sich über die gesamte Restnutzungsdauer unter Berücksichtigung der allgemeinen wirtschaftlichen Entwicklung (z.B. steigende oder fallende Mieten), der Besonderheiten des regionalen und sektoralen Grundstücksmarktes (z.B. Veränderungen in der Präferenz des Standortes je nach Grundstücksart), der wirtschaftlichen Abnutzung der Immobilie sowie den bestehenden wohnungs- und mietrechtlichen Bindungen erzielen lassen, vgl. KLEIBER (2006), S. 25. Vgl. zu den Besonderheiten beim sozialem Wohnungsbau BACHMANN (2002).
Abweichungen des tatsächlichen Reinertrages vom nachhaltig erzielbaren Reinertrag werden mit Hilfe der Aus- oder Abschichtungsmethode ("Top and Bottom Slicing") bzw. des Vervielfältigungsdifferenzen-Verfahrens ("Term and Reversion") berücksichtigt, vgl. KLEIBER (2006), S. 27 sowie zu den einzelnen Verfahren SIMON/SIMON (2005), Rn. 4.368 ff. Diese Anpassungsverfahren finden auch bei den angelsächsischen "Instvestment Methods", insbesondere der "Growth Implicit Method", Awendung, vgl. WHITE ET AL. (2003), S. 97 ff. sowie Teil II Kapitel 2.1.2.1.2.

Ertrag des Grund und Bodens als ewige Rente angesetzt werden kann. Die ewige Rente bestimmt sich durch Multiplikation des Bodenwertes mit dem Liegenschaftszinssatz.[286]

Der um die Bodenwertverzinsung verminderte jährliche Reinertrag ist anschließend mit Hilfe eines aus dem Liegenschaftszinssatzes unter Beachtung der Restnutzungsdauer des Gebäudes abgeleiteten Vervielfältigers zu kapitalisieren.[287] Gegebenenfalls vorhandene sonstige wertbeeinflussende Umstände sind durch Zu- und Abschläge zu berücksichtigen.[288] Die Summe aus Bodenwert und Wert der baulichen Anlagen ergibt zusammen den Wert des Grundstücks. Unter Berücksichtigung der Lage auf dem Grundstücksmarkt kann aus dem Ergebnis des Ertragswertverfahrens in der Regel der Verkehrswert abgeleitet werden.[289]

2.1.2.1.2 Im angelsächsischen Raum angewandte Bewertungsverfahren

In Großbritannien und den USA[290] existieren keine mit den deutschen Vorschriften vergleichbaren gesetzlichen Regelungen zur Wertermittlung von Grundstücken. Die Entwicklung der Bewertungsregeln erfolgt durch die Berufsverbände. Maßgeblich für die britische Bewertungspraxis ist das vom Royal Institution of Chartered Surveyors (RICS) herausgegebene "Appraisal and Valuation Manual" (das sog. "Red Book"). Dieses enthält zahlreiche Bewertungsvorschriften (sog. "Practice Statements", PSs) sowie erläuternde Anhänge und

---

286 Der Liegenschaftszinssatz ist der Zinssatz, mit dem sich der Verkehrswert von Liegenschaften im Durchschnitt marktüblich verzinst, vgl. § 11 WertV. Die Ermittlung des Liegenschaftszinssatzes obliegt den Gutachterausschüssen, vgl. hierzu auch Teil II Kapitel 1.2.2.1. Eine detaillierte Betrachtung des Liegenschaftszinssatzes sowie eine Würdigung desselben erfolgt in Teil II Kapitel 4.2.2.2.3.2.

287 Der Liegenschaftszinssatz stellt dabei eine "Overall Capitalization Rate" dar, d.h. er beinhaltet die nach Anschauung des allgemeinen Grundstücksmarktes erwartete künftige Entwicklung der Einnahmen und Ausgaben. Rein formal wird daher ein konstanter Einnahmefluss über die gesamte Restnutzungsdauer kapitalisiert. Tatsächlich erfolgt durch implizite Berücksichtigung im Liegenschaftszinssatz dagegen eine Ertragswertberechnung, die auch die Zu- oder Abnahme des Ertragsflusses gegenüber dem Wertermittlungsstichtag berücksichtigt, vgl. KLEIBER (2006), S. 26.

288 Vgl. § 7 WertV. Bestehen solche wertbeeinflussenden Umstände, so ergibt sich mit Hilfe des Liegenschaftszinssatzes nur ein vorläufiger Ertragswert, der entsprechend zu korrigieren ist. So können eine veraltete Anordnung und Gestaltung des Gebäudes oder Belastungen durch den Denkmalschutz zu einem Abschlag, eine besonders solide und aufwendige Bauweise oder die bessere Lage einer einzelnen Eigentumswohnung, die nicht bereits im Rohertrag berücksichtigt ist, zu einen Aufschlag führen, vgl. SIMON/SIMON (2005), Rn. 4.328.

289 Vgl. § 7 WertV. Sind mehrere Verfahren herangezogen worden, ist der Verkehrswert aus den Ergebnissen der angewandten Verfahren unter Berücksichtigung der Aussagefähigkeit zu bemessen.

290 Maßgeblich für die US-amerikanische Bewertungspraxis sind die vom Appraisal Standard Board of The Appraisal Foundation (TAF) herausgegebenen Uniform Standards of Professional Appraisal Practice (USPAP). Die TAF wurde 1987 auf Initiative der professionellen Immobiliensachverständigen in den USA gegründet und ist die offizielle, vom amerikanischen Kongress legitimierte Immobilienstandards setzende Institution in den USA. Die Einhaltung der Standards erfolgt durch das Appraisal Institute und weiterer amerikanischer Immobilienfachverbände, vgl. APPRAISAL INSTITUTE (2001), S. 16. Nachfolgend werden jedoch, da der Fokus dieser Arbeit insbesondere die deutsche Bewertungspraxis betrifft und nur die britischen Bewertungsverfahren maßgeblichen Einfluss auf dieselbe besitzen, die US-amerikanischen USPAP nicht weiter betrachtet.

"Guidance Notes" (GNs), welche mit den deutschen Wertermittlungsrichtlinien vergleichbar sind. Die Vorschriften des Red Book sind jedoch nur für Mitglieder der RICS verpflichtend. Das Red Book definiert insbesondere, für welchen Bewertungsanlass die Vorschriften Anwendung finden. So enthält das Red Book klare Regelungen zur Bewertung von Grundstücken für Bilanzierungszwecke und legt diesen einen bestimmten Wertbegriff zugrunde.[291]

Im Rahmen der 5. Auflage des Red Book[292] wurde der am häufigsten verwendete Wertbegriff des "Open Market Value" (OMV) zugunsten einer internationalen Harmonisierung an die Definition des "Market Value" (MV) des IVSC angepasst.[293] Bemerkenswert ist hierbei der Schritt vom "Best Price" des OMV hin zum "Estimated Price" beim MV, welcher eine deutliche Annäherung an den deutschen Verkehrswertbegriff darstellt. Insbesondere die Unabhängigkeit von den besonderen Interessen des Käufers bzw. Verkäufers und die Annahme eines gewöhnlichen Geschäftsverkehrs decken sich nun auch mit den Kriterien an einen Fair Value gemäß IAS 40.[294] Demzufolge erscheint zumindest in Bezug auf die Definition des zugrunde liegenden Wertbegriffs eine Anwendung der im Red Book kodifizierten Bewertungsverfahren für Zwecke der Bilanzierung nach IAS 40 geeignet.

Typischerweise wird der Wert einer Immobilie, welche zur Renditeerzielung durch Mieteinnahmen gehalten wird, nach der "Investment Method" auf Basis des Barwertes der zukünftigen Einzahlungsüberschüsse ermittelt.[295] Hierbei lassen sich zwei alternative Verfahren, die sog. "Growth Implicit Models" und die "Growth Explicit Models", unterscheiden.

Kennzeichnend für die Growth Implicit Models ist der Verzicht auf explizite Berücksichtigung zukünftig erwarteter Mietsteigerungen. Es werden die gegenwärtig erzielbaren Nettoeinzahlungsüberschüsse entsprechend einer ewigen Rente als konstant unterstellt und mit einem einheitlichen Zinssatz diskontiert. Die Erwartung des Bewertenden hinsichtlicht einer möglichen Mietsteigerung wird impliziert im Diskontierungszinssatz, dem sog. "All Risk Yield" (ARY)[296], berücksichtigt.

---

[291] Vgl. UK PS 3.1 sowie FRENCH (2003), S. 499 f.
[292] Vgl. RICS (2003).
[293] Vgl. zur Marktwertdefinition des IVSC Teil II Kapitel 1.2.1.4.2.1.
[294] Vgl. hierzu IAS 40.5.
[295] Vgl. JOHNSON/DAVIES/SHAPIRO (2000), S. 13 f.
[296] Der All Risk Yield ist ebenso wie das deutsche Pendant, der Liegenschaftszinssatz, eine "Overall Capitalisation Rate".

Die Growth Implicit Models weisen aufgrund des Verzichts auf eine explizite Berücksichtigung der erwarteten Mietsteigerungen und der Berücksichtigung der Wachstumserwartungen im Diskontierungszinssatz erhebliche Ähnlichkeiten mit dem deutschen Ertragswertverfahren auf. Sie sind demzufolge auch der gleichen Kritik ausgesetzt und werden in der Praxis zunehmend von den Growth Explicit Models verdrängt.[297] Die Growth Explicit Models unterscheiden sich von den oben benannten Growth Implicit Models vor allem durch differenziertere Annahmen, welche die Realitätsnähe erhöhen sollen.[298]

Im Rahmen eines Growth Explicit Model werden Einzahlungen und Auszahlungen einer bestimmten Anzahl von Detailperioden mit einem Diskontierungszinssatz auf den Bewertungsstichtag abgezinst. Gerade die Berücksichtigung der Marktentwicklung in den zukünftigen Zahlungsmittelzuflüssen stellt einen erheblichen Vorteil dieser Verfahren gegenüber dem klassischen, einperiodischen Ertragswertverfahren dar.[299] Methodisch handelt es daher bei den Growth Explicit Models um DCF-Verfahren.[300]

2.1.2.1.3 Statistische Methoden zur Ermittlung des Grundstückswertes

Neben den klassischen Verkehrsermittlungsverfahren nach dem BauGB wurden in den vergangenen Jahren zunehmend statistische Methoden zur Ermittlung des Verkehrswertes diskutiert.[301] Als Alternative zu den klassischen Verfahren gilt vor allem das Monte-Carlo-Verfahren. Das Monte-Carlo-Verfahren ist ein auf der Wahrscheinlichkeitsrechnung basierendes Berechnungsverfahren, dessen ursprüngliche Anwendung die Risikoanalyse von kerntechnischen Versuchen wie dem "Manhattan-Projekt" in den USA in den 40er Jahren war.[302] Aufgrund einer möglichen Eignung für das betrachtete Bewertungsproblem wird das Monte-Carlo-Verfahren kurz erläutert und in Hinblick auf seine Eignung kritisch

---

297 Hauptkritikpunkte bilden hierbei die stark vereinfachten, realitätsfremden Annahmen in Bezug auf die Höhe und die zeitliche Verteilung der Zahlungsströme einerseits und der Wahl des Diskontierungszinssatzes andererseits, vgl. THÖNE (2000), S. 597.

298 Vgl. SCHULTE/LEOPOLDSBERGER (2006), S. 443.

299 Unterstellt man, dass das Mietpreisniveau konstant ist bzw. mit einer konstanten Wachstumsrate ansteigt, sowie dass auch die Mietausfälle konstant sind, so ergibt sich auf den ersten Blick kein Vorteil einer Mehrperiodenbetrachtung. Sind jedoch zusätzliche Informationen gegeben, z.B. hinsichtlich des Auslaufens bestimmter Mietverträge, möglicher einseitiger Verlängerungsoptionen o.Ä., so lassen sich diese nicht in einem Einperiodenverfahren, sondern nur in einem Mehrperiodenverfahren zutreffend abbilden. Vgl. ähnlich ZÜLCH (2004), S. 219.

300 Daher werden die Growth Explicit Models auch als "Full-DCF-Verfahren" bezeichnet, vgl. KORMAIER (2006), S. 380.

301 Vgl. EVANS/WERNER-EHRENFEUCHT (1994); GOTTSCHALK (2003), S. 543; JANSSEN (2002); SIMON (2004), S. 93.

302 Vgl. EVANS/WERNER-EHRENFEUCHT (1994), S. 257.

hinterfragt.[303] Obwohl nachfolgend ein Vergleich mit dem klassischen Ertragswertverfahren nach der WertV erfolgt, lässt sich sowohl das Verfahren als auch die nachfolgende Kritik auf die Anwendung eines DCF-Verfahrens übertragen.[304]

Im Gegensatz zu den klassischen Wertermittlungsverfahren finden beim Monte-Carlo-Verfahren keine Punktwerte der einzelnen Parameter (z.B. der subjektiv wahrscheinlichste Zinssatz) Eingang in die Berechnung, sondern Bandbreiten der jeweiligen Parameter. Dabei muss sich der Bewertende anhand von Markterhebungen darüber im Klaren werden, welche Bandbreiten für das betreffende Objekt unter Berücksichtigung der aktuellen Marktlage Eingang finden könnten. Diese Bandbreiten werden dann mit subjektiven Wahrscheinlichkeiten versehen. Aus Gründen der Übersichtlichkeit sollte eine Beschränkung auf eine überschaubare Anzahl von Größenklassen erfolgen. Für jede dieser Klassen müssen anschließend Wahrscheinlichkeiten aufgestellt werden.[305] Beispielsweise wird das Intervall des Liegenschaftszinssatzes von 4,8% bis 5,1% in sechs Klassen geteilt und für jede Klasse die Wahrscheinlichkeit festgehalten, mit der der Liegenschaftszinssatz in diese Klasse fällt.[306]

Nach Aufstellung der Wahrscheinlichkeitsverteilung für die einzelnen Parameter kommt das eigentliche Monte-Carlo-Verfahren zur Anwendung. Dabei wird mit Hilfe eines Zufallsgenerators[307] aus den aufgestellten Wahrscheinlichkeitsverteilungen je ein Wert des einzelnen Parameters ermittelt, welcher in eine Ertragswertberechnung einfließt. Diese simulierte Ertragswertberechnung wird so lange wiederholt, bis entweder die gewünschte Anzahl von Simulationsläufen[308] oder ein zuvor festgelegtes Gütekriterium[309] erreicht ist.

Das Ergebnis der Simulation wird in einem Histogramm mit absoluten Häufigkeiten dargestellt. Hierzu werden die rechnerisch gewonnenen Ertragswerte in Klassen unterteilt und

---

303 Vgl. ausführlich zur Anwendung des Monte-Carlo-Verfahrens mit Beispiel vor allem JANSSEN (2002) sowie auf diesen Bezug nehmend SIMON (2005), Rn. 11.127.

304 Beim Zugrundeliegen eines DCF-Verfahrens im Monte-Carlo-Verfahren würde sich allenfalls der Rechenaufwand erheblich erhöhen, da weitere Parameter hinzukämen, deren Wahrscheinlichkeitsverteilung zu schätzen wäre. Insbesondere jedoch bezüglich des Parameters Zinssatz würde sich kein Unterschied bei der Anwendung ergeben.

305 Vgl. JANSSEN (2002), S. 37.

306 Vgl. SIMON (2005), Rn. 11.138. Die genannten Prozentsätze des Liegenschaftszinssatzes entstammen dem Beispiel von JANSSEN (2002), S. 39 f.

307 Das Verfahren zur Erzeugung der künstlichen Stichproben erhielt den Namen Monte Carlo. Die Namensgebung bezog sich vermutlich auf das Roulette-Spiel als einfachste Möglichkeit, zufällige Zahlen zu generieren, vgl. SIMON (2005), S. 657, Fn. 11.

308 JANSSEN fordert hierbei mindestens 10.000 Durchläufe, um zu statistisch gesicherten Ergebnissen zu gelangen, begründet dies aber nicht näher, vgl. JANSSEN (2002), S. 37; SIMON (2005), Rn. 11.140 dagegen nennen beispielhaft eine Anzahl von 50.000 Durchläufen.

309 Als Beispiel für ein Gütekriterium könnte das in der Statistik gebräuchliche Signifikanzniveau herangezogen werden, vgl. EBENDA, Rn. 11.140.

die absolute Häufigkeit je Klasse in einem Säulendiagramm dargestellt. Die optische Darstellung zeigt, auf welche Ertragswertklasse die meisten simulierten Ertragswerte entfallen, und vermittelt so einen ersten Eindruck über das Ergebnis der Simulation. Aussagekraft erlangen jedoch erst die errechneten Summenhäufigkeiten, welche durch Aufaddierung der einzelnen relativen Häufigkeiten gewonnen werden. Hierdurch lässt sich auf einfache graphische Weise der Median ermitteln.[310] Der Median teilt die Stichprobe in zwei gleich große Hälften. Das Monte-Carlo-Verfahren unterstellt nun, dass es sich bei dem Median um den "typischen" Ertragswert bzw. Verkehrswert handelt. Dies wird insbesondere mit der statistischen Robustheit des Medians gegenüber Ausreißern in der Stichprobe begründet. Ein Immobiliensachverständiger, welcher das Monte-Carlo-Verfahren anwendet, wird demnach den Median als Verkehrswert im Sinne des § 194 BauGB interpretieren.

In einer Beispielrechnung von JANSSEN ergibt sich eine Abweichung zwischen dem Ergebnis des klassischen Ertragswertverfahrens und dem Median aus dem Monte-Carlo-Verfahren von mehr als sieben Prozent, welche im unterstellten Beispiel mehr als € 300.000 entsprach.[311] Dieses Ergebnis ist auf den ersten Blick erstaunlich und könnte als Argument für eine Anwendung des Monte-Carlo-Verfahrens aufgefasst werden.[312]

Bevor ein solches Verfahren angewandt wird, sollte jedoch kritisch reflektiert werden, warum es eine vermeintlich genaue Aussage verspricht. Insbesondere die im Rahmen des Monte-Carlo-Verfahrens notwendige Wahrscheinlichkeitsverteilung ist kritisch zu hinterfragen: So wird in der Literatur argumentiert, dass der Immobilienbewerter bei Anwendung eines klassischen Verfahrens den wahrscheinlichsten Wert eines Parameters (z.B. des Liegenschaftszinssatzes beim Ertragswertverfahren) zugrunde legt. Das Monte-Carlo-Verfahren verwendet darüber hinaus auch die Verteilungsinformation und führt damit angeblich zu genaueren Ergebnissen.[313]

Jedoch ist hierfür die Aufstellung einer empirischen Verteilungsfunktion für jeden Parameter notwendig. Fraglich ist, woher der Immobilienbewerter Kenntnis von dieser Verteilung erlangt. So begründet JANSSEN die Wahl seiner Verteilung mit einer Bandbreite der Zinssätze sowie der allgemeinen positiven Entwicklung.[314] Wie sich aus dieser Begründung die entspre-

---

[310] Vgl. GOTTSCHALK (2003), S. 41.
[311] Vgl. JANSSEN (2002), S. 43.
[312] So auch EBENDA, S. 43, der dem Monte-Carlo-Verfahren eine höhere Genauigkeit beimisst und aufgrund der Aussagefähigkeit der in seinem Beispiel gezeigten Ergebnisse ein Verstummen der Kritiker erwartet.
[313] Vgl. auch SIMON (2004), S. 98.
[314] Vgl. JANSSEN (2002), S. 40.

chende Verteilung ableiten lässt, bleibt offen. Unter Umständen lässt sich die Verteilung aus Daten einer statistischen Erhebung, z.B. durch Gutachterausschüsse, oder aus eigenen Datensammlungen des Bewertenden, ableiten. Hiermit wird das Begründungsproblem, wie SIMON zutreffend feststellt, jedoch lediglich an eine andere Stelle verschoben.[315] Der das Monte-Carlo-Verfahren anwendende Immobilienbewerter müsste folglich den Nachweis erbringen, ob die Verteilungsannahme für das konkrete Bewertungsobjekt gilt. Neben der Schätzung der Liegenschaftszinssatzspanne müsste auch noch die Begründung der Verteilung erfolgen.[316]

Unterstellt der Bewertende aus Vereinfachungsgründen überwiegend gleich- oder normalverteilte Wahrscheinlichkeitsverteilungen der Parameter, so umgeht er unter Umständen das Begründungsproblem. Jedoch nähern sich nun die Ergebnisse des Monte-Carlo-Verfahrens und des klassischen Ertragswertverfahrens immer mehr an,[317] sodass im Extremfall keinerlei Vorteil des Monte-Carlo-Verfahrens verbleibt.

Zusammenfassend lässt sich festhalten, dass die beschriebenen Probleme bei der Ermittlung der in die Schätzverfahren eingehenden Parameter und die damit verbundenen Ermessensspielräume sich auch durch Anwendung eines statistischen Verfahrens, wie beispielsweise des Monte-Carlo-Verfahrens, nicht beseitigen lassen. Demzufolge erscheint eine auf das konkrete Bewertungsobjekt bezogene Bestimmung der Parameter unumgänglich. In Hinblick auf den Zweck der Immobilienbewertung, die Bereitstellung entscheidungsnützlicher Informationen für die Adressaten eines IFRS-Abschlusses, ist die Nachvollziehbarkeit des Auswahlprozesses und die dadurch mögliche Beurteilung der eingehenden Parameter somit von zentraler Bedeutung.

2.1.2.1.4 Würdigung alternativer Schätzverfahren

Zunächst kann festgehalten werden, dass kein Verfahren existiert, welches den Anspruch erheben kann, ein international anerkanntes Bewertungsverfahren zu sein.[318] Die Auswahl geeigneter Barwertverfahren für eine Fair Value-Ermittlung in Deutschland reduziert sich

---

315 Vgl. SIMON (2005), Rn. 11.161.

316 Vgl. SIMON (2004), S. 100. An dieser Stelle lässt sich die ähnliche Kritik wie bei einer Verlagerung der Immobilienbewertung auf einen unabhängigen, externen Gutachter durch den Bilanzierenden anbringen. Es erfolgt wiederum nur eine Verschiebung auf eine andere, für den Abschlussadressaten noch weniger kontrollierbare Stelle, vgl. zur Kritik an der Beauftragung eines externen Gutachters BALLWIESER/KÜTING/SCHILDBACH (2004), S. 537.

317 Vgl. beispielsweise SIMON (2004), S. 98, in dessen Beispiel die Differenz zwischen dem klassischen Ertragswertverfahren nach WertV und des Monte-Carlo-Verfahrens nur noch bei 0,03% liegt.

318 Vgl. ähnlich SIMON (2006), S. 271.

daher auf das normierte Ertragswertverfahren nach WertV[319] sowie das DCF-Verfahren[320].[321] Die ebenfalls weit verbreiteten Vergleichswertverfahren, welche grundsätzlich als Bewertungsverfahren zur Ermittlung des Fair Value von Investment Properties geeignet sind,[322] werden nachfolgend nicht weiter betrachtet, da in der überwiegenden Zahl der Bewertungsanlässe ein vergleichbares Objekt nicht verfügbar ist und die Anwendung eines Vergleichswertverfahrens somit ausscheidet.[323]

Als Argument für eine Anwendung des Ertragswertverfahrens nach WertV lassen sich die umfassende Normierung und die verpflichtende Anwendung eines öffentlich verfügbaren Diskontierungszinssatzes, des Liegenschaftszinssatzes[324], anführen. Gegen eine Anwendung des Ertragswertverfahrens nach WertV spricht vor allem die Beschränkung auf eine Einperiodenbetrachtung. Methodenbedingt erfolgt beim Ertragswertverfahren nach WertV (im Gegensatz zum DCF-Verfahren) keine explizite Berücksichtigung von Mietvertragsstrukturen oder zukünftiger Entwicklungen der Mietzahlungen im Zähler.[325] Marktwachstums- sowie Inflationserwartungen sind definitionsgemäß im Liegenschaftszinssatz enthalten und dürfen somit nicht erneut Eingang in die Zählergröße finden.[326] Das Ertragswertverfahren rechnet mit der so genannten "nachhaltig erzielbaren Miete", welche definitorisch eine Soll-Miete bei unterstellter Vollvermietung darstellt.[327]

Die soeben angeführten Nachteile der fehlenden Berücksichtigung expliziter Mietvertragsstrukturen sowie die Unterstellung einer Vollvermietung zur nachhaltig erzielbaren Miete

---

[319] Auf eine gesonderte Beurteilung des angelsächsischen Groth Implicit Model wird aufgrund der starken Ähnlichkeit mit dem deutschen Ertragswertverfahren bewusst verzichtet. Vgl. zu den wesentlichen Charakteristika des Groth Implicit Model Teil II Kapitel 2.1.2.1.2.

[320] So favorisiert beispielsweise das größte deutsche Immobilienunternehmen, die IVG AG, das DCF-Verfahren, vgl. WEBELER (2004), S. 80 f.
Das ebenfalls dargelegte angelsächsische Groth Explicit Model ist im Wesentlichen ein DCF-Verfahren, sodass die nachfolgenden Ausführungen zum DCF-Verfahren gleichermaßen auf das angelsächsischen Groth Explicit Model übertragbar sind. Zum Groth Explicit Model vgl. auch Teil II Kapitel 2.1.2.1.2.

[321] Ein ähnliche Reduktion nimmt beispielsweise ENGEL (2002), S. 321 vor.

[322] Vgl. IAS 40.46 (a) und (b). Zum Stufenkonzept in IAS 40.46 sowie zur Ableitbarkeit einer möglichen Hierarchie vgl. Teil II Kapitel 1.2.1.4.2.

[323] Vgl. ausführlich zu dieser Problematik Teil II Kapitel 1.2.1.4.2 sowie 2.1.1.

[324] Vgl. ausführlich zum Liegenschaftszinssatz Teil II Kapitel 4.2.2.2.3.2.

[325] Vgl. zum formalen Aufbau des DCF-Verfahrens Teil II Kapitel 2.1.2.2.1.2.

[326] Vgl. ENGEL/BÄRWOLF (2004), S. 274; KLEIBER/SIMON/WEYERS (2002), S. 984, Rn. 44.

[327] So wird, bezogen auf die Bewertung von Immobilien offener Immobilienfonds mit dem Ertragswertverfahren nach WertV, kritisch zur nachhaltig erzielbaren Miete angeführt, sie sei nur eine Momentaufnahme und führe bei einer anhaltend schlechten Marktphase tendenziell zu überhöhten Werten der Fondsobjekte. Würden anstelle der nachhaltig erzielbaren Mieten die tatsächlichen, auf Basis von Marktanalysen bestimmten Mieteinnahmen angesetzt werden, "wäre es aus mit der Scheinstabilität der Immobilienfonds.", SCHWERDTFEGER (2006), S. 114. Vgl. zu einer Diskussion des "nachhaltig erzielbaren Ertrags" auch ADOLF (2005).

wiegen besonders schwer, wenn das zu bewertende Objekt stark differenzierte Mietverträge[328] aufweist oder sich in einem Immobilienteilmarkt mit eindeutigem Angebotsüberhang[329] befindet. Es fehle dem deutschen Ertragswertverfahren damit "die Möglichkeit, künftige – als sicher anzunehmende – Wertsteigerungen, die den Verkehrswert des Objektes erhöhen, in der Verfahrensberechnung angemessen zu berücksichtigen." [330] Zur Berücksichtigung dieser besonderen Ertragssituationen haben sich in der Bewertungspraxis zwei Verfahren herausgebildet, die Schichtmethode und die Blockmethode.[331] Betrachtet man bei Anwendung der Blockmethode während der Prognosephase statt der tatsächlichen Vertragszeiträume Blöcke von jeweils einem Stichtagsjahr, gelangt man zur üblichen Methodik des DCF-Verfahrens.[332]

Diese in der Praxis übliche Erweiterung des traditionellen Ertragswertverfahrens nach WertV bestätigt, dass insbesondere die detaillierte Darstellung der Cashflows innerhalb des Prognosezeitraums einen erheblichen Vorteil darstellt.[333] Bei Darstellung des DCF-Verfahrens in der üblichen Tabellenform lassen sich alle Einnahmen und Ausgaben übersichtlich darstellen und Veränderungen der Mieteinnahmen oder der Instandhaltungsausgaben leicht in den anfallenden Perioden erkennen.[334]

Das DCF-Verfahren weist daher hinsichtlich der ökonomischen Interpretation des Bewertungsergebnisses eine erhebliche Übereinstimmung mit dem klassischen Ertragswertverfahren gemäß WertV auf. So kann mit dem DCF-Verfahren ein objektivierter Wert im Sinne des Verkehrswertes ermittelt werden, sofern die verwandten Daten und Annahmen die Sicht des Marktes widerspiegeln.[335] Fließen jedoch unternehmensindividuelle Daten[336] und Annahmen,

---

[328] Insbesondere im Bereich der Gewerbeimmobilien ist eine individuelle Vertragsgestaltung üblich. Dies hat zur Folge, dass jeder Mietvertrag hinsichtlich der Laufzeit, des Mietzinses sowie der möglichen Verlängerungsoption grundsätzlich verschieden ausgestaltet sein kann. Hinzu treten die häufig gewährten Incentives, beispielsweise zeitweiser Mietverzicht sowie individuelle, mieterbezogene Umbau- oder Modernisierungsmaßnahmen, deren Berücksichtigung für eine zutreffende Wertermittlung unumgänglich ist.

[329] Ein prägnantes Beispiel für einen Angebotsüberhang bietet der Gewerbeimmobilienmarkt in Berlin. Aufgrund des in den 90er Jahren, insbesondere durch steuerliche Fördermaßnahmen wie Sonder-AfA induziert, starken Zuwachses an Gewerbemietflächen, welcher sich erst im Jahr 2003 abflachte, hat zu einem deutlichen Überangebot an Gewerbeimmobilien im Berliner Immobilienmarkt geführt.

[330] SIMON/SIMON (2005), Rn. 4.365.

[331] Vgl. hierzu auch Fn. 285. Bei der Schichtmethode wird für eine überhöhte Miete ("Top-Slice") ein getrennter Barwert berechnet und zum Ertragswert auf Basis der nachhaltigen Miete addiert bzw. bei zu niedriger Miete subtrahiert. Bei der Blockmethode ("Term-and-Reversion") werden ungewöhnliche Ertragssituationen unmittelbar bei der Berechnung des Ertragswertes berücksichtigt, indem der Betrachtungszeitraum in vertikale Blöcke zerlegt wird. Diese werden einzeln bewertet und zum Ertragswert addiert, vgl. SIMON/SIMON (2005), Rn. 4.369 ff.

[332] Vgl. BIIS (2006), S. 7.

[333] Vgl. auch FRENCH/GABRIELLI (2005), S. 79.

[334] Vgl. WHITE ET AL. (2003), S. 107.

[335] Vgl. ENGEL (2002), S. 332.

wie beispielsweise eine Einschätzung der Marktentwicklung aus unternehmensinterner Sicht, in die Bewertung ein, so wird ein unternehmensindividueller Entscheidungswert ermittelt.[337]

Aufgrund der in der internationalen Bewertungspraxis dominierenden Anwendung des DCF-Verfahrens zur Bestimmung des Fair Value im Rahmen des Anwendungsbereiches von IAS 40[338] wird im weiteren Verlauf dieser Arbeit nicht weiter auf das Ertragswertverfahren nach WertV eingegangen.[339] Auch die Anwendung von einperiodischen Barwertmodellen scheidet aufgrund der geringeren Abbildungsqualität aus der Betrachtung aus.[340] Nachfolgend werden daher das DCF-Verfahren, die in das DCF-Verfahren Eingang findenden Parameter sowie deren spezifische Einflussfaktoren ausführlich dargestellt.

2.1.2.2 DCF-Verfahren

2.1.2.2.1 Grundlagen

2.1.2.2.1.1 Ursprung und Varianten

DCF-Verfahren stammen ursprünglich aus der Kreditfinanzierung und gehen auf die "Ellwood-Formel" zur Abbildung der Entwicklung von Kapitalisierungsraten zurück.[341] Im Bereich der Investitionsrechnung werden DCF-Verfahren seit längerem zur Ermittlung des Investment Value[342] verwandt. Die DCF-Verfahren dienen hierbei im Wesentlichen als Ent-

---

[336] Unternehmensindividuelle Daten liegen vor, wenn bestimmte Informationen zwar empirisch erhoben werden, hierbei aber ausschließlich auf eine unternehmensinterne Informationsbasis zurückgegriffen wird. Beispiele hierfür sind etwa Mietausfälle bezogen auf den unternehmensindividuellen Unternehmensbestand.

[337] Vgl. LEOPOLDSBERGER/THOMAS/NAUBEREIT (2005), S. 471; LÜDENBACH/FREIBERG (2006), S. 441 sowie TILLMANN (2003), S. 338 und 344, der in diesem Zusammenhang aufgrund des subjektiven Elements Ähnlichkeiten zur Unternehmensbewertung und damit zur Entscheidungswertermittlung sieht.

[338] Vgl. insb. Fn. 265 sowie stellvertretend ZÜLCH (2004), S. 220, der das DCF-Verfahren sogar als das einzig geeignete Verfahren für Investment Properties erachtet.

[339] Vgl. BECK (2004), S. 501; WHITE ET AL. (2003), S. 107. Die zunehmende Bedeutung des DCF-Verfahrens spiegelt sich auch in den Aktivitäten der deutschen Immobilienfachverbände wider, ihren Mitglieder Empfehlungen zur standardisierten Anwendung des DCF-Verfahrens zur Verfügung zu stellen, vgl. BIIS (2006); GIF (2006) sowie ausführlich hierzu Teil III Kapitel 4.2.2.2.

[340] Vgl. auch Fn. 299.

[341] Die ursprüngliche Formel von Ellwood wurde jedoch im Allgemeinen durch die Verwendung von Computer-Programmen ersetzt, vgl. hierzu ausführlich AKERSON (2000).

[342] Der Investment Value ist gemäß der Definition des IVSC "The value of property to a particular investor, or a class of investors, for identified investment objectives. This subjective concept relates specific property to a specific investor, group of investors, or entity with identifiable investment objectives and/or criteria. The *investment value*, or *worth*, of a property asset may be higher or lower than the *Market Value* of the property asset. The term *investment value*, or *worth*, should not be confused with the *Market Value* of an investment property. However, *Market Value* may reflect a number of individual assessments of the *investment value*, or *worth*, of the particular property asset. *Investment value*, or *worth* is associated with *Special Value.*", IVS 2, Par. 3.2 (Hervorhebungen im Original). Damit ist der Investment Value klar vom Market Value, welcher dem Fair Value entspricht, abzugrenzen, vgl. zur Einordnung der Begriffe "Market Value", "Investment Value" und "Worth" MACKMIN/EMARY (2000), insb. S. 57 sowie zur Ermittlung eines "Investment Value" beispielhaft HUTCHISON/ NANTHAKUMARAN (2000), S. 42 ff. Eine Anwendung eines Bewertungsverfahrens

scheidungsgrundlage für Immobilieninvestitionen.[343] Im angelsächsischen Raum wurde das DCF-Verfahren daher lange Zeit in erster Linie als Analyseinstrument und erst in zweiter Linie als Wertermittlungsverfahren betrachtet. Unter Verwendung marktgestützter Bewertungsparameter dient das DCF-Verfahren mittlerweile auch der Ermittlung objektivierter Werte.[344]

2.1.2.2.1.2 Formaler Aufbau

Formal stellt sich das DCF-Verfahren wie folgt dar:[345]

$$Fair\ Value = \sum_{t=1}^{n} \frac{E_t - A_t}{(1+i)^t} + \frac{E_\infty - A_\infty}{i(1+i)^n}$$

$$\begin{aligned} &mit: \\ E_t &= Einzahlungen\ in\ der\ Periode\ t \\ A_t &= Auszahlungen\ in\ der\ Periode\ t \\ E_\infty &= Einzahlungen\ in\ der\ Rentenperiode \\ A_\infty &= Auszahlungen\ in\ der\ Rentenperiode \\ i &= Diskontierungszinssatz \\ n &= Detailplanungsperiode\ in\ Jahren. \end{aligned}$$

2.1.2.2.2 Parameter

2.1.2.2.2.1 Einzahlungen

Die Einzahlungen stellen die zukünftigen, aus einem Investment Property resultierenden Zahlungsströme dar.[346] Die Einzahlungen einer Periode entsprechen hierbei den jährlichen Brutto-Mieteinzahlungen, welche sich aus den jährlichen Netto-Mietzahlungen zzgl. der umlagefähigen Betriebskosten[347], vermindert um die erwarteten jährlichen Mietausfälle sowie Leerstände, errechnen. Bei den jährlichen Netto-Mietzahlungen ist zwischen sicheren und unsicheren (geschätzten) Zahlungen zu unterscheiden. Aufgrund des Zukunftsbezuges sind

---

zur Bestimmung eines Investment Value scheidet demnach für die Bestimmung des Fair Value im Rahmen des IAS 40 aus.

343 Vgl. beispielsweise GOTTSCHALK (2003), S. 511 ff. sowie ausführlich zur Unterscheidung des DCF-Verfahrens als Prognoseverfahren sowie zur Verkehrswertermittlung PETERSEN (2006).

344 Vgl. BECK (2004a), S. 352; JOHNSON/DAVIES/SHAPIRO (2000), S. 16 sowie mit Vergleich zum Ertragswertverfahren (gemäß dem damaligen HFA 2/1983) JONAS (1995), S. 97 f.

345 Vgl. für eine umfassende, eher mathematische Darstellung des DCF-Verfahrens sowie der Parameter KRUSCHWITZ/LÖFFLER (2006), S. 1 ff. Es sei darauf hingewiesen, dass mehrere Darstellungsvarianten des DCF-Verfahrens existieren. So können beispielsweise zusätzliche Wachstumsfaktoren sowohl in der Detailplanungs- als auch in der Rentenperiode berücksichtigt werden, vgl. für ein Beispiel RUHNKE/SCHMIDT (2005), S. 593.

346 Vgl. ausführlich zu den Einzahlungen Teil II Kapitel 4.2.2.2.1.

347 Vgl. zur Umlagefähigkeit von Betriebskosten § 1 BetrKV.

diese aus Sicht des Wertermittlungsstichtages mit Unsicherheiten hinsichtlich der Höhe und des zeitlichen Anfalls behaftet.[348] Hierbei sind grundsätzlich zwei Arten von Zahlungsströmen zu unterscheiden: vertraglich determinierte Zahlungsströme und indeterminierte Zahlungsströme.[349] Vertraglich determinierte Zahlungsströme sind beispielsweise bei Staffelmietverträgen gegeben und können somit den Vertragsunterlagen entnommen werden. Ihre Bestimmung ist daher im Allgemeinen unproblematisch. Liegen keine vertraglich determinierten Zahlungsströme vor, welches häufig der Fall sein wird, so sind die zukünftigen Zahlungsströme zu schätzen. Diese Schätzung kann dabei auf verschiedene Arten erfolgen.

Liegen ausreichende empirische Daten vor, könnten die zukünftigen Zahlungsströme mit Hilfe quantitativ-statistischer Verfahren geschätzt werden.[350] Die Verfügbarkeit dieser empirischen Daten setzt jedoch eine gewisse Transparenz des Immobilienmarktes voraus. Letztlich müssten Informationen zur Mietpreisentwicklung bestimmter Regionen, zur Entwicklung des durchschnittlichen Einkommens der Mieter dieser Region bzw. zur Umsatz- und Gewinnentwicklung der gewerblichen Mieter sowie über die Entwicklung beeinflussende Sonderfaktoren wie strukturelle Veränderungen in der Region[351] (beispielsweise über eine Datenbank) zugänglich sein. Diese Voraussetzung ist jedoch für den deutschen Immobilienmarkt zurzeit (noch) nicht erfüllt.[352] Existieren keine ausreichenden empirischen Informationen, ist eine Ermittlung mittels quantitativ-statistischer Verfahren nicht möglich. In diesem Fall ist eine individuelle Schätzung der zukünftig erwarteten Einzahlungen (durch den Immobiliensachverständigen) unumgänglich.

Die Bestimmung der Einzahlungen erscheint im Vergleich zum Diskontierungszinssatz zunächst unproblematisch: Der Wahl eines geeigneten Diskontierungszinssatzes kommt hohe Bedeutung zu, da bereits eine geringe Variation erheblich das Bewertungsergebnis

---

348 Vgl. zur Problematik unsicheren Zahlungsströme bei der Anwendung des DCF-Verfahrens sowie für Überlegungen zur Quantifizierung und Offenlegung dieser Unsicherheiten FRENCH/GABRIELLI (2005), S. 81 ff. sowie für einige empirische Befunde zur Einschätzung der Unsicherheiten bei der Bewertung durch Immobiliensachverständige für das Vereinigte Königreich JOSLIN (2005), S. 272 ff.

349 Vgl. STARBATTY (2001), S. 546.

350 Vgl. zu dieser Möglichkeit KÜMMEL (2002), S. 169.

351 Strukturelle Veränderungen sind beispielsweise die Deutsche Wiedervereinigung und der anschließende Gewinn des Hauptstadtstatus im sektoralen Immobilienmarkt Berlins.

352 Vgl. zu den Eigenschaften des deutschen Immobilienmarktes auch Teil II Kapitel 1.2.2.1. Es sei allerdings darauf hingewiesen, dass einige deutsche Immobilienverbände die Notwendigkeit einer solch transparenten Datenbank erkannt haben und daher den Aufbau empirisch gestützten Datenbanken zur Unterstützung ihrer Mitglieder beabsichtigen bzw. bereits umgesetzt haben (z.B. der BIIS mit der Grundstücksdatenbank ReBase). So soll die ReBase-Datenbank bis Ende 2006 Immobiliendaten (weiche: nachhaltig erzielbare Mieten, Verkehrswerte sowie harte: aktuell gezahlte Mieten, Transaktionspreise) des gesamten Bestands an Immobilien der deutschen Offenen Immobilienfonds enthalten, vgl. SIMON (2006), S. 276. Für weitere mögliche Informationsquellen vgl. auch SCHULTE/LEOPOLDSBERGER (2006), S. 447.

beeinflusst.[353] Allerdings lässt sich der Einfluss des Parameters Diskontierungszinssatz auf den ermittelten Fair Value mit Hilfe von Sensitivitätsanalysen unproblematisch transparent machen. Dies ist hingegen beim Parameter Einzahlungen nicht möglich; Auswirkungen eines möglichen Fehlers sind daher nur schwer zu simulieren.[354]

2.1.2.2.2.2 Auszahlungen

Die Auszahlungen einer Periode bestehen im Wesentlichen aus den Bewirtschaftungskosten sowie den sonstigen Vermietungskosten.[355] Zu den Bewirtschaftungskosten gehören die Verwaltungskosten, die Instandhaltungskosten, das Mietausfallwagnis sowie die (umlagefähigen und nicht-umlagefähigen) Betriebskosten.[356] In der Regel ist die Bestimmung der Betriebskosten unproblematisch, da diese in Gestalt der Betriebskostenabrechnungen der vergangenen Perioden vorliegen.

Bedeutender für die Bestimmung der Auszahlungen sind dagegen die zu erwartenden Instandhaltungskosten. Instandhaltungskosten sind die Kosten, die zur Erhaltung der vollen Gebrauchsfähigkeit und Vermietbarkeit aufgewendet werden müssen.[357] Sie sind in Abhängigkeit von der Nutzungsart und dem Baujahr der Immobilie zu ermitteln. Bedeutsam ist vor allem der Zeitpunkt der letzten umfassenden Instandsetzung, da die erwarteten Instandhaltungskosten davon abhängig sind, in welcher Phase des Nutzungszyklus sich die Immobilie befindet.

2.1.2.2.2.3 Diskontierungszinssatz

Der Diskontierungszinssatz soll, wie sich aus der formalen Beschreibung des DCF-Verfahren ersehen lässt, die zukünftigen Ein- und Auszahlungen auf den Bewertungszeitpunkt

---

353 Vgl. beispielsweise VATER (2002a), S. 459.

354 Vgl. PAUL (2001), S. 630 sowie für die Ergebnisse einer (unveröffentlichten) Studie der Universität Münster zum Einfluss unterschiedlicher Mietpreisprognosen BAETGE/ZÜLCH/MATENA (2002a), S. 420.

355 Vgl. ausführlich zu den Auszahlungen Teil II Kapitel 4.2.2.2.2.

356 Umlagefähige Betriebskosten stellen aus Sicht des Eigentümers der Immobilie wirtschaftlich gesehen einen durchlaufenden Posten dar, da die Umlage dieser Auszahlungen auf die Mieter zu entsprechenden Einzahlungen in gleicher Höhe führt. Die Verwaltungskosten, Instandhaltungskosten sowie das Mietausfallwagnis trägt in Deutschland gewöhnlich der Vermieter, sie stellen daher nicht-umlagefähige Betriebskosten dar, vgl. auch ZEIßLER (2002), S. 198.

357 Abzugrenzen hiervon sind die Kosten für Modernisierungsmaßnahmen. Diese stellen bauliche Maßnahmen zur nachhaltigen Erhöhung des Gesamtgebrauchswertes und der wirtschaftlichen Nutzung von langlebigen Bauteilen der Immobilien dar. Modernisierungsmaßnahmen wirken sich gewöhnlich positiv auf die erwartete Nutzungsdauer sowie die erwarteten Mieteinzahlungen aus, vgl. umfassend zum Einfluss der Modernisierungskosten auf die Wertermittlung ENGEL/ESSELMANN (2005), S. 321 ff. sowie DIESELBEN (2006), S. 10 ff. Da eine Berücksichtigung solcher zukünftiger, werterhöhender Maßnahmen im Rahmen der Fair Value-Ermittlung von IAS 40 explizit ausgeschlossen ist, werden Modernisierungsaufwendungen im Nachfolgenden nicht weiter betrachtet, vgl. IAS 40.51.

diskontieren, einen Vergleich mit alternativen Finanzanlagen ermöglichen sowie alle nicht im Zähler, d.h. in den Ein- und Auszahlungen, enthaltenen Wachstumserwartungen und Risiken aufnehmen.[358] Im Ergebnis soll mit Hilfe des DCF-Verfahrens unter Anwendung eines geeigneten Diskontierungszinssatzes ein simulierter Marktwert, der die zum Bewertungszeitpunkt herrschenden Marktverhältnisse und -erwartungen der Marktteilnehmer ausdrückt, bestimmt werden.

Insbesondere die Bestimmung des Diskontierungszinssatzes bereitet in der Bewertungspraxis Schwierigkeiten.[359] Problematisch ist vor allem, dass die Definition und Ermittlung des im DCF-Verfahren anzuwendenden Diskontierungszinssatzes in der Immobilienbewertungspraxis nicht abschließend geklärt ist.[360] Trotz des hohen Einflusses des Diskontierungszinssatzes existiert kein einheitliches Vorgehen zur Ermittlung unter Berücksichtigung der objektspezifischen Nutzungsart und Risikostruktur.[361]

Im Idealfall lässt sich der Diskontierungszinssatz aus vergleichbaren Immobilientransaktionen der jüngsten Vergangenheit ableiten.[362] Mangels Verfügbarkeit vergleichbarer Transaktionen lässt sich ein solcher Diskontierungszinssatz[363], welcher alle Risiken berücksichtigt, in der Bewertungspraxis selten anwenden. Ein Rückgriff auf alternative Diskontierungszinssätze ist somit notwendig. Als mögliche Diskontierungszinssätze kommen insbesondere die Anfangsrendite, der interne Zinssatz, der Liegenschaftszinssatz sowie ein kapitalmarktorientierter Zinssatz in Betracht.[364] Eine detaillierte Betrachtung und Würdigung alternativer Arten von Diskontierungszinssätzen erfolgt im Rahmen der Problemlösungsüberlegungen in Kapitel 4.

---

358 Vgl. BECK (2004a), S. 360; PAUL (2001), S. 632 sowie ausführlich zum Diskontierungszinssatz Teil II Kapitel 4.2.2.2.3.

359 Vgl. stellvertretend BECK (2004a), S. 360; THÖNE (2000), S. 600.

360 Vgl. stellvertretend BEHRENDT/BAUMUNK (2001), S. 11; WALBRÖHL (2001), S. 110. So sorgen beispielsweise Definition und Berechnung desselben nach wie vor für große Unsicherheit, vgl. WHITE ET AL. (2003), S. 31.

361 Vgl. BEHRENDT/BAUMUNK (2001), S. 11.

362 Vgl. LEOPOLDSBERGER/THOMAS/NAUBEREIT (2005), S. 502.

363 Ein alle Risiken beinhaltender Diskontierungszinssatz wird im US-amerikanischen Raum mit "Overall Capitalisation Rate", vgl. APPRAISAL INSTITUTE (2001), S. 489, und im britischen Raum mit "All Risk Yield", vgl. WHITE ET AL. (2003), S. 31, bezeichnet.

364 Der Begriff Diskontierungszinssatz wird hierbei als Oberbegriff möglicher Zinssätze und Renditen verwandt. Der Liegenschaftszinssatz stellt inhaltlich ebenfalls eine Rendite dar, da er künftige Wachstums und Inflationserwartungen bereits beinhaltet, so auch beispielsweise RUHNKE/SCHMIDT (2005), S. 590. Vgl. zu den einzelnen alternativen Diskontierungssätzen Teil II Kapitel 4.2.2.2.3 sowie ausführlich zum Unterschied von Zinssatz und Rendite Teil II Kapitel 4.2.2.2.3.2.

2.1.2.2.2.4 Detailplanungsperiode

Da im Rahmen des DCF-Verfahrens die zukünftigen Einzahlungen und Auszahlungen auf den Bewertungsstichtag diskontiert werden, ist die Bestimmung der betrachteten Zeiträume von Bedeutung. Typischerweise erfolgt bei der Anwendung eines DCF-Verfahrens eine Unterteilung in eine Detailplanungsperiode und in eine Rentenperiode. Die explizite Berücksichtigung der einzelnen Zahlungsströme in den jeweiligen Detailplanungsperioden stellt auf Grund der hiermit einhergehenden höheren Planungsgenauigkeit einen erheblichen Vorteil des DCF-Verfahrens gegenüber einperiodischen Verfahren dar.

Aus theoretischer Sicht wäre eine exakte Schätzung jeder Einzahlung und Auszahlung pro Periode für die gesamte erwartete Restnutzungsdauer der Immobilie ideal. Da jedoch mit zunehmendem Planungshorizont die Schätzunsicherheit zunimmt, wird in der Praxis von einem Detailplanungszeitraum von fünf bis zehn Jahren ausgegangen.[365] Sofern mit starken Schwankungen bei Investitionen und Investitionsschwerpunkten zu rechnen ist oder konkrete Informationen über weiter in die Zukunft reichende Mietvertragsmodalitäten, welche zu hinreichend sicher bestimmbaren Einzahlungen führen, bestehen, ist eine Ausdehnung des Detailplanungszeitraumes auf 15 oder mehr Jahre möglich und sinnvoll.[366]

2.1.2.3 Zwischenergebnis

Wird der Detailplanungszeitraum in Anlehnung an das Schrifttum sowie die gängige Bewertungspraxis[367] auf einen Zeitraum von 10 Jahren festgelegt, so verbleiben als zu bestimmende Parameter die Einzahlungen und Auszahlungen sowie der Diskontierungszinssatz. Wird weiterhin unterstellt, dass die Einzahlungen und Auszahlungen in der Rentenperiode aufgrund mangelnder anderweitiger Bestimmungsmöglichkeiten aus den Einzahlungen und Auszahlungen in der letzten Detailplanungsperiode abgeleitet werden, so verbleiben lediglich die Parameter Einzahlungen und Auszahlungen in der jeweiligen Detailplanungsperiode t sowie der Diskontierungszinssatz als zu bestimmende Parameter.[368]

---

365 Vgl. EVS, Anhang 1, Par. A 1.53 sowie beispielsweise BECK (2004a), S. 352; BIIS (2006), S. 9; ZÜLCH (2003), S. 246 Fn. 119 m.w.N. Einen Zeitraum von 10 bis 15 Jahren als angemessen erachten beispielsweise GIF (2006), S. 6; PAUL (2001), S. 626.

366 Vgl. PAUL (2001), S. 629.

367 Vgl. hierzu APPRAISAL INSTITUT (2001), S. 570; BIIS (2006), S. 9; GIF (2006), S. 6; HINRICHS/SCHULTZ (2003), S. 267 sowie ZÜLCH (2003), S. 246 Fn. 119 m.w.N. Ein Detailprognosezeitraum von 10 Jahren entspricht darüber hinaus den Vorgaben des IVSC, vgl. GN 9, Par. 5.1.

368 Der Einfluss des Restwertes der Immobilie nach Ablauf des Detailplanungszeitraumes wird hier keinesfalls verkannt; jedoch erfolgt aus methodischen Gründen eine vereinfachende Annahme der Ableitung der in der

2.2 Problemdefinition

2.2.1 Ermittlung von Fair Values als Prognoseproblem?

Betrachtet man beispielsweise den Parameter "zukünftige Einzahlungen", so erfolgt bei dessen Festlegung eine Aussage über zukünftige Ereignisse. Das jeweilige zukünftige Ereignis ist der Zahlungsmittelzufluss E_t in einer bestimmten Höhe zu einem bestimmten Zeitpunkt t. Es könnte sich somit um eine Prognose handeln. "Eine Prognose ist eine Aussage über ein oder mehrere zukünftige Ereignisse, die auf Beobachtungen und auf einer Theorie beruht."[369]

Damit eine Aussage über die zukünftigen Einzahlungen den Charakter einer Prognose erhält, müssen zwei Bedingungen erfüllt sein. Zum einem muss jede Prognose auf einer Analyse der Vergangenheit, d.h. auf empirisch gewonnenen Informationen aufbauen.[370] Diese empirisch gewonnenen Informationen werden nachfolgend als Daten bezeichnet.[371] Zum anderen ist für jede Prognose eine sachlogische Begründung der Prognose sowie die Angabe der Prämissen, unter denen sie abgegeben wird, erforderlich.[372]

Eine sachlogischen Begründung[373] liefert beispielsweise eine Gesetzmäßigkeit, die es ermöglicht, von Daten unter Zugrundelegung von Prämissen auf das zukünftige Ereignis schließen lässt.[374] Die wichtigste Prämisse ist hierbei die so genannte Zeitstabilitätsprämisse.[375] Die sachlogische Begründung erfolgt beispielsweise durch ein Erklärungsmodell[376], das theoretische Hypothesen[377] über die Beziehungen des Prognosegegenstandes, hier der "zukünftigen Einzahlungen" zu anderen Größen, die seine Entwicklung erklären können, z.B. die Entwick-

---

Rentenperiode maßgeblichen Parameter aus den Parametern der Detailplanungsperiode, vgl. zur Problematik der Bestimmung des Restwertes stellvertretend ZÜLCH (2003), S. 308.

369 HANSMANN (1993), SP. 3546. Vgl. zum Prognosebegriff und der logischen Struktur von Prognosen auch HAGEST/KELLINGHUSEN (1977), S. 407 f.

370 Vgl. HANSMANN (1993), ,Sp. 3546.

371 Vgl. hierzu RUHNKE/SCHMIDT (2005), S. 583.

372 Vgl. HANSMANN (1993), Sp. 3546.

373 Auch Gesetz genannt, vgl. CHMIELEWICZ (1994), S. 154 ff.

374 Vgl. RUHNKE/SCHMIDT (2003), S. 1045.

375 Die Zeitstabilitätsprämisse unterstellt, dass in der Vergangenheit beobachtete Gesetzmäßigkeiten auch in der Zukunft Gültigkeit besitzen. Streng genommen ist die Zeitstabilitätsprämisse in der ökonomischen Realität nie vollständig erfüllt. Jedoch wäre ohne eine solche Prämisse jede Prognose unmöglich. Daher erfolgt aus pragmatischen Gründen bereits dann eine Prognose auf Basis dieser Prämisse, wenn diese nur im Wesentlichen und nicht vollständig erfüllt ist, vgl. HANSMANN (1993), Sp. 3546.

376 Ein mögliches Erklärungsmodell könnte auf dem deduktiv-nomologischen Schema (DN-Schema, auch HEMPEL/OPPENHEIM-Schema nach seinen Erfindern benannt, vgl. HEMPEL/OPPENHEIM (1948), S. 135 ff.) beruhen. Das DN-Schema ist ein in der Wissenschaftstheorie weit verbreitetes Schema zur Erklärung individueller Tatbestände. Erklären heißt hierbei, sich auf Ursachen zu beziehen, es geht also um Antworten auf Warum-Fragen, vgl. BUNGE (1967), S. 3 ff.

377 Zum Begriff der Hypothese, vgl. CHMIELEWICZ (1994), S. 119.

lung der Nachfrage auf dem Immobilienmarkt, beschreibt.[378] Die Prognoseaussage ergibt sich demnach auf Basis von Daten und der Annahmen in Gestalt gesetzter Prämissen und der sachlogischen Begründung.[379]

Es handelt sich bei der Bestimmung der zukünftigen Einzahlungen also um ein Prognoseproblem. Zur Strukturierung dieses Problems dient ein Prognosemodell, welches auf dem deduktiv-nomologischen Schema (DN-Schema) von HEMPEL/OPPENHEIM aufbaut.[380] Aus diesem Grund erfolgt zur theoretischen Fundierung des angewandten Prognosemodells zunächst eine Darstellung des DN-Schemas. Aus diesem wird anschließend das im Rahmen der weiteren Arbeit verwandte Prognosemodell abgeleitet.

2.2.2 Theoretische Fundierung des Prognosemodells

2.2.2.1 Erklärungsmodell von Hempel/Oppenheim als Ausgangspunkt

Das DN-Schema von HEMPEL/OPPENHEIM[381] zählt zu den am weitesten verbreiteten Schemata zur Erklärung von individuellen Tatbeständen.[382] Erklären heißt, einen Sachverhalt aus Gesetzesaussagen und gewissen Anfangsbedingungen auf logisch-deduktivem Wege ableiten.[383] Im Rahmen des Erklärungsschemas werden der zu erklärende Sachverhalt als *Explanandum* und die Gesetzesaussagen[384] sowie die Anfangsbedingungen[385] gemeinsam als *Explanans* bezeichnet.[386] Häufig findet sich in der Literatur folgende Darstellung des DN-Schemas:

378 Vgl. HANSMANN (1993), Sp. 3547. Die hierbei zu Grunde liegende Theorie muss nicht unbedingt umfangreich oder detailliert sein, sondern dient als Abgrenzungskriterium der wissenschaftlichen Prognose von der Projektion und der irrationalen Prophetie, vgl. ebenfalls HANSMANN (1993), Sp. 3456.

379 Vgl. RUHNKE/SCHMIDT (2005), S. 584.

380 Nach seinen Erfindern auch HEMPEL-OPPENHEIM- bzw. HEMPEL-POPPER-SCHEMA genannt, vgl. HEMPEL/OPPENHEIM (1948), S. 135 ff. sowie POPPER (2005), S. 36 ff.

381 Vgl. Fn. 380.

382 Bei der Prognose der einzelnen Parameter, z.B. der Einzahlungen E_t zum Zeitpunkt t handelt es sich um einen individuellen Tatbestand.

383 Vgl. zum Begriff "Erklärung" beispielsweise SPECK (1980), S. 175 ff.

384 Auch als Theorien oder Hypothesen bezeichnet, vgl. SCHANZ (1988), S. 66.

385 Statt von Anfangsbindungen ist gelegentlich auch von Rand-, Anwendungs- oder Antezedenzbedingungen die Rede, wobei jeweils bestimmte, nicht weiter zu verfolgende Aspekte in den Vordergrund rücken. So spricht beispielsweise CHMIELEWICZ (1994), S. 156 von Randbedingungen.

386 Vgl. HEMPEL/OPPENHEIM (1948), S. 136. POPPER (1964a), S. 96 bezeichnet den zu erklärenden Sachverhalt leicht abweichend als Explikandum und die Gesetzesaussagen und Anfangsbedingungen als Explikans.

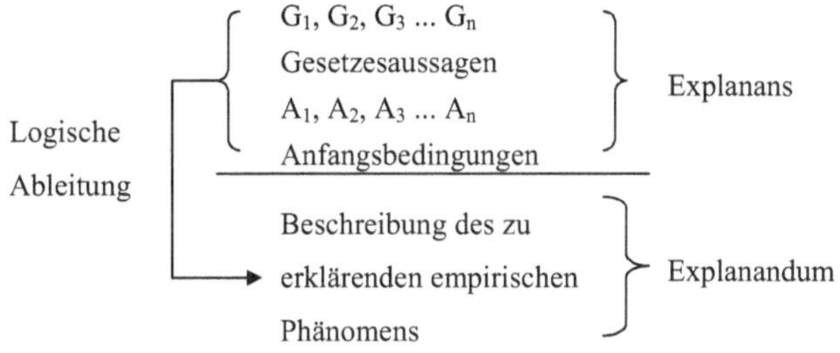

Abbildung 2: DN-Schema, in Anlehnung an: HEMPEL/OPPENHEIM (1948), S. 138.

2.2.2.2 Vom Erklärungsmodell zum Prognosemodell

Im Vorfeld der näheren Auseinandersetzung mit einem Prognosemodell erscheint eine Begriffsklärung notwendig. Ereignisse wie die Einzahlungen E_t zu einem bestimmten Zeitpunkt t stellen eine Voraussage dar. Voraussagen lassen sich wiederum in Projektionen, Prognosen und Prophezeiungen untergliedern.[387] Das Interesse gilt den auf theoretischen Aussagen basierenden Prognosen und Projektionen.[388] Bei Prognosen und in der Regel auch bei Projektionen erfolgt eine explizite Angabe der Bedingungen, unter denen der Eintritt des vorausgesagten Ereignisses erwartet wird. Prognose und Projektionen haben somit konditionalen Charakter.[389]

Interessant ist, inwiefern theoretische Aussagen für Prognosen Bedeutung erlangen können. Hierbei bietet sich eine Anknüpfung an die Verwendungen von Gesetzesaussagen und Anfangsbedingungen zur Erklärung im Rahmen des DN-Schemas an. Im Rahmen des DN-Schemas ist der zu erklärende Tatbestand, das Explanandum, gegeben und es werden passende

---

387 Vgl. hierzu ALBERT (1964), S. 61 ff.

388 Prognosen werden auch als wissenschaftliche Aussagen bezeichnet. Diese Ausdrucksweise wird jedoch im Weiteren nicht verwandt, da der Begriff Wissenschaft abhängig vom Zweck unterschiedlich festgelegt werden könnte. Außerdem ist es, wie SCHANZ (1988), S. 65, zutreffend feststellt, kaum sinnvoll, den ohne expliziten Rückgriff auf eine theoretische Aussage erstellten Projektionen jeglichen wissenschaftlichen Gehalt abzusprechen. Diese erscheint schon deshalb ungerechtfertigt, da Projektionen aufgrund pragmatischer Gründe eine relativ große Bedeutung zukommt. Auch Projektionen können theorieähnliche Aussagesysteme verwenden, z.B. Quasi-Gesetze oder Ad-hoc-Hypothesen. Der Extremfall einer Projektion ist somit die einfache Trendextrapolation, welche die Ad-hoc-Hypothese der Konstanz dieses Trends voraussetzt, vgl. ALBERT (1964), S. 63.

389 Prophezeiungen dagegen erfolgen unbedingt und lassen jedwede sachlogische Begründung bzw. Gesetzmäßigkeit vermissen. Prophezeiungen werden daher im Nachfolgenden nicht weiter betrachtet, vgl. ALBERT (1964), S. 64. Sie werden daher auch als "willkürliche Zukunftsbeschreibungen" bezeichnet, vgl. AK SG (2003), S. 106.

Anfangsbedingungen und Gesetzesaussagen, das Explanans, gesucht. Im Fall der Prognose ist dies genau umgekehrt. Das Explanans ist gegeben und das Explanandum wird gesucht.

In Anlehnung an BUNGE wird im Fall der Prognose das Explanandum als Projektandum und das Explanans als Projektans bezeichnet.[390] Zwischen Erklärung und Prognose besteht somit kein logisch-struktureller Unterschied.[391] In Anlehnung an das bekannte DN-Schema lässt sich somit ein Prognoseschema wie folgt darstellen:

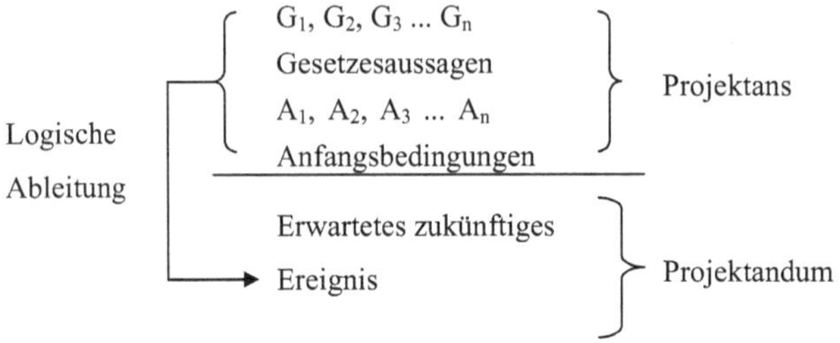

Abbildung 3: Prognoseschema, in Anlehnung an: HEMPEL/OPPENHEIM (1948), S. 138.

Ein wesentlicher Unterschied zum voran beschriebenen DN-Schema liegt in der sog. pragmatischen Zeitrelation. Im Fall der Erklärung liegt das beschriebene Ereignis bereits vor, bei der Prognose wird es erst erwartet.[392] Jedoch ist das Eintreffen des Ereignisses nur dann zu erwarten, wenn die Anfangsbedingungen tatsächlich realisiert sind. Es handelt sich bei Prognosen somit um bedingte Aussagen.[393]

Überträgt man die gewonnenen Erkenntnisse auf das eingangs beschriebene Prognoseproblem zur Bestimmung einer zukünftig erwarteten Einzahlung E_t zum Zeitpunkt t, ist eine Differenzierung der Anfangsbedingungen in empirisch fundierte Informationen (Daten) sowie zusätzliche Annahmen über die zukünftige Entwicklung notwendig. Sofern also bestimmte Daten E_{Ist} vorliegen und die erwartete Annahme, z.B. das Mietwachstum, tatsächlich realisiert wird, kann unter Anwendung einer (allgemeingültigen) Gesetzesaussage auf ein erwartetes zukünftiges Ereignis logisch-deduktiv geschlossen werden. Sofern die Gesetzesaussage empirisch

---

390 Vgl. BUNGE (1967), S. 69.

391 Vgl. stellvertretend HEMPEL (1977), S. 43 ff. Vgl. für eine kritische Analyse der These der gleichen logischen Struktur von Erklärung und Vorhersage (hier Prognose) SCHEFFLER (1957), S. 293 ff.

392 Vgl. SCHANZ (1988), S. 66.

393 Vgl. AK SG (2003), S. 106. In der Wissenschaft wird deshalb großer Wert auf die Angabe der Bedingungen für den Eintritt eines Ereignisses gelegt. Im Angelsächsischen wird daher gelegentlich davon gesprochen, dass Prognosen "iffy" (vom englischen "if" = "wenn") sind, vgl. BUNGE (1967), S. 68.

gültig ist und auf das vorliegende Problem anwendbar ist, kann eine solche Prognose als logisch-wahr bezeichnet werden. Eine ex ante Überprüfung dieser Prognose auf empirische Wahrheit ist dagegen niemals möglich. Diese kann erst ex post, also mit Eintritt des ursprünglich prognostizierten Ereignisses erfolgen.[394]

Eine verwendbare Gesetzesaussage könnte ein nachweisbarer Zusammenhang zwischen Mietzahlungen und Inflation sein.[395] Bestünde dieser Zusammenhang, so würde er eine mögliche Gesetzesaussage für die logisch-deduktive Ableitung des Projektandi darstellen. Bezeichnet man das Projektandum als Prognoseaussage, würde sich ein Prognosemodell wie folgt darstellen:

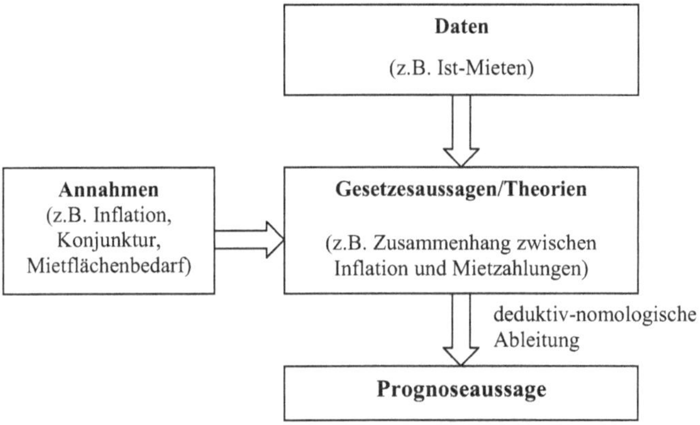

Abbildung 4: Prognosemodell, in Anlehnung an: RUHNKE/SCHMIDT (2003), S. 1045.

Wie aus dem Schema ersichtlich, basiert die Prognoseaussage (das Projektandum) auf Daten, welche unter Zugrundelegung bestimmter Annahmen mittels einer Gesetzesaussage bzw. einer Theorie durch logisch-deduktives Vorgehen in diese überführt werden. Die einzelnen Bestandteile dieses Schemas werden nachfolgend im Kontext des Bewertungsproblems von Immobilien beleuchtet.

[394] Vgl. auch CHMIELEWICZ (1994), S. 90.

[395] Vgl. ausführlich zu dieser Problematik ENGEL/BÄRWOLF (2004).

2.2.2.3 Daten

Daten sind empirisch gestützte Informationen über die Gegenwart.[396] Im Kontext der Bestimmung der einzelnen Parameter des DCF-Verfahrens stellt sich die Frage, welche Informationen zu den Daten und welche zu den Annahmen zählen.

Betrachtet man den Parameter der "zukünftigen Einzahlungen", so basiert diese Prognose immer auf den Ist-Mieten. Die Ist-Mieten sind empirisch erhobene Informationen über die Gegenwart. Es sind die gegenwärtigen, also zum Bewertungszeitpunkt tatsächlich geflossenen bzw. fließenden Mietzahlungen. Abzugrenzen von den Ist-Mieten sind die erzielbaren Mieten. Der Begriff der "nachhaltig erzielbaren Miete" ist fest mit dem Ertragswertverfahren nach WertV verbunden. Die nachhaltig erzielbare Miete beinhaltet jedoch Annahmen. So wird eine Vollvermietung des betreffenden Objektes und zumindest eine Konstanz bei den Mietpreisen unterstellt. Auf Grundlage bestimmter Daten, der Ist-Miete oder der Durchschnittsmiete gemäß Mietpreisspiegel, einer bestimmten (sachlogischen) Begründung und der Annahme dieser Prämissen (Vollvermietung und konstante Mietpreise) erfolgt somit eine Prognose. Die nachhaltig erzielbaren Mieten sind keine Daten, sondern das Ergebnis einer Prognose, eine Prognoseaussage.

Auch bei der Bestimmung des Diskontierungszinssatzes lässt sich keine eindeutige Abgrenzung vornehmen. Sofern die Berechnung auf empirisch erhobenen Zinssätzen aufbaut, handelt es sich beim Diskontierungszinssatz zweifellos um Daten. Findet beispielsweise anstelle des DCF-Verfahrens das Ertragswertverfahren nach WertV Anwendung, so könnte ein empirisch erhobener Liegenschaftszinssatz[397], sofern er verfügbar ist, verwendet werden.[398] Unterstellt man die unreflektierte[399] Übernahme dieses Zinssatzes in das Bewertungsmodell, so würde es sich bei diesem Liegenschaftszinssatz tatsächlich um ein Datum im Sinne des Prognosemodells handeln. In der Mehrzahl der Fälle ist jedoch eine Anpassung des Liegenschaftszinssatzes erforderlich. Diese Anpassung erfolgt wiederum auf Basis von

---

[396] Vgl. RUHNKE/SCHMIDT (2005), S. 584.

[397] Vgl. auch Fn. 286. Der Liegenschaftszinssatz ermittelt sich auf Grundlage von Kaufpreissammlungen und der ihnen entsprechenden Reinerträge für gleichartig bebaute und genutzte Grundstücke. Gemäß § 193 Abs. 3 BauGB ist es die Aufgabe der Gutachterausschüsse, die zur Grundstücksbewertung erforderlichen Daten zu ermitteln.

[398] So auch ENGEL (2002), S. 330, Fn. 31: "Der Liegenschaftszinssatz ist ein empirisch erfahrener Zinssatz ".

[399] Unreflektiert bezeichnet in diesem Kontext die unveränderte Übernahme des vom Gutachterausschuss veröffentlichten Zinssatzes. Die Beachtung der objektspezifischen Gegebenheiten oder der Marktgegebenheiten führt fast immer zu der Notwendigkeit einer Anpassung des Zinssatzes. Eine Reflektion würde also zwangsläufig eine Anpassung erfordern. Demzufolge wird bewusst von einem unreflektierten Liegenschaftszinssatz gesprochen.

Annahmen, sodass es sich begrifflich bei dem in die Ertragswertformel nach WertV Eingang findenden Zinssatz eigentlich selbst um eine Prognoseaussage handelt.

Die Zuordnung des Diskontierungszinssatzes bei Anwendung des DCF-Verfahrens zu den Daten oder Annahmen ist ebenfalls nicht eindeutig. Der Diskontierungszinssatz kann entweder durch Rückgriff auf das Capital Asset Pricing Model (CAPM)[400] oder durch die Risikozuschlagsmethode[401], ermittelt werden. Diese Berücksichtigung der Unsicherheit[402] der Zukunft durch Vornahme eines Risikozuschlags stellt ein gewichtiges Problem bei der Bestimmung des Diskontierungszinssatzes dar. Die Bestimmung dieses Risikozuschlages erfolgt durch Rückgriff auf branchenübliche Risiken (Daten) sowie Annahmen über die objektspezifischen Abweichungen. Der ermittelte Risikozuschlag ist somit das Ergebnis einer Prognose, sodass vergleichbar mit den zukünftig erwarteten Mietzahlungen beim angewandten Diskontierungszinssatz nicht von einem Datum gesprochen werden kann. Demzufolge bildet kein Parameter des DCF-Verfahrens für sich eine empirisch erhobene Information, sondern ist bereits das Ergebnis einer Prognose. Daten sind lediglich der empirisch erhobene Basiszinssatz[403], die tatsächlichen Ist-Mieten sowie beispielsweise die tatsächlichen (Ist-) Instandhaltungsaufwendungen.

2.2.2.4 Annahmen

Annahmen sind Informationen über zukünftige Entwicklungen oder Bedingungen.[404] So könnte der Zinssatz zur Diskontierung eines unsicheren Zahlungsstromes, welcher eine Risikoprämie enthält, den Charakter einer Annahme besitzen. Dies würde jedoch im Widerspruch zu den vorherigen Ausführungen stehen, nachdem der gesuchte Diskontierungszinssatz bereits das Ergebnis einer Prognose darstellt, d.h. unter Rückgriff auf Daten und Annahmen abgeleitet wurde.

---

400 Das Capital Asset Pricing Modell (CAPM) geht auf SHARPE (1964), LINTNER (1965) und MOSSIN (1966) zurück. Vgl. stellvertretend für eine Darstellung mit Herleitung des CAPM BREALEY/MYERS/ALLAN (2006), S. 192 ff.; DRUKARCZYK (1993), S. 234 ff. sowie für eine eher mathematische Darstellung KRUSCHWITZ (2004), S. 169 ff. Vgl. zum CAPM auch Teil II Kapitel 4.2.2.2.3.2.

401 Bei der Risikozuschlagsmethode wird zu einem risikolosen Basiszinssatz ein Risikozuschlag, der per Definition objektspezifisch ist, addiert. Sie wird in der Literatur auch als intersubjektive Zuschlagsmethode bezeichnet, vgl. PAUL (2005), S. 580, Rn. 972.

402 Abzugrenzen von der Unsicherheit ist die Ungewissheit. Ungewissheit ist gegeben, sofern keinerlei Zukunftserwartung vorhanden ist. Unsicherheit (synonym: Risiko) besteht dagegen, wenn Erwartungen in Bezug auf bestimmte zukünftige Zustände existieren, ex ante aber naturgemäß unbekannt ist, welche davon eintreten, vgl. im Kontext der Immobilienbewertung LORENZ/TRÜCK/LÜTZKENDORF (2006), S. 404.

403 Vgl. in diesem Zusammenhang auch Teil II Kapitel 4.2.2.2.3.2.

404 Vgl. RUHNKE/SCHMIDT (2005), S. 584.

Die Annahmen als Einschätzungen über die zukünftige Entwicklung stellen im Rahmen der Prognose Bedingungen dar, deren späteres Eintreffen wesentlich für das Zutreffen der Prognose ist. Demzufolge ist eine ex ante Beurteilung, ob ein Annahme "richtig" oder "falsch" ist, unmöglich. Die faktische Richtigkeit einer Annahme lässt sich erst ex post, bei Eintreffen des Ereignisses, überprüfen. Ex ante lässt sich lediglich die logische Fehlerfreiheit und die Plausibilität der Annahmen überprüfen.[405]

Betrachtet man wiederum den Parameter "zukünftige Einzahlungen", so basiert dessen Bestimmung neben den Ist-Mieten als Daten auf Annahmen über die zukünftige Entwicklung der Nachfrage auf dem Immobilienmarkt oder des Preisniveaus.

2.2.2.5 Diskussion der Existenz von Gesetzesaussagen/Theorien

Wesentlichen Einfluss auf die logische Gültigkeit einer Prognose hat der (möglichst allgemeine) Gültigkeitsanspruch der bei ihrer Herleitung verwandten Gesetzesaussagen.[406] Trotzdem finden im Rahmen einer Prognose zumeist Gesetzesaussagen mit einem begrenzten Gültigkeitsanspruch (sog. niedriges Niveau)[407] Verwendung, da individuelle Ereignisse (z.B. die zukünftigen Mietzahlungen eines spezifischen Objektes) vorausgesagt werden müssen.

So bietet sich als mögliche Theorie zur Bestimmung der zukünftigen Mietzahlungen der Zusammenhang zwischen einer Zunahme des Preisniveaus (Inflation) und der Entwicklung der Mietpreise an.[408] Hierbei könnte es sich im einfachsten Fall um eine sog. empirische Hypothese[409] handeln, welche ausschließlich zur Erklärung des untersuchten Sachverhaltes

---

405 Vgl. EBENDA, S. 584 f. Die Wissenschaftstheorie verwendet hierfür gewöhnlich die Bezeichnungen faktischer Fehler (Prognoseergebnis tritt ex post nicht ein) und logischer Fehler (Fehler in der Herleitung des Prognoseergebnisses), vgl. stellvertretend CHMIELEWICZ (1994), S. 90.

406 Vgl. SCHANZ (1988), S. 68. Nach Ansicht von ALBERT ist sogar die Kenntnis der Falschheit einer Theorie kein Hindernis für deren Anwendung, insbesondere dann, wenn die Theorie für die Erklärung ausreichend ist und keine bessere Theorie zur Verfügung steht, vgl. ALBERT (1964), S. 9.
Vgl. zur "Tiefe" von Theorien, d.h. die neuere Theorie ist auf einer höheren Stufe der Universalität gegenüber älteren Theorien, POPPER (1964), S. 83 ff.

407 Niedriges Niveau bezeichnet hierbei den Grad der Allgemeingültigkeit. Sofern eine Theorie im Rahmen eines Systems als Axiom dient, können aus diesem System Theoreme mittleren und niedrigen Niveaus logisch abgeleitet werden, vgl. SCHANZ (1988), S. 30.

408 Dieser Zusammenhang ist jedoch abhängig von den jeweiligen Mietverträgen. Liegen sog. Wertsicherungsklauseln vor, wird die Inflation vollständig (bei 100%iger Indexierung) kompensiert durch die nominelle Mietpreissteigerung; liegen dagegen Staffelmietvereinbarungen vor, besteht kein direkter Zusammenhang zwischen der Inflation und der Mietpreissteigerung, vgl. hierzu ENGEL/BÄRWOLF (2004), S. 274.

409 Empirische Hypothesen sind für weite Bereiche der Sozialwissenschaften typisch. Es handelt sich um an Erfahrungsmaterial (z.B. historischen Inflationsraten und Mietpreisentwicklungen) getestete Vermutungen, die allerdings unbegründet sind, weil sie vorerst isoliert im Raum stehen. Mit ihrer Hilfe können Beziehungen zwischen Daten (Inflationsrate und Mietpreisentwicklung) hergestellt werden, vgl. SCHANZ (1988), S. 27 f.

entwickelt wurde und nicht durch andere Gesetzmäßigkeiten mit allgemeinem Gültigkeitsanspruch gestützt wird. Vorziehenswürdig sind hingegen sog. bewährte Hypothesen.[410]

Ein bewährte Hypothese und damit eine allgemeingültige Gesetzesaussage über den Zusammenhang zwischen der Zunahme des Preisniveaus und der Entwicklung der Mietpreise setzt dagegen eine empirische Bestätigung voraus. Diese könnte beispielsweise durch eine Berechnung der Korrelation zwischen der Entwicklung der Inflation und der Entwicklung des Mietpreisniveaus erfolgen. Jedoch ist hierbei eine Bereinigung um weitere, auf die Mietpreise einwirkende Effekte wie Nachfrage nach Mietraum oder konjunkturelle Einflüsse erforderlich.[411] Eine Begründung dieses Zusammenhangs könnte durch den Rückgriff auf weitere, gleichfalls als bewährt unterstellte Hypothesen erfolgen. So besteht ein direkter Zusammenhang zwischen der Entwicklung des Preisniveaus und den Herstellungs- und Bewirtschaftungskosten einer Immobilie. Der Vermieter wird üblicherweise eine Überwälzung dieser Kostensteigerung auf den Mieter vornehmen (d.h. Vereinbarung einer Nettokaltmiete). Diese Überwälzung ist jedoch nur möglich, sofern der jeweilige Mieter aufgrund eines gleichermaßen gestiegenen Einkommens eine solche Überwälzung dauerhaft akzeptiert. Wie das obige Beispiel zeigt, ist die Begründung eines dem ersten Anschein nach offensichtlichen Zusammenhangs nur durch Rückgriff auf weitere, als gültig unterstellte Hypothesen möglich.

Existiert keine umfassend begründbare Hypothese, fehlt also die im Prognosemodell notwendige Gesetzesaussage, so liegt statt einer Prognose eine Projektion vor. Die als Projektionen bezeichneten Voraussagen nehmen damit eine Position zwischen den in dieser Arbeit nicht betrachteten Prophezeiungen und den Prognosen ein. Ihnen kommt in den Wirtschaftswissenschaften eine vergleichsweise große Bedeutung zu.[412] Zusätzlich kommt den Projektionen in forschungsstrategischer Hinsicht eine gewisse heuristische Funktion zu. Sie lenken das Augenmerk des Forschers auf Sachverhalte, hinter denen sich unter Umständen eine bislang unentdeckte Gesetzmäßigkeit verbirgt. Sie stellen daher für praktische Belange häufig eine gute Orientierungshilfe dar. SCHANZ ist aus diesem Grund der Auffassung,

---

410 Bewährte Hypothesen sind wohlbegründet und wissenschaftlich bestätigt. Sie sind nach Auffassung von SCHANZ (1988), S. 28 ein Kennzeichen für eine reife Wissenschaft. Handelt es sich bei den bewährten Hypothesen um allgemeine Aussagen, so spricht man von Gesetzesaussagen bzw. nomologischen Hypothesen. Diese vermögen im Rahmen eines theoretischen Systems als Axiome, d.h. zur Deduktion von Theoremen, zu dienen.

411 Vgl. zu den Steigerungsursachen für Mietpreise beispielsweise ENGEL/BÄRWOLF (2004), S. 274, die neben der Inflation auch die Knappheit des Flächenangebots aufführen.

412 SCHANZ (1988), S. 74 bezieht sich an dieser Stelle jedoch nur auf die "ökonometrischen Modelle", z.B. die Trendextrapolation oder die Korrelationsrechnung. In beiden Fällen wird davon ausgegangen, dass sich die Vergangenheit in die Zukunft projizieren lässt. Trotz der guten praktischen Anwendbarkeit dürfen diese Erfahrungen nicht den Status einer Gesetzesaussage in Anspruch nehmen.

Projektionen das Prädikat der Unwissenschaftlichkeit anzuheften, sei nicht gerechtfertigt: vielmehr existieren in vielen Bereichen keine Theorien, durch die eine Prognose an die Stelle der Projektion treten könnte.[413]

2.2.3 Parameter des DCF-Verfahrens und Prognoseergebnis

Die einzelnen Parameter des DCF-Verfahrens (Einzahlungen, Auszahlungen und Diskontierungszinssatz) stellen für sich betrachtet jeweils das Ergebnis einer Prognose dar. Der jeweiligen Prognose liegen Daten (z.B. Ist-Mieten bei den Einzahlungen), Annahmen (z.B. über die Mietpreisentwicklung) sowie eine mehr oder weniger bewährte Hypothese (z.B. über den Zusammenhang zwischen der Inflationsrate und dem Mietpreisniveau)[414] zugrunde. Jeder einzelne Bestandteil der Prognose muss den Anforderungen der IFRS an einen durch Schätzung ermittelten Wert entsprechen, damit das mit Hilfe eines mathematischen Verfahrens (dem DCF-Verfahren) ermittelte Bewertungsergebnis diesen Anforderungen entspricht. Die Identifizierung konkreter Kriterien zur Beurteilung der einzelnen Bestandteile der jeweiligen Prognose erfordert jedoch zunächst eine nähere Betrachtung des für die Abbildung von Investment Properties nach IFRS gegebenen Problemlösungsrahmens.

2.3 Zwischenergebnis und Überleitung

Im Kapitel 2.1 wurden die relevanten Verfahren zur Ermittlung des Fair Value einer Immobilie dargestellt und deren Vor- und Nachteile diskutiert. Es erfolgte eine Festlegung auf das DCF-Verfahren, welches insbesondere aufgrund der detaillierten Abbildung der Ein- und Auszahlungen vorteilhaft ist. Anschließend wurden die wesentlichen Parameter eines DCF-Verfahrens erläutert und grundsätzliche Überlegungen zur nachfolgenden Methodik angestellt. Es wurde herausgearbeitet, dass es sich bei der Bestimmung des Fair Value um ein Prognoseproblem handelt. Als geeignetes Erklärungsmodell wurde das deduktiv-nomologische Schema nach HEMPEL/OPPENHEIM aufgegriffen und auf das vorliegende Prognoseproblem übertragen.

Es wurde gezeigt, dass jeder Parameter des DCF-Verfahrens das Ergebnis einer einzelnen Prognose darstellt. Daher ist eine separate Beurteilung dieser Prognosen erforderlich. Die Beurteilung hat im Kontext der Anforderungen der IFRS an einen durch Schätzung ermittelten Wert zu erfolgen. Diese Anforderungen werden sowohl im IASB Framework als auch in

---

413 Vgl. SCHANZ (1988), S. 74.
414 Vgl. auch Fn. 395.

weiteren, gegebenenfalls zu beachtenden Verlautbarungen anderer Standardsetter konkretisiert. Demzufolge wird nachfolgend eine Eingrenzung der relevanten Verlautbarungen des IASB sowie weiterer Erkenntnisquellen zur Spezifizierung des Problemlösungsrahmens für diese Arbeit vorgenommen.

3 Problemlösungsrahmen für die Abbildung von Investment Properties zum Fair Value

3.1 Bedeutung und Eingrenzung

Wissenschaftliche Arbeiten lassen sich grundsätzlich in eher deskriptiv ausgestaltete Arbeiten (welche vorwiegend ein bestehendes System von Regeln beschreiben und kritisch hinterfragen) und normativ ausgestaltete Arbeiten unterscheiden. Untersuchungsgegenstand der vorliegenden Arbeit ist ein konkretes Rechnungslegungsproblem innerhalb der IFRS, für das Lösungsansätze und/oder Handlungsempfehlungen entwickelt werden sollen. Hierzu lassen sich zwei grundlegende Vorgehensweisen, die logische Deduktion und die Induktion, unterscheiden. Logische Deduktion beschreibt die Ableitung einer Lösung aus einem zuvor gegebenen oder zu konstruierenden Bezugsrahmen durch Nachdenken. Bei der Induktion dagegen erfolgt ein Schlussfolgern der Lösung aus der Betrachtung der Realität (hier Vorgehensweise bei der Ermittlung des Fair Value in der Bewertungspraxis).[415]

Voraussetzung für eine logisch-deduktive Ableitung einer möglichen Lösung wäre die vorherige Festlegung einer Deduktionsbasis in Gestalt eines festzulegenden Bezugsrahmens. Erfolgt eine induktive Ableitung auf Grundlage einer empirischen Untersuchung der Bewertungspraxis, so erfordert die Untersuchung selbst zwar zunächst keinen Bezugsrahmen. Eine Beurteilung der empirisch gewonnenen Erkenntnisse kann jedoch ebenfalls nur vor dem Hintergrund eines Bezugsrahmens, hier insbesondere den Anforderungen der IFRS, erfolgen. Daher ist für beide methodischen Vorgehensweisen die Festlegung eines Bezugsrahmens, im Nachfolgenden als Problemlösungsrahmen bezeichnet, notwendig.

Ausgangspunkt für eine Festlegung des Problemlösungsrahmens ist die Betrachtung möglicher Normen und Erkenntnisquellen innerhalb des Normensystems der IFRS. Gemäß IAS 8.7 sind bei der Anwendung eines Standards sämtliche relevanten Interpretationen und Umsetzungsleitlinien zu beachten. Jedoch liegen Interpretationen des SIC bzw. dessen Nachfolgeorganisation, des IFRIC[416] sowie Anwendungshilfen[417] zu IAS 40 derzeit nicht vor. Auch Gerichtsentscheidungen zur Auslegung der IFRS existieren soweit ersichtlich nicht.[418]

---

[415] Vgl. zur logischen Deduktion Teil II Kapitel 4.3.1.1 und zur Induktion 4.3.1.2.

[416] Vgl. auch Teil II Kapitel 1.1.3.

[417] Unter "Anwendungshilfen" sind die Implementation Guidances, Application Guidances sowie Illustrative Examples zu den einzelnen Standards zu verstehen.

[418] Die IFRS wurden zwar in einigen Gerichtsentscheidungen ausdrücklich als Auslegungshilfe benannt, eine Auslegung der IFRS erfolgt jedoch in diesen Urteilen nicht, vgl. WÜSTEMANN/KIERZEK (2006), S. 21 f. Vgl. beispielhaft das Urteil in Sachen BIAO, EuGH-Urteil vom 7.1.2003 (C-306/99) sowie hierzu BÄRENZ

Daher verbleibt als Erkenntnisquelle innerhalb der IFRS nur das IASB Framework[419] sowie ggf. existierende Diskussionspapiere und Exposure Drafts. Das Framework, insbesondere die qualitativen Anforderungen nach Relevanz und Zuverlässigkeit, erhält durch die Vorgaben in IAS 8.10, welche gerade diese Anforderungen als Entscheidungsgrundlage zur Problemlösung vorgeben, zusätzliche Bestätigung.

Zieht man zur Eingrenzung der möglichen Erkenntnisquellen die in IAS 8.7 ff. normierte Hermeneutik heran, so lässt sich eine Unterscheidung in berücksichtigungspflichtige und berücksichtigungsfähige Quellen vornehmen. IAS 8.11 nennt als berücksichtigungspflichtige Quellen, auf die der Normenanwender Bezug nehmen muss, zunächst andere Standards, Interpretationen und Implementierungsrichtlinien[420] sowie nachrangig Definitionen, Ansatzkriterien und Bewertungskonzepte der Jahresabschlussposten.[421] Diese existieren im hier betrachteten Kontext nicht.

Als berücksichtigungsfähige Erkenntnisquellen benennt IAS 8.12 die Verlautbarungen anderer Standardsetter, sofern diese bei der Normengebung auf ein ähnliches konzeptionelles Rahmenkonzept aufsetzen, andere Rechnungslegungsliteratur sowie Branchenpraktiken.[422]

Im Hinblick auf ein ganzheitliches Problemlösungsvorgehen erscheint eine simultane Betrachtung von weiteren, das Übereinstimmungserfordernis[423] erfüllenden Erkenntnisquellen zielführend. Hierzu bieten sich insbesondere die US-GAAP an, die aufgrund der Ähnlichkeit der Zielsetzung beider Rechnungslegungssysteme[424], der Vielzahl relevanter Literatur und empirischer Studien sowie der gemeinsamen Projekte des FASB und IASB als Erkenntnisquellen heranzuziehen sind.[425] Darüber hinaus sind auch sog. "Due Process-Dokumente", d.h. Diskussionspapiere und Entwürfe zukünftiger Standards zu beachten. Da es sich bei den relevanten Dokumenten um gemeinsame Projekte des IASB und FASB handelt, werden diese in einem separaten Kapitel als "FASB/IASB Due Process Documents" betrachtet.

(2003) und HENNRICHS (2005), insb. S. 786 f. Zur Problematik der Auslegung der IFRS durch den EuGH und nationale Gerichte vgl. SCHÖN (2004), insb. S. 764 f. sowie mit direktem Bezug auf IAS 40 KÜTING/RANKER (2004), S. 2514.

419 Aufgabe des Frameworks ist die Unterstützung des Abschlusserstellers bei Fragen der Anwendung einzelner Standards, vgl. IASB Framework.1 (d).

420 Vgl. IAS 8.11 (a).

421 Vgl. IAS 8.11 (b).

422 Das Heranziehen dieser in IAS 8.12 genannten Quellen erfolgt somit auf freiwilliger Basis, vgl. IAS 8.BC16 sowie RUHNKE/NERLICH (2004), S. 393.

423 Vgl. RUHNKE/NERLICH (2004), S. 393.

424 Beide Standardsetter betrachten die Vermittlung entscheidungsnützlicher Informationen für Investoren als Primärziel ihrer Rechnungslegungssysteme, vgl. auch Fn. 64.

425 Vgl. zur bevorstehenden Angleichung beider Rahmenkonzepte auch Fn. 65.

Ebenfalls betrachtet werden die International Valuation Standards (IVS) des IVSC (sog. "White Book"), deren Bedeutung für die Fair Value-Ermittlung von Investment Properties sich bereits in einem direkten Verweis in den Basis for Conclusion zu IAS 40 widerspiegeln,[426] und die für den europäischen Raum vergleichbaren European Valuation Standards (EVS) der TEGoVA (sog. "Blue Book").

3.2 Rechnungslegungsspezifische Erkenntnisquellen

3.2.1 IASB Framework

3.2.1.1 Zweck, Status und Anwendungsbereich

Im IASB Framework sind die zentralen Rechnungslegungsgrundsätze der IFRS festgelegt. Mit dem IASB Framework verfolgt das IASB folgende Zwecke:[427]

- Die Unterstützung des IASB bei der Entwicklung neuer IFRS sowie der Überprüfung bzw. Überarbeitung bestehender Standards,
- Unterstützung der nationalen Standardsetter bei der Entwicklung nationaler Standards,
- Unterstützung des Abschlusserstellers bei der Anwendung der IFRS sowie bei Bilanzierungsfragen, für die kein Standard existiert oder in Vorbereitung ist,
- Unterstützung des Abschlussprüfers bei der Urteilsfindung, ob Abschlüsse den IFRS entsprechen,
- Unterstützung des Abschlussadressaten bei der Interpretation der Informationen aus IFRS-Abschlüssen sowie
- Erläuterung des Vorgehens bei der Entwicklung neuer Standards für daran interessierte Personen.

Jedoch stellt das IASB Framework keinen eigenen Standard dar und geht auch keinem Standard vor.[428] Sofern Konflikte zwischen dem IASB Framework und einem Standard bestehen, haben die Regelungen des Standards Vorrang. Da zukünftige Standards auf Grund-

---

[426] Vgl. IAS 40.BC52 ff.

[427] Vgl. IASB Framework.1. Das IASB Framework wurde im Rahmen des Improvement Project nicht überarbeitet, sodass sprachlich noch von IAS und IASC die Rede ist. Im Nachfolgenden wird, um die Terminologie des IASB zu wahren, bereits vom IASB und den IFRS gesprochen. Eine Überarbeitung des IASB Framework ist jedoch im Rahmen des Konvergenzprojektes mit dem FASB geplant, vgl. Fn. 65.

[428] Vgl. IASB Framework.2.

lage des IASB Framework entwickelt werden sollen, erscheint dieses Konfliktpotential aus Sicht des IASB[429] im Hinblick auf künftige Standards gering.

Das IASB Framework enthält Ausführungen, welchen Zielsetzungen die nach IFRS erstellten Abschlüsse gerecht werden sollen, die qualitativen Anforderungen an eine im IFRS-Abschluss enthaltene Rechnungslegungsinformation,[430] Definitionen[431] der in einem IFRS-Abschluss anzusetzenden Abschlussposten, Ansatz-[432] und Bewertungsregeln[433] für die Abschlussposten sowie Beschreibungen verschiedener Kapitalerhaltungskonzeptionen.[434] Insbesondere die qualitativen Anforderungen an Rechnungslegungsinformationen[435] sowie die korrespondierenden Nebenbedingungen[436] sind für diese Arbeit von zentraler Bedeutung und werden nachfolgend ausführlich dargestellt.

3.2.1.2 Bedeutung des Framework bei der Anwendung einzelner Standards

Für die im Rahmen dieser Arbeit untersuchte Problematik ist das Framework insofern bedeutsam, als es den Abschlussersteller bei der Anwendung der IFRS unterstützen soll.[437] Grundsätzlich geht die Anwendung einer Norm dessen Auslegung voran, jedoch ist es in Anlehnung an die herrschende Meinung im Schrifttum vertretbar, die für die Anwendung geltende Regelung im Framework auch für die Auslegung heranzuziehen.[438] Auch das "Preface to IFRS" spricht dem Framework die Aufgabe zu, als Basis "for the use of judgement in resolving accounting issues"[439] zu dienen. Das IASB Framework ist dabei auch Standardentwürfen ("Exposure Drafts") und Vorentwürfen ("Draft Statements of Principles") vorzu-

---

429 Das IASB Framework wurde in der vorliegenden Fassung zwar von der Vorgängerorganisation des IASB, dem IASC verabschiedet, jedoch hat das IASB im April 2001 das Framework anerkannt, vgl. IASB Framework (Untertitel).

430 Die "Underlying assumptions and qualitative characteristics of financial statements" werden auch als Grundsatzsystem im engeren Sinne bezeichnet, vgl. stellvertretend RUHNKE (2005), S. 219.

431 Vgl. IASB Framework.47-81.

432 Vgl. IASB Framework.82-98.

433 Vgl. IASB Framework.99-101.

434 Vgl. hierzu auch Teil II Kapitel 1.2.2.2.2..

435 Vgl. IASB Framework.24-42.

436 Vgl. IASB Framework.43-46.

437 Vgl. IASB Framework.1 (d).

438 Vgl. BAETGE/ZÜLCH (2004), Rn. 181; HAYN (1994), S. 719; HEUSER/THEILE (2005), Rz. 25. Ähnlich argumentieren auch GELHAUSEN ET AL. (2002), Abschn. 1, Tz. 18; PELLENS/FÜLBIER/GASSEN (2006), S. 102 ff.; SCHÖLLHORN/MÜLLER (2004a), S. 1668; WOLLMERT/ACHLEITNER (1997), S. 210; WOLLMERT/ACHLEITNER (2002), Tz. 8, 20.

439 Vgl. IFRS Preface.8.

ziehen, da sich beim finalen Standard im Vergleich zum Exposure Draft gerade bei kontroversen Themen erfahrungsgemäß noch erhebliche Änderungen ergeben können.[440]

Wie dargelegt, besteht das IFRS-Normensystem aus fünf Komponenten, die sich hinsichtlich ihrer Verbindlichkeit und ihres Konkretisierungsgrades unterscheiden. Da jedoch gerade die einzelnen Standards schwer zu systematisieren sind, bietet sich als weitere Möglichkeit die Unterteilung in Rahmennormen sowie Einzelnormen an. Zu den Rahmennormen zählen der IAS 1[441], IAS 8[442] sowie IAS 10.[443] Diese bilden, obwohl jeder einzelne Standard dem IASB Framework vorgeht,[444] gemeinsam mit dem Framework ein "erweitertes Rahmenkonzept"[445] des IFRS-Normensystems. Da für die hier untersuchte Problemstellung IAS 10 allenfalls bedingt Relevanz entfaltet,[446] wird im weiteren Verlauf der Arbeit lediglich auf die Regelungen des IAS 1 und IAS 8 im Sinne eines erweiterten Rahmenkonzeptes Bezug genommen.

---

440 Vgl. WOLLMERT/ACHLEITNER (1997), S. 212. Vgl. zur in IAS 8 geregelten Auslegungshierarchie RUHNKE/NERLICH (2004), S. 390 ff.

441 IAS 1 "Darstellung des Abschlusses" legt im Interesse der inneren (interperiodischen) oder äußeren (zwischenbetrieblichen) Vergleichbarkeit von Abschlüssen Grundregeln für Inhalt und Form von IFRS-Abschlüssen fest, vgl. IAS 1.1.

442 IAS 8 "Bilanzierungs- und Bewertungsmethoden, Änderungen von Schätzungen und Fehlern" legt die Kriterien zur Auswahl und Änderung der Bilanzansatz- und Bewertungsmethoden sowie die bilanzielle Behandlung und Angabe von Änderungen der Bilanzansatz- und Bewertungsmethoden, Änderungen von Schätzungen sowie Fehlerkorrekturen fest, vgl. IAS 8.1. Insbesondere die vormals in IAS 1 enthaltene Normenhierarchie zur Schließung von Regelungslücken ist für die Anwendung und Auslegung der gesamten IFRS von zentraler Bedeutung, vgl. IAS 8.7 ff., sowie ausführlich zum Problem der Regelungslücken RUHNKE (2005), S. 355 ff.; RUHNKE/ NERLICH (2004), S. 390 ff.

443 Vgl. stellvertretend GELHAUSEN ET AL. (2002), Abschn. 1, Tz. 44 sowie RUHNKE (2005), S. 216. IAS 10 beinhaltet Regeln zur Bilanzierung und Angabe von Ereignissen nach dem Bilanzstichtag, vgl. IAS 10.2.

444 Vgl. IASB Framework.2: "This *Framework* is not an International Accounting Standard and hence does not define standards for any particular mesasurement or disclosure issue. Nothing in this *Framework* overrides any specific International Accounting Standard." (Hervorhebungen im Original). Es ist in Bezug auf den Verpflichtungsgrad des IASB Framework jedoch zu beachten, dass mit der Überarbeitung von IAS 1 "Darstellung des Abschlusses" im Jahres 1997 sowie im Rahmen des "Improvement Project" wesentliche Inhalte des IASB Frameworks in IAS 1 übernommen und im Zuge dessen ergänzt und/oder konkretisiert wurde. Im Ergebnis ist somit das IASB Framework über den Umweg von IAS 1 materiell weitgehend verpflichtend, vgl. PELLENS/ FÜLBIER/GASSEN (2006), S. 103.

445 Dem in IAS 1.1 festgelegten Ziel der inneren und äußeren Vergleichbarkeit sind in gleicher Weise auch das IASB Framework (IASB Framework.1 (b) und .39) sowie IAS 8 (IAS 8.1) verpflichtet. Zwischen diesen drei Regelungen bestehen daher vor allem in Bezug auf Fragen der Anwendung und Auswahl von Bilanzierungsmethoden starke Überschneidungen, vgl. für Beispiele hierzu auch LÜDENBACH (2006), Rz. 2.

446 So könnte IAS 10 allenfalls bei der Frage der Berücksichtigung von Ereignissen nach dem Bilanzstichtag, welche maßgeblichen Einfluss auf die Ermittlung des Fair Value von Investment Properties haben, einschlägig sein. Hierzu zählen beispielsweise nach dem Bilanzstichtag bekannt gewordene Baumängel am zu bewertenden Gebäude oder die nach dem Bilanzstichtag erlangte Kenntnis einer vor dem Bilanzstichtag bereits bestehenden Bodenkontamination.

3.2.1.3 Qualitative Anforderungen an Rechnungslegungsinformationen

3.2.1.3.1 Funktion der qualitativen Anforderungen

Zielsetzung eines IFRS-Abschlusses ist die Bereitstellung entscheidungsnützlicher Informationen. Da Rechnungslegungsnormen nie so eindeutig formuliert sein können, dass Auslegungs- oder Orientierungshilfen überflüssig sind, sind Prinzipien,[447] wie sie das IASB Framework enthält, notwendig. Idealerweise sind die Einzelstandards konsistent mit diesen Prinzipien, sodass sich die Einzelregelungen auch aus dem Prinzip deduzieren lassen. Dies erlaubt im Fall von Regelungslücken oder auslegungsbedürftigen Einzelstandards die Deduktion von konsistenten Problemlösungen aus den Prinzipien.[448] Im Hinblick auf die Zielsetzung des "Financial Reporting" sieht das IASB die Beachtung verschiedener qualitativer Anforderungen vor.[449] Die vier Primäranforderungen sind die Verständlichkeit, die Vergleichbarkeit, die Relevanz und die Zuverlässigkeit.[450] Maßgebliche Anforderungen an eine entscheidungsnützliche Information sind jedoch die Relevanz und Zuverlässigkeit.[451] Diese Primäranforderungen der Relevanz und Zuverlässigkeit werden daher durch Sekundäranforderungen konkretisiert.

3.2.1.3.2 Anforderungen im Einzelnen

3.2.1.3.2.1 Verständlichkeit

Die Forderung nach Verständlichkeit soll sicherstellen, dass sich ein sachverständiger Bilanzleser innerhalb angemessener Zeit einen Überblick über die Vermögens-, Finanz- und Ertragslage des bilanzierenden Unternehmens verschaffen kann. Hierzu müssen die Informationen im IFRS-Abschluss dergestalt aufbereitet sein, dass sie von einem Adressaten, der über wirtschaftliche Grundkenntnisse sowie angemessene Rechnungslegungskenntnisse verfügt, nach sorgfältiger Analyse nachvollzogen werden können.[452]

---

447 Vgl. zur Prinzipienorientierung innerhalb der IFRS Fn. 123.

448 Vgl. STREIM/BIEKER/LEIPPE (2001), S. 182.

449 "Qualitative characteristics are the attributes that make the information provided in financial statements useful to users.", IASB Framework.24.

450 Vgl. IASB Framework.24. Im Rahmen des gemeinsamen Projektes zur Weiterentwicklung und Vereinheitlichung des Framework von IASB und FASB ist derzeit beabsichtigt, begrifflich die primäre Anforderung der Zuverlässigkeit durch die der glaubwürdigen Darstellung ("faithful representation") zu ersetzen, vgl. IASB (2006), QC7 i.V.m. QC16 ff. und zur Begründung auch die Basis for Conclusion IASB (2006), BC2.26 ff. Kritisch hierzu beispielsweise IDW (2006), S. 1476.

451 Vgl. beispielsweise auch DRSC (2006), S. 6.

452 Vgl. IASB Framework.25.

Ein Verzicht auf die Abbildung schwieriger oder komplexer Sachverhalte, die für die Entscheidungsfindung des Adressaten von Bedeutung und damit relevant sind, ist unter Berufung auf eine mögliche Unverständlichkeit für manche Adressaten hingegen nicht erlaubt.[453] Die Forderung nach Verständlichkeit stellt demnach vielmehr einen "Qualitätsanspruch an die Form der Darstellung"[454] dar.

3.2.1.3.2.2 Vergleichbarkeit

Die Anforderung nach Vergleichbarkeit umfasst die innere (interperiodische) sowie die äußere (zwischenbetriebliche) Vergleichbarkeit von IFRS-Abschlüssen.[455] Aus der Anforderung nach Vergleichbarkeit leitet sich das Stetigkeitsprinzip ab,[456] bei dem die formelle und materielle Stetigkeit unterschieden werden kann. Formelle Stetigkeit verlangt die Beibehaltung der Darstellung und des Ausweises im IFRS-Abschluss.[457] Die formelle Stetigkeit schafft damit die Voraussetzung für eine innere und äußere Vergleichbarkeit von IFRS-Abschlüssen.

Die materielle Stetigkeit bezieht sich auf die Anwendung gleicher Bilanzansatz- und Bewertungsmethoden für aufeinander folgende Jahresabschlüsse.[458] Hierbei unterteilt sich die materielle Stetigkeit in eine zeitliche Dimension, welche die Beibehaltung gleicher Methoden für ein und denselben Bilanzposten im Zeitablauf fordert, und eine sachliche Dimension, die eine Gleichbehandlung art- und funktionsgleicher Vermögenswerte und Schulden zum Inhalt hat.[459]

Eine Durchbrechung der Stetigkeit ist insbesondere dann geboten, wenn ein abweichender Ausweis oder eine abweichende Darstellung zu einer zuverlässigen und relevanteren[460]

---

453 Vgl. IASB Framework.25.

454 WOLLMERT/ACHLEITNER (1997), S. 222. Vgl. zur Problematik eines möglichen Information Overload anstatt vieler LÜDENBACH/HOFFMANN (2006), Rz. 68 sowie PAREDES (2003).

455 Vgl. IASB Framework.39.

456 Vgl. IASB Framework.40 f.

457 Vgl. IAS 1.27.

458 Vgl. IAS 8.14 f.

459 Vgl. RUHNKE (2005), S. 232.

460 Hier ist eine genaue Beachtung des Wortlautes erforderlich. Die IFRS verwenden den Komparativ nur in Verbindung mit der Anforderung an die Relevanz, dagegen wird in Bezug auf die Anforderung "Zuverlässigkeit" der Komparativ nicht verwendet. Demzufolge ist ein Wechsel nur zulässig, wenn die Relevanz erhöht wird – bei gegebener Zuverlässigkeit, nicht jedoch bei Erhöhung der Zuverlässigkeit bei gegebener Relevanz.

Informationsdarstellung führt.[461] Die Nachrangigkeit der Stetigkeit und damit der Forderung nach Vergleichbarkeit gegenüber den Anforderungen nach Relevanz und Zuverlässigkeit wird somit deutlich.[462]

Abzugrenzen von Änderungen der Bilanzansatz- und Bewertungsmethoden sind Änderungen von Schätzungen.[463] Schätzungen erfolgen immer auf Grundlage der zuletzt verfügbaren Informationen. Da sich der Informationsstand im Zeitablauf stetig ändert, sind diese Schätzungen ständig anzupassen. Die sich hieraus ergebenen Änderungen sind stets ergebniswirksam zu berücksichtigen.[464] Im Gegensatz zur retrospektiven[465] Behandlung der Änderungen von Bilanzansatz- und Bewertungsmethoden (Durchbrechung der materiellen Stetigkeit) erfolgt die Anpassung bei Änderungen von Schätzungen, die zu einer Änderung von Vermögenswerten und Schulden führt oder sich auf einen Eigenkapitalposten bezieht, immer prospektiv, d.h. das Berichtsjahr betreffende Änderungen sind ergebniswirksam im Berichtsjahr und zukünftige Berichtsjahre betreffende Änderungen sind ergebniswirksam in den zukünftigen Berichtsjahren zu berücksichtigen.[466]

3.2.1.3.2.3 Relevanz

Entgegen dem allgemeinen Sprachgebrauch ist Relevanz nicht mit Entscheidungsnützlichkeit gleichzusetzen.[467] Diese (unsachgemäße) Vereinfachung würde dazu führen, dass Kriterien wie die Zuverlässigkeit und Verständlichkeit unberücksichtigt blieben. Damit eine Informa-

---

[461] Vgl. IAS 8.14 (b). Darüber hinaus ist eine Durchbrechung der Stetigkeit zulässig und geboten, wenn sie aufgrund eines Standards oder einer Interpretation gefordert wird, vgl. IAS 8.14 (a). In beiden Fällen ist bei Durchbrechung des Stetigkeitsprinzips eine Angabe im Anhang erforderlich, vgl. IAS 8.28 f.

[462] Vgl. IASB Framework.41. G.A. auch BAETGE/ZÜLCH (2004), Rn. 228: "Damit wird der Grundsatz der Vergleichbarkeit zugunsten der Grundsätze der Relevanz und Zuverlässigkeit eingeschränkt." sowie RUHNKE (2005), S. 232: "Insofern ergibt sich eine gewisse Rangordnung innerhalb der Primärgrundsätze: Entscheidungsrelevanz und Verlässlichkeit vor Vergleichbarkeit".

[463] Hierzu zählen beispielsweise risikobehaftete Forderungen, der beizulegende Zeitwert finanzieller Vermögenswerte, überaltete Forderungen, die Nutzungsdauer oder der erwartete Abschreibungsverlauf abnutzbarer Vermögenswerte sowie Gewährleistungsgarantien, vgl. IAS 8.32. Sofern die Unterscheidung zwischen einer Änderung der Bilanzansatz- und Bewertungsmethoden und der geänderten Schätzung schwierig ist, ist von Letzterem auszugehen, vgl. IAS 8.35.

[464] Vgl. IAS 8.36.

[465] Änderungen der Bilanzansatz- und Bewertungsmethoden sind grundsätzlich retrospektiv vorzunehmen. Dabei sind die Vermögenswerte und Schulden so zu bewerten, als sei die neue Bewertungsmethode schon immer angewendet worden, vgl. IAS 8.19 i.V.m. IAS 8.22. Es hat eine ergebnisneutrale Verrechnung über das Eigenkapital, vorzugsweise die Gewinnrücklagen, zu erfolgen, vgl. IAS 8.26. Hierbei sind die Vergleichsinformationen früherer Perioden anzupassen, sofern die Ermittlung der periodenspezifischen Effekte oder der kumulierten Auswirkungen der Änderung durchführbar sind, vgl. IAS 8.23. Undurchführbarkeit ("impracticable") ist z.B. dann gegeben, wenn keine zuverlässige Anpassung der Vergleichsinformationen möglich ist, vgl. IAS 8.BC26.

[466] Vgl. IAS 8.38 i.V.m. IAS 8.37 sowie RUHNKE (2005), S. 233.

[467] Vgl. stellvertretend CHAMBERS (1966), S. 149; STERLING (1970), S. 46 ff.

tion als entscheidungsnützlich bezeichnet werden kann, muss sie nicht nur relevant, sondern auch hinreichend verlässlich sein.[468]

Die Relevanz einer Rechnungslegungsinformation ist nach Auffassung des IASB gegeben, wenn die Information die wirtschaftliche Entscheidung des Adressaten beeinflusst. Das IASB Framework wirkt an dieser Stelle zirkelschlussartig, da Relevanz als Voraussetzung für die Entscheidungsnützlichkeit und Entscheidungsnützlichkeit als Begriffsmerkmal von Relevanz Verwendung findet.[469] Mit anderen Worten ist eine Rechnungslegungsinformation dann für den Informationsadressaten relevant (im Sinne von entscheidungsrelevant[470]), wenn diese in seinen Entscheidungsfindungsprozess einfließt.[471] Relevanz kann somit als eine auf den Entscheidungszweck gerichtete Eigenschaft desjenigen Betrachtungsgegenstandes, über welche durch Abbildung in Jahresabschluss informiert werden soll, definiert werden.[472] Eine Beeinflussung ist somit gegeben, sofern die Information zur Beurteilung vergangener, derzeitiger oder künftiger Ereignisse hilfreich ist oder bereits bestehende Beurteilungen bestätigt oder korrigiert.[473]

Führt die Rechnungslegungsinformation zu einer Verbesserung der Fähigkeit, zukünftige Ereignisse besser einschätzen zu können, so besitzt die Information einen Vorhersagewert ("predictive value"). Ermöglicht die Rechnungslegungsinformation dagegen frühere Erwartungen des Adressaten zu bestätigen oder zu revidieren, so besitzt die Information Bestätigungswert ("feedback value").[474] Relevante Informationen haben oftmals beide Eigenschaf-

---

468 Nach Ansicht von KLEIN ist jedoch festzuhalten, dass letztlich das Kriterium der Relevanz über die Abbildung eines Sachverhaltes im Rechnungswesen entscheidet und somit das notwendige Kriterium für die Frage der bilanziellen Behandlung darstellt, vgl. KLEIN (2003), S. 90. Vorausgesetzt KLEIN verwendet den Begriff genau so wie das IASB im Framework, ist dem nicht zuzustimmen, da Informationen zwar relevant, in ihrer Art oder Darstellung jedoch so unzuverlässig sein können, dass ihr Ansatz möglicherweise irreführend wäre, vgl. IASB Framework.32. Demzufolge wird ein gewisses Maß an Zuverlässigkeit der Rechnungslegungsdaten als zwingend erforderlich angesehen, vgl. stellvertretend BAETGE/ZÜLCH (2004), Rn. 236; KÜTING/RANKER (2004), S. 2514 sowie STREIM/BIEKER/ESSER (2003), S. 472. KAHLE (2002), S. 107, formuliert noch eindeutiger: "Unzuverlässige Informationen können nicht entscheidungsnützlich sein.". A.A. WAGENHOFER/EWERT (2003), S. 338, die darauf verweisen, dass unter bestimmten Bedingungen auch unzuverlässige Informationen das Verhalten des Adressaten beeinflusst haben und damit Entscheidungsnützlichkeit besaßen.

469 "To be useful, information must be relevant to the decision-making needs of users. Information has the quality of relevance when it influences the economic decisions of users.", IASB Framework.26. Vgl. auch LÜDENBACH/HOFFMANN (2006), Rz. 30.

470 Der Begriff Entscheidungsrelevanz wird aus Abgrenzungsgründen nicht weiter verwandt, da dieser in Teilen des Schrifttums synonym für Entscheidungsnützlichkeit steht, vgl. beispielsweise DOHRN (2004), S. 2 f. sowie Fn. 50.

471 Vgl. BLAUFUS (2005), Tz. 571.

472 Vgl. KUHNER (2001), S. 531.

473 Vgl. IASB Framework.26. Vgl. zur ökonomischen Brauchbarkeit von Abschlussinformationen BAETGE (1970), S. 168.

474 Vgl. IASB Framework.27.

ten, da Erkenntnisse über den Ausgang bereits getätigter Aktionen die Fähigkeit des Adressaten verbessern, ähnliche künftige Ereignisse abschätzen zu können. Dies erlaubt dem Investor eine Überprüfung und Verbesserung seines Entscheidungs- und Prognosemodells.

Neben der Prognoseeignung hängt die Relevanz einer Information noch von der Art und der Wesentlichkeit ab.[475] So lässt sich eine qualitative und eine quantitative Dimension erkennen.[476] Die qualitative Dimension der Anforderung nach Relevanz zielt auf Art und Wesen des Inhalts der Rechnungslegungsinformation ab, sodass eine Information als relevant einzustufen ist, sofern sie aufgrund ihrer Art für den Adressaten bedeutsam ist. Die qualitative Dimension ist somit zwingend notwendige Bedingung für die Relevanz einer Rechnungslegungsinformation. Die quantitative Dimension dagegen hat eher den Charakter einer hinreichenden Bedingung, die durch die Sekundäranforderung der Wesentlichkeit konkretisiert ist.[477] Informationen sind wesentlich, wenn das Weglassen oder die fehlerhafte Darstellung der Information die auf Basis des IFRS-Abschlusses getroffenen Entscheidungen des Adressaten beeinflussen würde.[478] Da sämtliche IFRS nur auf wesentliche Sachverhalte anzuwenden sind,[479] wird über die Wesentlichkeit implizit der Vollständigkeitsgrundsatz derart eingeschränkt, dass nur Abschlussinformationen mit positivem Informationswert[480] in den IFRS-Abschluss eingehen.[481]

3.2.1.3.2.4 Zuverlässigkeit

Wie bereits zur Relevanz ausgeführt, setzt eine entscheidungsnützliche Information neben ihrer Relevanz auch die Zuverlässigkeit[482] voraus.[483] Die Anforderung nach Zuverlässigkeit

---

475 Vgl. IASB.Framework.29. Ausführlich zur Wesentlichkeit im Rahmen der Jahresabschlussprüfung WOLZ (2003).

476 Vgl. zur Begriffswahl BAETGE/ZÜLCH (2004), Rn. 231.

477 Beispielsweise: "(T)he reporting of a new segment may affect the assessment of the risks and opportunities facing the entity irrespective of the materiality of the results achieved by the new segment in the reporting period. In other cases, both the nature and materiality are important, for example, the amounts of inventories held in each of the main categories that are appropriate to the business.", IASB Framework.29. Vgl. hierzu beispielhaft MAYER-WEGELIN (2006), S. 10 f.

478 Dabei ist Wesentlichkeit eher ein Schwellwert oder eine Grenze und weniger eine primäre, qualitative Anforderung, vgl. IASB.Framework.30.

479 Vgl. IASB Framework.P12 sowie Fn. 114.

480 Vgl. zum Begriff des Informationswerts Fn. 76.

481 Vgl. BAETGE/ZÜLCH (2004), Rn. 232. Jedoch findet sich im IASB Framework keine allgemeine Wesentlichkeitsgrenze in Gestalt einer Quantifizierungsvorgabe. Ein Verzicht auf eine konkret quantifizierte Wesentlichkeitsgrenze erscheint jedoch sachgerecht, da sie vielmehr unter Berücksichtigung der besonderen Umstände des jeweils abzubildenden Sachverhaltes festzulegen ist, vgl. beispielsweise RUHNKE (2005), S. 227.

482 Vgl. stellvertretend CHAMBERS (1966), S. 156 f.; STERLING (1970), S. 41 ff.

483 Vgl. IASB Framework.31 sowie Fn. 468.

bildet "einen entscheidenden Eckpfeiler des Rechnungslegungssystems des IASB"[484], da die vom IASB fokussierte Informationsfunktion des IFRS-Abschlusses nur erreichbar ist, wenn die Adressaten auf die Zuverlässigkeit bzw. Richtigkeit der Informationen vertrauen können.[485]

Rechnungslegungsinformationen sind nach Ansicht des IASB zuverlässig, wenn sie frei von wesentlichen Fehlern und frei von verzerrenden Einflüssen sind.[486] Die Abschlussadressaten müssen darauf vertrauen können, dass die abgebildeten Sachverhalte glaubwürdig darstellen, was sie vorgeben darzustellen oder was vernünftigerweise inhaltlich von der Rechnungslegungsinformation erwartet werden kann.[487] Glaubwürdig lässt sich in diesem Zusammenhang als objektiv[488] und willkürfrei bzw. neutral interpretieren.[489]

Eine vollständige Objektivierung der Rechnungslegungsinformationen, wie sie ein breiter Strom der bilanztheoretisch argumentierenden Literatur für das deutsche Handelsrecht lange Zeit forderte,[490] d.h. ohne jedweden Ermessensspielraum, ist jedoch nicht das primäre, vom IASB verfolgte Ziel.[491] Denn bei jedem Entwurf von Abbildungsnormen und auch in Fragen

---

484 BAETGE/ZÜLCH (2004), Rn. 237.

485 Vgl. zur Verlässlichkeit im Kontext von IAS 40 auch KÜTING/RANKER (2004), S. 2514.

486 Vgl. IASB Framework.31. Nach Ansicht von STREIM/BIEKER/ESSER (2003), S. 473 ist eine Rechnungslegungsinformation dann zuverlässig, wenn sie "erstens möglichst objektiv und zweitens möglichst (treff-)genau ist". Objektiv bedeutet hierbei, dass unterschiedliche Anwender auf der Grundlage der Rechnungslegungsnorm die gleiche Information bei vergleichbaren Sachverhalten generieren. Die Rechnungslegungsnormen dürfen daher keine oder nur geringe Ermessenspielräume gewähren. (Treff-) Genauigkeit einer Information verlangt die Freiheit von systematischen Fehlern, d.h. die durch bestimmte Rechnungslegungsnormen ermittelten Werte dürfen nicht tendenziell in positiver oder negativer Richtung von den "wahren" Werten (im Sinne eines erwartungstreuen Schätzers der Statistik) abweichen.

487 Vgl. ebenfalls IASB Framework.31 sowie im jüngst veröffentlichten Diskussionspapier des IASB und FASB zur Neufassung des Framework, IASB (2006), QC23 ff. Zur in diesem Diskussionspapier beabsichtigten Verwendung des Begriffs der "glaubwürdigen Darstellung" anstelle des Begriffs der "Zuverlässigkeit" vgl. Fn. 450.

488 Objektiv wird in der Wissenschaftstheorie als intersubjektiv nachprüfbar gedeutet, vgl. POPPER (2005), S. 21 sowie für eine allgemeine Begriffsdeutung BRUGGER (1981), S. 272 f.

489 Vgl. BAETGE/ZÜLCH (2004), Rn. 238 sowie zur Willkürfreiheit bzw. Neutralität EBENDA, Rn. 245.

490 Vgl. hierzu stellvertretend BAETGE (1970), S. 17 m.w.N. Das Primat der Objektivierung in der handelsrechtlichen Rechnungslegung wird darauf begründet, dass es sich um Bilanzen im Rechtssinne handelt. Sie dienen der Bemessung von Ausschüttungs- und Entnahmerechten. Somit ist nach Ansicht von KUHNER (2001), S. 529 ein höheres Niveau an Rechtssicherheit und Willkürfreiheit erforderlich, als wenn Bilanzen "lediglich" dem Zweck der Informationen über die Vermögens-, Finanz- und Ertragslage dienen.

491 So erfüllen nach Ansicht von STREIM/BIEKER/ESSER (2003), S. 473 die in einer IFRS-Bilanz ausgewiesenen Vermögenswerte und Schulden die Anforderungen der Objektivität nur in den Fällen, in denen Preise auf aktiven Märkten beobachtet werden können. Dieses würde jedoch bedeuten, dass sofern kein Preis beobachtet werden kann und somit auf einen geschätzten Wert zurückgegriffen werden müsste, die Anforderungen des IASB an eine Rechnungslegungsinformation nicht zu erfüllen wären. Diese Argumentation ist jedoch so nicht zutreffend. Die Rechnungslegungsinformation muss zwar zuverlässig ermittelbar sein und einer unabhängigen Überprüfung (z.B. durch den Wirtschaftsprüfer) standhalten. Die Forderung schließt aber nicht die Verwendung von geschätzten Werten (hier Fair Values von Investment Properties) aus, jedoch

der Normenauslegung muss die Aussagekraft der entwickelten (Erfolgs-) Größen gegen die Notwendigkeit eines möglichst objektiven Meßverfahrens abgewogen werden. Beide Ziele in Einklang zu bringen, erscheint schwierig, wenn nicht sogar unmöglich.[492] Insbesondere bei der Ermittlung des Fair Value von Investment Properties kommt der Anforderung nach Zuverlässigkeit daher besondere Bedeutung zu.

Das IASB konkretisiert die Forderung nach Zuverlässigkeit durch folgende fünf Sekundäranforderungen:

- glaubwürdige Darstellung[493],
- wirtschaftliche Betrachtungsweise[494],
- Neutralität[495],
- Vorsicht[496] sowie
- Vollständigkeit[497].

Die Sekundäranforderung der *glaubwürdigen Darstellung* konkretisiert die Forderung nach Zuverlässigkeit dahingehend, dass alle Geschäftsvorfälle und andere Ereignisse den tatsächlichen Verhältnissen entsprechend abzubilden sind. So sind sämtliche Vermögenswerte, Schulden und Eigenkapital in einer IFRS-Bilanz abzubilden, die die entsprechenden Ansatzvorschriften am Bilanzstichtag erfüllen.[498] Der Ansatz eines originären Goodwills ist beispielsweise verboten,[499] da dessen verlässliche Ermittlung im Regelfall schwierig ist.[500]

---

müssen die verwendeten Daten nachvollziehbar und die Annahmen plausibel sein, vgl. hierzu stellvertretend CHAMBERS (1966), S. 156 f.; HOMMEL (1998), S. 21 ff.; STERLING (1970), S. 41 ff.

So argumentieren die Befürworter einer auf historischen Kosten basierenden Rechnungslegung mit dem Vorteil der Objektivität. Jedoch ist das Argument, dass historische Kosten zu einer objektiven Rechnungslegung führen, nicht zutreffend, da mit Ausnahme von Grund und Boden typischerweise ein "subjektiver" Wert bilanziert wird, welcher geringer ist als der "objektive" kostenbasierte Wert. Fast alle Vermögenswerte in der Bilanz werden unterhalb ihrer historischen Kosten bewertet, da sie über ihre geschätzte Nutzungsdauer abgeschrieben und/oder aufgrund von Werthaltigkeitstest abgewertet wurden. Im Ergebnis werden alle Vermögenswerte abweichend von ihren "objektiven" historischen Kosten zu irgendwelchen "subjektiven" Werten bilanziert, vgl. auch BLAUFUS (2005), Tz. 524. Wäre die Aussage von STREIM/BIEKER/ESSER zutreffend, wäre die Anforderung der Objektivität auch bei einer auf historischen Kosten basierenden Rechnungslegung nicht erfüllbar, vgl. ausführlich STERLING (1970), S. 301 ff.

492 Vgl. KUHNER (2001), S. 528 f. So führte bereits MOXTER (1983a), S. 134 aus: "Wer die Objektivierung und den betriebswirtschaftlich aussagefähigen Gewinn in einer (einzigen) Rechnung haben will, ähnelt den Kindern, die Sonne und Sternenpracht zugleich bestaunen möchten, und wer für Kompromisse zwischen Objektivierung und betriebswirtschaftlicher Aussagefähigkeit eintritt, der gleicht demjenigen, der eher die Dämmerung als Sonne oder Sternenkraft schätzt."

493 Vgl. IASB Framework.33 f.

494 Vgl. IASB Framework.35.

495 Vgl. IASB Framework.36.

496 Vgl. IASB Framework.37.

497 Vgl. IASB Framework.38.

498 Vgl. IASB.Framework.33.

499 Der originäre Goodwill ist der im Zeitablauf selbst geschaffene Geschäfts- oder Firmenwert, vgl. IAS 38.48.

Dagegen sieht es das IASB in anderen Fällen als sachgerecht an, trotz Vorliegens eines mit dem Ansatz und der Bewertung verbundenen Fehlerrisikos einen Posten in der IFRS-Bilanz anzusetzen. Voraussetzung für diesen Ansatz ist jedoch ein Hinweis auf das mit dem Ansatz verbundene Fehlerrisiko im Anhang.[501]

Im Ergebnis werden Schätzungen zukünftiger Werte, wie sie auch bei der Ermittlung des Fair Value von Investment Properties notwendig sind,[502] nicht eingeschränkt. Jedoch sind nach dem Wortlaut des IASB Framework Anhangangaben zu den Annahmen und der Bandbreite grundsätzlich erforderlich. Dieser Forderung werden die Regelungen des IAS 40, welcher die Abbildung von Investment Properties innerhalb eines IFRS-Abschlusses regelt, jedoch nicht vollständig gerecht.[503]

Die Sekundäranforderung der *wirtschaftlichen Betrachtungsweise* fordert, dass bei der Abbildung von Geschäftsvorfällen in der Rechnungslegung die rechtliche Gestaltung hinter den wirtschaftlichen Gehalt zurücktritt.[504] Diese Forderung ist besonders bedeutsam für Fälle, in denen das rechtliche und das wirtschaftliche Eigentum auseinander fallen. Das wirtschaftliche Eigentum bestimmt sich dabei anhand der mit dem betrachteten Vermögenswert verbundenen Chancen und Risiken.[505]

Darüber hinaus hat die wirtschaftliche Betrachtungsweise auch Auswirkungen auf die formale Darstellung in einem IFRS-Abschluss.[506] Zwar gilt in den IFRS grundsätzlich der Einzelbewertungsgrundsatz,[507] es sei denn, die Saldierung von Vermögenswerten und Schulden

---

500 Vgl. IASB Framework.34.

501 Vgl. IASB Framework.34 sowie für ein Beispiel RUHNKE (2005), S. 228.

502 Vgl. zur Fair Value-Ermittlung von Investment Properties nach IAS 40 Teil II Kapitel 1.2.1.4.2.

503 Vgl. hierzu Teil II Kapitel 1.2.1.5.2, insb. Fn. 219.

504 Vgl. IASB Framework.35 sowie IAS 8.10.

505 Insbesondere bei Leasingverträgen spielt die wirtschaftliche Betrachtungsweise in Gestalt des "Risk and Reward-Approach", vgl. IAS 17.7, eine entscheidende Rolle. So hängt die Entscheidung, ob es sich um ein "Finance-Lease" oder ein "Operating-Lease" handelt, eher vom wirtschaftlichen Gehalt der Vereinbarung als der formal-rechtlichen Gestaltung des Leasingvertrages ab, vgl. IAS 17.10.

506 Vgl. GELHAUSEN ET AL. (2002), Abschn. 1, Tz. 75.

507 Vgl. IAS 1.32. Jedoch werden in der Literatur für die Bewertung großer Immobilienbestände auch Gruppenbewertungsverfahren diskutiert. Diese versuchen eine objektgenaue Wertermittlung auf Basis von Daten aus hochgerechneten Stichproben zu erreichen, vgl. KATTE ET AL. (2001), S. 3 ff. sowie am Beispiel der Deutschen Telekom AG in den Jahren 1995 bis 1999 SIGLOCH/ SCHMIDT/HAGEBÖKE (2005), jedoch noch unter Bezug auf den Einzelbewertungsgrundsatz nach § 252 Abs. 1 Nr. 3 HGB. Kritisch zu Rückschlüssen von der Bewertung des Gesamtbestandes auf eine einzelne Immobilie LEOPOLDSBERGER (1996), S. 91.

bzw. Erträgen und Aufwendungen spiegelt den wirtschaftlichen Gehalt eines Geschäftsvorfalles wider.[508]

Die Sekundäranforderung der *Neutralität* fordert, dass eine Rechnungslegungsinformation frei von verzerrenden Einflüssen sein muss.[509] Neutralität ist nicht gegeben, wenn durch Auswahl oder Darstellung der Information eine Beeinflussung der Beurteilung oder Entscheidung des Adressaten erfolgt.[510] "Die Abschlussinformationen dürfen folglich nicht bilanzpolitisch motiviert ausgewählt sein"[511], um durch deren Verwendung eine bestimmte Schlussfolgerung beim Adressaten herbeizuführen.[512]

Jedoch ist die Forderung nach Neutralität eher formal zu sehen, da die IFRS vielfältige offene und verdeckte Wahlrechte eröffnen[513] und somit Jahresabschlusspolitik[514] in gewissen Grenzen möglich und zulässig ist. Das IASB unterstellt vielmehr, dass die Bilanzierenden bei der Ausübung von Wahlrechten und Ermessensspielräumen[515] die zutreffende Abbildung der zugrunde liegenden Sachverhalte beachten.[516] Nach Ansicht von BAETGE/ ZÜLCH stellt die Anforderung der Neutralität vielmehr eine "Leitlinie zur Ausübung von Wahlrechten und Ermessensspielräumen für die Bilanzierenden dar."[517]

Die Sekundäranforderung der *Vorsicht* beschreibt ein "gewisses Maß an Vorsicht bei der Ermessensausübung"[518]. Es dient daher als Auslegungsregel für Ermessensspielräume sowohl

---

508 Vgl. IAS 1.33.

509 Vgl. IASB Framework.36; IAS 8.10 (b) (iii).

510 Vgl. IASB Framework.36.

511 BAETGE/ZÜLCH (2004), Rn. 245.

512 So ist beispielsweise eine willkürliche, im Hinblick auf einen höheren Fair Value vorgenommene Änderung der Methode zur Fair Value-Ermittlung von Investment Properties, die dem Ziel einer möglichst positiven Unternehmensdarstellung dient, verboten. Vgl. zu einem ähnlichen Beispiel RUHNKE (2005), S. 229.

513 Vgl. für Beispiele WAGENHOFER (2005), S. 554 sowie kritisch zu den Wahlrechten und Ermessensspielräumen SCHILDBACH (2002), insb. S. 276. So führen BALLWIESER/ KÜTING/SCHILDBACH (2004), S. 534 folgende Beispiele an: "Liegt noch ein aktiver Markt vor? Ist der vorliegende Markt noch repräsentativ für den zu beurteilenden Vermögenswert? Welche andere Quelle gibt die verläßlichste Information über den Wert des Bewertungsobjektes? Welches Verfahren stellt das übliche bzw. geeignete Bewertungsverfahren dar?". Vgl. zu weiteren Beispielen für Ermessensspielräume in Bezug auf das DCF-Verfahren VATER (2002a), S. 458 f.

514 Vgl. grundlegend zur Bilanzpolitik HEINTGES (2005); MEYER (2005), S. 226 ff. sowie VEIT (2002).

515 Vgl. hierzu beispielsweise HITZ (2006), S. 366: "(Die) zentrale Schwäche der gegenwärtigen Fair Value-Methodik der US-GAAP (wie auch in weiten Teilen der IFRS) (liegt) in der Unverbindlichkeit und Ungenauigkeit der Regelungen, der großzügigen Einräumung von Ermessensspielräumen" sowie für Beispiele RUHNKE (2005), S. 347 ff.; WAGENHOFER (2005), S. 558 ff.

516 Vgl. stellvertretend ENGEL-CIRIC (2002), S. 782 f. sowie zur Problematik von Ermessensspielräumen aus institutionenökonomischer Sicht Teil II Kapitel 1.1.2.

517 BAETGE/ZÜLCH (2004), Rz. 245. Ähnlich auch RUHNKE (2005), S. 229: "Neutralität schränkt jedoch keine expliziten Wahlrechte in den IFRS [...] ein. Allerdings ist davon auszugehen, dass [...] Neutralität die systematische Ausübung z.B. von Schätzspielräumen in eine Richtung verbietet".

518 Vgl. IASB Framework.37.

in Hinblick auf Fragen des Bilanzansatzes[519] als auch der Bewertung. Unvermeidlich auftretende Ungewissheiten bei der Bilanzierung sollen durch eine entsprechend vorsichtige Vorgehensweise berücksichtigt werden. So ist bei Schätzungen, welche notwendiger Bestandteil der Rechnungslegung sind, wenn keine exakte Wertermittlung möglich ist, diese Sekundärforderung nach Vorsicht zu beachten. Sofern sich Schätzungen nur innerhalb einer bestimmten Bandbreite tätigen lassen, besteht das Problem der Wertfestsetzung innerhalb dieser Bandbreite.[520]

Das Vorsichtsprinzip nimmt insbesondere gegenüber einer periodengerechten Ergebnisermittlung eine nachgeordnete Stellung ein.[521] Explizit ausgeschlossen werden die Bildung stiller Reserven und die überhöhte Bewertung von Rückstellungen sowie der bewusst niedrige Ansatz von Vermögenswerten bzw. der bewusst hohe Ansatz von Schulden oder Aufwendungen, da dadurch der Abschluss nicht neutral und das Kriterium der Zuverlässigkeit nicht erfüllt wäre.[522]

Die Forderung nach Vollständigkeit konkretisiert schließlich die Zuverlässigkeit in der Weise, dass Abschlussinformationen nur dann verlässlich sind, wenn sie auch vollständig sind. So sind sämtliche Geschäftsvorfälle und sonstige unternehmensbezogene Sachverhalte in einem IFRS-Abschluss zu berücksichtigen,[523] da ein Weglassen bestimmter Information dazu führen kann, dass der IFRS-Abschluss falsch oder irreführend und somit unzuverlässig ist.[524] Eingeschränkt wird die Anforderung nach Vollständigkeit durch die Wesentlichkeit und Kosten-Nutzen-Überlegungen.[525] Demnach dürfen unwesentliche Bilanzposten zusammengefasst oder weggelassen werden.[526]

---

519 Vgl. mit gleicher Ansicht GELHAUSEN ET AL. (2002), Abschnitt 1, Rz. 78; BAETGE/ ZÜLCH (2004), Rn. 246; RUHNKE (2005), S. 229. A.A. PELLENS/FÜLBIER/GASSEN (2006), S. 110; WOLLMERT/ACHLEITNER (1997a), S. 248.

520 So ist eine Rückstellung nach IAS 37.39 bei einer Bandbreite nicht gleichwahrscheinlicher Werte mit dem Erwartungswert, bei einer Bandbreite gleichwahrscheinlicher Werte mit dem Mittelpunkt der Bandbreite ("mid point of the range") und bei einzelnen Sachverhalten in der Regel mit dem wahrscheinlichsten Wert anzusetzen, vgl. hierzu ausführlich RUHNKE (2005), S. 574 f. Die IFRS orientieren sich somit eher an einer mittleren Vorsicht. Im Vergleich zum deutschen HGB ist das Vorsichtsprinzip dagegen eher schwach ausgeprägt, vgl. PELLENS/FÜLBIER/GASSEN (2006), S. 110.

521 Vgl. RUHNKE (2005), S. 230. So sind beispielsweise Erträge aus einem Dienstleistungsgeschäft nach Maßgabe der Fertigstellung am Bilanzstichtag zu erfassen, wenn das Ergebnis des Dienstleistungsgeschäftes zuverlässig geschätzt werden kann. Es wird damit die Realisierbarkeit vor die tatsächliche Realisierung gestellt, vgl. IAS 18.20.

522 Vgl. IASB Framework.37.

523 Vgl. BAETGE/ZÜLCH (2004), Rn. 247.

524 Vgl. IASB Framework.38.

525 Vgl. ebenfalls IASB Framework.38.

526 Vgl. BAETGE/ZÜLCH (2004), Rn. 249; RUHNKE (2005), S. 231.

3.2.1.4 Reduktion auf die Anforderungen der Relevanz und Zuverlässigkeit und deren Spannungsverhältnis

Die Anforderung nach Verständlichkeit stellt mehr eine Anforderung an die Form der Darstellung als an den Informationsgehalt einer Rechnungslegungsinformation an sich dar. Sie wird daher nachfolgend nur im Kontext der Zuverlässigkeit unter dem Gesichtspunkt eines möglichen "Information Overload"[527] berücksichtigt. Die Forderung nach Vergleichbarkeit einer Rechnungslegungsinformation setzt zum einen die Zuverlässigkeit zunächst voraus,[528] zum anderen bedingt die Vergleichbarkeit einer Rechnungslegungsinformation keinesfalls deren Relevanz.[529] Die qualitative Anforderung der Vergleichbarkeit ist somit den Anforderungen der Relevanz und Zuverlässigkeit im Hinblick auf die Beurteilung der Entscheidungsnützlichkeit eines "Fair Value von Investment Properties" untergeordnet. Eine eigenständige Berücksichtigung als Kriterium für die Entscheidungsnützlichkeit erfolgt deshalb nicht. Jedoch wird der Aspekt der (äußeren bzw. zwischenbetrieblichen) Vergleichbarkeit im Hinblick auf den Einfluss einer zuverlässigen Fair Value-Ermittlung auf die generelle Zielsetzung der IFRS erneut aufgegriffen.[530]

Als maßgebliche qualitative Anforderungen an den mit Hilfe eines DCF-Verfahrens ermittelten Fair Value von Investment Properties verbleiben somit die Relevanz und Zuverlässigkeit.[531] Jedoch besteht zwischen diesen ein Spannungsverhältnis ("Trade-Off"), welches im weiteren Verlauf der Arbeit noch ausführlich diskutiert werden wird.[532]

---

527 Vgl. hierzu auch die Belege in Fn. 454.

528 So führt in der Regel mehr Zuverlässigkeit auch zu mehr Vergleichbarkeit von Rechnungslegungsinformationen im Sinne einer gleich gerichteten Abbildung gleichnamiger Sachverhalte zu verschiedenen Zeitpunkten (intertemporal) oder zwischen verschiedenen Unternehmen (zwischenbetriebliche bzw. äußere Vergleichbarkeit), vgl. LÜDENBACH/HOFFMANN (2006), Rz. 32.

529 Ursächlich für die untergeordnete Stellung der Vergleichbarkeit gegenüber der Relevanz und Zuverlässigkeit ist, dass Vergleichbarkeit alleine keinen Entscheidungsnutzen bietet. Unabhängigkeit davon, ob eine Information vergleichbar für den Adressaten ist, stiftet sie ihm keinen Nutzen, sofern sie nicht zugleich relevant und zuverlässig ist.

530 Vgl. Teil III Kapitel 4.1.3.

531 Vgl. stellvertretend STREIM/BIEKER/LEIPPE (2001), S. 184.

532 Vgl. insb. Teil II Kapitel 4.1.1.

3.2.2 Andere rechnungslegungsspezifische Quellen

3.2.2.1 US-GAAP Conceptual Framework

3.2.2.1.1 Bedeutung des Conceptual Framework bei der Auslegung der IFRS

Verlautbarungen anderer Standardsetter sind als Auslegungsunterstützung heranzuziehen, sofern deren Zielsetzung mit denen der IFRS vergleichbar ist.[533] Die US-amerikanischen Rechnungslegungsnormen US-GAAP [534] erscheinen aufgrund der Ähnlichkeit der Zielsetzung[535] und des Adressatenkreises[536] beider Rechnungslegungssysteme und der Vielzahl relevanter Literatur und empirischer Studien hierzu geeignet.[537] Darüber hinaus besitzen die US-GAAP "als Prototyp einer informations- und kapitalmarktorientierten Rechnungslegung eine Vorbildfunktion für die IFRS"[538].

Ähnlich wie gemäß der IFRS soll der Jahresabschluss nach US-GAAP ein den tatsächlichen Verhältnissen entsprechendes Bild der Vermögens-, Finanz- und Ertragslage liefern, eine so genannte "fair presentation" der wirtschaftlichen Gesamtsituation des Unternehmens.[539] Hinsichtlich der Beurteilung des Grundsatzes der "fair presentation" als "overriding principle" besteht keine Einigkeit in der Literatur.[540] Da auch das Rahmenkonzept der US-GAAP, das Conceptual Framework[541], ähnlich den IFRS die Anforderungen der Relevanz und Zuverlässigkeit als wesentliche Kriterien für eine entscheidungsnützliche Information definiert, könnten die Erläuterungen im Conceptual Framework als Erkenntnisquelle beitragen.[542]

---

533 Vgl. hierzu auch Teil II Kapitel 3.1.

534 Vgl. für einen aktuellen, eher kritischen Überblick über die US-GAAP (bzw. das, was unter US-GAAP zu verstehen ist bzw. sein sollte) VATER (2006), S. 941 f.

535 Vgl. Teil II Kapitel 3.1 sowie Fn. 64.

536 Wie bereits in Teil II Kapitel 1.1.1 ausgeführt, lässt sich eine allen möglichen Informationsadressaten dienliche Rechnungslegung nicht umsetzen. Aus diesem Grund hat sich in der Normierungspraxis der Standardsetter eine an den Informationsbedürfnissen einzelner, konkret bezeichneter Adressaten orientierte Betrachtung durchgesetzt. Aus diesem Grund konzentriert sich das FASB, ähnlich dem IASB, auf die Informationsbedürfnisse von bestehenden und potentiellen Eigenkapital- und Fremdkapitalgebern sowie deren Beratern. Dabei wird unterstellt, dass eine Ausrichtung an den Informationsbedürfnissen dieser Adressatengruppe auch die Informationsbedürfnisse der anderen Jahresabschlussadressaten befriedigt, vgl. SFAC 1.30. Diese Reduktion auf investitionsorientierte Interessenten wird mit einer grundsätzlichen Interessenhomogenität sämtlicher mit dem Unternehmen in Verbindung stehenden Adressaten begründet, vgl. SFAC 1.37 ff.

537 Vgl. zur Zielsetzung beispielsweise HALLER (2000), S. 7 ff. sowie grundlegend zu den US-GAAP beispielsweise BALLWIESER (2000); MEEK (2000); SCHILDBACH (2002a); WÜSTEMANN (1999).

538 PELLENS/FÜLBIER/GASSEN (2006), S. 56 sowie auch Fn. 544.

539 Vgl. zur Bedeutung der "fair presentation" in den US-GAAP auch BAETGE/ROß (1995), S. 32 ff.

540 Befürwortend beispielsweise RUHNKE (2005), S. 241, dagegen beispielsweise MEEK (2000), S. 173.

541 Conceptual Framework ist der Obergriff für die verschiedenen Statements of Financial Accounting Concepts (kurz SFAC), welche nachfolgend noch erläutert werden.

542 Die erscheint insbesondere vor dem Hintergrund einer bevorstehenden Angleichung beider Rahmenkonzepte relevant, vgl. bereits Fn. 65.

Bedeutsam für die vorliegende Arbeit sind darüber hinaus insbesondere Erkenntnisquellen zur Fair Value-Ermittlung von Investment Properties. Jedoch enthalten die US-GAAP bisher keine spezifische Abbildungsregeln für Investment Properties und sehen auch keine Fair Value-Bewertung von Immobilien vor.[543] Beachtenswert ist allerdings der kürzlich verabschiedete Standard SFAS No. 157 "Fair Value Measurements" (nachfolgend SFAS 157). Da der SFAS 157 jedoch im Dezember 2006 vom IASB als eigenes Diskussionspapier veröffentlicht worden ist,[544] wird dieser als gemeinsame Erkenntnisquelle des FASB und IASB separat im nachfolgenden Kapitel ("FASB/ IASB Due Process Documents") betrachtet.[545]

3.2.2.1.2 Konzeption und Bestandteile

In Anlehnung an KIESO/WEYGANDT/WARFIELD kann das Conceptual Framework überblickartig in Form einer Pyramide dargestellt werden. Die erste Stufe bilden die im Conceptual Framework kodifizierten Ziele der US-amerikanischen Rechnungslegung. Die zweite Stufe umfasst die Anforderungen an die qualitativen Eigenschaften einer entscheidungsnützlichen Rechnungslegungsinformation sowie die in ansatzfähigen Jahresabschlussposten (Vermögensgegenstände, Schulden usw.). Die dritte Stufe, und damit die "Spitze der Pyramide", bilden die in bestehenden Standards etablierten und angewandten Bilanzansatz- und Bewertungsprinzipien.[546]

Die zweite Stufe, welche die qualitativen Eigenschaften von Rechnungslegungsinformationen beschreibt und die Bestandteile des "financial statement" definiert, bildet nach Auffassung von KIESO/WEYGANDT/ WARFIELD damit eine Brücke zwischen der ersten Stufe, welche die Ziele festlegt ("the why of accounting") und der dritten Stufe, welche die Ansatz- und Bewertungsprinzipien festlegt ("the how of accounting").[547]

Die Zielsetzungen, Basisgrundsätze und –definitionen des Jahresabschlusses sowie die qualitativen Anforderungen an die Jahresabschlussinformationen sind in den zwischen 1978 und

---

543 Es sei darauf hingewiesen, dass das FASB im Rahmen des "short-term convergence project" eine Übernahme des "IAS 40 Investment Properties" prüfen will, vgl. hierzu FASAC (2005), S. 20 sowie FASB (2006).

544 Vgl. IASB (2000b) und IASB (2000c). Die Veröffentlichung des SFAS No. 157 "Fair Value Measurements" als eigenständiges Diskussionspapier durch das IASB könnte als weitere Bestätigung der Bedeutung der US-GAAP für die IFRS aufgefasst werden.

545 Vgl. Teil II Kapitel 3.2.2.2.1.

546 Vgl. KIESO/WEYGANDT/WARFIELD (2004), S. 29 f. Im Rahmen des "Conceptual Framework Project" (vgl. auch Teil II Kapitel 3.2.2.2.2) erwägt das FASB eine Aufwertung der SFACs innerhalb der "GAAP-Hierarchy", vgl. HITZ (2006), S. 365, Fn. 33 sowie zu aktuellen Entwicklungen bezüglich des "House of US-GAAP" VATER (2006), insb. S. 946 f.

547 KIESO/WEYGANDT/WARFIELD (2004), S. 31.

2000 veröffentlichten Statements of Financial Accounting Concepts (SFAC), zusammen als Conceptual Framework bezeichnet, festgehalten und in einen strukturellen Zusammenhang gestellt. Es existieren derzeit folgende SFAC:

- SFAC No. 1: Objectives of Financial Reporting by Business Enterprises,
- SFAC No. 2: Qualitative Characteristics of Accounting Information,
- SFAC No. 4: Objectives of Financial Reporting by Nonbusiness Organizations,
- SFAC No. 5: Recognition and Measurement in Financial Statements of Business Enterprises,
- SFAC No. 6: Elements of Financial Statements,
- SFAC No. 7: Using Cash Flow Information and Present Value in Accounting Measurements.

3.2.2.1.3 Qualitative Anforderungen

Damit eine Rechnungslegungsinformation entscheidungsnützlich für den Abschlussadressaten ist, muss sie nach Auffassung des FASB neben der Verständlichkeit[548] insbesondere relevant[549] und zuverlässig[550] sein.[551] Zwischen beiden Anforderungen besteht unter Umständen ein Trade-Off.[552] Darüber hinaus bestehen ergänzende (sekundäre) Kriterien zur Relevanz und Zuverlässigkeit, welche in SFAC No. 2 in Form einer Hierarchie festgelegt wurden.[553]

Rechnungslegungsinformationen besitzen Relevanz, wenn sie geeignet sind, die Entscheidung eines Rechnungslegungsadressaten zu beeinflussen. Führt die Rechnungslegungsinformation zu einer Verbesserung der Fähigkeit eines Adressaten, zukünftige Ergebnisse von Entscheidungen besser einschätzen zu können, so besitzt die Information einen Vorhersagewert.

---

[548] Die Forderung nach Verständlichkeit ist von den qualitativen Anforderungen der Relevanz und Zuverlässigkeit zu trennen, da es sich um eine adressatenspezifische Eigenschaft handelt. So kann eine Rechnungslegungsinformation, obwohl sie relevant und zuverlässig ist, einem Adressaten nicht entscheidungsnützlich sein, wenn dieser die Rechnungslegungsinformation nicht versteht. Verständlichkeit hängt somit von den jeweiligen Fähigkeiten und Kenntnissen des Adressaten ab, ist also keine Charakteristik der Rechnungslegungsinformation selbst und kann auch nur im Kontext eines bestimmten Adressaten oder einer bestimmten Adressatengruppe beurteilt werden, vgl. SFAC 2.40 f. Das Kriterium Verständlichkeit wird somit nachfolgend nicht weiter betrachtet.

[549] Eine Rechnungslegungsinformation ist nach Ansicht des FASB relevant, wenn sie "be capable of making a difference in a decision by helping users to form predictions about the outcomes of past, present, or futures events or to confirm or correct expectations.", vgl. SFAC 2.47.

[550] Zuverlässigkeit beschreibt die Qualität einer Information, d.h. die Information "is reasonably free from error and bias and faithfully represents what it purports to represent.", vgl. SFAC 2, Summary of Terms "Reliability".

[551] Vgl. SFAC 1.42.

[552] Vgl. SFAC 2.42.

[553] Vgl. SFAC 2.33 (Abbildung: "A Hierarchy of Accounting Qualities").

Ermöglicht die Rechnungslegungsinformation dagegen, frühere Erwartungen des Adressaten zu bestätigen oder zu revidieren, so besitzt die Information einen Bestätigungswert.[554] Zusätzlich sieht das FASB noch die Anforderung der Aktualität der Informationen als notwendig an. Die Rechnungslegungsinformationen müssen dem Adressaten gewährt werden, bevor sie ihre entscheidungsbeeinflussende Wirkung verlieren. Somit verlieren nicht rechtzeitig bereitgestellte Informationen ihre Entscheidungsnützlichkeit.[555]

Zuverlässigkeit von Rechnungslegungsinformationen bedeutet, dass die Information frei von systematischen Fehlern ist. Das FASB unterteilt die Anforderung an die Zuverlässigkeit ähnlich der Relevanz in drei Untermerkmale: Nachprüfbarkeit, Abbildungstreue und Neutralität. Die Nachprüfbarkeit, welche in der IFRS-Rechnungslegung als Objektivität bezeichnet wird, fordert die intersubjektive Nachprüfbarkeit der Informationsgewinnung und –gewährung, um die Gefahr der subjektiven Beeinflussung durch die Rechnungslegenden zu minimieren. Die Abbildungstreue meint eine möglichst den tatsächlichen Verhältnissen entsprechende Abbildung. Neutralität bezeichnet die Anforderung, dass sich die Informationsgewährung bzw. das verwandte Rechnungslegungsverfahren ausschließlich am zugrunde liegenden Sachverhalt und nicht an den zu erwartenden wirtschaftlichen Konsequenzen zu orientieren hat.[556]

Ein weiteres Kriterium ist die Vergleichbarkeit der Rechnungslegungsinformation, welche jedoch im Gegensatz zu den IFRS nur als so genannte sekundäre Anforderung im Conceptual Framework definiert ist.[557] Vergleichbarkeit umfasst dabei sowohl die zwischenbetriebliche Vergleichbarkeit als auch die intertemporale Vergleichbarkeit im Sinne von Stetigkeit der Methoden der Informationsermittlung- und -darstellung.[558]

Da die gesamte Informationsgewährung in den US-GAAP sich an der Entscheidungsnützlichkeit der Rechnungslegungsinformation orientiert, stellt die Anforderung der Wesentlichkeit (sog. "materiality") ein wichtiges ergänzendes Entscheidungskriterium für die Aufnahme einer Information in den Jahresabschluss dar. Eine Rechnungslegungsinformation ist nur dann wesentlich, wenn es wahrscheinlich ist, dass der Informationsadressat durch sie beeinflusst wird. Dabei bezieht sich die Beurteilung sowohl auf den qualitativen Gehalt als auch auf das quantitative Ausmaß eines Sachverhaltes.

---

[554] Vgl. SFAC 2.51.
[555] Vgl. SFAC 2.56 f.
[556] Vgl. SFAC 2.98 ff. sowie MEEK (2000), S. 175.
[557] Vgl. SFAC 2.111 ff.
[558] Vgl. SFAC 2.120 ff.

Im Conceptual Framework fehlen hierzu objektive Beurteilungsmaßstäbe. Jedoch enthalten die einzelnen Standards im Gegensatz zu den IFRS Hinweise auf quantitative Grenzwerte[559] zur Objektivierung der Wesentlichkeitsbeurteilung. Trotz dessen sich das Kriterium der Wesentlichkeit wie das der Relevanz auf die Eigenschaft von Informationen bezieht, Entscheidungen zu beeinflussen, handelt es sich um zwei getrennte Charakteristika.[560]

Abschließend ist noch das Kriterium der Nutzen/Kosten-Abwägung zu erwähnen, da eine Informationsgewährung ökonomisch nur sinnvoll ist, wenn der Nutzen die anfallenden Kosten übersteigt, d.h. der Informationswert[561] positiv ist. Hierbei ergibt sich jedoch ein bekanntes, auch vom FASB nicht näher erläutertes Problem der Messung von Nutzen und Kosten sowohl auf Ebene des Unternehmens als auch auf Ebene der Gesamtwirtschaft sowie deren Verteilung auf die Beteiligten.[562]

Das Vorsichtsprinzip wird in der US-amerikanischen Rechnungslegung nicht als eigenständige Forderung an die Informationsgewährung betrachtet, jedoch wird in SFAC No. 2 ausdrücklich die Berücksichtigung von den wirtschaftlichen Aktivitäten innewohnenden Unsicherheiten und Risiken gefordert.[563]

Zusammenfassend lässt sich festhalten, dass die Ausführungen im Conceptual Framework, insbesondere im SFAC No. 2, zu den qualitativen Anforderungen der Relevanz und Zuverlässigkeit zwar wesentlich ausführlicher als die Ausführungen im IASB Framework sind, im Ergebnis jedoch kaum mehr zur Operationalisierung beitragen.[564]

Zwar existiert mit SFAC No. 7 ein Statement, welches sich ausschließlich mit den Grundsätzen der Barwertermittlung zu Zwecken der Bilanzierung beschäftigt;[565] jedoch enthält auch SFAC No. 7 keine auf einen konkreten Sachverhalt übertragbare Vorgabe zur Fair Value-Ermittlung.[566] Das im September 2006 veröffentlichte Statement SFAS 157 verfolgt daher das Ziel, klarstellende Ausführungen zur Fair Value-Ermittlung bereitzustellen, welche verbind-

---

559 Vgl. hierzu LÜDENBACH/ HOFFMANN (2003a), S. 388.

560 Vgl. MEEK (2000), S. 176.

561 Vgl. zum Informationswert Fn. 76.

562 Vgl. hierzu grundsätzlich ohne Bezug auf die US-GAAP BALLWIESER (1982), S. 777 f.

563 Die IFRS dagegen enthalten wie die deutschen Normen ein Vorsichtsprinzip, vgl. IASB Framework.37. Vgl. zur inhaltlichen Ausgestaltung und Stellung innerhalb des Rahmenkonzeptes RUHNKE (2005), S. 210 f. (deutsche Normen) sowie EBENDA, S. 229 f. (IFRS) m.w.N.

564 So bereits MILLER (1985), S. 71 "the definitions aren't sufficiently precise to preclude debates about their meanings and applications."

565 Vgl. ausführlich zum SFAC No. 7 BALLHAUS/FUTTERLIEB (2003); HITZ/KUHNER (2000); STARBATTY (2001).

566 Vgl. SFAS 157.C4.

lich in allen Fragen der Fair Value-Ermittlung innerhalb der US-GAAP anzuwenden sind.[567] Zu diesem Zweck berücksichtigt SFAS 157 die Ausführungen des SFAC No. 7 und konkretisiert sie zum Teil.[568] Jedoch soll SFAS 157 den SFAC No. 7 vorerst nicht ersetzen, das FASB behält sich jedoch Änderungen desselben vor.[569] Der SFAS 157 wird, da er Bestandteil des vom IASB veröffentlichten Diskussionspapiers: Fair Value Measurements ist, im nachfolgenden Kapitel dargestellt.

3.2.2.2 FASB/IASB Due Process Documents

3.2.2.2.1 Diskussionspapier: Fair Value Measurements

Das IASB hat ebenso wie das FASB die Notwendigkeit der Entwicklung von Grundsätzen zur Fair Value-Ermittlung innerhalb der IFRS erkannt. Darüber hinaus besteht die Absicht eine Konvergenz mit den US-GAAP zu erreichen.[570] Daher hat sich das IASB entschieden, den US-GAAP Standard SFAS 157 als Ausgangspunkt für die Entwicklung eigener Grundsätze zur Fair Value-Ermittlung innerhalb der IFRS heranzuziehen. In einem ersten Projektschritt hat das IASB seine vorläufigen Ansichten zu den im SFAS 157 dargelegten Grundsätzen zur Fair Value-Ermittlung in Gestalt des Diskussionspapiers "Fair Value Measurements" (nachfolgend auch "DP Fair Value Measurements" genannt) veröffentlicht.[571] Die Veröffentlichung eines Exposure Draft zum Fair Value Measurement als nächsten Projektschritt ist für das Frühjahr 2008 geplant.[572]

Das DP Fair Value Measurements gibt im sog. "Part 2" den SFAS 157 unverändert (mit Ausnahme der Anhänge D und E, die sich lediglich mit Verweisen auf US-GAAP-Normen befassen und daher in einem IFRS-Kontext irrelevant sind) wieder.[573] Dieser Part 2 wird ergänzt durch eine Aufforderung zur Stellungnahme ("Invitation to Comment") (sog. "Part 1").[574] Entsprechend der zitierweise in der Invitation to Comment wird nachfolgend nicht der

---

567 Vgl. für eine Darstellung und Würdigung von SFAS 157 aus dem Blickwinkel der US-GAAP HITZ (2006).

568 Vgl. SFAS 157.B1, insb. Fn. 22.

569 Vgl. SFAS 157.C61.

570 Grundlage hierfür ist das sog. "Memorandum of Understanding", in welchem das FASB und das IASB im Februar 2006 nochmals ihre Konvergenzbestrebungen bestätigt haben, vgl. IASB (2006b), Tz. 1.

571 Vgl. IASB (2006b), Tz. 2 sowie zu den erwarteten Änderungen durch die Übernahme dieses Standards in die IFRS stellvertretend LÜDENBACH/ FREIBERG (2006).

572 Vgl. IASB (2006b), Tz. 4.

573 Vgl. IASB (2006c).

574 Vgl. IASB (2006b). Ergänzend gibt der Part 1 des DP Fair Value Measurements im Anhang die derzeitigen Regelungen zum Fair Value Measurement in den einzelnen IFRS und somit auch das Fair Value Model in IAS 40 (vgl. IAS 40.36 ff.) wieder.

Wiederabdruck des SFAS 157 im Part 2 des Diskussionspapiers, sondern der SFAS 157 direkt zitiert.

Wesentliches Ziel des SFAS 157 ist die Schaffung einer konsistenten Bewertungshierarchie durch Vorgabe einer Reihenfolge verschiedener Wertfindungsmethoden dergestalt, dass im Ergebnis immer ein möglichst zuverlässiger Fair Value ermittelt wird.[575] Darüber hinaus sieht SFAS 157 ergänzende Anhangangaben zur Fair Value-Ermittlung vor.[576] Eine Erweiterung des Anwendungsbereiches des Bewertungsmaßstabs Fair Value ist dagegen nicht Ziel des SFAS 157.[577]

Grundsätzlich ist das am besten geeignetste Wertermittlungsverfahren oder falls notwendig eine gewichtete Kombination verschiedener Verfahren zu verwenden.[578] Die Wahl des Wertermittlungsverfahrens soll sich nach der Marktbasierung der Inputfaktoren (Daten *und* Annahmen im Sinne des Prognosemodells) richten, da die Marktbasierung als Kriterium für die Zuverlässigkeit betrachtet wird.[579] Hierzu erfolgt eine Differenzierung in drei "Levels".[580] Inputdaten des "Levels 1" liegen vor, wenn am Bewertungsstichtag direkt beobachtbare Preise für ein identisches Investment Property vorliegen würden.[581] Aus den bereits dargestellten Gründen[582] scheidet dies für Investment Properties regelmäßig aus.

Bedeutsamer für das hier diskutierte Problem (Ermittlung des Fair Value von Investment Properties mit Hilfe eines DCF-Verfahrens) sind die Ausführungen zu den Inputs des "Levels 2". Innerhalb des Levels 2 lassen sich vier Abstufungen in Abhängigkeit von der

---

575 Vgl. SFAS 157.1 und .22 ff. sowie beispielsweise LÜDENBACH/FREIBERG (2006), S. 439. Auch das IASB (2006b), Tz. 46 f. erachtet eine einheitliche (ähnlich der in SFAS 157 normierten) Bewertungshierarchie zur Fair Value-Ermittlung innerhalb der IFRS als zielführend, da unterschiedliche Hierarchien in den einzelnen Standards zu erhöhter Komplexität und geringerer Vergleichbarkeit führen.

576 Vgl. SFAS 157.1 sowie zu den geforderten Anhangangaben SFAS 157.32 ff.

577 Dies soll ebenfalls nicht Ziel des gleichnamigen Diskussionspapiers des IASB sein, vgl. IASB (2006b), Tz. 7.

578 Vgl. SFAS 157.19. Als mögliche Verfahren benennt das DP Fair Value Measurements den "market approach", den "income approach" sowie den "cost approach", vgl. SFAS 157.18. Konkrete Angaben zur Methodik, beispielsweise zur Detailplanungsperiode oder Bestimmung des Diskontierungszinssatzes, fehlen, vgl. HITZ (2006), S. 367.

579 So werden öffentlich verfügbare Preise auf aktiven Märkten (z.B. Börsenkurse) als am zuverlässigsten erachtet, vgl. SFAS 157.24 und LÜDENBACH/FREIBERG (2006), S. 440.

580 SFAS 157.22.

581 Vgl. SFAS 157.24 ff. Level 1 entspricht damit im Wesentlichen der ersten Stufe der Bewertungshierarchie des IAS 40, vgl. IAS 40.45.

582 Vgl. Teil II Kapitel 1.2.2.1.

jeweiligen Marktbasierung unterscheiden, deren Verlässlichkeit von Stufe a) zu d) tendenziell abnimmt:[583]

a) Beobachtbare Preise auf aktiven Märkten für ähnliche, aber nicht identische Vermögenswerte (hier Investment Properties) ("Level 2a-Inputs"),
b) Preise identischer oder ähnlicher Vermögenswerte auf nicht aktiven Märkten ("Level 2b-Inputs"),
c) Parameter in Gestalt beobachtbarer Marktinformationen,[584] die keine Preise darstellen, jedoch im Rahmen eines Bewertungsverfahrens für die Preisbildung bedeutsam werden (z.B. Zinssätze, Zinsstrukturkurven, Volatilitäten, Kreditrisiken und -ausfallwahrscheinlichkeiten) ("Level 2c-Inputs"),
d) Parameter in Gestalt von Preisen oder anderen Parametern, welche am Markt ableitbar, aber nicht direkt beobachtbar sind (z.B. durch Inter- oder Extrapolation) ("Level 2d-Inputs").

Eine noch geringere Verlässlichkeit als dem Level 2d spricht SFAS 157 nicht marktbasierten Inputs zu.[585] Im Hinblick auf die Prognose von Fair Values mit Hilfe eines DCF-Verfahrens kann daher bei Abwesenheit von marktbasierten Parametern nur ein Fair Value des "Levels 3" (im Sinne der obigen Hierarchie), und daher ein Fair Value mit geringster Verlässlichkeit, ermittelt werden. Im Hinblick auf die Zuverlässigkeit wäre demnach einer anderweitigen Ermittlung des Fair Value in jedem Fall der Vorzug zu geben. Da als wesentliches, ergänzendes Element eine Darstellung der gewählten Inputfaktoren im Anhang (unter Angabe des jeweiligen Levels im Sinne eines Objektivierungsgrades[586]) gefordert wird,[587] würde der

---

583 Vgl. SFAS 157.28. Zur Vorziehenswürdigkeit einzelner Stufen vgl. auch LÜDENBACH/ FREIBERG (2006), S. 441.

584 Das FASB verwendet sowohl den Begriff "Input" als auch "Assumption", dabei erscheint allerdings nur die Bedeutung des Begriffs "Input" klar. Dieser wird als Parameter, der in das Verfahren eingeht, verwendet, vgl. beispielsweise SFAS 157.28. Daneben findet der Begriff "Assumption" Verwendung. Hierbei könnte es sich um Annahmen wie in dieser Arbeit definiert handeln; dies lässt sich jedoch nicht mit letzter Sicherheit sagen, da der Begriff "Assumption" im SFAS 157 nicht hinreichend definiert wird, vgl. SFAS 157.21. Der Begriff "Assumption" ist jedoch im internationalen Kontext nicht unbekannt. Beispielsweise findet er in ISA 545 Anwendung, vgl. hierzu im Rechnungslegungs- und Prüfungskontext RUHNKE/SCHMIDT (2003), S. 1044 ff.

585 LÜDENBACH/FREIBERG (2006), S. 441, sprechen unzutreffend von "unternehmensspezifischen [...] Inputfaktoren". Keinesfalls sollen jedoch unternehmensspezifische Daten (und Annahmen) Eingang in die Fair Value-Bewertung finden, sondern vielmehr die unternehmensseitige Einschätzung über die Erwartungen der Marktteilnehmer. So auch SFAS 157.30: "Therefore, unobservable inputs shall reflect the reporting entity´s own assumptions about the assumptions that market participants would use in pricing the asset or liablility (including assumptions about risk)."

586 So bezeichnet von LÜDENBACH/FREIBERG (2006), S. 441.

587 Vgl. SFAS 157.32 b.

Abschlussadressat (erstmals) eine direkte Information über den Grad der Zuverlässigkeit der präsentierten Rechnungslegungsinformation erhalten.[588]

Da bei Investment Properties jedoch regelmäßig keine Marktpreise vergleichbarer Objekte vorliegen, ist der Fair Value vorrangig mit Hilfe von Bewertungsverfahren zu ermitteln. Der vom FASB mit der Veröffentlichung des SFAS 157 gewünschte Objektivierungsbeitrag versagt dann, wenn die Bewertung nicht ausschließlich auf am Markt beobachtbaren Parametern beruht, bzw. diese am Markt beobachtbaren Parameter erhebliche Anpassungen erfordern.[589] Darüber hinaus ist die Übereinstimmung der im SFAS 157 enthaltenen Fair Value-Definition mit den IFRS fraglich, da SFAS 157 den Fair Value ausschließlich im Sinne eines "Exit-Preises"[590] definiert.[591] Einen Beitrag zur konkreten Lösung des vorliegenden Bilanzierungsproblems (Fair Value-Ermittlung von Investment Properties) vermag daher SFAS 157 und somit auch das vorliegende DP Fair Value Measurements nicht zu leisten.[592]

3.2.2.2.2 Diskussionspapier: Preliminary Views on an improved Conceptual Framework for Financial Reporting

IASB und FASB beabsichtigen im Rahmen eines gemeinsamen Projektes eine Überarbeitung ihrer Rahmenkonzepte.[593] Ziel dieses Projektes ist die Entwicklung eines gemeinsamen Rahmenkonzeptes, welches als Deduktionsbasis für zukünftige Standards dienen und damit

---

[588] Jedoch bestehen derzeit keine Überlegungen hinsichtlich einer standardisierten Darstellung. Dies ist nach Auffassung von LÜDENBACH/FREIBERG (2006), S. 445 auch Ausdruck der prinzipienorientierten Rechnungslegung (vgl. auch Fn. 112). Sie schlagen daher eine eher regelorientiert geprägte Statuierung von Mindestangabepflichten vor. Darüber hinaus erscheint der Nutzen dieser Anhangangaben im Hinblick auf einen möglichen Information Overload zumindest bedenklich, vgl. hierzu auch Fn. 219.

[589] Vgl. auch EBENDA, S. 445.

[590] Vgl. zur Ausgestaltung des Fair Value als "Exit-Preis" oder "Entry-Preis" auch IASB (2005a), Tz. 89 sowie SCHMIDT (2006a), S. 68 f.

[591] Vgl. SFAS 157.5. Daher enthält das vom IASB veröffentliche DP Fair Value Measurements eine Aufforderung zur Stellungnahme hinsichtlich der Konsistenz der im SFAS 157 enthaltenen Definition des Fair Value als "Exit-Preis" mit der Verwendung des Bewertungsmaßstabs Fair Value in den IFRS, vgl. IASB (2006b), Tz. 10 ff. Darüber stellt die Fair Value-Definition in SFAS 157 auf "market participants" (vgl. SFAS 157.5) anstelle von "knowledgable, willing parties in an arm's length transaction" (vgl. IAS 40.5) ab, sodass auch hier eine Konsistenz der verwandten Fair Value-Definitionen fraglich ist, vgl. IASB (2006b), Tz. 18 ff.

[592] Jedoch ist anzumerken, dass die US-GAAP (zumindest derzeit) keine Abbildung von Investment Properties zum Fair Value vorsehen, sodass dieses als ursächlich für den geringen Nutzen des SFAS 157 für das hier betrachtete Bilanzierungsproblem gesehen werden könnte.
Auf die prinzipielle Eignung der Vorgabe umfassender (ggf. auf Framework-Ebene normierter) Grundsätze zur Fair Value-Ermittlung wird unter erneuter Bezugnahme auf das DP Fair Value Measurements in Teil III Kapitel 4.2.3.3 eingegangen.

[593] Vgl. für eine Übersicht des aktuellen Projektstatus in deutsch http://www.standardsetter.de/drsc/projects_drsc/index.php sowie für detaillierte Informationen http://www.fasb.org/project/conceptual_framework.shtml.

die Konvergenzbestrebungen beider Standardsetter langfristig unterstützen soll.[594] Das im Juli 2006 zeitgleich vom IASB und FASB veröffentlichte Diskussionspapier "Preliminary Views on an improved Conceptual Framework for Financial Reporting: The Objective of Financial Reporting and Qualitative Characteristics of Decision useful Financial Reporting Information" ist das erste Ergebnis dieses gemeinsamen Projektes (sog. Phase A) (nachfolgend als DP Conceptual Framework bezeichnet).[595]

Primäre Zielsetzung der Finanzberichterstattung ist zukünftig die Bereitstellung entscheidungsnützlicher Informationen für gegenwärtige und potentielle Eigen- und Fremdkapitalgeber.[596] Die Rechenschaftsfunktion als weitere Zielsetzung soll als eigenständige Zielsetzung innerhalb der IFRS entfallen,[597] da die Mehrheit des IASB der Auffassung ist, dass die Vermittlung entscheidungsnützlicher Informationen die Rechenschaftsfunktion mit einschließt.[598] Diese Herabstufung der Rechenschaftsfunktion wird auch als Signal einer weiteren Lockerung der "Objektivierungsanforderungen" interpretiert,[599] was bereits zu heftiger Kritik am Diskussionspapier geführt hat.[600]

Im Kontext der vorliegenden Arbeit ist die Neuordnung der qualitativen Anforderungen von besonderer Bedeutung. Insbesondere wird das neben der Relevanz[601] genannte primäre Kriterium der Zuverlässigkeit durch das Kriterium der "glaubwürdigen Darstellung" ersetzt.[602] Das Kriterium der glaubwürdigen Darstellung dient im gegenwärtigen IASB Framework der Konkretisierung des Kriteriums der Zuverlässigkeit.[603] Begründet wird diese Begriffsänderung mit der unterschiedlichen, nicht deckungsgleichen Vorbelegung des Begriffs Zuverlässigkeit.[604] Da mit dem Begriff glaubwürdige Darstellung nach Auffassung des FASB

---

594 IASB (2006), P3 ff.

595 Das "Conceptual Framework Project" besteht aus insgesamt acht Phasen (A bis H), wobei Phasen A bis G öffentlich zur Diskussion gestellte Preliminary Views enthalten und erst in Phase acht ein umfassender Exposure Draft veröffentlicht werden soll. Dieser soll nach Abschluss des Projektes im Jahres 2010 direkt in ein neues Rahmenkonzept münden, vgl. ausführlich KAMPMANN/SCHWEDLER (2006), S. 521 f.

596 Vgl. IASB (2006), OB2 sowie OB6-9. Aus Sicht des IASB umfasst die Adressatengruppe nunmehr explizit auch die Fremdkapitalgeber, vgl. zur gegenwärtigen Zielsetzung IASB Framework.12 sowie IAS 1.7.

597 Vgl. IASB (2006), OB27 ff.

598 Vgl. IASB (2006), OB18 ff. sowie zur Rechenschaftsfunktion Teil II Kapitel 1.1.2.

599 Vgl. KAMPMANN/SCHWEDLER (2006), S. 525.

600 Vgl. stellvertretend die Stellungnahmen des britischen Standardsetter ASB (2006) sowie des DRSC (2006) zum Diskussionspapier.

601 Hinsichtlich der Anforderung der Relevanz erfolgte keine wesentliche Änderung ggü. dem bestehenden IASB Framework, sodass an dieser Stelle auf die Relevanz nicht weiter eingegangen wird, vgl. IASB (2006), QC8 ff. Auch die Kriterien der Vergleichbarkeit und Vollständigkeit wurden inhaltlich im Wesentlichen übernommen, vgl. IASB (2006), QC35 ff. sowie QC39 ff.

602 Vgl. IASB (2006), QC7 sowie QC16 ff.

603 Vgl. Teil II Kapitel 3.2.1.3.2.4.

604 Vgl. IASB (2006), BC2.28 f.

und des IASB dasselbe beschrieben würde wie mit dem Begriff Zuverlässigkeit, dieser jedoch bisher weniger kontrovers diskutiert worden sei, soll er anstelle des Begriffes Zuverlässigkeit in das neue Rahmenkonzept übernommen werden.[605] Zur Konkretisierung der glaubwürdigen Darstellung dienen nunmehr die Nachprüfbarkeit, Neutralität und Vollständigkeit.[606]

Im Hinblick auf das Spannungsverhältnis zwischen Relevanz und Zuverlässigkeit (bzw. der glaubwürdigen Darstellung) wird klargestellt, dass nur beim gleichzeitigen Vorliegen eines Mindestmaßes beider Eigenschaften eine entscheidungsnützliche Rechnungslegungsinformation gegeben ist.[607] Jedoch soll anschließend zunächst in der Art eines Entscheidungsbaumes (bzw. einer logischen Abfolge) die Anforderung der Relevanz berücksichtigt werden, und erst an zweiter Stelle die Anforderung der Zuverlässigkeit (bzw. der glaubwürdigen Darstellung).[608] Die Prüfung auf Relevanz und Zuverlässigkeit wird damit in zwei Stufen vollzogen.

Auf den ersten Blick scheinen das FASB und das IASB den Konflikt zwischen Relevanz und Zuverlässigkeit hierdurch zu lösen. Dies ermöglicht jedoch nur eine nunmehr getrennte Behandlung von Relevanz und Zuverlässigkeit dergestalt, dass die Prüfung auf Relevanz auf Ebene des realen Sachverhaltes stattfindet[609] und die Prüfung auf Zuverlässigkeit (sowie den weiteren Anforderungen) erst auf der nächsten Ebene (Abbildungsebene). Relevanz wird somit nicht als Eigenschaft der Rechnungslegungsinformation, sondern vielmehr als "Filter" verwandt. Im Framework kommt die Relevanz allerdings auf zwei Ebenen vor. Zum einen zur Wahl der Abbildungsentscheidung eines Sachverhalts im Abschluss und zum anderen als gleichrangige Eigenschaft (neben der Zuverlässigkeit) einer einen Sachverhalt abbildenden Rechnungslegungsinformation (über dessen Abbildung schon entschieden ist).[610]

Das im Diskussionspapier beschriebene Vorgehen ist daher im Hinblick auf das in dieser Arbeit behandelte Bilanzierungsproblem (Abbildung von Investment Properties zum Fair

---

605 Vgl. IASB (2006), BC2.26 ff. Vgl. kritisch hierzu beispielsweise IDW (2006), S. 1476.

606 Vgl. IASB (2006), QC16. "Vorsicht" wird dagegen konfligierend, da verzerrend wirkend, zur Anforderung der Neutralität gesehen und daher zukünftig gestrichen, vgl. IASB (2006), QC28 sowie BC2.19 ff.

607 Vgl. IASB (2006), QC42 ff., insb. QC45.

608 So entscheidet in einem ersten Schritt die Relevanz über die Auswahl des abzubildenden Sachverhaltes. In einem zweiten Schritt stellt die Anforderung der glaubwürdigen Darstellung sicher, dass der nunmehr bereits als relevant qualifizierte Sachverhalt auch bestmöglich (im Sinne von möglichst zuverlässig) abgebildet wird, vgl. auch KAMPMANN/SCHWEDLER (2006), S. 529.

609 Vgl. IASB (2006), QC43.

610 Das Diskussionspapier zum Conceptual Framework enthält daher auch nur scheinbar eine Lösung des Konfliktes zwischen der Anforderung der Relevanz und Zuverlässigkeit. Tatsächlich liegen dieser vermeintlichen Klärung jedoch nur Unschärfen der Begriffsverwendung zu Grunde, vgl. KAMPMANN/SCHWEDLER (2006), S. 530. Vgl. ebenfalls kritisch hierzu IDW (2006), S. 1477.

Value) nicht hilfreich,[611] da es nur die Frage der Abbildung, nicht jedoch die Frage nach dem Beitrag der Relevanz (und Zuverlässigkeit) zur Entscheidungsnützlichkeit einer Rechnungslegungsinformation, löst.[612]

3.3 Immobilienspezifische Erkenntnisquellen

3.3.1 In Frage kommende Verlautbarungen

In Deutschland wird die Immobilienbewertung durch die WertV und die ergänzenden Wertermittlungsrichtlinien (WertR) geregelt. Diese Regelungen enthalten jedoch keinerlei Ausführungen zur Anwendungen des DCF-Verfahrens. Hierzu wurde vom Bundesverband der öffentlich bestellten und vereidigten sowie qualifizierten Sachverständigen e.V. (BVS) im August 2000 das German Valuation Standards Committee (GVSC) gegründet. Der GVSC sollte ursprünglich in Analogie zum Deutschen Rechnungslegungs Standards Committee e.V. (DRSC) die Fortentwicklung von Immobilienbewertungsstandards auf internationaler und vor allem europäischer Ebene fördern.[613] Jedoch ist das GVSC bereits nicht mehr existent. Es hatte auch keine Standardentwürfe oder gar Standards verabschiedet.

Diese Aufgabe nimmt auf internationaler Ebene das International Valuation Standards Committee (IVSC) und auf europäischer Ebene die (The) European Group of Valuers Associations (TEGoVA) wahr. Die deutsche Immobilienbewertungsbranche ist derzeit durch den Verband Deutscher Pfandbriefbanken e.V. (VDP) und den Bundesverband der Immobilien-Investment-Sachverständigen e.V. (BIIS) im IVSC vertreten.[614] Der VDP ist zugleich Mitglied in der TEGEoVA. Der BVS, welcher im Jahr 2000 einen Vertreter in das IVSC entsandte und eine Mitgliedschaft im selben anstrebte,[615] nimmt seinen Einfluss auf die Entwicklung von internationalen Bewertungsstandards zur Zeit nur über die TEGoVA, deren Mitglied er ist, wahr. Darüber hinaus ist Deutschland in der TEGEoVA durch den Bundesverband öffentlicher Banken Deutschlands e.V. (VÖB), die Gesellschaft für Geodäsie, Geoinformation und Landmanagement e.V. (DVW), den Bund der öffentlich bestellten

---

611 Anders verhält es sich, sofern man davon ausgehen müsste, dass es sich vorwiegend an die Standardsetter (FASB und IASB) als Deduktionsbasis zukünftiger Standards richtet, vgl. zur Problematik des Status des Framework Teil III Kapitel 4.2.3.1. Eine erneute Bezugnahme auf das DP Conceptual Framework erfolgt darüber hinaus in Teil III Kapitel 4.2.3.2.

612 Vgl. IASB (2006), QC8 sowie Fn. 607.

613 Vgl. IVSC (2000), S. 8.

614 Vgl. zu den derzeitigen Mitgliedern des IVSC http//www.ivsc.org/members.html.

615 Vgl. IVSC (2000), S. 8.

Vermessungsingenieure e.V. (BDVI) sowie den Immobilienverband Deutschland IVD Bundesverband e.V. (IVD)[616] vertreten.[617]

Neben den Verlautbarungen des IVSC und der TEGoVA existiert das "Appraisal and Valuation Manual" der Royal Institution of Chartered Surveyors (RICS), das sog. "Red Book", welches jedoch nur für deren Mitglieder verbindlich ist und deshalb im Nachfolgenden als Erkenntnisquelle nicht weiter beachtet wird. Da das RICS Gründungsmitglied des IVSC ist, nimmt es maßgeblich Einfluss auf die Entwicklung der Verlautbarungen des IVSC. Es ist demnach nahe liegend, dass wesentliche Elemente der britischen Bewertungsmethodik auch Eingang in die Verlautbarungen des IVSC gefunden haben.

Auch das amerikanische Appraisal Institute gibt Verlautbarungen zur Immobilienbewertung in Gestalt des Standardwerkes "The Appraisal of Real Estate" heraus, welches mittlerweile in der zwölften Auflage erschienen ist.[618] Auch die Verlautbarungen des Appraisal Institute sind nur für die Mitglieder desselben verbindlich und werden daher im Nachfolgenden nicht beachtet. Darüber hinaus ist das Appraisal Institute ebenfalls Mitglied des IVSC.

Die TEGoVA hat den Kreis ihrer Mitglieder mittlerweile stark erweitert und hat das Ziel, europäische Bewertungsstandards zu entwickeln und diese in die europäische Bewertungspraxis auch einfließen zu lassen. Das IVSC hat sich in den letzten Jahren, insbesondere auch durch die Zusammenarbeit mit dem IASB bei der Verabschiedung des IAS 40,[619] als globaler Standardsetter für internationale Immobilienbewertungsstandards etabliert.[620] Daher werden die Verlautbarungen des IVSC und der TEGoVA in Hinblick auf einen möglichen Beitrag zur Fair Value-Ermittlung mit Hilfe des DCF-Verfahrens näher untersucht.

---

616 Der IVD reklamiert für sich einen Vertretungsanspruch für breite Teile der Immobilienwirtschaft. Dies entspricht jedoch nicht der tatsächlichen Mitgliederstruktur, die überwiegend aus Maklern und Hausverwaltern besteht. Auch die Immobiliensachverständigen nehmen innerhalb des Mitgliederkreises eine eher untergeordnete Stellung ein, vgl. O.V. (2005).

617 Vgl. zu den Mitgliedern der TEGoVA http://www.tegova.org/en/426501a44c1c9.

618 Vgl. hierzu auch Fn. 290.

619 Vgl. hierzu die Comment Letters des IVSC zu IAS 40, IVSC (1999) sowie IAS 40.BC52 f. Zukünftig beabsichtigt auch das FASB eine engere Zusammenarbeit mit dem IVSC, vgl. IVSC (2006b).

620 Vgl. zur Stellung des IVSC im internationalen Kontext DORCHESTER/VELLA (2000), S. 79 ff.

3.3.2 Verlautbarungen des IVSC

3.3.2.1 Zielsetzung und Überblick

Das IVSC wurde 1981 als "The International Assets Valuation Standards Committee" (TIAVSC) gegründet.[621] Ziel des TIAVSC war die Entwicklung von Bewertungsstandards für die breite Öffentlichkeit und deren weltweite Verbreitung sowie die Harmonisierung der Bewertungsstandards in verschiedenen Ländern, insbesondere durch Hinweise auf bestehende Divergenzen, zu fördern. Im Jahre 1994 erfolgte die Umbenennung in IVSC und eine Fokussierung auf die Entwicklung von Bewertungsstandards für bilanzielle Zwecke.[622]

Die Bandbreite der Bewertungsstandards des IVSC reicht von der Immobilienbewertung über sonstige materielle und immaterielle Vermögenswerte bis hin zu Unternehmensbewertungen und der Bewertung von finanziellen Ansprüchen.[623] Mittlerweile liegt mit den International Valuation Standards 2005 (IVS) bereits die siebte Auflage des sog. "White Book" vor. Diese IVS 2005 sind auch Grundlage der nachfolgenden Ausführungen.

3.3.2.2 Relevante Standards des IVSC

Die IVS 2005 umfassen drei Standards. Zielsetzung aller drei Standards ist nicht die Bereitstellung einer bestimmen Immobilienbewertungsmethode, sondern vielmehr eine spezifische, abgrenzbare Definition verschiedener in den IVS angesprochener Wertmaßstäbe. Der International Valuation Standard (IVS 1) "Market Value Basis of Valuation" definiert und erläutert den Marktwertbegriff im Sinne des IVSC. Gemäß IVS 1 ist der Marktwert wie folgt definiert:[624] "Market Value is the estimated amount for which a property should exchange [*sic!*] on the date of valuation between a willing buyer and a willing seller in an arm´s length transaction after a proper marketing wherein the parties had each acted knowledgeably, prudently, and without compulsion."

Damit entspricht der Market Value im Wesentlichen der Fair Value Definition in IAS 40.[625] Der Marktwert ist somit Substitut für ein "value in exchange"[626] bzw. den Betrag, den die

---

[621] Vgl. zur Entwicklung des IVSC auch ZÜLCH (2004), S. 215.

[622] Vgl. IVSC (2005), S. 3. Im Februar 2006 haben sich das IVSC sowie die TAF (vgl. auch Fn. 290) im Rahmen des sog. "Madison Agreement" darauf geeinigt, die IVS und die USPAP auf Kompatibilität zu überprüfen und ggf. anzugleichen sowie zukünftige Projekte miteinander zu koordinieren, vgl. IVSC (2006). Im September 2006 hat das IVSC auf seiner Mitgliederversammlung in Beijing eine umfassende Restrukturierung zur Stärkung der Stellung im internationalen Kontext beschlossen, vgl. IVSC (2006c).

[623] Vgl. zur Definition der einzelnen Bewertungsobjekte IVSC (2005a), S. 22 ff.

[624] Vgl. IVS 1, Par. 3.1.

[625] Vgl. hierzu auch die Ausführung in Teil II Kapitel 1.2.1.4.2.1.

Immobilie auf einem freien Markt unter Beachtung der in der Definition genannten Bedingungen erzielen würde.[627] Die Schätzung des Substituts Markwert ist durch Bewertungsmethoden möglich, die die Eigenart des Vermögenswertes, der Immobilie sowie die Umweltbedingungen, unter welchen ein Handel dieser Immobilie stattfinden würde, berücksichtigen können. Jedoch gibt der IVS 1 keine spezielle Bewertungsmethode für die Ermittlung des Marktwertes vor. Stattdessen enthält er eine Aufzählung gebräuchlicher Bewertungsmethoden, ohne jedoch eine Gewichtung vorzunehmen: "The most common methods used to estimate *Market Value* include the *sales comparison approach*, the *income capitalisation approach*, including the *discounted cash flow analysis*, and the *cost approach.*"[628]

In Bezug auf das betrachtete Problem der Fair Value-Ermittlung mit Hilfe des DCF-Verfahrens lässt sich somit festhalten, dass der IVS 1 zwar ausdrücklich das DCF-Verfahren als geeignetes Verfahren aufzählt, jedoch keine weitergehenden Erläuterungen zu dessen Anwendung enthält. Jedoch enthält der IVS 1 einen ausdrücklichen Verweis auf die International Valuation Application 1 (IVA 1), welche im Zusammenhang mit dem IVS 1 gelesen und angewandt werden sollte.[629]

Der IVS 2 "Valuation Bases Other Than Market Value"[630] entfaltet aufgrund der geforderten Marktwertorientierung bei der Fair Value-Ermittlung im Sinne des IAS 40 keine Relevanz, und IVS 3 "Valuation Reporting" enthält ausschließlich Hinweise zur Abfassung von Wertermittlungsgutachten. Da im Vordergrund dieser Arbeit das eigentliche Wertermittlungsproblem und nicht die Dokumentation des Bewertungsvorgangs steht, wird auch dieser Standard nicht weiter beachtet.

3.3.2.3 Relevante Anwendungsrichtlinien und -hilfen

3.3.2.3.1 International Valuation Application 1

Der IVA 1 "Valuation for Financial Reporting" beschäftigt sich explizit mit der Anwendung von Bewertungsstandards für Zwecke der finanziellen Berichterstattung. Dabei bezieht sich das IVSC ausdrücklich auf die IFRS.[631] Entgegen der Erwartung, welche die Bezeichnung des IVA 1 wecken könnte, beschränkt sich die Anwendungsrichtlinie auf eine Wiedergabe der

---

626 Vgl. IVS 1, Par. 1.2.

627 Vgl. FRENCH (2002).

628 IVS 1, Par. 1.3 (Hervorhebungen im Original).

629 Vgl. IVS 1, Par. 4.1.

630 Das IVSC hat im Juni 2006 einen Exposure Draft zum IVS 2 herausgegeben, dessen Kommentierungsfrist am 31.08.2006 geendet hat, vgl. IVSC (2006a).

631 Vgl. IVA 1, Par. 2.2.

Definition verschiedener Wertmaßstäbe des IVSC[632] und des IASB[633] sowie weiterer aus Sicht des IVSC relevanter Termini des IASB[634].

In Bezug auf die Abbildung von Investment Properties zum Fair Value stellt der IVA 1 lediglich fest, dass der Marktwert der geeignete Wertmaßstab sei.[635] Darüber hinaus wiederholt IVA 1 die Definition von Investment Properties[636] und verweist anschließend auf die detaillierten Regelungen des IAS 40 zur Fair Value-Ermittlung: "The fair value model is desribed in detail in IAS 40, paras. [*sic*!] 33-55. The Market Value of the entity´s interest in investment property derived in accordance with IVS 1 accords with these detailed requirements. The Market Value will reflect any current leases, current cash flows and any reasonable assumptions about future rental income or outgoings."[637] Der IVA 1 enthält darüber hinaus keine weitere Erläuterung zur Ermittlung des Fair Value bzw. des Market Value.

3.3.2.3.2 Guidance Note 1

Die Zielsetzung der Guidance Note 1 "Real Property Valuation" umfasst eine Abgrenzung relevanter Begriffe zur Immobilienbewertung, einen Überblick über den Bewertungsprozess sowie eine Diskussion notwendiger Dokumentationserfordernisse; zudem wird die Bedeutung von Prinzipien bei der Immobilienbewertung besonders betont.[638] Ausdrücklich ausgenommen vom Anwendungsbereich des GN 1 werden Hinweise zur tatsächlichen Durchführung des Bewertungsprozesses.[639]

Interessant für das hier betrachtete Bewertungsproblem könnten die Erläuterungen zur Datenerhebung und –selektion sowie zum Prinzip des "High and Best Use" (HABU) sein.[640] So sind im Rahmen des Bewertungsprozesses zunächst allgemeine ökonomische Daten, objektspezifische Daten und unterstützende Daten zu beschaffen und zu würdigen.[641] Leider enthält der GN 1 an dieser Stelle nur allgemeine Hinweise auf die Art oder die Herkunft

---

632 Vgl. IVA 1, Par. 3.1 - 3.4.
633 Vgl. IVA 1, Par. 3.5 - 3.20.
634 Hierzu zählen beispielsweise die Begriffe "Useful Life", "Economic Life", "Cash Generating Unit" usw., vgl. IVA 1, Par. 3.5 ff.
635 Vgl. IVA 1, Par. 5.5.
636 Vgl. IVA 1, Par. 6.7.1.
637 IVA 1, Par. 6.7.2.1.
638 Vgl. GN 1, Par. 2.2.
639 So GN 1, Par. 2.3: "The specific application of quantitative and qualitative valuation procedures is beyond the scope of GN 1."
640 Vgl. hierzu auch PAUL (2005), S. 562, Rn. 937.
641 Vgl. GN 1, Par. 5.7.

solcher Daten und gibt keine konkreten Hinweise oder Beispiele.[642] Hilfreich wären beispielsweise Ansätze zur Bestimmung des Zinssatzes oder zur Berücksichtigung von Mietausfällen oder Wiedervermietungsrisiken.

Es ist anzunehmen, dass aufgrund der Zielsetzung, einheitliche weltweite Standards zur Immobilienbewertung zu entwickeln, an dieser Stelle eine bewusst abstrakte Ebene gewählt wurde. Diese bewusst abstrakte, der Prinzipienorientierung der IFRS ähnliche[643] Formulierung stellt jedoch ähnlich dem IAS 40 die Anwendung der Bewertungsmethodik im konkreten Einzelfall in das Ermessen des Bewertenden.

Wie der IVS 1 und der IVA 1 enthält auch GN 1 zahlreiche Ausführungen zur Abgrenzung von Marktwerten von Nicht-Marktwerten. So wird bei Anwendung des "Income Capitalisation Approach" (bzw. DCF-Verfahrens), der Rückgriff auf marktbasierte Daten gefordert, da andernfalls kein Marktwert, sondern ein unternehmensindividueller Wert ermittelt werden würde.[644]

3.3.2.3.3 Guidance Note 9

Die Guidance Note 9 "Discounted Cash Flow (DCF) Analysis for market and non-market based valuations" beinhaltet Regeln zur Anwendung des DCF-Verfahrens. Insbesondere weist GN 9 darauf hin, dass nur dann ein Marktwert mit Hilfe des DCF-Verfahrens ermittelbar ist, wenn sämtliche Eingang findenden Parameter marktgestützt bestimmt worden sind. Daher unterscheidet GN 9 explizit zwischen der Anwendung von DCF-Verfahren zur Ermittlung eines Marktwertes und zur Ermittlung eines "Nicht-Marktwertes", der zumeist dem Entscheidungswert eines Investors entspricht.

Ergänzend grenzt GN 9 den "Value in Use" von Markt- und Nicht-Marktwerten ab. Der Value in Use wird als nicht-marktgerechter Wert für Zwecke der Bilanzierung definiert, welcher von einer Fortsetzung der bestehenden Nutzung des Vermögenswertes ausgeht. Dem Marktwert

---

[642] So führt GN 1 zu den objektspezifischen Daten Folgendes aus: "These include site and improvement data, cost and depreciation data, income and expense data, capitalisation and yield rate data, ownership and utilisation histories, and other information determined to be significant and generally considered by buyers and sellers in their negotiations and transactions", GN 1, Par. 5.7.2.
Die Berücksichtigung dieser Daten ergibt sich zumeist schon aus der reinen formalen Anwendung der Rechenformel, beispielsweise beim DCF-Verfahren sind die Einzahlungen, Auszahlungen und der Zinssatz zur Berechnung zwingend notwendig. Somit erscheint der Nutzwert der Ausführungen in GN 1 eher gering.

[643] Vgl. zur Problematik der Prinzipienorientierung der IFRS auch Fn. 123.

[644] Vgl. GN 1, Par. 5.12. "Where there is sufficient market data to support the valuation, *Market Value* is derived. In other circumstances, where there is insufficient market data or special instructions have been given, the result will be *Non-Market Value.*", GN 1, Par. 5.16 (Hervorhebungen im Original).

dagegen liegt der Gedanke des "High and Best Use" zugrunde, es wird somit immer die Nutzung des vollen Potentials der Immobilie im Rahmen der Bewertung unterstellt.

3.3.2.4 Zwischenergebnis und Würdigung

Zusammenfassend ist festzustellen, dass die Verlautbarungen des IVSC, insbesondere des IVS 1, sowie die Anwendungsrichtlinien und –hilfen IVA 1 sowie GN 1 und GN 9 keinen konkreten Beitrag zur Lösung des betrachteten Problems liefern. Die entsprechenden Ausführungen zu den Anforderungen an die Parameter eines DCF-Verfahrens zur Schätzung eines Marktwertes geben zumindest Anhaltspunkte für mögliche operationale Kriterien. Auf diese Anforderungen wird daher nachfolgend an geeigneter Stelle wiederholt Bezug genommen werden.

3.3.3 Verlautbarungen der TEGoVA

3.3.3.1 Zielsetzung

Die TEGoVA entstand im März 1997 aus dem Zusammenschluss der beiden Verbände TEGOVOFA[645] und EUROVAL[646] als alleiniger Interessenvertreter für die Immobiliensachverständigen in Europa. Anfang des Jahres 2006 vertrat die TEGoVA 43 Immobiliensachverständigenverbände aus 27 Ländern.[647]

Primäres Ziel der TEGoVA ist die Harmonisierung der Bewertungspraxis in den verschiedenen Ländern der Europäischen Union. Zu diesem Zweck hat die TEGoVA europäische Bewertungsstandards entwickelt, welche in Gestalt des sog. "Blauen Buches" ("Blue Book"), der "European Valuation Standards 2003" (EVS), nunmehr in der fünften Auflage veröffentlicht wurden.[648]

---

645 Die (The) European Group of Valuers of Fixed Assets (TEGOVOFA) ist die eigentliche Vorgängerorganisation der TEGEoVA. Sie wurde 1997 von der britischen RICS in Zusammenarbeit mit irischen, französischen, belgischen und deutschen Immobiliensachverständigen gründet. Aufgabe war die Festlegung einheitlicher Bestimmungen über die Qualifikation von Immobiliensachverständen in Europa sowie die Förderungen der Vereinheitlichung und Vergleichbarkeit von Richtlinien zur Wertermittlung für Zwecke der finanzielle Berichterstattung von Kapitalgesellschaften, vgl. GONDRING (2004), S. 958.

646 Die European Property Valuers Association (EUROVAL) sah sich als politische Interessenvertretung der Immobiliensachverständigen in Europa, vgl. GONDRING (2004), S. 958.

647 Vgl. http://www.tegova.org/en/426501a44c1c9, Stand: 4.2.2006.

648 Die fünfte Auflage des "Blauen Buches" ist mittlerweile in fünf Sprachen (Englisch, Deutsch, Französisch, Spanisch sowie Ungarisch) erschienen, vgl. http://www.tegova. org/en/4291d37f137f1, Stand: 4. Februar 2006.

3.3.3.2 Überblick über die in Frage kommenden Standards

Relevante Standards für das vorliegende Prognoseproblem könnten der Standard 4: Bewertungsgrundlagen, Standard 5: Bewertungen zu Bilanzierungszwecken, Standard 7: Schätzungen, Prognosen und andere Bewertungsarten sowie der Anhang 1: Bewertungsmethodik sein. Standard 4 erläutert im Wesentlichen die Marktwertdefinition, welche der des IVSC entspricht.[649] Über die Ausführungen des IVSC hinaus enthält dieser Standard Ausführungen zum EU-Marktwert [*sic*!], welche jedoch für diese Arbeit von begrenzter Relevanz sind.[650]

Standard 5 bezieht sich zwar auf Bewertungen zu Bilanzierungszwecken, enthält jedoch keinerlei Ausführungen zur Fair Value-Ermittlung von Investment Properties.[651] Der Standard 7 lässt aufgrund seines Titels umfangreiche Erläuterungen zur Ermittlung von geschätzten Werten erwarten. Die Ausführungen beschränken sich wiederholt auf Begriffsklärungen.[652] Ein Bezug zur Bestimmung einzelner Cashflows ist gar nicht ersichtlich, zur Bestimmung des Diskontierungszinssatzes zwar in der Überschrift, jedoch nicht im Inhalt.[653]

Der Anhang zur Bewertungsmethodik geht im Gegensatz zu den eigentlichen Standards auf die wesentlichen Bewertungsmethoden auch inhaltlich ein. Obwohl die einleitende Zusammenfassung der Methoden nur das Ertragswert-, Vergleichswert- und Sachwertverfahren auflistet,[654] erfolgt dennoch ein Bezug auf das DCF-Verfahren. In diesem Abschnitt findet sich auch der einzige Hinweis in den gesamten EVS 2003 zur Herleitung des Diskontierungszinssatzes.[655] Die einzige Erkenntnis ist jedoch der Bezug auf die Notwendigkeit einer Risikoprämie, die das mit der Immobilie verbundene Risiko abdeckt, was auf die Anwendung eines kapitalmarktorientierten Zinssatzes schließen lassen könnte.[656]

---

649 Vgl. EVS 4, Par. S 4.10 sowie S 4.12 ff.

650 Vgl. EVS 4, Par. S 4.25 sowie zu den Übereinstimmungen der verschiedenen Marktwertdefinitionen Kapitel 1.2.1.4.2.1.

651 Vgl. EVS 5, Par. S 5.04 sowie S 5.12.

652 So wird beispielsweise der Unterschied zwischen den englischen Begriffen "value" und "worth" erläutert sowie die Schlussfolgerung gezogen, dass eine Verwendung des Begriffes "Value in Use" hilfreicher sei als die Verwendung des Begriffes "worth", vgl. EVS 7, Par. S 7.01. Offensichtlich sind diese Erläuterungen im Hinblick auf ihren Beitrag zur Bewertung vollkommen nutzlos. Vgl. zur Problematik der Abgrenzung von "worth" und "value" auch MACKMIN/EMARY (2000), insb. S. 58 f. sowie Fn. 342.

653 Vgl. auch die Kritik im nachfolgenden Kapitel.

654 Vgl. EVS, Anhang 1, Par. A 1.6 ff.

655 Vgl. EVS, Anhang 1, Par. A 1.57.

656 "Er schließt daher eine Prämie für das Risiko, das mit der Immobilie verbunden ist, und ebenso den Ertrag einer risikofreien Investition ein." EVS, Anhang 1, Par. A 1.57.

3.3.3.3 Zwischenergebnis und Würdigung

Zusammenfassend bleibt festzustellen, dass auch die aktuelle Ausgabe des "Blauen Buches", der "Europäischen Bewertungsstandards 2003",[657] nicht in Anspruch nehmen kann, "auch nur einen kleinen Schritt in Richtung einer begrüßenswerten Harmonisierung europäischer Bewertungsstandards geleistet zu haben." [658] Entgegen dem Titel des Werkes und der formulierten Zielsetzung enthalten die EVS 2003 "keinerlei materielle Bewertungsstandards insbesondere methodischer Art"[659].

So hat auch die TEGoVA auf ihrer Generalversammlung im November 2005 in Wien die Kritik an der aktuellen Fassung aufgegriffen und festgestellt, dass es "nach wie vor [...] als dringlich (angesehen wird, d. Verf.), einheitliche Bewertungsregeln in Europa zu etablieren, hierzu soll das vorhandene Blaue Buch [...] in eine besser lesbare Form gebracht werden. Insbesondere sollen die einzelnen Mitgliedsstaaten Länderkapitel beifügen, die es ihren Mitgliedsstaaten erlauben, ihre landesspezifischen Belange zu wahren."[660] Diese Feststellung lässt den Schluss zu, dass auch die TEGoVA der Ansicht ist, dass sie von ihrem Ziel, der Etablierung einheitlicher europäischer Bewertungsstandards, noch ein gutes Stück entfernt ist. So zeigt beispielsweise der aus deutscher Sicht begrüßenswerte Hinweis, eine einheitliche europäische Definition für Mietflächen und Bewirtschaftungskosten zu etablieren, dass grundlegende Aspekte, wie eine einheitliche europäische Definition für die jeweils Eingang findenden Parameter, zurzeit noch nicht geregelt sind.[661]

Darüber hinaus enthalten die EVS 2003 vielfältige Ungereimtheiten und Fehler. Beispielsweise werden in Standard 4, welcher die Bewertung für Bilanzierungszwecke regelt, abschließend vier Bewertungsgrundlagen [*sic!*] aufgeführt, darunter: "Der beizulegende Zeitwert, der nur in diesem Zusammenhang als gegenwärtiger Nutzungswert definiert ist, gilt für Immobilien, die für Geschäftszwecke genutzt werden." [662] Hier werden offensichtlich verschiedene Wertbegriffe wie der Fair Value und der Value in Use vermischt. Ein weiteres Beispiel findet sich in Standard 7, welcher Schätzungen, Prognosen und andere Bewertungs-

---

[657] Gegenüber der bereits stark kritisierten vierten Auflage haben sich keine substanziellen Änderungen ergeben, sodass die diesbezügliche Kritik auch gleichermaßen auf die fünfte Auflage zutrifft.

[658] KLEIBER (2000), S. 329 noch zur vierten Auflage des "Blauen Buches". So erachtet VOGEL (2000), S. 208 den Titel auch als irreführend und spricht vielmehr von einer Diskussionsgrundlage als von einem "Standardkompendium von anerkannten Methoden."

[659] KLEIBER (2000), S. 322.

[660] SCHULZ-KLEEßEN (2005), S. 362.

[661] Vgl. SCHULZ-KLEEßEN (2005), S. 362.

[662] EVS 5, Par. S 5.12.

arten behandelt. In Paragraph S 7.18, welcher gemäß der Überschrift "Fragen der Kapitalisierungs- und Abzinsungssätze"[663] behandelt, erfolgt in nachfolgenden vier Absätzen keinerlei Bezug auf irgendeinen Zinssatz.

Zusammenfassend lässt sich feststellen, dass die "Europäischen Bewertungsstandards 2003" der TEGoVA zwar den Anspruch einer umfassenden Regelung erheben, diese jedoch derzeit nicht gerecht werden. Bezogen auf das in dieser Arbeit betrachtete Wertermittlungsproblem erfolgt der Vollständigkeit halber an geeigneter Stelle zwar ein Verweis auf die entsprechenden Ausführungen in den EVS 2003, als Erkenntnisquelle zur Problemlösung stiften sie jedoch keinen Nutzen.

3.4 Zwischenergebnis und Überleitung

Wie in der vorangegangenen Betrachtung möglicher Erkenntnisquellen zur Problemlösung herausgearbeitet, bieten weder das IASB Framework, das US-GAAP Conceptual Framework noch der SFAS 157 (bzw. das gleichnamige Diskussionspapier des IASB) noch das Diskussionspapier zum Conceptual Framework eine konkrete Hilfestellung zur Ermittlung des Fair Value von Investment Properties.

SFAS 157 unternimmt zwar einen Objektivierungsversuch, indem er in Abhängigkeit von der Herkunft bestimmter Daten und Annahmen eine Verlässlichkeitshierarchie aufstellt. Da jedoch regelmäßig keine Marktpreise vergleichbarer Objekte vorliegen, ist der Fair Value von Investment Properties vorrangig mit Hilfe von Bewertungsverfahren zu bestimmen. Diese Bewertung beruht jedoch nicht ausschließlich auf am Markt beobachtbaren Daten und Annahmen, beziehungsweise diese am Markt beobachtbaren Daten erfordern erhebliche Anpassungen, sodass der gewünschte Objektivierungsbeitrag versagt. Auch das Diskussionspapier zum Conceptual Framework enthält nur scheinbar eine Lösung des Konfliktes zwischen der Anforderung nach Relevanz und Zuverlässigkeit. Tatsächlich liegen dieser vermeintlichen Klärung jedoch nur Unschärfen der Begriffsverwendung zu Grunde. Einen konkreten Beitrag zu Lösung des in dieser Arbeit behandelten Bilanzierungsproblems (Abbildung von Investment Properties zum Fair Value) vermögen der SFAS 157 (bzw. das DP Fair Value Measurements) sowie das DP Conceptual Framewokr daher nicht zu leisten.

---

[663] Hier stellt sich bereits die Frage, welcher Unterschied zwischen Kapitalisierungs- und Abzinsungssätzen besteht. Diese Frage bleibt jedoch, wie viele andere in den EVS 2003, unbeantwortet.

Auch bezüglich der Verlautbarungen des IVSC und der TEGoVA lässt sich festhalten, dass diese, entgegen dem öffentlich kommunizierten Anspruch, keinerlei konkrete Hilfestellung zur Lösung des Zuverlässigkeitsproblem bei der Cashflow-basierten Ermittlung der Fair Values von Investment Properties bieten.

Die konkrete Beurteilung des Beitrages einzelner Parameter des DCF-Verfahrens zur Entscheidungsnützlichkeit der Rechnungslegungsinformation "Fair Value von Investment Properties" kann daher nur anhand der im IASB Framework[664] normierten Anforderungen der Relevanz und Zuverlässigkeit erfolgen. Diese Anforderungen sind jedoch sowohl im IASB Framework (und auch im Conceptual Framework der US-GAAP) bewusst allgemein gehalten und beziehen sich auf die Beurteilung einer Rechnungslegungsinformation als Ganzes. Damit eine Rechnungslegungsinformation Entscheidungsnützlichkeit besitzt, muss diese sowohl relevant als auch zuverlässig sein. Dies bedeutet, dass beide Anforderungen zumindest in einem gewissen Maße erfüllt sein müssen. (Brauchbare) Vorgaben hinsichtlich der Gewichtung der einzelnen Anforderungen enthalten die IFRS und auch die US-GAAP jedoch nicht. Dies ist umso problematischer, als zwischen diesen beiden Anforderungen in der Regel ein Zielkonflikt besteht.

Inwieweit sich der Konflikt zwischen Relevanz und Zuverlässigkeit durch rein logische Argumente wird lösen können und welchen Einfluss die unterschiedliche Gewichtung der Relevanz und Zuverlässigkeit auf die Fair Value-Ermittlung von Investment Properties haben kann, soll daher im Nachfolgenden untersucht werden.

---

664 Wie auch im Conceptual Framework der US-GAAP.

4 Induktive und deduktive Überlegungen zur Problemlösung

4.1 Anforderung an eine und Wege zur Problemlösung

4.1.1 Relevanz und Zuverlässigkeit als maßgebliche Kriterien der Entscheidungsnützlichkeit

Die Vermittlung entscheidungsnützlicher Rechnungslegungsinformationen setzt deren Relevanz und Zuverlässigkeit voraus.[665] Zwischen den Anforderungen der Relevanz und Zuverlässigkeit besteht jedoch ein Spannungsverhältnis, dem insbesondere im Kontext der Abbildung von Investment Properties zum Fair Value eine besondere Bedeutung zukommt.[666] Dieses Spannungsverhältnis führt nach überwiegender Auffassung des Schrifttums zu einem Zielkonflikt zwischen den Anforderungen der Relevanz und Zuverlässigkeit (sog. "Trade-Off").[667] Das Problem eines Trade-Off zwischen einer möglichst hohen Relevanz und einer möglichst hohen Zuverlässigkeit ist dem IASB durchaus bewusst.[668] Da das IASB nicht angibt, welche Bandbreite einer Schätzung (des Fair Value eines Investment Property) als zuverlässig erachtet wird,[669] stellt sich für den Rechnungslegenden somit die Frage, welche Anforderung in welchem Maße Berücksichtigung finden sollte, damit im Ergebnis das Infor-

---

665 Dies haben empirische Erklärungsansätze bestätigt, vgl. auch Teil I Kapitel 2.3 sowie zu den Anforderungen der Relevanz und Zuverlässigkeit in den IFRS Teil II Kapitel 3.2.1.3.2 und in den US-GAAP 3.2.2.1.3.

666 Vgl. JONES (1999), S. 28 ff.; STREIM/BIEKER/LEIPPE (2001), S. 184. So werden Fair Values einerseits als besonders relevant angesehen, da sie aufgrund ihres vielfach vorhandenen Cashflow- und Zukunftsbezugs direkt an die Zielgrößen des Investors anknüpfen, andererseits ist ihre Ermittlung in vielen Fällen mit großen Bewertungsspielräumen verbunden und daher naturgemäß unsicher, vgl. stellvertretend SIEGEL (1997), S. 83 sowie WILLIS (1998), S. 855 ff. A.A. CHAMBERS, der die Kriterien Objektivität, Übereinstimmung, Relevanz und Neutralität als auf ein ähnliches Ziel gerichtet und sich gegenseitig verstärkend, also als zielkongruent, ansieht, vgl. CHAMBERS (1966), S. 156.

667 Vgl. stellvertretend STREIM/BIEKER/ESSER (2003), S. 458; BARRETT ET AL. (1991), S. 94; CHRISTIE (1992), S. 90; KIRSCHENHEITER (1997), S. 50; HALLER (1994), S. 208 f.; KUHNER (2001), S. 537; KUHLEWIND (1997), S. 61, 101 f. sowie tendenziell ebenfalls von einem Zielkonflikt sprechend das IASB "Information may be relevant but so unreliable in nature or representation that its recognition may be potentially misleading.", vgl. IASB Framework.32. Nach MUJKANOVIC (2002), S. 63 ist ein Zielkonflikt dahingehend aufzulösen, dass der Relevanz ein eindeutig höherer Stellenwert als der Zuverlässigkeit beigemessen wird. Einen Konfliktfall grundsätzlich bejahend, jedoch ebenfalls der Relevanz den Vorrang einräumend STREIM/BIEKER/LEIPPE (2001), S. 184 mit Verweis auf IASB Framework.43. Jedoch wurde diese Aussage in jüngeren Veröffentlichungen nicht wiederholt, vgl. STREIM/BIEKER/ESSER (2003), S. 458 ff.

668 Vgl. hierzu beispielsweise IASB Framework.32. Der Fair Value ist als Wertmaßstab jedoch nur dann vorgesehen, solange ein Mindestmaß an Verlässlichkeit gegeben ist, vgl. IAS 40.53.

669 Einzig beim *Ansatz* (und nicht bei der Bewertung) von Rückstellungen fordern die IFRS explizit, dass die Rechnungslegungsinformation "more likely than not" zu sein hat, vgl. IAS 37.16. BAETGE/ZÜLCH fassen daher einen Wahrscheinlichkeitsgrad von mehr als 50% als hinreichend auf. Nur wenn dieser Wahrscheinlichkeitsgrad nicht erreichbar ist, ist eine zuverlässige Schätzung ausgeschlossen, vgl. BAETGE/ZÜLCH (2004), Rn. 242. Eine Übertragung im Wege des Analogieschlusses dieses Wahrscheinlichkeitsgrenzwerts (der sich zudem auf eine Ansatz- und keine Bewertungsfrage bezieht) auf andere abzubildende Sachverhalte erscheint jedoch nicht angemessen. So wird diese Aussage in IAS 37.23 wiederholt und in der Fußnote erläutert, dass diese Auslegung des Wahrscheinlichkeitsbegriffes nicht zwangsläufig auf andere Standards übertragen werden darf, vgl. zum Wahrscheinlichkeitsbegriff in IAS 37 auch LÜDENBACH/HOFFMANN (2003), S. 5 ff.

mationsbedürfnis der Adressaten auch befriedigt wird.[670] Aus diesem Grund erachtet wohl auch das FASB das Spannungsverhältnis "relevance versus reliability" im Zuge der Angleichung der Rahmenkonzepte des FASB und des IASB als "key concern".[671]

Die Frage, wie der Konflikt zwischen Relevanz und Zuverlässigkeit aufgelöst werden kann, stellt sich im Kontext der Bewertung von Investment Properties besonders nachdrücklich: Man kann davon ausgehen, dass die Bewertung von Vermögenswerten auf Basis diskontierter zukünftiger Cashflows zwar zu besonders relevanten, jedoch auch zu tendenziell unzuverlässigen Wertansätzen führt. Entscheidend wäre, dass der Fair Value, trotz seiner guten Prognoseeignung, zuverlässig ermittelbar ist,[672] da die Zuverlässigkeit einer Rechnungslegungsinformation notwendige Bedingung für deren Entscheidungsnützlichkeit ist. Die Ermittlung der Fair Values von Investment Properties basiert jedoch, wie bereits ausführlich diskutiert,[673] in der Mehrzahl der Fälle ausschließlich auf diskontierten Cashflows. Daher führt allein die terminologische Reduktion auf einen neuen Wertmaßstab (des Fair Value) zu keinem Vorteil gegenüber einer reinen Cashflow-orientierten Bewertungskonzeption. Die hierbei erforderliche Prognose der einzelnen Parameter des DCF-Verfahrens eröffnet aufgrund fehlender Vorgaben weder zur Erhebung der notwendigen Daten noch bezüglich der Ableitung der notwendigen Annahmen erheblich Ermessensspielräume bei dem Bilanzierenden (bzw. Immobiliensachverständigen).[674] Auch die Verlautbarungen des IVSC und der TEGoVA beinhalten keinerlei methodische Vorgaben, welche dem Problem der tendenziell geringen Zuverlässigkeit aufgrund gegebener Ermessensspielräume entgegenwirken könnten.[675]

---

670 KLEIN dagegen erachtet eine unterschiedliche Gewichtung der Objektivierung und damit der Zuverlässigkeit in Abhängigkeit der verschiedenen Zwecke der Rechnungslegung für nicht sachgerecht. So hängt ihrer Auffassung nach die Entscheidungsnützlichkeit in hohem Maße von deren Zuverlässigkeit ab, da nur so das notwendige Vertrauen der Adressaten zu befriedigen ist, vgl. KLEIN (2003), S. 90. Ähnlich auch LÜDENBACH/HOFFMANN (2006), Rz. 31 f.

671 Vgl. FASB (2004), Kapitel "The Project to Revisit the Conceptual Framework". Jedoch beabsichtigen das IASB und das FASB derzeit im Rahmen des gemeinsamen Projektes zur Weiterentwicklung und Vereinheitlichung des Framework von IASB und FASB, die primäre Anforderung der "Zuverlässigkeit" durch den Begriff "glaubwürdige Darstellung" ("faithful representation") zu ersetzen, vgl. IASB (2006), QC7.

672 Vgl. STREIM/BIEKER/LEIPPE (2001), S. 197.

673 Vgl. Teil II Kapitel 1.2.2.1 sowie 2.1.2.1.4.

674 So sind STREIM/BIEKER/ESSER (2003), S. 474, der Ansicht, es wäre naiv anzunehmen, dass der Rechnungslegende die eröffneten Ermessensspielräume nicht systematisch zu seinem Vorteil ausnutzen würde. ZÜLCH (2003), S. 305 ff., fordert daher eine Begründung, warum sich der Bilanzierende für einen spezifischen Diskontierungszinssatz entschieden hat, und die Angabe von möglichen Alternativzinssätzen und deren Auswirkungen. Dies sollte möglichst durch Marktdaten gestützt erfolgen. Mit Bezug auf die US-GAAP kommt HITZ (2006), S. 359, daher zum Schluss, dass "zumindest für modellgestützt ermittelte *fair values* in zahlreichen Fällen das *realiability*-Erfordernis als nicht erfüllt anzusehen ist." (Hervorhebungen im Original).

675 Vgl. zu den Verlautbarungen des IVSC Teil II Kapitel 3.3.2 und der TEGoVA 3.3.3.

4.1.2 Betrachtungsgegenstand und Übertragung der Anforderung auf das Prognosemodell

Betrachtungsgegenstand dieser Arbeit[676] ist die tatsächliche Umsetzung der Abbildung von Investment Properties zum Fair Value. Hierzu erfolgte zunächst die Konkretisierung des Problems auf die Anwendung eines DCF-Verfahrens zur Ermittlung des Fair Value. Diese Konkretisierung ist zweckmäßig, da bei der Mehrzahl der Bewertungsanlässe auf Grund fehlender Marktpreise vergleichbarer Objekte ausschließlich der Rückgriff auf die Simulation dieser Marktpreise auf Basis diskontierter Zahlungsströme möglich ist.[677]

Wie in Kapitel 2.2.3 herausgearbeitet, stellen die einzelnen Parameter des DCF-Verfahrens (Einzahlungen, Auszahlungen und Diskontierungszinssatz) für sich betrachtet jeweils das Ergebnis einer Prognose dar. Die den jeweiligen Prognosen zugrunde liegenden Annahmen[678] müssen den Anforderungen der IFRS an einen durch Schätzung ermittelten Wert genügen, damit auch das mit Hilfe eines mathematischen Verfahrens (dem eigentlichen DCF-Verfahren) ermittelte Ergebnis diesen Anforderungen entspricht.[679] Hierzu müssen diese Parameter sowohl die Anforderung der Relevanz als auch die Anforderung der Zuverlässigkeit erfüllen. Konkrete Problemlösungsüberlegungen müssen sich demnach daran orientieren, die im Rahmen der Prognose des einzelnen Parameters zutreffenden Entscheidungen hinsichtlich geeigneter Annahmen, Daten und der zu Grunde gelegten Gesetzesaussage[680] dergestalt zu systematisieren, dass sie einer Überprüfung hinsichtlich der Anforderungen der Relevanz und Zuverlässigkeit zugänglich sind.

Da insbesondere die Zuverlässigkeit der dergestalt ermittelten Fair Values als kritisch erachtet wird, liegt es nahe, dass sich Problemlösungsüberlegungen zunächst an der Zuverlässigkeit orientieren. Rechnungslegungsinformationen sind nach Ansicht des IASB zuverlässig,[681] wenn sie frei von wesentlichen Fehlern und frei von verzerrenden Einflüssen sind und die Abschlussadressaten darauf vertrauen können, dass die abgebildeten Sachverhalte glaubwürdig darstellen, was sie vorgeben darzustellen oder was vernünftigerweise inhaltlich von der Rechnungslegungsinformation erwartet werden kann. Die Glaubwürdigkeit einer

---

676 Vgl. zur Abgrenzung Teil I Kapitel 2.2.

677 Vgl. zur Problematik alternativer Möglichkeiten zur Fair Value-Ermittlung Teil II Kapitel 1.2.2.1.

678 Die Daten werden in der Regel empirisch erhoben und nicht geschätzt.

679 Diese Einschätzung bestätigt sich auch durch die auf der Marktbasierung der Inputparameter (Daten und Annahmen) orientierten Verfahrenshierarchie im kürzlich veröffentlichten SFAS 157, vgl. Teil II Kapitel 3.2.2.2.1 sowie zur Bedeutung der Datenqualität HITZ (2006), S. 367.

680 Im vorliegenden Kontext handelt es dabei eher um Hypothesen, da allgemeingültige Gesetzesaussagen für das bestehende Prognoseproblem nicht existieren, vgl. Teil II Kapitel 2.2.2.5.

681 Vgl. zur Zuverlässigkeit ausführlich Teil II Kapitel 3.2.1.3.2.4.

Rechnungslegungsinformation ist demnach gegeben, wenn sie objektiv und willkürfrei ist.[682] Willkürliche Vorgehensweisen zur Problemlösung sind daher offensichtlich ungeeignet. Denn würde die Prognose der einzelnen Parameter des DCF-Verfahrens bereits willkürlich erfolgen, so könnte die daraus resultierende Rechnungslegungsinformation, der so ermittelte Fair Value eines Investment Property, niemals willkürfrei sein.[683] Demzufolge bieten sich einzig systematische und damit in der hier verwandten Terminologie nicht-willkürliche Verfahren zur Lösung des Prognoseproblems an.

4.1.3 Heuristiken als nicht willkürliche, systematische Verfahren

Im Vorfeld einer Betrachtung möglicher nicht-willkürlicher Verfahren ist eine Definition derselben notwendig. Daher wird eine Entscheidungsfindung in Anlehnung an KLEIN nachfolgend wie folgt definiert: "Eine Entscheidungsfindung ist ein systematisches Verfahren, das in intersubjektiv eindeutiger Weise zur Lösung von Entscheidungsaufgaben eine endliche Anzahl operational definierter Funktionen der Informationsverarbeitung festlegt."[684] Charakteristisch für eine Entscheidungsfindung ist demnach das systematische Vorgehen, welches Willkür ausschließt sowie die geforderte intersubjektive Nachprüfbarkeit ermöglicht.

Die Entscheidungsfindung innerhalb eines Lösungsraumes von mehreren möglichen Alternativen (beispielsweise zur Bestimmung des Parameters Einzahlungen) könnte mit Hilfe eines Algorithmus geschehen, welcher logisch zwingend zu einer Lösung führt.[685] Algorithmen erfordern als mathematisch-statistische Verfahren jedoch vollständig formulierte Probleme.[686]

---

682 Vgl. zur Problematik der Objektivierung Fn. 488 ff.

683 Vgl. hierzu die Ausführungen von CHAMBERS (1966), S. 150 zu aggregierten Aussagen: "An aggregative statement bearing a single date will be an objective statement only if its components are objective statements at that date."Ähnlich auch LÜDENBACH/HOFFMANN (2003), S. 12, die in diesem Zusammenhang vom "Gigo-Prinzip" (garbage in, garbage out) sprechen.

684 Vgl. KLEIN (1971), S. 31.

685 Vgl. für die Charakterisierung eines Algorithmus REITMANN (1964), S. 303, der als wesentliches Kriterium eine "explicitly specifiable class of problems, all of which may be solved by [...] the program for the algorithm" ansieht. Ähnlich auch in KLEIN (1971), S. 33.

686 Entscheidungsaufgaben werden als vollständig formuliert betrachtet, wenn die Aufgabenstellung mittels numerischer Ausdrücke in Form von Skalen oder Vektoren formuliert werden kann und die Ziele der Aufgabenstellung im Sinne des Minsky-Kriteriums als "wohl-definiert" (well-defined) zu bezeichnen sind. Eine Wohl-Definiertheit des Problems liegt vor, sofern ein Verfahren existiert, mit dem festgestellt werden kann, ob eine vorgeschlagene Lösung annehmbar ist, vgl. MINSKY (1961), S. 408. SIMON/NEWELL (1958), S. 5 fassen die Kriterien für ein "well-structured" Problem folgendermaßen zusammen: "In short, well-structured problems are those that can be formulated explicitly and quantitatively, and that can then be solved by known and feasible computational techniques."

Die Mehrzahl der rechnungslegungsspezifischen Probleme ist jedoch unvollständig formuliert.[687] Sie zeichnen sich durch mindestens eines der folgenden Kriterien aus:[688]

1. Wesentliche Elemente der Aufgabenstellung sind unbekannt oder entziehen sich einer genauen Erfassung (insbesondere in Form numerischer Ausdrücke).
2. Das Lösungskriterium ist nicht eindeutig formuliert. Dadurch wird es möglich, dass subjektive, nicht intersubjektiv nachprüfbare Wertungen darüber entscheiden, ob eine Lösung vorliegt.[689]
3. Ein erheblicher Teil des Entscheidungsprozesses beschäftigt sich nicht mit der Suche nach Lösungen, sondern mit der Suche nach Fragen, deren Beantwortung zur Konkretisierung des Problems beiträgt.

Auch die Beurteilung der verschiedenen Einflussfaktoren für die Entscheidungsnützlichkeit einer Rechnungslegungsinformation unter Berücksichtigung der aus dem Problemlösungsrahmen ableitbaren Beurteilungskriterien ist ein unvollständig formuliertes Problem, für das gegenwärtig kein zulässiger Algorithmus existiert.[690] Daher sind alternative Lösungsverfahren notwendig. Als Alternative zu einem Algorithmus bietet sich die Heuristik[691] an.[692]

Eine Heuristik ist in Anlehnung an FELGENBAUM/FELDMANN eine Denkregel, mit deren Hilfe sich der Aufwand zur Findung einer Lösung in komplexen Problemen reduzieren lässt.[693] Der wesentliche Vorteil von Heuristiken[694] im Vergleich zu algorithmischen Verfahren liegt im

---

[687] Vgl. KLEIN (1971), S. 32; in der Literatur auch als "non-programmed", "unstructured", "ill-structured" und "ill-defined" bezeichnet; SIMON/NEWELL (1958), S. 4 ff. sprechen beispielsweise von "ill-structured". Vgl. zur Abrenzung von "well-defined" und "ill-defined problems" auch REITMAN (1964), S. 299 ff.

[688] Vgl. KLEIN (1971), S. 34.

[689] Hier liegt die Theorie der Anspruchsanpassung zugrunde, welche ein wesentliches Element heuristischer Verfahren bildet, vgl. zur Anspruchsanpassung CYERT/MARCH (1963), S. 34 ff.; MARCH/SIMON (1958), S. 47 ff. sowie im Zusammenhang mit heuristischen Verfahren GRÜNIG/KÜHN (2004), S. 103; REITMAN (1964), S. 302 f.

[690] So sind praktische Entscheidungsprobleme in der Regel unvollständig formuliert ("ill-structured"). Diese Strukturmängel bezeichnen ADAM/WITTE (1979), S. 130 ff. als Defekte (Lösungs-, Wirkungs-, Bewertungs- und Zielsetzungsdefekte). Bezogen auf die Problematik der Fair Value-Ermittlung sind einschlägig der Bewertungsdefekt, bei dem sich ein relevantes Merkmal (hier Parameter) nicht mit den angestrebten Zielgrößen (hier Relevanz und Zuverlässigkeit) bewerten lässt (beispielsweise beim kalkulatorischen Zinssatz, vgl. EBENDA, S. 132), und der Zielsetzungsdefekt.

[691] Von (griechisch) "heuriskein" - "finden", vgl. KRUSCHWITZ/FISCHER (1981), S. 449. Vgl. für die verschiedensten mit dem Begriff "Heuristik" verbundenen Intensionen und Extensionen STREIM (1975), S. 145 ff. sowie zur Entwicklung der Heuristikforschung GANS (1986), S. 294 ff. m.w.N.

[692] Vgl. BERENS (1992), S. 5 sowie MÜLLER-MERBACH (1981), S. 1, der das Hauptanwendungsgebiet von Heuristiken bei solchen Problemen sieht, für die kein effizienter Algorithmus existiert. Vgl. für Beispiele EBENDA, S. 8 f. sowie zur Abgrenzung der Heuristik vom Algorithmus auch IMBODEN/LEIBUNDGUT/SIEGENTHALER (1978), S. 301.

[693] Vgl. FEIGENBAUM/FELDMAN (1963), S. 6.

[694] In einer engen Begriffsdefinition als Bezeichnung einzelner Verfahren wird von sog. "Heuristiken" gesprochen. In einer sehr weiten Definition dagegen wird der Begriff als Bezeichnung für eine ganze Wissen-

weitgehenden Fehlen von formalen Anwendungsbedingungen und in ihrem relativ geringen Anwendungsaufwand. Die mit heuristischen Entscheidungsverfahren verbundenen Nachteile sind die fehlende Lösungsgarantie und, falls eine Lösung gefunden werden kann, die fehlende Garantie der optimalen Lösung.[695] Demgegenüber kann durch ein heuristisches Verfahren eine systematische Lösungssuche, welche beabsichtigt ist, verfolgt werden.[696]

Ein heuristisches Lösungsverfahren ermöglicht jedoch, ein Entscheidungsproblem (Bestimmung der Parameter des DCF-Verfahrens) hin zu einer "besseren" Lösung zu entwickeln. Wesentlicher Bestandteil einer Heuristik zur Lösungsfindung ist die Problemdekomposition. Ziel dieser Dekomposition ist die Zerlegung in "einfachere" Probleme. Ausgehend von dieser Definition wird im Nachfolgenden anstelle von Verfahren zur Lösung unvollständig formulierter Probleme von heuristischen Lösungsverfahren gesprochen.

Im weiteren Verlauf der Arbeit findet daher ein heuristisch geprägter Problemlösungsprozess Anwendung. Die heuristische Komponente findet sich dabei auf verschiedenen Prozessebenen wieder. Hierzu erfolgt eine systematische Unterscheidung in Heuristiken im weiteren Sinne, welche als Kerngedanken die Problemdekomposition beinhalten, sowie Heuristiken im engeren Sinne. Die Umsetzung der Problemlösung mittels einer Heuristik im weiteren Sinne erfolgt nachfolgend durch Zerlegung des Prognoseproblems in einzelne abgrenzbare Teilprobleme.[697] Die bereits vorgenommene Problemkonkretisierung auf die Anwendung eines DCF-Verfahrens und dessen theoretische Fundierung anhand des aus dem deduktiv-nomologischen Schema von HEMPEL/OPPENHEIM abgeleiteten Prognosemodells führten bereits zu einer Identifizierung abgrenzbarer Problemfelder. Determiniert durch den formalen Aufbau des DCF-Verfahrens reduziert sich die Betrachtung auf die Parameter Einzahlungen, Auszahlungen und Diskontierungszinssatz. Die einer Heuristik immanente Problemdekomposition ist somit durch die identifizierten Teilprobleme in Gestalt der Parameter des DCF-Verfahrens bereits vorgegeben.[698]

---

schaftsdisziplin verwendet. Zweckmäßig erscheint die Verwendung als Sammelbegriff für alle Aussagen und Theorien über heuristische Problemlösungsprozesse, vgl. GANS (1986), S. 298 m.w.N.

695 Vgl. auch STREIM (1975), S. 147.

696 Vgl. EBENDA, S. 149.

697 Auch als Faktorisierungs-Heuristik bezeichnet, vgl. beispielsweise IMBODEN/ LEIBUNDGUT/SIEGENTHALER (1978), S. 313 f.

698 Vgl. Teil II Kapitel 2.2.3.

Die eigentliche Prognose der einzelnen Parameter des DCF-Verfahrens erfolgt durch spezielle heuristische Lösungsverfahren,[699] die Heuristiken im engeren Sinne.[700] Heuristiken im engeren Sinne stellen systematische Verfahren dar, die im Rahmen einer Prognose Daten und Annahmen zu einem Prognoseergebnis verknüpfen. Heuristiken übernehmen somit, im Fall der Abwesenheit geeigneter Gesetzesaussagen, die Aufgabe der Bereitstellung geeigneter Hypothesen, welche einen logisch-deduktiven Schluss von den Daten und Annahmen zum Prognoseergebnis zulassen. Diese Heuristiken im engeren Sinne sind daher nachfolgend zu identifizieren.

4.2 Bestimmung der Heuristiken im engeren Sinne

4.2.1 Erhebung der Handlungsalternativen

4.2.1.1 Vorgehen

Die zur Problemlösung verwandten Heuristiken im engeren Sinne sind auch als in der Praxis gängige Verfahren bzw. Erfahrungsregeln[701] zur Lösung teils komplexer Probleme zu interpretieren. Voraussetzung zur Identifizierung geeigneter Heuristiken ist die Erhebung von Handlungsalternativen. Aufgrund des Bezugs zur Praxis liegt ein induktives Vorgehen zur Erhebung von Handlungsalternativen nahe. Dieses Vorgehen entspricht auch den Vorgaben der IFRS. So sieht IAS 8 für den Fall, dass geeignete Lösungsalternativen aus dem gegebenen Normensystem nicht deduziert werden können, einen Rückgriff auf allgemein anerkannte Branchenpraktiken vor.[702]

Daher wurden im Zeitraum Juni bis August 2005 explorative Interviews mit vier Immobiliensachverständigen durchgeführt.[703] Die Auswahl der Sachverständigen erfolgte bewusst. Da

---

699 Von speziellen heuristischen Lösungsverfahren wird gesprochen, wenn für ein bestimmtes Sachgebiet spezielle heuristische Prinzipien zu einem systematischen Lösungsverfahren integriert werden. Ein typisches Beispiel hierfür sind Entscheidungstechniken beim Schach- und Kartenspiel. Die Besonderheit liegt in der Bezugnahme auf einen eng definierten Aufgabenrahmen. Sie können somit nicht in allgemeiner Form formuliert werden. Oft handelt es sich um einfache Selektionskriterien, man spricht deshalb auch von Auswahlheuristiken, vgl. KLEIN (1971), S. 126. Vgl. für einige Beispiele EBENDA, S. 128 sowie FEIGENBAUM/ FELDMAN (1963), S. 6 f.

700 Zur Vermeidung der notwendigen Differenzierung zwischen "Heuristiken im weiteren Sinne" und "Heuristiken im engeren Sinne" findet im weiteren Verlauf dieser Arbeit nur der Begriff "Heuristiken" stellvertretend für die "Heuristiken im engeren Sinne" Verwendung. Sollten "Heuristiken im weiteren Sinne" angesprochen werden, so wird dieses explizit erwähnt.

701 Oftmals wird umgangssprachlich auch von "Daumenregeln" anstelle von Heuristiken gesprochen.

702 Vgl. IAS 8.12 sowie die Ausführungen in Teil II Kapitel 3.1.

703 Um trotz des grundsätzlich rein explorativen Charakters ein Mindestmaß an Repräsentativität zu erreichen, erfolgte die bewusste Auswahl eines im Berliner Raum lokal tätigen Sachverständigen (Dipl.-Ing.), zweier Sachverständiger, welche durch verschiedene Publikationen (u.a. mit IFRS-Bezug) deutschlandweit bekannt sind, sowie einem Vertreter eines weltweit tätigen angelsächsischen Immobilienberatungsunternehmens.

diese Interviews rein explorativen Charakter hatten, erscheint der Umfang von vier Befragten vertretbar. Die Durchführung erfolgte als halbstandardisiertes Interview, da der Themenbereich klar abgegrenzt war und es sich bei den Befragten um eine homogene Expertengruppe handelte. Dabei wurde ein Interview-Leitfaden verwandt, um die Beeinflussung durch den Interviewer zu begrenzen und durch vorbereitete Antworten das wörtliche Mitprotokollieren zu minimieren.[704] Der Interview-Leitfaden konzentrierte sich, neben ergänzend erhobenen Fragen zur Person und zu den angewandten Bewertungsverfahren, hierbei auf zwei wesentliche Fragenkomplexe. Im ersten Fragenkomplex wurden allgemeine Kriterien bei der Auswahl der Parameter des DCF-Verfahrens und im zweiten Fragekomplex mögliche Heuristiken zur Bestimmung des jeweiligen Parameters sowie deren Vorziehenswürdigkeit erhoben. Der angewandte Interview-Leitfaden sowie eine tabellarische Übersicht der wesentlichen Aussagen sind im Anhang dargestellt.[705]

4.2.1.2 Einzahlungen

Mit Bezug auf die Bestimmung der Einzahlungen wurden von den Sachverständigen verschiedene Handlungsalternativen benannt. Als "theoretisch" ideal, jedoch für die praktische Bewertungstätigkeit als zu aufwendig, wurde die Bestimmung der Einzahlungen durch Mietvertragsanalyse unter Berücksichtigung der Inflationsrate und der Marktentwicklung durch Verwendung eines Entscheidungsbaumes mit Erwartungswertbildung dargestellt. Als weitere Handlungsalternative wurde ein Vergleich der Ist-Mieten mit den ortsüblichen Vergleichsmieten unter Berücksichtigung der allgemeinen und regionalen wirtschaftlichen Entwicklung sowie des Angebots und der Nachfrage auf dem Immobilienmarkt benannt.[706] Mehrere Immobiliensachverständige nannten zudem die Bestimmung der Einzahlungen auf Basis der Ist-Mieten ergänzt um einen Marktabgleich, beispielsweise durch Rückgriff auf Institutsprognosen (BulwienGesa AG, Feri Finance AG). Als weitere Möglichkeiten wurden die Bestim-

---

704 Für Einzelheiten zur mündlichen Befragungstechnik vgl. BORTZ/DÖRING (2003), S. 237 ff.

705 Vgl. Anhang 1a und 1b.

706 Ähnlich im Vorgehen ist auch die Bestimmung der Einzahlungen durch Abstellen auf die vertraglich vereinbarte Miete zuzüglich eines Abgleiches mit den tatsächlichen Zahlungseingängen (Bilanz/Bankkonten), wiederum unter Berücksichtigung der Branchenstruktur sowie einer Konkurrenz- und Mieteranalyse. Ausdrücklich wurde jedoch bei dieser Handlungsalternative eine Erwartungswertbildung verneint.

mung der Ist-Mieten durch Rückgriff auf die Mietverträge sowie die Prüfung des Mieterhöhungspotentials anhand eines qualifizierten Mietspiegels benannt.[707]

Zusammenfassend lässt sich feststellen, dass keine eindeutige Handlungsempfehlung erkennbar ist. Mehrheitlich erfolgt die Prognose der Einzahlungen in der Bewertungspraxis durch einen Rückgriff auf die Ist-Mieten sowie gewisse Annahmen über die zukünftige Entwicklung des Immobilienmarktes. Jedoch unterscheiden sich die verschiedenen Handlungsalternativen hinsichtlich des Umfangs der berücksichtigten Daten sowie der zu treffenden Annahmen. Beispielsweise ist bei einem Verzicht auf eine Mieteranalyse keine diesbezügliche Datenerhebung notwendig und es sind auch keine Annahmen bezüglich der Einkommensentwicklung (bei Wohnraum) bzw. der Branchenentwicklung (bei Gewerberaum) erforderlich.

Induktiv konnten somit folgende Handlungsalternativen zur Bestimmung der Einzahlungen identifiziert werden:

a) Prognose auf Basis der Ist-Mieten ohne Marktabgleich,

b) Prognose auf Basis der Ist-Mieten mit Marktabgleich, z.B. durch Institutsprognosen (Bulwien, Feri),

c) Prognose auf Basis der Ist-Mieten ergänzt um eine individuelle Marktanalyse, eine Mieteranalyse sowie eine Konkurrenzanalyse.

4.2.1.3 Auszahlungen

Bezüglich möglicher Handlungsalternativen zur Bestimmung der Auszahlungen lässt sich ebenfalls feststellen, dass keine eindeutige Handlungsempfehlung aus den Ergebnissen der explorativen Interviews erkennbar ist. Folgende Handlungsalternativen zur Bestimmung der Auszahlungen konnten identifiziert werden:

a) Prognose auf Basis pauschaler Sätze, z.B. gemäß II. BV,

b) Prognose auf Basis pauschaler Sätze, z.B. aus dem Schrifttum oder unter Anwendung der II. BV, jedoch Bezugnahme auf das Gebäudealter und den Gebäudezustand,

c) Prognose auf Basis einer individuellen Einschätzung des Gebäudezustandes und des daraus abgeleiteten Instandhaltungsbedarfs.

---

[707] Dieser explizite Verzicht auf eine Berücksichtigung eigener Erwartung an die Marktentwicklungen und damit eine reine Projektion der tatsächlich vorhandenen Ist-Mieten, reflektiert durch einen Marktvergleich, wurde von einem Sachverständigen sogar als einzig mögliche Alternative benannt, vgl. Anhang 1b.

4.2.1.4 Diskontierungszinssatz

Auch bezüglich möglicher Handlungsalternativen zur Bestimmung des Diskontierungszinssatzes lässt sich feststellen, dass induktiv keine eindeutige Handlungsempfehlung gewonnen werden konnte. Folgende Handlungsalternativen zur Bestimmung des Diskontierungszinssatzes wurden identifiziert:

a) Verwendung eines vorgegebenen Zinssatzes, z.B. des Liegenschaftszinssatzes des Gutachterausschusses oder eines Zinssatzes aus Fachschriften,

b) Verwendung eines vorgegebenen Zinssatzes (z.B. Liegenschaftszinssatz), jedoch angepasst um spezielle Risiken (z.B. die Bonität des Mieters, etc.),

c) Verwendung eines individuell ermittelten Zinssatzes durch Verwendung eines Basiszinssatzes (z.B. der Umlaufrendite einer zehnjährigen Staatsanleihe) und eines Risikozuschlages.

4.2.2 Auswahl der Handlungsalternativen

4.2.2.1 Notwendigkeit einer Analyse

Die induktiv erhobenen Handlungsalternativen stellen Branchenpraktiken dar. Zur Sicherstellung der Vollständigkeit und Normenkonformität der erhobenen Handlungsalternativen ist jedoch im Anschluss an die eigentliche Erhebung eine Analyse im Kontext des gegebenen Problemlösungsrahmens sowie der Erkenntnisse des Schrifttums notwendig.[708]

Die Auswahl geeigneter Heuristiken muss sich daher an deren Beitrag zur Entscheidungsnützlichkeit orientieren. Hierzu müssen die geeigneten Heuristiken ein Mindestmaß an Relevanz und Zuverlässigkeit aufweisen.[709] Die Problemlösungsüberlegungen müssen daher sicherstellen, dass die induktiv erhobenen Handlungsempfehlungen vollständig und im Sinne des gegebenen Problemlösungsrahmens zielführend und normenkonform sind. Eine dahingehende Untersuchung der durch die jeweilige Handlungsalternative generierten Daten und Annahmen ist daher erforderlich.

Die Analyse der induktiv gewonnenen Handlungsalternativen muss sich an dem Grad der Berücksichtigung der wesentlichen, den Immobilienwert bestimmenden Faktoren orientieren,

---

[708] Diese Forderung ergibt sich ebenfalls aus IAS 8.12, welcher als Nebenbedingung eine Konformität mit den Anforderungen der IFRS, insbesondere aus den Standards sowie dem Framework, verlangt. Zu den Anforderungen der IFRS im weiteren Sinne gehören auch die Verlautbarungen des IVSC, da auf diese in der Basis for Conclusion zu IAS 40 ausdrücklich verwiesen wird, vgl. IAS 40.BC52.

[709] Vgl. zu den Anforderungen der Relevanz und Zuverlässigkeit Teil II Kapitel 4.1.1.

wie z.B. Standortbezug, Marktbezug, Gebäudebezug und Mieterbezug.[710] Die Standort- und Marktanalyse lässt sich als eine "objektive, methodisch aufgebaute, fachlich fundierte Untersuchung der wesentlichen Rahmenbedingungen für eine Immobilieninvestition (verstehen, d. Verf.). Dazu gehört das systematische Sammeln, Gewichten und Bewerten von direkt und indirekt mit der künftigen Entwicklung einer Immobilie im Zusammenhang stehenden Informationen über den (Makro- und Mikro-)Standort, über den Nutzermarkt (wirtschaftliche Grundlagen des Flächenbedarfs) und über den Immobilienmarkt (Angebot von, Nachfrage von, Preis von Immobilien)."[711]

Jedoch ist aufgrund dieser Definition keine Abgrenzung der Standortanalyse von der Marktanalyse möglich. Standortanalyse bezieht sich im Weiteren auf die Untersuchung der Eigenschaften des Grundstücks sowie dessen Umfeld.[712] Die Marktanalyse zielt dagegen auf eine Einschätzung der Angebots- und Nachfragesituation auf dem Immobilienmarkt. Hierbei ist eine aggregierte Betrachtung des Gesamtmarktes und eine disaggregierte Betrachtung bestimmter räumlicher oder sachlicher Teilmärkte zu unterscheiden. Weiterhin wird bei der Marktanalyse in eine qualitative und eine quantitative Analyse unterschieden.[713]

Neben der Standort- und Marktanalyse ist auf objektspezifischer Ebene, d.h. die konkrete Immobilie betreffend, eine Gebäude- und Mieteranalyse erforderlich. Die Gebäudeanalyse zielt auf eine Beurteilung im Hinblick auf Ausstattungs- und Qualitätsstandards sowie eventueller Mängel und Schäden, insbesondere durch unterlassene Instandhaltung, ab.[714] Im Rahmen der Mieteranalyse werden die Mieterbonität und die Mietvertragsstrukturen untersucht. Sie dient insbesondere der Schätzung der Cashflows sowie der Ermittlung eventueller Differenzen zwischen der Vertrags- und der Marktmiete.[715]

Voraussetzung für eine geeignete Heuristik ist daher zunächst, dass sämtliche den Immobilienwert bestimmenden Faktoren auch berücksichtigt wurden. Die induktiv erhobenen Handlungsalternativen werden daher nachfolgend zunächst im Hinblick auf die Berücksich-

---

[710] Es sei darauf hingewiesen, dass in der Literatur vielfach nicht zwischen der Standort- und Marktanalyse differenziert wird, vgl. ISENHÖFER/VÄTH/HOFMANN (2005), S. 394.

[711] MUNCKE/DZIOMBA/WALTHER (2002), S. 133 (ohne Aufzählungszeichen des Originals) sowie für eine Darstellung des Ablaufs einer solchen Analyse EBENDA, S. 139. Hierzu bietet sich beispielsweise der Zugriff auf sog. externe Geodatenbanken wie beispielsweise On-Geo oder Geoport an, vgl. OTT/LENZEN (2004), S. 800.

[712] Vgl. ausführlich zur Standortanalyse sowie zur Diskussion über mögliche Standorttheorien ISENHÖFER/VÄTH/HOFMANN (2005), S. 398 ff. sowie S. 416 ff.

[713] Vgl. ausführlich zur Marktanalyse EBENDA, S. 433 ff.

[714] Vgl. EBENDA, S. 395.

[715] Vgl. ISENHÖFER/VÄTH/HOFMANN (2005), S. 396.

tigung aller relevanten Faktoren und anschließend im Hinblick auf ihren Beitrag zur Entscheidungsnützlichkeit untersucht.

4.2.2.2 Analyse der Handlungsempfehlungen

4.2.2.2.1 Einzahlungen

4.2.2.2.1.1 Vorbemerkung

Zur Ermittlung des Fair Value mit Hilfe eines DCF-Verfahrens ist die Bestimmung des Parameters Einzahlungen notwendig. Die Einzahlungen stellen die zukünftigen, aus einem Investment Property resultierenden Zahlungsströme (Mietzahlungen) dar.[716] Während die Datenbasis für diese Prognose zumeist in Gestalt der tatsächlichen Ist-Mieten gegeben und damit unproblematisch ist, erfordert die Festlegung entsprechender Annahmen eine gewisse Wertung durch den einzelnen Immobiliensachverständigen. Im Hinblick auf die möglichst hohe Zuverlässigkeit sollten insbesondere die zu treffenden Annahmen intersubjektiv nachprüfbar und die Herleitung offen gelegt worden sein. Diese Forderung wäre durch eine einheitlich angewandte Heuristik lösbar. Darüber hinaus sollten diese Annahmen jedoch solche Annahmen reflektieren, die auch andere Marktteilnehmer in dieser Bewertungssituation berücksichtigen würden. Spezifische wirtschaftliche Gegebenheiten des bilanzierenden Unternehmens dagegen werden in den Annahmen nicht berücksichtigt.[717] Diese Vorgehensweise beim Entwickeln der Annahmen entspricht auch der Natur des Bewertungsmaßstabes Fair Value, der im Gegensatz zum Value in Use strikt marktbezogen zu ermitteln ist. Eine solche, nicht im Widerspruch zu Marktdaten stehende Vorgehensweise bei der Entwicklung der Annahmen könnte dazu beitragen, die Neutralität zu erhöhen;[718] es handelt sich gleichwohl noch um Annahmen, die ihrer Natur nach nur in Grenzen objektiv und willkürfrei sein können.[719]

Grundsätzlich benötigt der Immobilienbewerter Informationen darüber, wie hoch die derzeitigen mit der zu bewertenden Immobilie verbundenen Einzahlungen sind. Die Einzahlungen einer Periode entsprechen hierbei den jährlichen Brutto-Mieteinzahlungen, welche

---

[716] Auf die Problematik der Abgrenzung von Zahlungsströmen bei Immobilienportfolios wird an dieser Stelle nicht näher eingegangen. Aufgrund der gegenseitigen Beeinflussung der Einzahlungen und Auszahlungen durch andere im Bestand gehaltene Immobilien ist eine isolierte Erhebung der Einzahlungen und Auszahlungen bei der Komplexität größerer Immobilieneinheiten mit erheblichen Schwierigkeiten behaftet, vgl. PAUL (2001), S. 629. Vgl. beispielhaft zur Bewertung von Wohnimmobilienportfolios LEOPOLDSBERGER/ KIEFER (2000).

[717] Vgl. KÜMMEL (2002), S. 170.

[718] Vgl. zur Neutralität Teil II Kapitel 3.2.1.3.2.4, insb. Fn. 509 ff.

[719] A.A. offenbar KÜMMEL (2002), S. 170.

sich aus den jährlichen Netto-Mietzahlungen zzgl. der umlagefähigen Betriebskosten[720], vermindert um die erwarteten jährlichen Mietausfälle sowie Leerstände errechnen.[721] Bei den jährlichen Netto-Mietzahlungen ist zwischen sicheren und unsicheren (geschätzten) Zahlungen zu unterscheiden. Als "sichere Mietzahlungen" werden im Schrifttum in diesem Kontext solche Zahlungen verstanden, welche auf vertraglichen Ansprüchen beruhen.[722] Bewertungsrelevant sind hierbei insbesondere die Mietvertragsstrukturen sowie die Art der Mietanpassungen.[723] Liegen hingegen keine vertraglichen Mietvereinbarungen für den gesamten Prognosezeitraum[724] vor, so sind diese Netto-Mietzahlungen unsicher und vom Sachverständigen zu schätzen. Mit Ausnahme rein gewerblicher Objekte mit naturgemäß längeren Vertragslaufzeiten wird daher im Regelfall eine Schätzung der Netto-Mieteinzahlungen für den Prognosezeitraum notwendig sein.[725] Gerade in diesem Fall hat das Vorgehen des Sachverständigen maßgeblichen Einfluss auf das Bewertungsergebnis.[726] Die Datenerhebung ist daher nur auf Grundlage einer detaillierten Standort-, Markt- und Gebäudeanalyse möglich.

Typischerweise erfolgt eine Prognose der zukünftigen Einzahlungen auf Basis einer Vergangenheitsanalyse. Hierzu werden die Objektdaten des letzten Geschäftsjahres vor dem Bewertungsstichtag herangezogen. Ideal wäre ein Zeitraum von drei bis fünf Jahren.[727] Dabei ist neben der Miethöhe auch die zeitliche Verteilung der Mietzahlungen zu beachten. Die Schätzung der zukünftigen Entwicklung erfordert eine genaue Marktbeobachtung, um aus den für vergleichbare Objekte gezahlten Mieten Rückschlüsse ziehen zu können. Hierbei sind

---

720 Vgl. zur Abgrenzung der umlagefähigen und nichtumlagefähigen Betriebskosten die II. BV sowie die BetrKV.

721 Vgl. BECK (2004a), S. 359. Darüber hinaus sind Sondereinzahlungen durch Vermietung von Werbeflächen, Mobilfunkantennen, Automation oder Mobiliar möglich, vgl. stellvertretend GIF (2006), S. 8. Diese werden jedoch aus Vereinfachungsgründen nicht weiter betrachtet.

722 Streng genommen handelt es sich gleichwohl um unsichere Zahlungen, da sie in der Person des Mieters ein Ausfallrisiko beinhalten und daher Abweichungen von den vertraglich vereinbarten Zahlungsströmen möglich sind.
Unabdingbar sind jedoch gewisse Prüfungshandlungen, vgl. zum Begriff der Prüfungshandlung stellvertretend MARTEN/QUICK/RUHNKE (2006), S. 618 f. So sollten im Rahmen aussagebezogener Prüfungshandlungen die tatsächlich gezahlten Mieten mit den Soll-Mieten verglichen werden, vgl. PAUL (2001), S. 630.

723 Vgl. PAUL (2001), S. 632; ZÜLCH (2003), S. 257.

724 Dieser Prognosezeitraum, auch als Detailplanungsperiode bezeichnet, beträgt gewöhnlich zehn Jahre, vgl. Fn. 365.

725 Vgl. hierzu auch Fn. 328.

726 So unterstellt beispielsweise die Bayerische Immobilien AG nach Auslaufen eines Mietvertrages eine objekt- und nutzungsspezifischen Leerstandszeit, d.h. einen Ausfall der "Cash-Inflows". Im Anschluss an diese Leerstandszeit wird eine Neuvermietung auf Grundlage der objekt- und mietflächenspezifischen Marktmiete sowie Annahmen zur Marktmietentwicklung unterstellt, vgl. HINRICHS/SCHULTZ (2003), S. 267.

727 Vgl. PAUL (2001), S. 631.

sowohl die Prolongationswahrscheinlichkeit[728] als auch die Wiedervermietungswahrscheinlichkeit[729] aufgrund von Erfahrungswerten und Marktanalysen zu prognostizieren. Keine Berücksichtigung finden Finanzierungskosten und Steuern, da diese in der Marktwertdefinition des Fair Value gemäß IAS 40 mit Bezug auf IVS 1 explizit ausgeklammert werden.[730]

Die Berücksichtigung der Inflation erfordert eine gesonderte Betrachtung.[731] Eine besondere Fehlerquelle liegt hier dahingehend vor, dass die Inflation nicht mehrfach berücksichtigt werden darf, d.h. in mehreren Parametern. Sofern die Inflation im Zähler, also in den Einzahlungen (und auch in den Auszahlungen) berücksichtigt wird, darf diese nicht ebenfalls im Nenner (dem Diskontierungszinssatz) Eingang finden. Somit hängt die Berücksichtigung der Inflationsrate einzig von der Wahl des Diskontierungszinssatzes als realem Zinssatz oder nominalem Zinssatz ab.[732] Da die identifizierten Handlungsalternativen jedoch sowohl für reale als auch nominale Diskontierungszinssätze anwendbar sein sollten, wurde die Inflationsrate bei der Auswahl der Handlungsalternative nicht explizit berücksichtigt.[733]

---

[728] Liegen Mietvertragsverlängerungsoptionen vor, ist eine Einschätzung der Mietverlängerungswahrscheinlichkeit notwendig. Ein Indiz hierfür ergibt sich aus dem Vergleich der Vertragsmiete und der derzeitigen Marktmiete. Liegt die Vertragsmiete unterhalb der Marktmiete, so ist mit einer Verlängerung für die Dauer der Option zu rechnen. Eine Schätzung kann somit unterbleiben. Liegt dagegen die Vertragsmiete oberhalb der Marktmiete, so ist entweder mit einem Auszug oder einer Verlängerung zu den marktüblichen Konditionen zu rechnen. In diesem Fall ist eine Prognose auf Grundlage der Marktmiete erforderlich, vgl. GIF (2006), S. 8.

[729] Die Wiedervermietungswahrscheinlichkeit ist eng verknüpft mit dem Problem des Leerstandes. Hierbei ist in konjunkturellen und strukturellen Leerstand zu unterscheiden, vgl. ALTMEPPEN (2006), S. 336 f. Der konjunkturelle Leerstand resultiert aus einer schwankenden Nachfrage aufgrund der konjunkturellen Gesamtentwicklung; mit einer kurzfristigen Neuvermietung ist daher zu rechnen. Struktureller Leerstand beruht dagegen auf einem Überangebot, welches auch bei konjunkturellen Änderungen nicht nachgefragt würde; er ist daher abhängig von der Lage und dem Zustand des Objektes.

[730] Vgl. IVS 1, Par. 3.3.

[731] Vgl. stellvertretend zur Problematik der Inflation im DCF-Verfahren ENGEL (2003), S. 354 f.; KLEIBER (2004), S. 200.

[732] Der empirisch abgeleitete Liegenschaftszinssatz ist dann ein realer Zinssatz, wenn es marktüblich ist, die Inflation durch Wertsicherungsklauseln zu kompensieren. Andernfalls enthält der Liegenschaftszinssatz einen Risikoaufschlag für die Inflationserwartungen des Marktes. Ein aus dem Kapitalmarktzinssatz abgeleiteter Diskontierungszinssatz im DCF-Verfahren berücksichtigt grundsätzlich einen Inflationsausgleich in Höhe der in den angesetzten Mieten (Einzahlungen) und Bewirtschaftungskosten (Auszahlungen) enthaltenen Inflationsmargen. Der Diskontierungszinssatz im DCF-Verfahren ist somit immer ein Mischzinssatz, er beinhaltet reale und nominale Komponenten, vgl. hierzu ENGEL/BÄRWOLF (2004), S. 275 f.

[733] So orientiert sich der Vorschlag der BIIS für ein "marktwertkonformes DCF-Verfahren" an den Vorgaben der WertV, insbesondere § 11 Abs. 2 WertV, und formuliert ein Modell, das die Inflation ausschließlich im Nenner, dem Liegenschaftszinssatz berücksichtigt, vgl. BIIS (2006), S. 9.

4.2.2.2.1.2 Betrachtung der Handlungsalternativen

Folgende Handlungsalternativen zur Bestimmung der Einzahlungen wurden induktiv gewonnen:

a) *Prognose auf Basis der Ist-Mieten ohne Marktabgleich,*
b) *Prognose auf Basis der Ist-Mieten mit Marktabgleich, z.B. durch Institutsprognosen (Bulwien, Feri),*
c) *Prognose auf Basis der Ist-Mieten ergänzt um eine individuelle Marktanalyse, eine Mieteranalyse sowie eine Konkurrenzanalyse.*

Betrachtet man die induktiv gewonnenen Handlungsalternativen, so ist die *Handlungsalternative a)* kritisch zu betrachten. Unstrittig ist die Verwendung der Ist-Mieten als Datenbasis, jedoch erfordert eine Prognose auch gewisse Annahmen über die zukünftige Entwicklung des Immobilienmarktes. Eine Untersuchung der gegenwärtigen Marktverhältnisse ist für eine Prognose, welche für die Adressaten ein gewisses Maß an Entscheidungsnützlichkeit aufweisen soll, unabdingbar.[734] Zu einer Untersuchung der Marktverhältnisse gehört sowohl eine qualitative als auch eine quantitative Marktanalyse.[735] Der Verzicht auf eine Marktanalyse kann demnach nicht zu einer zutreffenden Einschätzung der zukünftigen Cashflows führen. Aus diesem Grund ist die *Handlungsalternative a)* zu verwerfen.

Die *Handlungsalternativen b)* und *c)* unterscheiden sich hinsichtlich des Umfangs der zutreffenden Annahmen und Daten. *Handlungsalternative b),* (Prognose der Einzahlungen auf Basis der Ist-Mieten, ergänzt um einen Marktabgleich durch Institutsprognosen) berücksichtigt die Entwicklung der Angebots- und Nachfrageseite auf dem Immobilienmarkt und enthält somit den wesentlichen, die Einzahlungen determinierenden Faktor des Marktbezuges. Der Rückgriff auf öffentlich verfügbare Prognosen von deutschen "Immobilien-Research-Instituten" bietet zugleich eine gewisse Nachprüfbarkeit der erhobenen Daten und getroffenen Annahmen. Ein verzerrender Einfluss durch eine subjektive Einschätzung des Bewertenden ist bei dieser Handlungsalternative begrenzt. Der *Handlungsalternative b)* kann daher auf Grund der Berücksichtigung des Marktes ein gewisses Maß an Relevanz und eine vergleichsweise hohe Zuverlässigkeit zugesprochen werden. Die Verwendung dieser Alternative lässt

---

734 A.A. BUHLEMANN (2006), S. 324, der einen Verzicht der Berücksichtigung eigener Erwartung an die Marktentwicklungen und damit eine reine Projektion der tatsächlich vorhanden Ist-Mieten, reflektiert durch einen Marktvergleich, als geeignet erachtete.

735 Vgl. ZÜLCH (2003), S. 234.

die Ermittlung eines Fair Value erwarten, der für die Adressaten grundsätzlich entscheidungsnützlich ist.

Betrachtet man dagegen die *Handlungsalternative c)* (Prognose der Einzahlungen auf Basis der Ist-Mieten, ergänzt um eine Branchenstruktur-, Konkurrenz und Mieteranalyse) zeigen sich deutliche Unterschiede zur *Handlungsalternative b).* Eine individuelle Marktanalyse, ergänzt um eine Mieter- und Konkurrenzanalyse, weist einen umfassenden Marktbezug sowie einen ergänzenden Mieterbezug auf. Der Mieterbezug ist aufgrund des Einflusses der Mietstruktur einer Immobilie auf deren Mieteinzahlungen von besonderer Bedeutung. Jedoch ist eine Einschätzung der Bonität der Mieter sowie der Entwicklung der Branchen gerade bei gewerblichen Mietern mit Unsicherheiten behaftet. Aufgrund in Deutschland kaum verfügbarer Daten zur Entwicklung des Flächenbedarfs bestimmter Branchen und deren hieraus resultierenden Wegzugswahrscheinlichkeiten kann diese Einschätzung nur subjektiv durch den Bewertenden erfolgen.[736] Eine individuelle Einschätzung des Immobilienmarktes setzt ebenfalls eine gründliche quantitative und qualitative Analyse des jeweiligen Immobilienteilmarktes voraus. Somit erfordert auch die Marktanalyse ein gewisses Maß an subjektiver Einschätzung.

Es kann somit festgehalten werden, dass die *Handlungsalternative c)* aufgrund der umfassenden Berücksichtigung der den Parameter Einzahlungen betreffenden Faktoren zu einem vergleichsweise relevanten Prognoseergebnis führt. Jedoch ist die Zuverlässigkeit dieser Prognose auf Grund der vielfachen tendenziell subjektiven Annahmen eingeschränkt. Gleichwohl erscheint auch diese Alternative geeignet, einen entscheidungsnützlichen Fair Value eines Investment Property zu ermitteln.

Somit können beide Handlungsalternativen, nämlich *b)* und *c)*, als geeignete Heuristiken zur Bestimmung der Einzahlungen verwandt werden. Betrachtet man beide alternativen Heuristiken im Kontext der Anforderungen der Relevanz und Zuverlässigkeit, lässt sich feststellen, dass sich beide nur graduell hinsichtlich ihrer Ausprägungen an Relevanz und Zuverlässigkeit unterscheiden.

Hinsichtlich der Anforderung der Relevanz ergibt sich der Unterschied durch den Grad der objektspezifischen Komponente. Die *Handlungsalternative b)* berücksichtigt zur Verbesserung der Prognosequalität nur öffentlich verfügbare Immobilienmarktprognosen, die *Handlungsalternative c)* dagegen berücksichtigt individuelle, objektspezifische Einschätzun-

---

[736] Vgl. zur Intransparenz des deutschen Immobilienmarktes auch Teil II Kapitel 1.2.2.1.

gen der zukünftigen Entwicklung des Immobilienmarktes sowie der Mieter- und Konkurrenzstruktur. Bei *Handlungsalternative c)* ist demnach die Relevanz im Vergleich stärker gewichtet.

In Bezug auf die Anforderung der Zuverlässigkeit unterscheiden sich beide Alternativen dagegen hinsichtlich des individuellen Einflusses des Bewertenden. Je größer dieser ist, desto geringer dürfte die Zuverlässigkeit der prognostizierten Einzahlungen sein. Auch nimmt das Ermessen des Bewertenden bei einer individuellen Schätzung, beispielsweise im Vergleich zur Verwendung öffentlich verfügbarer Prognosen, stark zu. Demnach lässt sich bei *Handlungsalternative b)* eine tendenziell stärkere Gewichtung der Zuverlässigkeit gegenüber der *Handlungsalternative c)* ausmachen.

Im Ergebnis lässt sich daher feststellen, dass zwar zwei mögliche Heuristiken zur Ermittlung des Parameters Einzahlungen identifiziert werden konnten, diese beide sowohl die Anforderungen der Relevanz als auch der Zuverlässigkeit erfüllen, sich jedoch hinsichtlich der Gewichtung beider Anforderungen graduell unterscheiden. Eine Auswahl zwischen beiden Alternativen bedingt daher eine Beurteilung des Nutzenbeitrages der Relevanz und der Zuverlässigkeit zum Gesamtnutzen, der Entscheidungsnützlichkeit. Zusammenfassend sind nachfolgend beide Heuristiken dargestellt:

Heuristik H_{E1}:	*Ist-Mieten ergänzt um eine individuelle Marktanalyse, eine Mieteranalyse sowie eine Konkurrenzanalyse.*
Heuristik H_{E2}:	*Ist-Mieten mit Marktabgleich, z.B. durch Institutsprognosen (Bulwien, Feri).*

4.2.2.2.2 Auszahlungen

4.2.2.2.2.1 Vorbemerkung

Die Auszahlungen einer Periode bestehen im Wesentlichen aus den Bewirtschaftungskosten sowie den sonstigen Vermietungskosten.[737] Zu den Bewirtschaftungskosten gehören die Verwaltungskosten, die Instandhaltungskosten, das Mietausfallwagnis[738] sowie die Betriebs-

---

[737] Vgl. zu den "Operating Expenses" aus US-amerikanischer Sicht ausführlich APPRAISAL INSTITUTE (2001), S. 512 ff.

[738] Das Mietausfallwagnis umfasst gewöhnlich das Wagnis eines Einzahlungsausfalls durch uneinbringliche Mietrückstände oder Leerstand sowie die Kosten einer Rechtsverfolgung auf Zahlung, Aufhebung des Mietverhältnisses oder Räumung, vgl. VOGELS (1996), S. 158. Da beim DCF-Verfahren jedoch die erwarteten Leerstände und Mietausfälle bereits in der Prognose der Einzahlungen berücksichtigt werden, dürfen bei den Auszahlungen nur die hierdurch entstehenden Kosten in Ansatz gebracht werden, da ansonsten eine Doppelerfassung erfolgen würde.

kosten.[739] Die Betriebskosten sind in umlagefähige und nicht-umlagefähige Betriebskosten zu unterscheiden. Die umlagefähigen Betriebskosten stellen aus Sicht des Eigentümers der Immobilie wirtschaftlich gesehen einen durchlaufenden Posten dar, da die Umlage dieser Auszahlungen auf die Mieter zu entsprechenden Einzahlungen in gleicher Höhe führt. Die umlagefähigen Betriebskosten sind in Deutschland in der seit dem 1. Januar 2004 geltenden Betriebskostenverordnung aufgeführt.[740]

Durch Leerstände und Mietausfall sind jedoch unter Umständen grundsätzlich umlegbare Betriebskosten aufgrund einer fehlenden Überwälzungsmöglichkeit mangels entsprechender Mieter vom Eigentümer zu tragen. In diesem Fall sind diese temporär nicht umlegbaren Betriebskosten bei der Prognose der Auszahlungen zu berücksichtigen. Hierzu zählt beispielsweise die weiterhin erhobene, anteilig auf die unvermieteten Flächen entfallene Grundsteuer.[741] Grundsätzlich ist daher eine Berücksichtigung der Betriebskosten in ihrer tatsächlichen Höhe zu befürworten. Ein Ansatz pauschaler Betriebskosten aufgrund von Erfahrungswerten sollte daher erst dann erfolgen, wenn sich die tatsächliche Höhe nicht ermitteln lässt, eine Schätzung derselben mit zuviel Unsicherheit behaftet ist oder aus Kosten-Nutzen-Abwägung unwirtschaftlich erscheint.[742] In der Regel ist die Prognose der Betriebskosten jedoch unproblematisch, da die für die Prognose notwendigen Daten in Gestalt der Betriebskostenabrechnungen der vergangenen Perioden vorliegen. Darüber hinaus sind bezüglich der zukünftigen Entwicklung der Betriebskosten keine zusätzlichen Annahmen erforderlich.[743]

Einen stärkeren Einfluss auf die Prognose der Auszahlungen haben die zu erwartenden Instandhaltungskosten. Instandhaltungskosten werden definiert als die Kosten, die zur Erhaltung

---

[739] Vgl. SIMON/SIMON (2005), Rn. 4.169. Die Abschreibung ist nicht zu berücksichtigen, da sie aufgrund fehlender Zahlungsmittelabflüsse keine Auszahlung darstellt und nur die technische Wertminderung des Gebäudes erfassen soll. Sie wird im Rahmen des Ertragswertverfahrens nach WertV ebenfalls aufgeführt (§ 25 II. BV), ist jedoch nach Auffassung des Schrifttums auch dort nicht zu berücksichtigen. Vgl. beispielhaft zur Problematik der Abschreibungen im Rahmen der Wertermittlung EBENDA, Rn. 4.174 ff.

[740] Vgl. zum Begriff der Betriebskosten § 1 BetrKV und für eine Aufzählung der umlagefähigen Betriebskosten § 2 BetrKV.

[741] Es sei jedoch darauf hingewiesen, dass der Gesetzgeber für den Fall umfangreichen Leerstands grundsätzlich eine Erlassmöglichkeit der Grundsteuer vorsieht, vgl. § 33 GrStG.

[742] Vgl. BECK (2004a), S. 360. Ein Beispiel für durchschnittliche Betriebskosten in % des Rohertrages geben SIMON/SIMON (2005), Rn. 4.197.

[743] Bezogen auf die umlegbaren Betriebskosten würde eine fehlerhafte Prognose der Auszahlungen zu keiner Verzerrung des ermittelten Fair Value führen, da korrespondierend die prognostizierten Einzahlungen gleichermaßen zu hoch oder zu niedrig angesetzt wären und sich der Effekt neutralisieren würde. Zwar ist eine Verzerrung des Fair Value durch eine fehlerhafte Prognose der nicht-umlagefähigen Betriebskosten grundsätzlich möglich; da die nicht-umlagefähigen Betriebskosten im Vergleich zu den anderen Auszahlungen jedoch weniger hohe Bedeutung haben, sind die Auswirkungen auf den Fair Value vergleichsweise gering.

der vollen Gebrauchsfähigkeit und Vermietbarkeit aufgewendet werden müssen. Sie sind grundsätzlich in objektspezifischer Höhe anzusetzen. Die Instandhaltungskosten sind pro m^2 in Abhängigkeit von der Nutzungsart und dem Baujahr der Immobilie zu ermitteln. Relevant ist vor allem der Zeitpunkt der letzten durchgreifenden Instandsetzung, d.h. die erwarteten Instandhaltungskosten sind davon abhängig, in welcher Phase des Nutzungszyklus sich die Immobilie befindet. Bei Gewerbeimmobilien ist zu beachten, dass unter Umständen eine Übernahme der Instandhaltung durch den Mieter vereinbart ist.

Die Auszahlungen für Instandhaltungsmaßnahmen lassen sich grundsätzlich aufgrund der in der Literatur[744] und WertR angegebenen Prozentsätze schätzen.[745] Wird einem Objekt ein "normaler" Erhaltungszustand beigemessen, so könnte weiterhin eine Verwendung der pauschalen Sätze erfolgen. Ein Gebäudebezug wird jedoch erst durch eine Berücksichtigung des Gebäudealters und des Gebäudezustandes erreicht. Hierzu ist bei Bedarf eine objektspezifische Anpassung dieser Durchschnittssätze vorzunehmen.[746] Da die Höhe der Instandhaltungskosten in Abhängigkeit von Art und Alter der Immobilie stark schwanken kann,[747] ist der Ansatz pauschaler Sätze zumindest kritisch zu sehen. Daher ist eine Ermittlung der Instandhaltungskosten aufgrund des objektspezifischen Zustandes unter Einfluss von Erfahrungssätzen zu befürworten.[748] Zur Einschätzung des Gebäudezustandes ist jedoch eine umfassende Gebäudeanalyse durch den Bewertenden notwendig.[749]

Als Verwaltungskosten könnten zum einen pauschal ermittelte Verwaltungskosten pro Jahr angesetzt werden. Hierzu wäre ein Rückgriff auf die pauschalen Sätze der II. BV möglich. Sie ergeben sich aus der WertR und betragen drei bis fünf Prozent vom Rohertrag.[750] Diese Sätze sind jedoch auf den besonderen Zweck der II. BV abgestellt und müssen daher kritisch hinterfragt werden. Somit könnten alternativ auch individuell ermittelte Prozentsätze zur Prognose

---

[744] So liegen nach VOGELS (1996), S. 157 die jährlichen Instandhaltungskosten bei ca. 1 bis 1,5% der Herstellungskosten am Wertermittlungsstichtag.

[745] Gemäß WertR Nr. 3.5.2.4 i.V.m. Anlage 3 sind als Instandhaltungskosten in Abhängigkeit vom Gebäudealter zwischen 10 und 25% des Rohertrages anzusetzen. Alternativ dürfen jedoch auch die Werte gemäß § 28 der II. Berechnungsverordnung (II. BV) angesetzt werden, vgl. WertR Nr. 3.5.2.4 i.V.m. Anlage 3. Diese betragen für Gebäude, deren Bezugsfertigkeit mindestens 32 Jahre zurückliegt, höchsten 11,50 € pro qm jährlich, vgl. § 28 Abs. 2 II. BV.

[746] Vgl. BECK (2004a), S. 355.

[747] Vgl. GIF (2006), S. 11.

[748] Vgl. hierzu beispielsweise zur Ermittlung des Instandhaltungsbedarfs anhand einer Stichprobe KATTE ET AL. (2001), S. 8 ff.

[749] ZÜLCH (2003), S. 245 erachtet die Instandhaltungskosten dagegen als fast sichere Auszahlungen.

[750] Vgl. § 26 II. BV sowie Anlage 3 der WertR. Der Begriff des Rohertrages ist eng mit dem Ertragswertverfahren nach WertV verknüpft, sodass eine Übertragung auf das DCF-Verfahren ausscheidet. Da jedoch der Rohertrag sämtlichen Zuflüssen einer Periode entspricht, erscheint eine analoge Anwendung der Prozentsätze auf die Einzahlungen einer Periode vertretbar.

der verwaltungskostenbedingten Auszahlungen verwendet werden.[751] Die aufgrund von Leerstand zu erwartenden Vermarktungskosten und ähnliche leerstandbedingte Kosten sind zu schätzen.[752] Jedoch wird diese Position im Rahmen der Bewertung als nicht substanziell erachtet.[753]

4.2.2.2.2.2 Betrachtung der Handlungsalternativen

Folgende Handlungsalternativen zur Bestimmung der Auszahlungen wurden induktiv gewonnen:

a) Prognose auf Basis pauschaler Sätze, z.B. gemäß II. BV,

b) Prognose auf Basis pauschaler Sätze, z.B. aus dem Schrifttum oder unter Anwendung der II. BV, jedoch Bezugnahme auf das Gebäudealter und den Gebäudezustand,

c) Prognose auf Basis einer individuellen Einschätzung des Gebäudezustandes und dem daraus abgeleiteten Instandhaltungsbedarf.

Analog dem Vorgehen bei den Einzahlungen wird zunächst *Handlungsalternative a)* betrachtet. *Handlungsalternative a)* bedient sich zur Prognose der Auszahlungen ausschließlich pauschaler Sätze gemäß II. BV. Während sich die umlagefähigen Betriebskosten nur im Fall des Leerstandes tatsächlich auswirken und die Verwaltungs- und sonstigen Kosten eine vergleichsweise geringe Relevanz besitzen, ist ein rein pauschaler Ansatz der Instandhaltungskosten fragwürdig. Ohne eine objektspezifische Einschätzung des Gebäudealters und –zustands ist eine fehlerfreie Prognose im Sinne von relevanten Informationen über die Auszahlungen nicht zu erwarten. Da im Rahmen des DCF-Verfahrens für jede Detailperiode explizit eine Festlegung der Auszahlungen erfolgen muss, ist eine Einschätzung des zeitlichen Anfalls der erwarteten Instandhaltungsmaßnahmen unumgänglich. Diese Einschätzung ist jedoch ohne Berücksichtigung des tatsächlichen Gebäudezustandes zumeist nicht möglich, sodass die *Handlungsalternative a)* zur Prognose der Auszahlungen abzulehnen ist.

Handlungsalternative b) bedient sich ebenfalls pauschaler Sätze, beispielsweise aus der II. BV oder dem Schrifttum, jedoch erfolgt eine Berücksichtigung des Gebäudealters und –zustands. Die Kenntnis des tatsächlichen Gebäudezustandes ermöglicht eine Einschätzung des

---

[751] Die Bayerische Immobilien AG verwendet beispielsweise pauschalierte Erfahrungssätze von 3% für nahe an der Konzernzentrale gelegene Immobilien und von 3,5% für weiter entfernt liegende Immobilien. Sie begründet diese Differenzierung mit der aufgrund der räumlichen Entfernung erhöhten Verwaltungsintensität, vgl. HINRICHS/ SCHULZ (2003), S. 268.

[752] Vgl. zum Begriff des Leerstandes und zur Einschätzung des Leerstandrisikos SIMON (2003), S. 273 ff.

[753] Vgl. BECK (2004a), S. 360.

zeitlichen Anfalls bestimmter Instandhaltungsmaßnahmen. So kann beispielsweise die Notwendigkeit einer Dachreparatur oder der Fassade durch eine Inaugenscheinnahme der Immobilie von außen zufriedenstellend beurteilt werden. Neben diesen Daten ist jedoch eine Annahme zum Zeitpunkt der Maßnahmen erforderlich. Als Annahme bietet sich beispielsweise die Durchführung der Instandhaltungsmaßnahmen zum spätestmöglichen Zeitpunkt, der zu keiner Beschädigung der Substanz oder Beeinträchtigung der Nutzung der Immobilie (Vermietbarkeit) führt, an. Diese Annahme unterstellt implizit rationales Handeln. Subjektive Einschätzungen des Bewertenden sind somit kaum notwendig. Die Verwendung der öffentlich verfügbaren, nachvollziehbaren pauschalen Sätze zur Ermittlung des Instandhaltungsbedarfs vermeidet darüber hinaus subjektive Einschätzungen hinsichtlich des monetären Umfangs der Maßnahmen. Der *Handlungsalternative b)* kann daher auf Grund des Gebäudebezuges zur Prognose der Auszahlungen ein gewisses Maß an Relevanz und eine hohe Zuverlässigkeit zugesprochen werden. Ein unter Anwendung der *Handlungsalternative b)* ermittelter Fair Value wird daher grundsätzlich entscheidungsnützlich sein.

Handlungsalternativ c) sieht dagegen eine individuelle Einschätzung des Instandhaltungsbedarfs dem Zeitpunkt und der Höhe nach vor. Hierzu erfolgt eine Berücksichtigung des Gebäudezustandes durch Inaugenscheinnahme durch den Bewertenden. Jedoch ist häufig eine Einschätzung auf Grund des äußeren Anscheins des Gebäudes notwendige, welche unter Gesichtspunkten der Zuverlässigkeit zumindest kritisch betrachtet werden sollte. Ungeachtet der Problematik des zufriedenstellenden Zugangs zu allen bewertungsrelevanten Bereichen der Immobilie erfordert eine Einschätzung des tatsächlichen Instandhaltungsbedarfs vom Bewertenden erhebliche fachliche Kompetenz. Der Immobilienbewerter muss in der Lage sein, die erforderlichen Maßnahmen sowohl dem Zeitpunkt als auch der Höhe nach einzuschätzen. Sofern größere Instandhaltungsmaßnahmen erwartet werden, ist daher die Hinzuziehung von auf das betreffende Gewerk spezialisierten Gebäudegutachtern empfehlenswert. Inwieweit dieses Vorgehen auch aus Kosten-Nutzen-Erwägungen heraus angemessen erscheint, kann an dieser Stelle noch nicht beurteilt werden.[754] Der *Handlungsalternative c*) kann daher aufgrund des umfassenden Gebäudebezuges ein vergleichsweise hohes Maß an Relevanz zugesprochen werden. Bei gegebenem Objektzugang und Erfahrenswerten des Immobiliensachverständigen bei der Einschätzung der Höhe des tatsächlichen Instandhaltungsbedarfes kann die *Handlungsalternative c)* als hinreichend zuverlässig erachtet werden. Die Zuverlässigkeit ist jedoch insbesondere aufgrund des umfangreichen

754 Vgl. zur Nebenbedingung der Abwägung von Kosten und Nutzen IASB Framework.44.

Ermessensspielraumes des Sachverständigen eingeschränkt. Eine Prognose der Auszahlungen unter Anwendung der *Handlungsalternative c)* lässt somit ebenfalls einen entscheidungsnützlichen Fair Value erwarten.

Beide Handlungsalternativen sind daher grundsätzlich als Heuristiken im engeren Sinne zu einer Bestimmung der Auszahlungen geeignet. Betrachtet man nun die beiden alternativen Heuristiken hinsichtlich der Anforderungen der Relevanz und Zuverlässigkeit, so lässt sich feststellen, dass sich beide wiederholt nur graduell in den Ausprägungen der jeweiligen Anforderung unterscheiden.

Bezüglich der Anforderung der Relevanz unterscheiden sich beide Alternativen durch den Grad des Gebäudebezuges. *Handlungsalternative b)* berücksichtigt zur Verbesserung der Prognosequalität der Auszahlungen zwar den Gebäudezustand und das Gebäudealter, orientiert sich jedoch bezüglich der Bandbreite möglicher Instandhaltungssätze an Erfahrungssätzen, insbesondere aus der II. BV. *Handlungsalternative c)* dagegen basiert auf einer individuellen Einschätzung des Instandhaltungsbedarfs, welche vor allem auf einer umfassenden Gebäudeanalyse durch den Sachverständigen beruht. Die hieraus abgeleiteten Instandhaltungskosten orientieren sich daher ausschließlich an dem Zustand des zu bewertenden Objektes und sind weder nach oben oder nach unten durch pauschalierte Sätze oder Bandbreiten begrenzt. Bei *Handlungsalternative c)* ist demnach die Relevanz im Vergleich stärker gewichtet.

In Bezug auf die Zuverlässigkeit unterscheiden sich beide Handlungsalternativen hinsichtlich des Umfangs notwendiger individueller Einschätzungen des Immobiliensachverständigen. Individuelle Einschätzungen erfordern subjektive Wertungen des Sachverständigen, welche zu einem größeren Ermessensspielraum führen. Je größer der dem Sachverständigen gegebene Ermessensspielraum bei der Prognose der Auszahlungen ist, desto geringer dürfte ihre Nachprüfbarkeit sein. Bei der *Handlungsalternative b)* sind Ermessensentscheidungen des Sachverständigen durch die grundsätzliche Orientierung an öffentlich verfügbaren Pauschalsätzen begrenzt und beschränken sich im Ergebnis auf die Auswahl innerhalb einer Bandbreite und des zeitlichen Anfalls. *Handlungsalternative c)* dagegen erfordert eine individuelle Einschätzung des Instandhaltungsbedarfs sowohl der Höhe als auch dem Zeitpunkt nach, sodass dieser im vollständigen Ermessen des Sachverständigen liegt. Daher ist bei *Handlungsalternative b)* eine tendenziell stärkere Gewichtung der Zuverlässigkeit gegenüber der *Handlungsalternative c)* festzustellen.

Zusammenfassend ist festzuhalten, dass zwei mögliche Heuristiken zur Ermittlung des Parameters Auszahlungen identifiziert werden konnten, diese beiden sowohl die Anforderung der Relevanz als auch der Zuverlässigkeit erfüllen, sich jedoch ebenso wie bei den Einzahlungen hinsichtlich ihrer Gewichtung beider Anforderungen graduell unterscheiden. Zur Auswahl zwischen beiden Alternativen ist daher ebenfalls eine Beurteilung des Nutzenbeitrages der Relevanz und Zuverlässigkeit zum entscheidungsrelevanten Gesamtnutzen erforderlich. Die zur Auswahl stehenden Heuristiken stellen sich somit wie folgt dar:

Heuristik 1 (H_{A1}):	*Individuelle Einschätzung des Gebäudezustandes und des daraus abgeleiteten Instandhaltungsbedarfs.*
Heuristik 2 (H_{A2}):	*Pauschalen Sätze, z.B. gemäß II. BV unter Berücksichtigung des Gebäudealter und -zustands.*

4.2.2.2.3 Diskontierungszinssatz

4.2.2.2.3.1 Vorbemerkung

Die hohe Bedeutung der Wahl des geeigneten Diskontierungszinssatzes[755] resultiert aus dem erheblichen Einfluss einer nur geringen Variation desselben auf das Bewertungsergebnis.[756] Insofern ist beim Diskontierungszinssatz besonders nachteilig, dass kein einheitliches Vorgehen zur Ermittlung existiert.[757]

Da grundsätzlich jeder beliebige Diskontierungszinssatz herangezogen werden könnte, ist auf den Zweck der Bewertung abzustellen.[758] Für Zwecke der Abbildung von Investment Properties zum Fair Value soll mit Hilfe des DCF-Verfahrens unter Anwendung eines geeigneten Diskontierungszinssatzes ein hypothetischer Marktpreis, der die zum Bewertungszeitpunkt herrschenden Marktverhältnisse und -erwartungen der Marktteilnehmer ausdrückt, bestimmt werden.[759] Hiervon deutlich abzugrenzen ist die Ermittlung eines Entscheidungswertes, welcher aus Sicht eines Investors den Diskontierungszinssatz aus einer möglichen Alternativanlage ableitet; in dieser Situation ist ein subjektives Investitionskalkül und nicht

---

755 Vgl. auch Teil II Kapitel 2.1.2.2.2.3.

756 So wird die ordnungsgemäße Wahl des Diskontierungssatzes auch "als die größte Schwäche des DCF-Verfahrens bezeichnet.", BEHRENDT/BAUMUNK (2001), S. 11. Die starke Abhängigkeit des mit Hilfe des DCF-Verfahrens ermittelten Fair Value ergibt sich durch die Abzinsungskomponente, vgl. COPELAND/ WESTON/SHASTRI (2005), S. 881 ff. Allerdings sind die Auswirkungen einer Variation des Diskontierungszinssatzes mit Hilfe einer Sensitivitätsanalyse gut ersichtlich, vgl. für ein umfassendes Beispiel hierzu ZÜLCH (2003), S. 305 ff.

757 Vgl. BEHRENDT/BAUMUNK (2001), S. 11.

758 Vgl. EVS 4, Par. S 4.02 sowie PAUL (2001), S. 633

759 Vgl. IVA 1, Par. 5.5 sowie GN 9, Par. 5.1.

die Ermittlung eines Marktwertes angesprochen[760] Wird das DCF-Verfahren hingegen zur Ermittlung eines Fair Value im Sinne des IAS 40 eingesetzt, dürfen nur marktgestützte Parameter Eingang finden.[761] Als marktgestützte Diskontierungszinssätze kommen grundsätzlich die Anfangsrendite, die interne Rendite, ein öffentlich verfügbarer Zinssatz sowie ein kapitalmarktorientierter Zinssatz in Betracht.[762]

Die *Anfangsrendite*, auch als statische Rendite bezeichnet,[763] ergibt sich aus dem Quotienten aus dem Zahlungsmittel-Überschuss des ersten Vermietungsjahres und dem Kaufpreis. Sie kann sowohl für eine voll zum Marktniveau vermietete Immobilie als auch für eine über oder unter dem Marktniveau vermietete Immobilien errechnet werden. Zur Unterscheidung wird daher die Anfangsrendite einer voll zum Markniveau vermieteten Immobilien auch als "All Risk Yield" bezeichnet.[764] Ist die Voraussetzung (Vollvermietung zum Marktniveau) erfüllt, entspricht die Anfangsrendite dem gesuchten risikoorientierten Diskontierungszinssatz.[765] Sofern die Immobilie nicht voll oder nicht zum Marktniveau vermietet ist, spiegelt die Anfangsrendite nicht die Markterwartungen wider.[766] Daher erscheint die Verwendung der Anfangsrendite als Diskontierungszinssatz aufgrund dieser notwendigen Voraussetzung (Vollvermietung zum Marktniveau) zumindest fragwürdig.[767]

---

760 So differenziert auch das IVSC in GN 9 explizit zwischen einem Marktwert und einem Investitionswert, vgl. GN 9, Par. 5.4.

761 Vgl. GN 9, Par. 5.1, BECK (2004a), S. 361.

762 Vgl. zum Begriff Rendite und Zinssatz auch das nachfolgende Kapitel 4.2.2.2.3.2.

763 Vgl. LEOPOLDSBERGER/THOMAS/NAUBEREIT (2005), S. 502.

764 Vgl. WHITE ET AL. (2003), S. 31

765 Vgl. für eine empirische Untersuchung der Anfangsrendite von Wohn- und Gewerbeimmobilien durch die KPMG BEHRENDT/BAUMUNK (2001a), S. 10. Für die Verwendung von Nettoanfangsrenditen als Diskontierungszinssätze im DCF-Verfahren spricht, dass sie aus vergleichbaren Transaktionen des jeweiligen Teilmarktes abgeleitet werden können, was die Transparenz und Plausibilität gegenüber einer Kapitalmarktorientierung erhöht. Nachteilig ist, dass die Daten nicht flächendeckend vorhanden sind sowie zentral erfasst und ausgewertet werden, sondern von einer Vielzahl von Marktteilnehmern und -beobachtern veröffentlicht werden. Des Weiteren bleibt die Komponente Wertentwicklung bei Zugrundelegung von Nettoanfangsrenditen unberücksichtigt, vgl. EBENDA, S. 10.

766 An Immobilienstandorten mit einem großen Nachfrageüberhang, wie er in den 90er Jahren in den großen europäischen Metropolen vielfach beobachtet werden konnte, erscheint die Annahme einer Vollvermietung zum Marktniveau im ersten Vermietungsjahr realistisch. Jedoch zeigt die Marktentwicklung der letzten Jahre insbesondere in deutschen Großstädten, wie z.B. Berlin, dass keineswegs von einem Nachfrage- sondern vielmehr von einem Angebotsüberhang ausgegangen werden kann. In einem solchen Marktumfeld ist die Bestimmung einer Anfangsrendite als Diskontierungszinssatz mangels tatsächlicher Vollvermietung zum Marktniveau nicht möglich. A.A. ZÜLCH (2003), S. 261, welcher die Auffassung vertritt, dass grundsätzlich von Vollvermietung zum Marktniveau im ersten Vermietungsjahr auszugehen ist.

767 A.A. sind Teile des Schrifttums, vgl. BECK (2004a), S. 361 sowie ZÜLCH (2003), S. 261, der die Anwendung der Anfangsrendite als Diskontierungszinssatz in einem DCF-Verfahren als geeignet erachtet, wenn eine stichtagsbezogene Immobilienbewertung vorgenommen werden soll. Da jedoch der Diskontierungszinssatz die Markterwartungen mit abbilden soll, erscheint diese Annahme nur für den Spezialfall gegeben, dass der Kaufpreis auch die Markterwartungen zum Zeitpunkt der Bewertung widerspiegelt. Wäre dies jedoch der

Die *interne Rendite* ist derjenige Zinssatz, mit dem sich die zu bewertende Immobilie im Durchschnitt verzinst. Bei Anwendung der internen Rendite entspricht die Summe der diskontierten Zahlungsmittelüberschüsse der Detailplanungs- und Rentenperiode der Anschaffungsauszahlung (dem Kaufpreis). In der Bewertungspraxis erfolgt eine Unterscheidung zwischen dem "Equated Yield", welcher keine Wachstumserwartungen im Zinssatz berücksichtigt, und dem "Equivalent Yield", bei dem das erwartete Mietwachstum hingegen im Zinssatz Berücksichtigung findet.[768] Die Ermittlung der internen Rendite erfolgt durch Ableitung aus den Kaufpreisen vergleichbarer Immobilien aus der jüngsten Vergangenheit. Dies erfolgt durch Auflösung der DCF-Formel nach dem Zinssatz. Die Berechnung ist jedoch nur mit Hilfe eines Iterationsverfahrens möglich.[769] Sofern jedoch Transaktionen vergleichbarer Immobilien in jüngster Vergangenheit vorliegen, erscheint eine Bewertung mittels eines Vergleichswertverfahrens durch Zu- oder Abschläge naheliegend, sodass die Anwendung eines DCF-Verfahrens nicht mehr nötig wäre.[770] Darüber hinaus kann auf Grund der Heterogenität und Intransparenz des Immobilienmarktes die zur Kaufpreiserhebung notwendige Identifizierung einer Transaktion einer vergleichbaren Immobilie in jüngster Vergangenheit nahezu ausgeschlossen werden.[771]

Die Anwendung eines *kapitalmarktorientierten Diskontierungszinssatzes* beruht auf einem direkten finanzmathematischen Vergleich einer Immobilieninvestition mit anderen Anlageformen.[772] Der Diskontierungszinssatz ergibt sich dabei in Anlehnung an die Unternehmensbewertung aus der Addition eines risikolosen Basiszinssatzes und eines Risikozuschlages.[773] Dieses Vorgehen wird auch als Risikozuschlagsmethode bezeichnet.[774] Die Verwendung eines solchen Zinssatzes deckt sich auch mit den Anforderungen des IVSC[775] und der TEGoVA.[776] Die Verwendung eines solchen Zinssatzes kann somit grundsätzlich als normen-

---

Fall, so hätte man mit dem Kaufpreis einen am Markt erzielten Preis, welcher unmittelbar als Fair Value geeignet wäre. Eine Bewertung mit Hilfe des DCF-Verfahrens wäre in diesem Fall überflüssig.
Zur Bestimmung des Risikozuschlags bei Verwendung eines kapitalmarktorientierten Diskontierungszinssatzes kann die Anfangsrendite jedoch Berücksichtigung finden, vgl. HINRICHS/SCHULTZ (2003), S. 269 sowie die Ausführung zur Bestimmung des Risikozuschlages im nachfolgendem Kapitel.

768 Vgl. WHITE EL AL. (2003), S. 34.

769 Vgl. für ein Beispiel EBENDA, S. 74 f.

770 Vgl. g.A. BECK (2004a), S. 361.

771 Vgl. ZÜLCH (2003), S. 264 sowie Teil II Kapitel 1.2.2.1.

772 Vgl. BEHRENDT/BAUMUNK (2001), S. 11.

773 Vgl. zur Anwendung des DCF-Verfahrens in der Unternehmensbewertung stellvertretend BÄZNER/TIMMRECK (2004); DRUKARCZYK (2003), S. 199 ff.; MATSCHKE/BRÖSEL (2005), S. 551 ff.

774 Vgl. Fn. 401.

775 Vgl. GN 9, Par. 5.1.

776 Vgl. EVS, Anhang 1, Par. A 1.57.

konform betrachtet werden, sofern die Ermittlung des Basiszinssatzes und des Risikozuschlages marktgestützt erfolgt.

Alternativ bietet sich die Verwendung eines *öffentlich verfügbaren Zinssatzes* an. Ein möglicher Zinssatz wäre der Liegenschaftszinssatz. Die Verwendung eines realen, d.h. die Erwartungen des Marktes einschließlich der Inflationserwartungen reflektierenden Zinssatzes[777] deckt sich ebenfalls mit den Anforderungen der relevanten Normen.[778] Die Tatsache, dass der Liegenschaftszinssatz aus periodisch-statischen Beobachtungen generiert wird, steht der dynamischen Betrachtungsweise in den DCF-Modellen nicht entgegen, da es sich um eine stichtagsbezogene Immobilienbewertung handelt.[779] Grundsätzlich als Diskontierungszinssatz geeignet erscheint somit sowohl der Liegenschaftszinssatz als auch ein kapitalmarktorientierter Zinssatz.[780] Auf Grund der Bedeutung des Liegenschaftszinssatzes für die Immobilienwertermittlung in Deutschland und die Stellung des kapitalmarktorientierten Zinssatzes in der vom DCF-Verfahren dominierten Unternehmensbewertung[781] erfolgt daher zunächst eine nähere Betrachtung beider Diskontierungszinssätze im Rahmen eines Exkurses.

4.2.2.2.3.2 Exkurs zu kapitalmarktorientierten und liegenschaftsorientierten Zinssätzen

Zur Ableitung der Diskontierungszinssätze für ein immobilienbezogenes DCF-Verfahren aus Kapitalmarktdaten bedarf es neben einem fundierten Verständnis der Anlageformen und Benchmarks (Bundesanleihen, Umlaufrendite, Betafaktoren, Marktrisikoprämie etc.) auch der Nutzung weiterer Informationsquellen neben denen des Immobilienmarktes.[782] Der gesuchte

---

777 Strenggenommen handelt es sich beim Liegenschaftszinssatz demnach ebenfalls nicht um einen Zinssatz, sondern um eine Rendite, vgl. hierzu auch Fn. 326 sowie Fn. 364.

778 IAS 40 selbst enthält zwar keine konkreten Hinweise auf den zu verwendenen Zinssatz, verweist jedoch indirekt auf die Verlautbarungen des IVSC, vgl. IAS 40.BC52. Die IVS fordern die Verwendung eines marktgestützten Diskontierungszinssatzes, vgl. GN 9, Par. 5.1. Da der Liegenschaftszinssatz sich aus Kaufpreissammlungen der Gutachterausschüsse sowie den der jeweiligen Transaktion zugrunde liegenden Annahmen hinsichtlich der erwarteten Einzahlungen und Auszahlungen ableitet, finden ausschließlich marktgestützte Parameter Eingang, sodass er als normenkonform zu betrachten ist.

779 Vgl. BEHRENDT/BAUMUNK (2001a), S. 10.

780 Diese Einschätzung bestätigt sich durch die Entwürfe zweier Empfehlungen zur Standardisierung des DCF-Verfahrens der BIIS und der gif. Die BIIS beabsichtigt, die bereits mit dem Ertragswertverfahren nach WertV erprobte Verwendung des Liegenschaftszinssatzes beizubehalten, vgl. BIIS (2006), S. 9. Die gif dagegen betrachtet grundsätzlich zwei Möglichkeiten als konform mit dem DCF-Verfahren: Die Verwendung der internen Rendite sowie eines kapitalmarktorientierten Zinssatzes, vgl. GIF (2006), S. 14. Wie zuvor ausgeführt, scheidet die interne Rendite als geeigneter Diskontierungszinssatz aus. Daher verbliebe, wenn man wie die gif nur die zwei zuvor genannten Alternativen als konform mit dem DCF-Verfahren betrachtet, nur der kapitalmarktorientierte Zinssatz.

Auf die Empfehlungen der BIIS und der gif wird im Rahmen der Ergebnisinterpretation in Teil III Kapitel 4.2.2.2 erneut eingegangen.

781 Vgl. zum DCF-Verfahren in der Unternehmensbewertung Fn. 773.

782 Vgl. beispielsweise WHITE ET AL. (2003), S. 108.

kapitalmarktorientierte Diskontierungszinssatz bestimmt sich regelmäßig aus einem risikolosen Basiszinssatz zuzüglich eines Risikozuschlages.[783] Der risikolose Basiszinssatz hat hierbei die Aufgabe, die zum Bewertungszeitpunkt erzielbare Rendite einer sicheren und zur bewertenden Immobilie laufzeitäquivalenten Kapitalmarktanlage abzubilden.[784] Da davon auszugehen ist, dass die alternative Kapitalmarktanlage bis zur Endfälligkeit gehalten wird, ist zur Vermeidung eines Zinsänderungsrisikos eine Laufzeitäquivalenz des Bewertungs- und Vergleichsobjekt erforderlich. Da es sich bei Investitionen in Investment Properties in der Regel um einen langfristigen, aber endlichen Anlagezeitraum handelt, ergibt sich aus der Anforderung nach Laufzeitäquivalenz auch die Notwendigkeit einer gegenwärtigen, d.h. zum Bewertungszeitpunkt für die vereinbarte Zeit realisierbaren Rendite einer sicheren Kapitalmarktanlage, einem sog. Stichtagszinssatz.[785]

Bedeutsam in diesem Zusammenhang ist die unterstellte Zinsstruktur. Der (auch in der Unternehmensbewertung) übliche Fall der Verwendung eines konstanten Basiszinssatzes über alle Laufzeiten hinweg unterstellt implizit eine flache Zinsstruktur. In der Regel differiert jedoch der Zinssatz als "Preis" für die Überlassung von finanziellen Mittel für eine bestimmte Periode in Abhängigkeit der Länge dieser Periode.[786] Zur Herstellung der Laufzeitäquivalenz wäre daher die Abbildung des erwarteten Zahlungsstroms der zu bewertenden Immobilien durch laufzeitäquivalente Zinssätze erforderlich. Entsprechende Zinssätze lassen sich am Kapitalmarkt aus laufzeitäquivalenten Nullkuponanleihen[787] ableiten.

Da jedoch auf dem Kapitalmarkt im Allgemeinen keine laufzeitäquivalenten Nullkuponanleihen verfügbar sind, wird in der Praxis auf Näherungen zurückgegriffen.[788] Als Grundlage

---

[783] Dieser aus dem Kapitelmarkt abgeleitete Diskontierungszinssatz sollte alle nicht im Zähler, d.h. in den Ein- und Auszahlungen, enthaltenen Wachstumserwartungen und Risiken aufnehmen. Eine Ableitung aus dem Kapitelmarkt sollte daher durch den Rückgriff auf die Rendite einer Kapitalmarktanlage erfolgen, deren Einzahlungen hinsichtlich zeitlicher Struktur, Höhe und Risiko mit der zu bewertenden Immobilie vergleichbar sind. Da diese Vergleichbarkeit, insbesondere im Hinblick auf das Risiko regelmäßig nicht gegeben ist, erfolgt eine Modifizierung des aus dem Kapitalmarkt abgeleiteten Zinssatz (dem Basiszinssatz) durch einen Risikozuschlag, vgl. beispielsweise MANDL/RABEL (2005), S. 60, Rn. 430.

[784] Vgl. DRUKARCZYK (2003), S. 352

[785] Vgl. MANDL/RABEL (1997), S. 134. Das Prinzip der Laufzeitäquivalenz liefert somit die Begründung für einen Stichtagszinssatz, vgl. DIESELBEN (2005), S. 59, Rn. 429.

[786] Längerfristige Kapitalanlagen weisen daher meist höhere Zinssätze als Kapitalanlagen mit kürzerer Laufzeit aus. Man spricht von einer normalen oder steigenden Zinsstruktur, vgl. DRUKARCZYK (2003), S. 356 f.

[787] Nullkuponanleihen weisen keine laufende Verzinsung auf, d.h. der Kupon ist Null. Die Zinszahlung erfolgt nur einmal am Ende der Laufzeit. Die Rendite einer Nullkuponanleihe bezeichnet dabei den periodenbezogenen Zinssatz für die Anlage finanzieller Mittel über die entsprechende Laufzeit ohne zwischenzeitliche Zinszahlungen, vgl. OBERMAIER (2005), S. 7.

[788] Vgl. MANDL/RABEL (2005), S. 59, Rn. 429.

für den risikolosen Basiszinssatz kommen daher häufig Umlaufrenditen[789] von Anleihen der öffentlichen Hand in Deutschland, [790] deren Laufzeit zum Bewertungsstichtag zumindest näherungsweise dem voraussichtlichen Anlagehorizont (bzw. der Restnutzungsdauer) entspricht, in Betracht, da diese öffentlich verfügbar sind und als (nahezu) risikolos gelten.[791] Da die Verwendung von Umlaufrenditen eine flache Zinsstrukturkurve unterstellt, führt sie je nach tatsächlicher Zinsstruktur zu mehr oder weniger systematische Fehlern.[792] Daher müsste bei Vorliegen einer normalen Zinsstruktur strenggenommen eine Umrechnung der Umlaufrendite in "Zerobondrates" erfolgen.[793] Dieser Fehler wird jedoch mehrheitlich, insbesondere in Anbetracht der ohnehin großen Ermessensspielräume wegen fehlender Wachstumsabschläge und überhöhter Risikozuschläge,[794] als vernachlässigbar angesehen.[795]

Bezieht man diese Ausführungen auf das hier verwandte Prognosemodell zur Bestimmung des Diskontierungszinssatzes, so lässt sich der Basiszinssatz vergleichsweise einfach und auch nachvollziehbar ermitteln.[796] Der Datenzugang ist durch öffentlich verfügbare börsennotierte Umlaufrenditen gegeben und die einzige zu treffende Annahme bezieht sich auf die

---

789 Bei der Umlaufrendite handelt es sich um den gewogenen Durchschnitt der Renditen aller umlaufenden Staatsanleihen unterschiedlicher Laufzeit. Der durch zeitliche Durchschnittsbildung ermittelte Durchschnittszinssatz entspricht daher allenfalls zufällig der Verzinsung der am Kapitalmarkt vorherrschenden Alternativanlagen verschiedener Laufzeiten, vgl. SCHWETZLER (1996), S. 1094.

790 Die Umlaufrenditen von Anleihen der öffentlichen Hand werden in den Monatsberichten der Deutschen Bundesbank sowie tagesaktuell auf der Webseite der Deutschen Bundesbank veröffentlicht, vgl. beispielhaft den Monatsbericht April 2006, DEUTSCHE BUNDESBANK (2006), S. 51*, sowie die Webseite der Deutschen Bundesbank unter http://www.bundesbank.de, Link "Statistik".

791 Vgl. stellvertretend MANDL/RABEL (1997), S. 134. Die Verwendung der Umlaufrendite von Staatsanleihen als Basiszinssatz erfolgt auch unter der Prämisse, dass niemand bei der Anlage in Immobilien eine geringere Verzinsung als bei (quasi) risikolosen Staatsanleihen akzeptieren würde, vgl. MÜNCHEHOFEL/SPRINGER (2004a), S. 261

792 Die Renditestruktur ist daher auch von der eigentlich notwendigen Zinsstruktur auf Basis von "Zerobondrates" zu unterscheiden. Die Renditestruktur, beispielsweise von öffentlichen Anleihen im Sinne der Umlaufrendite, bildet die Effektivverzinsung aller umlaufenden Staatsanleihen mit ihrer Restlaufzeit ab. Es handelt sich also um den internen Zinsfuß einer (Kupon)-Anleihe, bei der während der Laufzeit mehrere Zahlungen erfolgen. Dabei wird implizit eine Wiederanlage zur Rendite und nicht zum Zinssatz unterstellt, vgl. hierzu auch KRUSCHWITZ (2004), S. 90 ff. Bei der Effektivzinsberechnung werden sämtliche Zahlungsströme mit derselben Rate (der Rendite) diskontiert, bei der Zinsstruktur hingegen mit dem laufzeitadäquaten Zinssatz, vgl. hierzu auch STEINER/UHLIR (2001), S. 22 ff. Daher gibt die Renditestruktur nur bedingt ein getreues Abbild laufzeitadäquater Kapitalmarktzinssätze wieder, vgl. OBERMAIER (2005), S. 7. Es sei jedoch darauf hingewiesen, dass die Diskontierung mit zinsstrukturadäquaten Sätzen eine Wiederanlage zu Terminzinssätzen implizieren kann, die nicht immer den tatsächlichen Wiederanlagemöglichkeiten entsprechen muss, vgl. zu dieser Problematik EBENDA, S. 6, insb. Fn. 21 m.w.N.

Da in Deutschland Kuponanleihen dominieren, können nur in wenigen Fällen laufzeitadäquate "Zerobondrates" gewonnen werden, vgl. auch KRUSCHWITZ (2004), S. 89. Daher erfolgt zumeist eine Rückgriff auf Umlaufrenditen, vgl. BALLWIESER (2003a), S. 24.

793 Vgl. ausführlich zur Ableitung von Zinsstrukturen aus Renditestrukturen OBERMAIER (2005), S. 7 ff.

794 Vgl. WENGER (2003), S. 477.

795 Vgl. stellvertretend BALLWIESER (2003a), S. 24. Vgl. zur Diskussion auch den Beitrag von WENGER (2003).

796 Sofern auf die zuvor angesprochene, methodisch strenggenommen erforderliche, Umrechnung der Renditen in Zerobondabzinsungsfaktoren verzichtet wird.

Laufzeitäquivalenz, welche eine Einschätzung der Restnutzungsdauer erfordert. Streng genommen liegt die Restnutzungsdauer der Objekte im Regelfall aber deutlich über zehn Jahren; somit wäre eigentlich ein Rückgriff auf die Umlaufrenditen von Bundesanleihen mit deutlich längeren Laufzeiten erforderlich.[797] In der Regel erfolgt jedoch ein Rückgriff auf die Umlaufrenditen von Anleihen mit einer durchschnittlichen Restlaufzeit von 10 Jahren.[798]

Problematischer erscheint dagegen die Berücksichtigung der Ungewissheit[799] der Zukunft in Gestalt eines Risikozuschlages. In der Unternehmensbewertung[800] wird dieser Risikozuschlag üblicherweise unter Berücksichtigung von Kapitalmarktdaten nach den Grundsätzen des CAPM ermittelt.[801] Im CAPM erfolgt die Bestimmung des Risikozuschlages durch eine Multiplikation der Risikoprämie[802] (des Marktportfolios) mit dem (unternehmens- oder branchenspezifischen) ß-Faktor. Durch die Multiplikation mit dem ß-Faktor wird die Risikoprämie an die besondere Risikostruktur des zu bewertenden Unternehmens (der Aktie) angepasst. Der ß-Faktor[803] spiegelt als einziger bewertungsrelevanter Faktor im CAPM das systematische Risiko des Unternehmens (der Aktie) wider.[804] Der unternehmens- bzw. branchenspezifische Risikozuschlag ergibt sich durch Multiplikation des ß-Faktors (der in der

---

797 Die Bundesbank veröffentlicht auch Umlaufrenditen von Anleihen mit einer durchschnittlichen Restlaufzeit von 15 bis 30 Jahren. Die Umlaufrendite dieser Anleihen betrug im April 2006 4,21%, vgl. DEUTSCHE BUNDESBANK (2006a), S. 1.

798 Vgl. stellvertretend MÜNCHEHOFEL/SPRINGER (2004a), S. 259. Die Umlaufrendite von Anleihen mit einer durchschnittlichen Restlaufzeit von 10 Jahren betrug im April 2006 3,92% und lag damit geringfügig unterhalb der Umlaufrendite 15-30jähriger Anleihen, vgl. DEUTSCHE BUNDESBANK (2006a), S. 1.

799 Aus Gründen der Vereinfachung wird auf die häufig anzutreffende Unterscheidung in
- Ungewissheit, d.h. es sind keinerlei Zukunftserwartung vorhanden und
- Unsicherheit, d.h. es besteht ein Risiko, inwiefern bestimmte Zukunftserwartungen eintreffen,

verzichtet, vgl. bereits Fn. 402.

800 Vgl. hierzu auch Fn. 773 sowie zur Bewertung von Immobilienunternehmen beispielsweise SCHÄFERS/ MATZEN (2006).

801 Vgl. für eine Darstellung des CAPM die Belege in Fn. 400. Es sei jedoch darauf hingewiesen, dass die Verwendung des CAPM zur Ableitung von Zinssätzen aus theoretischer Sicht nicht unumstritten ist, da es auf vielfältigen Prämissen beruht. Aus Sicht von OLBRICH (2006), S. 686 stellt die Verwendung des CAPM zur Ableitung von Zinssätzen zur Wertfindung in unvollständigen, unvollkommenen Märkten sogar "einen gravierenden investitions- und bewertungstheoretischen Fehlgriff dar.", aus Sicht von SCHNEIDER (1998), S. 1477 "eine Pseudo-Rechtfertigung". FISCHER-WINKELMANN (2006), S. 171 spricht beim CAPM von einem "unheilbaren Theorienkrüppel". Trotz dieser Kritik wird das CAPM im Rahmen der Unternehmensbewertung (mangels besserer Alternativen) regelmäßig angewandt, vgl. beispielsweise MANDL/RABEL (2005), S. 64, Rn. 443; BAETGE/NIEMEYER/KÜMMEL (2005), S. 293, Rn. 391.

802 Die Risikoprämie berechnet sich aus der durchschnittlichen Differenzrendite zwischen Anlagen in das Marktportfolio und risikolosen Anlagen.

803 Der ß-Faktor gibt das Verhältnis der Streuung der Rendite des zu bewertenden Unternehmens zur Streuung der Rendite des Gesamtportfolios wider. Zur Ableitung werden in der Regel vergleichbare börsennotierte Unternehmen ("Peers") herangezogen, die überwiegend in der gleichen Branche oder stark branchenverwandt tätig sind.

804 Das unsystematische Risiko findet dagegen keine Berücksichtigung, da es durch Diversifikation (Anlage in das Marktportfolio) vermieden werden kann und daher vom Kapitalmarkt auch nicht durch eine Risikoprämie entgolten wird.

Regel zwischen 0 und 2 liegt) mit der Risikoprämie; ist der Betafaktor gleich 1, entspricht das unternehmensspezifische Risiko dem des Gesamtportfolios.

Eine Übertragung dieses Modells auf die Immobilienbewertung ist daher nahe liegend.[805] Hierzu bedarf es einer Orientierung an der Risiko- und Renditestruktur der Immobilienaktien aus Kapitalmarktsicht. Die Bestimmung eines immobilienspezifischen ß-Faktors ist jedoch problematisch.[806] Aufgrund der Intransparenz der Immobilienmärkte in Deutschland, insbesondere im Vergleich zum angelsächsischen Raum, besteht zumeist kein Zugriff auf objektspezifische ß-Faktoren.[807] Weiterhin müsste die Renditeentwicklung des Immobilienmarktes mit der Renditeentwicklung von Immobilienaktien, d.h. der Kauf von Aktien börsennotierter Immobiliengesellschaften mit dem direkten Erwerb von Immobilien, vergleichbar sein.[808] Dieser Zusammenhang konnte jedoch bisher empirisch nicht nachgewiesen werden,[809] sodass die Anwendung des CAPM zur Bestimmung des Risikozuschlages ausscheidet.[810] Zumeist wird daher der Risikozuschlag auf andere Art und Weise ermittelt.

---

805 PAUL (2001), S. 633, führt in diesem Zusammenhang den Begriff des branchenüblichen Zinssatzes ein. Dieser spiegelt die nutzungsabhängige Renditeerwartung verschiedener Immobilien (beispielsweise Shopping-Center, Gewerbeparks oder Bürogebäude) wider und entspricht konzeptionell dem Ansatz des CAPM.

806 Vgl. auch SCHÄFERS/MATZEN (2006), S. 476. Die Annahme der Gültigkeit des CAPM für Immobilien setzt methodisch eigentlich voraus, dass ein Portfolio von Immobilien gehalten wird, da der ß-Faktor nur das systematische Risiko bei Halten eines ganzen Portfolios von Immobilien abbilden kann. Das vom Markt antizipierte Risiko für das Halten *einer* Immobilie würde sich daher - strenggenommen - mit Hilfe des CAPM gar nicht ableiten lassen, vgl. auch ZÜLCH (2003), S. 269. So auch sprechen REHKUGLER/SCHULZ-WULKOW (2003), S. 115 f. von einem "abweichenden Diskontierungszinsfuß" bei Anwendung des CAPM gegenüber dem bei der Bewertung einer Einzelimmobilie zu Grunde zu legenden Diskontierungszinssatz.

807 Ein direkter Rückgriff auf ß-Faktoren für Immobilien scheitert, da Immobilien im Vergleich zu Aktien sich durch einfache Handelbarkeit, aber fehlende Umschlagshäufigkeit zu geringen Kosten des Tausches auszeichnen. Ein ß-Faktor lässt sich daher für Immobilien auf Basis erzielter Marktpreise oder sonstiger Größen nicht nachweisen, vgl. MÜNCHEHOFEL/SPRINGER (2004a), S. 262.

808 Vgl. hierzu die Ergebnisse bei LORENZ/TRÜCK/LÜTZKENDORF (2006), S. 421 f. m.w.N. sowie MOERSCH (2006), S. 507 m.w.N.

809 Vgl. beispielsweise die Studie der KPMG, in der Kennziffern börsennotierter Immobilienaktiengesellschaften in Deutschland ins Verhältnis zu Branchenindizes als Benchmark gesetzt wurden. Die Studie zeigt, welche Probleme mit einer kapitalmarktorientierten Bestimmung der Diskontierungszinssätze verbunden wären. Für näherungsweise gleiche Cashflow-Renditen (5,45% gegenüber 5,71% bzw. 4,67%) nahmen Anleger von Immobilienaktien ein wesentlich höheres Risiko in Kauf (±3,77% gegenüber ±0,32% bzw. ±0,55%). Auch bezüglich der Wertentwicklung differierten Rendite- und Risikostruktur beider Märkte. Darüber hinaus erschwerte die unterschiedliche Fungibilität von Aktien und Immobilien den Vergleich. Während Aktien sekündlich den Besitzer wechseln können, können bei einer Immobilientransaktion Wochen oder Monate vergehen. Ein Zusammenhang zwischen beiden Märkten ließ sich daher nicht nachweisen, vgl. BEHRENDT/BAUMUNK (2001), S. 11.

810 Zu einen ähnlichen Ergebnis kommen auch LORENZ/TRÜCK/LÜTZKENDORF (2006), S. 422. Hinzu tritt ein weiteres Problem: Das CAPM als theoretisches Modell unterscheidet zwischen risikolosen Anlageformen und dem Portfolio aller risikobehafteten Anlageformen (Marktportfolio). Dieses Marktportfolio umfasst nicht nur Anlagen am Kapitalmarkt, sondern alle risikobehafteten Anlageformen. Demnach ist - dem theoretischen Modell zufolge - auch der Immobilienmarkt bzw. die Investition in Immobilien Teil des Marktportfolios. Empirische Untersuchungen verengen jedoch regelmäßig den Begriff des Marktportfolios auf die Anlage in Aktien und approximieren diese Anlage wiederum durch einen Teil des Aktienmarktes,

Die Bestimmung des Risikozuschlages erfolgt hierbei durch subjektive Einschätzung der nicht in den Ein- und Auszahlungen berücksichtigungsfähigen Risiken, den so genannten allgemeinen Risiken.[811] Hierzu gehört beispielsweise ein Zuschlag auf Grund der geringeren Fungibilität gegenüber Wertpapieren.[812] So genannte spezielle Risiken, wie z.B. Leerstandsrisiken sind bei der Bestimmung der zukünftigen Einzahlungen- und Auszahlungen und nicht im Diskontierungszinssatz zu berücksichtigen.

Daher kann derzeit lediglich der risikolose Basiszinssatz unter Rückgriff auf den Kapitalmarkt ermittelt werden. Zur Bestimmung des Risikozuschlages sind dagegen weiterhin subjektive Einschätzungen des Immobiliensachverständigen erforderlich.[813] Die mit Hilfe des Rückgriffs auf den Kapitalmarkt erhoffte Objektivierung bei der Bestimmung des Diskontierungszinssatzes ist nicht erreichbar.[814]

Daher stellt sich die Frage, ob sich objektivierte Diskontierungszinssätze für das DCF-Verfahren nicht aus anderen Quellen ableiten lassen. Eine Objektivierung könnte nur durch einen Vergleich mit öffentlich verfügbaren Zinssätzen erfolgen. Prinzipiell steht hierfür der *Liegenschaftszinssatz*[815] zur Verfügung, dessen Ermittlung nachfolgend erläutert wird.

Der Liegenschaftszinssatz ist nach § 11 WertV der Zinssatz, mit dem sich der Verkehrswert von Grundstücken im Durchschnitt marktüblich verzinst.[816] Der Liegenschaftszinssatz er-

---

indem sie auf einen Aktienindex abstellen. Dieser enthält als Index nur eine bestimmte Auswahl an Aktien. Auf der Grundlage des theoretischen Modells des CAPM lässt sich demzufolge eine Unterscheidung zwischen Immobilien- und Aktienmarkt nicht begründen, da beide Teil des Marktportfolios sind.

811 Vgl. PAUL (2005), S. 592, Rn. 990. Hierzu wird im Schrifttum beispielsweise vorgeschlagen, den (auf Grundlage der Umlaufrendite von öffentlichen Anleihen ermittelten) Basiszinssatz um einen immobilienspezifischen Risikozuschlag von pauschal 1 bis 3% zu erhöhen, vgl. BEHRENDT/BAUMUNK (2001), S. 11.

812 Die geringe Fungibilität ergibt sich unter anderem aus den deutlich längeren Transaktionszeiten bei Immobilien gegenüber Wertpapieren und Aktien, vgl. PAUL (2005), S. 580, Rn. 972.

813 So sprechen LORENZ/TRÜCK/LÜTZKENDORF (2006), S. 424 auch von einem "compromise between theory and practise. The compromise will depend on the valuer's experiences and will therefore be a subjective one".

814 Eine Beschränkung des Ermessens bezüglich der Festlegung des Risikozuschlages ist, wenn überhaupt, nur durch die Berücksichtigung der von BEHRENDT/BAUMUNK genannten Bandbreite von 1 bis 3% möglich, vgl. Fn. 811. Auf Grundlage welcher Erkenntnisse diese Bandbreite erhoben wurde, verschweigen die Autoren jedoch. Betrachtet man zum Vergleich empirisch erhobene Risikozuschläge in der Unternehmensbewertung, bewegen sich diese innerhalb einer Bandbreite von 0,1% und 6,5%, vgl. beispielhaft PRIEZE/WALKER (1995), S. 208 f. Demzufolge erscheint eine unreflektierte Übernahme des Bandbreitenvorschlages von 1% bis 3% nicht sachgerecht, ähnlicher Ansicht auch ZÜLCH (2003), S. 269

815 Theoretisch würde sich auch die Anfangsrendite eignen. Anfangsrenditen werden von großen Maklerunternehmen (z.B. CB Richard Ellis, Jones Lang LaSalle) oder immobilienfinanzierenden Banken (z.B. der HypoVereinsbank AG) veröffentlicht. Vgl. zur Kritik an der Anfangsrendite Teil II Kapitel 4.2.2.2.3.1 sowie insbesondere Fn. 767.

816 Vgl. § 11 Abs. 1 WertV. LEOPOLDSBERGER/THOMAS/NAUBEREIT (2005), S. 485, vermuten, dass der Gesetzgeber den Liegenschaftszinssatz als internen Zinssatz einer rein eigenkapitalfinanzierten Immobilie in einer Welt ohne Steuern interpretiert. Sie lehnen diese Interpretation jedoch ab, da durch die Verwendung nachhaltiger Roherträge und Bewirtschaftungskosten kalkulatorische Größen anstelle des tatsächlichen

mittelt sich auf Grundlage von Kaufpreissammlungen und der ihnen zugehörigen nachhaltigen Reinerträge für gleichartig bebaute und genutzte Grundstücke. Hierbei wird die Restnutzungsdauer des Grundstücks berücksichtigt. Mathematisch erfolgt die Ermittlung durch Umkehrung des nach WertV normierten Ertragswertverfahrens.[817] Der Liegenschaftszinssatz ermittelt sich für Gebäude mit einer langen Restnutzungsdauer (länger als 50 Jahre) als ungewogenes arithmetisches Mittel des Verhältnisses der Grundstücksreinerträge zu den Kaufpreisen:[818]

$$z = \frac{\sum_{i=1}^{m} \frac{RE_i}{KP_i}}{m}$$

mit:	RE	=	Reinertrag des Grundstücks = RoE – BewK
	RoE	=	Rohertrag
	BewK	=	Bewirtschaftungskosten
	KP	=	Grundstückskaufpreise
	z	=	Liegenschaftszinssatz
	m	=	Anzahl der Kaufpreise
	i	=	Index-Variable

Sofern die Restnutzungsdauer kürzer ist (unter 50 Jahren), muss eine Iterationsrechnung erfolgen. In diesem Fall errechnet sich der Liegenschaftszinssatz wie folgt:[819]

$$z = \left(\frac{RE}{KP} - \frac{q}{q^n - 1} \times \frac{KP - BewK}{KP} \right) \times 100 \qquad \text{mit } q = 1 + z.$$

Da sich z nicht isolieren lässt, muss der Liegenschaftszinssatz z durch Einführung der Näherungslösung:

$$z' = \frac{RE}{KP} \times 100 \qquad \text{und} \qquad q = 1 + \frac{z'}{100}$$ ermittelt werden.[820]

Zahlungsstroms in die Berechnung eingehen, welche von diesem abweichen können. Bei einer leerstehenden, aber grundsätzlich vermietbaren Immobilie würde bei der Ermittlung des Ertragswertes der nachhaltig erzielbare Rohertrag berücksichtigt, obwohl die Immobilie keine Zahlungszuflüsse erzeugt. Der interne Zinsfuß, welcher die durchschnittliche Verzinsung des eingesetzten Kapitals ausdrückt, würde jedoch den tatsächlichen Gegebenheiten entsprechend nur Zahlungsmittelabflüsse in Gestalt der verbleibenden Bewirtschaftungskosten berücksichtigen.

817 Vgl. ausführlich zum Ertragswertverfahren Teil II Kapitel 2.1.2.1.1.

818 Vgl. KLEIBER/SIMON/WEYERS (2002), S. 990, Rn. 67 ff.

819 In Anlehnung an LEOPOLDSBERGER/THOMAS/NAUBEREIT (2005), S. 484. Vgl. zur Ableitung bei kurzen Restnutzungsdauern auch KLEIBER/SIMON/WEYERS (2002), S. 993, Rn. 82 ff.

Der Liegenschaftszinssatz ist gemäß der WertR nach der Art des Grundstücks und der Lage auf dem Grundstücksmarkt zu bestimmen, wobei auf die vom örtlichen Gutachterausschuss ermittelten und veröffentlichten Liegenschaftszinssätze zurückgegriffen werden soll.[821] In der Praxis liegen aber teilweise keine Liegenschaftszinssätze vor. Die Ursache hierfür liegt zum einem in einer unbefriedigenden Arbeit des jeweils zuständigen Gutachterausschusses,[822] zum anderen in der unbefriedigenden Datenlage.[823] Oftmals liegen keine Kaufpreise aus Grundstückstransaktionen vor, sodass eine Ermittlung des Liegenschaftszinssatzes aus einer Kaufpreissammlung nicht möglich ist.[824] Die WertR sieht in diesen Fällen einen Rückgriff auf Liegenschaftszinssätze vergleichbarer Gebiete vor. Sofern auch diese nicht vorliegen, gibt die WertR hilfsweise Zinssätze zwischen 5,0 und 6,5% in Abhängigkeit vom zu bewertenden Objekt vor.[825] Diese weichen jedoch von den in der Literatur genannten Bandbreiten möglicher Zinssätze von 2,5 bis 9,0% erheblich ab.[826]

Die in der Literatur vielfach geäußerte Kritik, dass die Liegenschaftszinssätze[827] zum Teil deutlich unter der Umlaufrendite langfristiger, festverzinslicher Wertpapiere liegen,[828] lässt sich zum einen bei einem Vergleich mit dem momentanen Zinsniveau nicht bestätigen,[829] zum anderen beachtet diese Kritik den Unterschied in der Natur dieser beiden Größen nicht hinreichend.[830]

---

[820] Vgl. ebenfalls LEOPOLDSBERGER/THOMAS/NAUBEREIT (2005), S. 484.

[821] Vgl. WertR Nr. 3.5.4. Gemäß § 193 Abs. 3 BauGB ist es die Aufgabe der Gutachterausschüsse, die zur Grundstücksbewertung erforderlichen Daten zu ermitteln.

[822] Vgl. zur Arbeit der Gutachterausschüsse und der Aktualität der veröffentlichten Liegenschaftszinssätze stellvertretend LEOPOLDSBERGER/THOMAS/NAUBEREIT (2005), S. 484 sowie WALTER (2000), S. 8.

[823] So leiten gerade für Gewerbeimmobilien fast ausschließlich Gutachterausschüsse von Großstädten die erforderlichen Daten ab, vgl. ZEIßLER (2001), S. 270.

[824] Vgl. WALTER (2000), S. 8.

[825] Vgl. WertR Nr. 3.5.4.

[826] Vgl. LEOPOLDSBERGER/THOMAS/NAUBEREIT (2005), S. 485. Aus diesem Grund hat der Immobilienverband Deutschland (IVD) aktuelle, marktübliche Liegenschaftszinssätze für Deutschland veröffentlicht. Die Liegenschaftszinssätze sind das Resultat einer bundesweiten Erhebung unter den IVD-Immobiliensachverständigen. Der IVD plant, zukünftig regelmäßig aktuelle Liegenschaftszinssätze zu erheben und zu veröffentlichen, vgl. IVD (2006).

[827] So liegen die Liegenschaftszinssätze für Renditeobjekte derzeit innerhalb einer Bandbreite von 4,0-5,5% bei reinen Wohnobjekten und 4,5-6,5% bei teilgewerblichen Objekten, vgl. IVD (2006). Mit der Veröffentlichung nach Nutzungsarten differenzierter Liegenschaftszinssätze schließt sich der IVD einer im Schrifttum schon länger erhobenen Forderung an, vgl. stellvertretend MÖLLER (1995), S. 347. Vgl. für ebenfalls nach Nutzungsarten differenzierten Liegenschaftszinssätzen einer in 2004 deutschlandweit durchgeführten Studie SOMMER/HAUSMANN (2006), S. 140.

[828] Vgl. LEOPOLDSBERGER/THOMAS/NAUBEREIT (2005), S. 485.

[829] Betrachtet man die Umlaufrenditen börsengehandelter öffentlicher Anleihen mit Restlaufzeiten von 9-10 Jahren, bewegen sich die Umlaufrenditen im Zeitraum 1994 bis 2006 innerhalb einer Bandbreite von 6,9% in 1994 und 3,3% in 2005, vgl. DEUTSCHE BUNDESBANK (2006), S. 51*. Vgl. auch Fn. 797 f.

[830] Ausgehend vom Renditecharakter des Liegenschaftszinssatzes würde wohl "niemand sein Geld in Immobilien [...] (anlegen, d. Verf.), wenn er nicht mindestens die Verzinsung sicherer Bundesanleihen erreicht,

Jedoch erfordert die explizite Darstellung der Ein- und Auszahlungen beim DCF-Verfahren eigentlich die Wahl eines Diskontierungszinssatzes, der nicht dem Liegenschaftszinssatz für das nach WertV kodifizierte Ertragswertverfahren entspricht. Während im Liegenschaftszinssatz die von allen Marktteilnehmern erwartete Entwicklung der Ein- und Auszahlungen implizit enthalten ist, darf diese beim Diskontierungszinssatz für das DCF-Verfahren nicht mehr enthalten sein, da ansonsten zukünftige Erwartungen doppelt berücksichtigt würden.[831] Eine Anwendung des Liegenschaftszinssatzes als Diskontierungszinssatz für das DCF-Verfahren ist (aufgrund des seines Renditecharakters) demnach nur möglich, sofern eine Anpassung des Liegenschaftszinssatzes um die implizit enthaltenen Wachstumserwartungen (bzw. die erwartete Preisänderung der Einzahlungen und Auszahlungen) der Marktteilnehmer erfolgt oder die Erwartung der Marktteilnehmer bezüglich der Entwicklung der Einzahlungen und Auszahlungen nicht in diesem Berücksichtigung findet.[832] PETERSEN schlägt zur Berechnung des um die Preiserwartungen bereinigten Diskontierungszinssatzes folgende Formel vor: $i = (1 + i_{Liegenschaftszinssatz}) * (1 + p) - 1$, wobei p der erwartete Preisänderungssatz p.a. ist.[833] Vorteilhaft wäre, dass der so gewonnene Diskontierungszinssatz auf dem Liegenschaftszinssatz aufbaut.[834]

Die implizite Berücksichtigung der Wertentwicklung disqualifiziert die Liegenschaftszinssätze somit grundsätzlich nicht für eine Anwendung als objektivierte Diskontierungszinssätze im DCF-Verfahren. Es ist daher festzuhalten, dass die Anwendung des Liegenschaftszinssatzes unter Berücksichtigung der oben genannten Einschränkung durchaus möglich ist.

(daher, d. Verf.) liegt die Verzinsung von Ertragsimmobilien i.d.R. höher als der Kapitalmarktzins.", MÜNCHEHOFEL/SPRINGER (2004a), S. 261. Ausnahmen hiervon gelten nur bei Marktverzerrungen durch steuerliche (oder andere staatliche) Anreize, eigentümergenutzten Immobilien sowie unzureichender Risikoeinpreisung durch den Käufer, vgl. EBENDA, S. 261.

831 Vgl. auch WALBRÖHL (2001), S. 111.

832 So kommt es darauf an, ob empirisch ermittelte Erwartungswerte und Volatilitäten in Gestalt der durch die Gutachterausschüsse erhobenen Liegenschaftszinssätze entsprechende Erwartungen der Marktteilnehmer rechtfertigen. Je unsicherer beispielsweise die Erwartungen an eine Wertentwicklung der Immobilie sind, desto stärker ist das Bestreben der Anleger, die erhoffte Rendite der Investition aus den periodischen Ausschüttungen (Einzahlungsüberschüssen) zu generieren. Wenn eine Wertentwicklung respektive eine Wertsteigerung sicherer zu erwarten ist, drückt sich dies in der Bereitschaft der Anleger aus, geringere Nettoanfangsrenditen zu akzeptieren beziehungsweise höhere Kaufpreise zu zahlen, vgl. BEHRENDT/ BAUMUNK (2001a), S. 10.

833 Vgl. PETERSEN (2006), S. 143.

834 Vgl. zu den Problemen EBENDA, S. 143. Da jedoch die implizit enthaltene Wachstumsrate ebenso wenig bekannt ist wie der zu bestimmende Diskontierungszinssatz, handelt es sich um einen in der Praxis schwer umsetzbaren Lösungsansatz.

4.2.2.2.3.3 Betrachtung der Handlungsalternativen

Folgende Handlungsempfehlungen zur Bestimmung des Diskontierungszinssatzes wurden induktiv gewonnen:

a) Verwendung eines vorgegebenen Zinssatzes, z.B. des Liegenschaftszinssatzes des Gutachterausschusses oder eines Zinssatz aus dem Fachschrifttum,

b) Verwendung eines vorgegebenen Zinssatzes (z.B. Liegenschaftszinssatz), jedoch angepasst um spezielle Risiken (z.B. die Bonität des Mieters, etc.),

c) Verwendung eines individuell ermittelten Zinssatzes durch Verwendung eines Basiszinssatzes (z.B. der Umlaufrendite einer zehnjährigen Staatsanleihe) und eines (individuellen) Risikozuschlages.

Zunächst ist festzustellen, dass alle Alternativen ausschließlich auf der Verwendung eines öffentlich verfügbaren Zinssatzes basieren und daher im Hinblick auf die Relevanz (marktgestützte Ermittlung des Parameters) sowie die Zuverlässigkeit (möglichst objektivierte Ermittlung) grundsätzlich geeignet erscheinen. Keine Alternative basiert auf der Anfangsrendite oder der internen Rendite, was die im vorangegangenen Kapitel herausgearbeiteten Schlussfolgerungen bestätigt.

Sowohl die *Handlungsalternative a)* als auch die *Handlungsalternative b)* sieht den Rückgriff auf den Liegenschaftszinssatz als den öffentlich verfügbaren immobilienspezifischen Zinssatz in Deutschland vor. Sie unterscheiden sich jedoch hinsichtlich der Berücksichtigung umfeldspezifischer Bedingungen, d.h. im Umfang der Standortanalyse. So würde bei der Übernahme des Liegenschaftszinssatzes für einen beliebigen Bezirk einer Großstadt beispielsweise eine gesonderte Ermittlung der Standortsituation in diesem Bezirk, z.B. über Immobilienmakler, erforderlich sein, um einen tatsächlichen Standortbezug des Liegenschaftszinssatzes zu erreichen. Eine unreflektierte Übernahme des Liegenschaftszinssatzes würde nicht die standortspezifische Marktentwicklung beinhalten und somit keinen sachgerechten Diskontierungszinssatz darstellen. Die in *Handlungsalternative a)* vorgeschlagene unreflektierte Übernahme des Liegenschaftszinssatzes ist daher abzulehnen.

Handlungsalternative b) dagegen sieht eine Anpassung des Liegenschaftszinssatzes hinsichtlich bestimmter objektspezifischer Eigenschaften vor. Hierzu gehören sowohl eine Standort- als auch eine Mieteranalyse. Risiken, die nicht durch die prognostizierten Zahlungsmittelflüsse abzubilden sind, müssen im Diskontierungszinssatz berücksichtigt werden. Bezogen auf die Mieteranalyse könnten hierzu beispielsweise Mietausfallrisiken gehören, welche sich auf Grund der fehlenden Erwartungswertbetrachtung nicht in den Einzahlungen haben abbilden lassen.[835] Ein Indikator hierfür ist beispielsweise die Bonität der Mieter.[836]

Für eine möglichst nachvollziehbare Berücksichtigung der Standorteinflüsse wird im Schrifttum beispielsweise vorgeschlagen, die möglichen Bandbreiten von Liegenschaftszinssätzen für Wohn- und Gewerbeimmobilien, gestaffelt nach dem Baujahr der zugrunde liegenden Gebäude, zu berechnen.[837] Ein empirisch gestützter Liegenschaftszinssatz ließe sich dann aus der jeweiligen Bandbreite ermitteln, indem die wertbeeinflussenden Faktoren in die Ermittlung einbezogen würden.[838] Hierzu schlagen SOMMER/ KRÖLL eine nachvollziehbare Systematik vor, welche in Abhängigkeit von der Ausprägung des jeweiligen Faktors eine Orientierung am oberen oder unteren Ende der Bandbreite bzw. der Bandbreitenmitte vorsieht.[839]

Dieses Vorgehen ermöglicht neben der zweifelsfreien Überprüfung der Daten[840] in Gestalt der empirisch erhobenen Liegenschaftszinssätze eine Nachprüfbarkeit der konkreten Ermittlung des verwandten Diskontierungszinssatzes. Voraussetzung hierfür wäre lediglich die Offenlegung des Schemas sowie der getroffenen Einschätzungen hinsichtlich der wertbeeinflussenden Faktoren. Erfolgt die Bestimmung des Diskontierungszinssatzes durch Rückgriff auf den Liegenschaftszinssatz ergänzt um eine Standort- und Mieteranalyse, so sind ergänzende Annahmen seitens des Immobiliensachverständigen nur in begrenztem Umfang erforderlich. So lässt sich der von einem Gutachterausschuss übernommene Liegenschaftszinssatz durch einen Dritten jederzeit überprüfen, d.h. die Datenbasis in Gestalt einer Bandbreite möglicher Liegenschaftszinssätze ist frei zugänglich.[841] Annahmen sind nur zur Auswahl des Zinssatzes innerhalb der Bandbreite erforderlich. Diese Annahmen stützen sich auf die durchgeführten

---

835 Vgl. zu den Möglichkeiten der Prognose der Einzahlungen sowie der Erwartungswertbildung auch Teil II Kapitel 4.2.1.2.

836 Vgl. ZEIẞLER (2001), S. 270.

837 Vgl. SOMMER/KRÖLL (1995), S. 290 ff. Grundlage bildet dabei eine empirische Untersuchung des Datenmaterials von 50 Gutachterausschüssen aus den alten und neuen Bundesländern für das Jahr 1993.

838 EBENDA, S. 290 ff. unterscheiden hierbei in spezielle und generelle Einflussfaktoren. Beispiele für spezielle Einflussfaktoren sind das Verhältnis vom Wohnanteil zum Gewerbeanteil sowie die Lage gewerblicher Objekte. Einen generellen Einflussfaktor stellt beispielsweise die Marktsituation dar. Das Vorgehen zeigt somit gewisse Ähnlichkeit zur hier vorgenommenen Differenzierung anhand des Markt-, Standort-, Gebäude- und Mieterbezuges. Vgl. zu den Ergebnissen der im Jahr 2004 durchgeführten Replikationsstudie auch SOMMER/HAUSMANN (2006), S. 140 f.

839 Vgl. SOMMER/KRÖLL (1995), S. 292. Vgl. zur Bestimmung eines objektbezogenen Liegenschaftszinssatzes für Gewerbeimmobilien durch Gewichtung von Risikofaktoren ZEIẞLER (2001), S. 270 ff.

840 Vgl. zum Begriff der Daten ausführlich Teil II Kapitel 2.2.2.3.

841 Das Kriterium der Nachprüfbarkeit wurde als wesentliches Kriterium für die Zuverlässigkeit von der Mehrheit der interviewten Immobiliensachverständigen benannt.

Standort- und Mieteranalysen, welche durch ein schematisiertes Vorgehen, wie vorgestellt, weiter objektiviert werden könnten.

Der *Handlungsalternative b)* kann durch den ergänzenden Standort- und Mieterbezug ein gewisses Maß an Relevanz und aufgrund des begrenzten Ermessensspielraumes des Immobiliensachverständigen ein hohes Maß an Zuverlässigkeit zugesprochen werden. Die *Handlungsalternative b)* lässt daher die Ermittlung eines entscheidungsnützlichen Fair Value eines Investment Property erwarten.

Handlungsalternative c) sieht dagegen die Ableitung des Diskontierungszinssatzes auf Basis eines risikolosen Zinssatzes sowie eines objektspezifischen Risikozuschlages vor. Im Risikozuschlag sind diejenigen Risiken abzubilden, die nicht durch die prognostizierten Zahlungsmittelflüsse berücksichtigt werden konnten.[842] Erfolgt die Bestimmung des Zinssatzes durch den Rückgriff auf einen allgemein zugänglichen risikofreien Basiszinssatz (z.B. die Umlaufrenditen zehnjähriger Staatsanleihen)[843], wie in der *Handlungsalternative c)* vorgesehen, muss dieser Zinssatz um einen Risikozuschlag ergänzt werden, um die Vergleichbarkeit zwischen dem grundsätzlich risikobehafteten Bewertungsobjekt Investment Property und dem (grundsätzlich) risikofreien Basiszinssatz herzustellen.

Dieser Risikozuschlag ist, anders als der Basiszinssatz, nicht ermessensfrei,[844] d.h. er erfordert eine regelmäßig subjektive Einschätzung des Bewertenden, da eine kapitalmarktgestützte Ermittlung der Risikoprämie, wie zuvor dargelegt,[845] ausscheidet. Eine vollständige Objektivierung des Diskontierungszinssatzes wäre daher nur möglich, wenn dem Immobiliensachverständigen der Risikozuschlag vorgegeben würde.[846] Die Vorgabe eines einheitlichen Risikozuschlages erscheint jedoch hinsichtlich des dann fehlenden Standort-, Gebäude- und Mieterbezuges nicht sachgerecht und würde zu einem irrelevanten Fair Value führen.

Es kann somit festgehalten werden, dass die *Handlungsalternative c)* durch Berücksichtigung der wertbeeinflussenden Faktoren im Risikozuschlag zur Prognose eines relevanten Diskontierungszinssatzes führt. Die Zuverlässigkeit ist jedoch aufgrund des umfangreichen Ermes-

---

842 Vgl. GIF (2006), S. 14. Hierzu könnte beispielsweise das allgemeine Risiko, welches durch das Herauslösen einer einzelnen Immobilie aus einem Portfolioverbund entsteht, zählen, vgl. PAUL (2005), S. 592, Rn. 990.

843 Vgl. hierzu auch Fn. 790 ff.

844 Vgl. die Ausführung zur Ermittlung des Basiszinssatzes im Rahmen des CAPM im vorangegangenen Kapitel 4.2.2.2.3.2.

845 Vgl. ebenfalls das vorangegangene Kapitel.

846 Vgl. MOXTER (1983), S. 34.

sens des Sachverständigen und eines hieraus resultierenden Mangels an Nachprüfbarkeit[847] nur eingeschränkt gegeben. *Handlungsalternative c)* lässt somit ebenfalls die Ermittlung eines entscheidungsnützlichen Fair Value eines Investment Property erwarten. Zusammenfassend lässt sich festhalten, dass die *Handlungsalternativen b)* und *c)* grundsätzlich als Heuristiken zur Prognose des Diskontierungszinssatzes geeignet sind. In Bezug auf die Anforderungen der Relevanz und Zuverlässigkeit unterscheiden sich beide Heuristiken nur graduell.

Betrachtet man die Anforderung der Relevanz, unterscheiden sich die Handlungsalternativen vor allem hinsichtlich des Standort-, Gebäude- und Mieterbezuges. *Handlungsalternative b)* berücksichtigt zur Verbesserung der Prognosequalität des Diskontierungszinssatzes zwar die Erkenntnisse aus einer Standort- und Mieteranalyse, bewegt sich jedoch hinsichtlich der möglichen Diskontierungszinssätze innerhalb der Bandbreite der öffentlich verfügbaren Liegenschaftszinssätze. Die Prognosequalität ist daher im Wesentlichen abhängig von der verfügbaren Datenbasis an Liegenschaftszinssätzen.[848] *Handlungsalternative c)* dagegen basiert auf einer individuellen Einschätzung des adäquaten Diskontierungszinssatzes durch Festlegung eines individuellen Risikozuschlages auf Grundlage einer umfassenden Markt-, Standort-, Gebäude- und Mieteranalyse. Da der auf diese Weise gewonnene Diskontierungszinssatz nicht nach oben oder unter durch eine Bandbreite von vorgegebenen Zinssätzen begrenzt ist, können sämtliche durch die Analysen gewonnenen Erkenntnisse individuell berücksichtigt werden. Bei *Handlungsalternative c)* ist demnach die Relevanz stärker gewichtet als bei *Handlungsalternative b).*

In Bezug auf die Zuverlässigkeit unterscheiden sich beide Handlungsalternativen vor allem hinsichtlich des Umfangs von Ermessensspielräumen.[849] Umso umfangreicher der Ermessensspielraum des Immobiliensachverständigen bei der Prognose des Diskontierungszinssatzes ist, desto geringer dürfte die Zuverlässigkeit des resultierenden Fair Value sein. Bei der *Handlungsalternative b)* sind Ermessensentscheidungen des Sachverständigen durch die Beschränkung auf eine Bandbreite öffentlich verfügbarer Liegenschaftszinssätze begrenzt. Zwar ist eine Auswahl eines geeigneten Diskontierungszinssatzes innerhalb einer Bandbreite notwendig; diese Auswahl kann, insbesondere bei Orientierung und Offenlegung eines

---

[847] Der Forderung nach Nachprüfbarkeit stehen oft auch rechtliche Hemmnisse entgegen. So ist in Deutschland aufgrund von datenschutzrechtlichen Bestimmungen z.B. keine Veröffentlichung der der Bestimmung des Diskontierungszinssatzes zugrunde gelegten Verkaufspreise vergleichbarer oder zumindest ähnlicher Objekte möglich. Demzufolge besteht allein auf Grund der Rechtslage keine Möglichkeit einer Nachprüfbarkeit durch Dritte, da die Datenbasis nicht verfügbar ist.

[848] Vgl. auch Fn.822.

[849] Vgl. zum Ermessensspielraum auch Fn. 513 f.

Schemas, wie es von SOMMER/KRÖLL vorgeschlagen wurde, jedoch als vergleichsweise nachvollziehbar und überprüfbar angesehen werden. *Handlungsalternative c)* dagegen erfordert zum einen die Wahl eines geeigneten Basiszinssatzes, zum anderen die individuelle Festlegung des Risikozuschlages. Bei der Wahl des risikolosen Basiszinssatzes besteht jedoch nur ein Freiheitsgrad bezüglich der Annahme adäquater Restlaufzeiten,[850] welcher (zumindest in Deutschland) aufgrund des regelmäßigen Rückgriffs auf die Umlaufrenditen von öffentlichen Anleihen mit 10 Jahren durchschnittlicher Restnutzungsdauer faktisch nicht genutzt wird. Die Auswahl des risikolosen Basiszinssatzes kann somit vollständig objektiviert werden und als nachprüfbar bezeichnet werden.

Zur Festlegung des Risikozuschlages ist dagegen eine individuelle Einschätzung durch den Immobiliensachverständigen notwendig. Ursache hierfür ist, dass eine Anwendbarkeit kapitalmarktorientierter Methoden wie das CAPM zur Bestimmung des Risikozuschlages nicht möglich ist.[851] Die Bestimmung des Risikozuschlages liegt somit im vollständigen Ermessen des Immobiliensachverständigen und führt daher zu einem unzuverlässigeren Fair Value. Die *Handlungsalternative b)* weist daher eine tendenziell stärkere Gewichtung der Zuverlässigkeit gegenüber *Handlungsalternative c)* auf.

Als Ergebnis ist daher festzuhalten, dass zwei mögliche Heuristiken zur Ermittlung des Parameters Diskontierungszinssatz identifiziert werden konnten und beide sowohl die Anforderungen der Relevanz als auch der Zuverlässigkeit erfüllen. Beide Heuristiken weisen jedoch ebenfalls hinsichtlich der Gewichtung beider Anforderungen graduelle Unterschiede auf. Zur Bestimmung der den Entscheidungsnutzen optimierenden Heuristik ist daher eine Beurteilung des Nutzenbeitrages der Relevanz und der Zuverlässigkeit zum Gesamtnutzen erforderlich. Die zur Bestimmung des Diskontierungszinssatzes zur Auswahl stehenden Heuristiken stellen sich zusammengefasst wie folgt dar:

Heuristik H_{I1}:	*Individueller Zinssatz auf Grundlage eines Basiszinssatzes (z.B. Umlaufrendite einer 10jährigen Bundesanleihe) und eines Risikozuschlages.*
Heuristik H_{I2}:	*Öffentlich verfügbarer Zinssatz (z.B. Liegenschaftszinssatz), jedoch angepasst um spezielle Risiken (z.B. Bonität des Mieters, etc.).*

850 Vgl. zur Diskussion auch Fn. 797 f.
851 Vgl. zur Anwendbarkeit des CAPM das vorangegangene Kapitel.

4.2.3 Zwischenergebnis

Im Rahmen einer Teilproblembetrachtung konnten geeignete, d.h. grundsätzlich zu einer entscheidungsnützlichen Rechnungslegungsinformation in Gestalt des Fair Value eines Investment Property führende Heuristiken identifiziert werden. Da zur Bestimmung des jeweiligen Parameters jeweils zwei alternative Heuristiken in Frage kommen, konnte keine eindeutige, den Entscheidungsnutzen maximierende Heuristikkombination identifiziert werden. Neben dem Aspekt der Entscheidungsnützlichkeit ist bei einer Auswahl jedoch auch die Abwägung zwischen den Kosten und dem Informationsnutzen für den Adressaten erforderlich.[852] Diese Abwägung kann jedoch erst im Anschluss an eine Beurteilung des Nutzens erfolgen und wird aus der näheren Betrachtung zunächst ausgeklammert. Somit hat sich eine solche Abwägung zunächst an den Kriterien der Relevanz und Zuverlässigkeit zu orientieren.[853]

Beispielsweise zeigt die induktiv gewonnene *Handlungsalternative a)* zur Bestimmung der Einzahlungen anschaulich, dass eine Heuristik, welche ausschließlich die Ist-Mieten fortschreibt, eindeutig als zuverlässig zu beurteilen wäre. Fraglich ist jedoch, inwieweit die konstante Fortschreibung des Ist-Zustandes über die gesamte Restnutzungsdauer der Immobilie zu einer für den Informationsadressaten relevanten Rechnungslegungsinformation führen kann, d.h. ob der so gewonnene Fair Value eines Investment Property überhaupt in das Entscheidungsmodell des Adressaten einfließen würde. Entgegengesetzt stellt sich bei der *Handlungsalternative c)* zur Bestimmung der Einzahlungen weniger die Frage nach der Relevanz, da letztlich der wesentliche Einflussfaktor auf die Einzahlungen, die Mietpreissteigerungen, berücksichtigt wird, sondern vielmehr danach, in welchem Maße eine solche Prognose auch zuverlässig ist.

Die Analyse der Handlungsempfehlungen im Rahmen der vorangegangenen Teilproblembetrachtung hat gezeigt, wie komplex die Entscheidung zwischen verschiedenen alternativen Heuristiken im Hinblick auf das Ziel einer entscheidungsnützlichen Rechnungslegungsinformation im Ergebnis ist. Insbesondere der bereits angesprochene Zielkonflikt zwischen der Bereitstellung relevanter Rechnungslegungsinformationen, welche jedoch ein Mindestmaß an Zuverlässigkeit aufweisen müssen, erscheint kaum lösbar. Zur Problemlösung erforderlich sind daher geeignete operationale Beurteilungskriterien sowie Erkenntnisse über die Gewich-

---

[852] Vgl. IASB Framework.44.

[853] Vgl. für das Kriterium der Relevanz Teil II Kapitel 3.2.1.3.2.3 und für das der Zuverlässigkeit 3.2.1.3.2.4.

tung derselben. Idealerweise müssten diese Kriterien unabhängig voneinander und einer Nutzwertanalyse zugänglich sein.[854] Nachfolgend werden daher, im Sinne einer heuristischen Problemlösungsstrategie,[855] nacheinander verschiedene Methoden zur Annäherung an eine befriedigende Problemlösung[856] betrachtet und hinsichtlich ihres möglichen Beitrages gewürdigt.

4.3 Beurteilung alternativer Heuristiken

4.3.1 In Frage kommende Methoden

4.3.1.1 Logische Deduktion

In Anlehnung an die Diskussion zur Gewinnung von GoB,[857] bietet sich die deduktive Methode zur Ableitung möglicher Beurteilungskriterien an. "Die Grundidee der deduktiven Methode besteht darin, GoB aus den allgemeingültigen Zwecken des Jahresabschlusses bzw. aus rechtlichen Obersätzen, die ihrerseits durch die allgemeingültigen Jahresabschlusssätze geprägt sind, abzuleiten." [858] Da eine betriebswirtschaftliche Deduktion ausscheidet,[859] versuchen andere Autoren[860] eine Ableitung aus den handelsrechtlichen (gesetzlichen) Jahresabschlusszwecken. Hierzu müssten Wissenschaft, Rechtsprechung und Bilanzierungspraxis einen gesetzeskonformen (normenkonformen) Konsens über das vom Gesetzgeber (im Kontext der IFRS des Normengebers) intendierte Zwecksystem erreichen. Da jedoch für die Ermittlung dieses Zwecksystems divergierende Interessen der Jahresabschlussadressaten zu

---

[854] Vgl. zu einer Definition auch Fn. 913. Nutzwertanalysen sind formalisierte Verfahren zur Entscheidungsfindung. Sie helfen bei der Auswahl mehrerer Handlungsalternativen bei einem gegebenen mehrdimensionalen Zielsystem. Methodisch werden hierbei die unterschiedlichen Zielkriteriumsausprägungen bei den einzelnen Handlungsempfehlungen auf eine dimensionslose Größe (den "Nutzwert") verdichtet, vgl. BERENS (1992), S. 44 ff. Der Entscheidungsnutzen einer Rechnungslegungsinformation würde demnach vom jeweils bestimmten Nutzwert abhängen; je höher der spezifische Nutzwert, desto höher der Entscheidungsnutzen. Vgl. zu den Voraussetzungen der "klassischen" Nutzwertanalyse beispielsweise ZANGEMEISTER (1976), S. 75 ff. sowie für eine Weiterentwicklung (sog. "Nutzwertanalyse der 2. Generation") BECHMANN (1978), S. 52 ff.

[855] Ein wesentliches Merkmal einer heuristisch geprägten Problemslösungsstrategie ist die Anspruchsanpassung, vgl. Fn. 689. Ausgehend von einer Anspruchsgrundlage in Gestalt geeigneter Beurteilungskriterien erfolgt zunächst der Versuch der Erarbeitung einer geeigneten Lösung. Sofern diese Lösung nicht zufriedenstellend ist, erfolgt gegebenenfalls ein erneuter Lösungsversuch unter Hinzuziehung weiterer Erkenntnisquellen und einer Anpassung des Anspruchsniveaus. Dieser Vorgang wiederholt sich, bis im Sinne des festzulegenden Anspruchsniveaus eine "optimale" Lösung generiert werden konnte.

[856] Es wird bewusst von einer "befriedigenden" Problemlösung gesprochen, da aufgrund der Nichtexistenz konkreter Kriterien zur Beurteilung der Lösung die Ableitung einer objektiv "optimalen" Lösung nicht möglich ist. Der Verzicht auf eine optimale Lösung ist zwar einerseits ein Nachteil heuristischer Verfahren, jedoch entspricht die verfolgte Problemlösungsstrategie andererseits dem in der Realität vermuteten Vorgehen in einer solchen Entscheidungssituation, vgl. auch Teil II Kapitel 4.1.3.

[857] Vgl. stellvertretend DÖLLERER (1959), S. 1217 ff.; YOSHIDA (1976), S. 54 ff. sowie LEFFSON (1987), S. 29 ff.

[858] BAETGE/ZÜLCH (2004), Rn. 21.

[859] Vgl. zu einem im Schrifttum für undurchführbar gehaltenen Ansatz zur betriebswirtschaftlichen Ableitung von GoB YOSHIDA (1976), S. 49 ff. Für undurchführbar halten diese Methode beispielsweise BAETGE/KIRSCH/THIELE (2005), S. 107.

[860] Vgl. stellvertretend LEFFSON (1987), S. 112 ff.; MOXTER (2003), S. 9 ff.

berücksichtigen und auszugleichen sind und zur Deduktion widerspruchsfreier Aussagen ein eindeutiger oder zumindest primärer Jahresabschlusszweck unterstellt werden müsste, halten BAETGE/ZÜLCH eine deduktive Ableitung beim deutschen Handelsrecht für undurchführbar.[861]

Die IFRS geben jedoch im Framework als Zweck eines IFRS-Abschlusses, die Bereitstellung entscheidungsnützlicher Informationen vor.[862] Somit dürfte die im Hinblick auf das deutsche Handelsrecht angeführte Kritik bei den IFRS nicht greifen. Auch die Problematik divergierender Interessen der zahlreichen Adressatengruppen wird mit einer Typisierung der Informationsbedürfnisse des "Investors" begegnet.[863] Betrachtet man die vom IASB vorgenommene Typisierung als normativ gegeben, erscheint eine logisch-deduktive Gewinnung von operationalen Beurteilungskriterien grundsätzlich möglich.

Die aus der juristischen Auslegungstechnik bekannte Hermeneutik als Erweiterung des logisch-deduktiven Systems könnte gleichfalls Anwendung finden.[864] Hierbei erfolgt eine simultane Konkretisierung der Jahresabschlusszwecke[865] und die Ermittlung der gesuchten Beurteilungskriterien. Da nur bei Anwendung zweckgerechter Beurteilungskriterien ein zweckgerechter Jahresabschluss entstehen kann, hängen diese Bereiche eng zusammen.[866] Dieser Erkenntnisprozess verläuft jedoch nicht in einer hierarchischen Reihenfolge. Zunächst erfolgt eine Interpretation der relevanten Rechnungslegungsvorschriften. Hierzu zählen die Normen der IFRS sowie die ergänzenden Verlautbarungen.[867] Zur Interpretation sind der

---

[861] Vgl. BAETGE/ZÜLCH (2004), Rn. 22.

[862] Vgl. zur Zielsetzung der IFRS ausführlich Teil II Kapitel 1.1.1, insb. Fn. 76.

[863] Vgl. ausführlich zur Typisierung von Interessengruppen BERNDT (2005), S. 48 ff.

[864] Im Rahmen einer Bestandsaufnahme der existierenden Methoden zählt die vom Gedanken der Induktion getragene Systematik zu den überholten Systembildungsmöglichkeiten, da bei der Induktion ein Schluss von singulären Sätzen auf allgemeine Sätze erfolgt, welcher logisch nicht zu rechtfertigen ist, da sich ein solcher Schluss immer als falsch erweisen kann, vgl. POPPER (2005), S. 3. Den Gegenpol zur Induktion stellt die Deduktion dar, welche von allgemeinen Sätzen auf besondere Folgerungen schließt, wie etwa von einem primären Rechnungslegungsziel auf die unteren Prinzipien und Regeln. Das Problem der Deduktion ist, dass sie unter Vernachlässigung weiterer Rechtsprinzipien in streng formallogischen Ableitungszusammenhängen auf spezielle Aussagen schließt. Aufgrund der vorgenannten Kritikpunkte gilt es im Rahmen der Arbeit zu prüfen, ob sich diese Probleme durch das heute vorherrschende Prinzip der Hermeneutik, welche das logisch-deduktive Prinzip um Elemente eines dynamischen Prozesses der Rechtsfindung erweitert, welcher Rückkopplungen gestattet und somit "hermeneutisch" bedeutsame Zusammenhänge berücksichtigt, umgehen lässt, vgl. hierzu BAETGE/KIRSCH/THIELE (2005), S. 106 f.

[865] Hierzu gehören vor allem die vom Normengeber vorgegebenen Zwecke hinsichtlicht der auszulegenden Norm, der vom Normengeber verfolgte Zweck des Jahresabschlusses sowie die objektiv-teleologischen Zwecke des Jahresabschlusses. Im Kontext des HGB wird insbesondere der implizit zum Ausdruck kommende Zweck gewürdigt und ggf. weiterentwickelt, vgl. LEFFSON (1987), S. 33 ff

[866] Vgl. BAETGE/ZÜLCH (2004), Rn. 23.

[867] Vgl. zu den einzelnen Normen der IFRS sowie den ergänzenden Verlautbarungen ausführlich Teil II Kapitel 1.1.3 sowie 3.1.

Wortlaut und der Wortsinn, der Bedeutungszusammenhang und die Entstehungsgeschichte der betrachteten Norm sowie die Ansichten des Normengebers (des IASB) heranzuziehen.[868] Darüber hinaus sind bei hermeneutischer Auslegung von Rechtsnormen die Auffassungen der Rechnungslegenden sowie der Jahresabschlussadressaten, welche beispielsweise in Gestalt von Literaturbeiträgen zu bestimmten Problemkomplexen existieren, zu berücksichtigen.[869]

Die Erkenntnisgewinnung vollzieht sich somit in Gestalt eines Prozesses, in dem zunächst auf Grundlage eines Vorverständnisses des betreffenden Problems "vorläufige" Lösungen erarbeitet werden, die im weiteren Verlauf der Erkenntnisgewinnung aufgrund bestimmter Mängel wieder verworfen und durch neue Lösungen ersetzt werden. Dieser Prozess endet, wenn eine zweckgerechte und wohlbegründbare Lösung gefunden wurde.[870] Die hermeneutische Methode stellt somit eine Erweiterung der logisch-deduktiven Methode dar und kann durch Berücksichtigung zahlreicher Determinanten, die in den Erkenntnisgewinnungsprozess einfließen, die Schwachpunkte der rein logisch-deduktiven Methode beseitigen. Da die Interpretation der Norm den Schwerpunkt bildet, wird bei der hermeneutischen Methode auch berücksichtigt, dass der Jahresabschluss ein "Rechtsinstitut"[871] und somit die Konkretisierung des Jahresabschlusszweckes und der operationalen Beurteilungskriterien eng an den Normen ausgerichtet ist.

4.3.1.2 Induktion

Alternativ bietet sich ein induktives Vorgehen zur Begründung möglicher Beurteilungskriterien an. Induktiv gewonnene Erkenntnisse können somit keinen allgemeingültigen Anspruch besitzen. Induktiv gewonnene Erkenntnisse bergen darüber hinaus die Gefahr, einer möglichen, aber nicht der optimalen Lösung näher zu kommen.[872] Trotz dieser Kritikpunkte können die Ansichten der Rechnungslegenden und der Jahresabschlussadressaten wichtige

---

868 Diese Methode der Auslegung ist allgemein als Methode zur Rechtsauslegung anerkannt. Vgl. ausführlich zur Rechtsauslegung LARENZ (1991).

869 Vgl. auch BAETGE/ZÜLCH (2004), Rn. 24.

870 Das hermeneutische Vorgehen zeigt somit gewisse Ähnlichkeit mit dem heuristischen Problemlösungsprozess, vgl. zur heuristischen Problemlösung Teil II Kapitel 4.1.3.

871 BEISSE (1984), S. 6. Die Aussage von BEISSE bezieht sich zwar auf den handelsrechtlichen Jahresabschluss; da jedoch die IFRS aufgrund des Komitologieverfahrens der Europäischen Union Rechtsnormencharakter entfalten, erscheint eine analoge Betrachtungsweise gerechtfertigt, vgl. zum Rechtsnormencharakter der IFRS Fn.124.

872 Zur Problematik der Induktion vgl. auch die Ausführungen zur Entwicklung der GoB in BAETGE/KIRSCH/THIELE (2005), S. 106 f.

Anstöße und Ideen liefern. Sie besitzen damit den Charakter einer "Erkenntnisquelle" und spielen im Prozess der Gewinnung von Einzelnormen eine wichtige Rolle.[873]

4.3.1.3 Würdigung

Die Anforderungen der Relevanz und Zuverlässigkeit, welche die zentralen Beurteilungskriterien für eine entscheidungsnützliche Information darstellen, werden im IASB Framework durch mehrere sekundäre Anforderungen konkretisiert. Ausgehend von diesen könnte der Versuch einer weitergehenden Ableitung operationaler Beurteilungskriterien erfolgen. Aufgrund der gegenüber der induktiven Methode vorgebrachten Kritik erscheint die deduktive Methode zunächst eher geeignet, Lösungsansätze, die dem Zweck der IFRS entsprechen, zu entwickeln.[874] Die deduktive Methode geht dabei vom Zweck des IFRS-Abschlusses, der Vermittlung entscheidungsnützlicher Informationen,[875] aus und versucht durch logisch-deduktive Schlüsse, d.h. durch "Nachdenken", Lösungsansätze zu entwickeln, die diesen Zweck konkretisieren. Die IFRS geben durch das IASB Framework als Auslegungshilfe bei der Anwendung der einzelnen Standards ein deduktives Vorgehen indirekt vor.[876]

Dieses Vorgehen ist daher im Schrifttum nicht unüblich, birgt jedoch die Gefahr, dass im Ergebnis eine eigenständige Deduktionsbasis (Problemlösungsrahmen) entwickelt wird, welche unter Umständen nicht mehr der ursprünglichen Zielsetzung des IASB entspricht. Da die vorliegende Arbeit einen Erkenntnisgewinn zu einem alltäglichen Bilanzierungsproblem beabsichtigt (Abbildung von Investment Properties zum Fair Value), erfolgte bei der Festlegung des Problemlösungsrahmens ausschließlich ein Rückgriff auf das gegebene Normensystem sowie durch Öffnungsklauseln[877] ergänzend heranzuziehende Erkenntnisquellen wie den US-GAAP, da hierdurch sichergestellt ist, dass die gewonnenen Ergebnisse auch mit dem Rahmenkonzept und dem hieraus abgeleiteten Standard kompatibel sind.[878] Sofern die Deduktion operationaler Kriterien dennoch erfolgt,[879] besteht weiterhin das Problem einer

---

873 Vgl. bezogen auf die GoB-Ermittlung LEFFSON (1987), S. 125.

874 So auch ZÜLCH (2003), S. 206.

875 Vgl. Fn. 862.

876 Vgl. IASB Framework.1 (d) sowie Teil II Kapitel 3.2.1.2.

877 Angesprochen ist hier die Auslegungshermeneutik in IAS 8.7 ff., vgl. auch Teil II Kapitel 3.1.

878 Abzulehnen ist die Entwicklung eines eigenständigen Referenzsystems, da damit die Gefahr verbunden ist, dass die ursprüngliche Deduktionsbasis des Untersuchungsobjektes und das zur Beurteilung angewandte Referenzsystem inkonsistent werden. Vgl. zur Entwicklung eines eigenständigen, d.h. nicht ausschließlich die Normen des IASB berücksichtigenden Referenzsystems insbesondere die Werke von DOHRN (2004) und ZÜLCH (2003).

879 Methodisch (d.h. nicht inhaltlich) gute Beispiele für die Entwicklung eines mehr oder minder operationalen Referenzsystems bieten DOHRN (2004), S. 71 ff. und ZÜLCH (2003), S. 210 ff.

möglichst objektiven und nachvollziehbaren Beurteilung des Nutzenbeitrages der mittels alternativer Heuristiken bestimmten Parameter des DCF-Verfahrens zur Entscheidungsnützlichkeit der Rechnungslegungsinformation Fair Value eines Investment Property. Trotz der angeführten Problemfelder wird zunächst im Sinne einer ersten Phase des heuristisch geprägten Problemlösungsprozesses versucht, eine logisch-deduktive begründete Entscheidung zwischen den alternativen Heuristiken zu treffen. Die Entscheidungsgrundlage bilden hierbei Kriterien für die Relevanz und Zuverlässigkeit, anhand derer eine Beurteilung der alternativen Heuristiken im Hinblick auf eine Maximierung des Entscheidungsnutzens erfolgen soll.

4.3.2 Versuch einer deduktiv begründeten Entscheidung

4.3.2.1 Entscheidungsgrundlage

4.3.2.1.1 Kriterien für die Relevanz

Zur Konkretisierung der Anforderung der Relevanz benennen die IFRS die Kriterien der *Prognoseeignung* und *Wesentlichkeit.*[880] *Wesentlichkeit* ist jedoch, auch nach Auffassung des IASB, eher eine Schwelle oder ein Grenzwert[881] und weniger eine qualitative Anforderung,[882] die eine Information haben muss, um entscheidungsnützlich zu sein.[883] Das Kriterium der Wesentlichkeit erscheint somit zur Beurteilung alternativer Heuristiken in Hinblick auf ihre Relevanz ungeeignet.[884]

Prognoseeignung dagegen zielt auf die qualitative Dimension der Relevanz ab.[885] Prognoseeignung einer Rechnungslegungsinformation ist gegeben, wenn sie zur Beurteilung vergangener, derzeitiger oder künftiger Ereignisse hilfreich ist (Vorhersagewert) oder bereits bestehende Beurteilungen bestätigt oder korrigiert werden (Bestätigungswert).[886] Auch die US-GAAP formulieren als wesentliche Eigenschaften einer relevanten Rechnungslegungs-

---

[880] Vgl. ausführlich zur Anforderung der Relevanz innerhalb des IASB Framework Teil II Kapitel 3.2.1.3.2.3.

[881] Da sämtliche IFRS nur auf wesentliche Sachverhalte anzuwenden sind, wird über die Wesentlichkeit implizit der Vollständigkeitsgrundsatz derart eingeschränkt, dass nur Abschlussinformationen mit positivem Informationswert in den IFRS-Abschluss eingehen, vgl. zur quantitativen Dimension im Sinne eines Grenzwertes auch Fn. 477 f.

[882] Vgl. ebenfalls Teil II Kapitel 3.2.1.3.2.3.

[883] Vgl. IASB Framework.30.

[884] Bei der Wesentlichkeit steht die Frage des Ansatzes im Vordergrund, d.h. ob ein Sachverhalt im IFRS-Abschluss Berücksichtigung finden sollte, und nicht Fragen des Ausweises oder der Bewertung. Bei der Beurteilung einzelner Heuristiken zur Immobilienbewertung ist die Frage des Ansatzes bereits entschieden, da ansonsten eine Bewertung nicht notwendig wäre.

[885] Vgl. Fn. 882

[886] Vgl. zur Prognoseeignung Teil II Kapitel 3.2.1.3.2.3, insb. Fn. 473 ff. sowie zum Informationsbegriff Teil II Kapitel 1.1.1.

information deren Prognoseeignung in Gestalt eines Vorhersage- und Bestätigungswertes.[887] Demzufolge bieten zwar auch die US-GAAP keine über die IFRS hinausgehenden Erkenntnisse für eine Operationalisierung, jedoch erscheint die Prognoseeignung zur Beurteilung alternativer Heuristiken grundsätzlich geeignet.

4.3.2.1.2 Kriterien für die Zuverlässigkeit

Die IFRS führen zur Konkretisierung der Anforderung der Zuverlässigkeit einer Rechnungslegungsinformation die Kriterien *Glaubwürdigkeit der Darstellung*, *wirtschaftliche Betrachtungsweise*, *Neutralität*, *Vorsicht* sowie *Vollständigkeit* an.[888] Die Anforderungen sind jedoch sowohl in den IFRS als auch in den ergänzend herangezogenen US-GAAP[889] bewusst allgemein gehalten und beziehen sich auf eine holistische Beurteilung einer Rechnungslegungsinformation.[890]

Das Kriterium der *glaubwürdigen Darstellung* konkretisiert die Anforderung nach Zuverlässigkeit dergestalt, dass alle Geschäftsvorfälle und anderen Ereignisse den tatsächlichen Verhältnissen entsprechend abzubilden sind. Glaubwürdig lässt sich in Zusammenhang mit dem möglichen Fehlerrisiko bei einem Ansatz von geschätzten Werten als objektiv und willkürfrei interpretieren.[891] In Bezug auf die Fair Value-Ermittlung von Investment Properties führt dies, wie bereits als Voraussetzung geeigneter Lösungswege angeführt, zur Forderung nach systematischen willkürfreien Problemlösungsverfahren. Die US-GAAP benennen dagegen explizit die Nachprüfbarkeit, welche sich in den IFRS unter der Anforderung der Glaubwürdigkeit subsumieren lässt, als Kriterium für die Zuverlässigkeit einer Rechnungslegungsinformation. Das Kriterium der Nachprüfbarkeit fordert die intersubjektive Nachprüfbarkeit der Informationsgewinnung und –gewährung, um die Gefahr der subjektiven Beeinflussung durch die Rechnungslegenden zu minimieren.[892] Nachprüfbarkeit als Eigenschaft einer glaubwürdigen Darstellung bietet sich somit als operationales Kriterium für die Zuverlässigkeit zunächst an.

---

887 Zu den qualitativen Anforderungen der US-GAAP vgl. Teil II Kapitel 3.2.2.1.3.

888 Vgl. zur qualitativen Anforderung der Zuverlässigkeit in den IFRS ausführlich Teil II Kapitel 3.2.1.3.2.4.

889 Vgl. für die US-GAAP Teil II Kapitel 3.2.2.1.3.

890 Vollständigkeit bezieht sich auf die Tatsache, dass ein bestimmter Sachverhalt als Information im Abschluss Erwähnung findet, sofern er nicht unwesentlich ist oder die Kosten den erwarteten Nutzen übersteigen. Beispielsweise hat jedoch die Verwendung unterschiedlicher Diskontierungszinssätze keinerlei Einfluss auf die Erwähnung von Investment Properties im Abschluss, also auch keinen Einfluss auf das Kriterium der Vollständigkeit, vgl. ähnlich KLEIN (2003), S. 92.

891 Vgl. BAETGE/ZÜLCH (2004), Rn. 239 sowie ausführlich Teil II Kapitel 3.2.1.3.2.4.

892 Vgl. SFAC 2.98 ff. sowie MEEK (2000), S. 175 sowie Teil II Kapitel 3.2.2.1.3.

Das Kriterium der *Neutralität* fordert, dass eine Rechnungslegungsinformation frei von verzerrenden Einflüssen sein muss.[893] Neutralität ist nicht mehr gegeben, wenn mit dem Ziel einer möglichst positiven Unternehmensdarstellung eine bewusste Auswahl derjenigen alternativen Heuristik erfolgen würde, die zwar weder einer glaubwürdigen und damit möglichst objektiven Darstellung der tatsächlichen Verhältnisse entspricht, jedoch zu einem höheren Fair Value und damit zu einer positiveren Unternehmensdarstellung führt.[894]

Betrachtet man isoliert das Kriterium der Neutralität, so lässt sich dieses kaum operationalisieren, da eine objektive Einschätzung, wann eine Information neutral und wann sie verzerrt ist, zumeist nicht möglich ist. Aus diesem Grund wird das Kriterium der Neutralität häufig mit dem Kriterium der Vorsicht verbunden, welches als Auslegungsregel für Ermessensspielräume in Hinblick auf Fragen der Bewertung auszulegen ist.[895] Unvermeidlich auftretende Ungewissheiten bei der Bilanzierung (beispielsweise sofern sich Schätzungen von Fair Values von Investment Properties nur innerhalb einer bestimmten Bandbreite tätigen lassen) sollen durch eine entsprechend vorsichtige Vorgehensweise (im Sinne der Wertfindung innerhalb dieser Bandbreite) berücksichtigt werden.[896] Grundsätzlich erscheint somit das Kriterium der Vorsicht, interpretiert als Orientierungshilfe innerhalb einer Bandbreite möglicher Werte, zur Beurteilung einer Heuristik grundsätzlich geeignet. Terminologisch ist jedoch das Begriffspaar Neutralität und Vorsicht irreführend, da ein inhärenter Konflikt zwischen Vorsicht und Neutralität besteht. Neutralität lässt bezogen auf die Orientierung innerhalb einer Bandbreite möglicher Werte einen Ansatz des mittleren (und damit weder nach oben noch nach unten verzerrten) Wertes vermuten. Vorsicht lässt eher, sofern bilanzielle Wertansätze angesprochen sind, den Ansatz eines niedrigeren Wertes (Vermögenswerte) bzw. höheren Wertes (Schulden) innerhalb der Bandbreite vermuten. Dies entspricht jedoch nicht dem Vorsichtsgedanken innerhalb der IFRS. Demzufolge erscheint der Begriff Vorsichtsprinzip als Beurteilungskriterium nicht geeignet. Anstelle des Begriffs Neutralität könnte dagegen "verzerrungsfrei im Sinne des arithmetischen Mittels" einer beliebigen Bandbreite als Substitut Verwendung finden.

---

[893] Vgl. zur Neutralität Teil II Kapitel 3.2.1.3.2.4, insb. Fn. 509 ff.
[894] Vgl. hierzu auch die Ausführungen in Teil II Kapitel 3.2.1.3.2.4.
[895] Vgl. Fn. 517.
[896] Vgl. hierzu auch Fn. 520 f.

4.3.2.2 Anwendung der Kriterien auf das Entscheidungsproblem

Betrachtet man die möglichen Eigenschaften einer zu beurteilenden Heuristik hinsichtlich der Anforderung der Relevanz, so könnte die Prognoseeignung in Gestalt des Vorhersage- oder Bestätigungswertes ein geeigneter Ausgangspunkt sein. Bezug nehmend auf die im vorangegangenen Kapitel beispielhaft dargestellten alternativen Heuristiken H_{E1} und H_{E2},[897] besteht zwischen diesen beiden offensichtlich ein Unterschied hinsichtlich der Prognoseeignung, da die Heuristik H_{E1} Zukunftserwartungen durch eine individuelle Markt-, Konkurrenz- und Mieteranalyse und H_{E2} ausschließlich Zukunftserwartungen in Gestalt von öffentlich verfügbaren Immobilienmarktprognosen berücksichtigt. Beide Heuristiken berücksichtigen somit Zukunftserwartungen in unterschiedlichem Ausmaß. Eine Entscheidung zwischen beiden Alternativen ist jedoch anhand der Kriterien des Vorhersage- und Bestätigungswerts nicht möglich, da beide diese Eigenschaften, wenn auch in unterschiedlichem Ausmaß, aufweisen. Für eine Entscheidung notwendig wäre zum einen eine irgendwie geartete Quantifizierung des Nutzens der jeweiligen Eigenschaft und zum anderen deren Gewichtung zueinander.

Betrachtet man analog die Eigenschaften dieser Heuristiken hinsichtlich der Anforderung der Zuverlässigkeit, so könnten die Kriterien der Nachprüfbarkeit sowie der Verzerrungsfreiheit im Sinne eines arithmetischen Mittels (als Substitut für die Neutralität) geeignete Beurteilungskriterien darstellen. Die Heuristik H_{E1} berücksichtigt umfassende Zukunftserwartungen, da eine individuelle Einschätzung der Markt-, Konkurrenz- und Mietersituation erfolgt. Die Heuristik H_{E2} berücksichtigt dagegen ein bestimmtes Marktwachstum durch Rückgriff auf öffentlich verfügbare Immobilienmarktprognosen. Heuristik H_{E2} erscheint der Anforderung der Zuverlässigkeit eher zu genügen, da eine Nachprüfbarkeit durch die Verwendung öffentlich verfügbarer Daten in Gestalt der Immobilienmarktprognosen gegeben ist. Das Kriterium der Verzerrungsfreiheit erscheint aufgrund fehlender Freiheitsgrade des Immobiliensachverständigen darüber hinaus unbeachtlich.

Die alternative Heuristik H_{E1} dagegen erfordert eine Einschätzung des Immobilienmarktes hinsichtlich der Entwicklung von Angebot und Nachfrage auf dem Immobilienmarkt, der Branchen im Rahmen der Konkurrenzanalyse sowie der Haushaltseinkommen (bei privaten Mietern) und der Bonität im Rahmen der Mieteranalyse. Die Nachprüfbarkeit solcher Einschätzungen ist nur sehr eingeschränkt gegeben. Wesentliche Ursache dafür ist, dass eine notwendiger Weise umfangreiche Offenlegung von Daten und Annahmen seitens des

---

[897] Vgl. Teil II Kapitel 4.2.2.2.3.3.

Sachverständigen zumeist nicht praktikabel wäre. Wird zusätzlich der mögliche "Information Overload" der Informationsadressaten bedacht, wäre eine derartige Offenlegung auch nicht zielführend. Die Vergleichbarkeit der auf Grundlage dieser Heuristik durchgeführten Prognose der Einzahlungen und damit des resultierenden Fair Value ist dagegen faktisch nicht mehr gegeben, da die Wahrscheinlichkeit, dass zwei unabhängige Subjekte zu einer identischen Einschätzung über die Zukunftserwartungen gelangen würden, als praktisch unmöglich bzw. rein zufällig bezeichnet werden muss. Lediglich das Kriterium der Verzerrungsfreiheit im Sinne eines arithmetischen Mittels scheint erfüllbar.

Somit weisen beide Alternativen ein gewisses Maß an Nachprüfbarkeit auf, und bei beiden erfolgt die Berücksichtigung des arithmetischen Mittels innerhalb einer möglichen Bandbreite. Jedoch sind beide Alternativen in unterschiedlichem Maße zuverlässig, sodass eine Vergleichbarkeit (deren Voraussetzung die Zuverlässigkeit ist)[898] (faktisch) nicht gegeben ist. Auch hier wäre für die Entscheidung zwischen beiden Alternativen zum einen eine irgendwie geartete Quantifizierung des Nutzens der jeweiligen Eigenschaft und zum anderen deren Gewichtung notwendig, da ohne diese eine Ableitung des Nutzenbeitrages der beiden Eigenschaften zur Anforderung der Zuverlässigkeit nicht möglich wäre.[899]

4.3.3 Grenzen der deduktiven Auswahl einer den Entscheidungsnutzen optimierenden Heuristik

Die IFRS geben mit der Vermittlung entscheidungsnützlicher Informationen einen zentralen Zweck vor. Dies ermöglicht grundsätzlich eine rein logisch-deduktive Ableitung von diesen Zweck erfüllenden operationalen Beurteilungskriterien, scheitert in der Realität jedoch an der fehlenden Kenntnis der zu unterstellenden Präferenzstruktur des Adressaten. Insbesondere der aufgezeigte Zielkonflikt zwischen den Anforderungen der Relevanz und Zuverlässigkeit lässt sich alleine durch eine Operationalisierung dieser Anforderungen nicht lösen.[900]

Die Beurteilung des (ökonomischen) Nutzens[901] einer Rechnungslegungsinformation hat sich am Nutzenbeitrag der Anforderungen nach Relevanz und Zuverlässigkeit zu orientieren. Da zur Ermittlung der betrachteten Rechnungslegungsinformation, dem Fair Value eines Investment Property, Heuristiken Anwendung finden, muss zunächst der Nutzenbeitrag dieser

---

[898] Vgl. auch Teil II Kapitel 3.2.1.4.

[899] Erschwerend kommt hinzu, dass eine Operationalisierung des Kriteriums der Neutralität unter Zuhilfenahme des Kriteriums der Vorsicht problematisch ist, da das Kriterium der Vorsicht, wie bereits ausgeführt, mit dem Kriterium einer glaubwürdigen Darstellung tendenziell konkurriert.

[900] So auch KUHNER (2004), S. 270.

[901] Des Informationswertes, vgl. zum Begriff des Informationswerts auch Fn. 76.

Heuristiken bestimmt werden. Zur Beurteilung dieses Nutzens ist eine systematische Einbettung der Informationsverwendung in die Entscheidungsprobleme des jeweiligen Adressaten erforderlich.[902] Der Informationswert hängt somit von den jeweiligen Präferenzen und dem Entscheidungsfeld des Rechnungslegungsadressaten ab.[903]

Eine typisierte Entscheidungsregel dergestalt, diejenige Heuristik zu wählen, welche den größten Nutzen stiftet, [904] wäre bei der typisiert unterstellten Adressatengruppe der tatsächlichen und potentiellen Investoren begründbar,[905] wenn eine Kenntnis der individuellen Präferenzfunktion dieser Adressaten unterstellt werden könnte.[906] Jedoch bedarf es zur Bestimmung des aus Sicht des Adressaten jeweils empfangenen Nutzens der Kenntnis seiner individuellen Präferenzfunktion. Da die Abschlussadressaten eine inhomogene Gruppe darstellen, erscheint die Kenntnis sämtlicher individueller Präferenzen und Entscheidungsfelder potentieller und tatsächlicher Abschlussadressaten unmöglich.[907] So ist auch BONSE der Ansicht, dass "Im Extremfall [...] davon ausgegangen werden (muss, d. Verf.), dass einzelne Individuen divergierende Informationsansprüche aufgrund unterschiedlicher Konsum- und Risikopräferenzen, Anlageziele, Anlagehorizonte und auch abweichenden Fachwissens verfolgen, deren empirische Erfassung und Befriedigung durch die Rechnungslegung infolge der Vielzahl aktueller und potentieller Aktionäre in einem Unternehmen als nahezu unmöglich erscheint."[908]

Aufgrund der mangelnden Kenntnis der tatsächlichen Präferenzen des jeweiligen Informationsadressaten wäre eine Festlegung einer typisierten Präferenzstruktur der (eigentlich dahingehend heterogenen) Adressaten durch Werturteil notwendig.[909] Hierzu wäre zumindest

---

902 Vgl. ebenfalls Fn. 76.

903 Vgl. BALLWIESER (1985), S. 25. Da der Informationsgehalt einzelner Rechnungslegungsinformationen für den Adressaten beurteilt werden soll, ist informationsökonomisch "für *Entscheidungsmodelle* das Wissen über Neigungen im Sinne psychischer Veranlagung des Planenden (des Eigen- oder Fremdkapitalgebers, d. Verf.) einzuschließen [...] Zu den Neigungen gehören die Ziele eines Handelnden, also persönliche Wünsche, aber auch die *Risikoneigung* als Ausdruck der persönlichen Einstellung, Unsicherheiten zu übernehmen bzw. dessen Gegenteil: Sicherheitsstreben.", SCHNEIDER (1997), S. 75 (Hervorhebungen im Original).

904 Es würde demnach ein rationales Handeln der Adressaten unterstellt werden. Vgl. beispielsweise CHRISTENSEN/DEMSKI (2003), S. 116 f.

905 Vgl. IASB Framework.12. Zur geplanten Angleichung an die US-GAAP durch Einbezug der tatsächlichen und potentiellen Fremdkapitalgeber sowie Ursachen für diese Typisierung vgl. ausführlich Teil II Kapitel 1.1.1, insb. Fn. 88 ff.

906 Vgl. hierzu ausführlich ebenfalls CHRISTENSEN/DEMSKI (2003), S. 94 ff.

907 Vgl. hierzu auch Fn. 87.

908 BONSE (2004), S. 66 m.w.N.

909 "Answers to normative questions always depend on the choice of the criterion or objective function which is a matter of values.", JENSEN (1983), S. 320.

eine Unterscheidung zwischen risikoaversen, risikoneutralen und risikofreudigen[910] Eigen- und Fremdkapitalgebern[911] vorzunehmen. Da diese Unterscheidung aufgrund der fehlenden Kenntnis der jeweils konkreten Informationsadressaten nicht möglich ist, lässt sich der Nutzwert der einzelnen alternativen Heuristik nicht eindeutig bestimmen. Als Lösung könnte forschungsmethodisch beispielsweise ein risikoaverser Adressat unterstellt werden. Dieses Vorgehen, welches in der neoklassischen Modellwelt üblich ist, stellt eine von der Realität abweichende Annahme innerhalb des Modells dar.[912] Die Formulierung solcher spezifischen Annahmen zur Modellbildung wäre notwendig, da ohne sie, aufgrund der unbekannten individuellen Präferenzstruktur der betrachten Adressaten, eine Nutzwertanalyse[913] nicht durchführbar wäre.[914] Das Ergebnis wäre jedoch von begrenzter Aussagekraft, da der so ermittelte Nutzenbeitrag (und somit die bestimmte "optimale Heuristikkombination") nur für das typisiert unterstellte Entscheidungsmodell eines hypothetischen Adressaten gültig wäre und kaum zu verallgemeinernde Schlüsse zuließe. Letztlich wäre daher die rein deduktive Ableitung mit der gleichen Kritik wie die Induktion, der Gefahr des normativen (wertenden) Charakters und falscher bzw. nicht allgemeingültiger Rückschlüsse, behaftet.

4.4 Zwischenergebnis und Überleitung zur empirischen Untersuchung

Eine rein deduktive Ableitung der den Entscheidungsnutzen maximierenden Heuristik muss daher als gescheitert betrachtet werden. Auf Grund der angeführten Kritikpunkte erscheint der Rückgriff auf induktive Überlegungen zur Problemlösung zweckmäßig.

---

910 Risikoavers, risikoneutral oder risikofreudig bezeichnen die unterschiedliche Risikoeinstellung des Investors. Der Risikoneutralität kommt hierbei die Funktion des Nullpunktes auf der Skala unterschiedlicher Risikoeinstellungen zu. Risikoneutral ist, wer an "fairen Spielen" teilnimmt, d.h. an Spielen, bei denen der zu zahlende Preis exakt dem Erwartungswert entspricht. Von risikoavers spricht man dagegen, wenn auch in dem Fall, dass der zu zahlende Preis unterhalb des Erwartungswertes liegt, nicht unbedingt eine Investition getätigt wird. Dagegen ist man risikofreudig, wenn die Bereitschaft zur Investition auch bei einem zu zahlenden Preis oberhalb des Erwartungswertes erfolgen würde, vgl. KRUSCHWITZ (2004), S. 107 ff.

911 Es wird synonym auch von Investoren gesprochen, Anm. d. Verf.

912 So unterstellt beispielsweise das Capital Asset Pricing Modell (CAPM) risikoaverse Investoren (im Modell des CAPM die Wertpapierkäufer und –verkäufer), vgl. COPELAND/WESTON/SHASTRI (2005), S. 147 f. i.V.m. S. 52 ff.

913 So definiert ZANGEMEISTER (1976), S. 45 eine "Nutzwertanalyse [...] (als, d. Verf.) Analyse einer Menge komplexer Handlungsalternativen mit dem Zweck, die Elemente dieser Menge entsprechend den Präferenzen des Entscheidungsträgers bezüglich eines multidimensionalen Zielsystems zu ordnen." (ohne Hervorhebungen des Originals). Ohne Kenntnis der Präferenzen ist daher eine Ordnung dieser Handlungsalternativen nicht möglich.

914 Siehe hierzu auch die Studien zur informationsökonomischen Begründbarkeit von Jahresabschlussinformationen. Typischerweise scheitern derartige Untersuchungen an der fehlenden Kenntnis der jeweils individuellen Nutzenfunktion der tatsächlichen sowie potentiellen Informationsadressaten des Jahresabschlusses, vgl. hierzu beispielsweise WAGENHOFER/EWERT (2003), S. 76 ff. sowie 94 f. Ähnlich DEMSKI (1973), S. 722: "no set of standards [...] exists that will always rank accounting alternatives in relation to consistent individual preferences and beliefs." sowie auch HAKANSSON (1981), S. 26 f.

Das jüngere Schrifttum erachtet die induktive Methode (aufgrund des fehlenden allgemein gültigen Anspruches) zwar grundsätzlich als ungeeignet,[915] jedoch ist auch bei Anwendung der deduktiven Methode in letzter Instanz zumeist eine subjektive Wertung in Gestalt eines Werturteils notwendig. Somit stellen auch deduktive Ansätze, zumindest wenn sie konkrete Handlungsalternativen aufzeigen wollen, letztlich nur die subjektive Meinung des jeweils Deduzierenden dar. Insbesondere bei Vornahme einer Typisierung durch Annahme eines konkreten (einheitlichen) Entscheidungsmodells der Adressaten, welches Voraussetzung für eine rein deduktive Ableitung (und damit für die Bestimmung der optimalen Handlungsalternative) wäre, drückt sich die Wertung des Deduzierenden bereits in der Formulierung des Entscheidungsmodells aus. Die induktive Methode dagegen kann wichtige Anstöße und Ideen zur Lösung bestimmter Rechnungslegungsprobleme liefern und demzufolge den Charakter einer Erkenntnisquelle besitzen.

Für eine Anwendung der Induktion spricht weiterhin, dass die in dieser Arbeit verfolgte Problemlösungsmethodik unter Anwendung von Heuristiken bewusst die Gefahr einer suboptimalen Lösung als wesentliches charakteristisches Merkmal einer Heuristik in Kauf nimmt.[916] Allein dieser Aspekt legt ein induktives Vorgehen nahe. Somit ist ein wesentlicher Kritikpunkt der induktiven Vorgehensweise, nämlich die Gefahr einer suboptimalen Lösung, bei der gesamten Methodik unvermeidbar. Als weiterer Kritikpunkt der Induktion könnte die fehlende Rechtsverbindlichkeit der durch Befragung oder Literaturauswertung gewonnenen induktiven Erkenntnisse angeführt werden. Jedoch haben auch die Standards des IVSC, welche ausdrücklich als Auslegungshilfe zum IAS 40 benannt werden,[917] keine Rechtsverbindlichkeit.

Letztlich sieht auch die in IAS 8 normierte Problemlösungsmethodik eine Betrachtung der Branchenpraktiken als Erkenntnisquellen zur Problemlösung explizit vor.[918] Nahe liegend erscheint ein Rückgriff auf bereits existente empirische Studien, welche Erkenntnisse zur Lösung des vorliegenden Problems liefern. Jedoch hat die Betrachtung relevanter empirischer Studien gezeigt, dass etwa kapitalmarktorientierte Studien aufgrund des verbundenen Messverfahrens für die Entscheidungsnützlichkeit keinerlei Aussage zum Nutzenbeitrag und der Gewichtung der jeweiligen Anforderung der Relevanz und Zuverlässigkeit liefern können.

---

915 Vgl. zur Induktion Teil II Kapitel 4.3.1.2.

916 Vgl. zum Zusammenhang zwischen explorativen Untersuchungen und Heuristiken auch BORTZ/DÖRING (2003), S. 355 f.

917 Vgl. IAS 40.B52 f. sowie zur Rechtsverbindlichkeit durch Verweis Fn. 203.

918 Vgl. IAS 8.12 sowie Teil II Kapitel 3.3.1.

Grundsätzlich würden verhaltenswissenschaftliche Studien methodisch die Möglichkeit bieten, diese Erkenntnisse zu gewinnen. Auf das vorliegende Problemfeld bezogene Studien liegen jedoch nach derzeitigem Kenntnisstand nicht vor. Daher erfolgt die Durchführung einer eigenen empirischen Untersuchung.

Die im weiteren Verlauf der Arbeit erfolgte Methode der Betrachtung der Bewertungspraxis in Gestalt der Durchführung einer eigenen empirischen Untersuchung deckt sich somit mit den Anforderungen der IFRS. Eine solche induktiv generierte Problemlösung kann somit grundsätzlich als normenkonform betrachtet werden.

Teil III Empirische Untersuchung

1 Einordnung und Zielsetzung

1.1 Explorativer Charakter der Untersuchung

In der vorangegangenen Betrachtung möglicher Erkenntnisquellen zur Problemlösung wurde herausgearbeitet, dass weder das IASB Framework noch die Verlautbarungen anderer Rechnungslegungsnormen setzender Standardsetter eine konkrete Hilfestellung zur Ermittlung des Fair Value von Investment Properties bieten. Auch die Verlautbarungen des IVSC und der TEGoVA sind (mitunter bewusst) allgemein gehalten, sodass auch diese keinen konkreten Problemlösungsansatz bieten können. Die Betrachtung empirischer Forschungsansätze hat aufgezeigt, dass kapitalmarktorientierte Studien aufgrund des Messverfahrens zwar Aussagen zur Entscheidungsnützlichkeit einzelner Rechnungslegungsinformationen evaluieren können, jedoch keinerlei Aussage zum Beitrag und zur Gewichtung der einzelnen qualitativen Anforderungen der Relevanz und Zuverlässigkeit geben können.[919] Die mangelnde Eignung dieser Forschungsansätze liegt in dem methodeninhärenten Messverfahren begründet, mit dem nur die Entscheidungsnützlichkeit, nicht aber der Beitrag einzelner qualitativer Anforderungen wie Relevanz und Zuverlässigkeit gemessen werden können.

Aus diesem Grund erfolgte zunächst eine Eingrenzung möglicher Lösungsalternativen, um aufbauend auf diesen im Rahmen einer empirischen Untersuchung Erkenntnisse der Bewertungspraxis zu gewinnen. Auf dieser Grundlage lassen sich Rückschlüsse auf das Auswahlverhalten der Sachverständigen ziehen. Nicht ausgeschlossen werden kann, dass sich die Sachverständigen in ihrem Auswahlverhalten an den Präferenzen, die sie beim Adressaten der Rechnungslegungsinformation vermuten, orientieren. In diesem Fall ließen sich auch Erkenntnisse über die mutmaßlichen Präferenzen der Nutzer aus Erstellersicht gewinnen. Diese Rückschlüsse werden anschließend im Kontext des gegebenen Problemlösungsrahmens gewürdigt. Darüber hinaus werden Erkenntnisse über die tatsächlich in der Bewertungspraxis angewandten Verfahren erlangt und darauf aufbauend mögliche Ursachen für eine vergleichsweise geringe Stellung des DCF-Verfahrens in der deutschen Bewertungspraxis sowie des möglichen Einflusses der Bewertungspraxis auf die Ermittlung des Fair Value von Investment

[919] Vgl. Teil I Kapitel 2.3.

Properties diskutiert. Da das Ziel in der Gewinnung von Erkenntnissen über das tatsächliche Vorgehen in der Praxis liegt, hat die Untersuchung daher explorativen Charakter.[920]

1.2 Durchführung als experimentelle, verhaltenswissenschaftliche Studie

Da, wie zuvor aufgezeigt, kapitalmarktorientierte Ansätze keinerlei Rückschlüsse auf den Einfluss der einzelnen Anforderungen zur Entscheidungsnützlichkeit, der Relevanz und Zuverlässigkeit, ermöglichen, wird für die Untersuchung ein verhaltenswissenschaftlicher Ansatz gewählt. In verhaltenswissenschaftlichen Studien wird primär die Reaktion von Adressaten auf bestimmte Bilanzierungs- und Bewertungsmethoden, Darstellungsformate etc. analysiert.[921] Häufig findet dabei ein Rückgriff auf Experimente statt.[922]

Durch die Schaffung einer künstlichen Situation ist in Experimenten eine Konzentration auf die zu untersuchenden Variablen möglich.[923] Hierdurch erreichen Experimente ein hohes Maß an interner Validität[924]. Jedoch schränkt die Untersuchungsart "Experiment" die mögliche Untersuchungsteilnehmerzahl ein, was sich für die externe Validität[925] als problematisch erweisen kann.[926] Das Problem der mangelnden externen Validität kann nach Auffassung von BONSE verstärkt auftreten, sofern statt Finanzanalysten oder institutionellen Anlegern[927] Studenten mit grundlegenden Rechnungslegungskenntnissen als Repräsentanten der "nonprofessional investors" als Untersuchungsteilnehmer gewählt werden.[928] Beide angeführten Kritikpunkte sind jedoch bei der vorliegenden Untersuchung nicht gegeben, da zum einen die Wahl der schriftlichen Befragung keine Einschränkung bei der Anzahl der Untersuchungs-

---

920 Vgl. zum systematischen Explorieren BORTZ/DÖRING (2003), S. 357 f. sowie zur Einordnung der Exploration als Untersuchungstyp und Datenerhebungsverfahren EBENDA, S. 360 f.

921 Vgl. SCHRÖDER (2001), S. 46.

922 Vgl. zur Eignung für Fragen der Rechnungslegung beispielsweise GEBHARD (1980), S. 70 ff. sowie für einen Überblick über experimentelle Studien der Rechnungslegung SWIERINGA/WEICK (1982), S. 56 und insb. S. 89 ff. (Appendix A).

923 Vgl. hierzu ausführlich SWIERINGA/WEICK (1982), S. 71 ff., SCHRÖDER (2001), S. 46 sowie BORTZ/DÖRING (2003), S. 57 ff.

924 Interne Validität ist gegeben, sofern Veränderungen der abhängigen Variablen eindeutig auf den Einfluss der unabhängigen Variablen zurückzuführen sind, d.h. die Ergebnisse sind eindeutig interpretierbar. Die interne Validität sinkt mit wachsender Anzahl plausibler Alternativerklärungen, vgl. BORTZ/DÖRING (2003), S. 57.

925 Externe Validität ist gegeben, sofern die gewonnenen Untersuchungsergebnisse über die untersuchten Personen und die besonderen Untersuchungsbedingungen hinaus generalisierbar sind. Die externe Validität sinkt mit wachsender Unnatürlichkeit der Untersuchungsbedingungen sowie mit abnehmender Repräsentativität der untersuchten Stichproben, vgl. BORTZ/DÖRING (2003), S. 57.

926 Vgl. LANGE (1989), S. 82 f. m.w.N.

927 In Anlehnung an die Klassifikation in der Untersuchung von MAINES/MCDANIEL erfolgt eine Unterteilung in sog. "professional investors" and "nonprofessional investors", vgl. MAINES/MCDANIEL (2000), S. 180.

928 Vgl. BONSE (2004), S. 87 mit Verweis auf GEBHARDT (1980), S. 74 und SWIERINGA/ WEICK (1982), S. 61. BONSE verweist aber auch auf eine von MAINES/MCDANIEL (2000), S. 199 f. durchgeführte Untersuchung, in der bewusst Studenten von MBA-Programmen als Repräsentanten der "nonprofessional investors" befragt wurden.

teilnehmer erfordert und zum anderen ausschließlich Immobiliensachverständige und somit "professionals" in der Terminologie von MAINES/MCDANIEL befragt werden.

Experimente haben weiterhin den Nachteil, dass sie nicht alle in der realen Entscheidungssituation vorkommenden Einflüsse erfassen können.[929] Daneben besteht die Gefahr, dass die oftmals stark vereinfachte Testproblematik ein anderes Verhalten der Untersuchungsteilnehmer als in der Realität hervorbringt.[930] Da sich eine Erhöhung der internen Validität zumeist negativ auf die externe Validität und umgekehrt auswirkt, wird es in der empirischen Forschungspraxis selten gelingen, beiden Maßstäben gleichermaßen gerecht zu werden.[931] Demzufolge wird man sich im Rahmen des Untersuchungsdesigns mit einer Kompromisslösung zufrieden geben müssen.[932] Aufgrund der überwiegenden Vorteile für das beabsichtigte Untersuchungsdesign erfolgt die Durchführung der Präferenzmessung im Rahmen eines Experiments bzw. einer experimentellen Studie.

---

929 Vgl. HIRST/KOONCE/SIMKO (1995), S. 336.
930 Vgl. SCHRÖDER (2001), S. 46.
931 Vgl. ausführlich zum "trade-off between structure and freedom" SWIERINGA/WEICK (1982), S. 71 ff.
932 Vgl. BORTZ/DÖRING (2003), S. 56.

2 Methodenauswahl und theoretische Grundlagen

2.1 Auswahl und Begründung des statistischen Verfahrens

2.1.1 Strukturen-entdeckende und strukturen-prüfende Verfahren im Überblick

In Anlehnung an BACKHAUS ET AL. erfolgt eine Einteilung der statistischen Analyseverfahren nach dem Anwendungsbezug. Obwohl nicht in allen Fällen eine überschneidungsfreie Zuordnung möglich ist, bietet sich eine Einteilung in hauptsächlich strukturen-entdeckende Verfahren und hauptsächlich strukturen-prüfende Verfahren an. Strukturen-entdeckende Verfahren dienen in erster Linie der Entdeckung von Zusammenhängen zwischen Variablen oder zwischen Objekten. Typischerweise besteht vor Anwendung des jeweiligen Verfahrens noch keine Kenntnis über die Beziehungszusammenhänge im untersuchten Datensatz. Strukturen-prüfende Verfahren dienen dagegen in erster Linie der Überprüfung von Zusammenhängen zwischen Variablen. Es existiert eine auf sachlogischen Überlegungen basierende Vorstellung über die Zusammenhänge zwischen Variablen. Diese Zusammenhänge sollen mit Hilfe eines statistischen Verfahrens überprüft werden.[933]

Zu den in Betracht kommenden strukturen-entdeckenden Verfahren[934] gehören die (explorative) Faktorenanalyse[935] und die Clusteranalyse[936]. Die explorative Faktorenanalyse könnte einen Beitrag zur Problemdekomposition leisten. Da jedoch bereits Vorstellungen über mögliche Kausalbeziehungen zwischen der jeweils angewandten speziellen Heuristik (dem Objekt) und ihrem Einfluss auf die Relevanz und Zuverlässigkeit bestehen (die Faktoren), welche im vorangegangenen Kapitel bereits logisch-deduktiv abgeleitet wurden, erscheint diese nicht hilfreich. Die Clusteranalyse als weiteres strukturen-entdeckendes Verfahren

---

933 Vgl. BACKHAUS ET AL. (2006), S. 7.

934 Da sich die strukturen-entdeckenden Verfahren in erster Linie auf die Entdeckung von Zusammenhängen zwischen Variablen oder zwischen Objekten beziehen, erfolgt keine Zweiteilung der Variablen in abhängige und unabhängige Variablen.

935 Die Faktorenanalyse findet insbesondere zur Reduktion bzw. Bündelung einer Vielzahl erhobener Variablen Anwendung. Ziel ist die Zurückführung sehr zahlreicher, auf einen bestimmten Sachverhalt bezogener Merkmale auf wenige zentrale Faktoren. Einen wichtigen Anwendungsbereich der Faktorenanalyse bilden Positionierungsanalysen. Hierbei werden subjektive Eigenschaftsbeurteilungen des jeweiligen Untersuchungsobjektes (die Entscheidungsnützlichkeit der mit Hilfe eines anerkannten Schätzverfahrens gewonnenen Information) mit Hilfe der Faktorenanalyse auf die zu Grunde liegende Beurteilungsdimensionen (z.B. die Relevanz und Zuverlässigkeit) verdichtet. Diese Verdichtung lässt sich im Ergebnis graphisch darstellen. Man spricht hierbei von der faktoriellen Positionierung, vgl. ausführlich zur explorativen Faktorenanalyse HÜTTER/SCHWARTING (2000), S. 381 ff.

936 Die Clusteranalyse verfolgt im Gegensatz zur Faktorenanalyse eine Zusammenfassung bzw. Bündelung von Objekten. Ziel ist die Bündelung von Objekten in einer Gruppe (Clustern), welche möglichst homogen sind. Die Gruppen untereinander sollten dagegen möglichst hetegoren sein. Typische Beispiele sind die Bildung von Persönlichkeitstypen oder Marktsegmenten, vgl. BACKHAUS ET AL. (2006), S. 12 f.

erscheint ebenfalls nicht geeignet, da eine Zusammenfassung von Objekten (die jeweils angewandten Heuristiken) nicht das Untersuchungsziel ist.

Strukturen-prüfende Verfahren sind die Varianzanalyse, Diskriminanzanalyse, Kontingenzanalyse,[937] logistische Regression,[938] die (konfirmatorische) Faktorenanalyse[939] sowie die Regressionsanalyse und das Conjoint Measurement, von denen nur die beiden Letzteren für die vorliegende Untersuchung in Betracht kommen.

Die Regressionsanalyse eignet sich sowohl zur Beschreibung und Erklärung von Zusammenhängen, insbesondere zur Untersuchung von Wirkungszusammenhängen zwischen einer abhängigen und einer oder mehrerer abhängiger Variablen, als auch zur Durchführung von Prognosen. Voraussetzung für eine Anwendung der Regressionsanalyse ist eine metrische Skalierung der abhängigen und unabhängigen Variablen. Eine Ausnahme bildet die Anwendung der sog. Dummy-Variablen-Technik bei lediglich nominal skalierten unabhängigen Variablen.[940]

Mit Hilfe des Conjoint Measurement (CJM), auch Conjoint-Analyse, Trade-Off-Analyse, Verbundmessung oder konjunkte Analyse genannt,[941] lassen sich ordinal gemessene Präferen-

---

[937] Die Varianzanalyse dient typischerweise zur Messung von experimentellen Einflüssen in Gestalt der nominal skalierten unabhängigen Variablen und ist somit ebenfalls für das Untersuchungsproblem nicht geeignet. Die Diskriminanzanalyse dient zur Analyse von Gruppenunterschieden (Wählergruppen) bzw. zur Klassifizierung von Elementen (Einstufung von Kreditkunden) und eignet sich daher ebenfalls nicht für das zu untersuchende Problem. Die Kontingenzanalyse dient der Analyse von Beziehungen zwischen ausschließlich nominalen Variablen (z.B. dem Zusammenhang zwischen Raucher vs. Nicht-Raucher und Lungenkrebs). Aufgrund der ausschließlichen Nominalskalierung kann keinerlei Präferenzordnung berücksichtigt werden, vgl. BACKHAUS ET AL. (2006), S. 10. Die Berücksichtigung einer Vorteilhaftigkeit ist jedoch für das zu untersuchende Problem notwendig. Somit ist die Kontingenzanalyse ebenfalls nicht anwendbar.

[938] Die logistische Regression bestimmt die Wahrscheinlichkeit der Zugehörigkeit zu einer Gruppe in Abhängigkeit von einer oder mehrerer unabhängiger Variablen (z.B. das Herzinfarktrisiko in Abhängigkeit von Patientenalter und ihrem Cholesterinspiegel). Eine Bestimmung von Wahrscheinlichkeiten einer Gruppenzugehörigkeit ist für das vorliegende Untersuchungsproblem nicht zielführend.

[939] Die konfirmatorische Faktorenanalyse gehört verfahrenstechnisch zu den Strukturgleichungsmodellen. Diese finden Anwendung bei in der Natur nicht beobachtbaren Variablen. Wie auch bei dem im Rahmen dieser Arbeit untersuchten Problem, hat man es mit sog. hypothetischen Konstruktionen oder latenten Variablen zu tun. Mit Hilfe der konfirmatorischen Faktorenanalyse lassen sich komplexe Kausalstrukturen, insbesondere mit mehreren abhängigen Variablen, untersuchen, vgl. ausführlich HOMBURG/ PFLESSER (2000), S. 413 ff. Da jedoch die der Beurteilung zugrunde liegenden Faktoren für die Bestimmung der Entscheidungsnützlichkeit einer Rechnungslegungsinformation aufgrund zahlreicher Studien bereits bekannt sind und in Gestalt der qualitativen Anforderungen an eine Rechnungslegungsinformation vom IASB bereits umgesetzt wurde, wird ein Strukturgleichungsmodell nicht benötigt.

[940] Vgl. BACKHAUS ET AL. (2006), S. 9. So basiert die von SPSS im Rahmen des Conjoint Measurement verwendete metrische OLS-Regression auf dieser Dummy-Variablen-Technik.

[941] Vgl. KLEIN (2002), S. 7. TEICHERT dagegen unterscheidet zwischen der Conjoint-Analyse, welcher ein als gültig unterstelltes und axiomatisch nicht umfassend geprüftes Nutzenmodell zugrunde liegt, und dem Conjoint Measurement, welches dagegen die empirische Überprüfung eines Nutzen- bzw. Entscheidungsmodells verfolgt, vgl. TEICHERT (2000), S. 476 f. In der vorliegenden Arbeit werden die Begriffe Conjoint-

zen mit dem Ziel, den Beitrag einzelner Merkmale von Objekten zum Gesamtnutzen dieser Objekte herauszufinden, analysieren. Das CJM wurde in den 70er Jahren als Marktforschungsmethode eingeführt, deren Hauptanwendung die Ermittlung des Beitrages einzelner Produktmerkmale zum Gesamtnutzen eines Produktes darstellt.[942] Nutzen wird hierbei als nicht beobachtbares Konstrukt aufgefasst, welches zur Erklärung realen Kaufverhaltens herangezogen wird.[943] Wie der Begriff bereits erahnen lässt, befasst sich das CJM mit der gemeinsamen Wirkung zweier oder mehrere unabhängiger Variablen auf die Rangfolge von abhängigen Variablen.[944]

Voraussetzung für die Anwendung ist jedoch eine vorherige Festlegung der zu berücksichtigenden Merkmale. Das Erhebungsdesign zur Messung der Präferenzen wird dann auf diesen Merkmalen basierend gebildet. Auf Grundlage dieser Daten können anschließend die einzelnen Nutzenbeiträge der Merkmale und ihrer Ausprägungen ermittelt werden. Das Conjoint Measurement bildet damit eine Kombination aus Erhebungs- und Analyseverfahren.[945] Da im Rahmen der empirischen Erhebung Nutzenurteile einzelner Probanden gemessen werden sollen, bieten sich Verfahren aus der empirischen Psychologie und der Marktforschung an, welche zur Nutzenmessung geeignet sind. Somit erscheint das Conjoint Measurement zunächst geeignet. Jedoch existieren neben dem Conjoint Measurement noch weitere Verfahren zur Nutzenmessung. Diese lassen sich in kompositionelle als auch dekompositionelle Verfahren (zu denen das CJM gehört) zur Nutzenmessung unterscheiden. Zur Sicherstellung der Auswahl des optimalen Verfahrens werden nachfolgend kurz die wesentlichen Merkmale sowie die Vor- und Nachteile beider Verfahren verglichen.

Analyse und Conjoint Measurement synonym verwendet und als Oberbegriff für eine Vielzahl teilweise sehr unterschiedlicher Verfahren aufgefasst.

942 Jedoch wird das CJM auch in der Rechnungslegungsforschung eingesetzt. Vgl. stellvertretend SCHNEIDER (1984) m.w.N., dessen Untersuchung die Beurteilung interner Revisionsabteilungen durch Abschlussprüfer zum Gegenstand hatte.

943 Vgl. hierzu GREEN/RAO (1971), die die aus der Psychologie stammende Conjoint-Analyse erstmals auf Fragen des Marketings anwandten. Parallel zur Entwicklung des Conjoint Measurement in der Marketing-Forschung haben sich Anfang der 70er Jahre in der empirischen Psychologie zwei nahezu identische Forschungsrichtungen, das "clinical judgement" sowie das "functional measurement" entwickelt. Bis auf die zur Parameterschätzung angewandten Algorithmen unterschieden sich diese Verfahren jedoch von den aus der Marketing-Forschung bekannten Conjoint Measurement nicht, vgl. STALLMEIER (1993), S. 17.

944 Conjoint für "CONsider JOINTly", vgl. KLEIN (2002), S. 11.

945 Vgl. BACKHAUS ET AL. (2006), S. 12 f., "deswegen auch: Conjoint-*Measurement*" KLEIN (2002), S. 10,

2.1.2 Auswahl und Würdigung des Conjoint Measurement als geeignetes Verfahren

2.1.2.1 Kompositionelle Verfahren

In der entscheidungstheoretischen Literatur werden zahlreiche Verfahren zur direkten Messung von Nutzenfunktionen diskutiert, durch die sich auf kompositionellem Wege der Nutzen von Optionen bestimmen lässt.[946] Der Ansatz von SRINIVASAN zeigt beispielhaft die wesentlichen Merkmale kompositioneller Ansätze sowie die Gemeinsamkeiten und Unterschiede.[947] Die Nutzenmessung beim kompositionellen Verfahren erfolgt in mehreren (zumeist zwei oder drei) Schritten. Beim Ansatz von SRINIVASAN identifizieren die Probanden im Gegensatz zu vielen anderen Verfahren, die hierauf verzichten, zunächst "nicht-akzeptable" Attributstufen.[948] Anschließend werden der Nutzen einzelner Ausprägungen pro Merkmal und die Wichtigkeiten der Merkmale bestimmt.[949] Die direkte Nutzenmessung weist gegenüber dekompositionellen Verfahren beispielsweise den Vorteil auf, dass die kognitive Beanspruchung des Probanden geringer ist. Darüber hinaus ist die Datenerhebung einfacher und schneller und es können auch eine große Anzahl von Merkmalen und Ausprägungen berücksichtigt werden. Letztlich ist auch die Gefahr vereinfachter Urteilsstrategien, die nicht mit dem angenommenen Präferenzstrukturmodell vereinbar sind, deutlich geringer als bei dekompositionellen Verfahren. Nachteilig bei kompositionellen Verfahren ist insbesondere die

---

946 Vgl. beispielsweise die Übersichtsarbeit von FARQUHAR (1984) sowie die vergleichende Arbeit von SATTLER/HENSEL-BÖRNER (2000), S. 121 ff.

947 Vgl. SRINIVASAN (1988).

948 Vgl. SRINIVASAN (1988), S. 299. Attributstufen stellen mögliche Ausprägungen des betrachteten Merkmals dar. So wären verschiedene alternative Heuristiken zur Bestimmung des Diskontierungszinssatzes die einzelnen Attributstufen.

949 Der Gesamtnutzen einer Ausprägungskombination wird durch die additive Verknüpfung des gewichteten Nutzens ihrer Eigenschaften determiniert. Um den Nutzen der einzelnen Ausprägungen zu messen, wird zunächst die beste und die schlechteste Konsequenz pro Merkmal ermittelt. Anschließend werden die übrigen Konsequenzen den Präferenzen entsprechend geordnet. Danach werden den einzelnen Konsequenzen reelle Zahlen zugeordnet. Die beste Konsequenz erhält üblicherweise den Wert 100, die schlechteste den Wert 0, die übrigen Konsequenzen dazwischen liegende Werte. Durch die Verankerung der Skalenendpunkte (0 und 100) werden zum einen "Floor- und Ceiling-Effekte" weitgehend ausgeschlossen, zum anderen wird das Risiko vermindert, dass Probanden bei ihren Einschätzungen die Beurteilung der Ausprägungen und die Wichtigkeiten der Merkmale konfundieren, vgl. WILKIE/PESSEMIER (1973), S. 433 f.
Bei der Messung der Merkmalswichtigkeiten wird zunächst das wichtigste Merkmal bestimmt und dient als Ankerpunkt für weitere Einschätzungen. Dieses erhält einen Wert von 100. Ein Wert von 0 bedeutet, dass ein Merkmal unwichtig ist; die übrigen Merkmale werden im Verhältnis dazu eingeschätzt. Die Wichtigkeit definiert SRINIVASAN (1998), S. 296 f. als die Differenz zwischen der besten und der schlechtesten Ausprägung eines Merkmals, die der Proband zuvor beurteilt hat. Dadurch ist die Wichtigkeitseinschätzung an der tatsächlichen Bandbreite des Merkmals orientiert und vermeidet Fehleinschätzungen, die aus begrifflichen und konzeptionellen Missverständnissen entstehen. Empirische Untersuchungen zeigen, dass die Beurteilungen der Ausprägungen in hohem Maße zuverlässig sind, vgl. beispielsweise GREEN/KRIEGER/AGARWAL (1993), S. 378.

Gefahr, dass sämtliche Merkmale als weitgehend gleich (im Sinne von gleich wichtig) eingestuft werden.[950]

2.1.2.2 Conjoint Measurement als dekompositionelles Verfahren

Im Gegensatz zur direkten Nutzenmessung ist das Vorgehen beim CJM dekompositionell. Der Kerngedanke, globale Gesamturteile in Einzelurteile zu dekomponieren, unterscheidet sich von dem klassischen Erwartungswert-Modell der Entscheidungstheorie, nach dem sich das Gesamturteil kompositionell aus den Einzelbeurteilungen zusammensetzt. Gemeinsam ist beiden Vorgehensweisen, dass Annahmen über die Verknüpfung der Einzelurteile erforderlich sind.

Bei dekompositionellen Verfahren wird aus holistischen Beurteilungen komplexer, multiattributiver Stimuli auf den Nutzenbeitrag der einzelnen Eigenschaften (Merkmalsausprägungen) dieser Stimuli geschlossen. Dabei wird zumeist von einer linear-additiven Verknüpfung der Nutzen einzelner Merkmale (sog. Teilnutzen) zum Gesamtnutzen ausgegangen. Somit lassen sich Nachteile bei einem Merkmal durch Vorteile bei einem anderen Merkmal ausgleichen bzw. kompensieren. Es wird somit indirekt ein kompensatorisches Nutzenwertmodell unterstellt. Der Ansatz des CJM weist im Vergleich zur direkten Nutzenmessung den Vorteil auf, dass die holistische Stimuli-Präsentation der realen Entscheidungssituation ähnlich ist.[951] Es muss nicht direkt nach dem Nutzen einzelner Merkmalsausprägungen gefragt werden. Damit kann eine höhere externe Validität einhergehen.[952] Dem CJM wird daher ein höherer Realitätsbezug zugesprochen als der direkten Befragung im Rahmen von kompositionellen Verfahren.[953]

Die Gefahr von Verfälschungstendenzen wird durch die holistische Stimulusbeurteilung ebenfalls vermindert. Während bei der direkten Einschätzung manche Probanden möglicherweise nicht zugeben (wollen), dass ihnen etwa die Relevanz bei einem Merkmal (z.B. bei den Einzahlungen) wichtiger ist als die Zuverlässigkeit - wer will schon als "unzuverlässiger Immobiliensachverständiger" gelten - wird bei den holistischen Einschätzungen die Wichtigkeitsbeurteilung des Merkmals durch die anderen Merkmale "getarnt". Darüber hinaus wird

---

950 Vgl. SWOBODA (2000), S. 150. Als ein gravierendes theoretisches Problem der kompositionellen Verfahren wird nach Ansicht von BÖCKER (1986), S. 561, der Begriff "Bedeutung" meist nicht richtig verstanden, sodass statt der "Relevanz des Merkmals" deren Bedeutsamkeit erfragt wird. Daher erachtet er die kompositionelle Präferenzskalierung auch als "ein wenig geeignetes Parametrisierungsverfahren".

951 Vgl. beispielsweise GREEN/GOLDBERG/MONTEMAYOR (1981), S. 34 f.

952 Vgl. zur externen Validität auch Fn. 925.

953 Vgl. SWOBODA (2000), S. 151.

durch die gemeinsame Darbietung der Merkmale eine einheitliche Urteilsdimension impliziert, wodurch der dekompositionelle Ansatz beispielsweise besser geeignet ist, die Wichtigkeit von Merkmalen zu messen.[954] Auch ist das CJM besser geeignet, nicht lineare Nutzenfunktionen aufzudecken. Bei direkten Einschätzungen besteht dagegen eine Neigung zur Linearisierung.[955]

Diese Vorteile des CJM lassen vermuten, dass das Verfahren gegenüber der direkten Nutzenmessung, die überwiegend praktische und erhebungstechnische Vorzüge bietet, zumindest bei einer geringen Anzahl von Merkmalen zu valideren Messungen führt.[956] Inzwischen wurden zahlreiche Studien durchgeführt, die sowohl die Validität als auch die Reliabilität beider Verfahren vergleichen. SATTLER/HENSEL-BÖRNER haben beispielsweise eine Synopse von 14 Studien durchgeführt, in denen sowohl traditionelle Vollprofil-Conjoint-Analysen als auch adaptive und hybride Verfahren[957] mit der direkten Nutzenmessung verglichen wurden.[958] Es sei darauf hingewiesen, dass neuere kompositionelle Verfahren (wie "Analytic Hierarchy

---

954 So ist beispielsweise bei der direkten Frage "Wie wichtig ist Attribut X?" nicht unbedingt klar, ob die Wichtigkeitseinschätzung dieses Merkmals mit der Einschätzung des Merkmals Y vergleichbar ist, und verschiedene Probanden könnten diese Frage unterschiedlich interpretieren, vgl. SRINIVASAN (1988), S. 296.

955 Wird beispielsweise das Fassungsvermögen eines Gefrierschrankes anhand der Ausprägungen 100, 125 und 150 Liter variiert und die Beurteilung auf einer 10-stufigen Ratingskala für 100 Liter sei mit Null und die für 150 Liter sei mit zehn angegeben, dann neigen viele Probanden dazu, der mittleren Ausprägung von 125 Litern einen mittleren Wert von fünf zuzuordnen, vgl. auch GREEN/SRINIVASAN (1990), S. 10.

956 So stellt das CJM nach Ansicht von BÖCKER (1986), S. 564, "diejenige Form der Präferenzanalyse dar, die die höchste praktische Relevanz gefunden hat. Das hohe Maß an Akzeptanz kann [...] darauf zurückgeführt werden, daß [...] Conjoint-Analysen vergleichsweise genaue Prognosen erlauben."

957 Die klassische Conjoint-Analyse führt bei einer geringen Eigenschaftenanzahl (bis zu 6) zu validen Ergebnissen, vgl. GREEN/SRINIVASAN (1990), S. 8 f. Hybride Conjoint-Analysen sind daher insbesondere deshalb entwickelt worden, da es bei einer hohen Anzahl von Eigenschaften zu Validitätsproblemen infolge einer Informationsüberlastung der Untersuchungsteilnehmer kommen kann, vgl. HENSEL-BÖRNER/ SATTLER (2000), S. 706. Hybride Verfahren verbinden kompositionelle und dekompositionelle Verfahren miteinander. Die Auskunftspersonen geben zunächst im kompositionellen Teil ein direktes Urteil zur Bedeutsamkeit der Eigenschaft sowie deren Ausprägung ab und beurteilen dann im dekompositionellen Teil (der eigentlichen Conjoint-Analyse) ausgewählte Eigenschaftskombinationen. Die verbreiteste Form hybrider Conjoint-Analysen ist die "Adaptive Conjoint Analysis" (ACA), auf der fast die Hälfte aller in Europa durchgeführten Conjoint-Studien basieren. Sie basiert auf einer EDV-gestützten interaktiven Befragungstechnik, vgl. HENSEL-BÖRNER/SATTLER (2000), S. 706 f. m.w.N. sowie zur Entwicklung und einem Vergleich hybrider Verfahren GREEN/ KRIEGER (1996), S. 852 ff. Für die vorliegende Untersuchung mit drei Eigenschaften erscheint daher der Rückgriff auf hybride Verfahren entbehrlich.

958 Vgl. SATTLER/HENSEL-BÖRNER (2000) m.w.N. Während einige Studien Diskrepanzen zwischen den Nutzenschätzungen und der Validität beider Verfahren feststellen konnten, zeigten sich in anderen Studien hohe Zusammenhänge. Die Diskrepanzen zwischen den Befunden dürften zum großen Teil auf die bereits angesprochene Heterogenität kompositioneller und dekompositioneller Ansätze zurückzuführen sein. Vgl. ebenfalls die Übersicht bei TSCHEULIN (1991), S. 1270. Eine systematische Überprüfung verschiedener Varianten im Rahmen umfangreicher empirischer Studien oder Metaanalysen fehlt jedoch bislang.

Process") entwickelt wurden,[959] welche jedoch aufgrund ihrer Komplexität und mit Blick auf die Zielsetzung dieser Untersuchung nicht weiter in Betracht gezogen werden.

2.1.2.3 Zwischenergebnis

Wie herausgearbeitet, erscheint das Conjoint Measurement als das geeignetere Verfahren zur Messung der Präferenz der Immobiliensachverständigen hinsichtlich der Relevanz und Zuverlässigkeit einzelner Heuristiken. Daher sind zunächst das Erhebungsdesign und die Präsentationsform des CJM festzulegen. Das eigentliche Präferenzmessverfahren wird um einen qualitativen Fragebogen ergänzt, der sowohl Aufschluss über die Verteilung verschiedener Bewertungsverfahren innerhalb der Stichprobe geben soll, als auch als Basis für einen Vergleich der Präferenz verschiedener Subjekte (Untersuchungsteilnehmer) dient. Der Fragebogen ist Voraussetzung für eine segmentierte Conjoint-Analyse beispielsweise nach beruflicher Vorbildung (kaufmännisch oder technisch) oder nach Erfahrungen mit der Bewertung für bilanzielle Zwecke, insbesondere der IFRS.

Im Rahmen dieser Auswertungen finden neben dem Conjoint Measurement auch weitere statistische Verfahren wie die Regressionsanalyse Anwendung. Jedoch dienen diese statistischen Analyseverfahren rein auswertungstechnischen Zwecken und haben somit, im Gegensatz zum CJM, welcher eine zielgerechte Konstruktion des Untersuchungsaufbaus erforderlich macht, keinen Einfluss auf die Datenerhebung und Präsentation. Ergänzend soll an dieser Stelle angemerkt werden, dass die eigentliche Schätzung der Teil- und Gesamtnutzenwerte innerhalb des CJM ebenfalls auf einem Regressionsmodell aufbaut, sodass die Qualifikation dieses Verfahrens als "ungeeignet für die Präferenzmessung" nicht als trennscharf betrachtet werden darf.

---

[959] Vgl. zu einem empirischen Vergleich des Analytic Hierarchy Process und dem CJM beispielsweise TSCHEULIN (1991) sowie allgemein zum Analytic Hierarchy Process TSCHEULIN (2000), S. 579 ff. m.w.N.

2.2 Festlegung des Erhebungsdesigns für das Conjoint Measurement-Experiment

2.2.1 Bestandteile und Phasen des Experiments

Das Design des Conjoint Measurement-Experiments basiert in Anlehnung an BACKHAUS ET AL. auf sechs Schritten, wie die folgende Abbildung verdeutlicht:[960]

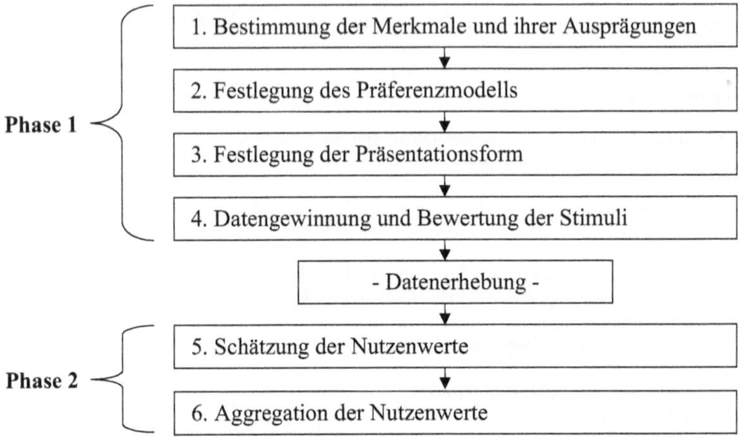

Abbildung 5: Phasen des Conjoint Measurement-Experiments

Diese sechs Schritte lassen sich in zwei Phasen des Experiments unterteilen. Phase eins umfasst die Schritte eins bis vier, welche im Vorfeld der eigentlichen Erhebung notwendig sind. Phase zwei die Schritte fünf und sechs, die Datenauswertung in Gestalt der Schätzung der Nutzenwerte und deren Aggregation. Die eigentliche Datenerhebung ist kein spezifischer Bestandteil eines CJM-Experiments, sondern notwendiger Bestandteil jeder empirischen Erhebung. Diese erfolgt, wie in der Abbildung dargestellt, zwischen den Schritten vier und fünf.

Zunächst ist also eine Festlegung der Merkmale und ihrer Merkmalsausprägungen erforderlich. Diese basiert im Wesentlichen auf den Erkenntnissen des vorangegangenen Abschnitts. Anschließend erfolgt eine Festlegung der Präsentationsform sowie der Methode der Datengewinnung. Eine axiomatische Testung des unterstellten Nutzenmodells findet im

---

960 Vgl. BACKHAUS ET AL. (2006), S. 561.

Rahmen eines CJM-Experiments gewöhnlich nicht statt.[961] Jedoch sei an dieser Stelle nicht verschwiegen, dass Varianten der Conjoint-Analyse existieren, welche eine axiomatische Testung beinhalten.[962] Für das im Rahmen dieser Arbeit geplante CJM-Experiment wird die axiomatische Gültigkeit des additiven Modells unterstellt.[963]

2.2.2 Bestimmung der Merkmale und ihrer Ausprägungen

Zunächst müssen die relevanten Merkmale (Eigenschaften) der zu untersuchenden Stimulusmenge ausgewählt und für jedes dieser Merkmale die zu präsentierenden Ausprägungen festgelegt werden. Aus den Kombinationen der verschiedenen Ausprägungen dieser Merkmale ergeben sich die tatsächlich zu präsentierenden Stimuli, welche die Versuchspersonen in eine ordinale Reihenfolge bringen müssen. Theoretischer ausgedrückt, muss ein Modell gebildet werden, das die unabhängigen Variablen spezifiziert, welche die abhängigen Variablen (in Gestalt der ordinalen Urteile über den jeweiligen Stimuli) beeinflussen. Des Weiteren müssen die Abstufungen dieser Variablen ausgewählt werden, unter denen das Modell getestet werden soll.

Die zu untersuchenden Merkmale sind bereits im Rahmen der Teilproblembetrachtung des vorangegangenen Abschnitts spezifiziert worden. Es handelt sich um die Parameter Einzahlungen, Auszahlungen und Diskontierungszinssatz des DCF-Verfahrens.[964] Zweck der empirischen Untersuchung ist die Messung der Präferenzen von Immobiliensachverständigen hinsichtlich der qualitativen Anforderungen an die Relevanz und Zuverlässigkeit bei der Bestimmung dieser einzelnen Parameter. Zur Abbildung einer realitätsnahen Entscheidungssituation werden im Rahmen des CJM-Experiments jedoch keine abstrakten Ausprägungen der Merkmale (wie "eher relevante Bestimmung der Einzahlungen" oder "eher zuverlässige Bestimmung der Einzahlungen") präsentiert, sondern stattdessen Heuristiken als Substitut. Diese Heuristiken wurden, wie bereits dargestellt, induktiv durch mehrere explorative Interviews identifiziert und anhand des gegebenen Problemlösungsrahmens gewürdigt.[965] Zur Sicherstellung der Akzeptanz und Verständlichkeit der ausgewählten alternativen Heuristiken

---

[961] Jedoch hat sich eine Vielzahl von Studien mit der Vorteilhaftigkeit unterschiedlicher Nutzenmodelle auseinandergesetzt, vgl. für Studien im Kontext der Rechnungslegung EMERY/BARRON/MESSIER (1982), S. 450 m.w.N.

[962] Bezogen auf die oben genanten Schritte, würde eine solche axiomatische Testung zwischen den Schritten zwei und drei erfolgen. Vgl. beispielsweise zum Einsatz des CJM zur axiomatischen Testung MESSIER/EMERY (1980), S. 679 ff.

[963] So führen beispielsweise EMERY/BARRON/MESSIER (1982), S. 457 aus, dass "for most descriptive modeling purposes a simple additive model may still be sufficient."

[964] Vgl. ausführlich Teil II Kapitel 4.2.

[965] Vgl. zur Erhebung der Alternativen Teil II Kapitel 4.2.1 sowie zur Würdigung Teil II Kapitel 4.2.2.2.

wurden im Vorfeld der eigentlichen Befragung mehrere Pre-Tests mit verschiedenen Immobiliensachverständigen durchgeführt.[966] Im Ergebnis wurden folgende Merkmalsausprägungen für die einzelnen Merkmale in Gestalt von Heuristiken präsentiert:

Einzahlungen:

Ausprägung 1 (H_{E1}): *Ist-Mieten, ergänzt um eine individuelle Marktanalyse, eine Mieteranalyse sowie eine Konkurrenzanalyse*

als Substitut für eine eher *relevante* Bestimmung der Einzahlungen.

Ausprägung 2 (H_{E2}): *Ist-Mieten mit Marktabgleich, z.B. durch Institutsprognosen (Bulwien, Feri)*

als Substitut für eine eher *zuverlässige* Bestimmung der Einzahlungen.

Auszahlungen:

Ausprägung 1 (H_{A1}): *Individuelle Einschätzung des Gebäudezustandes und des daraus abgeleiteten Instandhaltungsbedarfs*

als Substitut für eine eher *relevante* Bestimmung der Auszahlungen.

Ausprägung 2 (H_{A2}): *Pauschalen Sätze, z.B. gemäß II. BV unter Berücksichtigung des Gebäudealters und -zustands*

als Substitut für eine eher *zuverlässige* Bestimmung der Auszahlungen.

Diskontierungszinssatz:

Ausprägung 1 (H_{I1}): *Individueller Zinssatz auf Grundlage eines Basiszinssatzes (z.B. Umlaufrendite einer 10jährigen Bundesanleihe) und eines Risikozuschlages*

als Substitut für eine eher *relevante* Bestimmung des Diskontierungszinssatzes.

Ausprägung 2 (H_{I2}): *Öffentlich verfügbarer Zinssatz (z.B. Liegenschaftszinssatz), jedoch angepasst um spezielle Risiken (z.B. Bonität des Mieters etc.)*

als Substitut für eine eher *zuverlässige* Bestimmung des Diskontierungszinssatzes.

---

[966] Der erste Pre-Test wurde auf einer Tagung des BIIS in Frankfurt am Main am 1. September 2005 durchgeführt. Hierbei erfolgte auch eine Beurteilung hinsichtlich des zu erwartenden zeitlichen Umfangs des Experimentes sowie eventueller Verständlichkeitsprobleme. Ein zweiter Pre-Test wurde am 20. Oktober 2005 im Rahmen der Sitzung des Arbeitskreises 3 "Marktwertermittlung" der gif in Nürnberg durchgeführt. Hierzu wurden an die Teilnehmer - ausschließlich qualifizierte Immobiliensachverständige - sowohl der qualitative Fragebogen als auch die Stimulikarten in einem Umschlag mit beigefügtem Rückumschlag ausgeteilt. Der Rücklauf bei 18 verteilten Fragebögen betrug mit 7 Antworten 38% und kann damit als sehr gut bezeichnet werden. Die Erkenntnisse dieses Pre-Tests flossen in das endgültige Erhebungsdesign mit ein und stellten sicher, dass mit einer Beantwortung der Fragebögen und einer Teilnahme am Experiment auch im Rahmen einer ausschließlich schriftlichen Befragung zu rechnen ist.

2.2.3 Festlegung des Präferenzmodells

Die dem Modell zugrunde liegende Kompositionsregel müsste zwar an dieser Stelle noch nicht spezifiziert werden; da jedoch das CJM fast ausschließlich unter Anwendung des additiven Nutzenwertmodells Anwendung findet, wird auch in dieser Arbeit die Gültigkeit des additiven Nutzenwertmodells unterstellt. Voraussetzung für die Gültigkeit des additiven Modells ist jedoch, dass die ausgewählten Merkmale unabhängig sind.[967]

Die Unabhängigkeit der Merkmale Einzahlungen, Auszahlungen und Diskontierungszinssatz ist zwar gegeben, jedoch beeinflusst die Wahl einer Merkmalsausprägung den Gesamtnutzen des präsentierten Stimulus. So wäre theoretisch der Fall denkbar, dass ein vollkommen unrealistischer Diskontierungszinssatz (beispielsweise in Höhe von 90%) gewählt wird und hierdurch das DCF-Verfahren zu keinerlei realistischem Prognoseergebnis mehr führt. In diesem Fall ist die Entscheidungsnützlichkeit eines solchen "fehlerhaften" Fair Value "gleich Null", und dennoch könnte sich auf Grund des unterstellten additiven Nutzenwertmodells ein Gesamtnutzen größer als Null ergeben. Ursächlich hierfür wäre eine positive Nutzenbewertung der Merkmale Einzahlungen und Auszahlungen, welche jedoch einen extrem unrealistischen Diskontierungszinssatz nicht kompensieren könnten. Das unterstellte additive Nutzenwertmodell wäre in einem solchen Fall ungültig.

Im Rahmen des CJM-Experiments werden den Probanden jedoch nur jeweils zwei alternative Merkmalsausprägungen präsentiert. Beide alternativen Merkmalsausprägungen repräsentieren induktiv gewonnene und deduktiv überprüfte Möglichkeiten zur Bestimmung des jeweiligen Parameters und stellen somit sicher, dass keine Merkmalskombination vorliegen kann, die zu einem Gesamtnutzenwert von Null führen würde. Die Gültigkeit des additiven Nutzenwertmodells kann daher nachfolgend unterstellt werden.

2.2.4 Präsentationsform

Hinsichtlich der Präsentationsform ist zwischen der Profilmethode und der Zwei-Faktoren-Methode zu unterscheiden. Bei Anwendung der Profilmethode werden den Probanden vollständige Stimuliprofile präsentiert, d.h. jeder Stimulus besteht aus jeweils einer Ausprägung aller Merkmale. Bezogen auf die Parameter des DCF-Verfahrens besteht ein Stimulus somit aus je einer Heuristik zur Bestimmung der Einzahlungen, zur Bestimmung der Auszahlungen und zur Bestimmung des Diskontierungszinssatzes. Bei der Zwei-Faktoren-

---

[967] Vgl. zur axiomatischen Testung des Nutzenwertmodells auch Fn. 961 f.

Methode werden so genannte Trade-Off-Matrizen gebildet. Die präsentierten Stimuli bestehen hierbei nur aus jeweils einer Ausprägung von zwei Merkmalen. Für jedes Paar von Merkmalen ist eine Trade-Off-Matrix zu bilden.

Bei der Profilmethode ergeben sich bei drei gegebenen Merkmalen (Einzahlungen, Auszahlungen, Diskontierungszinssatz) mit jeweils zwei Ausprägungen (Relevanz überwiegt oder Zuverlässigkeit überwiegt) somit acht zu präsentierende Stimuli. Bei der Zwei-Faktoren-Methode dagegen $\binom{3}{2} = 3 \ \textit{2x2-Matrizen}$, bei denen jeweils die Kombinationen aus den Ausprägungen zweier Merkmale bewertet werden müssen. In der Praxis wird zumeist die Profilmethode bevorzugt,[968] da die nach dieser Methode gebildeten Stimuli eine größere Realitätsnähe bieten.[969]

Hinsichtlich der Anzahl der zu präsentierenden Stimuli wird zwischen vollständigen und reduzierten Designs unterschieden. Die zuvor genannte Präsentation aller 8 Stimuli einer 2^3-Struktur wäre ein vollständiges Design. Würde die Anzahl der Ausprägungen um eins erhöht, so würde eine 3^3-Struktur vorliegen und das vollständige Design würde bereits 27 Stimuli umfassen. Die wachsende Anzahl von Stimuli kann dazu führen, dass die Versuchspersonen überfordert sind und in hohem Maße fehlerbehaftete, d.h. nicht unbedingt repräsentative, Antworten liefern. Als Ausweg bietet sich die Möglichkeit der Präsentation reduzierter fraktioneller Designs an.[970]

Aufgrund der geringen Anzahl von Merkmalen und vor allem Merkmalsausprägungen kann im Rahmen der Untersuchung ein vollständiges Design mit allen acht Stimuli bedenkenlos Anwendung finden. Der Rückgriff auf reduzierte fraktionelle Designs ist somit nicht notwendig, zumal damit verbundene Einschränkungen der Auswertungsmöglichkeiten einhergehen.[971]

---

968 Vgl. BACKHAUS ET AL. (2006), S. 566.

969 Vgl. zu den Vor- und Nachteilen der jeweiligen Methoden beispielsweise GREEN/ SRINIVASAN (1978), S. 107 ff.

970 Vgl. umfassend zu reduzierten fraktionellen Designs ADDELMAN (1962) sowie GUPTA/ NIGAM/DEY (1982).

971 Während vollständige Designs unkorrelierte Schätzungen aller Haupteffekte und Wechselwirkungen zwischen den Merkmalen (den unabhängigen Variablen) zulassen, müssen bei reduzierten fraktionellen Designs einzelne Effekte, entweder alle oder bestimmte Interaktionen zwischen den Merkmalen, ignoriert werden. Diese Einschränkung wäre jedoch für die vorliegende Untersuchung ohne Bedeutung, da die unterstellte additive Kompositionsregel ausschließlich Haupteffekte enthält und Interaktionen vernachlässigt, vgl. beispielsweise GREEN/SRINIVASAN (1978), S. 109 ff. sowie TEICHERT (2000), S. 485 ff.

Die Präsentation erfolgt daher durch Stimuli in Gestalt eines vollständigen Designs. Hierzu werden je Stimuli jeweils eine Ausprägung der drei Merkmale Einzahlungen, Auszahlungen und Diskontierungszinssatz zur Auswahl gestellt. Die einzelnen Ausprägungsstufen werden jedoch nicht explizit mit "Relevanz überwiegt" oder "Zuverlässigkeit überwiegt" bezeichnet. Stattdessen finden alternative Heuristiken, die im vorangegangenen Kapitel identifiziert wurden, als Substitut für die jeweilige Ausprägungsform Anwendung.[972]

Zur Überprüfung der Validität der Ergebnisse werden häufig so genannte Hold-Out-Karten verwendet. Diese Hold-Out-Karten werden den Untersuchungsteilnehmern zusammen mit den Stimuli-Karten vorlegt, jedoch werden diese nicht in die eigentliche Conjoint-Analyse, d.h. die Schätzung der Teilnutzenwerte, einbezogen. Anhand der geschätzten Teilnutzenwerte einzelner Merkmalsausprägungen wird anschließend ein Gesamtnutzenwert für jede Hold-Out-Karte ermittelt und dieser mit dem tatsächlichen Rangurteil verglichen. Hierdurch sind Rückschlüsse auf die Validität der geschätzten Teil- und Gesamtnutzenwerte möglich. Da jedoch im vorliegenden Fall schon ein vollständiges Design Verwendung findet, besteht keine Möglichkeit der Generierung weiterer Hold-Out-Karten. Des Weiteren erscheint eine Erweiterung des Designs, beispielsweise durch eine Erhöhung der Ausprägungsstufen je Merkmal, im Hinblick auf die Komplexität der einzelnen Merkmale nicht vertretbar. Da im Rahmen der Untersuchung nicht methodische Aspekte des CJM im Vordergrund stehen, sondern vielmehr ein dem Zweck der Untersuchung entsprechendes, möglichst effizientes und die Probanden nicht überforderndes Untersuchungsdesign gewünscht ist, erscheint der Verzicht auf Hold-Out-Karten vertretbar.[973]

2.2.5 Datengewinnung und Bewertung der Stimuli

Voraussetzung für die Schätzung der Teilnutzen der einzelnen Merkmale sind Urteile der Probanden über die Vorziehenswürdigkeit der verschiedenen Stimuli. Die Erhebung dieser

---

972 Zur Bestimmung des Parameters Einzahlungen werden beispielsweise zwei alternative Heuristiken zur Auswahl angeboten, wobei die Wahl der einen Heuristik eine eher zuverlässigere Vorgehensweise und die Wahl der anderen Heuristik, (insbesondere aufgrund des stärker ausgeprägten subjektiven Elementes) eine eher zur Relevanz und weniger zur Zuverlässigkeit tendierende Vorgehensweise impliziert.

973 Der Verzicht auf Hold-Out-Karten ist bei nicht methodisch orientierten Untersuchungen durchaus üblich, vgl. stellvertretend SWOBODA (2000), S. 149 ff. sowie MÜLLER/KESSELMANN (1994), S. 265 ff. Auf einen ergänzenden Fragebogenteil, welcher eine erneute Zuordnung der einzelnen Heuristiken als Substitut für die jeweilige Ausprägung enthält, wurde aus Gründen der Tautologie und der erheblichen Gefahr der Überfrachtung verzichtet. Die Pre-Tests hatten ergeben, dass eine Erweiterung des Fragebogens den zumutbaren Zeitaufwand übersteigen würde und somit sowohl die Rücklaufquote und als auch die Qualität der Antworten negativ beeinflussen würde. Auch die tautologische Komponente dieses Fragebogenteils, d.h. eine ausschließliche Bestätigung eines Zusammenhanges, welcher im Vorhinein als gegeben unterstellt wird, war gegenüber einem möglichst prägnanten und vergleichsweise kurzen Fragebogen abzuwägen.

Urteile ist die eigentliche Datengewinnung im Rahmen des CJM-Experimentes. Unabhängig von der bereits gelösten Frage der Präsentationsform stellt sich die Frage nach der gewünschten Skalenart. Es musste also geklärt werden, ob rein ordinal-skalierte oder intervall-skalierte Daten erhoben werden sollen. Bei einer ordinalen Skalierung werden den einzelnen Stimuli Zahlen in der Weise zugeordnet, dass von jeweils zwei Stimuli der bevorzugte Stimulus die größere Zahl erhält.[974] Eine Intervallskalierung ordnet zwei Stimuli Zahlen in der Gestalt zu, dass die Zahlendifferenz zwischen beiden Stimuli der Rangordnung der Merkmalsunterschiede zwischen den beiden Objekten entspricht.[975]

Abhängig von der gewünschten Skalenqualität muss die Bewertung der Stimuli durch die Probanden daher auf verschiedene Arten erfolgen. Möglich sind eine Rangreihung (Ranking), ein Rating (durch Ratingskalen) sowie der Paarvergleich[976] (Choice-Based). Aus analysetechnischer Sicht wäre die Verwendung von Ratingskalen ideal.[977] Erfolgt die Messung der Urteile des Probanden auf Ratingskalen, so können diese mittels bekannter metrischer Verfahren[978] ausgewertet werden. In diesem Fall besteht jedoch die berechtigte Frage, inwiefern sich das CJM überhaupt noch als eigenständiges Verfahren und nicht vielmehr als ein spezieller Fall[979] der Anwendung einer metrischen Analysemethode bezeichnen lässt. Wären Ratingskalen ohne Probleme anwendbar, so entfiele auch der nachfolgend noch aufgezeigte Aufwand nichtmetrischer Analyseverfahren zur Auswertung der nur ordinal skalierten Daten. Die Ursache für eine Dominanz des Rankings über die Ratingskalen ist vielmehr pragmatisch: "Ranked data are likely to be more reliable, since it is easier for a respondent to say which he/she prefers more as compared to expressing the magnitude of his/her preference."[980]

Der maßgebliche Grund für die Dominanz des Rakings in der Praxis des CJM liegt darin begründet, dass eine Rangreihung eher der alltäglichen Urteilsbildung entspricht und somit eine realitätsnähere Messung verspricht.[981] Aus diesem Grund wird eine Bewertung der Stimuli

---

974 Vgl. BORTZ/DÖRING (2003), S. 71.

975 Vgl. EBENDA, S. 72.

976 Vgl. beispielweise zur Konstruktion von Schätzdesigns für Conjoint-Analysen auf Basis von Paarvergleichen HAUSRUCKINGER/HERKER (1992), S. 101 ff.

977 Ratingskalen stellen erzeugte metrische (Intervall)-Skalen dar, vgl. GREEN/SRINIVASAN (1978), S. 111.

978 Hierzu zählen alle metrischen Verfahren bei denen intervall-skalierte abhängige Variablen und lediglich nominal skalierte unabhängige Variablen Voraussetzung sind, wie z.B. die Varianzanalyse oder die OLS-Regression mit Dummy-Variablen-Kodierung, vgl. ausführlich zu dieser Diskussion GREEN/SRINIVASAN (1978), S. 112 sowie zu den einzelnen metrischen Verfahren BACKHAUS ET AL. (2006).

979 Der spezielle Fall wäre, dass verschiedene Ausprägungen der abhängigen Variablen an ein und demselben Probanden erhoben würden.

980 GREEN/SRINIVASAN (1978), S. 112.

981 Vgl. KLEIN (2002), S. 21 f. m.w.N.

durch Rangreihung gewählt. Die aufgrund der Rangreihung gewonnenen Daten besitzen somit im Grunde genommen nur ordinale Skalenqualität. Den Probanden werden acht Stimuli (das vollständige Design) präsentiert und sie haben diese in eine Rangfolge von eins bis acht zu bringen. Beispielhaft ist nachfolgend einer der präsentierten Stimuli dargestellt:[982]

Kombinationsmöglichkeit A		
Einzahlungen	Ist-Mieten mit Marktabgleich, z.B. durch Institutsprognosen (Bulwien, Feri)	Rang:
Auszahlungen	Pauschale Sätze, z.B. gemäß II. BV unter Berücksichtigung des Gebäudealters und -zustands	________
Zinssatz	Individueller Zinssatz auf Grundlage eines Basiszinssatzes (z.B. Umlaufrendite einer 10jährigen Bundesanleihe) und eines Risikozuschlages	

Abbildung 6: Beispiel eines Stimulus

2.2.6 Schätzung der Nutzenwerte

Die Schätzung der Nutzenwerte kann auch als der eigentliche Kern des CJM bezeichnet werden. Auf Basis der ermittelten Rangwerte werden zunächst Teilnutzenwerte für die einzelnen Stufen der Merkmalsausprägungen bestimmt. Aus diesen Teilnutzenwerten lassen sich nun (intervallskalierte) metrische Gesamtnutzenwerte der einzelnen Stimuli und die relative Gewichtung der Merkmale zueinander ableiten.[983] Dies geschieht üblicherweise durch ein additives Modell,[984] welches sich formal allgemein wie folgt darstellen lässt:

---

[982] Eine Darstellung aller acht präsentierten Stimuli findet sich im Anhang 2c.

[983] Es werden also aus ordinalen Nutzenurteilen der Probanden mittels des CJM metrische Teilnutzenwerte ermittelt. Voraussetzung für dieses Vorgehen ist die Annahme zur Skalenqualität der CJM-Parameterschätzung. Diese wird gemeinhin mindestens als intervallskaliert unterstellt, ist dieses aber nur annähernd. So führen GREEN/SRINIVASAN (1978), S. 112, zu dieser Problematik Folgendes aus "it should be noted that even though the dependent variable is nonmetric, the estimated parameters tend to satisfy close to interval-scaled properties, for typical values of *n* and *T*, the number of estimated parameters" (Hervorhebungen im Original). Hierbei ist n die Anzahl der Stimuli und T die Anzahl der zu schätzenden Parameter.

[984] Grundsätzlich lassen sich nach GREEN/SRINIVASAN drei Modelle unterscheiden: Das Teilnutzenwert-Modell ("part worth function model"), das Vektoren-Modell ("vector model") sowie das Idealpunkt-Modell ("ideal-point model"). Der wesentliche Unterschied zwischen dem auch in dieser Arbeit unterstellten Teilnutzenwert-Modell und den anderen beiden Modellen besteht in den unterschiedlichen Merkmalsausprägungen. So setzt das Teilnutzenwert-Modell nur kategoriale Merkmalsausprägungen voraus, während die beiden anderen Modelle kontinuierliche Skalen zur Ausprägungsmessung voraussetzen, vgl. GREEN/SRINIVASAN

$$y_k = \sum_{j=1}^{n} \sum_{(x=1)}^{m} \beta_{jx} \cdot \phi_{jx}$$

wobei:

y_k = Gesamtnutzen des Stimulus k

β_{jx} = Teilnutzenwert der Ausprägung x des Merkmals j

$$\phi_{jx} = \begin{cases} 1, & \text{falls bei } y_k \text{ das Merkmal j in der Ausprägung x vorliegt,} \\ \text{sonst } 0 & \end{cases}$$

n = Anzahl der Stimuli

m = Anzahl der Merkmalsausprägungen.

Bei drei betrachteten Merkmalen mit jeweils zwei Ausprägungen ergibt sich damit folgendes, im Weiteren verwandte Nutzenwertmodell:[985]

$$y_k = \beta_{Ex} + \beta_{Ax} + \beta_{Ix}$$

wobei:

y_k = Gesamtnutzen des Stimulus k

β_{Ex} = Teilnutzen der Ausprägung x des Merkmals Einzahlungen

β_{Ax} = Teilnutzen der Ausprägung x des Merkmals Auszahlungen

β_{Ix} = Teilnutzen der Ausprägung x des Merkmals Diskontierungszinssatz.

Die Schätzung der Teilnutzenwerte kann mit verschiedenen Verfahren erfolgen. Das klassische CJM verwendet aufgrund der ordinalen Datenstruktur nichtmetrische Regressionsverfahren. Hierzu zählen vor allem MONANOVA[986] sowie LINMAP[987].[988] In der Praxis finden oftmals auch metrische Regressionsverfahren wie ANOVA und die OLS-Regression[989] Anwendung, obwohl deren Voraussetzungen bei der Verwendung ordinaler Daten eigentlich nicht erfüllt sind. Jedoch setzt die OLS-Regression für die abhängige Variable mindestens Intervallskalenqualität voraus. Darüber hinaus erfordert die Anwendung eines metrischen Verfahrens den Verzicht auf den methodologischen Charme des klassischen, nichtmetrischen CJM, aus ordinalskalierten Präferenzurteilen auf messtheoretisch überzeugende Weise intervallskalierte Teilnutzenwerte zu gewinnen. Trotz der genannten Nachteile erfreut sich die

---

(1978), S. 105 f. Das Idealpunkt- und das Vektor-Modell können daher als Spezialfälle des Teilnutzenwert-Modells aufgefasst werden. Sie werden auf Grund ihrer relativ geringen Verbreitung und der Irrelevanz für die vorliegende Untersuchung nachfolgend nicht weiter betrachtet.

985 Zu einer kritischen Auseinandersetzung mit dem additiven Teilnutzenwert-Modell vgl. Teil III Kapitel 2.2.3.

986 Vgl. KRUSKAL (1965).

987 Vgl. SRINIVASAN/SHOCKER (1973).

988 Vgl. ausführlich zur Auswahl und Beurteilung alternativer Schätzverfahren für Teilnutzenwerte VRIENS (1995), S. 67.

989 Vgl. für eine Darstellung der OLS-Regression HANUSHEK/JACKSON (1977), insb. S. 75 ff. sowie WERNER (1997), insb. S. 27 f. sowie 75 ff.

Verwendung der OLS-Regression in der praktischen Anwendung des CJM größter Beliebtheit, da eine Vielzahl von Methodenstudien keinen signifikanten Vorteil der Anwendung nichtmetrischer Verfahren belegen konnte.[990] So liefert die OLS-Regression im Wesentlichen dieselben Ergebnisse. Somit ist die OLS-Regression als praxiserprobte und bequeme Approximation der theoretisch eigentlich wünschenswerten nichtmetrischen Analysetechnik aufzufassen[991] und wird auch im Rahmen dieser Arbeit anstelle nichtmetrischer Verfahren verwandt.[992]

2.2.7 Aggregation der Nutzenwerte

Da die Nutzenwerte zunächst (im Unterschied zu vielen anderen multivariaten Analysemethoden) auf individueller Ebene (d.h. für jeden Untersuchungsteilnehmer) geschätzt werden, müssen diese anschließend für Zwecke der Informationsreduzierung durch Mittelwertbildung über normierte Teilnutzenwerte aggregiert werden.[993] Da dies mit einem Informationsverlust verbunden ist, der umso stärker ist, je heterogener die individuellen Nutzenstrukturen ausfallen, erfolgt neben einer Gesamtbetrachtung der gesamten Stichprobe auch eine Gruppenbildung durch eine sog. A-Priori-Segmentierung. Grundlage für diese personenbezogene Differenzierung bilden Merkmale der einzelnen Untersuchungsteilnehmer.[994] Zur Erhebung dieser Merkmale wurde das eigentliche Präferenzmessverfahren in Gestalt des CJM-Experiments daher um einen qualitativen Fragebogen ergänzt.

2.3 Festlegung des Umfangs des qualitativen Fragebogens

Der Fragebogen bezweckt zweierlei: Zum einen dienen die subjektspezifischen Antworten als Segmentierungsmerkmale für die anschließende Auswertung, zum anderen werden im Rahmen des Fragebogens Informationen zur Vorbildung der befragten Sachverständigen, zur Anwendung der verschiedenen Bewertungsverfahren in der Bewertungspraxis sowie zu den

---

[990] Vgl. stellvertretend CARMONE/GREEN/JAIN (1978); CATTIN/BLIEMEL (1978); HAUSER/ URBAN (1977); HUBER (1975); JAIN ET AL. (1979); WITTINK/CATTIN (1981).

[991] Vgl. GREEN/KRIEGER (1993), S. 478. So erachtet auch BÖCKER (1986), S. 564 es "aus pragmatischen Gesichtspunkten heraus empfehlenswert, Präferenzwerte als Rangdaten zu erheben und sie dann im Wege einer traditionellen Regressionsanalyse auszuwerten."

[992] Das im Rahmen dieser Arbeit zur Datenauswertung verwandte Modul CONJOINT des Programms SPSS für Windows Ver. 13.0 verwendet unabhängig davon, ob Rating- oder Rangdaten analysiert werden, stets den metrischen OLS-Regressionsalgorithmus.

[993] Vgl. auch TEICHERT (2000), S. 500.

[994] Vgl. zur Aggregation und Segmentation beispielsweise KLEIN (2002), S. 28 ff. Es sei darauf hingewiesen, dass diese Art der Gruppenbildung nur dann angemessen ist, wenn untersucht werden soll, ob sich die Gruppen in ihren Präferenzstrukturen unterscheiden, nicht jedoch um eine möglichst trennscharfe Segmentierung vorzunehmen, vgl. EBENDA, S. 30. Da in dieser Arbeit nur Ersteres beabsichtigt ist, erscheint dieser Aspekt unkritisch.

Einschätzungen der Verlautbarungen des IVSC und der TEGoVA erhoben. Da auch das CJM-Experiment in Gestalt eines Verweises vom Fragebogen aus als Bestandteil desselben aufzufassen ist, wurde bei der Fragebogengestaltung auf einen maximalen Umfang von zwei DIN A4-Seiten und eine maximale voraussichtliche Antwortdauer von ca. 10 min geachtet. Es wurde grundsätzlich das Konzept eines geschlossenen Fragebogens gewählt, welches nur bei wenigen Fragen eine zusätzliche, offene Antwort erforderte.[995]

Zur Sicherstellung der Homogenität des befragten Personenkreises beginnt der Fragebogen mit einer Ausschlussfrage hinsichtlich des Tätigkeitsfeldes des Befragten. Da im Rahmen der Untersuchung die Präferenz der Immobiliensachverständigen im Kontext einer potentiellen Verwendung der Bewertungsergebnisse für Zwecke eines IFRS-Abschlusses betrachtet wird, sind nur diejenigen Sachverständigen repräsentativ, die Bewertungen für Dritte, also auch für bilanzierende Unternehmen, überhaupt durchführen würden. Dieses Ausschlusskriterium besitzt deshalb Relevanz, da Immobilienbewertungen für Zwecke der Investitionsentscheidung auf gänzlich anderen Prämissen beruhen.[996]

Von weiterem Interesse ist darüber hinaus die Bedeutung des DCF-Verfahrens zur Immobilienbewertung in Deutschland. Erkenntnisse über die prozentuale Verteilung der angewandten Verfahren sind bisher empirisch kaum erhoben worden.[997] Somit erscheint eine Eruierung dieser Daten, insbesondere auch auf Grund der Präferenz für das DCF-Verfahren in dieser Arbeit, nutzenstiftend. Die ergänzend gestellte Frage zu den Gründen für eine mögliche Anwendung könnte somit zumindest einen Hinweis auf die Ursachen im Falle einer vergleichsweise geringen Anwendung liefern. Darüber hinaus könnten die Antworten zur Anwendung des DCF-Verfahrens auch als Segmentierungsmerkmal für das CJM-Experiment verwandt werden. Eine segmentierte Betrachtung der Ergebnisse des CJM-Experiments (welches ein DCF-Verfahren zum Gegenstand hat) derjenigen Probanden, die gemäß eigener Angabe kein DCF-Verfahren einsetzen, und derjenigen Probanden, die ein DCF-Verfahren einsetzen, könnte daher Rückschlüsse auf einen möglichen Einfluss des Anteils verschiedener Bewertungsverfahren auf die Präferenzstruktur (hinsichtlich Relevanz und Zuverlässigkeit) der einzelnen Immobiliensachverständigen zulassen.

---

[995] Vgl. ausführlich zur Fragebogengestaltung BORTZ/DÖRING (2003), S. 253 ff. m.w.N.

[996] Vgl. hierzu zum einen die Abgrenzungskriterien des IVSC zwischen Marktwert und Investitionswert (vgl. insbesondere Teil II Kapitel 3.3.2.3.1) sowie zum anderen GONDRING (2004), S. 625 ff. zur Anwendung des DCF-Verfahrens bei Investitionsentscheidungen.

[997] Vgl. hierzu beispielsweise MCPARLAND/ADAIR/MCGREAL (2002), S. 128 m.w.N., die ebenfalls Bedarf für zukünftige diesbezügliche Studien sehen.

In engem Zusammenhang mit der Anwendung von DCF-Verfahren in Deutschland stehen auch die Frage zur Kenntnis der Verlautbarungen des IVSC und der TEGoVA und deren Beurteilung hinsichtlich deren Nützlichkeit für die alltägliche Bewertungspraxis. Wie schon die Ausführungen in Teil II Kapitel 3.3 gezeigt haben, sind diese eher abstrakt formuliert und bieten demnach keine konkrete Hilfestellung bei der Durchführung einer Immobilienbewertung mit Hilfe des DCF-Verfahrens. Das Fehlen einer konkreten Richtlinie oder eines Leitfadens zur Ermittlung von Marktwerten mit Hilfe des DCF-Verfahrens könnte somit Auswirkungen auf die Verteilung der einzelnen Bewertungsverfahren in der Praxis besitzen. Diese Problematik wird im Rahmen der anschließenden Ergebnisinterpretation noch näher beleuchtet werden.

Als personenbezogene Segmentierungsmerkmale wurden im Fragebogen Daten zur beruflichen Vorbildung der Befragten erhoben. Hierbei interessierte vor allem die Unterscheidung in eher kaufmännisch und eher technisch geprägte Ausbildungswege. Von besonderem Interesse waren darüber hinaus rechnungslegungsnahe Fragen. Als ein Segmentierungsmerkmal wurde die Frage gestellt, ob überhaupt Immobilienbewertungen für Zwecke des Jahresabschlusses erfolgen, erhoben. Sofern diese bejahrt wurde, wurde ergänzend erhoben, ob diese auch für IFRS-Jahresabschlüsse erfolgen. Darüber hinaus wurde, sofern überhaupt Immobilienbewertungen für Zwecke eines IFRS-Abschlusses vorlagen, eine quantitative Angabe abgefragt.

Auswertungstechnisch besonders interessant ist die abgefragte Einschätzung der Probanden hinsichtlich der Anforderungen der IFRS an die Relevanz und Zuverlässigkeit eines durch Schätzung ermittelten Wertes. Diese Frage liefert im Ergebnis die Selbsteinschätzung der Probanden hinsichtlich deren Präferenz für die Relevanz und Zuverlässigkeit im Allgemeinen. Eine direkte Vergleichbarkeit dieses Ergebnisses mit der durch das CJM-Experiment gewonnenen Präferenzstruktur des jeweiligen Probanden ist aufgrund des fehlenden gegebenen Kontextes bei dieser Frage methodisch zweifelhaft. Jedoch bietet sich eine Betrachtung der Ergebnisse des CJM segmentiert nach der jeweiligen, im Fragebogen geäußerten Präferenz zumindest zu Plausibilisierungszwecken an.

Das eigentliche CJM-Experiment liefert bei sachgerechter Interpretation aufgrund der nur ordinalen Ursprungsdaten lediglich eine Aussage zur Vorziehenswürdigkeit der Relevanz oder Zuverlässigkeit bei der Bestimmung der einzelnen Parameter. Eine Aussage bezüglich des Ausmaßes an Vorziehenswürdigkeit bzw. der Gewichtung von Relevanz und Zuverlässigkeit ist nicht möglich. Trotz dessen enthält der Fragebogen bei der Frage der

Anforderung der Relevanz und Zuverlässigkeit eine Abstufung in "überwiegt stark" und "überwiegt schwach". Diese Differenzierung hinsichtlich der Antwortmöglichkeiten erfolgte aus rein erhebungstechnischen Gründen, da sich in den vorangegangenen Pre-Tests gezeigt hatte, dass einige Probanden die Frage trotz der behaupteten Kenntnis der jeweiligen Anforderungen nicht vollständig beantwortet hatten. Eine mögliche Ursache konnte in dem lediglich binär gestalteten Antwortenspektrum liegen.[998] Aus diesem Grund wurde das Spektrum möglicher Antworten auf vier erweitert, sodass die Probanden zwischen "Relevanz überwiegt stark" und "Relevanz überwiegt schwach" sowie "Zuverlässigkeit überwiegt stark" und "Zuverlässigkeit überwiegt schwach" wählen konnten.

Das auf dieser Antwort aufbauende Segmentierungskriterium berücksichtigt diese Unterteilung dagegen nicht, d.h. es werden die Antworten "Relevanz überwiegt" sowie die Antworten "Zuverlässigkeit überwiegt" zu jeweils einer Antwort zusammengefasst. Es handelt sich somit in gewisser Weise um eine bewusste Täuschung des Probanden, welche jedoch aus erhebungstechnischen Gründen vertretbar erschien. Der vollständige Fragebogen ist im Anhang 2a abgedruckt.

2.4 Datenerhebung und Grundgesamtheit

Die Datenerhebung erfolgte durch eine schriftliche Befragung unter Immobiliensachverständigen in ganz Deutschland.[999] Den einzelnen Sachverständigen wurde der qualitative Fragebogen, die acht Stimuli-Karten zzgl. einer Karte mit Anweisungen zur Experimentdurchführung sowie ein Rückumschlag zugesandt. Da das Anschreiben entscheidenden Einfluss auf die Bereitschaft zur Teilnahme an der Befragung hat, wurde hierauf besonderen Wert gelegt.[1000] Die ausgewählten Sachverständigen wurden jeweils persönlich mit einem Hinweis, warum gerade sie im Rahmen der Untersuchung befragt werden, angeschrieben. Sämtliche Anschreiben wurden persönlich unterschrieben. Das Musteranschreiben ist im Anhang 2b und die präsentierten Stimuli sind im Anhang 2c abgedruckt.

---

[998] So mussten sich die Probanden im Rahmen des Pre-Tests ausschließlich zwischen den Antworten "Relevanz überwiegt" und "Zuverlässigkeit überwiegt" entscheiden. Die Beantwortung durch die Wahl von "Relevanz überwiegt" sollte zwar nur eine gewisse Übergewichtung der Relevanz über die Zuverlässigkeit suggerieren, könnte jedoch von einigen Probanden auch dahingehend interpretiert worden sein, dass nur "Relevanz" und keine "Zuverlässigkeit" zählt. Dies wurde indes nicht bezweckt. Jedoch gab allein die Möglichkeit dieser Interpretation den Anstoß, die Skalierung zu erweitern.

[999] Vgl. zur Eignung der schriftlichen Befragung sowie zu den Vor- und Nachteilen beispielsweise WILK (1975), S. 187 ff.

[1000] Vgl. zum Einfluss des Anschreibens auf die Rücklaufquote BORTZ/DÖRING (2003), S. 257; WILK (1975), S. 190 f.

Die Stichprobenauswahl erfolgte bewusst. Da es sich um eine rein explorative Erhebung handelt, ist kein Signifikanzniveau bestimmbar und somit auch kein für ein bestimmtes Signifikanzniveau erforderlicher Stichprobenumfang.[1001] Als geeignete und repräsentative Probanden wurden die Mitglieder zweier großer Verbände, des Bundesverbandes für Immobilien-Investment-Sachverständigen e.V. (BIIS) und der Gesellschaft für immobilienwirtschaftliche Forschung e.V. (gif), identifiziert.

Der BIIS stellt die Interessenvertretung der zur Begutachtung der Wertentwicklungen bei offenen Immobilienfonds in Deutschland bestellten Immobiliensachverständigen dar. Sämtliche in Deutschland in den jeweiligen Gutachterausschüssen der offenen Immobilienfonds bestellten Sachverständigen sind im BIIS organisiert.[1002] Ziel des BIIS ist zum einen die Schaffung eines gemeinsamen Sprachorgans und zum anderen die Sicherstellung einheitlicher hoher Qualitätsstandards der Bewertungsgutachten. Hierzu veranstaltet der BIIS regelmäßig Tagungen und Seminare zu verschiedenen Aspekten der Immobilienbewertung. Darüber hinaus entwickelt der BIIS eine Empfehlung zu einem marktkonformen DCF-Verfahren, welche (in einer endgültigen Fassung) bis Ende 2006 vorliegen soll.[1003]

Die gif verfolgt gleichermaßen die Sicherstellung eines hohen Qualitätsstandards der Bewertungsgutachten ihrer Mitglieder. Hierzu veröffentlicht die gif (ähnlich dem IDW) in unregelmäßigen Abständen Empfehlungen zu bestimmten Themenkomplexen. Des Weiteren hat sich die gif die Unterstützung von immobilienbezogenen Forschungsvorhaben zum Ziel gesetzt. Ein wesentliches Instrument ist die finanzielle Förderung von Promotionsvorhaben sowie die jährliche Verleihung eines immobilienwirtschaftlichen Forschungspreises zusammen mit der DB Real Estate. Ebenso wie der BIIS hat auch die gif im Rahmen eines ihrer Arbeitskreise, des AK 3 "Marktwertermittlung", eine Empfehlung zur Anwendung von DCF-Verfahren entwickelt, welche im Oktober 2006 veröffentlicht wurde. Auf die grundsätzlichen Unterschiede und Gemeinsamkeiten beider Empfehlungen wird in Kapitel 4 noch ausführlicher eingegangen.[1004]

Demzufolge wurden für die Stichprobe die Mitglieder des BIIS und der gif ausgewählt. Der BIIS hatte zum Zeitpunkt der Umfrage im November 2005 nach eigener Auskunft 85[1005]

[1001] Vgl. zum Signifikanzniveau BORTZ/DÖRING (2003), S. 30, zum Nutzen von explorativen Signifikanztests EBENDA, S. 384 f. sowie allgemein zur empirisch-qualitativen Exploration EBENDA, S. 385 ff.

[1002] Vgl. auch LORENZ/TRÜCK/LÜTZKENDORF (2006), S. 402.

[1003] Vgl. zur (vorläufigen) Empfehlung BIIS (2006) sowie Teil III Kapitel 4.2.2.2.

[1004] Vgl. GIF (2006) sowie ebenfalls Teil III Kapitel 4.2.2.2.

[1005] Vgl. http://www.biis.info/index.php?id=11 vom November 2005.

Mitglieder, die gif dagegen über 600[1006]. Von diesen 600 Mitgliedern sind jedoch nur ca. 100 Immobiliensachverständige, sodass sich eine mögliche Befragung auf diese reduziert.[1007] Aufgrund einiger Doppelmitgliedschaften in der BIIS und in der gif sowie einer Bereinigung um Immobiliensachverständige im Anstellungsverhältnis von Banken und Versicherungen[1008] reduzierte sich die Anzahl der tatsächlich angeschriebenen Untersuchungsteilnehmer (nachfolgend die Grundgesamtheit) auf 174.[1009]

Zur Vermeidung eines Einflusses der Präsentationsreihenfolge der Stimuli-Karten wurden zwei Karten-Stapel gebildet. Der eine Kartenstapel (Stapel A) präsentierte die Karten in der Reihenfolge E bis H sowie A bis D und der andere Kartenstapel (Stapel B) präsentierte die Karten in der Reihenfolge D bis A und H bis E. Diese wurden den Probanden in der Weise zugeordnet, dass diese fortlaufend von eins bis 174 durchnummeriert und jedem Probanden mit einer ungeraden Nummer Stapel A und jedem Probanden mit einer geraden Nummer Stapel B zugeordnet wurde. Sofern keine signifikanten Unterschiede im Antwortverhalten beider Kartenstapel vorliegen, kann ein Einfluss der Präsentationsreihenfolge auf das Antwortverhalten ausgeschlossen werden.

Zur Erhöhung der Antwortbereitschaft der Untersuchungsteilnehmer wurden die Antworten grundsätzlich anonym behandelt. Jedoch hatte jeder Untersuchungsteilnehmer die Möglichkeit, sofern er sein Interesse an den Untersuchungsergebnissen nicht anonym per Email kommunizieren wollte, seinen Namen oder seine Email direkt auf dem Fragebogen zu vermerken. Damit auch bei anonymisierter Antwort eine Zuordnung möglich war, erfolgte eine Kodierung der Rückumschläge hinsichtlich des Stapeltyps. Außerdem wurde der Rückumschlag dahingehend kodiert, dass eine Zuordnung der Antworten zu den jeweiligen Verbänden möglich war. Diese Zuordnung ist für eine spätere Segmentierung bestimmter Antworten hinsichtlich der Verbandsmitgliedschaft notwendig gewesen.

[1006] Vgl. http://www.gif-ev.de/main.html vom November 2005.

[1007] Ein Verzeichnis der Mitglieder, welche aufgrund ihrer beruflichen Qualifikation oder der Angabe ihrer momentanen beruflichen Tätigkeit als Probanden in Frage kamen, wurde freundlicherweise durch die gif in Gestalt einer Adressenliste zur Verfügung gestellt. Als Suchkriterien für die Adressenliste wurden unter anderem die Begriffe "Immobilienbewertung, Immobiliensachverständige, ö.b.u.v.S., FRICS, MRICS, AMAI" verwandt.

[1008] Die Aufgabe eines Immobiliensachverständigen aus Bankensicht ist die Beleihungswertermittlung. Diese unterscheidet sich sowohl hinsichtlich der Zielsetzung als auch des Vorgehens jedoch deutlich von der im Rahmen dieser Arbeit analysierten Markt- bzw. Verkehrswertermittlung. Vgl. stellvertretend zur Beleihungswertermittlung GONDRING (2004), S. 984 ff. sowie JOERIS/SIMON (2005), Rn. 10.1 ff.

[1009] Eine Übersicht aller Untersuchungsteilnehmer (Grundgesamtheit) in anonymisierter Form findet sich in Anhang 2d.

3 Datenauswertung

3.1 Grundsätzliche Anmerkungen zur statistischen Auswertung

3.1.1 Allgemeine deskriptive empirische Anmerkungen

3.1.1.1 Rücklauf und Antwortverhalten

Die Fragebögen wurden am Montag, 14. November 2005 versandt. Der Kontrollumschlag traf am Mittwoch, 16. November 2005 ein, sodass von einem Zugang des Fragebogens bei den Probanden am Mittwoch, 16. November 2005 auszugehen ist. Die ersten Antworten sind bereits am Freitag, 18. November 2005 eingetroffen. Als Stichtag für eine eventuelle Nachfassaktion wurde der Donnerstag, 1. Dezember 2005, d.h. zwei Wochen nach dem Zugang der Fragebögen gewählt.[1010]

Bis zum 02. Dezember 2005, d.h. vor einer möglichen Beeinflussung durch die Nachfassaktion, betrug der Rücklauf insgesamt 48 Antworten, wobei zwei Antworten keine auswertbaren Informationen beinhalteten und deshalb nicht als tatsächlicher Rücklauf gewertet wurden. Somit sind statistisch betrachtet 46 von ursprünglich 174 versandten Fragebögen vor Durchführung der Nachfassaktion beantwortet worden, dies entspricht 26,44%. Nach erfolgter Nachfassaktion trafen bis zum Freitag, 9. Dezember 2005 weitere zehn Antworten ein. Der Rücklauf erhöhte sich somit auf insgesamt 56. Dies entspricht einer Rücklaufquote von 32,18%.

Von den 56 eingegangenen Rückantworten waren 49 vollständig, d.h. es wurde sowohl der Fragebogen als auch der Stimuli-Kartenstapel ausgefüllt zurückgeschickt. Dies entspricht 28,16%. Sechs dieser Antworten haben die Ausschlussfrage zur Durchführung von Immobilienbewertungen für Dritte mit "Nein" beantwortet, sodass diese in der nachfolgenden Auswertung nicht berücksichtigt wurden. Somit standen insgesamt 43 Antworten, dies entspricht 24,7%, für eine vollständige Auswertung zur Verfügung.[1011]

Ein Rücklauf von über 20% bei einer schriftlichen Befragung ohne vorherige persönliche oder telefonische Ankündigung kann vor dem Hintergrund des Komplexitätsgrades der vorliegenden Untersuchung als gut betrachtet werden.[1012] Das vergleichsweise große Interesse an

[1010] Vgl. zum Zeitpunkt der Nachfassaktion BORTZ/DÖRING (2003), S. 258 sowie WILK (1975), S. 195.

[1011] Eine zusammenfassende Übersicht aller erhaltenen Antworten zeigt Anhang 3a und eine Übersicht der verwertbaren, den weiteren Auswertungen zugrunde liegenden 43 Antworten Anhang 3b.

[1012] So beträgt die durchschnittliche Rücklaufquote bei Conjoint-Analysen ca. 20% bis 40%, vgl. HEIN (2002), S. 240.

der Untersuchung findet sich auch im Interesse der Untersuchungsteilnehmer an einer Zusammenfassung der Ergebnisse bestätigt. 39 der 56 Probanden (ca. 69,6%) möchten gerne über die Ergebnisse der Untersuchung informiert werden.

3.1.1.2 Einfluss der Präsentationsreihenfolge, der Nachfassaktion und des Rücklaufzeitpunktes

Ein Vergleich des Antwortverhaltens der Gruppe mit dem Kartenstapel A mit demjenigen der Gruppe mit dem Kartenstapel B zeigt keine auffälligen Unterschiede, sodass ein Einfluss der Präsentationsreihenfolge auf das Antwortverhalten ausgeschlossen werden kann.[1013] Darüber hinaus besteht innerhalb der Stichprobe annähernd die gleiche Verteilung des Merkmals Verbandszugehörigkeit wie innerhalb der Grundgesamtheit, was als Indiz für eine geringe Verzerrung der Antworten gewertet werden kann.[1014]

Unterscheiden sich die Gruppen der Antworten vor der Nachfassaktion (sog. Sofortantworter) und nach der Nachfassaktion (sog. Spätantworter) systematisch bezüglich bestimmter Merkmale, könnte man annehmen, dass dieser Unterschied in noch größerem Ausmaß zwischen denjenigen, die letztendlich geantwortet haben (sog. "Responden"), und den Antwortverweigerern besteht.[1015] Bei einem Rückschluss von der Stichprobe auf die Grundgesamtheit wäre dann davon auszugehen, dass die Stichprobe zugunsten der früh Antwortenden verzerrt ist. Allerdings haben verschiedene Studien gezeigt, dass eine Analyse des Rücklaufzeitpunktes kein geeignetes Mittel ist, Verzerrungen bei postalischen Befragungen abzuschätzen oder zu entdecken.[1016] Daher kann hierdurch auch keine Extrapolation solcher Verzerrungen zur Erfassung der Eigenschaften der Nichtantworter erfolgen.[1017] Da in der Literatur allerdings gefordert wird, zumindest auf gegebenenfalls bestehende Unterschiede zwischen den Sofort- und Spätantwortern hinzuweisen,[1018] wurde ein Vergleich der Sofort- und Spätantworter vorgenommen.

[1013] Vgl. für einen Vergleich der Antworten beider Kartenstapel Anhang 4a.

[1014] Vgl. zu dieser Methode auch WILK (1975), S. 192 sowie zu der Verteilung der Verbandszugehörigkeit innerhalb der Stichprobe Teil III Kapitel 3.2.2.1.1.

[1015] Vgl. hierzu auch BORTZ/DÖRING (2003), S. 260.

[1016] Vgl. stellvertretend BINDER/SIEBER/ANGST (1979), S. 69 m.w.N.

[1017] Vgl. WILK (1975), S. 200. Positive Ergebnisse konnten dagegen die älteren Studien von HENDRICKS (1949) und ZIMMER (1956) vorweisen, welche jedoch in nachfolgenden Studien nicht bestätigt wurden, vgl. BINDER/SIEBERT/ANGST (1979), S. 67.

[1018] Vgl. beispielsweise KIVLIN (1965), S. 325 f.

Eine Betrachtung der personenbezogenen Merkmale auf Grundlage der Antworten im Fragebogen zeigte zunächst keine auffälligen Unterschiede.[1019] Bezogen auf die Antworten im CJM-Experiment haben sich geringfügige Unterschiede gezeigt, welche jedoch auf Grund des sehr geringen Stichprobenumfangs der Gruppe 2 mit nur sechs Antworten eingeschränkte Aussagekraft besitzen. Daher wurde ergänzend ein Vergleich der ersten 50% und der zweiten 50% der Antworten vorgenommen (sortiert nach Eingangsdatum). Hierbei zeigte der Vergleich der Sofort- und Spätantworten eine tendenziell stärkere Gewichtung der Zuverlässigkeit (beim Diskontierungszinssatz) bei den ersten 50% der Antworten sowie eine tendenziell stärkere Gewichtung der Relevanz bei den zweiten 50% der Antworten. Demzufolge könnte die Repräsentativität der erhaltenen Antworten für das vermutete Antwortverhalten innerhalb der Grundgesamtheit (bei unterstellter homogener Verteilung) eingeschränkt sein. Eine tendenzielle Verzerrung des Antwortverhaltens zugunsten der Zuverlässigkeit kann daher nicht vollständig ausgeschlossen werden und ist bei der Interpretation der Ergebnisse zu beachten.[1020]

3.1.2 Anmerkungen zum Conjoint Measurement-Experiment

3.1.2.1 Präferenzmodell und formale Darstellung

Wie bereits zur Schätzung der Teilnutzen ausgeführt, wird für die Bestimmung des Gesamtnutzens der einzelnen Stimuli ein additives Nutzenwertmodell unterstellt. Daher wird angenommen, dass sich der Gesamtnutzen eines präsentierten Stimulus, von dem die Präferenz desselben gegenüber anderen präsentierten Stimuli abhängt, additiv aus den Teilnutzenwerten seiner Merkmalsausprägungen zusammensetzt. Im Rahmen der Conjoint-Analyse werden nun diese Gesamturteile in Gestalt einer Rangordnung auf additiv verknüpfte Einzelbeiträge der beteiligten Merkmalsausprägungen zurückgeführt. Die Conjoint-Analyse ermöglicht somit die Bestimmung des Nutzenbeitrages der jeweiligen Heuristik als Merkmalsausprägung der Parameter Einzahlungen, Auszahlungen und Diskontierungszinssatz.

[1019] So zeigt eine differenzierte Betrachtung des Rücklaufs bis einschließlich 2. Dezember 2005 (Gruppe 1) sowie des Rücklaufs nach erfolgter Nachfassaktion (Gruppe 2) keine auffälligen Abweichungen der Verteilung der subjektspezifischen Daten. So ist die Verteilung nach Verbandszugehörigkeit in der Gruppe 1 mit 19 mal gif und 18 mal BIIS und je 3 mal gif und BIIS in Gruppe 2 nahezu gleich. Auch die genannte berufliche Vorbildung weist mit 20 mal technisch und 21 mal kaufmännisch in Gruppe 1 und 4 mal technisch und 3 mal kaufmännisch in Gruppe 2 keinen wesentlichen Unterschied auf. Zu beachten ist, dass aufgrund möglicher Mehrfachnennung, d.h. sowohl technischer als auch kaufmännischer Vorbildung, die Summe beider Antworten größer als der gesamte betrachtete Stichprobenumfang ist.

[1020] Siehe zu einem Vergleich der Sofort- und Spätantworten Anhang 4b und 4c.

Zur Bestimmung des jeweiligen Teilnutzens muss zunächst festgelegt werden, wie sich der Gesamtnutzen eines einzelnen Untersuchungsteilnehmers hinsichtlich eines Stimulus zusammensetzt. Bei Annahme der Gültigkeit des additiven Nutzenwertmodells stellt sich der Gesamtnutzen formal wie folgt dar:[1021]

$$y_k = \beta_{Ex} + \beta_{Ax} + \beta_{Ix} + \chi_0$$

wobei:

y_k = *Gesamtnutzen des Stimulus k*

β_{Ex} = *Teilnutzen der Ausprägung x des Merkmals Einzahlungen*

β_{Ax} = *Teilnutzen der Ausprägung x des Merkmals Auszahlungen*

β_{Ix} = *Teilnutzen der Ausprägung x des Merkmals Diskontierungszinssatz*

χ_0 = *Additive Konstante.*

Der Gesamtnutzen y_k eines einzelnen Stimulus wird somit durch die Teilnutzen β der drei Merkmale sowie einer additiven Konstante repräsentiert. Die additive Konstante χ_0 gibt die Präferenz einer (im Allgemeinen hypothetischen) Merkmalskombination an, dessen Teilnutzenwerte sich zu Null aufaddieren.

3.1.2.2 Schätzung der Nutzenwerte mit SPSS

Zur Schätzung der Teilnutzenwerte findet das Modul CONJOINT des Statistikpaketes SPSS Anwendung. Unhängig vom Vorliegen ordinaler oder intervall-skalierter Daten verwendet SPSS ausschließlich einen metrischen OLS-Regressionsalgorithmus. Dieser liefert jedoch, wie eine Vielzahl von Studien gezeigt hat, im Wesentlichen dieselben Ergebnisse wie aufwendigere nichtmetrische Techniken.[1022] Die nachfolgenden Ausführungen beschränken sich daher auf die der Präferenzmessung mit SPSS zu Grunde liegenden Annahmen sowie die Bedeutung der einzelnen statistischen Kennzahlen.[1023]

Den Teilnutzen einer Merkmalsausprägung β_{Ex} des Merkmals *E* (Einzahlungen) wird von SPSS als Abweichung des Präferenzstufenmittels vom ungewichteten Präferenzgesamtmittel bezogen auf die Merkmalsausprägung β_{Ex} berechnet. Das ungewichtete Präferenzgesamtmittel wird als einfaches arithmetisches Mittel der Stufenmittelwerte ermittelt.[1024] Betrachtet man

---

[1021] Vgl. für eine kritische Auseinandersetzung mit den Voraussetzungen für die Gültigkeit des additiven Nutzenwertmodells Teil III Kapitel 2.2.3.

[1022] Vgl. hierzu die Ausführungen in Teil III Kapitel 2.2.6.

[1023] Die Auswertungen des Moduls CONJOINT von SPSS für alle 43 Untersuchungsteilnehmer findet sich in Anhang 16.

[1024] Das ungewichtete Präferenzgesamtmittel ist verschieden vom gewichteten Präferenzgesamtmittel ("Grand Mean"), welches zusätzlich die Verteilung der Merkmalsausprägungen im Untersuchungsdesign als Gewichtungsfaktoren berücksichtigt. Da in der vorliegenden Untersuchung jedoch kein reduziertes orthogonales

$ß_{Ex}$ als Teilnutzenfunktion des Merkmals E, so ist für jede diskrete Merkmalsausprägung x ein eigenständiger Teilnutzenwert zu schätzen, wobei sich alle Teilnutzenwerte eines Merkmals zu Null aufaddieren müssen. In dem Regressionsansatz der OLS-Regression sind daher (x-1) Kodiervariablen v_n mit n=1,...,x-1 aufzunehmen. SPSS verwendet hierzu Abweichungskontraste, d.h. die Kodiervariablen werden so gebildet, dass der Regressionskoeffizient a_{Ev} direkt die Abweichung des Präferenzstufenmittelwertes vom ungewichteten Präferenzgesamtmittel und damit den Teilnutzen β_{Ex} repräsentiert. Da nur zwei Ausprägungen je Merkmal vorliegen, ist nur eine Kodiervariable[1025] erforderlich. Die Ermittlung der Teilnutzenwerte stellt sich somit formal wie folgt dar:

$$\beta_{Ex} = \begin{cases} \hat{a}_{Ev} & mit\ v = x - 1 \\ -\hat{a}_{Ev} & mit\ v = x \end{cases} \quad \text{für x = 2 also:} \quad \beta_{Ex} = \begin{cases} \hat{a}_{E1} \\ -\hat{a}_{E2}. \end{cases}$$

Der Teilnutzenwert der einen Merkmalsausprägung ist somit genau der mit minus eins multiplizierte Wert der zweiten Merkmalsausprägung.

3.1.2.3 Aussagen zur Validität

Ein Maßstab für die Validität der Ergebnisse ist die Reproduktionsgüte der tatsächlichen (d.h. von den Untersuchungsteilnehmer durch Rangreihung der Stimuli festgelegten) Ränge durch die aus den metrischen Gesamtnutzenwerten resultierenden Rangwerte.[1026] Ein Beispiel für die Güte der ermittelten Gesamtnutzenwerte zeigt ein Vergleich von Untersuchungsteilnehmer Nr. 5 und Nr. 8:

Design, sondern ein vollständiges Design Verwendung findet, in dem alle Merkmalsausprägungen gleich häufig auftreten, würden sich das gewichtete und das ungewichtete Präferenzgesamtmittel nicht unterscheiden.

[1025] Es sind (x-1) Kodiervariablen erforderlich, x ist gleich 2, damit ist nur eine Kodiervariable notwendig.

[1026] Vgl. BACKHAUS ET AL. (2006), S. 592.

Tabelle 1: Validitätskoeffizienten der Untersuchungsteilnehmer Nr. 5 und Nr. 8

	Untersuchungsteilnehmer Nr. 5			Untersuchungsteilnehmer Nr. 8		
Stimulus	Gesamtnutzen	Resultierender Rang	Tatsächlicher Rang	Gesamtnutzen	Resultierender Rang	Tatsächlicher Rang
A	2,0	7	7	1,75	7	7
B	3,0	6	6	5,25	4	4
C	6,0	3	3	3,75	5	6
D	4,0	5	5	1,25	8	8
E	5,0	4	4	7,75	1	1
F	1,0	8	8	5,75	3	3
G	7,0	2	2	7,25	2	2
H	8,0	1	1	3,25	6	5
Pearson´sche Korrelationskoeffizient (R)			1,000			0,982
Kendall´s Tau			1,000			0,929

Betrachtet man die geschätzten Gesamtnutzenwerte von Untersuchungsteilnehmer Nr. 8 und die hieraus resultierenden Ränge, so entsprechen der resultierende und der tatsächliche Rang sich bei sechs der acht Stimuli (A, B, D, E, F und G). Bei zwei Stimuli ist der Rang um einen Platz vertauscht. So resultiert aus dem Gesamtnutzenwert für Stimulus C der Rang fünf, tatsächlich wurde diesem Stimulus jedoch Rang 6 zugewiesen. Dieser geringe Schätzfehler äußert sich auch in den von SPSS berechneten Korrelationskoeffizienten. Der Pearson´sche Korrelationskoeffizient gibt die Korrelation zwischen dem metrischen Gesamtnutzenwert[1027] und den tatsächlichen empirischen Rängen an. Kendall´s Tau misst dagegen die Korrelation zwischen den tatsächlichen und den conjoint-analytisch gewonnenen Rängen. Je besser sich die Korrelationskoeffizienten absolut dem Wert 1 nähern, desto besser bilden die CJM-Ergebnisse die tatsächlichen Antworten ab.[1028]

[1027] Die Verwendung des Pearson´schen Korrelationskoeffizienten als Gütemaßstab bzw. Fit-Indikator ist grundsätzlich nur für intervallskalierte Daten möglich. Die aus der Rangfolge der Stimuli resultierenden Daten weisen jedoch nur ordinale Skalenqualität auf. Analog der Anwendung der OLS-Regression werden äquidistante Ränge unterstellt, sodass mindestens Intervallskalenqualität angenommen wird und metrische Korrelationskoeffizienten verwendbar sind.

[1028] Vgl. BACKHAUS ET AL. (2006), S. 592. Es sei jedoch darauf hingewiesen, dass die Korrelationen für die Designkarten, d.h. die zur Teilnutzenschätzung verwandten Stimuli, künstlich inflationiert sind. Eine realistischere Beurteilung erlauben im Allgemeinen Hold-Out-Karten. Die Korrelationkoeffizienten der Hold-Out-Karten stellen ein Maß für die Validität der Ergebnisse dar. Jedoch wurde in der vorliegenden Untersuchung bewusst auf Hold-Out-Karten verzichtet, sodass eine Betrachtung separater Korrelationskoeffizienten nicht möglich ist, vgl. auch Fn. 973.

3.1.2.4 Identifizierung und Würdigung unplausibler Antworten

Betrachtet man die von SPSS ausgegebenen Korrelationskoeffizienten, so fällt beispielsweise Untersuchungsteilnehmer Nr. 2 besonders auf, da Pearson´s R nur einen Wert von 0,645 und Kendall´s Tau nur einen Wert von 0,571 aufweist. Diese Werte sind signifikant geringer als im Stichprobendurchschnitt. Es liegt also nahe, dass Teilnehmer Nr. 2 nicht plausibel geantwortet hat. Ein Vergleich der resultierenden Rangplätze mit den tatsächlichen Rangplätzen bestätigt diese Vermutung:

Tabelle 2: Validitätskoeffizienten des Untersuchungsteilnehmers Nr. 2

Stimulus	Gesamtnutzen	Resultierender Rang	Tatsächlicher Rang
A	6,25	2	4
B	4,25	5	6
C	4,75	4	5
D	6,75	1	3
E	2,25	8	8
F	3,75	6	2
G	2,75	7	7
H	5,25	3	1
Pearson´sche Korrelationskoeffizient			0,645
Kendall´s Tau			0,571

So stimmte nur bei zwei Stimuli der aus den ermittelten Gesamtnutzenwerten resultierende Rangplatz mit dem tatsächlichen Rangplatz überein (Stimuli E und G). Dies bedeutet, dass Untersuchungsteilnehmer Nr. 2 die identischen Merkmalsausprägungen verschiedener Stimuli nicht gleich präferiert hat. Ursächlich hierfür könnten einerseits die Komplexität der Aufgabenstellung und andererseits auch ein mehr oder weniger willkürliches Antwortverhalten sein. Antworten mit signifikant niedrigem Korrelationskoeffizienten sind somit besonders zu betrachten und gegebenenfalls im Rahmen der Auswertung unberücksichtigt zu lassen. Neben der Antwort von Untersuchungsteilnehmer Nr. 2 sind auch die Antworten von Nr. 22 (Pearson´s R 0,488 und Kendall´s Tau 0,463) sowie Nr. 37 (Pearson´s R 0,723 und Kendall´s Tau 0,617) nicht plausibel[1029] und werden daher in der nachfolgenden Betrachtung nicht weiter berücksichtigt. Der nachfolgenden Betrachtung des gesamten Stichprobenumfangs wurden

[1029] Der Pearson´sche Korrelationskoeffizient beträgt über die gesamte Stichprobe im arithmetischen Mittel 0,996 und Kendall´s Tau 0,929.

daher die verbleibenden 40 Antworten (43 vollständige Antworten verringert um die 3 als unplausibel identifizierten Antworten) zugrunde gelegt.

3.2 Conjoint Measurement-Experiment

3.2.1 Unsegmentierte Betrachtung der gesamten Stichprobe

3.2.1.1 Vorziehenswürdigkeit einzelner Stimuli

Eine Betrachtung des gesamten Stichprobe zeigt, dass die Stimuli G und H am stärksten bevorzugt wurden. Das arithmetische Mittel der normierten[1030] Gesamtnutzenwerte des Stimulus H beträgt 0,769, das von Stimulus G 0,759. Graphisch stellt sich die Vorziehenswürdigkeit der einzelnen Stimuli über die gesamte Stichprobe wie folgt dar:[1031]

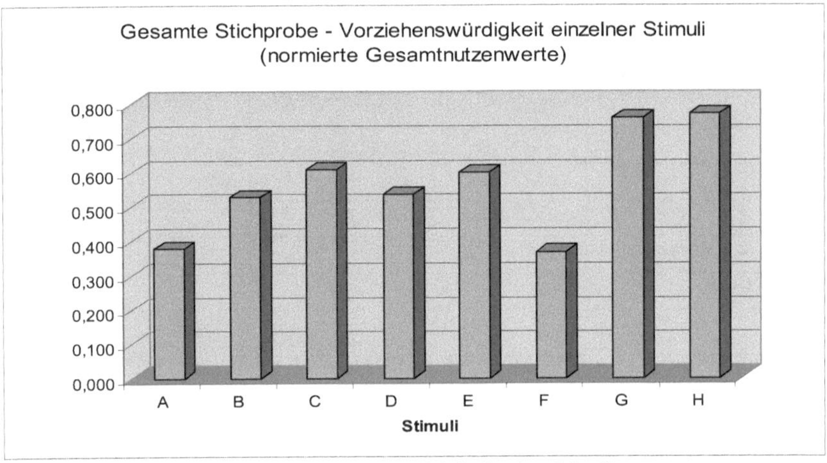

Abbildung 7: Gesamte Stichprobe - Vorziehenswürdigkeit einzelner Stimuli

Betrachtet man die Merkmalsausprägungen der einzelnen Stimuli, so zeigt sich, dass bei der Bestimmung der Einzahlungen und bei der Bestimmung der Auszahlungen jeweils die Heuristik mit der individuellen Komponente bevorzugt wurde. So erfolgt die Bestimmung der Einzahlungen bei Stimulus G und H jeweils durch H_{E1} sowie die Bestimmung der Auszahlungen durch H_{A1}. Korrespondierend zu diesem Antwortverhalten ist die Vorziehungswürdig-

[1030] Die Normierung der individuellen Gesamtnutzenwerte der einzelnen Stimuli erfolgt durch Division des jeweiligen Gesamtnutzenwertes durch den höchsten Gesamtnutzenwert eines Individuums. Im Ergebnis weist durch diese Normierung derjenige Stimulus mit dem höchsten Gesamtnutzenwert einen Wert von 1,00 über alle Individuen auf. Aus diesen Gesamtnutzenwerten wurde anschließend das ungewichtete arithmetische Mittel gebildet, vgl. zur Normierung auch BACKHAUS ET AL. (2006), S. 580 f.

[1031] Vgl. zur Ermittlung der unnormierten und normierten Gesamtnutzenwerte die Anhänge 5a und 5b.

keit bei denjenigen Stimuli (A und F) am geringsten, welche eine eher objektiviertere, zuverlässigere Bestimmung der Einzahlungen (H_{E2}) und Auszahlungen (H_{A2}) als Merkmalsausprägungen enthalten.

Hinsichtlich der Bestimmung des Diskontierungszinssatzes ist jedoch keine eindeutige Aussage möglich, da der ermittelte Gesamtnutzen der Stimuli G und H fast identisch ist und sich diese Stimuli nur durch die Heuristik zur Bestimmung des Diskontierungszinssatzes unterscheiden. Die gleiche Ähnlichkeit weisen auch die Stimuli C und E auf, welche sich ebenfalls nur in der Merkmalsausprägung des Diskontierungszinssatzes unterscheiden.[1032]

Zur Bestimmung des Diskontierungszinssatzes standen zwei grundsätzlich verschiedene Vorgehensweisen zur Auswahl. Heuristik H_{I2} entsprach einer eher zuverlässigen, nachvollziehbaren, wenig subjektiven Ermittlung durch Übernahme eines öffentlich verfügbaren Zinssatzes, wie beispielsweise des Liegenschaftszinssatzes, jedoch angepasst um spezielle Risiken. Heuristik H_{I1} dagegen entsprach einer eher individuellen Ermittlung durch die Risikozuschlagsmethode. Die Ergebnisse zeigen, dass zumindest innerhalb der gesamten Stichprobe keine eindeutige Präferenz zugunsten einer Variante erkennbar ist. Dies müsste auch die nachfolgende Betrachtung hinsichtlich der Vorziehenswürdigkeit von Relevanz oder Zuverlässigkeit bestätigen.

3.2.1.2 Vorziehenswürdigkeit von Relevanz oder Zuverlässigkeit

Wie bereits in den Erläuterungen zum Untersuchungsdesign ausgeführt, ist das Ziel der Untersuchung die Messung der Präferenz der Immobiliensachverständigen hinsichtlich der Relevanz und Zuverlässigkeit. Aus erhebungstechnischen Gründen erfolgte keine direkte Befragung der jeweiligen Präferenz, sondern eine kompositionelle Messung mit Hilfe des CJM. Hierzu wurden den Befragten jeweils zwei alternative Heuristiken zur Bestimmung der Einzahlungen, Auszahlungen und des Diskontierungszinssatzes zur Auswahl gestellt. Die eine Alternative stellt als Substitut für die "Relevanz" eine eher individuelle, stärker objektbezogene Vorgehensweise dar, die andere Alternative als Substitut für die "Zuverlässigkeit" eine weniger individuelle und weniger objektbezogene Vorgehensweise.[1033]

Als Ergebnis des CJM erhält man neben den Gesamtnutzenwerten der einzelnen Stimuli auch die jeweils geschätzten Teilnutzenwerte sämtlicher Stimuli. Diese mittels der OLS-Regression

---

[1032] Die einzelnen Stimuli sind im Anhang 2c vollständig wiedergegeben.

[1033] Die Identifizierung und Beurteilung der einzelnen Heuristiken ist ausführlich in Teil II Kapitel 4.2 beschrieben.

geschätzten Teilnutzenwerte besitzen metrisches Datenniveau und werden nachfolgend zwecks erleichternder Interpretation standardisiert.[1034] Die Standardisierung erfolgt in der Weise, dass die individuell am wenigsten präferierte Ausprägung eines Merkmals (Einzahlungen, Auszahlungen, Diskontierungszinssatz) als Referenzgröße mit dem Wert "0" kodiert wird, während die am stärksten präferierte Merkmalsausprägung den Wert "1" erhält.[1035] Die am geringsten bewerterte Merkmalsausprägung verkörpert jedoch trotz des Wertes "0" einen individuell festgelegten Basisnutzen. Dieser Basisnutzen lässt sich am Gesamtnutzen eines Stimulus ablesen, der über diesen Basisnutzen hinausgeht.[1036] Stellt man die standardisierten Teilnutzenwerte als Maßstab für die Vorziehenswürdigkeit von Relevanz oder Zuverlässigkeit graphisch dar, so bestätigt sich das Ergebnis der Stimuli-Betrachtung.[1037]

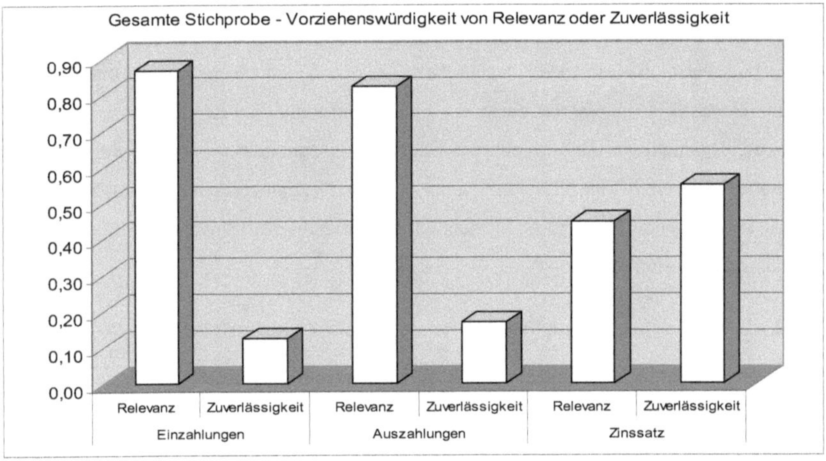

Abbildung 8: Gesamte Stichprobe - Vorziehenswürdigkeit von Relevanz oder Zuverlässigkeit

---

1034 Zur Schätzung der Teilnutzenwerte durch OLS-Regression vgl. Teil III Kapitel 3.1.2.

1035 Vgl. KLEIN (2002), S. 26 f. Da im Untersuchungsdesign nur jeweils zwei Merkmalsausprägungen enthalten sind, erhält die weniger stark präferierte Ausprägung immer den Wert "0" und die stärker präferierte Ausprägung den Wert "1". Da bei einigen Untersuchungsteilnehmern Indifferenz zwischen beiden Merkmalsausprägungen besteht, d.h. die OLS-Regression ermittelt einen spezifischen Teilnutzen für beide Merkmalsausprägungen von "0", erfolgt im Rahmen der Standardisierung eine Kodierung dieser Antworten mit dem Wert "0,5". Somit gehen diese Antworten in die arithmetische Mittelbildung neutral ein.

1036 Betrachtet man das unterstellte Teilnutzenwert-Modell, so ergibt sich der Gesamtnutzen durch Addition der jeweiligen Teilnutzenwerte zzgl. der additiven Konstante, welche den Basisnutzen repräsentiert.

1037 Da die Rangfolge der Stimuli letztlich die Vorziehenswürdigkeit für Relevanz oder Zuverlässigkeit des jeweiligen Parameters determiert, im Rahmen dieser Untersuchung aber nur diese Kriterien von Interesse sind, wird bei den nachfolgenden Betrachtungen auf eine gesonderte Auswertung der Vorziehenswürdigkeit der Stimuli verzichtet. Die jeweiligen Ergebnisse sind jedoch ergänzend im Anhang dargestellt. Auf die betreffenden Anhänge wird nachfolgend an entsprechender Stelle verwiesen.

Die Abbildung zeigt eine eindeutige Präferenz hinsichtlich der Relevanz zur Bestimmung der Einzahlungen und zur Bestimmung der Auszahlungen. Bei beiden Parametern haben die Untersuchungsteilnehmer einer individuellen, objektspezifischen Bestimmung eindeutig den Vorzug gegeben. Interessant dagegen ist die nur geringfügige höhere Präferenz zugunsten der Zuverlässigkeit bei der Bestimmung des Diskontierungszinssatzes. Innerhalb der Stichprobe liegt anscheinend keine eindeutige Präferenz zugunsten einer bestimmten Alternative vor. Zwar überwiegt die Zuverlässigkeit ohne Berücksichtigung der unplausiblen Antworten geringfügig, diese ist jedoch so gering, dass eine statistisch verlässliche Aussage zugunsten der Relevanz oder Zuverlässigkeit nicht ableitbar ist.[1038] Hinzu tritt, dass aufgrund des Vergleiches der Sofort- und Spätantworter[1039] eine Verzerrung des Antwortverhaltens zugunsten der Zuverlässigkeit zu vermuten ist. Eine Übertragung der Erkenntnis aus den erhaltenen Antworten auf die Grundgesamtheit von 174 Befragten kann daher nur unter Berücksichtigung dieser Verzerrung erfolgen. Eine eindeutige Präferenz hinsichtlich der Relevanz oder Zuverlässigkeit bezogen auf den Diskontierungszinssatz ist somit nicht möglich.

3.2.1.3 Zwischenergebnis

Da die individuell ermittelten Teilnutzenwerte zu Auswertungszwecken aggregiert worden sind, dies jedoch mit einem Informationsverlust verbunden ist, der umso stärker ist, je heterogener die individuellen Nutzenstrukturen ausfallen, erfolgt neben einer Gesamtbetrachtung der gesamten Stichprobe auch eine Gruppenbildung durch eine sog. A-Priori-Segmentierung. Eine naheliegende A-Priori-Segmentierung erfolgt anhand des Merkmals Verbandszugehörigkeit. Dieses Merkmal ist durch die bewusste Auswahl der Untersuchungsteilnehmer sowie die entsprechende Kodierung der Rückumschläge gegeben. Eine weitere Segmentierungsgrundlage bilden personenbezogene Merkmale aus dem qualitativen Fragebogen. Nachfolgend werden daher zunächst geeignete Merkmale für eine Segmentbildung auf Grundlage des Fragebogens identifiziert und darauf aufbauend (sofern sinnvoll) die Ergebnisse des CJM-Experiments hinsichtlich der Vorziehenswürdigkeit von Relevanz oder Zuverlässigkeit je Segment betrachtet.

[1038] Eine Betrachtung der Präferenzstruktur unter Berücksichtigung aller 43 Antworten, d.h. inklusive der auf Grund unbefriedigender Fit-Indikatoren als unplausibel ausgeschlossenen Antworten der Untersuchungsteilnehmer Nr. 2, Nr. 26 und Nr. 41, führt zu einer Pari-Situation zwischen der Präferenz für die Relevanz und Zuverlässigkeit. Dies zeigt, wie sensibel die Verteilung der Präferenzstruktur auf nur wenige Antworten reagiert, und führt dazu, dass keine eindeutige Aussage zugunsten der Relevanz oder Zuverlässigkeit in der gesamten Stichprobe gegeben werden kann.

[1039] Vgl. Teil III Kapitel 3.1.1.2.

3.2.2 Segmentierte Betrachtung

3.2.2.1 Verbandszugehörigkeit

3.2.2.1.1 Betrachtung des Segmentierungsmerkmals

Die 43 zur Auswertung herangezogenen Antworten verteilen sich zu 21 (48,84%) auf Mitglieder der BIIS und zu 22 auf Mitglieder der gif (51,16%).[1040] Die Verteilung der jeweiligen Verbandszugehörigkeit innerhalb der Grundgesamtheit (von 174 Untersuchungsteilnehmern waren 85 dem BIIS (48,85%) sowie 89 der gif zuzuordnen (51,15%)) wird daher gut repräsentiert.[1041] Eine Repräsentativität der Erkenntnisse aus dem CJM-Experiment zur Vorziehenswürdigkeit von Relevanz oder Zuverlässigkeit innerhalb der nach Verbandszugehörigkeit gebildeten Segmente kann daher vermutet werden.[1042]

3.2.2.1.2 Vorziehenswürdigkeit von Relevanz oder Zuverlässigkeit

Der Vergleich der Vorziehenswürdigkeit von Relevanz oder Zuverlässigkeit zwischen der Gruppe der Mitglieder der gif und des BIIS zeigt deutliche Unterschiede bei der Bestimmung des Parameters Diskontierungszinssatz. Immobiliensachverständige, die Mitglieder der gif sind, haben eine eindeutige Präferenz zugunsten der Heuristik H_{I1}, d.h. eine Präferenz für die Relevanz zulasten der Zuverlässigkeit. Sie bevorzugen die individuelle, auf der Risikozuschlagsmethode basierende Ermittlung des Diskontierungszinssatzes gegenüber der zuverlässigeren Alternative, welche auf der Übernahme eines öffentlich verfügbaren Zinssatzes beruht.[1043]

Die Mitglieder des BIIS haben dagegen bezüglich der Bestimmung des Diskontierungszinssatzes eine deutliche Präferenz zugunsten der Heuristik H_{I2}, d.h. die Verwendung eines öffentlich verfügbaren Zinssatzes (beispielsweise des Liegenschaftszinssatzes). Sie tendieren damit beim Diskontierungszinssatz eindeutig zur zuverlässigeren Alternative.[1044] Hinsichtlich der

---

[1040] Vgl. zu den verwertbaren Antworten Anhang 3b.

[1041] Vgl. für eine Übersicht aller Untersuchungsteilnehmer Anhang 2d.

[1042] Zur Problematik verzerrter Antworten und der Repräsentativität vgl. auch Teil III Kapitel 3.1.1.2.

[1043] Dies bestätigt auch die Betrachtung der Vorziehenswürdigkeit der einzelnen Stimuli. So bevorzugen die Mitglieder der gif den Stimulus H (normierter Gesamtnutzenwert 0,866) gegenüber dem Stimulus G (normierter Gesamtnutzenwert 0,696). Interessant ist, dass der Stimulus C (normierter Gesamtnutzenwert 0,727) gegenüber Stimulus G bevorzugt wird. Sowohl der am meisten präferierte Stimulus H als auch Stimulus C enthalten für die Bestimmung des Diskontierungszinssatzes die Heuristik H_{I1}, d.h. die Bestimmung mittels der Risikozuschlagsmethode.

[1044] Zwar wird Stimulus G (normierter Gesamtnutzenwert 0,796) gegenüber Stimulus H (normierter Gesamtnutzenwert 0,721) bevorzugt, jedoch lässt sich hieraus keine eindeutige Präferenz ableiten. Da jedoch, entgegen dem Antwortverhalten der gif-Mitglieder, auch die Stimuli B und E gegenüber dem Stimulus C

Bestimmung der Einzahlungen und Auszahlungen dagegen präferieren beide Gruppen (gif- und BIIS-Mitglieder) die jeweils als Substitut für die Relevanz zur Auswahl gestellte Heuristik (H_{E1} und H_{A1}), was auch dem Ergebnis der Betrachtung des gesamten Stichprobenumfangs entspricht.[1045] Nachfolgende Abbildung zeigt die Präferenzstruktur beider Gruppen im Vergleich:[1046]

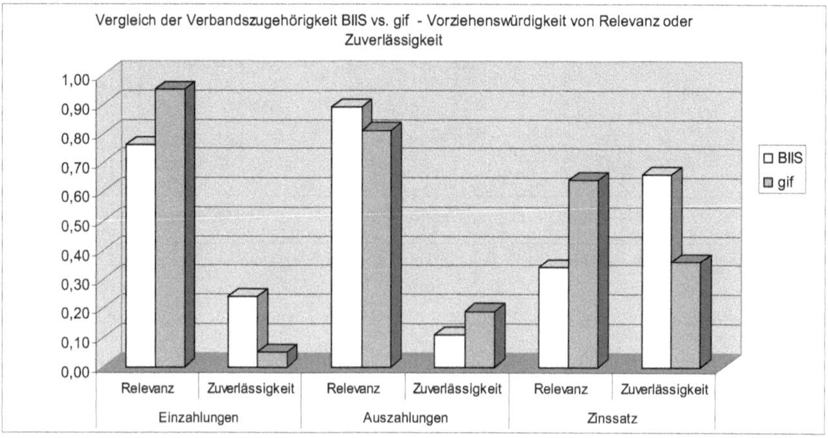

Abbildung 9: Vergleich der Verbandszugehörigkeit BIIS vs. gif - Vorziehenswürdigkeit von Relevanz oder Zuverlässigkeit

Die Mitglieder der gif messen dabei der Bestimmung des Diskontierungszinssatzes ein höheres Gewicht als der Bestimmung der Auszahlungen bei. Dies bestätigt auch die von SPSS ermittelte aggregierte Gewichtung der einzelnen Merkmale,[1047] welche nachfolgend graphisch dargestellt ist:

---

bevorzugt werden, lässt sich zumindest eine Präferenz zugunsten der Bestimmung des Diskontierungszinssatzes mittels Heuristik H_{I1} erkennen.

1045 Dies deckt sich ebenfalls mit der Vorziehenswürdigkeit einzelner Stimuli. So bevorzugen die Mitglieder der gif bei den Auszahlungen Stimulus H, bei welchem diese mittels einer individuellen Einschätzung des Gebäudezustandes und des daraus abgeleiteten Instandhaltungsbedarfs (H_{A1}) ermittelt werden, ggü. Stimulus C, bei dem diese Hilfe der pauschalen Sätze gemäß II. BV (unter Berücksichtigung des Gebäudealters- und –zustands) ermittelt werden. Vgl. für eine graphische Darstellung der Vorziehenswürdigkeit einzelner Stimuli auch Anhang 6a.

1046 Vgl. auch Anhang 6b.

1047 SPSS bestimmt die Wichtigkeit der einzelnen Merkmale aufgrund der Spannweite der geschätzten Teilnutzenwerte je Merkmalsausprägung. Je größer der Beitrag unterschiedlicher Merkmalsausprägungen eines Merkmals ist, umso größer ist auch der Einfluss einer Variation derselben auf den Gesamtnutzen, vgl. BACKHAUS ET AL. (2006), S. 593. Aggregiert über die gesamte Stichprobe der gif-Mitglieder ergibt sich eine Gewichtung von 38,99% (Einzahlungen), 23,11% (Auszahlungen) zu 37,90% (Diskontierungszinssatz).

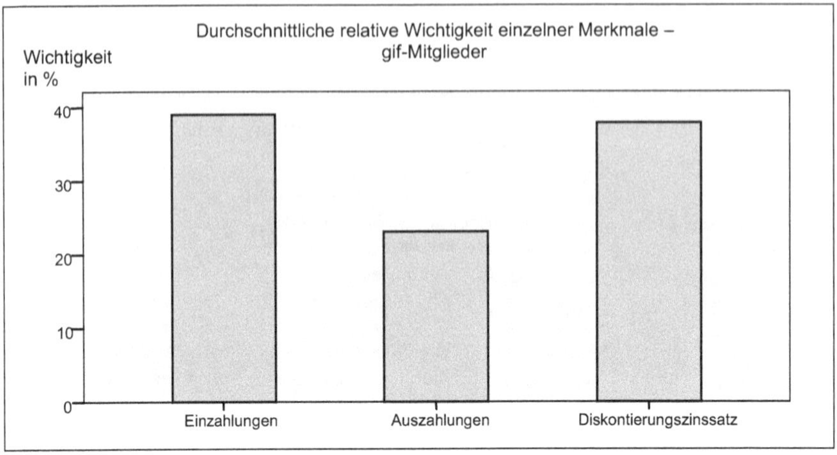

Abbildung 10: Durchschnittliche relative Wichtigkeit einzelner Merkmale - gif

Es ist somit festzuhalten, dass in Abhängigkeit von der Verbandszugehörigkeit eine unterschiedliche Gewichtung von Relevanz und Zuverlässigkeit feststellbar ist. Hinsichtlich der Interpretation der Vorziehenswürdigkeit von Relevanz oder Zuverlässigkeit ist jedoch zu beachten, dass innerhalb der Stichprobe eine mögliche Verzerrung des Antwortverhaltens zugunsten der Zuverlässigkeit vorliegen könnte (vgl. auch Kapitel 3.1.1.2).

3.2.2.2 Vorbildung

3.2.2.2.1 Betrachtung des Segmentierungsmerkmals

Von den 43 in der Stichprobe enthaltenen Untersuchungsteilnehmern haben 19 eine kaufmännischen Vorbildung (beispielsweise ein wirtschaftswissenschaftliches Studium), 19 einen technischen Abschluss (beispielsweise ein ingenieurswissenschaftliches Studium) sowie 5 sowohl eine kaufmännische als auch eine technische Vorbildung.[1048] Ergänzend wurden im Fragebogen immobilienspezifische Qualifikationen erhoben, welche jedoch nicht als Segmentierungsmerkmale dienen. Der Anteil der Immobilien-Ökonomen (ebs) (ein immobilienwirtschaftsspezifischen Studiums an der European Business School (ebs) in Oestrich-Winkel) ist

[1048] Diese Verteilung repräsentiert den Anteil der jeweiligen Berufsgruppe (sofern Angaben vorlagen) innerhalb der gesamten Stichprobe aller angeschriebenen Untersuchungsteilnehmer relativ gut. Der Anteil der Ingenieure (auf Grundlage der Angaben der BIIS und gif) betrug beispielsweise 50% (87 von 174 Untersuchungsteilnehmern). Ein Befragter besitzt darüber hinaus zusätzlich eine juristische Vorbildung.
Da für diese zusätzlichen Vorbildungen eine offene Antwort im Fragebogen als "Sonstiges" zugelassen wurde, haben zwei Befragte ihre immobilienspezifische Qualifikation mit einem Studium an der Deutschen Immobilien Akademie (DIA) als Vorbildung angegeben. Diese zwei Antworten wurden auswertungstechnisch bei den immobilienspezifischen Qualifikationen berücksichtigt.

mit 14 bei insgesamt nur 19 Untersuchungsteilnehmern mit kaufmännischer Vorbildung sehr ausgeprägt. Darüber hinaus besteht ein Zusammenhang zwischen dem Studium zum Immobilienökonom (ebs) und einer Mitgliedschaft im RICS[1049], da 9 von 14 ebs-Absolventen auch Mitglieder der RICS sind.[1050]

3.2.2.2.2 Vorziehenswürdigkeit von Relevanz oder Zuverlässigkeit

Sowohl in der Gruppe der Immobiliensachverständigen mit nur kaufmännischer als auch in der Gruppe mit nur technischer Vorbildung zeigt sich bei der Bestimmung der Parameter Einzahlungen und Auszahlungen wie schon in der gesamten Stichprobe eine eindeutige Vorziehenswürdigkeit der Relevanz (repräsentiert durch die Heuristiken H_{E1} und H_{A1}). Betrachtet man die Vorziehenswürdigkeit für die qualitativen Anforderungen der Relevanz oder Zuverlässigkeit in der Gruppe der nur technisch vorgebildeten Immobiliensachverständigen hinsichtlich der Bestimmung des Diskontierungszinssatzes, weicht diese Gruppe dagegen deutlich vom gesamten Stichprobendurchschnitt ab. Während über die gesamte Stichprobe keine eindeutige Präferenz für die Relevanz oder Zuverlässigkeit bei der Bestimmung des Diskontierungszinssatzes erkennbar war, ist innerhalb der Gruppe der nur technisch vorgebildeten Immobiliensachverständigen eine deutliche Präferenz zugunsten der Zuverlässigkeit erkennbar.[1051]

In der Gruppe der nur kaufmännisch vorgebildeten Immobiliensachverständigen ist bei der Bestimmung des Diskontierungszinssatzes dagegen eine deutliche Präferenz zugunsten der Relevanz erkennbar.[1052] Nachfolgende Abbildung verdeutlicht die Präferenzstruktur graphisch:

[1049] Hierunter ist eine Qualifikation als "Fellow" oder "Member" der RICS, d.h. als Mitglied des britischen Immobilienverbandes Royal Institution of Chartered Surveyors (RICS), zu fassen.

[1050] Ursächlich hierfür ist, dass Immobilien-Ökonomen (ebs) sich mit Abschluss ihres Studiums zugleich für eine Mitgliedschaft im RICS qualifizieren, vgl. McParland/ Adair/McGreal (2002), S. 130. So sind beispielsweise von den verbleibenden 29 Untersuchungsteilnehmern nur weitere 5 Mitglieder der RICS. Eine Übersicht der Antworten findet sich im Anhang 7a (kaufmännische Vorbildung) sowie Anhang 7b (technische Vorbildung).

[1051] Vgl. zur detaillierten Darstellung der einzelnen Antworten beider Gruppen Anhang 7c.

[1052] Dies zeigt sich auch bei der Betrachtung der Vorziehenswürdigkeit der einzelnen Stimuli für den Stimulus H durch die nur kaufmännisch vorgebildeten Untersuchungsteilnehmer. Der normierte Gesamtnutzenwert des Stimulus H beträgt 0,839 gegenüber dem Stimulus G mit 0,713. Ursächlich hierfür ist eine deutlichere Vorziehenswürdigkeit der Heuristik H_{I1}, d.h. die kaufmännisch vorgebildete Gruppe tendiert eher zu einer Bestimmung des Diskontierungszinssatzes mittels der Risikozuschlagsmethode. Vgl. zur Vorziehenswürdigkeit der Stimuli Anhang 7d.

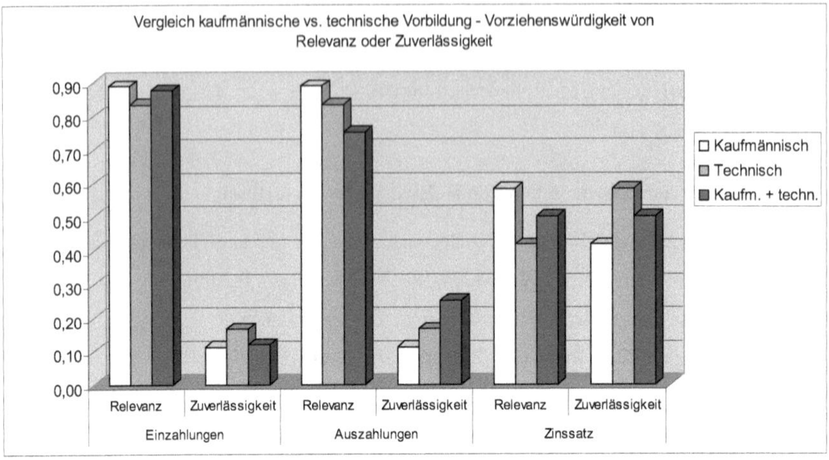

Abbildung 11: Vergleich kaufmännische vs. technische Vorbildung - Vorziehenswürdigkeit von Relevanz oder Zuverlässigkeit

Die jeweiligen Prozentangaben zur Vorziehenswürdigkeit der jeweiligen Alternative sollte jedoch nur ordinal und keinesfalls metrisch interpretiert werden, da die Ursprungsdaten lediglich ordinales Datenniveau aufweisen. Daher kann nur die Feststellung getroffen werden, dass bei der Bestimmung des Diskontierungszinssatzes bei den Immobiliensachverständigen mit technischer Vorbildung die Zuverlässigkeit stärker präferiert wird als die Relevanz und bei denjenigen mit kaufmännischer Vorbildung die Relevanz stärker als die Zuverlässigkeit, jedoch ist keine Aussage zum Ausmaß der Vorziehenswürdigkeit möglich. Hinzu tritt das Problem einer möglichen Verzerrung des Antwortverhaltens innerhalb der Stichprobe zugunsten der Zuverlässigkeit.[1053]

Die Betrachtung derjenigen Untersuchungsteilnehmer, die sowohl eine kaufmännische als auch technische Vorbildung aufweisen, zeigt im Gegensatz zur Betrachtung der Präferenz einzelner Stimuli[1054] keine eindeutige Präferenz für die Relevanz oder Zuverlässigkeit bei der Bestimmung des Diskontierungszinssatzes. Ursächlich ist vermutlich der vergleichsweise geringe Stichprobenumfang von nur vier Untersuchungsteilnehmern, welcher kaum statistisch

---

[1053] Vgl. auch Teil III Kapitel 3.1.1.2.

[1054] Die Untersuchungsteilnehmer, die sowohl eine technische als auch eine kaufmännische Vorbildung aufweisen zeigen hierbei eine deutliche Korrelation zugunsten der Gruppe der kaufmännisch Vorgebildeten. So zeigt der Pearson´schen Korrelationskoeffizient eine höhere Korrelation zwischen der kaufmännisch vorgebildeten Gruppe und der Gruppe mit beiden Vorbildungen mit 0,992 als zwischen der technisch vorgebildeten Gruppe und der Gruppe mit beiden Vorbildungen mit 0,789. Dieses Ergebnis kann jedoch bei der Betrachtung der Relevanz und Zuverlässigkeit nicht bestätigt werden. Vgl. zur Korrelationsanalyse beispielsweise BORTZ (2005), S. 181 ff.

gesicherte Aussagen zur Präferenz innerhalb dieser Gruppe zulässt. Eine Korrelation derjenigen Untersuchungsteilnehmer, die beide Vorbildungen aufweisen, mit der Gruppe der nur kaufmännisch vorgebildeten Immobiliensachverständigen kann daher nicht bestätigt werden.[1055]

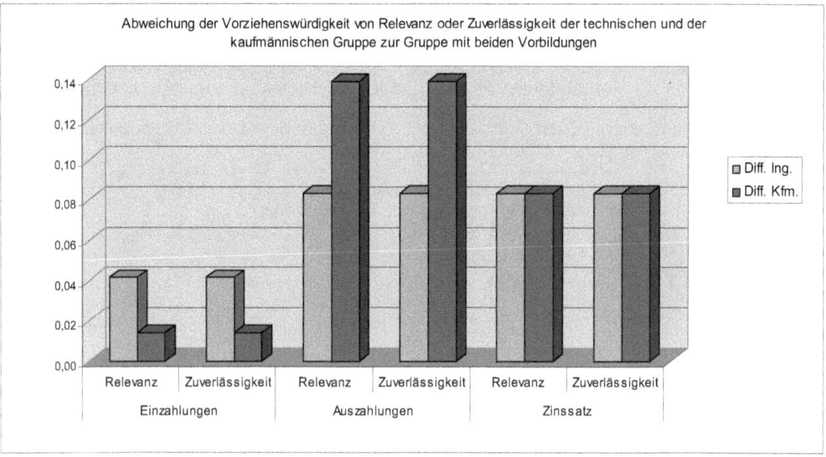

Abbildung 12: Abweichung der Vorziehenswürdigkeit von Relevanz oder Zuverlässigkeit der technischen und der kaufmännischen Gruppe zur Gruppe mit beiden Vorbildungen

Neben dem vergleichsweise geringen Stichprobenumfang führt auch die Standardisierung der mittels der OLS-Regression ermittelten Teilnutzenwerte der einzelnen Merkmalsausprägungen durch Kodierung mit den Werten "0" und "1" zu einem Informationsverlust, da sämtliche Distanzinformationen zwischen den einzelnen (metrischen) Teilnutzenwerten verloren gehen. Dieses Vorgehen ist jedoch, wie schon mehrfach ausgeführt, angesichts des nur ordinalen Datenmaterials notwendig, da ansonsten eine Interpretation metrischer Daten erfolgen würde, die in Wahrheit gar keine metrische Datenqualität besitzen. An dieser Stelle wird einer der Nachteile des CJM deutlich, sofern ausschließlich Rangdaten erhoben werden. Dem steht der Vorteil relativ hoher externer Validität des Erhebungsverfahrens gegenüber, welche durch einen Vergleich der geschätzten Rangfolge mit der tatsächlich erhobenen Rangfolgen auch vergleichsweise gut gemessen werden kann.[1056]

[1055] Dies bestätigen auch die fast identischen Pearson'sche Korrelationskoeffizienten für die Korrelation zwischen der Gruppe der nur technisch Vorgebildeten mit der Gruppe mit beiden Vorbildungen von 0,966 und für die Gruppe der nur kaufmännisch Vorgebildeten mit der Gruppe mit beiden Vorbildungen von 0,970, vgl. Anhang 7e.

[1056] Vgl. zur internen und externen Validität auch Teil III Kapitel 1.2, insb. Fn. 924 ff.

3.2.2.2.3 Kombinierte Betrachtung nach Vorbildung und Verbandszugehörigkeit

Da die Präsenz von kaufmännisch und technisch vorgebildeten Immobiliensachverständigen in den beiden Verbänden unterschiedlich stark ausgeprägt ist, könnte allein diese unterschiedliche Präsenz ursächlich für das differenzierte Antwortverhalten zwischen den beiden Verbänden sein. Um dies auszuschließen, erfolgte zum einen eine Betrachtung der Vorziehenswürdigkeit bei nur kaufmännisch Vorgebildeten, die Mitglieder der gif sind, und den nur kaufmännisch Vorgebildeten, die Mitglieder des BIIS sind, und zum anderen der nur technisch Vorgebildeten in beiden Verbänden.[1057] Die Ergebnisse zeigt folgende Darstellung:

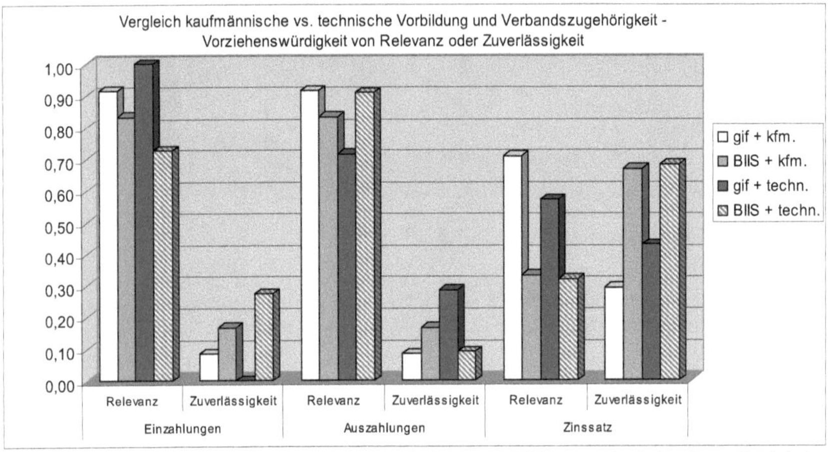

Abbildung 13: Vergleich kaufmännische vs. technische Vorbildung und Verbandszugehörigkeit - Abweichung der Vorziehenswürdigkeit von Relevanz oder Zuverlässigkeit

Es muss jedoch beachtet werden, dass aufgrund der sehr unterschiedlichen und teilweise auch sehr geringen Größen der Vergleichsgruppen eine statistisch verlässliche Aussage nicht zu erwarten ist. Jedoch zeigt die Abbildung deutlich, dass auch zwischen den nur kaufmännisch vorgebildeten Immobiliensachverständigen der gif und des BIIS Unterschiede im Antwortverhalten bestehen. Als Ergebnis bleibt daher festzuhalten, dass die Verbandszugehörigkeit einen eigenständigen Einfluss (unabhängig von der jeweiligen Vorbildung) auf die Präferenzstruktur der Immobiliensachverständigen hat.

[1057] Vgl. hierzu auch Anhang 7f.

3.2.2.3 Anwendung des DCF-Verfahrens

3.2.2.3.1 Betrachtung des Segmentierungsmerkmals

Im Rahmen dieser Arbeit wurde das DCF-Verfahren als das am geeignetsten erscheinende Wertermittlungsverfahren bestimmt. Die deduktiven und induktiven Problemlösungsüberlegungen basieren daher ausschließlich auf der Anwendung des DCF-Verfahrens. Auch die im Rahmen des CJM-Experiments präsentierten alternativen Heuristiken bezogen sich auf Wertermittlung mit Hilfe des DCF-Verfahrens. Daher ist es nahe liegend, die ergänzend im Fragebogen erhobenen Informationen zur Anwendung des DCF-Verfahrens als Segmentierungsmerkmale heranzuziehen. Von den 43 geantworteten Untersuchungsteilnehmern haben 37 grundsätzlich eine Anwendung bejaht. Von diesen 37 Untersuchungsteilnehmerns wiederum haben 16 einen Anteil von 10% und mehr und 21 einen Anteil von weniger als 10% benannt. Daher wurden für Segmentierungszwecke drei Gruppen (keine Anwendung des DCF-Verfahrens, kleiner 10% sowie größer/gleich 10%) einer vergleichenden Auswertung zu Grunde gelegt. Eine ausführliche Betrachtung der Anteile verschiedener Bewertungsverfahren sowie deren Verteilung innerhalb der verschiedenen Segmente erfolgt dagegen in Teil III Kapitel 3.2.4.

3.2.2.3.2 Vorziehenswürdigkeit von Relevanz oder Zuverlässigkeit

Ein Vergleich der Vorziehenswürdigkeit von Relevanz oder Zuverlässigkeit zwischen den Vergleichsgruppen "keine Anwendung des DCF-Verfahrens", "Anteil kleiner 10%" und "Anteil größer/gleich 10%" hat keine deutlichen Unterschiede im Antwortverhalten gezeigt.[1058] Empirisch ist daher kein Einfluss auf die Vorziehenswürdigkeit von Relevanz oder Zuverlässigkeit nachweisbar.

Jedoch ist der Anteil des DCF-Verfahrens in der Bewertungspraxis innerhalb der Stichprobe insgesamt gering. Mögliche Auswirkungen einer geringen Verbreitung des DCF-Verfahrens in Deutschland werden daher im Rahmen der Interpretation der empirischen Ergebnisse sowie den entsprechenden Implikationen diskutiert.

[1058] Vgl. zu den Auswertungsergebnissen und einer graphischen Darstellung Anhang 8.

3.2.2.4 Kenntnis der Anforderungen der IFRS

3.2.2.4.1 Betrachtung des Segmentierungsmerkmals

Der Frage nach der Kenntnis der Anforderungen der IFRS an einen durch Schätzung ermittelten Wert kommt in dieser Untersuchung eine besondere Bedeutung zu. Zum einen lässt sie gewisse Rückschlüsse auf die allgemeine Kenntnis der Vorgaben der IFRS zu, d.h. inwieweit sich Immobiliensachverständige im Rahmen ihrer Bewertungsanlässe mit dem Verwendungszweck ihres Bewertungsergebnisses auseinandersetzen. Zum anderen bildet diese Antwort ein geeignetes Segmentierungsmerkmal für das CJM-Experiments.[1059]

Zur Frage nach der Kenntnis der Anforderungen der IFRS an einen durch Schätzung ermittelten Wert hat die Mehrheit (33 von 43, dies entspricht 76,74%) eine Kenntnis bejaht. Die verbleibenden 23,26% dagegen haben sie verneint.[1060] Diejenigen Untersuchungsteilnehmer, die Kenntnis dieser Anforderungen besitzen, haben auch mehrheitlich praktische Erfahrung mit Immobilienbewertungen für Zwecke der IFRS.[1061] Diejenigen Untersuchungsteilnehmer, die bisher keine Immobilienbewertungen für Zwecke eines IFRS-Abschlusses durchgeführt haben, besitzen nach eigenen Angaben jedoch ebenfalls mehrheitlich Kenntnis der IFRS.[1062]

3.2.2.4.2 Vorziehenswürdigkeit von Relevanz oder Zuverlässigkeit

Betrachtet man die Vorziehenswürdigkeit der Stimuli für diejenigen Untersuchungsteilnehmer, die die Kenntnis der Anforderungen der IFRS an einen durch Schätzung ermittelten Wert verneint haben, im Vergleich zu denjenigen, die sie bejaht haben, zeigt sich eine ausgeprägte Präferenz zur Zuverlässigkeit in der zweiten Gruppe. Diejenigen Immobilien-

---

[1059] Vgl. für eine Übersicht der Antworten einschließlich der Einschätzung hinsichtlich einer Vorziehenswürdigkeit von Relevanz oder Zuverlässigkeit Anhang 9a sowie zur Plausibilisierung der Ergebnisse des CJM-Experiments anhand dieser Antworten Teil III Kapitel 3.2.3.

[1060] 8 Befragte haben explizit mit "Nein" geantwortet. Weitere 2 Befragte haben keinerlei Antwort gegeben. Dies wurde den "Nein"-Antworten zugerechnet, sodass insgesamt 10 (ca. 23,3%) der befragten Immobiliensachverständigen die Anforderungen der IFRS an einen durch Schätzung ermittelten Wert offensichtlich nicht bekannt waren.

[1061] 17 von 28 Immobiliensachverständigen, die nach eigenen Angaben Kenntnis dieser Anforderungen besitzen, haben bereits Immobilienbewertungen für Zwecke eines IFRS-Abschlusses durchgeführt. Dies sind über 60%. Interessanter ist dagegen eine umgekehrte Betrachtung des Einflusses der Bewertungspraxis auf die Kenntnisse der IFRS. So haben diejenigen Immobiliensachverständigen, die bereits Bewertungen für Zwecke des IFRS-Abschlusses durchgeführt haben, mit Ausnahme von 2 Untersuchungsteilnehmern, die Kenntnis bejaht. Vgl. hierzu auch Anhang 3b.

[1062] Dieses Ergebnis beruht auf nur 11 Antworten, von denen 6 Befragte mit "Ja" und 3 Befragte mit "Nein" sowie 2 Befragte keine Antwort zur Kenntnis der Anforderungen der IFRS gegeben haben. Rechnet man die fehlenden Antworten zu den "Nein"-Antworten, so ist die Aussagekraft dieses Ergebnisses aufgrund der geringen Mehrheit von 6 zu 5 sowie des kleinen Stichprobenumfangs anzuzweifeln, vgl. auch Anhang 3b.

sachverständigen, die nach eigenen Angaben Kenntnis der Anforderungen der IFRS an einen durch Schätzung ermittelten Wert, insbesondere der qualitativen Anforderungen der Relevanz und Zuverlässigkeit, besitzen, räumen der Zuverlässigkeit beim sensiblen Parameter Diskontierungszinssatz eindeutig Vorrang ein. Als Ergebnis kann daher festgehalten werden, dass sich zwar ein Zusammenhang zwischen der Kenntnis der IFRS und der Präferenzstruktur empirisch nachweisen ließ, diese Ergebnis jedoch aufgrund des vergleichsweise geringen Stichprobenumfangs nur eingeschränkte Aussagekraft besitzen kann und somit vorsichtig interpretiert werden sollte. Graphisch stellt sich die Präferenzstruktur beider Gruppen wie folgt dar:[1063]

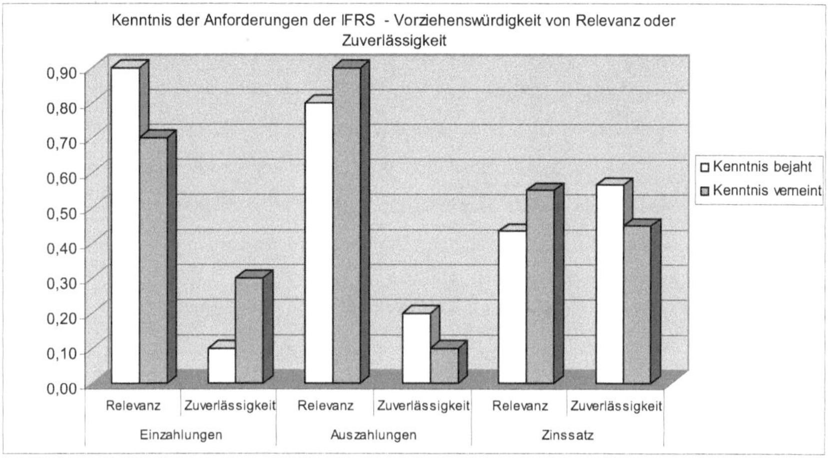

Abbildung 14: Kenntnis der Anforderungen der IFRS - Vorziehenswürdigkeit von Relevanz oder Zuverlässigkeit

3.2.2.5 Verlautbarungen des IVSC und der TEGoVA

3.2.2.5.1 Betrachtung der Segmentierungsmerkmale

Der Mehrheit der 43 befragten Immobiliensachverständigen (34, dies entspricht 79,07%) sind die Verlautbarungen des IVSC, die International Valuation Standards (IVS), bekannt. Lediglich 9 der Befragten verneinten die Kenntnis. Von den 34 Untersuchungsteilnehmern, die die Kenntnis der IVS bejaht haben, berücksichtigen nach eigenen Angaben 20 Untersuchungsteilnehmer (58,82%) die IVS bei ihren Immobilienbewertungen. Ebenso erachteten 20 Sachverständige (58,82%) die Verlautbarungen des IVSC als hilfreich. Jedoch zeigt eine Indi-

---

[1063] Vgl. hierzu auch Anhang 9b.

vidualanalyse der Antworten, dass nicht bei allen Teilnehmern die Berücksichtigung der Verlautbarungen gleichfalls zu einer Einschätzung als "hilfreich" führt.[1064] Noch interessanter ist das Ergebnis, dass einige Immobiliensachverständige, die die Verlautbarungen der IVSC nicht berücksichtigen, diese dennoch als hilfreich erachten.[1065] Ursächlich für ein solch widersprüchliches Antwortverhalten könnte zum einem das rein willkürliche und damit nicht gewissenhafte Beantworten der Fragen oder zum anderen einfach die mangelnde praktische Bedeutung dieser Verlautbarungen sein.

Die Verlautbarungen der TEGoVA, die European Valuation Standards (EVS) sind sogar 38 der 43 befragten Immobiliensachverständigen (88,37%) bekannt. 4 Untersuchungsteilnehmer verneinten die Kenntnis und ein Teilnehmer gab keine Antwort.[1066] Genau die Hälfte der Immobiliensachverständigen gab an, die EVS in der Bewertungspraxis zu berücksichtigen. 22 der 38 Sachverständigen mit Kenntnis der EVS (57,89%) erachten diese auch als hilfreich. Alle Sachverständigen, die die EVS in der Bewertungspraxis berücksichtigen, erachten diese auch als hilfreich (19 von 19); 3 Sachverständige erachten die EVS zwar als hilfreich, berücksichtigen diese jedoch nicht in der Bewertungspraxis.[1067] Ursächlich für dieses Antwortverhalten könnten die gleichen Gründe wie bereits bei den Verlautbarungen des IVSC sein.

3.2.2.5.2 Vorziehenswürdigkeit von Relevanz oder Zuverlässigkeit

Ein Vergleich der Vorziehenswürdigkeit von Relevanz und Zuverlässigkeit derjenigen Untersuchungsteilnehmer, die die Verlautbarungen des IVSC (bzw. der TEGoVA) kennen und auch nach eigenen Angaben berücksichtigen, mit den jeweiligen Untersuchungsteilnehmer, die diese nicht berücksichtigen, zeigt nur bei der TEGoVA einen auffälligen Unterschied. Der Vergleich der Gruppe derjenigen, die die Verlautbarungen des IVSC verwenden, mit der derjenigen, die diese nach eigenen Angaben nicht berücksichtigen (sowie ergänzend zu allen ausgewerteten Antworten), zeigt nahezu keinerlei Unterschiede.[1068] Die Untersuchungsteilnehmer in der Vergleichsgruppe "Berücksichtigung der Verlautbarungen der TEGoVA" präferieren dagegen offensichtlich die Relevanz gegenüber der Zuverlässigkeit bei der Bestimmung

---

[1064] So haben 3 der 20 Sachverständigen angegeben, dass sie die Verlautbarungen zwar berücksichtigen, sie allerdings dennoch nicht als hilfreich ansehen. Eine Übersicht der Antworten findet sich in Anhang 10a.

[1065] 2 Sachverständige erachten die Verlautbarungen des IVSC als hilfreich, berücksichtigen diese jedoch dennoch nicht in der täglichen Bewertungspraxis.

[1066] Eine fehlende Antwort wurde für statistische Zwecke als "Nein" gewertet.

[1067] Eine individuelle Betrachtung dieser Antworten zeigt, dass zwei der drei Untersuchungsteilnehmer (Nr. 35 und Nr. 42), welche die Verlautbarungen zwar für hilfreich erachten, diese aber nicht berücksichtigen, bei den Fragen zum IVSC ein identisches Antwortverhalten gezeigt haben. Siehe zu den Antworten zur Bekanntheit und zum Nutzen der Verlautbarungen der TEGoVA auch Anhang 10b.

[1068] Vgl. zu einer graphischen Darstellung sowie der detaillierten Auswertung Anhang 10c.

des Diskontierungszinssatzes.[1069] Dieses Ergebnis ist insbesondere deshalb erstaunlich, da, wie bereits bei der Eingrenzung des Problemlösungsrahmens in Teil II Kapitel 3.3.3 herausgearbeitet, die Verlautbarungen der TEGoVA keinerlei konkrete Aussagen zur Bestimmung des Diskontierungszinssatzes beinhalten. Daher ist die Aussagekraft dieses Ergebnisses auch vor dem Hintergrund der aus dem Fragebogen gewonnenen Erkenntnisse zur Bekanntheit, Berücksichtigung und besonders zur Nützlichkeit der Standards der TEGoVA zweifelhaft und sollte kritisch hinterfragt werden.

3.2.2.6 Weitere, nicht zu Segmentierungszwecken verwandte Merkmale

Als weiteres mögliches Segmentierungskriterium kamen die Antworten zur Frage nach der Durchführung von Immobilienbewertungen für Jahresabschlußzwecke in Betracht. Von den 43 Untersuchungsteilnehmern der Stichprobe führen 24 nach eigenen Angaben Bewertungen für Zwecke des Jahresabschlusses durch. Dies entspricht ca. 55,8%. Immobilienbewertungen für Zwecke eines IFRS-Abschlusses haben bisher, d.h. zum Zeitpunkt der Untersuchung im November/Dezember 2005, 17 Befragte durchgeführt, was zum einen in der Stichprobenauswahl, zum anderen aber auch in der vergleichsweise geringen Nachfrage nach Immobilienbewertungen für Zwecke der IFRS begründet liegen kann. Dies entspricht ca. 39,5%. Nur 6 dieser 17 Befragten (ca. 35,3%) haben mehr als 100 solcher Bewertungen durchgeführt. Weitere 2 Befragte (ca. 11,8%) haben 50 bis 99, weitere 3 Befragte (ca. 17,6%) 10-49 sowie 6 Befragte (ca. 35,3%) bis zu 9 Bewertungen durchgeführt.[1070]

Somit hat lediglich ein Drittel der Befragten umfassende Erfahrungen mit der Bewertung von Immobilien für Zwecke eines IFRS-Abschlusses. Ein weiteres Drittel dieser Befragten hat lediglich bis zu 9 Bewertungen für Zwecke eines IFRS-Abschlusses durchgeführt. Die Erhebung dieser Information erschien auch deshalb interessant, da durch die Einführung einer jährlichen Marktwertermittlung[1071] sämtlicher als Investment Properties gehaltener Immobilien zukünftig eine erheblich größere Nachfrage seitens kapitalmarktorientierter Unternehmen nach solchen Bewertungen zu erwarten ist.[1072] Eine Segmentierung des CJM auf Grund-

---

[1069] Vgl. hierzu Anhang 10d.

[1070] Vgl. zu den Antworten auch Anhang 11.

[1071] Die IFRS entwickeln zunehmend Bedeutung für offene Immobilienfonds sowie für die in Deutschland geplante Einführung einer neuen steuerbegünstigten Anlageform in Immobilien, die Real Estate Investment Trusts (REITs), vgl. auch Fn. 8.

[1072] Die Entwicklung scheint auch dadurch gefördert, dass sowohl das IASB als auch die Mehrheit des Schrifttums eine Beauftragung externer, unabhängiger Sachverständiger zur Durchführung der Fair Value-Ermittlung fordern, vgl. IAS 16.32; IAS 40.75 (e); IAS 40.BC56 sowie anstatt vieler DOHRN (2004), S. 219;

lage der Häufigkeiten von Immobilienbewertungen für Zwecke der IFRS erscheint auf Grund des geringen Umfangs der einzelnen Segmente (teils nur 2 Untersuchungsteilnehmer pro Segment) nicht sinnvoll, da keine statistisch validen Ergebnisse zu erwarten sind. Daher wird auf eine dergestalt segmentierte Betrachtung der Vorziehenswürdigkeit von Relevanz oder Zuverlässigkeit verzichtet.

3.2.3 Plausibilisierung anhand der Trade-Off-Antworten im Fragebogen

3.2.3.1 Notwendigkeit und Zweck

Obwohl im Vorfeld der eigentlichen Hauptuntersuchung mehrere Pre-Tests durchgeführt wurden, besteht immer die grundsätzliche Gefahr, dass die zur Auswahl gestellten Alternativen im Rahmen des CJM-Experimentes von den Untersuchungsteilnehmern anders (im schlimmsten Fall sogar diametral) interpretiert werden und somit die der Auswertung zugrunde liegenden Annahmen nicht erfüllt sind. Aus diesem Grund wurde im Rahmen des Fragebogens eine allgemeine Frage zur Präferenz hinsichtlich der Relevanz und Zuverlässigkeit im Fall eines Trade-Off erhoben.

Die diesbezüglichen Antworten sind zwar aufgrund des fehlenden Kontextes nicht direkt mit den Ergebnissen des CJM-Experimentes vergleichbar, da im Rahmen des Experimentes explizit eine Bewertungssituation unter Anwendung eines DCF-Verfahrens vorgegeben wurde. Jedoch lässt eine nach den Antworten im Fragebogen zur Relevanz oder Zuverlässigkeit segmentierte Auswertung des CJM-Ergebnisses eine Plausibilisierung des Antwortverhaltens zu. Für den Fall, dass sich für diejenigen Untersuchungsteilnehmer, die im Fragebogen eine Vorziehenswürdigkeit für die Relevanz angegeben haben, auch im CJM-Experiment eine Vorziehenswürdigkeit zugunsten der Relevanz (zumindest bezogen auf den kritischen Parameter Diskontierungszinssatz) nachweisen ließe, kann von einer die tatsächlichen Präferenzen zutreffend abbildenden Schätzung der jeweiligen Nutzenwerte als Interpretationsgrundlage ausgegangen werden.[1073] Sofern dies nicht der Fall ist, kann die Ursache zum einen am fehlenden Kontext der Trade-Off im Fragebogen begründet liegen oder zum anderen könnte sich

---

BAUMUNK (2005), Rn. 350 ff. Kritischer hierzu ZÜLCH (2003), S. 326. Vgl. auch Fn. 28 sowie Teil III Kapitel 4.1.3.

[1073] Da die nachfolgende Betrachtung ausschließlich der Plausibilisierung der Ergebnisse dient, erfolgt entgegen der zuvor üblichen Methodik keine differenzierte Betrachtung einzelner Gruppen, sondern ausschließlich des gesamten Stichprobenumfangs. Aufgrund der teilweise recht geringen Stichprobenumfänge bei einer differenzierten Betrachtung nach Vorbildung oder Verbandszugehörigkeit wäre die Aussagekraft dieser Ergebnisse nur sehr eingeschränkt. So würde die Gruppe der kaufmännisch Vorgebildeten, die gleichfalls "Relevanz überwiegt" angegeben haben, nur fünf Untersuchungsteilnehmer umfassen. Das Gleiche gilt für die Gruppe der gif- und BIIS-Mitglieder.

der betreffende Untersuchungsteilnehmer selbst nicht vollständig über seine Präferenzstruktur im Klaren sein.[1074]

3.2.3.2 Betrachtung der Trade-Off-Antworten im Fragebogen

Von den 33 Befragten, welche nach eigenen Angaben Kenntnis der Anforderungen der IFRS besitzen,[1075] haben 10 eine Präferenz zugunsten der Relevanz im Fall einer Konfliktsituation im Rahmen der Bewertung geäußert. Wie bereits im Abschnitt zur Fragebogengestaltung erläutert, enthielt der Fragebogen an dieser Stelle aus erhebungstechnischen Gründen eine Differenzierung zwischen "Relevanz überwiegt stark" und "Relevanz überwiegt schwach". Nur ein Befragter hat sich für die Antwort "Relevanz überwiegt stark" entschieden, für die 9 anderen Befragten überwiegt die Präferenz für die Relevanz dagegen nur schwach. Dieses Antwortverhalten deutet darauf hin, dass letztlich auch bei einer überwiegenden Präferenz für die Relevanz die Anforderung der Zuverlässigkeit nicht unbeachtet bleiben soll.[1076]

Ein ähnliches Bild zeigt sich bei der Trade-Off-Entscheidung der Untersuchungsteilnehmer zugunsten der Zuverlässigkeit. 22 Immobiliensachverständige präferieren in einer Konfliktsituation im Rahmen ihrer Bewertung die Zuverlässigkeit. Auch hier erfolgte eine Differenzierung in "Zuverlässigkeit überwiegt stark" und "Zuverlässigkeit überwiegt schwach". Jedoch zeigt die Verteilung der Antworten im Gegensatz zu denjenigen, die die Relevanz präferierten, annähernde Gleichverteilung zwischen der starken und schwachen Ausprägungsstufe. So überwiegt die Zuverlässigkeit für 11 Probanden schwach und für 11 stark.

Dieses Antwortverhalten deutet darauf hin, dass eine Präferenz hin zur Zuverlässigkeit eher den Erwartungen der Umwelt an die Immobilienbewertungen durch unabhängige Sachverständige entsprechen könnte oder zumindest aus Sicht der Sachverständigen kommuniziert werden soll. Das Bewertungsergebnis muss auf jeden Fall "zuverlässig" sein, sodass eine ausgeprägte Präferenz hin zur Relevanz und damit eher entgegen der Zuverlässigkeit als unerwünscht angesehen wird. Zusammenfassend lässt sich für den gesamten Stichprobenumfang folgende Verteilung der Präferenz festhalten: Nur 31,25% der Untersuchungsteilnehmer

---

[1074] Bei einer klaren Vorstellung über die eigene Präferenzstruktur müsste ein konsistent handelnder Untersuchungsteilnehmer sowohl bei der direkten Frage nach der Vorziehenswürdigkeit von Relevanz und Zuverlässigkeit (kompositionelle Präferenzmessung) als auch bei der Messung über das CJM-Experiment (Ausdruck der Präferenz durch Rangordnung der Stimuli - dekompositionell) die gleiche Präferenz zum Ausdruck bringen, vgl. zu den Problemen bei den kompositionellen Verfahren Teil III Kapitel 2.1.2.1.

[1075] Ein Untersuchungsteilnehmer hat, obwohl er die Kenntnis der Anforderungen der IFRS bejaht hat, keine Angabe zum Trade-Off getätigt. Vgl. zu den Antworten auch Anhang 9a.

[1076] Vgl. zum Zielkonflikt zwischen Relevanz und Zuverlässigkeit insbesondere Teil II Kapitel 4.1.1.

tendieren im Konfliktfall eher zur Relevanz, die restlichen 68,75% tendieren dagegen zur Zuverlässigkeit. In Ergänzung zu den Ergebnissen der dekompositionellen Präferenzmessung durch das CJM-Experiment kann daher festgehalten werden, dass bei direkter Fragestellung ohne spezifischen Kontext offenbar eine eindeutige Präferenz zugunsten der Zuverlässigkeit besteht. Diese Erkenntnis aus dem Fragebogen wird nachfolgend zur Plausibilisierung der durch das CJM-Experiment gewonnenen Präferenzen verwandt.

3.2.3.3 Segmentierte Betrachtung der Vorziehenswürdigkeit von Relevanz oder Zuverlässigkeit zur Plausibilisierung

3.2.3.3.1 Trade-Off-Antworten zugunsten der Relevanz

Insgesamt 10 Untersuchungsteilnehmer haben im Fragebogen geantwortet, dass bei ihnen im Rahmen einer Konfliktsituation die Relevanz gegenüber der Zuverlässigkeit überwiegt. Von diesen Untersuchungsteilnehmern konnten jedoch nur 9 für den Vergleich mit dem CJM-Experiment herangezogen werden, da bei einem Untersuchungsteilnehmer[1077] eine mangelnde externe Validität der CJM-Ergebnisse festgestellt wurde.

Eine Betrachtung der standardisierten Ergebnisse hinsichtlich der Relevanz und Zuverlässigkeit zeigt in dieser Gruppe beim Parameter Einzahlungen und Auszahlungen eine deutliche Präferenz für die Relevanz. Insbesondere beim Parameter Auszahlung haben ausnahmslos alle betrachteten Immobiliensachverständigen (9 von 9) die relevantere Alternative bevorzugt. Abgesehen von der deutlichen Präferenz beim Parameter Auszahlungen, spiegelt sich damit die Präferenzstruktur in der gesamten Stichprobe wider. Von Interesse ist vielmehr die Präferenz hinsichtlich des Parameters Diskontierungszinssatz, da die Präferenz hinsichtlich der alternativen Heuristiken zur Ermittlung des Diskontierungszinssatzes zwischen den verschiedenen Vergleichsgruppen deutlich variiert.

Erwartungsgemäß müssten diejenigen Untersuchungsteilnehmer, welche im Fragebogen der Relevanz gegenüber der Zuverlässigkeit Vorrang gegeben haben, auch im CJM-Experiment der Heuristik H_{I1} und damit der Relevanz Vorrang einräumen. Die Ergebnisse des CJM-Experimentes bestätigen zwar im arithmetischen Mittel über die betrachtete Stichprobe diese Erwartungen, jedoch muss einschränkend angemerkt werden, dass einige Untersuchungsteilnehmern - trotz der im Fragebogen geäußerten Präferenz zur Relevanz beim Diskontierungs-

---

[1077] Die Antworten des Untersuchungsteilnehmers Nr. 26 sind als "unplausible" qualifiziert worden, da eine Überprüfung dieser mit Hilfe von Fit-Indikatoren, wie Pearson´schen Korrelationskoeffizient und Kendall´s Tau, eine zu geringe externe Validität aufgezeigt hat. Aus diesem Grunde wurden die CJM-Ergebnisse dieses Untersuchungsteilnehmers in der Auswertung nicht berücksichtigt, vgl. auch Teil III Kapitel 3.1.2.4.

zinssatz - die zuverlässigere Alternative bevorzugt haben. Dies zeigt sich deutlich in der graphischen Darstellung der Vorziehenswürdigkeit, welche beim Diskontierungszinssatz nicht so deutlich ausgeprägt ist, wie bei den Einzahlungen oder Auszahlungen.[1078]

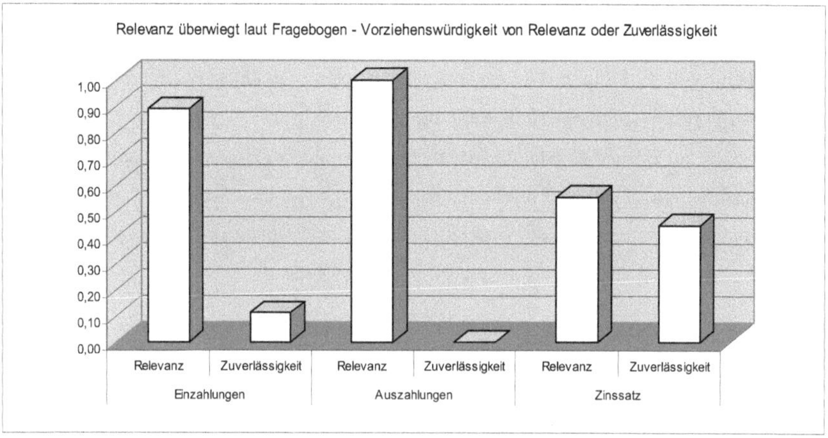

Abbildung 15: Relevanz überwiegt laut Fragebogen - Vorziehenswürdigkeit von Relevanz oder Zuverlässigkeit

3.2.3.3.2 Trade-Off-Antworten zugunsten der Zuverlässigkeit

Betrachtet man vergleichend diejenigen Untersuchungsteilnehmer, die im Fragebogen im Rahmen einer Konfliktsituation der Zuverlässigkeit Vorrang vor der Relevanz eingeräumt haben, so ergibt sich ein zu betrachtender Stichprobenumfang von 22 Untersuchungsteilnehmern.[1079] Bei 2[1080] dieser 23 Untersuchungsteilnehmern weisen die Fit-Indikatoren des CJM-Experiments nicht zufriedenstellende Werte auf, sodass diese Antworten als unplausibel und damit als nicht verwertbar betrachtet werden.

Auch die Gruppe derjenigen Untersuchungsteilnehmer, welche im Fragebogen der Zuverlässigkeit Vorrang gegenüber der Relevanz einräumen, zeigt in den aggregierten, standardisierten Ergebnissen des CJM-Experimentes eine Präferenz für die Relevanz bei den Para-

---

[1078] Vgl. hierzu zur Auswertung auch Anhang 12a.

[1079] Die Anzahl der Untersuchungsteilnehmer (22 der insgesamt 43 der statistischen Auswertung zugrunde liegenden Antworten), die im Fragebogen zur dieser Frage geantwortet haben und eine Präferenz zugunsten der Zuverlässigkeit geäußert haben, ist signifikant höher als die Anzahl derjenigen (10 der insgesamt 43 Antworten), die eine Präferenz zugunsten der Relevanz geäußert haben. Ursächlich hierfür ist, dass drei Viertel der Untersuchungsteilnehmer im Fragebogen eine Präferenz zugunsten der Zuverlässigkeit geäußert haben. Ein direkter Vergleich der Ergebnisse ist aufgrund des sehr unterschiedlichen Stichprobenumfangs somit nicht sinnvoll. Daher erfolgt diese Betrachtung ausschließlich zu Plausibilisierungszwecken und der Sicherstellung der Validität der Ergebnisse des CJM-Experimentes.

[1080] Es handelt sich um die Untersuchungsteilnehmer Nr. 2 und Nr. 37, vgl. Teil III Kapitel 3.1.2.4.

metern Einzahlungen und Auszahlungen. Jedoch ist die Präferenz zugunsten der Relevanz beim Parameter Auszahlungen deutlich weniger eindeutig als bei der im vorigen Kapitel betrachteten Vergleichsgruppe. Betrachtet man jedoch den Parameter Diskontierungszinssatz, so zeigt sich eine deutliche Präferenz zugunsten der Zuverlässigkeit. Eine Präferenz zugunsten der alternativen Heuristik H_{I2} und damit für eine zuverlässige, auf einem öffentlichen Zinssatz beruhende Ermittlung des Diskontierungszinssatzes bestätigt somit die aufgrund der Aussage im Fragebogen generierte Erwartung, dass diejenigen Untersuchungsteilnehmer, die im Fragebogen zur Zuverlässigkeit tendieren, auch eher zur "zuverlässigeren" Alternative zur Zinssatzbestimmung tendieren. Einschränkend muss auch hier angemerkt werden, dass einige Untersuchungsteilnehmer, trotz der Bekennung zur Zuverlässigkeit im Fragebogen, im CJM-Experiment eine Wahl zugunsten der Relevanz getroffen haben.[1081]

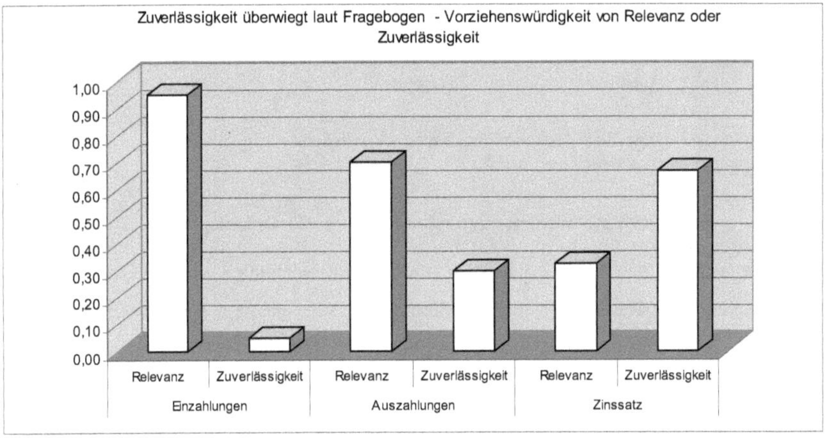

Abbildung 16: Zuverlässigkeit überwiegt laut Fragebogen - Vorziehenswürdigkeit von Relevanz oder Zuverlässigkeit

Zusammenfassend lässt sich festhalten, dass zumindest bei einer aggregierten Betrachtung die Ergebnisse des CJM-Experiments mit denen des Fragebogens korrelieren. Aussagen über den Grad der Korrelation oder eine spezifische Einzelbetrachtung verbieten sich jedoch auf Grund der bewusst abstrakten Formulierung der Frage im Fragebogen und der nur impliziten Abfrage der Präferenz über das CJM-Experiment. So ist nicht vollständig auszuschließen, dass ein Untersuchungsteilnehmer einerseits die Frage hinsichtlich der Relevanz oder Zuverlässig-

---

[1081] Vgl. zu hierzu auch Anhang 12b.

keit bei Vorgabe einer konkreten Bewertungssituation und andererseits die Rangordnung der Stimuli bei Kenntnis der tatsächlich gewünschten Information abweichend beantwortet hätte.

3.2.4 Zwischenergebnis

Zusammenfassend ist festzustellen, dass empirisch deutliche Unterschiede im Antwortverhalten verschiedener a priori segmentierter Gruppen erkennbar sind. Insbesondere haben die empirisch gewonnenen Ergebnisse gezeigt, dass sowohl die Verbandsmitgliedschaft als auch die Vorbildung zu einer unterschiedlich ausgeprägten Vorziehenswürdigkeit von Relevanz und Zuverlässigkeit führt und damit einen empirisch messbaren Einfluss hat. Jedoch beziehen sich diese Unterschiede fast ausnahmslos auf die Bestimmung des Diskontierungszinssatzes.

Mitglieder der gif zeigen bei der Bestimmung des Diskontierungszinssatzes eine ausgeprägtere Vorziehenswürdigkeit für die Relevanz. Mitglieder des BIIS tendieren dagegen bei der Bestimmung des Diskontierungszinssatzes mehr zur Zuverlässigkeit. Kaufmännisch vorgebildetete Immobiliensachverständige neigen zur Anwendung individueller Diskontierungszinssätze, d.h. sie zeigen eine Vorziehenswürdigkeit für die Relevanz. Technisch vorgebildete Immobiliensachverständige bevorzugen die Anwendung eines öffentlich verfügbaren Zinssatzes als Diskontierungszinssatz und drücken damit ihre Vorziehenswürdigkeit für die Zuverlässigkeit aus.

Dieses divergierende Antwortverhalten spiegelt auch die in der Literatur vielfach diskutierte Auffassung wider, dass hinsichtlich der Bestimmung des Diskontierungszinssatzes keine abschließende Lösung existiert. Die Problematik der Bestimmung des Diskontierungszinssatzes wird daher bei der Ergebnisinterpretation ein gewichtige Rolle spielen.

Hinsichtlich der Anwendung des DCF-Verfahrens konnte im Rahmen der segmentierten Auswertung des CJM-Experimentes zwar kein Einfluss festgestellt werden, jedoch ist der Anteil des DCF-Verfahrens insgesamt gering. Daher erfolgt nachfolgend eine ergänzende Betrachtung der empirisch gewonnen Informationen über den Anteil der verschiedenen Bewertungsverfahren.[1082]

[1082] Vgl. zum Bedarf derartiger Erhebungen auch den Beleg in Fn. 997.

3.3 Ergänzende empirische deskriptive Befunde über den Anteil verschiedener Bewertungsverfahren

3.3.1 Grundsätzliche Anmerkungen zur statistischen Auswertung

Im Fragebogen wurde neben der eigentlichen Anwendung der verschiedenen Bewertungsverfahren auch deren prozentualer Anteil in der Bewertungspraxis erfragt. Die Untersuchungsteilnehmer konnten hierzu in einem freien Antwortfeld den jeweiligen Anteil in Prozent benennen. Die Bandbreite der Angaben reichte von 0% (findet keine Anwendung) bis zu 100% (findet ausschließlich Anwendung). Antworten mit 100% sind jedoch gesondert zu betrachten, da sie zumeist mit der gleichzeitigen Mehrfachnennung weiterer Verfahren verbunden waren. Aufgrund dieser Mehrfachnennungen ergibt sich bei einigen Befragten eine kumulierte Häufigkeit aller Verfahren von über 100%.[1083] Die Interpretierbarkeit der Antworten ist durch diese Mehrfachnennungen eingeschränkt, da diese insbesondere das arithmetische Mittel erheblich beeinflussen. Eine Lösung ist die in der explorativen Datenanalyse übliche Verwendung eines getrimmten arithmetischen Mittels, d.h. die Berechnung unter Ausschluss extremer Werte.[1084]

Obwohl es sich bei den abgefragten Prozentwerten grundsätzlich um quasi-stetige Variablen handelt[1085], geht die nachfolgende Kategorisierung und graphische Darstellung nur von diskreten Variablen aus. Als statistische Kennwerte werden das arithmetische Mittel[1086], der Median[1087] sowie der Modalwert[1088] verwendet. Aus Gründen der besseren Veranschaulichung sowie Interpretierbarkeit erfolgt jedoch eine Einteilung der erhobenen Daten in Kategorien bzw. Intervalle. Orientiert man sich an der Faustregel von STURGES, so variiert die Anzahl der

---

[1083] So haben 9 von 42 Befragten Mehrfachnennungen vorgenommen. Ursächlich hierfür neben einer "100%-Angabe" ist zumeist die prozentuale Angabe zum sonstigen Bewertungsverfahren (fast ausschließlich das Sachwertverfahren). Dessen Häufigkeit betrug allein bei vier Befragten über oder gleich 50 Prozent.

[1084] Vgl. RÖNZ/STROHE (1994), S. 21. Eine Einschränkung der Aussagekraft ist hierdurch nicht gegeben, da sich aufgrund der insgesamt nur geringen Stichprobe ausschließlich Tendenzaussagen treffen lassen. Aus diesen Gründen wurden Antworten mit Mehrfachnennung bei der Auswertung nicht berücksichtigt.

[1085] Stetige Variablen liegen vor, wenn bei einem Merkmal (Anteil in Prozent) beliebig viele Merkmalsausprägungen vorliegen können. Die Messung dieser Merkmale erfolgte jedoch durch Befragung und somit nur diskret, demzufolge könnte man allenfalls von quasistetigen Merkmalen sprechen, vgl. BORTZ (2005), S. 23.

[1086] Das arithmetische Mittel, auch als Durchschnitt oder Mittelwert bezeichnet, ist der Wert, der sich ergibt, wenn die Summe aller beobachteten Merkmalswerte gleichmäßig auf alle Merkmalsträger (den gesamten Stichprobenumfang) verteilt wird. Das arithmetische Mittel ist der am häufigsten verwendete Mittelwert, vgl. RÖNZ/STROHE (1994), S. 20.

[1087] Der Median, auch als Zentralwert bezeichnet, ist ein spezieller Mittelwert eines mindestens ordinal skalierten Merkmals, der eine Beobachtungsreihe insofern halbiert, als ungefähr oder genau die Hälfte der Beachtungswerte kleiner bzw. größer als 50% dieser Mittelwertes ist, vgl. RÖNZ/STROHE (1994), S. 237.

[1088] Der Modalwert, auch als Dichtemittel, dichtester Wert, häufigster Wert, Modus bezeichnet, ist ein spezieller Mittelwert, der für Merkmale jeden Skalentyps verwendbar ist. Für nominal klassierte Daten ist ein Modalwert der einzige sinnvolle Mittelwert. Der Modalwert bezeichnet diejenige Merkmalsausprägung, die die größte absolute bzw. relative Häufigkeit aufweist, vgl. EBENDA, S. 249 f.

zu wählenden Kategorien zwischen 13 bei einem Stichprobenumfang von 42 und 8 bei einem Stichprobenumfang von 9.[1089] Damit ein übergreifender Vergleich der Ergebnisse möglich ist, wird eine einheitliche Kategorienanzahl von 10 gewählt. Da alle Kategorien die gleiche Breite aufweisen sollten[1090] und die Prozentangaben bei plausiblen Antworten sich zwischen 0 und 100 Prozent bewegen müssen, erfolgt eine Einteilung in 10 gleich große Kategorien.[1091]

Weiterhin stellt sich die Frage nach der konkreten Kategorienfestsetzung, auch Reduktionslage genannt. Möglich wäre sowohl eine Intervallbreite von "0,1-10; 10,1-20" als auch von "0-9,9; 10-19,9" usw. Es wird die Reduktionslage von "0-9,9; 10-19,9" usw. gewählt, da ein Vergleich der Häufigkeitsverteilung von unkategorisierten sowie kategorisierten Daten gezeigt hat, dass diese Reduktionslage die Verteilung am besten repräsentiert. Für die Berechnung der statistischen Kennzahlen ist die Festlegung von Klassenmitten, die als Näherungswert verwandt werden, notwendig.[1092] Alle Antworten im Bereich zwischen 0 und 9,9% werden beispielsweise durch den Intervallmittelwert von 5% und alle Antworten im Bereich von 90 bis 99,9% mit 95% als Intervallmittelwert repräsentiert. Der Einschluss von 0 Prozent in der ersten Kategorie ist zudem unproblematisch, da Antworten mit "0%" nicht als positive Antwort zur Anwendung des DCF-Verfahrens gezählt wurden.[1093] Die nachfolgende Datenauswertung erfolgt somit ausschließlich auf Basis der kategorisierten Daten. In Anlehnung an die Auswertungsmethodik des CJM-Experimentes erfolgt zunächst eine unsegmentierte Betrachtung der gesamten Stichprobe und anschließend eine segmentierte Betrachtung nach den Merkmalen Verbandszugehörigkeit und Vorbildung.[1094]

1089 Nach der Faustregel von STURGES (1926), S. 65 f., ergibt sich die Anzahl an Kategorien durch 1 + 3,32 x log n (Stichprobenumfang). Somit ergeben sich bei einem Stichprobenumfang von 42 Sachverständigen 13 Kategorien und bei einem Umfang von 9 Sachverständigen 8 Kategorien.

1090 Vgl. BORTZ (2005), S. 28.

1091 Auf die Einrichtung von offenen Kategorien, welche mögliche Extremwerte aufnehmen, wird bewusst verzichtet, da bei Verwendung offener Kategorien statistische Kennwerte wie Mittelwert oder Streuung nicht bestimmt werden können, vgl. EBENDA, S. 28 f.

1092 So ist die Bestimmung des arithmetischen Mittels bei kategorisierten Beobachtungswerten nur näherungsweise möglich. Hierbei erfolgt üblicherweise die Annahme, dass die Werte innerhalb der Klasse gleichmäßig verteilt sind, sodass die Klassenmitte als Repräsentant gewählt wird. Entsprechendes gilt für die Bestimmung des Medians und des Modalwertes, vgl. RÖNZ/STROHE (1994), S. 20.

1093 An dieser Stelle sei angemerkt, dass nur ein einzelner Befragter zugleich die Anwendung des DCF-Verfahrens in der Bewertungspraxis bejaht und den Anteil mit 0% angegeben hat.

1094 Auf eine weitergehende segmentierte Auswertung wird verzichtet, da im Rahmen des CJM-Experimentes nur bei den Merkmalen Verbandszugehörigkeit und Vorbildung deutliche Unterschiede im Antwortverhalten feststellbar waren. Darüber hinaus stellen die empirischen Befunde zu den Anteilen verschiedener Bewertungsverfahren nicht den Schwerpunkt dieser Arbeit dar, sodass auf eine weitergehende differenzierte Auswertung nach weiteren Merkmalen ohne Nutzenbeitrag zur Problemstellung verzichtet wird.

3.3.2 Unsegmentierte Betrachtung der gesamten Stichprobe

3.3.2.1 Ertragswertverfahren

Von 43 Immobiliensachverständigen der Stichprobe haben 42 Angaben zum Ertragswertverfahren getätigt. 33 dieser Antworten waren plausibel und konnten der Auswertung zu Grunde gelegt werden. Nachfolgende Tabelle zeigt die wesentlichen statistischen Kennzahlen im Überblick:

Tabelle 3: Statistische Kennzahlen – Ertragswertverfahren

	Ertragswertverfahren
Anzahl ausgewerteter Antworten	33
Anzahl ungültiger Antworten	9
Arithmetisches Mittel	68,03
Median	75,00
Modalwert	95,00
Standardabweichung	28,67
Minimum	5,00
Maximum	95,00

Bei mehr als der Hälfte der Immobiliensachverständigen der Stichprobe beträgt der Anteil des Ertragswertverfahrens in der Bewertungspraxis 75% (entspricht dem Median) und darüber. Die Auswertung zeigt somit eine eindeutige Präferenz der Befragten für das Ertragswertverfahren. Dies ist jedoch nicht verwunderlich, da das Ertragswertverfahren nach WertV in Deutschland normiert ist und seit Jahrzehnten in der Bewertungspraxis Anwendung findet.[1095] So verwundert es auch nicht, dass die Prozentangabe mit der größten Häufigkeit (der Modalwert) sogar 95% beträgt. Diese Häufigkeitsverteilung lässt sich somit eindeutig als asymmetrisch und rechtssteil bezeichnen, wie das folgende Histogramm anschaulich zeigt:

[1095] Vgl. zu den möglichen Ursachen auch Teil III Kapitel 4.1.1.

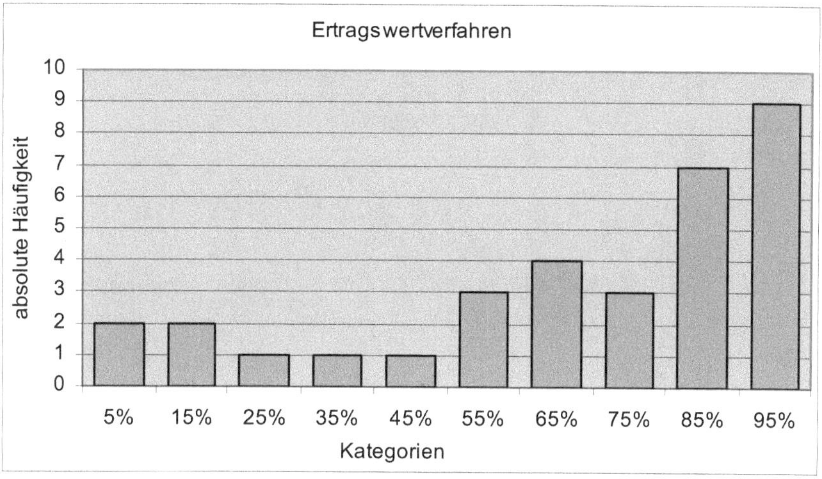

Abbildung 17: Gesamte Stichprobe - Ertragswertverfahren

3.3.2.2 DCF-Verfahren

Von den 43 Immobiliensachverständigen der Stichprobe haben 37 Angaben zum DCF-Verfahren getätigt. 28 dieser Antworten waren plausibel und wurden der Ermittlung der statistischen Kennzahlen zu Grunde gelegt. Die nachfolgende Tabelle zeigt eine Übersicht der wesentlichen statistischen Kennzahlen:

Tabelle 4: Statistische Kennzahlen – DCF-Verfahren

	DCF-Verfahren
Anzahl ausgewerteter Antworten	28
Anzahl ungültiger Antworten	9
Arithmetisches Mittel	17,86
Median	5,00
Modalwert	5,00
Standardabweichung	20,70
Minimum	80,00
Maximum	5,00

Das arithmetische Mittel weist einen Anteil des DCF-Verfahrens in der Bewertungspraxis von 17,86% aus. Diese Kennzahl ist jedoch, da sie stark auf Ausreißer reagiert, vorsichtig zu interpretieren. Der Median als vergleichsweise robuste Kennzahl wie auch der Modalwert zeigen einen Anteil des DCF-Verfahrens von (kategorisiert) 5%. Dies erscheint, verglichen mit dem arithmetischen Mittel, zunächst niedrig. Sie spiegeln jedoch die Häufigkeitsverteilung, wie auch die graphische Darstellung veranschaulicht, vergleichsweise gut wider:

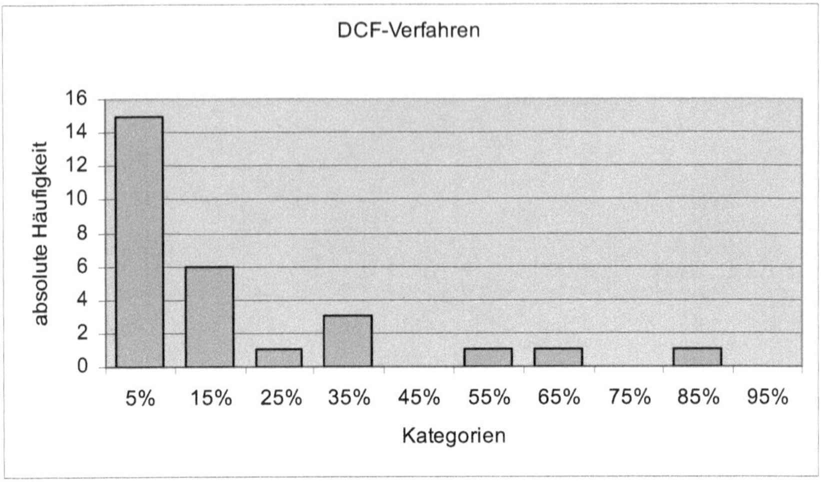

Abbildung 18: Gesamte Stichprobe - DCF-Verfahren

Es liegt eine asymmetrische, linkssteile Verteilung vor. Die absolute Häufigkeit von 15 Antworten in der Kategorie 0-9,9 ist signifikant. Auch die Ausreißer, jeweils eine Antwort in den Kategorien 55% (50,0-59,9%); 65% (60,0-69,9%) sowie 85% (80,0-89,9%), sind gut ersichtlich. Diese Ausreißer führen zur angesprochenen Verzerrung des arithmetischen Mittels. Eine individuelle Betrachtung dieser Antworten zeigt, dass diejenigen Untersuchungsteilnehmer, die einen überdurchschnittlichen Anteil des DCF-Verfahrens in der Bewertungspraxis vorliegen haben, korrespondierend einen unterdurchschnittlichen Anteil des Ertragswertverfahrens aufweisen, sodass die Antworten plausibel sind.

Hinweise auf eine mögliche Ursache für ein vereinzeltes Dominieren des DCF-Verfahrens könnte die ergänzend erhobene Frage nach den Gründen für die Anwendung des DCF-Verfahrens liefern. In den qualitativen Antworten für Gründe zur Anwendung des DCF-Verfahrens überwiegt jedoch eindeutig der "Kundenwunsch" und die "Plausibilisierung". Lediglich zwei Untersuchungsteilnehmer, die nach eigenen Angaben überdurchschnittlich häufig (d.h. mit einem Anteil größer 5%) das DCF-Verfahren anwenden, beziehen sich bei ihrer Begründung auf methodische Vorteile des DCF-Verfahrens.[1096] Ursachen für den geringen Anteil des DCF-Verfahrens in der deutschen Bewertungspraxis sowie mögliche Auswirkungen auf die Fair Value-Ermittlung von Investment Properties werden im weiteren Verlauf der Arbeit noch diskutiert.[1097]

3.3.2.3 Vergleichswert- und sonstige Verfahren

Das Vergleichswertverfahren nach WertV stellt ähnlich der ersten Stufe der Bewertungshierarchie des IAS 40[1098] auf die Transaktionspreise vergleichbarer Immobilien ab.[1099] Eine entsprechende Anforderung an einen aktiven Markt[1100] kennt das Vergleichswertverfahren nach WertV zwar nicht, jedoch ist ebenfalls eine entsprechende Anzahl verfügbarer Vergleichsobjekte notwendig. Dies erscheint nur bei besonders marktgängigen Immobilien wie Einfamilienhäusern oder Eigentumswohnungen gegeben. In erster Linie wird das Vergleichswertverfahren in Deutschland für die Ermittlung des Bodenwertes herangezogen.[1101] Aus diesen Gründen ist die der Vollständigkeit halber durchgeführte Erhebung des Anteils des Vergleichswertverfahrens nicht vorbehaltlos interpretierbar.[1102] Ergänzend wird das Vergleichswertverfahren zur Plausibilisierung der Bewertungsergebnisse auch parallel zum Ertragswertverfahren angewandt.[1103] Da jedoch die Mehrfachnennungen aus der Stichprobe ausgeschlossen wurden,[1104] können die so bestimmten statistischen Kennzahlen für eine Tendenzaussage als ausreichend repräsentativ angesehen werden. Die Häufigkeitsverteilung des Vergleichswertverfahrens weist folgende statistische Kennzahlen auf:

[1096] So gibt ein Untersuchungsteilnehmer als Grund die "gute Darstellung der Entwicklung einer Immobilie" und ein anderer den "methodischen Vorteil gegenüber dem deutschen Ertragswertverfahren" an. Vgl. zu den Antworten Anhang 13.

[1097] Vgl. hierzu insbesondere Teil III Kapitel 4.1.1.

[1098] Vgl. Teil II Kapitel 1.2.1.4.2.2.

[1099] Ähnlich dem IASB hat auch der deutsche Normengeber dem Vergleichswertverfahren im Rahmen der Neufassung der WertV eine gewisse Vorrangstellung eingeräumt. Man erhoffte sich dadurch eine stärkere Verbreitung des in der Wertermittlungspraxis bis dato wenig angewendeten Verfahrens, vgl. SIMON/SIMON (2005), Rn. 173.

[1100] Vgl. zur Problematik eines aktiven Immobilienmarktes Teil II Kapitel 1.2.2.1.

[1101] Vgl. SIMON/SIMON (2005), Rn. 1.171.

[1102] Auf Grund der Notwendigkeit einer Bodenwertermittlung kommt daher faktisch bei jeder Verkehrswertermittlung mit Hilfe des Ertragswertverfahrens auch das Vergleichswertverfahren zur Anwendung.

[1103] Vgl. Teil III Kapitel 2.1.2.1.1; a.A. SIMON/SIMON (2005), Rn. 1.167, deren Auffassung nach "eine Kombination verschiedener Verfahren [...] nicht üblich ist.".

[1104] Hierunter waren diejenigen Antworten zu fassen, bei denen die Summe aller Antworten 100% übertraf. Einige Untersuchungsteilnehmer haben beispielsweise sowohl 100% Anteil des Ertragswertverfahrens als auch 100% Anteil des Vergleichswertverfahrens benannt. Dieses Antwortverhalten ist ein Hinweis darauf, dass beide Verfahren stets in Kombination zum Einsatz gelangen.

Tabelle 5: Statistische Kennzahlen – Vergleichswertverfahren

	Vergleichswertverfahren
Anzahl ausgewerteter Antworten	31
Anzahl ungültiger Antworten	9
Arithmetisches Mittel	16,61
Median	15,00
Modalwert	15,00
Standardabweichung	13,19
Minimum	60,00
Maximum	5,00

Sowohl das arithmetische Mittel als auch der Median und Modalwert liegen dicht bei 15%, die Standardabweichung ist gegenüber den Häufigkeitsverteilungen des Ertragswert- und DCF-Verfahrens mit 13,19 vergleichsweise gering. Insgesamt erscheint die Anwendung des Vergleichswertverfahrens innerhalb der Stichprobe sehr homogen. Dies bestätigt die Vermutung, dass abgesehen von den Fällen einer kombinierten Anwendung mit dem Ertragswertverfahren, das Vergleichswertverfahren nur für bestimmte Bewertungsobjekten wie Einfamilienhäusern und Eigentumswohnungen geeignet ist. Da nicht zum Verkauf bestimmte Bestände[1105] an Einfamilienhäusern oder Eigentumswohnungen bei deutschen kapitalmarktorientierten Unternehmen vermutlich eher die Ausnahme als die Regel darstellen, bestätigt dies den geringen Nutzen des Vergleichswertverfahrens für eine Fair Value-Ermittlung von Investment Properties.[1106] Das Vergleichswertverfahren wird daher nachfolgend auch im Rahmen der segmentierten Auswertungen nicht weiter betrachtet.[1107]

1105 Ausgeklammert werden Einfamilien- und Reihenhaussiedlungen, welche im Rahmen von Bauträgergeschäften entwickelt werden, sowie in Eigentumswohnungen umgewandelte ehemalige Mietshäuser. Beide Objekttypen werden mit Veräußerungsabsicht gehalten und stellen im Regelfall kein Investment Property, das in den Anwendungsbereich von IAS 40 fällt, dar. Vgl. zum Anwendungsbereich von IAS 40 auch Teil II Kapitel 1.2.1.1.

1106 Vgl. hierzu auch Teil II Kapitel 2.1.2.1.4.

1107 Ergänzend bot der Fragebogen den Untersuchungsteilnehmern die Möglichkeit, ein sonstiges Bewertungsverfahren und dessen Anteil an der alltäglichen Bewertungspraxis zu benennen. Die Mehrzahl der Befragten nannte das "Sachwertverfahren", zu den Antworten siehe auch Anhang 13. Das Sachwertverfahren ist ein ebenfalls in der WertV normiertes und zur Verkehrswertermittlung gemäß § 194 BauGB zugelassenes Verfahren. Das Sachwertverfahren nach WertV wird ähnlich dem Vergleichswertverfahren nach WertV vielfach ergänzend zur Plausibilisierung des mit Hilfe des Ertragswertverfahrens nach WertV ermittelten Wertes herangezogen. Darüber hinaus ist es besonders für renditelose Spezialobjekte, die keiner alternativen Verwendung zugeführt werden können, geeignet. Die Qualifizierung als Investment Property gemäß IAS 40 setzt jedoch gerade die Absicht der Renditeerzielung voraus, sodass im Nachfolgenden auch das Sachwertverfahren nicht weiter betrachtet wird.

3.3.3 Segmentierte Betrachtung

3.3.3.1 Verbandszugehörigkeit

Die Betrachtung des Anteils des Ertragswertverfahrens segmentiert nach Verbandszugehörigkeit zeigt einen deutlichen Unterschied sowohl im arithmetischen Mittel (59,71% zu 77,35%) als auch im Median (65,00% zu 85,00%) zwischen der gif und dem BIIS. Der prozentuale Anteil des Ertragswertverfahrens in der Bewertungspraxis ist bei den Mitgliedern der BIIS deutlich höher als bei den Mitgliedern der gif. Der Modalwert dagegen, der diejenige Merkmalsausprägung mit der größten Häufigkeit zeigt, ist bei der Gruppe der gif-Mitglieder mit 95,00 sogar größer als im BIIS,[1108] wie die statistischen Kennzahlen zeigen:

Tabelle 6: Statistische Kennzahlen – Ertragswertverfahren / Verbandszugehörigkeit

	gif	BIIS
Anzahl ausgewerteter Antworten	17	15
Anzahl ungültiger Antworten	5	5
Arithmetisches Mittel	59,71	77,35
Median	65,00	85,00
Modalwert	95,00	85,00
Standardabweichung	32,04	22,23
Minimum	5,00	15,00
Maximum	95,00	95,00

Interessant ist auch, dass die Kategorien 10,00 bis 19,9% (repräsentiert durch die Kategoriemitte 15%) sowie von 30,00 bis 39,9% (repräsentiert durch die Kategoriemitte 35%) in der Gruppe der BIIS-Mitglieder mit jeweils nur einer Antwort eher "Ausreißer-Charakter" besitzen, da die jeweils anschließenden Kategorien unbesetzt sind.[1109] Ein konsistentes Antwortverhalten vorausgesetzt, müsste korrespondierend der Anteil des DCF-Verfahrens bei den Mitglieder der gif überwiegen. Die Betrachtung der Häufigkeitsverteilung des Anteils des DCF-Verfahrens in beiden Gruppen zeigt jedoch keine so deutlichen Unterschiede im Median und Modalwert. Die statistischen Kennzahlen stellen sich wie folgt dar:

[1108] Jedoch spiegelt der Modalwert die Häufigkeitsverteilung nicht zutreffend wider, da in der Gruppe der BIIS-Mitglieder die Häufigkeiten in den Kategorien bis 89,9 % und bis 99,9% zusammen mehr als 50% ausmachen, was sich auch im Median zeigt. Vgl. für die absoluten und relativen Häufigkeiten sowie eine graphische Darstellung der Häufigkeitsverteilung Anhang 14a.

[1109] Vgl. zu unbesetzten Kategorien auch BORTZ (2005), S. 28 ff.

Tabelle 7: Statistische Kennzahlen – DCF-Verfahren / Verbandszugehörigkeit

	gif	BIIS
Anzahl ausgewerteter Antworten	16	13
Anzahl ungültiger Antworten	4	4
Arithmetisches Mittel	22,50	11,15
Median	5,00	5,00
Modalwert	5,00	5,00
Standardabweichung	25,69	8,70
Minimum	5,00	5,00
Maximum	85,00	35,00

Einzig das arithmetische Mittel ist in der Gruppe der gif-Mitglieder mit 22,50% wesentlich größer als in der Gruppe der BIIS-Mitglieder mit 11,15%. Dieses Ergebnis korrespondiert auch mit der erheblich größeren Standardabweichung von 25,69% zu 8,7%. Die größere Sensibilität des arithmetischen Mittels für Ausreißer wird hieran besonders deutlich. Die robusten statistischen Kennzahlen Median und Modus sind dagegen in beiden Untersuchungsgruppen jeweils identisch.[1110] In der Gruppe der BIIS-Mitglieder konzentrieren sich die Antworten auf zwei Kategorien. 53,8% der Antworten fallen in die Kategorie 5% (0-9,9%) und weitere 38,5% in Kategorie 15% (10-19,9%). Es liegt somit eine eindeutig linkssteile und abfallende Verteilung vor; die Angabe eines Modalwertes ist bei diesen Verteilungen nicht üblich, da die Aussagekraft begrenzt ist.[1111] Auch in der Gruppe der gif-Mitglieder liegt eine linkssteile, abfallende Verteilung vor, sodass auch hier die Angabe eines Modalwertes wenig aussagekräftig ist. 56,3% der Antworten fallen hier in die Kategorie 5% (0-9,9%), was auch den identischen Modalwert und Median erklärt. In beiden Fällen ist der errechnete Modalwert somit zur Interpretation nicht geeignet.

Jedoch konzentrieren sich die verbleibenden Antworten der Gruppe der gif-Mitglieder nicht auf die angrenzende Kategorie 15% (10,0-19,9%), sondern verteilen sich eher gleichmäßig über die weiteren Kategorien. So ist jeweils eine Antwort den Kategorien 55% (50,0-59,9%); 65% (60,0-69,9%) sowie 85% (80,0-89,9%) zuzuordnen. Die diesen Antworten zuzuordnenden Untersuchungsteilnehmer haben korrespondierend bei der Anwendung des Ertragswertverfahrens einen unterdurchschnittlichen Anteil benannt. Ein Vergleich mit der Vorbildung zeigt, dass zwei dieser drei Befragten kaufmännisch vorgebildet waren. Dies lässt jedoch auf

[1110] Die graphische Darstellung der Häufigkeitsverteilung beider Gruppen gibt einen Hinweis auf die Ursache, vgl. zur graphischen Darstellung Anhang 14b.

[1111] Vgl. BORTZ (2005), S. 36.

Grund der geringen Stichprobenanzahl und der noch geringeren Anzahl signifikant hoher Anteile am DCF-Verfahren keine allgemeingültigen Schlüsse zu. Eine eindeutig stärker ausgeprägte Präferenz in der Gruppe der gif-Mitglieder für das DCF-Verfahren lässt sich statistisch somit nicht belegen.

3.3.3.2 Vorbildung

Betrachtet man den Anteil des Ertragswertverfahrens in der Bewertungspraxis differenziert nach kaufmännischer oder technischer Vorbildung, so ergibt sich ein deutlich höherer Anteil in der Gruppe der technisch vorgebildeten Immobiliensachverständigen. Da neben den rein technisch oder rein kaufmännisch vorgebildeten Immobiliensachverständigen auch beide Vorbildungen gemeinsam auftreten, erfolgt (ebenso wie beim CJM-Experiment) eine in drei Gruppen segmentierte Auswertung. Jedoch führt der geringe Umfang der dritten Stichprobengruppe dazu,[1112] dass die auf diese Gruppe bezogenen Ergebnisse keine Aussagekraft besitzen.[1113] Die Segmentierung ist jedoch notwendig, da ansonsten bestimmte Untersuchungsteilnehmer in beiden Gruppen präsent wären und die Ergebnisse verzerren würden. Dies wird bei der nachfolgenden Betrachtung von Ausreißern besonders deutlich.[1114] Die wesentlichen statistischen Kennzahlen sind in der nachfolgenden Tabelle zusammengefasst:

[1112] Der Stichprobenumfang ist aus Tabelle 8 ersichtlich.

[1113] Die vergleichsweise niedrige Bandbreite mit nur 40% und die Nichtexistenz eines Modalwertes sind ein Indiz dafür, dass der Stichprobenumfang für eine valide Aussage zu gering ist. Die Nichtexistenz des Modalwertes ist daher begründet, dass die Häufigkeitsverteilung bei einem Stichprobenumfang von 3 genau 3 verschiedene Merkmalsausprägungen aufweist. Die Häufigkeit jeder Merkmalsklasse beträgt somit genau ein Drittel. In diesen Fällen kann kein Modalwert angegeben werden, vgl. auch BORTZ (2005), S. 36.

[1114] Aus der graphischen Darstellung der Verteilungen (vgl. Anhang 15a) ist ersichtlicht, dass beide rechtssteil und asymmetrisch sind. Jedoch lässt sich in der technischen Gruppe eine eindeutige Tendenz zur fast ausschließlichen Anwendung des Ertragswertverfahrens erkennen. Die Anzahl der Ausreißer ist mit 2 Immobiliensachverständigen, die eine technische Vorbildung aufweisen und deren Anteil des Ertragswertverfahrens in der Bewertungspraxis weniger als 20% beträgt, sehr gering und eindeutig. Ursächlich hierfür ist der vergleichsweise große Anteil des DCF-Verfahrens in der Bewertungspraxis dieser zwei Untersuchungsteilnehmer. So ist der Anteil des DCF-Verfahrens mit 15% und sogar 60% im Vergleich zum Stichprobendurchschnitt sehr ausgeprägt. In der Gruppe der Untersuchungsteilnehmer mit kaufmännischer Vorbildung liegt dagegen eine im direkten Vergleich zur technischen Gruppe weitaus homogenere Verteilung vor. Ausreißer existieren nicht. Jedoch dominiert das Ertragswertverfahren auch in der kaufmännischen Gruppe gegenüber dem DCF-Verfahren eindeutig.

Tabelle 8: Statistische Kennzahlen – Ertragswertverfahren / Vorbildung

	Technisch	Kaufmän-nisch	Technisch und kaufmännisch
Anzahl ausgewerteter Antworten	14	16	3
Anzahl ungültiger Antworten	6	5	2
Arithmetisches Mittel	70,71	65,00	71,67
Median	75,00	85,00	65,00
Modalwert	95,00	85,00	-
Standardabweichung	26,81	32,45	20,81
Minimum	15,00	5,00	55,00
Maximum	95,00	95,00	95,00

Der unterschiedliche Anteil des Ertragswertverfahrens in der technischen und kaufmännische Gruppe müsste sich korrespondierend auch beim DCF-Verfahrens bestätigen. So ist das arithmetische Mittel in der Gruppe der kaufmännisch Vorgebildeten mit 24,23% signifikant höher als in der Gruppe der technisch Vorgebildeten. Der gegen Ausreißer robuste Median bestätigt diese Tendenz mit (kategorisiert) 15,00% gegenüber 10,00%. Auch die Betrachtung der Bandbreite und der Maximalwerte zeigt eine deutlich höhere Präferenz zugunsten des DCF-Verfahrens in der Gruppe der kaufmännisch vorgebildeten Immobiliensachverständigen.[1115] Es lässt sich daher korrespondierend zum Ergebnis des Anteils des Ertragswertverfahrens empirisch ein deutlich höherer Anteil des DCF-Verfahrens in der kaufmännischen Gruppe feststellen. Folgende Tabelle fasst die statistischen Kennzahlen für das DCF-Verfahren zusammen:

Tabelle 9: Statistische Kennzahlen – DCF-Verfahren / Vorbildung

	Technisch	Kaufmännisch
Anzahl ausgewerteter Antworten	10	14
Anzahl ungültiger Antworten	6	5
Arithmetisches Mittel	15,00	24,23
Median	10,00	15,00
Modalwert	5,00	5,00
Standardabweichung	18,26	24,31
Minimum	5,00	5,00
Maximum	65,00	85,00

[1115] Für eine graphische Darstellung der Verteilung vgl. Anhang 15b.

3.3.3.3 Kombinierte Betrachtung nach Vorbildung und Verbandszugehörigkeit

Da die Präsenz von kaufmännisch und technisch vorgebildeten Immobiliensachverständigen in den beiden Verbänden unterschiedlich stark ausgeprägt ist, könnte allein diese unterschiedliche Präsenz ursächlich für das differenzierte Antwortverhalten zwischen den beiden Verbänden sein. Um dies auszuschließen, erfolgt ergänzend zum einen eine Betrachtung der Verteilung des DCF-Verfahrens bei nur kaufmännisch Vorgebildeteten, die Mitglieder der gif sind, und den nur kaufmännisch Vorgebildeten, die Mitglieder des BIIS sind, und zum anderen der nur technisch Vorgebildeten in beiden Verbänden. Im Ergebnis haben sich für die Stichproben folgende statistische Kennzahlen ergeben:

Tabelle 10: Statistische Kennzahlen – DCF-Verfahren / Verbandszugehörigkeit und Vorbildung

	gif+Kfm.	BIIS+Kfm.	gif+Ing.	BIIS+Ing..
Anzahl ausgewerteter	11	5	5	9
Arithmetisches Mittel	25,00	17,00	19,00	9,44
Median	15,00	15,00	5,00	5,00
Modalwert	5,00	15,00	5,00	5,00
Standardabweichung	26,08	10,95	26,08	5,27
Minimum	5,00	5,00	5,00	5,00
Maximum	85,00	35,00	65,00	15,00

Im Vorfeld einer Betrachtung der statistischen Kennzahlen sei angemerkt, dass aufgrund des sehr unterschiedlichen und teilweise auch sehr geringen Stichprobenumfangs der Vergleichsgruppen statistisch valide Aussagen nicht zu erwarten sind. Jedoch zeigen die Kennzahlen der Tabelle 10 deutlich, dass auch zwischen den nur kaufmännisch vorgebildeten Immobiliensachverständigen der gif und des BIIS Unterschiede im Antwortverhalten bestehen. Interessanter als das wenig gegen Ausreißer robuste arithmetische Mittel sind der Modalwert, welcher in der BIIS-Gruppe deutlich höher ist, sowie die vergleichweise geringe Bandbreite (30,00% gegenüber 80,00%), welche jedoch auch Folge des sehr geringen Stichprobenumfangs sein kann. Jedoch besteht die weit geringere Streuung innerhalb der Gruppe der BIIS-Mitglieder auch bei den technischen Vorgebildeten, in der sowohl die Standardabweichung als auch die Bandbreite signifikant niedriger ist als in der Gruppe der gif (5,27% zu 26,08% bei der Standardabweichung und 10,00% zu 60,00% bei der Bandbreite). Im Fall der technisch Vorgebildeten lässt sich die geringere Streuung auch nicht mit einem kleineren Stichprobenumfang begründen. Als Ergebnis ist festzuhalten, dass der Einfluss der Verbandsmitgliedschaft offensichtlich ein größeres Gewicht bei der alltäglichen Bewertungspraxis als die technische oder kaufmännische Vorbildung besitzt.

3.3.4 Zwischenergebnis

Die deskriptive Betrachtung der Anteile verschiedener Bewertungsverfahren in der gesamten Stichprobe hat gezeigt, dass das Ertragswertverfahren nach WertV eindeutig dominiert. Das DCF-Verfahren wird von der Mehrzahl der befragten Sachverständigen in weniger als 10% der Bewertungsanlässe verwandt und dies zumeist auch nur aufgrund des expliziten Kundenwunsches. Die segmentierte Betrachtung nach Verbandszugehörigkeit hat einen leicht höheren Anteil des DCF-Verfahrens in der Gruppe der gif-Mitglieder gezeigt. Die Ergebnisse sind diesbezüglich jedoch nicht eindeutig. Bei der segmentierten Betrachtung nach Vorbildung dagegen hat sich ein deutlich höherer Anteil des DCF-Verfahres in der Gruppe der kaufmännisch vorgebildeten Immobiliensachverständigen gezeigt.

3.4 Zusammenfassung der deskriptiven Befunde

Hinsichtlich der empirisch gemessenen Präferenzurteile der Immobiliensachverständigen ist zusammenfassend festzuhalten, dass bei den Parametern Einzahlungen und Auszahlungen sowohl für die gesamte Stichprobe als auch in allen segmentierten Betrachtungen eine eindeutige Vorziehenswürdigkeit der Relevanz gegenüber der Zuverlässigkeit festgestellt werden konnte. Beim Parameter Diskontierungszinssatz waren dagegen deutliche Unterschiede im Antwortverhalten verschiedener a priori segmentierter Gruppen erkennbar. So konnte bei der Betrachtung der gesamten Stichprobe keine eindeutige Vorziehenswürdigkeit der Relevanz oder Zuverlässigkeit festgestellt werden. Bei den segmentierten Betrachtungen nach Verbandszugehörigkeit, Vorbildung als auch nach Kenntnis der IFRS konnte dagegen hinsichtlich des Diskontierungszinssatzes eine unterschiedliche Vorziehenswürdigkeit zugunsten der Relevanz oder Zuverlässigkeit festgestellt werden. Die für Deutschland empirisch gewonnenen Ergebnisse zeigen daher, dass sowohl die Verbandsmitgliedschaft als auch die Vorbildung zu einer unterschiedlich ausgeprägten Vorziehenswürdigkeit von Relevanz und Zuverlässigkeit führt und damit einen empirisch messbaren Einfluss hat.

Hinsichtlich der empirischen Befunde zu den Anteilen verschiedener Bewertungsverfahren ist zusammenfassend festzuhalten, dass das Ertragswertverfahren nach WertV innerhalb der Stichprobe eindeutig dominiert und das DCF-Verfahren dagegen nur bei einer geringen Anzahl der Bewertungsanlässe Verwendung findet. Auch hier hat sich gezeigt, dass sowohl die Verbandsmitgliedschaft als auch die Vorbildung zu einer unterschiedlich Anwendung einzelner Bewertungsverfahren führt und somit einen empirisch nachweisbaren Einfluss hat.

Die empirischen Befunde zur Vorziehenswürdigkeit von Relevanz und Zuverlässigkeit sowie zum Anteil der verschiedenen Bewertungsverfahren werden nachfolgend im Hinblick auf ihren Beitrag zur Lösung des in dieser Arbeit untersuchten Bilanzierungsproblems (Fair Value-Ermittlung von Investment Properties) interpretiert und gewürdigt.

4 Ergebnisinterpretation und Implikationen

4.1 Interpretation und Würdigung der Untersuchungsergebnisse

4.1.1 Konsistenz der angewandten Bewertungsverfahren

Der derzeitige IAS 40 enthält zur Ermittlung des Fair Value mit Hilfe von Bewertungsverfahren (d.h. auf der letzten Stufe der Bewertungshierarchie in IAS 40)[1116] auf den ersten Blick einen relativ eindeutigen Wortlaut: "discounted cash flow projections based on reliable estimates of future cash flows".[1117] Die Wortwahl "discounted cash flow projection" lässt vermuten, dass hierunter ausschließlich ein DCF-Verfahren zu verstehen ist. Aufgrund der weitgehend übereinstimmenden Definition des dem Ertragswertverfahren nach WertV zu Grunde liegenden Verkehrswertbegriffs mit dem Fair Value-Begriff in IAS 40[1118] erachtet das deutschsprachige Schrifttum[1119] dieses auch als normenkonform. Teilweise wird sogar das Ertragswertverfahren nach WertV gegenüber dem DCF-Verfahren präferiert.[1120] Ursächlich hierfür könnte zum einen ein fehlerhaftes Verständnis vom DCF-Verfahren dergestalt sein, dass dieses ausschließlich bei der Ermittlung von Entscheidungswerten anwendbar ist, und zum anderen die deutliche Dominanz des Ertragswertverfahrens in der deutschen Bewertungspraxis.

So haben die empirischen Befunde gezeigt, dass die Anwendung des DCF-Verfahrens in der Bewertungspraxis deutscher Immobiliensachverständiger vergleichsweise gering ausgeprägt ist. Betrachtet man die Ergebnisse innerhalb der gesamten Stichprobe, so zeigt sich, dass bei der Mehrzahl der Sachverständigen das DCF-Verfahren bei weniger als 10% der Bewertungsanlässe Anwendung findet.[1121] In einer Studie aus dem Jahr 2002 konnte dagegen bereits ein Anteil des DCF-Verfahrens von 16,1% als primäres Bewertungsverfahren festgestellt werden.[1122] Ein Vergleich beider Untersuchungsergebnisse scheidet zwar aufgrund der unter-

---

[1116] Vgl. zur Bewertungshierarchie Teil II Kapitel 1.2.1.4.2.2.

[1117] IAS 40.46 c).

[1118] Vgl. hierzu Teil II Kapitel 2.1.2.1.1.

[1119] Vgl. stellvertretend FRIEß/KORMAIER (2004), S. 2027 f.

[1120] Vgl. hierzu Fn. 278.

[1121] Der Median und der Modalwert innerhalb der Stichprobe betrugen sogar nur 5%, vgl. Teil III Kapitel 3.3.2.2.

[1122] Vgl. MCPARLAND/ADAIR/MCGREAL (2002), S. 134. In der Studie erfolgte ein Vergleich der Bewertungspraxis in vier europäischen Ländern, darunter Deutschland. Die Befragung erfolgte in Gestalt von Interviews mit 31 Immobiliensachverständigen in Deutschland. Eine Differenzierung bzw. Abgrenzung des Untersuchungsteilnehmerkreises, z.B. zwischen angestellten und selbständigen Sachverständigen, fand nicht statt, vgl. EBENDA, S. 129.

schiedlichen Erhebungsmethoden und Zusammensetzung der Stichprobe aus,[1123] insgesamt kann aber der tendenziell sehr niedrige Anteil des DCF-Verfahrens bestätigt werden.

Der Anteil des Ertragswertverfahrens in der Bewertungspraxis betrug dagegen bei mehr als der Hälfte der Immobiliensachverständigen der Stichprobe über 75% (entspricht dem Median).[1124] Die Auswertung zeigte somit eine eindeutige Präferenz der Befragten für das Ertragswertverfahren. Beachtet man, dass das Ertragswertverfahren nach WertV in Deutschland normiert ist und seit Jahrzehnten in der Bewertungspraxis Anwendung findet, sind diese Ergebnisse wenig verwunderlich. Sofern ein Immobiliensachverständiger in Deutschland gerichtlich bestellt wird (und die Tätigkeit des Sachverständigen im Prozess somit öffentlich-rechtlicher Natur ist),[1125] sind die Grundsätze der Verkehrswertermittlung nach WertV faktisch bindend.[1126]

Auch bei privatrechtlichen Bewertungsaufträgen können die Verfahren zur Verkehrswertermittlung nach WertV ohne ausdrückliche vertragliche Vereinbarung verpflichtend sein. So impliziert der Vertrag über die Erstellung eines "Verkehrswertgutachtens" aufgrund des eindeutig in § 194 BauGB definierten technischen Begriffs des Verkehrswertes eine Anwendung der WertV. Somit verbleiben nur solche privatrechtlichen Bewertungsaufträge zur Anwendung eines alternativen Verfahrens (wie dem DCF-Verfahren), "bei denen die Anwendung der Verfahren nach WertV [...] weder ausdrücklich vereinbart worden ist noch aus der Verwendung des Begriffes 'Verkehrswert' oder aus dem vereinbarten oder besprochenen Gutachtenzweck unmittelbar hergeleitet werden kann."[1127] Dies führt offensichtlich in der Bewertungspraxis dazu, dass die Immobiliensachverständigen zur Vermeidung umfangreicher Begründungen und möglicher Angreifbarkeit auf die Anwendung alternativer Verfahren, zumindest als primäres Wertermittlungsverfahren, verzichten.

[1123] So basiert die Studie von EBENDA, S. 129 auf einem sog. "snowball sampling", d.h. die jeweiligen Untersuchungsteilnehmer werden gebeten, weitere Untersuchungsteilnehmer zu benennen. Darüber hinaus erfolgt keine Differenzierung hinsichtlich des beruflichen Hintergrundes der Untersuchungsteilnehmer (Immobilienbewertung, Immobilienberatung, Banken, Universitäten etc.).

[1124] In diesem Punkt decken sich die Ergebnisse der eigenen Studie mit denen von EBENDA, S. 132, welche einen Anteil des Ertragswertverfahrens von 74,2% feststellen konnten.

[1125] Vgl. HARTMANN (2006), § 402, Rz. 16 ff.

[1126] Grundsätzlich ist zwar ein Abweichen möglich, jedoch muss dies im Gutachten aufgezeigt und begründet werden. Verwendet der Sachverständige kein Verfahren der Verkehrswertermittlung nach WertV, so fehlen dem Gutachten die qualitativen Voraussetzungen für die gerichtliche Verwertbarkeit des Gutachtens. Das Gutachten leidet an einem inhaltlichen Mangel, vgl. ZIMMERMANN/HELLER (1995), Abschn. A.3, Rz. 24. Diese Anforderung führt zu einem faktischen Anwendungszwang der WertV.

[1127] ZIMMERMANN/HELLER (1995), Abschn. A.3, Rz. 28 (ohne Hervorhebungen des Originals). Jedoch entbindet dies nicht von einer Auseinandersetzung mit dem Wertermittlungsverfahren gemäß WertV und einer nachvollziehbaren und deutlichen Begründung im Gutachten, warum die Verfahren gemäß WertV keine Anwendung gefunden haben, vgl. EBENDA, Abschn. A.3, Rz. 29.

Dies zeigt, dass in einer Vielzahl von Anlässen einer Fair Value-Ermittlung von Investment Properties anstelle des (von Normengeber vermutlich intendierten) DCF-Verfahrens alternative Barwertverfahren, wie das in Deutschland gebräuchliche Ertragswertverfahren nach WertV, zur Anwendung gelangen könnten. Da die vorliegenden empirischen Befunde sich nur auf Deutschland beziehen, können zwar keine verallgemeinernden (auf andere Länder übertragbaren) Schlüsse gezogen werden; es ist jedoch zu vermuten, dass in anderen europäischen Ländern mit ähnlichen Strukturen im Immobiliensachverständigenwesen (beispielsweise Frankreich)[1128] ähnliche Probleme bestehen.

Aus Sicht des Adressaten könnte sich daher ein Problem der Vergleichbarkeit der mit Hilfe verschiedener Bewertungsverfahren ermittelten Fair Values ergeben. Auf vollständigen und vollkommenen Märkten würde unabhängig von der Wahl des Bewertungsverfahrens nur "ein" Fair Value im Sinne eines Marktwertes, welcher dem Entscheidungswert aller Marktteilnehmer entspräche, existieren. Außerhalb dieser modelltheoretischen Welt, d.h. auf realen Märkten existieren dagegen nur umsatzmaximierende Marktpreise. Der "Marktpreis" (im Sinne des Entscheidungswertes aller Marktteilnehmer) eines Investment Properties ist daher auf realen Märkten nicht beobachtbar, sodass zumeist eine Approximation desselben mittels geschätzter Werte notwendig ist. Der Fair Value ist daher mit sämtlichen Unsicherheiten einer jeden Schätzung behaftet.[1129]

Beispielsweise zeigt ein Vergleich des Ertragswertverfahrens nach WertV und des DCF-Verfahrens Unterschiede hinsichtlich der notwendigen Annahmen auf.[1130] Während beim Ertragswertverfahren nach WertV der Diskontierungszinssatz in Gestalt des Liegenschaftszinssatzes normiert ist und dieser in der Regel aufgrund seines Renditecharakters bereits die Inflations- und Wachstumserwartungen der Marktteilnehmer enthält (und daher keinerlei diesbezügliche Annahmen erforderlich sind),[1131] sind beim DCF-Verfahren diese Annahmen

---

[1128] Vgl. hierzu HÖK (2002), S. 284 sowie die Vergleichsstudie vier europäischer Länder von MCPARLAND/ ADAIR/MCGREAL (2002), S. 132 ff., die für Frankreich ähnliche Resultate wie für Deutschland ergab. In dieser Studie betrug der Anteil des französischen Ertragswertverfahrens 59,9% und der des DCF-Verfahrens 15,8%. Als mögliche Ursachen hierfür wurden das vereidigte Sachverständigenwesen angeführt, da dieses zu einem stark lokalisierten Tätigkeitsfeld führt, die Ausbildung verstärkt auf Ingenieurswesen und Architektur anstatt auf die Kernkompetenzen der Bewertung gerichtet ist und in zu geringem Maße eine Beteiligung an Immobilienmarkttransaktionen erfolgt, was die Informationsbeschaffung zusätzlich erschwert, vgl. EBENDA, S. 132.

[1129] Vgl. zur Problematik der Unsicherheit auch die Belege in Fn. 348.

[1130] Die Schätzung des Fair Value stellt ein Prognoseproblem dar, welches neben Daten auch Annahmen über die zukünftige Entwicklung erfordert, vgl. zur Ermittlung von Fair Values als Prognoseproblem Teil II Kapitel 2.2.

[1131] Vgl. zum Liegenschaftszinssatz Teil II Kapitel 4.2.2.2.3.2, insb. Fn. 309 ff.

(beispielsweise zur Prognose der Einzahlungen) erforderlich. Unabhängig davon, ob das Ertragswertverfahren nach WertV nun mit den Vorgaben des IAS 40 zur Bewertung von Investment Properties vereinbar ist oder nicht,[1132] besitzt es eindeutige methodische Nachteile. Die Konzeption als einperiodisches Barwertverfahren führt zur Beschränkung auf eine "nachhaltig erzielbare Miete".

Die Zahlungsmittelzuflüsse werden hierbei bei unterstellter Vollvermietung für die erwartete Nutzungsdauer des Bewertungsobjektes als konstant unterstellt.[1133] Dies repräsentiert jedoch nicht immer die auf dem heutigen (deutschen) Immobilienmarkt vorherrschenden Gegebenheiten. Die Regel sind vielmehr Mietverträge mit indexierten oder gestaffelten Mietzahlungen, Mietverlängerungsoptionen sowie befristeten Mietzinsminderungen. Da sich dies nur vergleichsweise schwer in der Ertragswertformel des deutschen Ertragswertverfahrens nach WertV abbilden lässt,[1134] befürworten große Teile des Schrifttums eine Anwendung des DCF-Verfahrens.[1135] Die Vergleichbarkeit zweier mit Hilfe (methodisch) unterschiedlicher Bewertungsverfahren ermittelter Fair Values ist daher, insbesondere im Hinblick auf eine Beurteilung der Relevanz und Zuverlässigkeit derselben, kaum bzw. nur schwer möglich.

Die empirisch gewonnenen Erkenntnisse zeigen daher, dass keine einheitliche Anwendung des Bewertungsverfahrens zur Fair Value-Ermittlung zu vermuten ist. Diese Erkenntnis wird durch den empirisch gemessenen Einfluss der jeweiligen Verbandszugehörigkeit und Vorbildung auf den Anteil des DCF-Verfahrens in der Bewertungspraxis zusätzlich bestätigt.

Auf Grund dieser (bereits vermuteten) Problematik wurde im Rahmen des Conjoint Measurement-Experiments die Anwendung des DCF-Verfahrens explizit vorgegeben. Erst die hierdurch geschaffene "künstliche" Bewertungssituation ermöglichte eine Konzentration auf die zu untersuchende Variablen (Vorziehenswürdigkeit der Relevanz oder Zuverlässigkeit bei der Bestimmung der jeweiligen Parameter des DCF-Verfahrens).[1136] Diese im Rahmen des Experimentes gewonnenen Erkenntnisse zur Vorziehenswürdigkeit der Relevanz oder Zuverlässigkeit der in Teil II Kapitel 4 zuvor identifizierten alternativen Heuristiken zur Bestimmung der einzelnen Parameter des DCF-Verfahrens (Einzahlungen, Auszahlungen und

---

[1132] Vgl. hierzu auch Fn. 265.
[1133] Eine Unterteilung in eine Detailplanungs- und Rentenperiode erfolgt nicht, da es sich um ein einperiodisches Barwertverfahren handelt, vgl. Teil II Kapitel 2.1.1.
[1134] Vgl. hierzu auch Teil II Kapitel 2.1.2.1.4.
[1135] Vgl. Fn. 338 f.
[1136] Vgl. hierzu auch Teil III Kapitel 1.2.

Diskontierungszinssatz)[1137] werden daher nachfolgend interpretiert und auf ihren (induktiven) Beitrag zur Lösung des betrachteten Bilanzierungsproblems (Fair Value-Ermittlung von Investment Properties) beurteilt.

4.1.2 Auswahl der geeigneten Heuristiken

4.1.2.1 Betrachtung des Parameters Einzahlungen

Hinsichtlich des Parameters Einzahlungen konnte eine eindeutige Vorziehenswürdigkeit zugunsten der qualitativen Anforderung der Relevanz festgestellt werden. Dies äußert sich im nahezu einheitlichen Antwortverhalten über die gesamte Stichprobe und alle Vergleichsgruppen hinweg. Daher scheint das Vorgehen in der Bewertungspraxis zumindest methodisch hinsichtlich der Bestimmung des Parameters Einzahlungen weitgehend konsistent zu sein. Bezug nehmend auf die in Teil II identifizierten alternativen Heuristiken[1138] zur Bestimmung des Parameters Einzahlungen könnte somit induktiv begründet eine Auswahlentscheidung zugunsten Heuristik H_{E1} getroffen werden.

Die Heuristik H_{E1} sieht eine Ermittlung des Parameters Einzahlungen durch eine Prognose auf Basis der Ist-Mieten (Daten) ergänzt um eine individuelle Marktanalyse (Daten und Annahmen), eine Mieteranalyse (Daten und Annahmen) sowie eine Konkurrenzanalyse (Daten und Annahmen) vor. Es ist daher zu vermuten, dass Heuristik H_{E1} aufgrund der umfassenden Berücksichtigung der den Parameter Einzahlungen betreffenden Faktoren zu einem vergleichsweise relevanten Prognoseergebnis führt. Jedoch ist die Zuverlässigkeit dieser Prognose auf Grund der vielfachen tendenziell subjektiven Annahmen eingeschränkt.

Die Verwendung der Heuristik H_{E1} führt daher zwar zu einer methodischen Vergleichbarkeit, da aufgrund der deutlichen Präferenz innerhalb der Stichprobe zugunsten dieser eher an der Relevanz orientierten Heuristik ein einheitliches Vorgehen unter den Immobiliensachverständigen zur Ermittlung der Einzahlungen vermutet werden kann. Die Vergleichbarkeit des hierdurch ermittelten Fair Value ist jedoch eingeschränkt, da mit dieser Heuristik H_{E1} (im Vergleich zur alternativ zur Auswahl gestellten Heuristik H_{E2}) vergleichsweise umfangreiche Ermessensspielräume einhergehen.

Im Ergebnis lassen die induktiv gewonnenen Erkenntnisse jedoch vermuten, dass, zumindest aus Sicht der befragten Immobiliensachverständigen, die Verwendung der Heuristik H_{E1}

[1137] Vgl. zur Identifizierung der alternativen Heuristiken insb. Teil II Kapitel 4.2.2.

[1138] Vgl. zur Beurteilung der alternativen Heuristiken zur Bestimmung der Einzahlungen Teil II Kapitel 4.2.2.2.1.

geeignet ist, einen den Entscheidungsnutzen der Adressaten optimierenden Fair Value eines Investment Property zu ermitteln. Dieses Vorgehen wäre darüber hinaus mangels einer konkreten Vorgabe im Framework, wie das Spannungsverhältnis zwischen Relevanz und Zuverlässigkeit aufzulösen ist, normenkonform.

4.1.2.2 Betrachtung des Parameters Auszahlungen

Hinsichtlich des Parameters Auszahlungen konnte ebenfalls eine eindeutige Vorziehenswürdigkeit zugunsten der qualitativen Anforderung der Relevanz festgestellt werden. Dies zeigt sich sowohl bei der Betrachtung der empirischen Ergebnisse der gesamten Stichprobe als auch bei der nach Verbandszugehörigkeit bzw. Vorbildung segmentierten Betrachtung. Das Vorgehen zur Bestimmung des Parameters Auszahlungen erscheint daher ebenfalls methodisch weitestgehend konsistent zu sein. Somit ließe sich auch bezüglich des Parameters Auszahlungen eine induktiv begründbare Auswahlentscheidung zugunsten Heuristik H_{A1} treffen.[1139]

Die Heuristik H_{A1} sieht eine Ermittlung der Auszahlungen durch individuelle Einschätzung des Instandhaltungsbedarfs (des Zeitpunktes und der Höhe nach) vor. Deren Zuverlässigkeit ist aufgrund des umfangreichen Ermessensspielraumes des Sachverständigen zwar eingeschränkt, bei gegebenem Objektzugang und Erfahrenswerten des Immobiliensachverständigen bei der Einschätzung der Höhe des tatsächlichen Instandhaltungsbedarfes kann sie jedoch als hinreichend zuverlässig erachtet werden. Aufgrund des umfassenden Gebäudebezuges weist die Heuristik dagegen ein vergleichsweise hohes Maß an Relevanz auf.

Aufgrund des eindeutigen und konsistenten Antwortverhaltens der Immobiliensachverständigen zugunsten der Heuristik H_{A1} kann ein einheitliches Vorgehen zur Ermittlung der Auszahlungen in der Bewertungspraxis vermutet werden. Die Verwendung dieser Heuristik würde daher zumindest zu einer methodischen Vergleichbarkeit der Ermittlung der Auszahlungen führen. Jedoch gehen mit der Heuristik H_{A1} (im Vergleich zur alternativ zur Auswahl gestellten Heuristik H_{A2}) vergleichsweise höhere Ermessensspielräume einher, sodass die Vergleichbarkeit des hierdurch ermittelten Fair Value eingeschränkt ist.

Die induktiv gewonnenen Erkenntnisse lassen daher vermuten, dass wiederum zumindest aus Sicht der befragten Immobiliensachverständigen die Heuristik H_{A1} geeignet ist, einen den Entscheidungsnutzen der Adressaten optimierenden Fair Value eines Investment Property zu

---

[1139] Vgl. zu den alternativen Heuristiken zur Bestimmung der Auszahlungen Teil II Kapitel 4.2.2.2.2.

ermitteln. Dieses Vorgehen wäre darüber hinaus, wie auch bei den Einzahlungen, normenkonform.

4.1.2.3 Betrachtung des Parameters Diskontierungszinssatz

Hinsichtlich des Parameters Diskontierungszinssatz konnte dagegen keine eindeutige Vorziehenswürdigkeit zugunsten der Relevanz oder Zuverlässigkeit festgestellt werden. Eine induktiv begründbare Auswahlentscheidung zugunsten einer der beiden möglichen Heuristiken zur Bestimmung des Diskontierungszinssatzes ist daher nicht möglich.[1140] Stattdessen zeigten sich bei einer nach Verbandszugehörigkeit oder Vorbildung segmentierten Betrachtung divergierende empirische Ergebnisse hinsichtlich des Diskontierungszinssatzes.

So haben die Mitglieder der gif mehrheitlich eine Präferenz zugunsten der Relevanz, d.h. einer individuellen Ermittlung des Diskontierungszinssatzes mittels Heuristik H_{I1}, geäußert. Die Mitglieder des BIIS dagegen zeigten mehrheitlich eine Präferenz zugunsten der tendenziell zuverlässigeren alternativen Heuristik H_{I2}. Sie bevorzugten die Ermittlung des Diskontierungszinssatzes durch Rückgriff auf einen öffentlich verfügbaren Zinssatz und gaben damit implizit der Zuverlässigkeit einen Vorzug gegenüber der Relevanz. Mögliche Ursachen für das differenzierte Antwortverhalten beider Vergleichsgruppen könnte zum einen in einer unterschiedlichen Zielsetzung der praktischen Bewertungstätigkeit und zum anderen in einem Einfluss der Verlautbarungen der einzelnen Verbände auf die Bewertungspraxis liegen.[1141]

Kaufmännisch vorgebildete Immobiliensachverständige zeigten eine Tendenz zur Anwendung individueller Diskontierungszinssätze, welche das objekt- und marktspezifische Risiko unter Umständen zutreffender abbilden können. Sie orientierten sich damit bei ihrer Wahlentscheidung verstärkt am Kriterium der Relevanz. Technisch vorgebildete Immobiliensachverständige neigten eher zu einer Anwendung eines öffentlich verfügbaren Zinssatzes als Diskontierungszinssatz und drückten damit eine erkennbare Tendenz zugunsten der Zuverlässigkeit aus. Ursächlich hierfür könnte eine unterschiedliche Bedeutung des Ertragswertverfahrens nach WertV in der Bewertungspraxis sein. Nicht auszuschließen ist, dass bei Immobiliensachverständigen, die in der täglichen Bewertungspraxis auf Grund gerichtlicher Bestellung oder von Verträgen das Ertragswertverfahren nach WertV verstärkt anwenden,[1142] diese Bewertungspraxis unbewusst die Präferenzen hinsichtlich der Zuverlässigkeit

---

[1140] Vgl. zu den alternativen Heuristiken zur Bestimmung des Diskontierungszinssatzes Teil II Kapitel 4.2.2.2.3.

[1141] Vgl. hierzu auch die beispielhafte Betrachtung der Verlautbarungen der gif und des BIIS in Teil III Kapitel 4.2.2.2.

[1142] Vgl. hierzu auch 4.1.1.

beeinflusst und sich diese Präferenzen auch bei solchen Bewertungen, die ein Ertragswertverfahren gar nicht verlangen, auswirken.

Sowohl das IASB als auch die immobilienspezifischen Standardsetter IVSC und TEGoVA haben dieses Problem frühzeitig erkannt und mit Veröffentlichung entsprechender Verlautbarungen einen Harmonisierungsbeitrag zu leisten versucht. Die empirischen Befunde zeigen jedoch (wie bereits bei der Eingrenzung des Problemlösungsrahmens herausgearbeitet), dass die Verlautbarungen des IVSC und der TEGoVA bisher zu keiner Vereinheitlichung der Bewertungspraxis beitragen konnten.[1143] Der Mehrzahl der befragten Immobiliensachverständigen waren die Verlautbarungen der TEGoVA und des IVSC bekannt, sodass vermutet werden könnte, dass dies auch bei der Wahl der geeigneten Heuristik im Rahmen des CJM-Experiments Berücksichtigung fand. Die diesbezüglichen segmentierten Betrachtungen[1144] zeigen allerdings, insbesondere im Hinblick auf die Bestimmung des Diskontierungszinssatzes, kein konsistentes Antwortverhalten. So befürworteten die einen Immobiliensachverständigen die Anwendung eines öffentlich verfügbaren Zinssatzes, die anderen dagegen die Anwendung der Risikozuschlagsmethode.

Beide Alternativen sind, sofern marktgestützte Parameter (Daten und Annahmen im Sinne des Prognosemodells) Eingang finden,[1145] grundsätzlich geeignet, einen normenkonformen Fair Value zu ermitteln. Dies ist bei Rückgriff auf die Umlaufrendite von Staatsanleihen oder vergleichbare öffentlich verfügbare Renditen risikoloser Alternativanlagen gegeben. Somit kann keinem Immobiliensachverständigen unterstellt werden, das Vorgehen sei unvereinbar mit den Anforderungen des IVSC und der TEGoVA. Trotzdem sind beide Alternativen nicht vergleichbar, da unterschiedliche Diskontierungszinssätze methodisch unterschiedlich prognostizierte Einzahlungen und Auszahlungen erfordern, da ansonsten die Gefahr der doppelten Berücksichtigung von Chancen oder Risiken besteht. Beispielsweise müssten beim Ansatz eines realen Diskontierungszinssatzes (z.B. des Liegenschaftszinssatzes) inflationsbereinigte (d.h. um die Inflationsrate geminderte) Cashflows angesetzt werden. Eine Standardisierung der Immobilienbewertung erscheint daher durch die derzeitigen Verlautbarungen des IVSC und der TEGoVA weder erreicht noch erreichbar.

[1143] So beinhalten beide Verlautbarungen derzeit beispielsweise nur vereinzelte Hinweise, welcher Diskontierungszinssatz anzuwenden ist und welche Daten und Annahmen (im Sinne des Prognosemodells) Eingang in die Bestimmung des Diskontierungszinssatzes finden dürfen, vgl. ausführlich Teil II Kapitel 3.3.

[1144] Vgl. Teil III Kapitel 3.2.2.5.2.

[1145] Vgl. zur ausführlichen Analyse der Handlungsalternativen Teil II Kapitel 4.2.2.2.3.

Es ist somit festzuhalten, dass auch die induktiv gewonnenen Erkenntnisse keine Entscheidung hinsichtlich einer den Entscheidungsnutzen der Adressaten maximierenden Heuristik zur Bestimmung des Diskontierungszinssatzes ermöglichen.

4.1.3 Würdigung im Kontext der Zielsetzung der IFRS

Ziel der IFRS ist die Bereitstellung qualitativ hochwertiger, transparenter und vergleichbarer Informationen zur Unterstützung der Kapitalmarktteilnehmer bei ihren wirtschaftlichen Entscheidungen.[1146] Dies soll durch die Bereitstellung entscheidungsnützlicher Informationen für bestehende und potentielle Investoren geschehen.[1147] Zur Einhaltung der Zielsetzung sieht das IASB die Beachtung verschiedener qualitativer Anforderungen (Verständlichkeit, Vergleichbarkeit, Relevanz und Zuverlässigkeit) vor.[1148] Maßgebliche Anforderungen für eine entscheidungsnützliche Information sind jedoch die Relevanz und Zuverlässigkeit.[1149]

Es ist daher zu vermuten, dass die Bereitstellung einer sowohl relevanten als auch zuverlässigen Information in der Regel auch zu Vergleichbarkeit im Sinne einer gleich gerichteten Abbildung gleichnamiger Sachverhalte zu verschiedenen Zeitpunkten (intertemporal) oder zwischen verschiedenen Unternehmen (zwischenbetriebliche bzw. äußere Vergleichbarkeit) führt.[1150] Die Vergleichbarkeit von Rechnungslegungsinformationen setzt deren Unabhängigkeit von der Vorbildung, Verbandszugehörigkeit oder den IFRS-Kenntnissen des jeweiligen Sachverständigen voraus. Im Hinblick auf eine möglichst hohe (zwischenbetriebliche) Vergleichbarkeit ist daher, unter Wahrung der Relevanz der Rechnungslegungsinformation, eine möglichst zuverlässige Fair Value-Ermittlung anzustreben.

Wie bereits zur Einführung in die Problemstellung dieser Arbeit herausgestellt,[1151] erachteten sowohl das IASB als auch die Mehrheit des Schrifttums die Delegation der Fair Value-Ermittlung von Investment Properties an einen unabhängigen, externen Sachverständigen als

---

[1146] Vgl. Teil II Kapitel 1.1.1, insb. Fn. 69, sowie kritisch hierzu mit einigen Beispielen FREISLEBEN/LEIBFRIED (2004), S. 104 ff.

[1147] Vgl. Teil II Kapitel 1.1.1, insb. Fn. 76.

[1148] Vgl. IASB Framework.24 sowie ausführlich zu den qualitativen Anforderungen im IASB Framework Teil II Kapitel 3.2.1.3.

[1149] Vgl. Teil II Kapitel 3.2.1.3.1.

[1150] Vgl. LÜDENBACH/HOFFMANN (2006), Rz. 32. Diese Vermutung unterstellt, dass die Anforderung der Zuverlässigkeit eine möglichst ermessensfreie und damit objektivierte und nachvollziehbare Abbildung von Sachverhalten impliziert. Fasst man die Anforderung nach Zuverlässigkeit dagegen ausschließlich als Aspekt einer glaubwürdigen Darstellung ("faithfully representative") auf, könnte auch die Abbildung eines (beliebigen) Wertes (beispielsweise des Mittelwertes) aus einem Intervall möglicher Werte sowie der zusätzlichen Angabe der Intervallbandbreite im Anhang als zuverlässig interpretiert werden, vgl. zu diesem Aspekt das gemeinsame Diskussionspapier des FASB und IASB in Teil II Kapitel 3.2.2.2.2.

[1151] Vgl. Teil I Kapitel 1, insb. Fn. 28.

mögliche Lösung dieses Zuverlässigkeitsproblems. Dies setzt jedoch voraus, dass diese Sachverständigen im Rahmen ihrer Bewertung die qualitativen Anforderungen an eine IFRS-Rechnungslegungsinformation (denn darum handelt es sich bei dem ermittelten Fair Value) berücksichtigen.

Die empirischen Befunde zeigen jedoch, dass eine Berücksichtigung dieser qualitativen Anforderungen (zumindest derzeit) in Deutschland nicht durchgängig gewährleistet ist. Somit lassen sich durch die Delegation der Fair Value-Ermittlung weder das Zuverlässigkeitsproblem lösen noch die (mutmaßliche) Erwartungshaltung der Adressaten (an die Bereitstellung entscheidungsnützlicher Informationen) erfüllen. So ist unwahrscheinlich, dass in Konstellationen, in denen der Sachverständige die Anforderungen der IFRS nicht kennt, dies dem Auftraggeber kommuniziert wird und durch Austausch mit diesem ein (aus Sicht des Auftraggebers und des Sachverständigen) den Entscheidungsnutzen der Adressaten optimierender Fair Value ermittelt wird. Würde unterstellt werden, die Adressaten hätten hiervon Kenntnis oder würden dies vermuten, wäre die Konsequenz, dass sie die ihnen präsentierte Rechnungslegungsinformation (Fair Value eines Investment Property) aufgrund von Zweifeln an deren Zuverlässigkeit (obwohl diese grundsätzlich von Relevanz sein könnte) in ihrem Entscheidungsmodell nicht berücksichtigen würden.[1152]

Darüber hinaus zeigen die empirisch gewonnenen Erkenntnisse, dass weder eine einheitliche Anwendung eines Bewertungsverfahrens zur Fair Value-Ermittlung zu vermuten ist noch bei unterstellter einheitlicher Anwendung des DCF-Verfahrens (beispielsweise durch eine konkrete Normierung) eine einheitliche Vorgehensweise hinsichtlich des Diskontierungszinssatzes erwartet werden kann. Diese Erkenntnis wird durch den empirisch gemessenen Einfluss der jeweiligen Verbandszugehörigkeit und Vorbildung auf den Anteil des DCF-Verfahrens in der Bewertungspraxis sowie die unterschiedliche Vorziehenswürdigkeit des zu verwendenden Diskontierungszinssatzes zusätzlich bestätigt.

Eine (eindeutige) den Entscheidungsnutzen der Adressaten optimierende und damit vollends befriedigende Lösung des betrachteten Bilanzierungsproblems (Fair Value-Ermittlung von Investment Properties) konnte somit auch auf induktive Weise nicht erreicht werden. Betrachtet man die empirischen Erkenntnisse, ist daher fraglich, ob die derzeitigen Abbildungsregeln für Investment Properties gemäß IAS 40, ergänzt um die Verlautbarungen des IVSC (und ggf.

[1152] Hinzu treten unter Umständen Zweifel an der Unabhängigkeit des Sachverständigen, welche insbesondere bei der Bewertung umfangreicher Immobilienportfolios aufgrund der hieraus entstehenden Nachfragemacht des Auftraggebers beeinträchtigt werden könnte, vgl. hierzu PLENKER/PLENKER (2006), S. 287 f.

der TEGoVA), eine zuverlässige Fair Value-Ermittlung als Bedingung für die Bereitstellung entscheidungsnützlicher Rechnungslegungsinformationen erwarten lassen können. Es kann daher als Ergebnis festgehalten werden, dass bezüglich der Normierung der Fair Value-Ermittlung von Investment Properties Verbesserungsbedarf besteht. Nachfolgend werden daher mögliche Implikationen für den Normengeber, mit engem Bezug zu den empirisch gewonnenen Ergebnissen, diskutiert.

4.2 Mögliche Implikationen für den Normengeber

4.2.1 Ansatzpunkte für eine Normierung

Betrachtet man die empirischen Ergebnisse, so könnten mögliche Lösungen darin bestehen, dass entweder eine eindeutige Entscheidungsregel zugunsten der Relevanz oder Zuverlässigkeit in den IFRS verankert wird, die den Spannungskonflikt zwischen beiden Anforderungen auflösen könnte, oder durch eine möglichst weitgehende Normierung des anzuwendenden Bewertungsverfahrens und der in dieses Verfahren eingehenden Parameter die Notwendigkeit eines Rückgriffs auf die qualitativen Anforderungen der Relevanz und Zuverlässigkeit als Entscheidungsgrundlage entbehrlich wird. Eng verknüpft mit dem jeweiligen Lösungsansatz ist die Frage des gewünschten Regelungsumfangs im Sinne eines eher prinzipien- oder regelorientierten Rechnungslegungssystems.

Die IFRS werden nach Auffassung des Schrifttums[1153] und des IASB[1154] mehrheitlich als prinzipienorientiert erachtet. Da Rechnungslegungsnormen nie so eindeutig formuliert sein können, dass Auslegungs- oder Orientierungshilfen überflüssig sind und in einer komplexen, dynamischen Welt niemals alle in der Rechnungslegung abzubildenden Sachverhalte umfassend normiert sein können, werden übergeordnete Prinzipien als notwendig erachtet. Dies erlaubt im Fall von Regelungslücken oder auslegungsbedürftigen Einzelstandards die Deduktion von konsistenten Problemlösungen aus den Prinzipien.[1155] Der Vorteil der Prinzipienbasierung besteht somit darin, dass bei einem solchen System für jeden nicht explizit normierten Sachverhalt eine Lösung (Abbildung des Sachverhalts in der Rechnungslegung) abgeleitet werden kann, währenddessen dies bei einem regelbasierten System mangels Deduktionsbasis nicht möglich ist, sodass eine Lücke durch einen neuen Einzelstandard (= Regel)

[1153] Vgl. zur Prinzipienorientierung innerhalb der IFRS KUHNER (2004) m.w.N.; LÜDENBACH/HOFFMANN (2003a); PREIßLER (2002); RUHNKE/NERLICH (2004), S. 389; SCHILDBACH (2003) sowie zu einem umfassenden Überblick der relevanten Literatur zu dieser Thematik ICAS (2006).

[1154] Vgl. IASB (2002), S. 4.

[1155] Vgl. STREIM/BIEKER/LEIPPE (2001), S. 182.

geschlossen werden muss. Die Mehrheit des Schrifttums bejaht daher die Vorteile einer solchen Prinzipienorientierung.[1156]

Dieses prinzipienorientierte Vorgehen könnte auch als mögliche Erklärung für die Frage dienen, warum das IASB bisher keine konkrete, detaillierte Normierung des anzuwendenden Bewertungsverfahrens vorgenommen hat.[1157] Da unabhängig von den genannten Vorteilen Einigkeit darüber besteht, dass bei einem prinzipienorientierten Ansatz dem pflichtgemäßen Ermessen der Abschlussersteller (und –prüfer) bei der Auslegung des Framework und der Standards (sog. "professional judgement") ein höheres Gewicht zukommt als in einem regelbasierten Rechnungslegungssystem, wodurch die Zuverlässigkeit tendenziell eingeschränkt ist,[1158] werden nachfolgend einige mögliche Lösungsansätze zu einer konkreten, detaillierten Normierung des Bewertungsverfahrens mit Bezug auf den deutschen Immobilienmarkt kurz gewürdigt.

4.2.2 Detaillierte Normierung des Bewertungsverfahrens

4.2.2.1 Übernahme des Ertragswertverfahrens nach WertV

Ein eher rein theoretischer,[1159] aber zumindest innerhalb Deutschlands vergleichsweise einfach umzusetzender Lösungsansatz wäre, durch verpflichtende Anwendung des Ertragswertverfahrens nach WertV für die Fair Value-Ermittlung nach IAS 40 zu einer Vereinheitlichung des Bewertungsverfahrens zu gelangen. Dieser Lösungsansatz erscheint aus nationaler Sicht vielleicht sogar denkbar, widerspricht jedoch in Gänze dem Grundgedanken der IFRS (und auch dem des RIC)[1160], durch internationale Harmonisierung der Rechnungslegung die welt-

---

1156 Vgl. beispielsweise KUHNER (2004), S. 269. So kommt auch die Arbeitsgruppe des Institute of Chartered Accountants of Scotland (ICAS) in ihrem Bericht zu dem Schluss, dass ein prinzipienbasierter Ansatz beim "Standardsetting" nicht nur erstrebenswert, sondern absolut notwendig zur Erreichung einer weltweiten Konvergenz bei Rechnungslegungsstandards ist. Dies kann nicht durch einen detaillierten, einzelfallbasierten Ansatz erreicht werden, vgl. ICAS (2006a), S. 17. Kritisch dagegen SCHILDBACH (2003), S. 263 f.

1157 Es besteht allerdings auch Möglichkeit, dass das IASB bisher keine Notwendigkeit für eine detaillierte Normierung gesehen hat, da aus seiner Sicht die Vorgabe eines DCF-Verfahrens als eindeutig erachtet wurde.

1158 Vgl. stellvertretend ICAS (2006a), S. 6; KUHNER (2004), S. 264.

1159 Die Bezeichnung "eher rein theoretischer Lösungsansatz" soll deutlich machen, dass diese Möglichkeit schwerlich umsetzbar wäre, da beispielsweise schon fraglich ist, wer denn in diesem Fall als Normengeber fungieren sollte. In Frage käme allenfalls das Rechnungslegungs Interpretations Committee (RIC) des DRSC. Eine derartige Normierung entspräche jedoch weder den Normierungsvorstellungen des IASB noch des RIC. Das RIC ist dem eigenen Selbstverständnis nach ebenfalls nur für Sachverhalte zuständig, die rein nationalen Geltungsbereich haben, beispielsweise Dosenpfand oder Sachverhalte im Zusammenhang mit dem Altersvorsorgegesetz, vgl. § 9 Abs. 1 der Satzung des DRSC e.V.

1160 Aus diesem Grund werden auch etwaige Auslegungsbedürfnisse, bis auf die in der vorhergehenden Fußnote genannten Sachverhalte, an das IFRIC weitergeleitet (sog. "IFRIC-Eingabe"), vgl. hierzu auch SCHREIBER (2006), S. 1380.

weite Vergleichbarkeit von Jahresabschlüssen zu erhöhen. Aus dem Blickwinkel eines international agierenden Investors lässt die Festlegung auf ein nur in Deutschland bekanntes und normiertes Immobilienbewertungsverfahren darüber hinaus weder eine vergleichbare noch eine relevantere Einschätzung des hierdurch ermittelten Fair Value eines Investment Property erwarten. Außerdem sprechen sowohl methodische Schwächen des Ertragswertverfahrens gegenüber dem DCF-Verfahren als auch Zweifel an der Normenkonformität gegen eine verpflichtende Anwendung desselben.[1161]

Ein solches Vorgehen wäre daher im Hinblick auf die Zielsetzung der IFRS, die internationale Vergleichbarkeit der Jahresabschlüsse kapitalmarktorientierten Unternehmen zu ermöglichen,[1162] nicht zielführend. Das Ertragswertverfahren nach WertV kann daher nicht (und sollte auch nicht) als DCF-Verfahren im Sinne des IAS 40 verstanden werden. Die Ansatzpunkte für eine Normierung reduzieren sich daher auf die konkrete Ausgestaltung des (international üblichen) DCF-Verfahrens.

4.2.2.2 Normierung des DCF-Verfahrens hinsichtlich der Eingang findenden Parameter

Bezug nehmend auf die empirisch gewonnenen Ergebnisse kann festgestellt werden, dass die grundlegende Problematik bei der Anwendung des DCF-Verfahrens in der Bestimmung des Diskontierungszinssatzes liegt. Mögliche Lösungsansätze sind daher vorwiegend hinsichtlich ihres Beitrages zu einer weitergehenden Normierung des anzuwendenden Diskontierungszinssatzes zu beurteilen.

Als Ansatzpunkte für eine explizite Normierung des DCF-Verfahrens sowie der in das DCF-Verfahren eingehenden Parameter bieten sich die (vorläufige) Empfehlung des BIIS zu einem "Marktwertkonformen DCF-Verfahren" sowie die im Juni 2006 von der gif veröffentlichte Empfehlung für eine "Standardisierung des DCF-Verfahrens" an. Beide Verbände zeigen hierdurch das Bestreben hin zu einer normierten[1163]Anwendung des DCF-Verfahrens innerhalb der Fachverbände. Beiden Empfehlungen liegen grundsätzlich verschiedene Ansätze zu

---

[1161] Vgl. Teil III Kapitel 4.1.1.
[1162] Vgl. Teil I Kapitel 1.1.1.
[1163] Der Begriff Normierung ist eigentlich nicht korrekt, da weder der BIIS noch die gif eine Normensetzungsinstanz darstellen, sodass die Vorschläge keinesfalls Normencharakter, sondern vielmehr den Charakter von Verlautbarungen privatrechtlicher Institutionen besitzen, vgl. zum Normenbegriff auch Fn. 49.

Grunde. Interessanterweise decken sich diese mit den empirisch gewonnenen Erkenntnissen über die Präferenzstruktur der Sachverständigen beider Fachverbände.[1164]

Die Empfehlung des BIIS[1165] für ein marktorientiertes DCF-Verfahren orientiert sich eindeutig am Ertragswertverfahren nach WertV. Die Prognose der Einzahlungen erfolgt unter der Annahme konstanter Mietpreise, d.h. eine ggf. antizipierbare Mietpreisentwicklung findet keine Berücksichtigung. Auch Preisänderungserwartungen, d.h. ein inflationsbedingter Anstieg der Einzahlungen, werden nicht im Zähler (bei den Einzahlungen), sondern im Nenner durch Verwendung eines realen Diskontierungszinssatzes, nämlich des Liegenschaftszinssatzes, berücksichtigt. Der Zähler enthält somit keine tatsächlichen Cashflows, sondern entspricht mehr oder weniger der nachhaltigen Miete beim Ertragswertverfahren nach WertV. Einzig die Darstellung mehrerer Detailperioden unterscheidet das DCF-Modell des BIIS vom deutschen Ertragswertverfahren. Es handelt sich streng genommen demzufolge gar nicht um ein DCF-Verfahren, sondern eher um ein mehrperiodisches Ertragswertverfahren. Die Empfehlung des BIIS kann somit, trotz Vorgabe eines einheitlich anzuwendenden Diskontierungszinssatzes, nicht als möglicher Lösungsansatz für eine umfassende Normierung des DCF-Verfahrens herangezogen werden.

Die Empfehlung der gif[1166] zur "Standardisierung des DCF-Verfahrens" basiert dagegen (wie auch diese Arbeit)[1167] auf einem (auch in der Investitionsrechnung üblichen) "reinen DCF-Verfahren"[1168] und entspricht hinsichtlich der verwandten Parameter weitgehend dem im Rahmen des CJM-Experimentes präsentierten Stimulus H.[1169] Daraus folgt, dass der Zähler die tatsächlich erwarteten zukünftigen Einzahlungen und Auszahlungen widerspiegeln soll. So sollen die Einzahlungen sämtliche erwarteten Chancen und Risiken, die sich direkt auf diese auswirken und die bereits heute (durch Marktanalyse, Mieteranalyse sowie Konkurrenzanalyse) antizipiert und explizit bei der Bewertung berücksichtigt werden können, enthalten.

1164 Da die Empfehlungen beider Verbände zum Zeitpunkt der Untersuchung im November/Dezember 2005 noch nicht veröffentlicht waren, ist ein Einfluss der Verlautbarungen auf die Untersuchungsergebnisse nicht zu vermuten. Hingegen ist ein Zusammenhang dergestalt zu vermuten, dass die Präferenzstruktur der Mitglieder des jeweiligen Verbandes entsprechenden Einfluss auf die Ausgestaltung der Empfehlungen hatte. Daher können die unterschiedlichen Ansätze beider Verbände auch als Bestätigung der empirisch gewonnenen Erkenntnisse aufgefasst werden.

1165 Vgl. BIIS (2006) sowie beispielsweise SIMON (2006), S. 274 f.

1166 Vgl. GIF (2006) sowie beispielsweise ALTMEPPEN (2006a), S. 499 f.

1167 Vgl. zum formalen Aufbau des DCF-Verfahrens Teil II Kapitel 2.1.2.2.1.2.

1168 Der Begriff "reines DCF-Verfahren" dient lediglich der Abgrenzung zu dem zwar sprachlich als DCF-Verfahren bezeichneten, aber inhaltlich nicht entsprechenden Vorschlag des BIIS.

1169 Vgl. zu den einzelnen im Rahmen des CJM-Experiments präsentierten Stimuli Anhang 2c. Diese Auswahl des Stimulus H repräsentiert durch die verwendeten Heuristiken H_{E1}, H_{A1}, H_{I1} eine Vorziehenswürdigkeit zugunsten der Relevanz bei der Auswahl aller Parameter.

Korrespondierend erfolgt auch bei den Auszahlungen keine Typisierung anhand pauschaler Sätze, sondern eine individuelle, objektspezifische Schätzung, welche die zukünftig erwarteten Auszahlungen für Betriebskosten, Instandhaltung sowie auch die Aufwendungen für die Wiedervermietung widerspiegelt. Die Bestimmung des Diskontierungszinssatzes erfolgt auf Basis eines nicht näher spezifizierten risikolosen Zinssatzes zuzüglich eines ebenfalls nicht näher spezifizierten Risikozuschlages.

Insofern ist die Empfehlung der gif annähernd deckungsgleich mit den Ausführungen der TEGoVA und des IVSC und muss sich daher der gleichen Kritik unterwerfen. So enthält die Empfehlung ebenfalls keine konkreten Vorgaben zur Bestimmung des kritischen Parameters Diskontierungszinssatz.[1170] Die Empfehlung der gif scheint daher als denkbarer Lösungsansatz für eine eher regelorientierte Normierung des DCF-Verfahrens ebenfalls nicht geeignet. Sie stellt allerdings, insbesondere aufgrund der Orientierung an einem "reinen DCF-Verfahren", einen im Hinblick auf die Fair Value-Ermittlung von Investment Properties normenkonformen Lösungsansatz dar.

Betrachtet man die beiden Lösungsvorschläge, so stellt sich die Frage, ob nicht eine Verwendung des in Deutschland normierten Liegenschaftszinssatzes möglich wäre, da mit der Institution Gutachterausschuss bereits eine institutionelle Basis zur Bereitstellung dieses Diskontierungszinssatzes bestehen würde. Zunächst hängt dies davon ab, wie das DCF-Verfahren formal spezifiziert wird.

Zum einen könnte die Möglichkeit bestehen, ähnlich dem Vorschlag des BIIS ein "DCF-Verfahren" aufbauend auf den derzeit verfügbaren Liegenschaftszinssätzen (die eigentlich für das Ertragswertverfahren nach WertV bestimmt sind) zu entwickeln. Dies entspricht jedoch konzeptionell nicht dem, was international (und in dieser Arbeit) unter einem DCF-Verfahren verstanden wird (d.h. als ein Modell mit Preisänderungen im Zähler (den Einzahlungen und Auszahlungen)).

Zum anderen bestünde die Möglichkeit, die Gutachterausschüsse zur Ermittlung und Bereitstellung geeigneter Diskontierungszinssätze für das DCF-Verfahren (in Gestalt der

---

[1170] Die genannte Kritik ist jedoch nur dann zutreffend, wenn eine solche regelorientierte Normierung als Zielsetzung dieser Empfehlung unterstellt würde. Betrachtet man die vorliegenden Verlautbarungen des IVSC und der TEGoVA sowie die Empfehlung der gif hinsichtlich des Konkretisierungsgrades, so fällt auf, dass in allen drei Fällen anscheinend bewusst von einer konkreten Normierung beispielsweise des Diskontierungszinssatzes abgesehen wurde. Es ist daher zu vermuten, dass keine der vorliegenden Verlautbarungen bzw. Empfehlungen (im Hinblick auf die hiermit zusammenhängenden Probleme) überhaupt den Anspruch erhebt, solch eine regelorientierte Normierung bereitzustellen. Schließt man sich dieser Auffassung an, könnte allenfalls der gewählte Titel "standardisiertes DCF-Verfahren" fraglich erscheinen.

Empfehlung der gif), zu beauftragen. Da in diesem DCF-Verfahren, wie auch bei der Empfehlung der gif, die Einzahlungen im Zähler nominal, d.h. inklusive entsprechender Anhebungen für die erwarteten Inflations- und Mietwachstumsraten, dargestellt werden, ist für eine Verwendung des Liegenschaftszinssatzes als Diskontierungszinssatz eine Anpassung erforderlich. Ursächlich hierfür ist, dass der Liegenschaftszinssatz als Realzinssatz die Inflations- und Mietwachstumserwartungen bereits beinhaltet und sie ansonsten gegebenenfalls doppelt berücksichtigt würden.[1171] Eine Bereitstellung angepasster Liegenschaftszinssätze für das DCF-Verfahren erscheint jedoch aufgrund der im Vergleich zum Ertragswertverfahren komplizierten Ermittlung[1172] sowie der mangels Finanzknappheit der Kommunen begrenzten Ressourcen der Gutachterausschüsse[1173] in absehbarer Zeit kaum lösbar.

4.2.2.3 Würdigung im Kontext der Zielsetzung der IFRS

Klammert man daher das Ertragswertverfahren nach WertV aus den bereits ausgeführten Gründen aus, reduzieren sich die Ansatzpunkte für eine Normierung auf die konkrete Ausgestaltung des DCF-Verfahrens. Ein dergestalt explizit normiertes DCF-Verfahren müsste jedoch in der Lage sein, die Besonderheiten der jeweiligen nationalen Immobilienmärkte zu berücksichtigen.[1174] Die Betrachtung möglicher Normierungsansätze für Deutschland hat gezeigt, dass nur die Bereitstellung geeigneter Diskontierungszinssätze durch eine entsprechende Institution wie den Gutachterausschüssen eine zugleich normenkonforme und praktikable Lösung erwarten lässt. Die Bereitstellung derartiger Diskontierungszinssätze in Deutschland scheint allerdings, losgelöst von den mit ihrer Ermittlung zusammenhängenden methodischen Problemen, in naher Zukunft nicht wahrscheinlich. Darüber hinaus würde sich eine solche Normierung ausschließlich auf die nationalen Besonderheiten des deutschen Gutachterausschusswesens stützen und daher zu keinerlei Harmonisierung der Bewertungsverfahren im internationalen Vergleich beitragen. Eine Berücksichtigung nationaler Besonderheiten

---

1171 Vgl. ENGEL/BÄRWOLF (2004), S. 275 f. Dies ergibt sich aus der Definition des Liegenschaftszinssatzes als Rendite mit der sich eine Immobilie durchschnittlich verzinst. Diese Rendite ermittelt sich aus den Kaufpreisen und enthält daher die vom Markt erwartete Inflations- und Wachstumsrate.

1172 So sind beim Ertragswertverfahren nur der gegebene Reinertrag, die Restnutzungsdauer sowie der Bodenwert zu berücksichtigen. Beim DCF-Verfahren ist dagegen die Entwicklung der Einzahlungen (der Mieten unter Berücksichtigung der Inflation), der Auszahlungen sowie der erwartete Restwert zum Ende der Detailplanungsperiode zu prognostizieren, vgl. PETERSEN (2006), S. 144 sowie für eine Umrechnungsformel EBENDA, S. 143.

1173 Vgl. EBENDA, S. 144.

1174 Vgl. zu den Besonderheiten des deutschen Immobilienmarktes Teil II Kapitel 1.2.2.1.

(wie bereits die Anwendung rein nationaler Bewertungsverfahren) widerspricht auch der Zielsetzung des IASB, "a single set of high quality [...] standards"[1175] zu etablieren.

Daher lässt sich zunächst festhalten, dass zwar innerhalb Deutschlands eine Normierung des Bewertungsverfahrens möglich wäre, dies jedoch der (gewünschten) internationalen Vergleichbarkeit widerspräche. Auch die explizite Normierung des DCF-Verfahrens einschließlich der Eingang findenden Parameter ist problematisch, da die jeweiligen Immobilienmärkte nationale Besonderheiten aufweisen und auch die Verfügbarkeit immobilienspezifischer Daten sehr unterschiedlich ist.[1176] Insbesondere nationale Entwicklungen sind im Hinblick auf eine gewünschte internationale Vergleichbarkeit kritisch zu betrachten. Darüber hinaus sind die Besonderheiten des jeweiligen nationalen Immobilienmarktes, sofern sie die Marktpreise beeinflussen, zu berücksichtigen.

Eine mögliche Lösung müsste somit, konform zur vom IASB beabsichtigten Ausgestaltung,[1177] ein höheres Maß an Prinzipienorientierung besitzen. Nachfolgend wird daher als zweiter möglicher Ansatzpunkt für eine Normierung die Vorgabe einer Entscheidungsregel zugunsten der Relevanz oder Zuverlässigkeit diskutiert.

4.2.3 Entscheidungsregeln zwischen Relevanz und Zuverlässigkeit

4.2.3.1 Status des Framework und Konsequenzen für einen Lösungsansatz

Zunächst stellt sich die Frage, auf welcher Ebene eine mögliche Normierung erfolgen sollte. Dies hängt insbesondere davon ab, an wen sich das IASB Framework und demzufolge auch eine ggf. zu implementierende Vorgabe hinsichtlich der Relevanz oder Zuverlässigkeit vor allem richten würde.

Richtet sich das Framework vor allem an den Standardsetter IASB, gibt es also den Rahmen vor, in dem sich der Standardsetter bei der Entwicklung neuer oder der Überarbeitung bestehender Standards bewegen soll, erfolgt eine Abwägung zwischen der Relevanz und Zuverlässigkeit durch den Standardsetter vor allem durch die Wahl des für den jeweiligen Bilanzposten vorgesehenen Bewertungsmaßstabs. Der Standardsetter hätte demnach beim Bilanzposten Investment Properties der Relevanz einen höheren Stellenwert als der Zuverlässigkeit zugemessen, da er den mit Hilfe von Barwertverfahren ermittelten Fair Values

---

[1175] IASC Foundation Constitution.2 (a).
[1176] Vgl. bezogen auf die Einzahlungen auch Teil II Kapitel 2.1.2.2.2.1, insb. Fn. 352.
[1177] Vgl. auch Fn. 1154.

tendenziell eine höhere Entscheidungsnützlichkeit beimisst als fortgeführten Anschaffungskosten.[1178]

Wenn das Framework sich dagegen aber vor allem an den Normenanwender richtet, dann ist die Zielsetzung des Framework eher das Füllen von Regelungslücken bzw. die Auslegungsunterstützung. Grundsätzlich wäre dann bei der Auslegungsunterstützung eine Entscheidungsregel zugunsten der Relevanz oder Zuverlässigkeit wünschenswert. Jedoch muss hierbei eingeschränkt werden, dass eine allgemeingültige Entscheidungsregel, d.h. unabhängig von der Art des Bilanzpostens, undenkbar ist.

Die Unmöglichkeit einer solchen allgemeinen Entscheidungsregel zeigt sich nämlich gerade daran, dass das IASB für unterschiedliche Bilanzposten unterschiedliche Bewertungsmaßstäbe vorsieht und sich in der Wahl dieser Bewertungsmaßstäbe (auch) eine bestimmte Gewichtung zwischen diesen beiden Anforderungen implizit ausdrückt. Zwar ist es auch möglich, die zwischen den verschiedenen Einzelstandards unterschiedlichen Bewertungsmaßstäbe durch die Entstehungsgeschichte der IFRS und den historischen Kontext zu erklären; mindestens ebenso plausibel ist aber auch, dass das IASB für jede Art von Bilanzposten (und damit in jedem Einzelstandard) eine unterschiedliche Abwägung getroffen hat und dabei Faktoren wie beispielsweise die Eigenschaften des für diesen Bilanzposten relevanten Marktes berücksichtigt. Dies würde erklären, warum gerade für Märkte mit vergleichsweise homogenen Gütern wie Finanzinstrumenten, landwirtschaftlichen Erzeugnissen und (mit Einschränkungen) Investment Properties ein marktorientierter Fair Value gewählt wurde. Andererseits wurde für Bilanzposten, bei denen der Beitrag zur Erzielung zukünftiger Cashflows stark von den unternehmensindividuellen Verwendungsabsichten/-möglichkeiten abhängt oder es sich um Märkte mit hohen Transaktionskosten handelt (z.B. Vorräte, Sachanlagevermögen), als ausschließlicher (Vorräte) oder bevorzugter Bewertungsmaßstab[1179] die

[1178] Dagegen hätte der Standardsetter beispielsweise beim Bilanzposten Vorräte durch Wahl der fortgeführten Anschaffungskosten als Bewertungsmaßstab der Zuverlässigkeit implizit einen höheren Stellenwert zugemessen, da er sich hiervon eine insgesamt höhere Entscheidungsnützlichkeit erwartet. Vgl. zu dieser Diskussion auch die Belege in Teil II Kapitel 2.2, Fn. 44.

[1179] Die beispielsweise im älteren IAS 16 verwendete Bezeichnung "Benchmark Methode" beruht auf der historischen Entwicklung, vgl. IAS 16.28 f. (1998). Im Rahmen des Improvement Project hat das IASB diese Unterscheidung abgeschafft und klargestellt, dass die Unterscheidung in "Benchmark-Methode" (Anschaffungskostenmodell) und "Alternativ zulässige Methode" (Neubewertungsmodell zum Fair Value) ausschließlich formaler Natur war, vgl. IAS 16.29. Beide Bewertungsmaßstäbe sind als gleichwertig zu erachten. Jedoch stellt auch das "Neubewertungsmodell zum Fair Value" keinen "echten" Bewertungsmaßstab "Fair Value" dar, da Wertänderungen nur ergebnisneutral im Eigenkapitel und nicht ergebniswirksam über die Gewinn- und Verlustrechnung erfasst werden, vgl. IAS 16.39 f.

historischen Anschaffungs- oder Herstellungskosten gewählt, der implizit eher die Zuverlässigkeit höher gewichtet.

Eine im Framework verankerte Entscheidungsregel zugunsten der Relevanz oder Zuverlässigkeit kann also, wenn überhaupt an den Normenanwender gerichtet, nur dann einen möglichen Lösungsansatz darstellen, wenn sie der Begrenzung von Ermessens- bzw. Abwägungsentscheidungen innerhalb eines Bilanzpostens (mit bereits festgelegtem Bewertungsmaßstab) dient. Auf Investment Properties bezogen bedeutet dies, dass der Standardsetter bereits durch Wahl des Bewertungsmaßstabes Fair Value (ohne Beachtung des Wahlrechtes zugunsten des "Cost Model")[1180] der Relevanz grundsätzlich einen gewissen Vorrang einräumt. Dieses müsste eine geeignete Entscheidungsregel berücksichtigen.

Das kürzlich veröffentlichte Diskussionspapier: "Preliminary Views on an improved Conceptual Framework for Financial Reporting" (nachfolgend DP Conceptual Framework) des FASB und IASB könnte als ein in diese Richtung gehender Ansatz interpretiert werden[1181] und wird daher nachfolgend beispielhaft für einen solchen Lösungsansatz gewürdigt.

4.2.3.2 Allgemeine Entscheidungsregel im Framework am Beispiel des Diskussionspapiers zum Conceptual Framework

Das DP Conceptual Framework stellt im Hinblick auf das Spannungsverhältnis zwischen Relevanz und der Zuverlässigkeit[1182] zunächst klar, dass nur bei gleichzeitigem Vorliegen eines Mindestmaßes beider Eigenschaften eine entscheidungsnützliche Rechnungslegungsinformation gegeben sein kann.[1183] Anschließend wird jedoch vorgeschlagen, dass in der Art eines Entscheidungsbaumes (bzw. einer logischen Abfolge) zunächst die Anforderung nach Relevanz berücksichtigt werden soll und erst an zweiter Stelle die Anforderung der Zuverlässigkeit.[1184] Die Prüfung auf Relevanz und Zuverlässigkeit soll damit zukünftig in zwei aufeinanderfolgenden Stufen erfolgen. Diese im DP Conceptual Framework enthaltene

---

[1180] Vgl. zur Stellung des Cost Model innerhalb von IAS 40 auch Teil II Kapitel 1.2.1.5.3.

[1181] Es sei darauf hingewiesen, dass das FASB und das IASB nicht der Auffassung sind, in dem DP eine Entscheidungsregel zugunsten der Relevanz vorzugeben. Sie betonen vielmehr, dass sowohl die Relevanz als auch die Zuverlässigkeit gleichgewichtete Eigenschaften einer entscheidungsnützlichen Rechnungslegungsinformation darstellen, vgl. zum Diskussionspapier auch Teil II Kapitel 3.2.2.2.2.

[1182] Im Diskussionspapier wird vorgeschlagen, den Begriff "Zuverlässigkeit" durch den bisher zur Konkretisierung desselben verwandten Begriff der "glaubwürdigen Darstellung" zu ersetzen, vgl. Teil II Kapitel 3.2.2.2.2, insb. Fn. 604 ff.

[1183] Vgl. IASB (2006), QC42 ff., insb. QC45.

[1184] So entscheidet in einem ersten Schritt die Relevanz über die Auswahl des abzubildenden Sachverhaltes. In einem zweiten Schritt stellt die Anforderung nach glaubwürdiger Darstellung sicher, dass der nunmehr bereits als relevant qualifizierte Sachverhalt auch bestmöglich (im Sinne von möglichst zuverlässig) abgebildet wird, vgl. auch KAMPMANN/SCHWEDLER (2006), S. 529.

Abfolge der Prüfung auf Relevanz und Zuverlässigkeit könnte als eine implizite Gewichtung zugunsten der Relevanz gedeutet werden und würde somit auf den ersten Blick eine geeignete Entscheidungsregel zur Lösung des Konflikts zwischen Relevanz und Zuverlässigkeit darstellen.

Diese Konfliktlösung (sofern sie tatsächlich beabsichtigt wäre) wird jedoch nur dadurch möglich, dass die Prüfung auf Relevanz auf Ebene des realen Sachverhaltes stattfindet[1185] und die Prüfung auf Zuverlässigkeit erst auf der nächsten Ebene (der Abbildungsebene) erfolgt. Relevanz wird somit nicht als Eigenschaft der Rechnungslegungsinformation, sondern vielmehr als "Filter" verwandt. Dies wäre insbesondere vor dem Hintergrund zu kritisieren, dass das DP Conceptual Framework die Relevanz eindeutig als (notwendige) Eigenschaft einer Rechnungslegungsinformation (neben deren Zuverlässigkeit) spezifiziert.[1186] Darüber hinaus stellt sich die Frage, ob nicht bereits durch die Vorgabe geeigneter Abbildungsregeln und durch die Wahl des spezifischen Bewertungsmaßstabes durch den Standardsetter (Investment Properties zum Fair Value) diese als "Filter" bezeichnete Abbildungsentscheidung bereits vollzogen wurde.[1187]

Eine Umsetzung eines solchen Stufenkonzeptes zur Prüfung der Anforderungen nach Relevanz und Zuverlässigkeit würde zur Folge haben, dass die Auswahl geeigneter Rechnungslegungsinformationen bzw. der Parameter bei modellgestützter Ermittlung derselben (wie im Fall der Fair Value-Ermittlung von Investment Properties) ausschließlich anhand des Kriteriums der Relevanz erfolgen würde. Die Zuverlässigkeit der jeweiligen Information würde für die Entscheidung zugunsten oder gegen eine Abbildung im IFRS-Abschluss zunächst keinerlei Rolle spielen. Erst nachdem eine Abbildungsentscheidung grundsätzlich getroffen wäre, würde eine Prüfung hinsichtlich einer hinreichenden Zuverlässigkeit erfolgen. Die eingangs als gleichbedeutend spezifizierten Eigenschaften der Relevanz und Zuverlässigkeit

---

1185 Vgl. IASB (2006), QC43.

1186 Vgl. IASB (2006), QC8 sowie Fn. 607.

1187 Kritisch hierzu auch das DRSC (2006), S. 6, in seiner Stellungnahme zum DP Conceptual Framework: "Furthermore, we observed an inconsistency regarding the description of relevance. QC 8 refers to the relevance of the information conveyed by the financial statement. On the contrary, QC 43 refers to the relevance of the underlying real-world transactions, i.e. relevance in this sense acts as a filter as to which real-world transactions should be accounted for in the financial statements at all. However, under this definition, the characteristic as defined in QC8 would be a mere tautology: Every information contained in the financial statements must by definition in QC43 be relevant, since, if the information was irrelevant, it would not have been considered in the context of the financial statements in the first place."

einer Rechnungslegungsinformation wären in eine notwendige (Relevanz) und eine hinreichende (Zuverlässigkeit) Eigenschaft umqualifiziert.[1188]

Ein solches Vorgehen lässt zunächst eine den Entscheidungsnutzen optimierende Rechnungslegungsinformation vermuten, da ausschließlich relevante, aber auch hinreichend verlässliche Informationen abgebildet werden. Eine Betrachtung der Fair Value-Ermittlung von Investment Properties zeigt jedoch, dass bei Anwendung dieser Entscheidungsregel nur die jeweils als relevanter zu klassifizierende Heuristik überhaupt zur Fair Value-Ermittlung in Frage käme, deren Zuverlässigkeit auf der zweiten Beurteilungsstufe dann als ausreichend oder unzureichend beurteilt würde. Wie die Ergebnisse der empirischen Untersuchung gezeigt haben,[1189] besteht insbesondere bei der Bestimmung des Diskontierungszinssatzes keine Einigkeit, welche alternative Heuristik zu einem den Entscheidungsnutzen maximierenden Fair Value führt. Dies bestätigt, dass neben der Relevanz auch die Zuverlässigkeit einen eigenständigen Beitrag zum Entscheidungsnutzen generiert und dieser bei einer gewünschten Optimierung desselben zu berücksichtigen ist. Ob dies gesichert ist, lässt sich auf Basis des im DP vorgeschlagenen Entscheidungsbaumes nicht abschließend beurteilen; es besteht die Möglichkeit,[1190] dass der aus Adressatensicht vermutete Beitrag der Zuverlässigkeit nicht (hinreichend) berücksichtigt wird.[1191]

Eine ähnlich gestaltete Entscheidungsregel zugunsten der Zuverlässigkeit ist ebenfalls, sofern sich das Framework an den Normenanwender richtet, nicht zielführend, da irrelevante Rechnungslegungsinformationen niemals entscheidungsnützlich sein könnten. Aus diesem Grund hat der Standardsetter aus seiner Sicht grundsätzlich relevante und vermutlich entscheidungsnützliche Sachverhalte durch Vorgabe geeigneter Abbildungsregeln (beispielsweise IAS 40 für Investment Properties) identifiziert und durch Wahl des maßgeblichen Bewertungsmaßstabes (des Fair Value bei Investment Properties) der Relevanz hiermit bereits einen Vorrang vor der Zuverlässigkeit eingeräumt.

[1188] Vgl. zum Verhältnis von Relevanz und Zuverlässigkeit auch Kapitel 3.2.1.3.2.4, insb. Fn. 468.

[1189] Vgl. Teil III Kapitel 4.1.2.3.

[1190] So auch das DRSC (2006), S. 6: "The qualitative characteristics are interactive. A rational user will not consider unreliable information."

[1191] Bei der praktischen Anwendung des Entscheidungsbaums bleibt unklar, wie auf der zweiten Stufe bei der Beurteilung der Zuverlässigkeit vorzugehen ist, wenn die Prüfung auf Relevanz auf der ersten Stufe bejaht wurde. Denkbar ist, dass

a) ein Mindestmaß an Zuverlässigkeit ausreicht den Sachverhalt abzubilden,

b) ein der Relevanz entsprechendes Maß an Zuverlässigkeit im Sinne eines Gleichgewichts erforderlich ist oder

c) ein als relevant identifizierter Sachverhalt unabhängig vom Maß der erreichbaren Zuverlässigkeit zwingend im Abschluss abzubilden ist.

Das angesprochene Diskussionspapier enthält daher nur scheinbar eine Lösung des Konfliktes zwischen der Anforderung nach Relevanz und Zuverlässigkeit.[1192] Einen Beitrag zur Lösung des Bilanzierungsproblems (Abbildung von Investment Properties zum Fair Value) vermag das Diskussionspapier und auch eine anderweitig derart ausgestaltete Normierung einer allgemeinen Entscheidungsregel somit nicht zu leisten.[1193] Dies zeigt, dass eine Entscheidungsregel, welche unabhängig vom abzubildenden wirtschaftlichen Sachverhalt grundsätzlich der Relevanz oder Zuverlässigkeit einen gewissen Vorrang einräumen würde, keine mögliche Lösung darstellt.[1194]

Jedoch bestehen, wie diese Arbeit gezeigt hat, bei der Fair Value-Ermittlung selbst zahlreiche Abstufungen an Relevanz und Zuverlässigkeit, da hier ein besonderes Spannungsverhältnis zwischen diesen beiden Anforderungen besteht.[1195] Ziel einer Entscheidungsregel kann es daher nur sein, innerhalb dieser Abstufungen (in dieser Arbeit repräsentiert durch die verschiedenen zur Auswahl gestellten Heuristiken) zu unterstützen.

4.2.3.3 Bewertungsmaßstabsspezifische Entscheidungsregel am Beispiel des SFAS 157: Fair Value Measurements

Obwohl die Betrachtung des SFAS 157: "Fair Value Measurements" (als Bestandteil des vom IASB veröffentlichten gleichnamigen Diskussionspapier)[1196] als Bestandteil des Problemlösungsrahmens keinen Beitrag zur Lösung des betrachteten Bilanzierungsproblems (Abbildung von Investment Properties zum Fair Value mit Hilfe eines DCF-Verfahrens) erkennen ließ, könnte SFAS 157 gleichwohl als Beispiel für eine bewertungsmaßstabsspezifische Entscheidungsregel interpretiert werden. So ist das Ziel des SFAS 157 die Schaffung

---

[1192] Ebenfalls das DRSC (2006), S. 6 formuliert hierzu zutreffend: "the relationship between relevance and the other qualitative characteristics is not as simple as described in the Discussion Paper."

[1193] Diese Beurteilung beruht jedoch, wie im vorangegangenen Kapitel erläutert, auf der Annahme, dass sich das Framework auch an den Normenanwender richtet. Anders verhält es sich, sofern man davon ausgeht, dass es sich vorwiegend an die Standardsetter als Deduktionsbasis für zukünftige Standards richtet. In diesem Fall könnte ein zugunsten der Relevanz ausgestaltetes Stufenkonzept als Entscheidungsgrundlage für die grundsätzliche Abbildung eines Sachverhaltes in den IFRS dienen.

[1194] Daher ist auch die Ansicht von KUHNER (2001), S. 537 abzulehnen, dass "der *tradeoff* zwischen Relevanz und Verläßlichkeit nicht von den situationsspezifischen Präferenzen einzelner Adressaten abhängig (sein sollte, d. Verf.): Sollen Rechnungslegungsaggregate dazu dienen, Fundamentalwerte zu prognostizieren, muss jeder Adressat daran interessiert sein, daß Relevanz und Verlässlichkeit in einer festen, für alle Bilanzpositionen in engen Grenzen gleichen, über die Zeit hinweg konstanten und allgemein bekannten Beziehung zueinander stehen." (Hervorhebung im Original). Ähnlich auch KLEIN (2003), S. 90, vgl. Fn. 670.

[1195] Vgl. zu diesem Zielkonflikt Teil II Kapitel 4.1.1. Als Folge ihrer unzuverlässigen Ermittlung kann eine für den Adressaten grundsätzlich relevante Information nicht entscheidungsnützlich sein, da sie die mit der Ermittlung untrennbar verbundene Unsicherheit nicht zutreffend widerspiegelt und somit irreführend ist. Diese Problematik besteht grundsätzlich bei allen, nur durch eine Schätzung ermittelbaren, bilanziellen Werten.

[1196] Vgl. ausführlich Teil II Kapitel 3.2.2.2.1.

von einheitlichen Grundsätzen für die Ermittlung von Fair Values dergestalt, dass im Ergebnis immer ein möglichst zuverlässiger Fair Value ermittelt wird. Dies soll durch Sicherstellung eines notwendigen Mindestmaßes an Objektivierung mittels konkreter Wertfindungsmethoden erreicht werden.[1197] Nach Ansicht von LÜDENBACH/ FREIBERG will SFAS 157 hierdurch auch einen Beitrag zur Problematik des Trade-Off zwischen Relevanz und Zuverlässigkeit leisten.[1198]

Als Maßstab für die Zuverlässigkeit stellt SFAS 157 auf die Marktbasierung der "Inputfaktoren" (Daten *und* Annahmen im Sinne des Prognosemodells)[1199], differenziert in drei "Levels", ab.[1200] Von Interesse für das hier diskutierte Problem (Ermittlung des Fair Value von Investment Properties mit Hilfe eines DCF-Verfahrens) sind insbesondere die Ausführungen zu den Inputfaktoren des "Levels 2"[1201] und "Levels 3".[1202] Nicht markt-basierten Inputfaktoren (d.h. bei Abwesenheit marktbasierter Daten und Annahmen) zählen zu den Inputfaktoren des Level 3.[1203] Im Hinblick auf die Prognose von Fair Values mit Hilfe eines DCF-Verfahrens kann daher zumeist nur ein Fair Value des Levels 3 (im Sinne der obigen Hierarchie), und daher ein Fair Value mit geringster Verlässlichkeit, ermittelt werden.

Im Hinblick auf die Zuverlässigkeit wäre demnach einer anderweitigen Ermittlung des Fair Value in jedem Fall der Vorzug zu geben. SFAS 157 verkennt jedoch, dass regelmäßig keine Marktpreise vergleichbarer Objekte vorliegen, sodass der Fair Value von Investment Properties vorrangig mit Hilfe von Bewertungsverfahren zu bestimmen sein wird. Der gewünschte Objektivierungsbeitrag der im SFAS 157 vorgeschlagenen Bewertungshierarchie (im Sinne einer bewertungsmaßstabsspezifischen Entscheidungsregel) versagt daher, wenn die Bewertung nicht ausschließlich auf am Markt beobachtbaren Daten (und hieraus abgeleiteten

---

1197 Vgl. LÜDENBACH/FREIBERG (2006), S. 437.

1198 Vgl.EBENDA (2006), S. 437.

1199 In Bezug auf das in dieser Arbeit verwendete Prognosemodell sind mit Inputfaktoren sowohl Daten als auch Annahmen angesprochen, vgl. zum Prognosemodell Teil II Kapitel 2.2.2.

1200 SFAS 157.22 ff.

1201 SFAS 157 sieht innerhalb des Levels 2 vier Abstufungen in Abhängigkeit von der jeweiligen Markbasierung vor, deren Verlässlichkeit von Stufe a) zu d) tendenziell abnimmt, vgl. zu den einzelnen Abstufungen Teil II Kapitel 3.2.2.2.1.

1202 Inputs des "Levels 1" liegen vor, wenn am Bewertungsstichtag direkt beobachtbare Preise für ein identisches Investment Property vorliegen würden, vgl. SFAS 147.24 ff. Level 1 entspricht damit im Wesentlichen der ersten Stufe der Bewertungshierarchie des IAS 40, vgl. IAS 40.45. Aus den bereits in Teil II Kapitel 1.2.2.1 dargestellten Gründen scheidet dies für Investment Properties regelmäßig aus.

1203 Level 3 weist daher (aus Sicht des FASB) eine noch geringere Verlässlichkeit als Level 2d auf, vgl. hierzu auch Fn. 585.

Annahmen) beruht bzw. diese am Markt beobachtbaren Daten erhebliche Anpassung erfordern.[1204]

Bezug nehmend auf die im Rahmen der empirischen Erhebung zur Auswahl gestellten Heuristiken wäre durch diese im SFAS 157 offerierte Entscheidungsregel daher keine Entscheidung zugunsten der einen oder anderen Heuristik möglich. Jedoch ist anzumerken, dass die US-GAAP (zumindest derzeit) keine Abbildung von Investment Properties zum Fair Value vorsehen, sodass die hier angesprochene Problemstellung vermutlich bei der Ausgestaltung des SFAS 157 keine Berücksichtigung fand. Es wäre daher zu begrüßen, dass das IASB im Rahmen des Due Process zum Fair Value Measurement den Aspekt der (fast) vollständigen Abwesenheit marktbasierter Inputfaktoren (insbesondere bei der Fair Value-Ermittlung von Investment Properties) stärker berücksichtigt. Das vorliegenden DP Fair Value Measurement enthält allerdings diesbezüglich keine Hinweise.[1205]

4.2.3.4 Würdigung im Kontext der Zielsetzung der IFRS

Als Ergebnis lässt sich festhalten, dass weder die IFRS-weite Normierung einer Entscheidungsregel zugunsten der Relevanz oder Zuverlässigkeit noch die Normierung einer bewertungsmaßstabsspezifischen Entscheidungsregel eine den Entscheidungsnutzen der Adressaten optimierende Fair Value-Ermittlung eines Investment Property erwarten lässt. Das angesprochene Diskussionspapier Conceptual Framework sowie der FASB Standard SFAS 157 bzw. ein künftiger diesem entsprechender IFRS, enthalten somit auch nur scheinbar eine Lösung des Konfliktes zwischen der Anforderung nach Relevanz und Zuverlässigkeit. Einen Beitrag zur Lösung des Bilanzierungsproblems (Abbildung von Investment Properties zum Fair Value) vermögen weder das DP Conceptual Framework noch der derzeitige SFAS 157 und vermutlich auch keine anderweitig derart ausgestaltete Normierung einer Entscheidungsregel zugunsten der Relevanz oder Zuverlässigkeit zu leisten.

4.3 Zusammenfassende Beurteilung der Untersuchungsergebnisse und Normierungsvorschläge

Eine (eindeutige) den Entscheidungsnutzen der Adressaten optimierende und damit vollends befriedigende Lösung des betrachteten Bilanzierungsproblems (Fair Value-Ermittlung von Investment Properties) konnte sowohl auf deduktive als auch auf induktive Weise nicht

---

[1204] Vgl. bereits Teil II Kapitel 3.2.2.2.1, insb. den Beleg in Fn. 589.

[1205] So scheint das IASB (2006b), Tz. 46 f. (zumindest derzeit) eine einheitliche, ähnlich der in SFAS 157 normierten, Bewertungshierarchie zur Fair Value-Ermittlung innerhalb der IFRS als zielführend zu erachten.

erreicht werden. Ungeachtet dessen, dass keine der diskutierten Lösungsvorschläge tatsächlich zu einer mit den Zielsetzungen der IFRS zu vereinbarenden und zugleich den Entscheidungsnutzen der Adressaten optimierenden Lösung geführt hat, zeigen die empirischen Untersuchungsergebnisse für Deutschland deutlich, dass es sinnvoll wäre, die Abbildung von Investment Properties stärker zu normieren. So könnte zum einen zumindest eine grundlegende Vorgabe des Diskontierungszinssatzes im Standard aufgenommen werden,[1206] zum anderen könnten die zu berücksichtigenden Quellen bei der Bestimmung der Einzahlungen, Auszahlungen und des Diskontierungszinssatzes in Gestalt einer umfassenderen Auflistung (Guidance) verstärkt normiert werden.[1207] Darüber hinaus sollte sich das IASB in naher Zukunft noch detaillierter (als in dem genannten Diskussionspapier bisher erfolgt)[1208] zu Bewertungseinzelheiten oder sogar zu bestimmten Verfahren äußern, um hierdurch ein höheres Maß an Objektivität und damit an Vergleichbarkeit der Fair Value-Ermittlung von Investment Properties zu erzielen.[1209]

Zusammenfassend ist festzuhalten, dass sich die Harmonisierungsbestrebungen im Bereich der Immobilienbewertung, insbesondere im Vergleich zur externen Rechnungslegung, noch im Anfangsstadium befinden.[1210] Es erscheint daher unwahrscheinlich, dass sich kurz- bis mittelfristig international ein einheitliches Bewertungsverfahren durchsetzen wird.[1211] Jedoch hat auch das FASB mit dem IVSC Diskussionen aufgenommen, inwiefern die Notwendigkeit eines einzigen Satzes von Bewertungsstandards besteht und wer diese gegebenenfalls entwickeln soll.[1212] Es bleibt daher abzuwarten, inwieweit sich das IASB und das FASB in der Zukunft, vielleicht mit dem IVSC, auf einen gemeinsamen Bewertungsstandard werden einigen können.

[1206] So schreibt IAS 19.78 ff. beispielsweise zur Bestimmung des Diskontierungszinssatzes den Rückgriff auf erstrangige, festverzinsliche Industrieanleihen am Markt (bzw. bei Nichtverfügbarkeit ggf. auf Staatsanleihen) vor. Auf die mit diesem Vorgehen verbundenen Probleme soll an dieser Stelle nicht mehr vertieft eingegangen werden. Zur Problematik wird auf die vielfältige Diskussion im Rahmen dieser Arbeit verwiesen.

[1207] Die im SFAS 157 geforderte Offenlegung der Marktbasierung der Inputfaktoren kann daher (wenn auch nicht in der Ausgestaltung) als geeigneter Ansatz gewertet werden, vgl. zu den geforderten Angaben Teil II Kapitel 3.2.2.2.1, insb. Fn. 587 f.

[1208] Vgl. ausführlich Teil II Kapitel 3.2.2.2.1.

[1209] Vgl. auch KORMAIER (2006), S. 385.

[1210] Vgl. ZÜLCH (2004), S. 213. Dies zeigt sich auch an dem vergleichsweise geringen Fortschritt der europäischen Harmonisierungsbestrebung hin zu einheitlichen Bewertungsstandards, vgl. MCPARLAND/ADAIR/MCGREAL (2002), S. 140.

[1211] Vgl. auch KORMAIER (2006), S. 385.

[1212] Vgl. IVSC (2006b), S. 1.

4.4 Grenzen der Untersuchung und zukünftiger Forschungsbedarf

Die vorliegenden empirischen Untersuchungsergebnisse beruhen auf einer bewusst ausgewählten Stichprobe von 174 Immobiliensachverständigen zweier Verbände in Deutschland, dem BIIS und der gif. Die Anzahl der auswertbaren Antworten aus dieser Grundgesamtheit betrug 43, sodass die Repräsentativität zumindest kritisch gesehen werden könnte. Hinzu tritt, dass aufgrund eines Vergleichs der "Sofort- und Spätantworter" eine tendenzielle Verzerrung zugunsten der Zuverlässigkeit nicht ausgeschlossen werden kann. Hierdurch könnte die Repräsentativität der erhaltenen Antworten für das vermutete Antwortverhalten innerhalb der Grundgesamtheit (bei unterstellter homogener Verteilung) ebenfalls eingeschränkt sein.

Beide Kritikpunkte wären bei einer Untersuchung, die eine repräsentative Erhebung der Merkmalsverteilung innerhalb einer Grundgesamtheit bezweckt, berechtigt. Ziel der vorliegenden, rein qualitativen Untersuchung ist dagegen vielmehr gewesen, Tendenzaussagen hinsichtlich der Vorziehenswürdigkeit von Relevanz und Zuverlässigkeit einzelner Immobiliensachverständiger als induktive Erkenntnisquelle zur Lösung eines praktischen Bilanzierungsproblems zu gewinnen. Die hierbei gewonnene Erkenntnis, dass sowohl die Verbandszugehörigkeit als auch die Vorbildung Einfluss auf die Wertermittlung haben, sollte daher nur als rein explorative Erkenntnis gewertet werden, welche zwar die Vermutung weiteren Normierungsbedarfs seitens des Standardsetters impliziert, jedoch der Sicherstellung durch zukünftige, bestätigende empirische Untersuchungen bedarf.

Ein Anknüpfungspunkt für weiteren Forschungsbedarf ergibt sich aus der Tatsache, dass die IFRS erst seit dem Jahr 2005 für kapitalmarktorientierte Unternehmen in der EU verbindlich anzuwenden sind und die vergleichsweise niedrige Anzahl von IFRS-induzierten Bewertungsanlässen innerhalb der Stichprobe auch Folge der bisher kaum ausgeprägten Nachfrage der Unternehmen nach solchen (bilanziell induzierten) Bewertungen sein könnte. Vor diesem Hintergrund, aber auch im Hinblick auf die zukünftige Entwicklung des Anteils des DCF-Verfahrens in der Bewertungspraxis (ggf. beeinflusst durch die Verlautbarungen des BIIS oder der gif), könnte eine Replikationsuntersuchung in einigen Jahren zu weiteren Erkenntnissen führen.

Die empirischen Erkenntnisse der vorliegenden Untersuchung basieren auf einer Präferenzmessung bei Immobiliensachverständigen. Es ist zu vermuten, dass sich diese in ihrem Auswahlverhalten an den Präferenzen, die sie beim Adressaten der Rechnungslegungsinformation vermuten, orientieren. In einer Zweituntersuchung mit methodisch identischem Untersuchungsaufbau könnten daher die im Rahmen dieser Untersuchung gewonnenen

Erkenntnisse aus Sicht eines potentiellen Adressaten evaluiert werden. Die im Rahmen dieses Zweitexperiments befragten potentiellen Adressaten sollten dabei zumindest grundlegende Kenntnisse auf dem Gebiet der Rechnungslegung nach IFRS besitzen. Eine geeignete Untersuchungsgruppe wären beispielsweise Studenten der Wirtschaftswissenschaften mit Schwerpunkt Rechungslegung im Hauptstudium,[1213] da bei diesen die für eine Generalisierung der gewonnenen Erkenntnisse vorausgesetzten notwendigen Fähigkeiten zu vermuten wären.[1214] Zusammenfassend lässt sich daher festhalten, dass auch nach dieser Arbeit, die erstmals die Fair Value-Ermittlung von Investment Properties nach IAS 40 empirisch in Deutschland untersucht hat, vielfältige Anknüpfungspunkte für die zukünftige Forschung bestehen.

[1213] So haben HIRST/KOONCE/SIMKO (1995), S. 340 in ihrer Untersuchung 291 MBA-Studenten befragt, welche vier Rechnungslegungs- und zwei Finanzierungskurse vollendet hatten. Ähnlich erfolgte die Auswahl bei HIRST/KOONCE/MILLER (1999), S. 107. Aus diesen Gründen scheinen Studenten mit dem Schwerpunkt Rechnungslegung im Hauptstudium, denen die qualitativen Anforderungen der IFRS ein Begriff sind und die gleichfalls auch Kenntnisse der Finanzierungstheorie zur Beurteilung des DCF-Verfahrens aufweisen, geeignete Untersuchungsteilnehmer zu sein.

[1214] Vgl. ASHTON/KRAMER (1980), S. 4 f., die zur Sicherstellung der notwendigen Kenntnisse für ihre Untersuchung Studenten aus einem 15wöchigen Rechnungslegungskurs wählten. A.A. BONSE (2004), S. 87 m.w.N. (vgl. auch Teil III Kapitel 1.2, Fn. 928).
Das Entscheidungsverhalten untersuchende Studien haben eine beachtliche Anzahl von Gemeinsamkeiten von Entscheidungen und dem zu Grunde liegenden Entscheidungsverhalten zwischen Studenten und Nicht-Studenten festgestellt, vgl. ASHTON/KRAMER (1980), S. 1 ff. So suggestieren ZELDITCH/EVAN, dass die Studenten für die Verhaltensforscher wie Fruchtfliegen für den Genetiker sind: "The analogy bears extension. The geneticist finds the fruit-fly a strategic and convenient research subject because the relevant process is run through so rapidly, there are so many replicates, and they are so readily confined and observed. But what is so important about the fruit-fly is that its genetic process is not fundamentally different from the human genetic process. Neither its size nor its structure is correlated with the process investigated", ZELDITCH/EVAN (1962), S. 59.

Thesenförmige Zusammenfassung

(1) IAS 40 verpflichtet den Normenanwender zu einer regelmäßigen Fair Value-Ermittlung, unabhängig davon, ob das Cost Model oder das Fair Value Model gewählt wird.

(2) Zur Ermittlung des Fair Value sieht IAS 40 im Idealfall einen Rückgriff auf aktuelle Vergleichspreise von ähnlichen Immobilien (Art, Zustand und Standort) auf einem aktiven Markt vor. Voraussetzung hierfür wäre jedoch die Existenz und die Transparenz eines zumindest teil-aktiven Immobilienmarktes in Deutschland. An beiden Voraussetzungen fehlt es zurzeit, sodass ein derartiger Rückgriff auf Vergleichspreise momentan in Deutschland nicht möglich ist und der Fair Value daher zumeist auf Basis diskontierter Cashflows zu schätzen ist.

(3) IAS 40 mangelt es an konkreten Vorgaben zur Bestimmung der in das Discounted Cashflow-Verfahren eingehenden Parameter (Einzahlungen, Auszahlungen, Diskontierungszinssatz). Auch das IASB Framework, das US-GAAP Conceptual Framework, der SFAS 157: Fair Value Measurements (bzw. das gleichnamige Diskussionspapier des IASB) und das Diskussionspapier zum Conceptual Framework können zur Problemlösung nichts Substanzielles beitragen.

(4) Der Anwender ist daher mit dem Problem konfrontiert, einen möglichst entscheidungsnützlichen Fair Value zu ermitteln. Aus dem Framework lässt sich lediglich ableiten, welche Anforderungen (Relevanz und Zuverlässigkeit) an einen solchen entscheidungsnützlichen Fair Value zu stellen sind. Ein operationales Vorgehen lässt sich aus dem Vorgaben des Framework nicht ableiten. Die Problematik wird noch dadurch verschärft, dass diese Anforderungen in einem konfliktären Verhältnis stehen und das Framework auch zur Auflösung dieses Spannungsverhältnisses nicht beiträgt. Dies gilt gleichermaßen für die US-GAAP.

(5) Die einzelnen Parameter des DCF-Verfahrens sind in der Regel nicht in Gestalt empirischer Informationen (Daten) verfügbar. Sie sind wie der Fair Value zu schätzen und stellen daher ebenfalls eine Prognoseaussage dar.

(6) Die Prognoseaussage ergibt sich auf Basis von Daten und Annahmen in Gestalt gesetzter Prämissen und einer sachlogischen Begründung durch geeignete Gesetzesaussagen. Aufgrund der Abwesenheit geeigneter Gesetzesaussagen in diesem Kontext erfolgte die Verknüpfung von Daten und Annahmen zu einem Prognoseergebnis mit Hilfe von Heuristiken, welche die sachlogische Begründung ersetzen.

(7) In einem ersten Schritt wurde versucht eine optimale Heuristikkombination auf logisch-deduktivem Wege abzuleiten. Mangels Kenntnis der Präferenzstrukturen der potentiellen Adressaten war keine eindeutige Auswahl zwischen jeweils zwei (logisch-deduktiv) identifizierten Heuristiken möglich.

(8) Aus diesem Grund wurde in einen zweiten Schritt das Auswahlverhalten von Immobiliensachverständigen in Bezug auf die zuvor alternativen Heuristiken erhoben. Auch diese induktive Vorgehensweise ließ keine Aussage zu, welche Heuristik aus Sicht der Immobiliensachverständigen den Entscheidungsnutzen des Fair Value optimiert. Insbesondere im Hinblick auf die Bestimmung des Parameters Diskontierungszinssatz zeigten die empirischen Erkenntnisse ein divergierendes Auswahlverhalten der Immobiliensachverständigen.

(9) Eine vollends befriedigende Lösung des betrachteten Bilanzierungsproblems (Fair Value-Ermittlung von Investment Properties) konnte daher sowohl auf deduktive als auch auf induktive Weise nicht erreicht werden. Vielmehr zeigt sich ein messbarer Einfluss sowohl der Verbandsmitgliedschaft als auch der Vorbildung hinsichtlich der Vorziehenswürdigkeit von Relevanz und Zuverlässigkeit sowie des Anteils verschiedener Bewertungsverfahren. Hieraus lässt sich schlussfolgern, dass hinsichtlich der Fair Value-Ermittlung bei Investment Properties seitens des IASB weiterer Normierungsbedarf besteht.

(10) Eine mögliche Lösung, um den Spannungskonflikt zwischen beiden Anforderungen aufzulösen, könnte in einer eindeutigen Entscheidungsregel zugunsten der Relevanz oder Zuverlässigkeit in den IFRS bestehen. Eine weitere Lösungsmöglichkeit könnte in einer detaillierteren Normierung des anzuwendenden Bewertungsverfahrens und der in dieses Verfahren eingehenden Parameter liegen. Hierdurch wäre die Notwendigkeit des Rückgriffs auf die qualitativen Anforderungen der Relevanz und Zuverlässigkeit als Entscheidungsgrundlage entbehrlich.

(11) Keiner der diskutierten Lösungsvorschläge kann vollends überzeugen. Allerdings zeigen die empirischen Untersuchungsergebnisse, dass es partiell möglich wäre, die Abbildung von Investment Properties stärker zu normieren. So könnte beispielsweise eine detailliertere Vorgabe zur Bestimmung des Diskontierungszinssatzes (z.B. hinsichtlich des Basiszinssatzes) erwogen werden. Zudem ist eine umfassendere Auflistung der zu berücksichtigen Quellen bei der Bestimmung der Einzahlungen, Auszahlungen und des Diskontierungszinssatzes in Gestalt einer Guidance denkbar.

(12) Daher ist als Ergebnis festzuhalten, dass zwar weiterer Normierungsbedarf offenkundig ist; wie diesem Rechnung getragen werden kann, muss derzeit offenbleiben. Immerhin haben sowohl das IASB als auch das FASB den diesbezüglichen Normierungsbedarf erkannt. Es bleibt daher spannend, inwieweit und wann sich das IASB gegebenenfalls gemeinsam mit anderen Normengebern (FASB, IVSC etc.) auf einen gemeinsamen, verbesserten Bewertungsstandard wird einigen können.

Anhangverzeichnis

Anhang 1a: Interview-Leitfaden

Interview-Leitfaden

Befragte Person: ________________________ **Datum der Befragung:** __________

Fragebogen zur Verwendung von Heuristiken bei der Immobilienbewertung für bilanzielle Zwecke

Welche Ausbildung haben Sie?

____

Wie viele Jahre Erfahrung haben Sie als Immobilienbewerter ? ___

Was ist Ihre gegenwärtige Position (Geschäftsführer, selbständig, etc.) ____________________

Sind Sie in Verbänden organisiert ? Ja ☐ Nein ☐

Wenn ja, in welchen ? ____

Welche Informationsquellen nutzen Sie (Kommentare, Fachbücher, Zeitschriften)?

____

Darstellung der Thematik:

Ich promoviere im Bereich der internationalen Rechnungslegung an der FU Berlin und beschäftige mich im Rahmen meiner Dissertation mit der Anwendung von Heuristiken zur Bestimmung einzelner Parameter des DCF-Verfahrens unter Beachtung der Anforderungen der IFRS.

Ausgehend von der Notwendigkeit einer Fair Value Bewertung von als Finanzinvestitionen gehaltener Immobilien gemäß IAS 40, untersuche ich, inwieweit professionelle Immobilienbewerter bei der Auswahl zwischen verschiedenen Heuristiken (im Sinne von "Daumenregeln") zur Bestimmung der einzelnen Parameter (z.B. des Diskontierungszinssatzes) die qualitativen Anforderungen der Relevanz und Zuverlässigkeit beachten, und wenn ja in welchem Maße. Die sich aus der Untersuchung ergebene bevorzugte Kombination der Heuristiken und die hierbei implizit getroffene Gewichtung der Anforderungen an die Relevanz und Zuverlässigkeit soll anschließend mit logisch-deduktiv gewonnen Erkenntnissen verglichen und beurteilt werden.

Das explorative Interview erfolgt zur Konkretisierung der Heuristiken und der Kriterien für deren Beurteilung. Die Interviews sind notwendig, damit im Rahmen der Hauptuntersuchung nur die in der Bewertungspraxis relevanten Heuristiken und Kriterien abgefragt werden.

Begriffsklärung:

Heuristik – Verfahren zur Findung einer Lösung bei komplexen Problemen

(von Griechisch – suchen/finden)

Heuristiken im Rahmen der Untersuchung = Verfahren zur Bestimmung der einzelnen Parameter im Sinne von Daumenregeln

Welche Verfahren wenden Sie bei der Bewertung an ?

Ertragswertverfahren nach WertV	☐	Vergleichswertverfahren nach WertV	☐
Angelsächsische Income Methods	☐	Angelsächsische Vergleichswertverfahren	☐
DCF-Verfahren	☐	Sonstige: ____________________	☐

Sofern Sie DCF-Verfahren anwenden, bitte die folgenden Fragen beantworten:

Warum setzten Sie das DCF-Verfahren anstelle der anderen Verfahren ein? (in Stichworten genügt)

____

____

____

Konkretisierung des DCF-Verfahrens

Angelsächsische Growth Explizit Models	☐	Kein normiertes Verfahren	☐

Fragen zu den Kriterien bei der Auswahl einzelner Heuristiken

1.) Allgemeine Kriterien bei der Immobilienbewertung

Beispiel:

Zur Bewertung einer Wohnimmobilie ist neben den Ein- und Auszahlungen die Bestimmung eines Diskontierungszinssatzes notwendig ?

Die Wahl des Diskontierungszinssatzes ist z.B. abhängig von Ihrer Herkunft, ihrer Nachprüfbarkeit für externe Dritte und bezüglich Ihrer Eignung für das spezifische Bewertungsobjekt.

In diesem Fall wären Kriterien z.B.: Nachprüfbarkeit, Objektivität im Sinne der Datenherkunft und Objektspezifität.

Welche Kriterien beachten Sie bei der Auswahl der einzelnen Parameter des DCF-Verfahrens?

1.	
2.	
3.	
4.	
5.	
6.	

Was sagen Ihnen die Begriffe Relevanz und Zuverlässigkeit?

→ Wenn nicht bekannt, kurze Erläuterung

Relevanz: Definition aus dem IASB Framework

Informationen gelten dann als relevant, wenn sie die wirtschaftlichen Entscheidungen der Adressaten beeinflussen, indem sie ihnen bei der Beurteilung vergangener, derzeitiger oder zukünftiger Ereignisse helfen oder ihre Beurteilungen aus der Vergangenheit bestätigen oder korrigieren.

Zuverlässigkeit: Zuverlässigkeit aus dem IASB Framework

Informationen sind dann verlässlich, wenn sie keine wesentlichen Fehler enthalten und frei von verzerrenden Einflüssen sind und sich die Adressaten darauf verlassen können, dass sie glaubwürdig darstellen, was sie vorgeben darzustellen oder vernünftigerweise inhaltlich von ihnen erwartet werden kann.

Welche der oben genannten Kriterien würde sie dem Begriff Relevanz und welche der Zuverlässigkeit zuordnen?

Relevanz:	**Zuverlässigkeit**
______________	______________
______________	______________
______________	______________

2.) Bestimmung der Heuristiken:

Bestimmung des Diskontierungszinssatzes

Wenn Sie die Wahl zwischen drei möglichen Alternativen für die Bestimmung des Diskontierungszinssatzes hätten, welches wäre die beste, die mittlere und welche die schlechteste ?

Beispiel:

Normiert – d.h. z.B. durch einen Gutachterausschuss vorgegebenen Liegenschaftszinssatz
Normiert mit Anpassung – d.h. z.B. Liegenschaftszinssatz mit Anpassung innerhalb von vorgegebenen Bandbreiten in Abhängigkeit von Lage oder Objekt
frei bestimmt – d.h. im Ermessen des Bewertenden bestimmter die objektspezifischen Risiken abbildender Diskontierungszinssatz

1. beste Heuristik für Zinssatz	
2. mittlere Heuristik für Zinssatz	
3. schlechteste Heuristik für Zinssatz	

Wie würden Sie die jeweiligen Zinssätze in der Praxis bestimmen:

1.	
2.	
3.	

Beurteilung auf Relevanz und Zuverlässigkeit

Bitte beurteilen Sie die drei genannten Alternativen unter Beachtung der zu Beginn des Interviews bestimmten Kriterien?

Kriterium	Bezeichnung	Ungeeignet	Neutral	Geeignet
1.		☐	☐	☐
2.		☐	☐	☐
3.		☐	☐	☐
4.		☐	☐	☐
5.		☐	☐	☐
6.		☐	☐	☐

Kriterium	Bezeichnung	Ungeeignet	Neutral	Geeignet
1.		☐	☐	☐
2.		☐	☐	☐
3.		☐	☐	☐
4.		☐	☐	☐
5.		☐	☐	☐
6.		☐	☐	☐

Kriterium	Bezeichnung	Ungeeignet	Neutral	Geeignet
1.		☐	☐	☐
2.		☐	☐	☐
3.		☐	☐	☐
4.		☐	☐	☐
5.		☐	☐	☐
6.		☐	☐	☐

Bestimmung der Einzahlungen

Wenn sie die Wahl zwischen drei möglichen Alternativen für die Bestimmung der Einzahlungen hätten, welches wäre die beste, die mittlere und welche die schlechteste ?

1. beste Heuristik für Zinssatz	
2. mittlere Heuristik für Zinssatz	
3. schlechteste Heuristik für Zinssatz	

Wie würden Sie die jeweiligen Einzahlungen in der Praxis bestimmen:

1.	
2.	
3.	

Beurteilung auf Relevanz und Zuverlässigkeit

Bitte beurteilen Sie die drei genannten Alternativen unter Beachtung der zu Beginn des Interviews bestimmten Kriterien?

Kriterium	Bezeichnung	Ungeeignet	Neutral	Geeignet
1.		☐	☐	☐
2.		☐	☐	☐
3.		☐	☐	☐
4.		☐	☐	☐
5.		☐	☐	☐
6.		☐	☐	☐

Kriterium	Bezeichnung	Ungeeignet	Neutral	Geeignet
1.		☐	☐	☐
2.		☐	☐	☐
3.		☐	☐	☐
4.		☐	☐	☐
5.		☐	☐	☐
6.		☐	☐	☐

Kriterium	Bezeichnung	Ungeeignet	Neutral	Geeignet
1.		☐	☐	☐
2.		☐	☐	☐
3.		☐	☐	☐
4.		☐	☐	☐
5.		☐	☐	☐
6.		☐	☐	☐

Bestimmung der Auszahlungen

Wenn sie die Wahl zwischen drei möglichen Alternativen für die Bestimmung des Auszahlungen hätten, welches wäre die beste, die mittlere und welche die schlechteste ?

1. beste Heuristik für Zinssatz	
2. mittlere Heuristik für Zinssatz	
3. schlechteste Heuristik für Zinssatz	

Wie würden Sie die jeweiligen Auszahlungen in der Praxis bestimmen:

1.	
2.	
3.	

Beurteilung auf Relevanz und Zuverlässigkeit

Bitte beurteilen Sie die drei genannten Alternativen unter Beachtung der zu Beginn des Interviews bestimmten Kriterien?

Kriterium	Bezeichnung	Ungeeignet	Neutral	Geeignet
1.		☐	☐	☐
2.		☐	☐	☐
3.		☐	☐	☐
4.		☐	☐	☐
5.		☐	☐	☐
6.		☐	☐	☐

Kriterium	Bezeichnung	Ungeeignet	Neutral	Geeignet
1.		☐	☐	☐
2.		☐	☐	☐
3.		☐	☐	☐
4.		☐	☐	☐
5.		☐	☐	☐
6.		☐	☐	☐

Kriterium	Bezeichnung	Ungeeignet	Neutral	Geeignet
1.		☐	☐	☐
2.		☐	☐	☐
3.		☐	☐	☐
4.		☐	☐	☐
5.		☐	☐	☐
6.		☐	☐	☐

3.) Bezugnahme auf die IFRS

Führen Sie Immobilienbewertungen für Zwecke des Jahresabschluss durch?

Ja ☐ Nein ☐

Wenn ja, führen Sie Immobilienbewertungen für Zwecke der Bilanzierung von Immobilien zu beizulegenden Zeitwerten (IFRS/IAS) durch?

Ja ☐ Nein ☐

Sind Ihnen die Anforderungen der IFRS an einen durch Schätzung ermittelten Wert bekannt?

Ja ☐ Nein ☐

Wenn ja,

Der Anforderung der Relevanz wird Ihrer Meinung nach besonders entsprochen durch:

Berücksichtigung einzelner, individueller Zahlungsströme ☐

Verwendung eines objektspezifischen Zinssatzes (z.B. durch individuellen Risikozuschlag) ☐

Der Anforderung der Zuverlässigkeit wird Ihrer Meinung nach besonders entsprochen durch:

Schätzung der zukünftigen Zahlungsmittelzuflüsse anhand der zum Bewertungszeitpunkt gegebenen Vermietungssituation (vorhandene Mietverträge) ☐

Verwendung eines extern vorgegebenen Zinssatzes (z.B. Liegenschaftszinssatz) ☐

Welche Komponente (Relevanz oder Zuverlässigkeit) überwiegt bei einer Konfliktsituation im Rahmen ihrer Bewertung (z.B. Liegenschaftszinssatz vs. individuell bestimmter Zinssatz)

Relevanz ☐ Zuverlässigkeit ☐

4.) Abschließende Fragen

Wie viele Bewertungen für Zwecke des Jahresabschlusses haben sie ca. durchgeführt ?

0-10 10-25 25-50 50-100 >100

Ist Ihnen das IVSC ein Begriff? Ja ☐ Nein ☐

Wenn ja, Berücksichtigen sie bei Ihrer Bewertung die Verlautbarungen des IVSC

Ja ☐ Nein ☐

Finden Sie, dass die Verlautbarungen hilfreich sind? Ja ☐ Nein ☐

Ist Ihnen die TEGoVA ein Begriff? Ja ☐ Nein ☐

Wenn ja, Berücksichtigungen sie bei Ihren Bewertungen die Verlautbarungen der TEGoVA (Blue Book)?

Ja ☐ Nein ☐

Finden Sie, dass die Verlautbarungen hilfreich sind? Ja ☐ Nein ☐

Raum für offene Fragen:

Frage: ______________________________

Antwort: ______________________________

Frage: ______________________________

Antwort: ______________________________

Frage: ______________________________

Antwort: ______________________________

Vielen herzlichen Dank für das Interview.

Sofern Interesse besteht, werde ich Sie über die Ergebnisse der Untersuchung informieren.

Anhang 1b: Tabellarische Übersicht der wesentlichen Ergebnisse der Interviews

Interviewpartner	**Nr. 1**	**Nr. 2**	**Nr. 3**	**Nr. 4**
Datum	2. Juni 2005	2. Juni 2005	16. Juni 2005	20. Juli 2005
Status/Firma	Selbständiger Immobiliensach-verständiger	Selbständiger Immobiliensach-verständiger	Selbständiger Immobiliensach-verständiger	Prokurist bei einem internationalen Immobilien-unternehmen
Ausbildung/Titel	Dipl.-Kfm., MRICS	Dipl.-Ing. Arch.	Dipl.-Kfm., MRICS, AMAI	FRICS, AMAI

Bestimmung der Einzahlungen				
1. Beste Heuristik	Mietvertragsanalyse, Inflationsrate und Marktwachstum, Entscheidungsbaum mit Erwartungswerten – theoretisch optimal, aber in der Praxis zu aufwendig	Ist-Miete vs. Vergleichsmiete, Berücksichtigung der allgemeinen und regionalen wirtschaftlichen Entwicklung sowie des Angebots- und der Nachfrage	Vereinbarte Miete zzgl. Abgleich mit Bilanz-/Bankkonten zzgl. Branchenstruktur/ Konkurrenzanalyse und Mieteranalyse - keine Erwartungs-wertbildung	Ist-Mieten vs. Vergleichsmieten, keine Erwartungswert-bildung, keine Berücksichtigung des zukünftigen Marktwachstums
2. Mittlere Heuristik	Mietvertragsanalyse mit Marktabgleich	Ist-Miete vs. Vergleichsmiete unter Berücksichtigung von Institutsprognosen (Bulwien, FERI).		
3. Schlechteste Heuristik	Nur Mietverträge	Ist-Miete vs. Vergleichsmiete (qualifizierter Mietspiegel) mit Prüfung des Erhöhungspotentials bei der Ist-Miete		

Interviewpartner	Nr. 1	Nr. 2	Nr. 3	Nr. 4
Bestimmung der Auszahlungen				
1. Beste Heuristik	Objektspezifische Schätzung, z.B. Schätzung des Instandhaltungsbedarfs	Individuelle Einschätzung des tatsächlichen Instandhaltungsbedarfs, Bildung von konkreten Wahrscheinlichkeiten	Vergleich der Planungen mit den tatsächlichen Aufwendungen, individuelle Einschätzung der Instandhaltung	Berücksichtigung des Immobilienlebenszyklus und der Restnutzungsdauer
2. Mittlere Heuristik	Verwendung marktüblicher Daten in der Literatur, z.B. 230-240 € pro Jahr	Pauschale Sätze sowie Berücksichtigung des Alters/Zustands des Gebäudes, wenn Erhaltungszustand normal, dann Berücksichtigung der pauschalen Sätze		
3. Schlechteste Heuristik	Verwendung eines kalkulatorischen Mietausfalls und einer kalkulatorischen Instandhaltung	Pauschale Sätze (WertR oder II. BV sowie Literatur) für Instandhaltung und Mietausfall ohne Rücksicht auf Objektalter- oder zustand	Übernahme der pauschalen Instandhaltungssätze – eigentlich nicht vertretbar	Anwendung der pauschalen Sätze, z.B. gemäß II. BV
Bestimmung des Diskontierungszinssatz				
1. Beste Heuristik	Eigene Ermittlung des Zinssatzes ausgehend von Markttransaktionen	Normierter Zinssatz mit Anpassung auf Grundlage von Kaufpreis- und Ertragsentwicklung, Beachtung der Qualität und Quantität am Immobilienmarkt, Gutachterausschuss mit zeitlicher Aktualisierung	Basiszinssatz auf Grundlage der Umlaufrendite einer 5-10jährigen Staatsanleihe zzgl. eines mittels des CAPM bestimmten Risikozuschlages	Verwendung eines individuell ermittelten Zinssatzes durch Verwendung eines Basiszinssatzes und eines Risikozuschlags (Erfahrungswerte)
2. Mittlere Heuristik	Anpassung eines vorgegebenen Zinssatzes um objektspezifische Kriterien	Unreflektierte Übernahmen des Zinssatzes vom Gutachterausschuss	Basiszinssatz auf Grundlage zzgl. Risikozuschlag zur Berücksichtigung spezieller Risiken (Mietausfall eines einzelnen Mieters etc.)	
3. Schlechteste Heuristik	Übernahme des Liegenschaftszinssatzes	Zinssatz aus dem Schrifttum (z.B. Kleiber)	Ableitung über Verkaufspreise von Objekten, den zugrunde liegenden Bankbeleihungsgrenzen und dem Refinanzierungszinssätzen	

Anhang 2a: Fragebogen zur Immobilienbewertung

Fragebogen zur Immobilienbewertung

Fragen zu Ihrer Person

Führen Sie Immobilienbewertungen für Dritte durch? Ja ☐ Nein ☐

Welche Vorbildung haben Sie?

☐ Kaufmännisch (z.B. BWL) ☐ Technisch (z.B. Ing.) ☐ Sonstiges:_____________

Welche immobilienspezifischen Qualifikationen besitzen Sie?

☐ Dipl.-Ing. Architekt ☐ Immobilienökonom (ebs)

☐ RICS (Großbritannien) ☐ Assoc. MAI (USA)

☐ Sonstiges: ____________________

Nun soll es um Fragen zur Immobilienbewertung gehen.

Zusammen mit diesem Fragebogen haben Sie 8 Karten und eine Anleitung erhalten. Bitte nehmen Sie sich diese Karten vor und folgen Sie den Anweisungen.

Nachdem Sie die Rangfolge auf den Karten vermerkt haben, senden Sie diese bitte zusammen mit dem Fragebogen im beigefügten Rückumschlag zurück.

Weiterhin bitte ich um Beantwortung der folgenden Fragen:

Welche Verfahren wenden Sie bei der Bewertung an?

Ertragswertverfahren	☐	Anteil in der Bewertungspraxis in %	____
Vergleichswertverfahren	☐	Anteil in der Bewertungspraxis in %	____
DCF-Verfahren	☐	Anteil in der Bewertungspraxis in %	____
Sonstige:____________	☐	Anteil in der Bewertungspraxis in %	____

Sofern Sie das DCF-Verfahren anwenden, warum setzten Sie es anstelle eines anderen Verfahrens ein (ggf. in Stichworten)?

____

____

____

Seite 1 von 2

Führen Sie Immobilienbewertungen für Jahresabschlüsse durch?	Ja	☐	Nein	☐
Wenn ja, führen Sie Immobilienbewertungen für Zwecke der Bilanzierung von Immobilien zu beizulegenden Zeitwerten (fair values) nach internationalen Rechnungslegungsnormen (IFRS/IAS) durch?	Ja	☐	Nein	☐

Wenn ja, wie viele Bewertungen für IFRS-Bilanzen haben Sie bisher ungefähr durchgeführt?

0-9 ☐ 10-49 ☐ 50-99 ☐ >100 ☐

Sind Ihnen die Anforderungen der IFRS an einen durch Schätzung ermittelten Wert bekannt?	Ja	☐	Nein	☐

Wenn ja, welche Komponente (Relevanz oder Zuverlässigkeit) überwiegt bei einer Konfliktsituation im Rahmen Ihrer Bewertung?

Relevanz ⟷ Zuverlässigkeit

☐	☐	☐	☐
Relevanz überwiegt stark	Relevanz überwiegt schwach	Zuverlässigkeit überwiegt schwach	Zuverlässigkeit überwiegt stark

Ist Ihnen das "International Valuation Standard Committee" (**IVSC**) bekannt?	Ja	☐	Nein	☐
Wenn ja, berücksichtigen Sie bei Ihrer Bewertung die Regeln des IVSC?	Ja	☐	Nein	☐
Halten Sie die Regeln für hilfreich?	Ja	☐	Nein	☐

Ist Ihnen "The European Group of Valuers' Associations" (**TEGoVA**) bekannt?	Ja	☐	Nein	☐
Wenn ja, berücksichtigen Sie bei Ihren Bewertungen die Regeln der TEGoVA (Blue Book)?	Ja	☐	Nein	☐
Halten Sie die Regeln für hilfreich?	Ja	☐	Nein	☐

Sofern Interesse besteht, werde ich Sie über die Ergebnisse der Untersuchung informieren.

Möchten Sie informiert werden? (Bitte notieren Sie hierfür Ihren Namen.)	Ja	☐	Nein	☐

Name: ______________________________

Alternativ können Sie Ihr Interesse an den Untersuchungsergebnisse auch per Email an folgende Adresse mitteilen: chr.huschke@berlin.de.

Vielen Dank für Ihre Teilnahme.

Anhang 2b: Musteranschreiben

Freie Universität Berlin

Institut für Betriebswirtschaftliche Prüfungs- und Steuerlehre, insbes. Unternehmensrechnung und Wirtschaftsprüfung

Univ.-Prof. Dr. Klaus Ruhnke
Boltzmannstr. 20
14195 Berlin

Telefon +49 30 838 51446
Fax +49 30 838 51406
E-Mail ruhnke@wiwiss.fu-berlin.de

Für Rückfragen:

StB Dipl.-Kfm. Christian Huschke
Telefon +49 30 83 20 28 13
Fax +49 30 83 20 28 14
Mobil +49 172 321 95 50
E-Mail chr.huschke@berlin.de

Freie Universität Berlin, LS Prof. Ruhnke, Boltzmannstr. 20, 14195 Berlin

Persönlich/Vertraulich

«Firma»
z.Hd. «Anrede» «Titel» «Vorname» «Name»
«Strasse»

«PLZ» «Ort»

Fragebogen zur Immobilienbewertung

Berlin, 14. November 2005

Sehr geehrte «Anrede» «Titel» «Vorname» «Name»,

im Rahmen der Dissertation von Herrn Christian Huschke an meinem Lehrstuhl führen wir eine Befragung zum Thema Immobilienbewertung durch.

Sie wurden von uns als Immobiliensachverständiger persönlich ausgewählt, da Sie als Mitglied des Bundesverbandes der Immobilien-Investment-Sachverständigen e.V. (BIIS) künftige Entwicklungen nicht nur mit Interesse verfolgen, sondern auch über detaillierte Kenntnisse der Immobilienbewertung verfügen.

Wir würden uns sehr freuen, wenn Sie uns zu diesem Thema einige Fragen beantworten würden. Die Beantwortung der Fragen beansprucht in der Regel 10 Minuten. Ihre Antworten werden natürlich streng vertraulich und gegenüber Dritten anonym behandelt. Selbstverständlich erhalten Sie eine Zusammenfassung der Untersuchungsergebnisse.

Für Rückfragen stehen wir Ihnen gerne zur Verfügung.

Mit freundlichen Grüßen

(Prof. Dr. Klaus Ruhnke) (StB Dipl.-Kfm. Christian Huschke)

Anlagen:
Fragebogen
Karten mit Bewertungsalternativen
Rückumschlag

Anhang 2c: Präsentierte Stimuli

Anleitung

Auf den nachfolgenden 8 Karten sehen Sie verschiedene Kombinationsmöglichkeiten zur Bewertung einer Immobilie. Für jeden Parameter (Einzahlungen, Auszahlungen und Zinssatz) existieren zwei Möglichkeiten.

Zur besseren Orientierung sind die Möglichkeiten für die Einzahlungen in zwei Blautönen, die der Auszahlungen in zwei Grüntönen und die für den Zinssatz in zwei Gelbtönen unterlegt.

Jede Karte stellt eine Kombination dieser Möglichkeiten dar. Bitte ordnen Sie die Karten nach Ihrer Vorziehenswürdigkeit in eine Rangfolge von 1 bis 8. Die beste Kombination als erstes, die zweitbeste Kombination als zweites, usw.

Zur Erleichterung können Sie zunächst die Karten, welche am ehesten von Ihnen bevorzugt werden auf einen Stapel legen und die restlichen Karten auf einen zweiten Stapel.

Anschließend können Sie diese Stapel aufeinander legen und noch mal die Reihenfolge überprüfen.

Kombinationsmöglichkeit A		
Einzahlungen	Ist-Mieten mit Marktabgleich, z.B. durch Institutsprognosen (Bulwien, Feri)	Rang:
Auszahlungen	Pauschalen Sätze, z.B. gemäß II. BV unter Berücksichtigung des Gebäudealter und -zustands	__________
Zinssatz	Individueller Zinssatz auf Grundlage eines Basiszinssatzes (z.B. Umlaufrendite einer 10jährigen Bundesanleihe) und eines Risikozuschlages	

Kombinationsmöglichkeit B		
Einzahlungen	Ist-Mieten mit Marktabgleich, z.B. durch Institutsprognosen (Bulwien, Feri)	Rang:
Auszahlungen	Individuelle Einschätzung des Gebäudezustandes und dem daraus abgeleiteten Instandhaltungsbedarf	__________
Zinssatz	Öffentlich verfügbaren Zinssatzes (z.B. Liegenschaftszinssatz) jedoch angepasst um spezielle Risiken (z.B. Bonität des Mieters, etc.)	

Kombinationsmöglichkeit C		
Einzahlungen	Ist-Mieten ergänzt um eine individuelle Marktanalyse, eine Mieteranalyse sowie eine Konkurrenzanalyse	Rang:
Auszahlungen	Pauschalen Sätze, z.B. gemäß II. BV unter Berücksichtigung des Gebäudealter und -zustands	________
Zinssatz	Individueller Zinssatz auf Grundlage eines Basiszinssatzes (z.B. Umlaufrendite einer 10jährigen Bundesanleihe) und eines Risikozuschlages	

Kombinationsmöglichkeit D		
Einzahlungen	Ist-Mieten mit Marktabgleich, z.B. durch Institutsprognosen (Bulwien, Feri)	Rang:
Auszahlungen	Individuelle Einschätzung des Gebäudezustandes und dem daraus abgeleiteten Instandhaltungsbedarf	________
Zinssatz	Individueller Zinssatz auf Grundlage eines Basiszinssatzes (z.B. Umlaufrendite einer 10jährigen Bundesanleihe) und eines Risikozuschlages	

Kombinationsmöglichkeit E		
Einzahlungen	Ist-Mieten ergänzt um eine individuelle Marktanalyse, eine Mieteranalyse sowie eine Konkurrenzanalyse	Rang:
Auszahlungen	Pauschalen Sätze, z.B. gemäß II. BV unter Berücksichtigung des Gebäudealter und -zustandes	________
Zinssatz	Öffentlich verfügbaren Zinssatzes (z.B. Liegenschaftszinssatz) jedoch angepasst um spezielle Risiken (z.B. Bonität des Mieters, etc.)	

Kombinationsmöglichkeit F		
Einzahlungen	Ist-Mieten mit Marktabgleich, z.B. durch Institutsprognosen (Bulwien, Feri)	Rang:
Auszahlungen	Pauschalen Sätze, z.B. gemäß II. BV unter Berücksichtigung des Gebäudealter und -zustands	__________
Zinssatz	Öffentlich verfügbaren Zinssatzes (z.B. Liegenschaftszinssatz) jedoch angepasst um spezielle Risiken (z.B. Bonität des Mieters, etc.)	

Kombinationsmöglichkeit G		
Einzahlungen	Ist-Mieten ergänzt um eine individuelle Marktanalyse, eine Mieteranalyse sowie eine Konkurrenzanalyse	Rang:
Auszahlungen	Individuelle Einschätzung des Gebäudezustandes und dem daraus abgeleiteten Instandhaltungsbedarf	__________
Zinssatz	Öffentlich verfügbaren Zinssatzes (z.B. Liegenschaftszinssatz) jedoch angepasst um spezielle Risiken (z.B. Bonität des Mieters, etc.)	

Kombinationsmöglichkeit H		
Einzahlungen	Ist-Mieten ergänzt um eine individuelle Marktanalyse, eine Mieteranalyse sowie eine Konkurrenzanalyse	Rang:
Auszahlungen	Individuelle Einschätzung des Gebäudezustandes und dem daraus abgeleiteten Instandhaltungsbedarf	__________
Zinssatz	Individueller Zinssatz auf Grundlage eines Basiszinssatzes (z.B. Umlaufrendite einer 10jährigen Bundesanleihe) und eines Risikozuschlages	

Anhang 2d: Übersicht aller Untersuchungsteilnehmer (Grundgesamtheit)

Nr.	Stapel	Quelle	Mitglied in
1	A	Mitgliederverzeichnis	BIIS
2	B	Mitgliederverzeichnis	BIIS
3	A	Mitgliederverzeichnis	BIIS
4	B	Mitgliederverzeichnis	BIIS
5	A	Mitgliederverzeichnis	BIIS
6	B	Mitgliederverzeichnis	BIIS
7	A	Mitgliederverzeichnis	BIIS
8	B	Mitgliederverzeichnis	BIIS
9	A	Mitgliederverzeichnis	BIIS
10	B	Mitgliederverzeichnis	BIIS
11	A	Mitgliederverzeichnis	BIIS
12	B	Mitgliederverzeichnis	BIIS
13	A	Mitgliederverzeichnis	BIIS
14	B	Mitgliederverzeichnis	BIIS
15	A	Mitgliederverzeichnis	BIIS
16	B	Mitgliederverzeichnis	BIIS
17	A	Mitgliederverzeichnis	BIIS
18	B	Mitgliederverzeichnis	BIIS
19	A	Mitgliederverzeichnis	BIIS
20	B	Mitgliederverzeichnis	BIIS
21	A	Mitgliederverzeichnis	BIIS
22	B	Mitgliederverzeichnis	BIIS
23	A	Mitgliederverzeichnis	BIIS
24	B	Mitgliederverzeichnis	BIIS
25	A	Mitgliederverzeichnis	BIIS
26	B	Mitgliederverzeichnis	BIIS
27	A	Mitgliederverzeichnis	BIIS
28	B	Mitgliederverzeichnis	BIIS
29	A	Mitgliederverzeichnis	BIIS
30	B	Mitgliederverzeichnis	BIIS
31	A	Mitgliederverzeichnis	BIIS
32	B	Mitgliederverzeichnis	BIIS
33	A	Mitgliederverzeichnis	BIIS
34	B	Mitgliederverzeichnis	BIIS
35	A	Mitgliederverzeichnis	BIIS
36	B	Mitgliederverzeichnis	BIIS
37	A	Mitgliederverzeichnis	BIIS
38	B	Mitgliederverzeichnis	BIIS
39	A	Mitgliederverzeichnis	BIIS
40	B	Mitgliederverzeichnis	BIIS
41	A	Mitgliederverzeichnis	BIIS
42	B	Mitgliederverzeichnis	BIIS
43	A	Mitgliederverzeichnis	BIIS
44	B	Mitgliederverzeichnis	BIIS
45	A	Mitgliederverzeichnis	BIIS
46	B	Mitgliederverzeichnis	BIIS
47	A	Mitgliederverzeichnis	BIIS
48	B	Mitgliederverzeichnis	BIIS
49	A	Mitgliederverzeichnis	BIIS
50	B	Mitgliederverzeichnis	BIIS
51	A	Mitgliederverzeichnis	BIIS
52	B	Mitgliederverzeichnis	BIIS
53	A	Mitgliederverzeichnis	BIIS
54	B	Mitgliederverzeichnis	BIIS
55	A	Mitgliederverzeichnis	BIIS
56	B	Mitgliederverzeichnis	BIIS
57	A	Mitgliederverzeichnis	BIIS
58	B	Mitgliederverzeichnis	BIIS
59	A	Mitgliederverzeichnis	BIIS
60	B	Mitgliederverzeichnis	BIIS
61	A	Mitgliederverzeichnis	BIIS
62	B	Mitgliederverzeichnis	BIIS
63	A	Mitgliederverzeichnis	BIIS
64	B	Mitgliederverzeichnis	BIIS
65	A	Mitgliederverzeichnis	BIIS
66	B	Mitgliederverzeichnis	BIIS
67	A	Mitgliederverzeichnis	BIIS
68	B	Mitgliederverzeichnis	BIIS
69	A	Mitgliederverzeichnis	BIIS
70	B	Mitgliederverzeichnis	BIIS
71	A	Mitgliederverzeichnis	BIIS
72	B	Mitgliederverzeichnis	BIIS
73	A	Mitgliederverzeichnis	BIIS
74	B	Mitgliederverzeichnis	BIIS
75	A	Mitgliederverzeichnis	BIIS
76	B	Mitgliederverzeichnis	BIIS
77	A	Mitgliederverzeichnis	BIIS
78	B	Mitgliederverzeichnis	BIIS
79	A	Mitgliederverzeichnis	BIIS
80	B	Mitgliederverzeichnis	BIIS
81	A	Mitgliederverzeichnis	BIIS
82	B	Mitgliederverzeichnis	BIIS
83	A	Mitgliederverzeichnis	BIIS
84	B	Mitgliederverzeichnis	BIIS
85	A	Mitgliederverzeichnis	BIIS
86	B	Mitgliederverzeichnis	gif e.V.
87	A	Mitgliederverzeichnis	gif e.V.
88	B	Mitgliederverzeichnis	gif e.V.
89	A	Mitgliederverzeichnis	gif e.V.
90	B	Mitgliederverzeichnis	gif e.V.
91	A	Mitgliederverzeichnis	gif e.V.
92	B	Mitgliederverzeichnis	gif e.V.
93	A	Mitgliederverzeichnis	gif e.V.
94	B	Mitgliederverzeichnis	gif e.V.
95	A	Mitgliederverzeichnis	gif e.V.
96	B	Mitgliederverzeichnis	gif e.V.
97	A	Mitgliederverzeichnis	gif e.V.
98	B	Mitgliederverzeichnis	gif e.V.
99	A	Mitgliederverzeichnis	gif e.V.
100	B	Mitgliederverzeichnis	gif e.V.
101	A	Mitgliederverzeichnis	gif e.V.
102	B	Mitgliederverzeichnis	gif e.V.
103	A	Mitgliederverzeichnis	gif e.V.
104	B	Mitgliederverzeichnis	gif e.V.
105	A	Mitgliederverzeichnis	gif e.V.
106	B	Mitgliederverzeichnis	gif e.V.
107	A	Mitgliederverzeichnis	gif e.V.
108	B	Mitgliederverzeichnis	gif e.V.
109	A	Mitgliederverzeichnis	gif e.V.
110	B	Mitgliederverzeichnis	gif e.V.
111	A	Mitgliederverzeichnis	gif e.V.
112	B	Mitgliederverzeichnis	gif e.V.
113	A	Mitgliederverzeichnis	gif e.V.
114	B	Mitgliederverzeichnis	gif e.V.
115	A	Mitgliederverzeichnis	gif e.V.
116	B	Mitgliederverzeichnis	gif e.V.
117	A	Mitgliederverzeichnis	gif e.V.
118	B	Mitgliederverzeichnis	gif e.V.
119	A	Mitgliederverzeichnis	gif e.V.
120	B	Mitgliederverzeichnis	gif e.V.
121	A	Mitgliederverzeichnis	gif e.V.
122	B	Mitgliederverzeichnis	gif e.V.
123	A	Mitgliederverzeichnis	gif e.V.
124	B	Mitgliederverzeichnis	gif e.V.
125	A	Mitgliederverzeichnis	gif e.V.
126	B	Mitgliederverzeichnis	gif e.V.
127	A	Mitgliederverzeichnis	gif e.V.
128	B	Mitgliederverzeichnis	gif e.V.
129	A	Mitgliederverzeichnis	gif e.V.
130	B	Mitgliederverzeichnis	gif e.V.
131	A	Mitgliederverzeichnis	gif e.V.
132	B	Mitgliederverzeichnis	gif e.V.
133	A	Mitgliederverzeichnis	gif e.V.
134	B	Mitgliederverzeichnis	gif e.V.
135	A	Mitgliederverzeichnis	gif e.V.
136	B	Mitgliederverzeichnis	gif e.V.
137	A	Mitgliederverzeichnis	gif e.V.
138	B	Mitgliederverzeichnis	gif e.V.
139	A	Mitgliederverzeichnis	gif e.V.
140	B	Mitgliederverzeichnis	gif e.V.
141	A	Mitgliederverzeichnis	gif e.V.
142	B	Mitgliederverzeichnis	gif e.V.
143	A	Mitgliederverzeichnis	gif e.V.
144	B	Mitgliederverzeichnis	gif e.V.
145	A	Mitgliederverzeichnis	gif e.V.
146	B	Mitgliederverzeichnis	gif e.V.
147	A	Mitgliederverzeichnis	gif e.V.
148	B	Mitgliederverzeichnis	gif e.V.
149	A	Mitgliederverzeichnis	gif e.V.
150	B	Mitgliederverzeichnis	gif e.V.
151	A	Mitgliederverzeichnis	gif e.V.
152	B	Mitgliederverzeichnis	gif e.V.
153	A	Mitgliederverzeichnis	gif e.V.
154	B	Mitgliederverzeichnis	gif e.V.
155	A	Mitgliederverzeichnis	gif e.V.
156	B	Mitgliederverzeichnis	gif e.V.
157	A	Mitgliederverzeichnis	gif e.V.
158	B	Mitgliederverzeichnis	gif e.V.
159	A	Mitgliederverzeichnis	gif e.V.
160	B	Mitgliederverzeichnis	gif e.V.
161	A	Mitgliederverzeichnis	gif e.V.
162	B	Mitgliederverzeichnis	gif e.V.
163	A	Mitgliederverzeichnis	gif e.V.
164	B	Mitgliederverzeichnis	gif e.V.
165	A	Mitgliederverzeichnis	gif e.V.
166	B	Mitgliederverzeichnis	gif e.V.
167	A	Mitgliederverzeichnis	gif e.V.
168	B	Mitgliederverzeichnis	gif e.V.
169	A	Mitgliederverzeichnis	gif e.V.
170	B	Mitgliederverzeichnis	gif e.V.
171	A	Mitgliederverzeichnis	gif e.V.
172	B	Mitgliederverzeichnis	gif e.V.
173	A	Mitgliederverzeichnis	gif e.V.
174	B	Mitgliederverzeichnis	gif e.V.

Anhang 3a: Übersicht der erhaltenen Antworten

Lfd.-Nr.	Untersuchungs-teilnehmer-Nr.	Stapel A	Stapel B	Gruppe gif	Gruppe BIIS	Eingangs-datum	Vollständig (incl. Karten) Ja	Vollständig (incl. Karten) Nein	Immo-Bewertung für Dritte Ja	Immo-Bewertung für Dritte Nein	Abschluss Kaufm. (Dipl.-Kfm.)	Abschluss Technisch (Dipl.-Ing.)	Abschluss Sonstiges (x)	Abschluss Sonstiges Erläuterung
1	1		x	x		18.11.2005	x		x		x			
2	2		x		x	18.11.2005	x		x		x			
3	3		x		x	18.11.2005	x		x		x		x	DIA
4	4	x		x		21.11.2005	x		x		x			
5	5	x			x	21.11.2005	x		x			x		
6	6		x	x		21.11.2005	x		x		x			
7	7		x	x		21.11.2005	x		x			x		
8	8	x			x	21.11.2005	x		x		x			
9	9		x	x		21.11.2005	x		x			x		
10			x		x	21.11.2005		x	x		x	x		
11	10	x		x		21.11.2005	x		x			x		
12			x		x	22.11.2005		x	x			x		
13		x		x		22.11.2005		x	x		x	x		
14			x		x	22.11.2005		x	x		x			
15		x		x			x			x		x		
16	11		x	x		22.11.2005	x		x			x		
17	12	x		x		22.11.2005	x		x			x		
18		x		x		22.11.2005	x			x	x			
19	13		x	x		22.11.2005	x		x			x		
20	14		x		x	22.11.2005	x		x			x		
21	15	x		x		22.11.2005	x		x		x			
22	16		x	x		22.11.2005	x		x		x	x		
23			x	x		22.11.2005	x			x	x			
24	17	x		x		24.11.2005	x		x		x	x		
25	18	x			x	25.11.2005	x		x		x			
26		x		x		28.11.2005	x			x	x			
27	19	x		x		28.11.2005	x		x		x			
28	20	x			x	28.11.2005	x		x			x		
29			x	x		28.11.2005		x	x		x			
30	21	x			x	28.11.2005	x		x		x		x	
31	22		x	x		28.11.2005	x		x		x	x		
32	23		x		x	28.11.2005	x		x			x		
33	24	x			x	28.11.2005	x		x			x		
34	25	x		x		28.11.2005	x		x		x			
35	26	x			x	30.11.2005	x		x		x			
36	27		x		x	30.11.2005	x		x		x			
37	28	x		x		30.11.2005	x		x		x			
38	29	x		x		30.11.2005	x		x		x			
39	30		x		x	30.11.2005	x		x		x	x		
40	31	x			x	30.11.2005	x		x			x		
41	32		x	x		30.11.2005	x		x			x		
42	33		x	x		30.11.2005	x		x		x		x	Jura
43	34		x		x	01.12.2005	x		x			x		
44	35	x			x	01.12.2005	x		x			x		
45	36	x			x	01.12.2005	x		x			x		
46	37		x		x	01.12.2005	x		x			x		
47	38	x		x		05.12.2005	x		x		x			
48	39	x			x	05.12.2005	x		x		x	x		
49	40	x			x	06.12.2005	x		x			x		
50	41	x		x		06.12.2005	x		x		x			
51			x	x		06.12.2005	x			x			x	Jura
52	42		x		x	07.12.2005	x		x			x		
53	43		x	x		14.12.2005	x		x		x			
54		x		x		19.12.2005	x			x		x		
55			x		x	20.12.2005	x			x	x			
56		x			x	23.12.2005		x	x			x		
Anzahl		29	27	30	26		50	6	49	7	32	30	4	

Lfd.-Nr.	Immobilienspezifische Qualifikationen: Dipl.-Ing. Arch.	Immo-Ök. (ebs)	RICS	Assoc. MAI	HypCert	Ö.b.u.v.S.	Sonstiges (x)	Sonstiges Erläuterung	Bewertungsverfahren: Ertragswert	Anteil in %	Vergleichswert	Anteil in %	DCF	Anteil in %	Sonstige	Erläuterung	Anteil in %
1							x		x	90	x	5	x	0	x	Residual	5
2						x			x	90	x	50	x	10	x	Sachwert	20
3							x	DIA	x	80	x	20					
4		x	x						x	90	x	5	x	5			
5	x					x			x	100	x	100	x	5			
6							x	MCR (F)	x	65	x	15	x	5	x	Sachwert	15
7						x			x	60	x	25	x	5	x	Sachwert	20
8		x	x						x	80	x	10	x	10			
9							x	DIA	x	100	x	20	x	10	x	Sachwert	100
10							x	Geoinformatik	x	50	x	100			x	Sachwert	50
11	x								x	50	x	10			x	Sachwert	40
12	x								x	95	x	5					
13						x			x	100	x	100					
14						x			x	95	x	3			x	Sachwert	2
15		x				x	x	Dipl. Ing. Bauwesen									
16		x	x	x			x	Dipl. Ing. Verm.	x	10	x	30	x	60			
17		x	x			x		Dipl. Bauing.	x	90	x	8	x	2			
18		x	x						x	15			x	70	x	Residual	15
19	x	x	x						x	95	x	4	x	1			
20							x	Dipl.Ing. Verm.	x	60	x	20	x	10	x	Sachwert	10
21							x	DIA	x	50	x	20	x	5	x	Sachwert	50
22		x	x				x	Dipl.Ing. Raumpl.	x	99	x	1	x	1	x	Sachwert	98
23		x	x						x	90	x	10					
24	x	x			x				x	50	x	15	x	25	x	Residual	10
25		x	x	x	x	x			x	80	x	5	x	10	x	Residual	5
26		x	x						x				x				
27		x					x	DIA	x	5	x	15	x	80			
28	x		x						x	98			x	2	x	Sachwert	
29					x		x	DIA	x	95	x	5					
30			x				x	DIA	x	80	x	10	x	5	x	Sachwert	
31							x	Dipl.-Wirt.Ing.	x	60	x	15	x	5	x	Sachwert	20
32			x					Dipl. Bauing.	x	80	x	20	x	10			
33	x								x	80	x	10	x	5	x	Sachwert	5
34		x	x						x	75	x	100	x	25			
35		x							x	30	x	20	x	35	x	Sachwert	5
36									x	90	x	10					
37		x	x						x	5	x	5	x	30	x	Marketvalue	60
38						x	x	DIA	x	90	x	3	x	6	x		1
39	x		x			x			x	90	x	5	x	5			
40	x								x	75	x	20	x	5			
41							x	Dipl.-Wirt.Ing.									
42							x	DIA	x	50			x	50			
43	x								x	65	x	25	x	5	x	Residual	5
44	x								x	70	x	10	x	0	x	Sachwert	20
45	x								x	10	x	60	x	15	x	rest	15
46							x	Dipl.Ing. Konstruktion	x	85	x	15					
47									x	25	x	40	x	30	x	Sachwert	5
48	x					x		TAS zertifiziert	x	95	x	15	x	5	x	Sachwert	70
49	x	x							x	90	x	5			x	Sachwert	5
50			x			x			x	85	x	5	x	5	x	Residual	5
51		x	x										x				
52	x								x	70	x	10	x	10	x	Sachwert	10
53		x							x	40	x	10	x	10	x	Sachwert	40
54	x						x	DIA	x	60	x	5			x	Sachwert	35
55		x	x										x	100			
56						x			x	50	x	20	x	10	x	Sachwert	20
Anzahl	16	20	19	2	3	13	19		52	67.92	48	21.65	42	16.3571429	32	0	23.78

Lfd.-Nr.	Gründe für DCF	Immobilienbewertungs für Jahresabschlusszwecke									Anforderungen der IFRS an einen durch Schätzung ermittelten Wert						International Valuation Standards Committee (IVSC)						The European Group of Valuers´Associations (TEGoVA)						Interesse an Ergebnissen	
		Auschlussfrage		Wenn ja, für IFRS		Wenn ja, wieviele					Bekannt		Relevanz überwiegt		Zuverlässigkeit überwiegt		Bekannt		Berücksichtigung		Hilfreich		Bekannt		Berücksichtigung		Hilfreich			
		Ja	Nein	Ja	Nein	0-9	10-49	50-99	>100	unbek.	Ja	Nein	stark	schwach	schwach	stark	Ja	Nein	Ja	Nein	Ja	Nein	Ja	Nein	Ja	Nein	Ja	Nein	Ja	Nein
1		x			x	x									x		x		x		x		x		x		x		x	
2	Nur Plausibilisierung, da investorenspezifisch		x		x						x					x	x			x		x	x			x		x	x	
3		x			x						x				x		x			x		x	x			x		x		x
4	Abl. von Entwicklungszenarien, Vorteilhafligkeit	x		x		x					x				x		x			x		x	x		x		x		x	
5	Nur Zusätzlich, Plausibilisierung		x								x			x				x					x			x		x	x	
6	für Investitionsentscheidungen, Ergänzend		x								x					x	x		x		x		x		x		x		x	
7	Transparenz, dyn. strukturierte Cashflows		x								x					x	x				x		x		x		x		x	
8	Methodische Vorteil ggü. dt. Ertrasgwertv., Kundenerwart.	x		x					x		x				x		x		x			x	x			x		x	x	
9	Nie anstelle, nur zusätzlich	x		x		x					x				x			x						x					x	
10			x									x						x					x			x		x		x
11			x									x						x						x					x	
12			x								x						x			x		x	x			x		x		x
13	Keinen, da nur Investitionsrechnung	x		x					x		x						x			x	x		x			x	x		x	
14			x								x				x		x			x		x	x			x	x			x
15			x									x						x						x						x
16	Kundenwunsch ist DCF		x									x					x		x		x		x		x		x		x	
17	Kundenwunsch und Plausibilisierung		x								x			x			x		x			x	x		x		x		x	
18	Bessere Abbildung des tats. Verlaufs d. Mietentw.	x			x							x					x			x		x	x		x		x		x	
19	Genauere Erf. v. Zahlungströmen		x									x					x		x		x		x		x		x		x	
20	Auftragsabhängig, Kundenwunsch		x								x			x				x						x						x
21	Sachwert zur Plausibilisierung, DCF auch	x			x						x					x		x					x			x		x	x	
22	Sachwert zur Plausibilisierung	x		x		x					x			x			x		x		x		x			x		x	x	
23		x		x						x		x					x			x		x	x			x		x	x	
24	Kundenwunsch, Genauigkeit ist Unterlegen ggü. Dt. Verf.	x		x					x		x					x	x		x		x		x		x		x		x	
25	Nur bei Kundenwunsch, -anfrage	x		x					x		x			x			x		x			x	x			x		x	x	
26	Konkurrierende Bew. Plausibilität	x			x	x						x					x			x		x	x			x		x	x	
27			x			x					x				x		x		x		x		x		x		x		x	
28	Kundenwunsch		x								x					x	x						x		x		x			x
29		x		x		x					x			x			x		x		x		x		x		x		x	
30	Nur Ergänzend, Plausibilisierung	x		x			x					x					x		x		x		x		x		x		x	
31	Forderung Auftraggeber, Plausibilität	x		x					x		x		x				x			x		x	x			x		x		x
32	Kundenwunsch	x		x		x					x					x	x		x		x		x		x		x		x	
33	Ergänzend		x								x				x		x		x		x		x		x		x			x
34	Individuelle Anp., Komplexe Zahlungszenarien		x								x			x			x			x		x	x			x		x	x	
35	Kundenwunsch	x			x	x						x					x		x		x		x		x		x			x
36	DCF nur zusätzlich	x			x																								x	
37			x								x					x	x		x		x		x		x		x		x	
38		x		x			x				x					x	x			x		x	x		x		x		x	
39	Investment	x		x					x		x				x		x		x		x		x			x		x		x
40	Vergleich, Plausibilität		x		x						x				x		x			x	x		x			x	x			x
41	Plausibilität für Hotelimmobilien		x		x							x						x		x			x			x		x	x	
42	als Kontrolle, Bedingung des Auftraggebers (intern.)	x		x			x				x			x			x		x		x		x		x		x		x	
43	Ergänzend	x		x		x					x			x			x			x		x	x			x		x	x	
44			x		x							x					x			x		x	x			x		x	x	
45	Kundenwunsch	x		x		x					x			x			x		x		x		x			x		x		x
46	Nur in Einzelfällen, Objekt mit vielen Mietverträgen		x								x				x			x						x					x	
47	Dynamische Modell, gute Darst. d. Entw. einer Immobilie	x			x						x						x			x	x		x			x	x		x	
48	nur zusätzlich	x		x					x		x				x		x		x		x		x		x		x			x
49		x		x				x				x					x			x		x	x			x		x		x
50	komplexe Struktur der Mietverträge, Kundenwunsch	x		x				x			x				x		x		x		x		x			x	x		x	
51	es interessiert nur die EK-Verzinsung		x									x					x			x	x		x			x	x		x	
52	Kundenwunsch		x								x					x	x			x		x	x			x		x	x	
53	Investitionsrechn., Plausibilität	x			x						x					x		x		x		x	x		x		x		x	
54			x								x		x			x	x			x		x	x		x		x		x	
55	immer, da hausinterne Entscheidungsregel		x		x						x					x	x			x	x		x			x	x			x
56	Ford. Autraggeber, Darst. CF bei Insth., Mieterwechselkoste?	x		x		x					x			x			x		x		x		x		x		x			x
Anzahl		30	26	21	14	12	3	2	7	1	40	14	2	11	13	13	45	10	22	23	25	20	50	5	23	27	30	20	39	17

Anhang 3b: Übersicht der verwertbaren Antworten

Untersuchungs-teilnehmer Nr.	Stapel A	Stapel B	Gruppe gif	Gruppe BIIS	Eingangs-datum	Vollständig (incl. Karten) Ja	Vollständig (incl. Karten) Nein	Immo-Bewertung für Dritte Ja	Immo-Bewertung für Dritte Nein	Abschluss Kaufm. (Dipl.-Kfm.)	Abschluss Technisch (Dipl.-Ing.)	Abschluss Sonstiges	Abschluss Sonstiges Erläuterung	Immobilienspezifische Qualifikationen Dipl.-Ing. Arch.	Immo-Ök. (ebs)	RICS	Assoc. MAI	HypCert	Ö.b.u.v.S.	Sonstiges	Sonstiges Erläuterung	Bewertungsverfahren Ertragswert	Anteil in %	Vergleichswert	Anteil in %	DCF	Anteil in %	Sonstige	Erläuterung	Anteil in %
1		x	x		18.11.2005	x		x		x										x		x	90	x	5	x	0	x	Residual	5
2		x		x	18.11.2005	x		x		x									x			x	90	x	50	x	10	x	Sachwert	20
3		x		x	18.11.2005	x		x		x		x	DIA							x	DIA	x	80	x	20					
4	x		x		21.11.2005	x		x		x					x	x						x	90	x	5	x	5			
5	x			x	21.11.2005	x		x			x			x					x			x	100	x	100	x	5			
6		x	x		21.11.2005	x		x		x										x	MCR (F)	x	65	x	15	x	5	x	Sachwert	15
7		x	x		21.11.2005	x		x			x								x			x	60	x	25	x	5	x	Sachwert	20
8	x			x	21.11.2005	x		x		x					x	x						x	80	x	10	x	10			
9		x	x		21.11.2005	x		x			x									x	DIA	x	100	x	20	x	10	x	Sachwert	100
10	x		x		21.11.2005	x		x			x			x								x	50	x	10			x	Sachwert	40
11		x	x		22.11.2005	x		x			x				x	x	x			x	Dipl. Ing. Verm.	x	10	x	30	x	60			
12	x		x		22.11.2005	x		x			x				x	x			x		Dipl. Bauing.	x	90	x	8	x	2			
13		x	x		22.11.2005	x		x			x			x	x	x						x	95	x	4	x	1			
14		x		x	22.11.2005	x		x			x									x	Dipl.Ing. Verm.	x	60	x	20	x	10	x	Sachwert	10
15	x		x		22.11.2005	x		x		x										x	DIA	x	50	x	20	x	5	x	Sachwert	50
16		x	x		22.11.2005	x		x		x	x				x	x				x	Dipl.Ing. Raumpl.	x	99	x	1	x	1	x	Sachwert	98
17	x		x		24.11.2005	x		x		x	x			x	x			x				x	50	x	15	x	25	x	Residual	10
18	x			x	25.11.2005	x		x		x					x	x	x	x	x			x	80	x	5	x	10	x	Residual	5
19	x		x		28.11.2005	x		x		x					x					x	DIA	x	5	x	15	x	80			
20	x			x	28.11.2005	x		x			x			x		x						x	98			x	2	x	Sachwert	
21	x			x	28.11.2005	x		x		x		x				x				x	DIA	x	80	x	10	x	5	x	Sachwert	
22		x	x		28.11.2005	x		x		x	x									x	Dipl.-Wirt.Ing.	x	60	x	15	x	5	x	Sachwert	20
23		x		x	28.11.2005	x		x			x					x					Dipl. Bauing.	x	80	x	20	x	10			
24	x			x	28.11.2005	x		x			x			x								x	80	x	10	x	5	x	Sachwert	5
25	x		x		28.11.2005	x		x		x					x	x						x	75	x	100	x	25			
26	x			x	30.11.2005	x		x		x					x							x	30	x	20	x	35	x	Sachwert	5
27		x		x	30.11.2005	x		x		x												x	90	x	10					
28	x		x		30.11.2005	x		x		x					x	x						x	5	x	5	x	30	x	Marketvalue	60
29	x		x		30.11.2005	x		x		x									x	x	DIA	x	90	x	3	x	6	x		1
30		x		x	30.11.2005	x		x		x	x			x		x			x			x	90	x	5	x	5			
31	x			x	30.11.2005	x		x			x			x								x	75	x	20	x	5			
32		x	x		30.11.2005	x		x			x									x	Dipl.-Wirt.Ing.									
33		x	x		30.11.2005	x		x		x		x	Jura							x	DIA	x	50			x	50			
34		x		x	01.12.2005	x		x			x			x								x	65	x	25	x	5	x	Residual	5
35	x			x	01.12.2005	x		x			x			x								x	70	x	10	x	0	x	Sachwert	20
36	x			x	01.12.2005	x		x			x			x								x	10	x	60	x	15	x	rest	15
37		x		x	01.12.2005	x		x			x									x	Dipl.Ing. Konstruktion	x	85	x	15					
38	x		x		05.12.2005	x		x		x												x	25	x	40	x	30	x	Sachwert	5
39	x			x	05.12.2005	x		x		x	x			x					x		TAS zertifiziert	x	95	x	15	x	5	x	Sachwert	70
40	x			x	06.12.2005	x		x			x			x	x							x	90	x	5			x	Sachwert	5
41	x		x		06.12.2005	x		x		x						x			x			x	85	x	5	x	5	x	Residual	5
42		x		x	07.12.2005	x		x			x			x								x	70	x	10	x	10	x	Sachwert	10
43		x	x		14.12.2005	x		x		x					x							x	40	x	10	x	10	x	Sachwert	40
Anzahl:	23	20	22	21		43	0	43	0	24	24	3		14	14	14	2	2	9	15		42		40	19,78	37	13,70	27	0	23,67

Untersuchungs-teilnehmer Nr.	Gründe für DCF	Immobilienbewertung für Jahresabschlusszwecke: Auschlussfrage Ja	Auschlussfrage Nein	Wenn ja, für IFRS Ja	Wenn ja, für IFRS Nein	Wenn ja, wieviele 0-9	10-49	50-99	>100	unbek.	Anforderungen der IFRS an einen durch Schätzung ermittelten Wert: Bekannt Ja	Bekannt Nein	Relevanz überwiegt stark	Relevanz überwiegt schwach	Zuverlässigkeit überwiegt schwach	Zuverlässigkeit überwiegt stark	International Valuation Standards Committee (IVSC): Bekannt Ja	Bekannt Nein	Berücksichtigung Ja	Berücksichtigung Nein	Hilfreich Ja	Hilfreich Nein	The European Group of Valuers´Associations (TEGoVA): Bekannt Ja	Bekannt Nein	Berücksichtigung Ja	Berücksichtigung Nein	Hilfreich Ja	Hilfreich Nein	Interesse an Ergebnissen Ja	Interesse an Ergebnissen Nein
1		x			x	x									x		x		x		x		x		x		x		x	
2	Nur Plausibilisierung, da investorenspezifisch		x		x						x					x	x			x		x	x			x		x	x	
3		x			x						x				x		x			x		x	x			x		x		x
4	Abl. von Entwicklungszenarien, Vorteilhaftigkeit	x		x		x					x				x		x			x		x	x		x		x		x	
5	Nur zusätzlich, Plausibilisierung		x								x			x				x					x			x		x	x	
6	für Investitionsentscheidungen, ergänzend		x								x					x	x		x		x		x		x		x		x	
7	Transparenz, dyn. strukturierte Cashflows		x								x					x	x				x		x		x		x		x	
8	Methodische Vorteil ggü. dt. Ertrasgwertv., Kundenerwart.	x		x							x				x		x		x			x	x			x		x	x	
9	Nie anstelle, nur zusätzlich	x		x		x					x				x			x						x					x	
10			x									x						x						x					x	
11	Kundenwunsch ist DCF		x									x					x		x		x		x		x		x		x	
12	Kundenwunsch und Plausibilisierung		x								x			x			x		x			x	x		x		x		x	
13	Genauere Erf. v. Zahlungsströmen		x									x					x		x		x		x		x		x		x	
14	Auftragsabhängig, Kundenwunsch		x								x			x				x						x						x
15	Sachwert zur Plausibilisierung, DCF auch	x			x						x					x		x					x			x		x	x	
16	Sachwert zur Plausibilisierung	x		x		x					x			x			x		x		x		x			x		x	x	
17	Kundenwunsch, Genauigkeit ist unterlegen ggü. dt. Verf.	x		x					x		x					x	x		x		x		x		x		x		x	
18	Nur bei Kundenwunsch, -anfrage	x		x					x		x			x			x		x			x	x			x		x	x	
19			x			x					x				x		x		x		x		x		x		x		x	
20	Kundenwunsch		x								x					x	x						x		x		x			x
21	Nur ergänzend, Plausibilisierung	x		x			x					x					x		x		x		x		x		x		x	
22	Forderung Auftraggeber, Plausibilität	x		x					x		x		x				x			x		x	x			x		x		x
23	Kundenwunsch	x		x		x					x					x	x		x		x		x		x		x		x	
24	Ergänzend		x								x				x		x		x		x		x		x		x			x
25	Individuelle Anp., komplexe Zahlungszenarien		x								x			x			x			x		x	x			x		x	x	
26	Kundenwunsch	x			x	x						x					x		x		x		x		x		x			x
27	DCF nur zusätzlich	x			x													x						x					x	
28			x								x					x	x		x		x		x		x		x		x	
29		x		x			x				x					x	x			x		x	x		x		x		x	
30	Investment	x		x					x		x				x		x		x		x		x			x		x		x
31	Vergleich, Plausibilität		x		x						x				x		x			x	x		x			x	x			x
32	Plausibilität für Hotelimmobilien		x		x							x						x		x			x			x		x	x	
33	als Kontrolle, Bedingung des Auftraggebers (intern.)	x		x			x				x			x			x		x		x		x		x		x		x	
34	ergänzend	x		x		x					x			x			x			x		x	x			x		x	x	
35			x		x							x					x			x		x	x			x		x	x	
36	Kundenwunsch	x		x		x					x			x			x		x		x		x			x		x		x
37	Nur in Einzelfällen, Objekt mit vielen Mietverträgen		x								x				x			x						x					x	
38	Dynamisches Modell, gute Darst. d. Entw. einer Immobilie	x			x						x						x			x	x		x			x	x		x	
39	nur zusätzlich	x		x					x		x				x		x		x		x		x		x		x			x
40		x		x				x				x					x			x		x	x			x		x		x
41	komplexe Struktur der Mietverträge, Kundenwunsch	x		x				x			x				x		x		x		x		x			x	x		x	
42	Kundenwunsch		x								x					x	x			x		x	x			x		x	x	
43	Investitionsrechnung, Plausibilität	x			x						x					x		x		x		x	x		x		x		x	
Anzahl:		24	19	17	11	9	3	2	5	0	33	8	1	9	12	11	34	9	20	14	20	14	38	5	19	19	22	16	32	11

Anhang 4a: Vergleich von Stapel A und B

	Untersuchungs-teilnehmer Nr.	Einzahlungen		Auszahlungen		Zinssatz		Anmerkung
		Relevanz	Zuverlässigkeit	Relevanz	Zuverlässigkeit	Relevanz	Zuverlässigkeit	
Stapel A	4	1,00	0,00	1,00	0,00	1,00	0,00	
	5	1,00	0,00	1,00	0,00	1,00	0,00	
	8	1,00	0,00	0,00	1,00	0,00	1,00	
	10	1,00	0,00	0,00	1,00	0,00	1,00	
	12	1,00	0,00	1,00	0,00	1,00	0,00	
	15	1,00	0,00	1,00	0,00	1,00	0,00	
	17	1,00	0,00	1,00	0,00	0,00	1,00	
	18	1,00	0,00	1,00	0,00	0,00	1,00	
	20	1,00	0,00	0,00	1,00	1,00	0,00	
	21	1,00	0,00	1,00	0,00	0,00	1,00	
	24	1,00	0,00	0,00	1,00	0,00	1,00	
	25	0,00	1,00	1,00	0,00	0,00	1,00	
	26							unplausible Antworten
	28	1,00	0,00	1,00	0,00	0,50	0,50	
	29	1,00	0,00	1,00	0,00	1,00	0,00	
	31	1,00	0,00	1,00	0,00	1,00	0,00	
	35	1,00	0,00	1,00	0,00	0,00	1,00	
	36	1,00	0,00	1,00	0,00	1,00	0,00	
	38	1,00	0,00	1,00	0,00	1,00	0,00	
	39	0,00	1,00	1,00	0,00	0,00	1,00	
	40	0,00	1,00	1,00	0,00	0,00	1,00	
	41							unplausible Antworten
	Arithm. Mittel	**0,85**	**0,15**	**0,80**	**0,20**	**0,48**	**0,52**	
Stapel B	1	1,00	0,00	1,00	0,00	0,50	0,50	
	2							unplausible Antworten
	3	1,00	0,00	1,00	0,00	0,00	1,00	
	6	1,00	0,00	1,00	0,00	0,00	1,00	
	7	1,00	0,00	0,00	1,00	0,00	1,00	
	9	1,00	0,00	1,00	0,00	0,00	1,00	
	13	1,00	0,00	1,00	0,00	1,00	0,00	
	16	1,00	0,00	1,00	0,00	0,00	1,00	
	23	1,00	0,00	0,00	1,00	0,00	1,00	
	27	1,00	0,00	0,00	1,00	0,00	1,00	
	30	1,00	0,00	1,00	0,00	1,00	0,00	
	32	1,00	0,00	1,00	0,00	1,00	0,00	
	33	1,00	0,00	1,00	0,00	1,00	0,00	
	34	1,00	0,00	1,00	0,00	0,00	1,00	
	37	1,00	0,00	1,00	0,00	1,00	0,00	
	42	1,00	0,00	1,00	0,00	1,00	0,00	
	43	1,00	0,00	1,00	0,00	0,00	1,00	
	44	0,00	1,00	1,00	0,00	0,00	1,00	
	45	1,00	0,00	1,00	0,00	1,00	0,00	
	47	1,00	0,00	1,00	0,00	1,00	0,00	
	48	0,00	1,00	1,00	0,00	0,00	1,00	
	Arithm. Mittel	**0,90**	**0,10**	**0,85**	**0,15**	**0,43**	**0,57**	

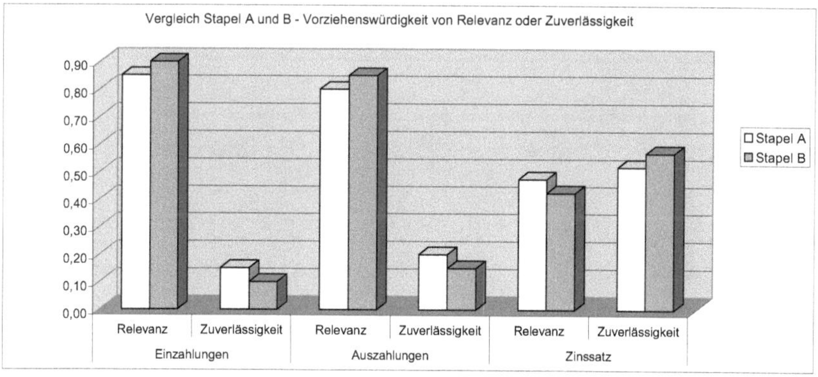

Anhang 4b: Vergleich der Sofort- und Spätantworter (Nachfassaktion)

	Untersuchungs-teilnehmer Nr.	Einzahlungen		Auszahlungen		Zinssatz		Anmerkung
		Relevanz	Zuverlässigkeit	Relevanz	Zuverlässigkeit	Relevanz	Zuverlässigkeit	
Sofortantworter	1	1,00	0,00	1,00	0,00	0,50	0,50	
	2							unplausible Antworten
	3	1,00	0,00	1,00	0,00	0,00	1,00	
	4	1,00	0,00	1,00	0,00	1,00	0,00	
	5	1,00	0,00	1,00	0,00	1,00	0,00	
	6	1,00	0,00	1,00	0,00	0,00	1,00	
	7	1,00	0,00	0,00	1,00	0,00	1,00	
	8	1,00	0,00	0,00	1,00	0,00	1,00	
	9	1,00	0,00	1,00	0,00	0,00	1,00	
	10	1,00	0,00	0,00	1,00	0,00	1,00	
	11	1,00	0,00	1,00	0,00	1,00	0,00	
	12	1,00	0,00	1,00	0,00	1,00	0,00	
	13	1,00	0,00	1,00	0,00	1,00	0,00	
	14	1,00	0,00	1,00	0,00	0,00	1,00	
	15	1,00	0,00	1,00	0,00	0,00	1,00	
	16	1,00	0,00	1,00	0,00	0,00	1,00	
	17	1,00	0,00	0,00	1,00	1,00	0,00	
	18	1,00	0,00	1,00	0,00	0,00	1,00	
	19	1,00	0,00	0,00	1,00	0,00	1,00	
	20	1,00	0,00	0,00	1,00	0,00	1,00	
	21	0,00	1,00	1,00	0,00	0,00	1,00	
	22							unplausible Antworten
	23	1,00	0,00	0,00	1,00	0,00	1,00	
	24	1,00	0,00	1,00	0,00	0,50	0,50	
	25	1,00	0,00	1,00	0,00	1,00	0,00	
	26	1,00	0,00	1,00	0,00	1,00	0,00	
	27	1,00	0,00	1,00	0,00	1,00	0,00	
	28	1,00	0,00	1,00	0,00	1,00	0,00	
	29	1,00	0,00	1,00	0,00	1,00	0,00	
	30	1,00	0,00	1,00	0,00	0,00	1,00	
	31	1,00	0,00	1,00	0,00	0,00	1,00	
	32	1,00	0,00	1,00	0,00	1,00	0,00	
	33	1,00	0,00	1,00	0,00	1,00	0,00	
	34	1,00	0,00	1,00	0,00	1,00	0,00	
	35	0,00	1,00	1,00	0,00	0,00	1,00	
	36	0,00	1,00	1,00	0,00	0,00	1,00	
	37							unplausible Antworten
	Arithm. Mittel	**0,91**	**0,09**	**0,79**	**0,21**	**0,44**	**0,56**	
Spätantworter	38	1,00	0,00	1,00	0,00	1,00	0,00	
	39	1,00	0,00	1,00	0,00	0,00	1,00	
	40	0,00	1,00	1,00	0,00	0,00	1,00	
	41	1,00	0,00	1,00	0,00	1,00	0,00	
	42	1,00	0,00	1,00	0,00	1,00	0,00	
	43	0,00	1,00	1,00	0,00	0,00	1,00	
	Arithm. Mittel	**0,67**	**0,33**	**1,00**	**0,00**	**0,50**	**0,50**	

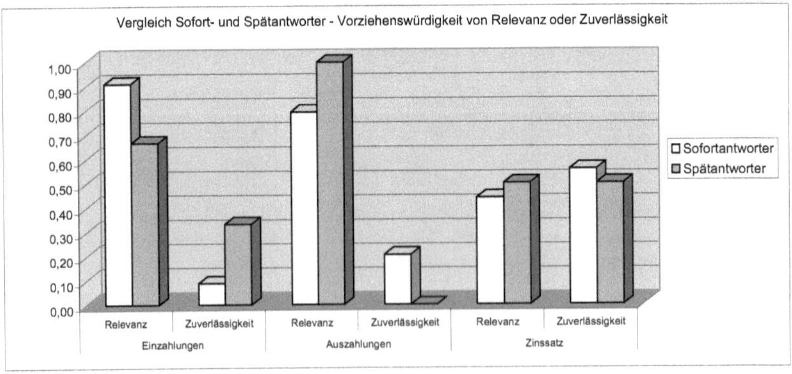

Anhang 4c: Vergleich der Sofort- und Spätantworter (50%-Vergleich)

	Untersuchungs-teilnehmer Nr.	Einzahlungen Relevanz	Einzahlungen Zuverlässigkeit	Auszahlungen Relevanz	Auszahlungen Zuverlässigkeit	Zinssatz Relevanz	Zinssatz Zuverlässigkeit	Anmerkung
Sofortanworter (50%)	1	1,00	0,00	1,00	0,00	0,50	0,50	
	2							unplausible Antworten
	3	1,00	0,00	1,00	0,00	0,00	1,00	
	4	1,00	0,00	1,00	0,00	1,00	0,00	
	5	1,00	0,00	1,00	0,00	1,00	0,00	
	6	1,00	0,00	1,00	0,00	0,00	1,00	
	7	1,00	0,00	0,00	1,00	0,00	1,00	
	8	1,00	0,00	0,00	1,00	0,00	1,00	
	9	1,00	0,00	1,00	0,00	0,00	1,00	
	10	1,00	0,00	0,00	1,00	0,00	1,00	
	12	1,00	0,00	1,00	0,00	1,00	0,00	
	13	1,00	0,00	1,00	0,00	1,00	0,00	
	15	1,00	0,00	1,00	0,00	1,00	0,00	
	16	1,00	0,00	1,00	0,00	0,00	1,00	
	17	1,00	0,00	1,00	0,00	0,00	1,00	
	18	1,00	0,00	1,00	0,00	0,00	1,00	
	20	1,00	0,00	0,00	1,00	1,00	0,00	
	21	1,00	0,00	1,00	0,00	0,00	1,00	
	23	1,00	0,00	0,00	1,00	0,00	1,00	
	24	1,00	0,00	0,00	1,00	0,00	1,00	
	25	0,00	1,00	1,00	0,00	0,00	1,00	
	Arithm. Mittel	**0,95**	**0,05**	**0,70**	**0,30**	**0,33**	**0,67**	
Spätantworter (50%)	26							unplausible Antworten
	27	1,00	0,00	0,00	1,00	0,00	1,00	
	28	1,00	0,00	1,00	0,00	0,50	0,50	
	29	1,00	0,00	1,00	0,00	1,00	0,00	
	30	1,00	0,00	1,00	0,00	1,00	0,00	
	31	1,00	0,00	1,00	0,00	1,00	0,00	
	32	1,00	0,00	1,00	0,00	1,00	0,00	
	33	1,00	0,00	1,00	0,00	1,00	0,00	
	34	1,00	0,00	1,00	0,00	0,00	1,00	
	35	1,00	0,00	1,00	0,00	0,00	1,00	
	36	1,00	0,00	1,00	0,00	1,00	0,00	
	37	1,00	0,00	1,00	0,00	1,00	0,00	
	38	1,00	0,00	1,00	0,00	1,00	0,00	
	39	0,00	1,00	1,00	0,00	0,00	1,00	
	40	0,00	1,00	1,00	0,00	0,00	1,00	
	41							unplausible Antworten
	42	1,00	0,00	1,00	0,00	1,00	0,00	
	43	1,00	0,00	1,00	0,00	0,00	1,00	
	44	0,00	1,00	1,00	0,00	0,00	1,00	
	45	1,00	0,00	1,00	0,00	1,00	0,00	
	47	1,00	0,00	1,00	0,00	1,00	0,00	
	48	0,00	1,00	1,00	0,00	0,00	1,00	
	Arithm. Mittel	**0,80**	**0,20**	**0,95**	**0,05**	**0,58**	**0,42**	

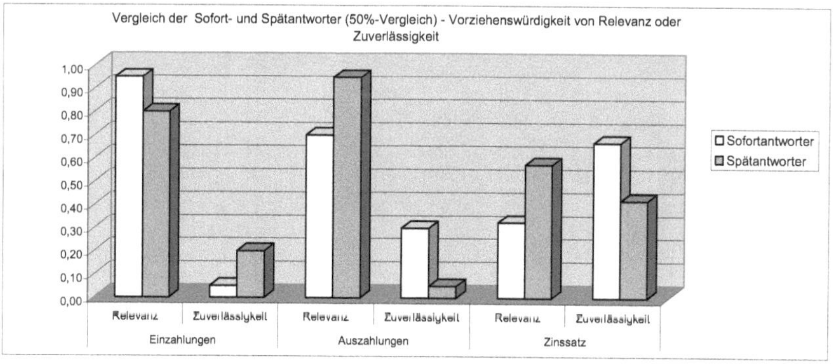

Anhang 5a: Gesamte Stichprobe - Vorziehenswürdigkeit einzelner Stimuli (unnormierte Gesamtnutzenwerte)

Untersuchungs-teilnehmer Nr.	A	B	C	D	E	F	G	H	Anmerkung
1	1,50	3,50	5,50	3,50	5,50	1,50	7,50	7,50	
2									unplausible Antworten
3	1,00	4,00	5,00	3,00	6,00	2,00	8,00	7,00	
4	5,00	2,00	7,00	6,00	3,00	1,00	4,00	8,00	
5	2,00	3,00	6,00	4,00	5,00	1,00	7,00	8,00	
6	1,00	4,00	5,00	3,00	6,00	2,00	8,00	7,00	
7	2,00	3,00	6,00	1,00	8,00	4,00	7,00	5,00	
8	1,75	5,25	3,75	1,25	7,75	5,75	7,25	3,25	
9	1,00	6,50	2,50	5,00	4,00	2,50	8,00	6,50	
10	2,00	5,00	4,00	1,00	8,00	6,00	7,00	3,00	
11	2,00	3,00	6,00	4,00	5,00	1,00	7,00	8,00	
12	5,00	3,00	6,00	7,00	2,00	1,00	4,00	8,00	
13	5,00	2,00	7,00	6,00	3,00	1,00	4,00	8,00	
14	1,25	3,75	5,25	2,25	6,75	2,75	7,75	6,25	
15	1,00	6,00	3,00	2,00	7,00	5,00	8,00	4,00	
16	1,00	4,00	5,00	2,50	6,50	2,50	8,00	6,50	
17	6,25	1,25	7,75	5,25	3,75	2,25	2,75	6,75	
18	1,00	4,00	5,00	3,00	6,00	2,00	8,00	7,00	
19	3,75	2,25	6,75	0,75	8,25	5,25	5,25	3,75	
20	2,00	5,00	4,00	1,00	8,00	6,00	7,00	3,00	
21	3,00	8,00	1,00	4,00	5,00	7,00	6,00	2,00	
22									unplausible Antworten
23	2,50	5,00	4,00	1,00	8,00	6,50	6,50	2,50	
24	1,50	3,50	5,50	3,50	5,50	1,50	7,50	7,50	
25	4,25	2,25	6,75	5,75	3,25	0,75	4,75	8,25	
26	5,25	3,25	5,75	7,25	1,75	1,25	3,75	7,75	
27	5,00	2,00	7,00	6,00	3,00	1,00	4,00	8,00	
28	4,25	3,25	5,75	6,75	2,25	0,75	4,75	8,25	
29	2,00	3,00	6,00	4,00	5,00	1,00	7,00	8,00	
30	1,00	7,00	2,00	3,00	6,00	5,00	8,00	4,00	
31	1,00	4,00	5,00	2,00	7,00	3,00	8,00	6,00	
32	5,50	2,50	6,50	6,50	2,50	1,50	3,50	7,50	
33	5,75	2,75	6,25	6,75	2,25	1,75	3,25	7,25	
34	2,50	4,50	4,50	6,00	3,00	1,00	6,50	8,00	
35	2,25	8,25	0,75	4,75	4,25	5,75	6,75	3,25	
36	3,00	8,00	1,00	6,00	3,00	5,00	6,00	4,00	
37									unplausible Antworten
38	5,00	3,00	6,00	7,00	2,00	1,00	4,00	8,00	
39	0,75	6,25	2,75	4,25	4,75	2,75	8,25	6,25	
40	5,00	8,00	1,00	6,00	3,00	7,00	4,00	2,00	
41	3,00	2,00	7,00	4,00	5,00	1,00	6,00	8,00	
42	5,00	3,00	6,00	7,00	2,00	1,00	4,00	8,00	
43	6,00	7,00	2,00	6,50	2,50	6,50	3,00	2,50	
Arithm. Mittel	**2,77**	**3,88**	**4,49**	**3,94**	**4,43**	**2,71**	**5,60**	**5,66**	

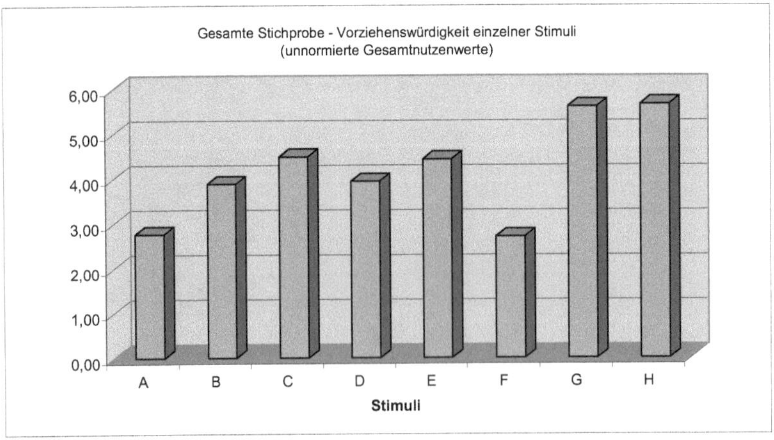

Anhang 5b: Gesamte Stichprobe - Vorziehenswürdigkeit einzelner Stimuli (normierte Gesamtnutzenwerte)

Untersuchungs-teilnehmer Nr.	A	B	C	D	E	F	G	H	Anmerkung
1	0,200	0,467	0,733	0,467	0,733	0,200	1,000	1,000	
2									unplausible Antworten
3	0,125	0,500	0,625	0,375	0,750	0,250	1,000	0,875	
4	0,625	0,250	0,875	0,750	0,375	0,125	0,500	1,000	
5	0,250	0,375	0,750	0,500	0,625	0,125	0,875	1,000	
6	0,125	0,500	0,625	0,375	0,750	0,250	1,000	0,875	
7	0,250	0,375	0,750	0,125	1,000	0,500	0,875	0,625	
8	0,226	0,677	0,484	0,161	1,000	0,742	0,935	0,419	
9	0,125	0,813	0,313	0,625	0,500	0,313	1,000	0,813	
10	0,250	0,625	0,500	0,125	1,000	0,750	0,875	0,375	
11	0,250	0,375	0,750	0,500	0,625	0,125	0,875	1,000	
12	0,625	0,375	0,750	0,875	0,250	0,125	0,500	1,000	
13	0,625	0,250	0,875	0,750	0,375	0,125	0,500	1,000	
14	0,161	0,484	0,677	0,290	0,871	0,355	1,000	0,806	
15	0,125	0,750	0,375	0,250	0,875	0,625	1,000	0,500	
16	0,125	0,500	0,625	0,313	0,813	0,313	1,000	0,813	
17	0,806	0,161	1,000	0,677	0,484	0,290	0,355	0,871	
18	0,125	0,500	0,625	0,375	0,750	0,250	1,000	0,875	
19	0,455	0,273	0,818	0,091	1,000	0,636	0,636	0,455	
20	0,250	0,625	0,500	0,125	1,000	0,750	0,875	0,375	
21	0,375	1,000	0,125	0,500	0,625	0,875	0,750	0,250	
22									unplausible Antworten
23	0,313	0,625	0,500	0,125	1,000	0,813	0,813	0,313	
24	0,200	0,467	0,733	0,467	0,733	0,200	1,000	1,000	
25	0,515	0,273	0,818	0,697	0,394	0,091	0,576	1,000	
26	0,677	0,419	0,742	0,935	0,226	0,161	0,484	1,000	
27	0,625	0,250	0,875	0,750	0,375	0,125	0,500	1,000	
28	0,515	0,394	0,697	0,818	0,273	0,091	0,576	1,000	
29	0,250	0,375	0,750	0,500	0,625	0,125	0,875	1,000	
30	0,125	0,875	0,250	0,375	0,750	0,625	1,000	0,500	
31	0,125	0,500	0,625	0,250	0,875	0,375	1,000	0,750	
32	0,733	0,333	0,867	0,867	0,333	0,200	0,467	1,000	
33	0,793	0,379	0,862	0,931	0,310	0,241	0,448	1,000	
34	0,313	0,563	0,563	0,750	0,375	0,125	0,813	1,000	
35	0,273	1,000	0,091	0,576	0,515	0,697	0,818	0,394	
36	0,375	1,000	0,125	0,750	0,375	0,625	0,750	0,500	
37									unplausible Antworten
38	0,625	0,375	0,750	0,875	0,250	0,125	0,500	1,000	
39	0,091	0,758	0,333	0,515	0,576	0,333	1,000	0,758	
40	0,625	1,000	0,125	0,750	0,375	0,875	0,500	0,250	
41	0,375	0,250	0,875	0,500	0,625	0,125	0,750	1,000	
42	0,625	0,375	0,750	0,875	0,250	0,125	0,500	1,000	
43	0,857	1,000	0,286	0,929	0,357	0,929	0,429	0,357	
Arithm. Mittel Normiert	**0,378**	**0,527**	**0,610**	**0,537**	**0,600**	**0,368**	**0,759**	**0,769**	

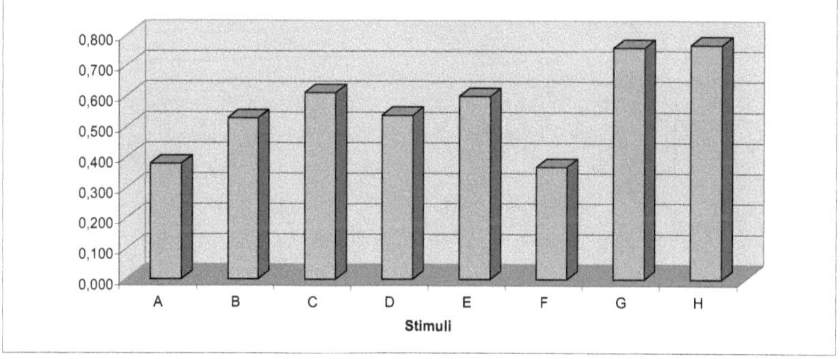

Gesamte Stichprobe - Vorziehenswürdigkeit einzelner Stimuli (normierte Gesamtnutzenwerte)

Anhang 5c: Gesamte Stichprobe - Vorziehenswürdigkeit von Relevanz oder Zuverlässigkeit

Untersuchungs-teilnehmer Nr.	Einzahlungen		Auszahlungen		Zinssatz		Anmerkung
	Relevanz	Zuverlässigkeit	Relevanz	Zuverlässigkeit	Relevanz	Zuverlässigkeit	
1	1,00	0,00	1,00	0,00	0,50	0,50	
2							unplausible Antworten
3	1,00	0,00	1,00	0,00	0,00	1,00	
4	1,00	0,00	1,00	0,00	1,00	0,00	
5	1,00	0,00	1,00	0,00	1,00	0,00	
6	1,00	0,00	1,00	0,00	0,00	1,00	
7	1,00	0,00	0,00	1,00	0,00	1,00	
8	1,00	0,00	0,00	1,00	0,00	1,00	
9	1,00	0,00	1,00	0,00	0,00	1,00	
10	1,00	0,00	0,00	1,00	0,00	1,00	
11	1,00	0,00	1,00	0,00	1,00	0,00	
12	1,00	0,00	1,00	0,00	1,00	0,00	
13	1,00	0,00	1,00	0,00	1,00	0,00	
14	1,00	0,00	1,00	0,00	0,00	1,00	
15	1,00	0,00	1,00	0,00	0,00	1,00	
16	1,00	0,00	1,00	0,00	0,00	1,00	
17	1,00	0,00	0,00	1,00	1,00	0,00	
18	1,00	0,00	1,00	0,00	0,00	1,00	
19	1,00	0,00	0,00	1,00	0,00	1,00	
20	1,00	0,00	0,00	1,00	0,00	1,00	
21	0,00	1,00	1,00	0,00	0,00	1,00	
22							unplausible Antworten
23	1,00	0,00	0,00	1,00	0,00	1,00	
24	1,00	0,00	1,00	0,00	0,50	0,50	
25	1,00	0,00	1,00	0,00	1,00	0,00	
26	1,00	0,00	1,00	0,00	1,00	0,00	
27	1,00	0,00	1,00	0,00	1,00	0,00	
28	1,00	0,00	1,00	0,00	1,00	0,00	
29	1,00	0,00	1,00	0,00	1,00	0,00	
30	1,00	0,00	1,00	0,00	0,00	1,00	
31	1,00	0,00	1,00	0,00	0,00	1,00	
32	1,00	0,00	1,00	0,00	1,00	0,00	
33	1,00	0,00	1,00	0,00	1,00	0,00	
34	1,00	0,00	1,00	0,00	1,00	0,00	
35	0,00	1,00	1,00	0,00	0,00	1,00	
36	0,00	1,00	1,00	0,00	0,00	1,00	
37							unplausible Antworten
38	1,00	0,00	1,00	0,00	1,00	0,00	
39	1,00	0,00	1,00	0,00	0,00	1,00	
40	0,00	1,00	1,00	0,00	0,00	1,00	
41	1,00	0,00	1,00	0,00	1,00	0,00	
42	1,00	0,00	1,00	0,00	1,00	0,00	
43	0,00	1,00	1,00	0,00	0,00	1,00	
Arithm. Mittel	**0,87**	**0,13**	**0,83**	**0,17**	**0,45**	**0,55**	

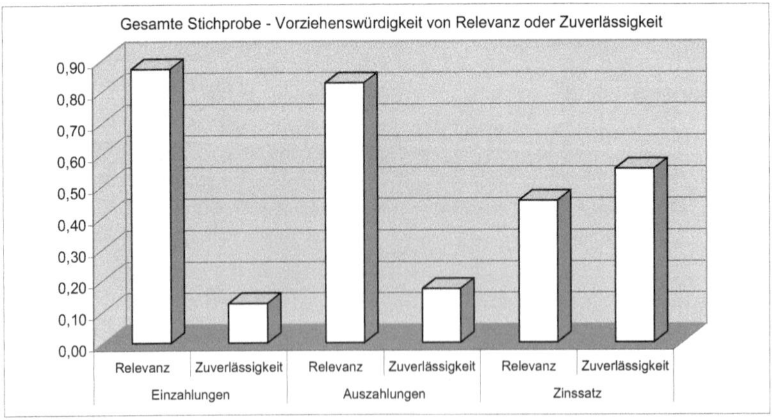

Anhang 6a: Vergleich der Verbandszugehörigkeit BIIS vs. gif - Vorziehenswürdigkeit einzelner Stimuli

	Untersuchungs-teilnehmer Nr.	A	B	C	D	E	F	G	H	Anmerkung
Mitglieder des BIIS	2									unplausible Antworten
	3	0,125	0,500	0,625	0,375	0,750	0,250	1,000	0,875	
	5	0,125	0,750	0,375	0,250	0,875	0,625	1,000	0,500	
	8	0,226	0,677	0,484	0,161	1,000	0,742	0,935	0,419	
	14	0,161	0,484	0,677	0,290	0,871	0,355	1,000	0,806	
	18	0,125	0,500	0,625	0,375	0,750	0,250	1,000	0,875	
	20	0,273	0,455	0,636	0,636	0,455	0,091	0,818	1,000	
	21	0,375	1,000	0,125	0,500	0,625	0,875	0,750	0,250	
	23	0,313	0,625	0,500	0,125	1,000	0,813	0,813	0,313	
	24	0,200	0,467	0,733	0,467	0,733	0,200	1,000	1,000	
	26	0,677	0,419	0,742	0,935	0,226	0,161	0,484	1,000	
	27	0,625	0,250	0,875	0,750	0,375	0,125	0,500	1,000	
	30	0,793	0,448	0,793	1,000	0,241	0,241	0,448	1,000	
	31	0,125	0,500	0,625	0,250	0,875	0,375	1,000	0,750	
	34	0,313	0,563	0,563	0,750	0,375	0,125	0,813	1,000	
	35	0,273	1,000	0,091	0,576	0,515	0,697	0,818	0,394	
	36	0,375	1,000	0,125	0,750	0,375	0,625	0,750	0,500	
	37									unplausible Antworten
	39	0,091	0,758	0,333	0,515	0,576	0,333	1,000	0,758	
	40	0,625	1,000	0,125	0,750	0,375	0,875	0,500	0,250	
	42	0,625	0,375	0,750	0,875	0,250	0,125	0,500	1,000	
	Arithm. Mittel	0,339	0,619	0,516	0,544	0,592	0,415	0,796	0,721	
Mitglieder der gif	1	0,200	0,467	0,733	0,467	0,733	0,200	1,000	1,000	
	4	0,625	0,250	0,875	0,750	0,375	0,125	0,500	1,000	
	6	0,125	0,500	0,625	0,375	0,750	0,250	1,000	0,875	
	7	0,250	0,375	0,750	0,125	1,000	0,500	0,875	0,625	
	9	0,125	0,813	0,313	0,625	0,500	0,313	1,000	0,813	
	10	0,250	0,625	0,500	0,125	1,000	0,750	0,875	0,375	
	11	0,250	0,375	0,750	0,500	0,625	0,125	0,875	1,000	
	12	0,625	0,375	0,750	0,875	0,250	0,125	0,500	1,000	
	13	0,625	0,250	0,875	0,750	0,375	0,125	0,500	1,000	
	15	0,250	0,375	0,750	0,500	0,625	0,125	0,875	1,000	
	16	0,125	0,500	0,625	0,313	0,813	0,313	1,000	0,813	
	17	0,806	0,161	1,000	0,677	0,484	0,290	0,355	0,871	
	19	0,455	0,273	0,818	0,091	1,000	0,636	0,636	0,455	
	22									unplausible Antworten
	25	0,515	0,273	0,818	0,697	0,394	0,091	0,576	1,000	
	28	0,515	0,394	0,697	0,818	0,273	0,091	0,576	1,000	
	29	0,250	0,375	0,750	0,500	0,625	0,125	0,875	1,000	
	32	0,733	0,333	0,867	0,867	0,333	0,200	0,467	1,000	
	33	0,793	0,379	0,862	0,931	0,310	0,241	0,448	1,000	
	38	0,625	0,375	0,750	0,875	0,250	0,125	0,500	1,000	
	41	0,375	0,250	0,875	0,500	0,625	0,125	0,750	1,000	
	43	0,857	1,000	0,286	0,929	0,357	0,929	0,429	0,357	
	Arithm. Mittel	0,446	0,415	0,727	0,585	0,557	0,276	0,696	0,866	

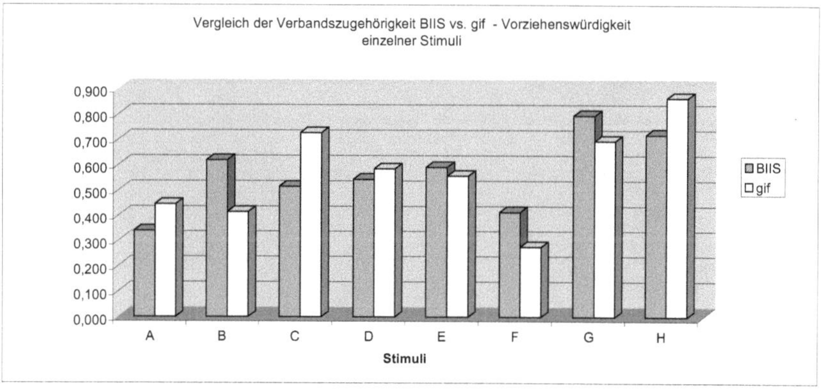

Anhang 6b: Vergleich der Verbandszugehörigkeit BIIS vs. gif - Vorziehenswürdigkeit von Relevanz oder Zuverlässigkeit

	Untersuchungs-teilnehmer Nr.	Einzahlungen Relevanz	Einzahlungen Zuverlässigkeit	Auszahlungen Relevanz	Auszahlungen Zuverlässigkeit	Zinssatz Relevanz	Zinssatz Zuverlässigkeit	Anmerkung
Mitglieder des BIIS	2							unplausible Antworten
	3	1,00	0,00	1,00	0,00	0,00	1,00	
	5	1,00	0,00	1,00	0,00	0,00	1,00	
	8	1,00	0,00	0,00	1,00	0,00	1,00	
	14	1,00	0,00	1,00	0,00	0,00	1,00	
	18	1,00	0,00	1,00	0,00	0,00	1,00	
	20	1,00	0,00	1,00	0,00	1,00	0,00	
	21	0,00	1,00	1,00	0,00	0,00	1,00	
	23	1,00	0,00	0,00	1,00	0,00	1,00	
	24	1,00	0,00	1,00	0,00	0,50	0,50	
	26	1,00	0,00	1,00	0,00	1,00	0,00	
	27	1,00	0,00	1,00	0,00	1,00	0,00	
	30	0,50	0,50	1,00	0,00	1,00	0,00	
	31	1,00	0,00	1,00	0,00	0,00	1,00	
	34	1,00	0,00	1,00	0,00	1,00	0,00	
	35	0,00	1,00	1,00	0,00	0,00	1,00	
	36	0,00	1,00	1,00	0,00	0,00	1,00	
	37							unplausible Antworten
	39	1,00	0,00	1,00	0,00	0,00	1,00	
	40	0,00	1,00	1,00	0,00	0,00	1,00	
	42	1,00	0,00	1,00	0,00	1,00	0,00	
	Arithm. Mittel	**0,76**	**0,24**	**0,89**	**0,11**	**0,34**	**0,66**	
Mitglieder der gif	1	1,00	0,00	1,00	0,00	0,50	0,50	
	4	1,00	0,00	1,00	0,00	1,00	0,00	
	6	1,00	0,00	1,00	0,00	0,00	1,00	
	7	1,00	0,00	0,00	1,00	0,00	1,00	
	9	1,00	0,00	1,00	0,00	0,00	1,00	
	10	1,00	0,00	0,00	1,00	0,00	1,00	
	11	1,00	0,00	1,00	0,00	1,00	0,00	
	12	1,00	0,00	1,00	0,00	1,00	0,00	
	13	1,00	0,00	1,00	0,00	1,00	0,00	
	15	1,00	0,00	1,00	0,00	1,00	0,00	
	16	1,00	0,00	1,00	0,00	0,00	1,00	
	17	1,00	0,00	0,00	1,00	1,00	0,00	
	19	1,00	0,00	0,00	1,00	0,00	1,00	
	22							unplausible Antworten
	25	1,00	0,00	1,00	0,00	1,00	0,00	
	28	1,00	0,00	1,00	0,00	1,00	0,00	
	29	1,00	0,00	1,00	0,00	1,00	0,00	
	32	1,00	0,00	1,00	0,00	1,00	0,00	
	33	1,00	0,00	1,00	0,00	1,00	0,00	
	38	1,00	0,00	1,00	0,00	1,00	0,00	
	41	1,00	0,00	1,00	0,00	1,00	0,00	
	43	0,00	1,00	1,00	0,00	0,00	1,00	
	Arithm. Mittel	**0,95**	**0,05**	**0,81**	**0,19**	**0,64**	**0,36**	

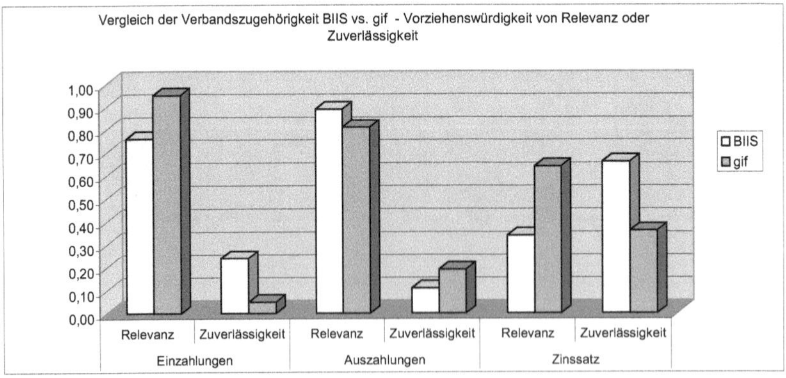

Anhang 7a: Segmentierte Betrachtung nach Vorbildung - kaufmännische Vorbildung

Untersuchungs-teilnehmer Nr.	Abschluss				Immobilienspezifische Qualifikationen							
	Kaufm. (Dipl.-Kfm.)	Technisch (Dipl.-Ing.)	Sonstiges	Erläuterung	Dipl.-Ing. Arch.	Immo-Ök. (ebs)	RICS	Assoc. MAI	HypCert	Ö.b.u.v.S.	Sonstiges	Erläuterung
1	x										x	
2	x									x		
3	x		x	DIA							x	DIA
4	x					x	x					
6	x										x	MCR (F)
8	x					x	x					
15	x										x	DIA
16	x	x				x	x				x	Dipl.Ing. Raumpl.
17	x	x			x	x			x			
18	x					x	x	x	x	x		
19	x					x					x	DIA
21	x		x				x				x	DIA
22	x	x									x	Dipl.-Wirt.Ing.
25	x					x	x					
26	x					x						
27	x											
28	x					x	x					
29	x									x	x	DIA
30	x	x			x		x			x		
33	x		x	Jura							x	DIA
38	x											
39	x	x			x					x		TAS zertifiziert
41	x						x			x		
43	x					x						
Anzahl:	24	5	3		3	10	9	1	2	6	10	

Anhang 7b: Segmentierte Betrachtung nach Vorbildung - technische Vorbildung

	Abschluss				Immobilienspezifische Qualifikationen							
Untersuchungs-teilnehmer Nr.	Kaufm. (Dipl.-Kfm.)	Technisch (Dipl.-Ing.)	Sonstiges	Erläuterung	Dipl.-Ing. Arch.	Immo-Ök. (ebs)	RICS	Assoc. MAI	HypCert	Ö.b.u.v.S.	Sonstiges	Erläuterung
5		x			x					x		
7		x								x		
9		x									x	DIA
10		x			x							
11		x				x	x	x			x	Dipl. Ing. Verm.
12		x				x	x			x		Dipl. Bauing.
13		x			x	x	x					
14		x									x	Dipl.Ing. Verm.
16	x	x				x	x				x	Dipl.Ing. Raumpl.
17	x	x			x	x			x			
20		x			x		x					
22	x	x									x	Dipl.-Wirt.Ing.
23		x					x					Dipl. Bauing.
24		x			x							
30	x	x			x		x			x		
31		x			x							
32		x									x	Dipl.-Wirt.Ing.
34		x			x							
35		x			x							
36		x			x							
37		x									x	Dipl.Ing. Konstruktion
39	x	x			x					x		TAS zertifiziert
40		x			x	x						
42		x			x							
Anzahl:	5	24	0		14	6	7	1	1	5	7	

Anhang 7c: Vergleich kaufmännische vs. technische Vorbildung - Vorziehenswürdigkeit von Relevanz oder Zuverlässigkeit

	Untersuchungs-teilnehmer Nr.	Einzahlungen Relevanz	Einzahlungen Zuverlässigkeit	Auszahlungen Relevanz	Auszahlungen Zuverlässigkeit	Zinssatz Relevanz	Zinssatz Zuverlässigkeit	Anmerkung
Nur kaufmännisch vorgebildet	1	1,00	0,00	1,00	0,00	0,50	0,50	
	2							unplausible Antworten
	3	1,00	0,00	1,00	0,00	0,00	1,00	
	4	1,00	0,00	1,00	0,00	1,00	0,00	
	6	1,00	0,00	1,00	0,00	0,00	1,00	
	8	1,00	0,00	0,00	1,00	0,00	1,00	
	15	1,00	0,00	1,00	0,00	1,00	0,00	
	18	1,00	0,00	1,00	0,00	0,00	1,00	
	19	1,00	0,00	0,00	1,00	0,00	1,00	
	21	0,00	1,00	1,00	0,00	0,00	1,00	
	25	1,00	0,00	1,00	0,00	1,00	0,00	
	26	1,00	0,00	1,00	0,00	1,00	0,00	
	27	1,00	0,00	1,00	0,00	1,00	0,00	
	28	1,00	0,00	1,00	0,00	1,00	0,00	
	29	1,00	0,00	1,00	0,00	1,00	0,00	
	33	1,00	0,00	1,00	0,00	1,00	0,00	
	38	1,00	0,00	1,00	0,00	1,00	0,00	
	41	1,00	0,00	1,00	0,00	1,00	0,00	
	43	0,00	1,00	1,00	0,00	0,00	1,00	
	Arithm. Mittel	**0,89**	**0,11**	**0,89**	**0,11**	**0,58**	**0,42**	
Nur technisch vorgebildet	5	1,00	0,00	1,00	0,00	0,00	1,00	
	7	1,00	0,00	0,00	1,00	0,00	1,00	
	9	1,00	0,00	1,00	0,00	0,00	1,00	
	10	1,00	0,00	0,00	1,00	0,00	1,00	
	11	1,00	0,00	1,00	0,00	1,00	0,00	
	12	1,00	0,00	1,00	0,00	1,00	0,00	
	13	1,00	0,00	1,00	0,00	1,00	0,00	
	14	1,00	0,00	1,00	0,00	0,00	1,00	
	20	1,00	0,00	1,00	0,00	1,00	0,00	
	23	1,00	0,00	0,00	1,00	0,00	1,00	
	24	1,00	0,00	1,00	0,00	0,50	0,50	
	31	1,00	0,00	1,00	0,00	0,00	1,00	
	32	1,00	0,00	1,00	0,00	1,00	0,00	
	34	1,00	0,00	1,00	0,00	1,00	0,00	
	35	0,00	1,00	1,00	0,00	0,00	1,00	
	36	0,00	1,00	1,00	0,00	0,00	1,00	
	37							unplausible Antworten
	40	0,00	1,00	1,00	0,00	0,00	1,00	
	42	1,00	0,00	1,00	0,00	1,00	0,00	
	Arithm. Mittel	**0,83**	**0,17**	**0,83**	**0,17**	**0,42**	**0,58**	
kaufm. + techn.	16	1,00	0,00	1,00	0,00	0,00	1,00	
	17	1,00	0,00	0,00	1,00	1,00	0,00	
	22							unplausible Antworten
	30	0,50	0,50	1,00	0,00	1,00	0,00	
	39	1,00	0,00	1,00	0,00	0,00	1,00	
	Arithm. Mittel	**0,88**	**0,12**	**0,75**	**0,25**	**0,50**	**0,50**	

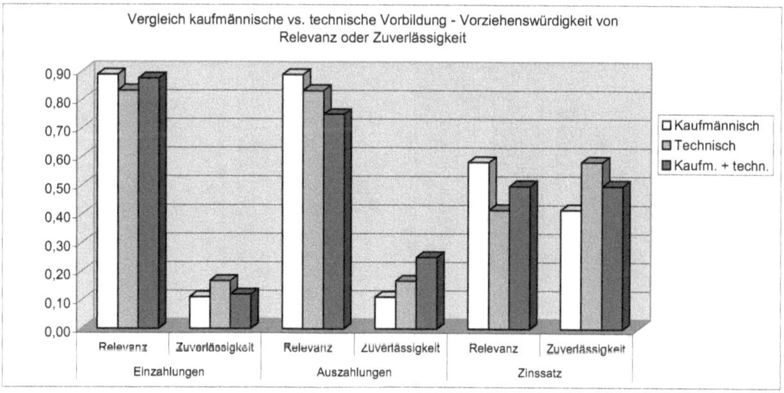

Anhang 7d: Vergleich kaufmännische vs. technische Vorbildung - Vorziehungswürdigkeit einzelner Stimuli

Untersuchungs-teilnehmer Nr.	A	B	C	D	E	F	G	H	Anmerkung
1	0,200	0,467	0,733	0,467	0,733	0,200	1,000	1,000	
2									unplausible Antworten
3	0,125	0,500	0,625	0,375	0,750	0,250	1,000	0,875	
4	0,625	0,250	0,875	0,750	0,375	0,125	0,500	1,000	
6	0,125	0,500	0,625	0,375	0,750	0,250	1,000	0,875	
8	0,226	0,677	0,484	0,161	1,000	0,742	0,935	0,419	
15	0,250	0,375	0,750	0,500	0,625	0,125	0,875	1,000	
18	0,125	0,500	0,625	0,375	0,750	0,250	1,000	0,875	
19	0,455	0,273	0,818	0,091	1,000	0,636	0,636	0,455	
21	0,375	1,000	0,125	0,500	0,625	0,875	0,750	0,250	
25	0,515	0,273	0,818	0,697	0,394	0,091	0,576	1,000	
26	0,677	0,419	0,742	0,935	0,226	0,161	0,484	1,000	
27	0,625	0,250	0,875	0,750	0,375	0,125	0,500	1,000	
28	0,515	0,394	0,697	0,818	0,273	0,091	0,576	1,000	
29	0,250	0,375	0,750	0,500	0,625	0,125	0,875	1,000	
33	0,793	0,379	0,862	0,931	0,310	0,241	0,448	1,000	
38	0,625	0,375	0,750	0,875	0,250	0,125	0,500	1,000	
41	0,375	0,250	0,875	0,500	0,625	0,125	0,750	1,000	
43	0,857	1,000	0,286	0,929	0,357	0,929	0,429	0,357	
Arithm. Mittel	**0,430**	**0,459**	**0,684**	**0,585**	**0,558**	**0,304**	**0,713**	**0,839**	
Anzahl	18	18	18	18	18	18	18	18	
5	0,125	0,750	0,375	0,250	0,875	0,625	1,000	0,500	
7	0,250	0,375	0,750	0,125	1,000	0,500	0,875	0,625	
9	0,125	0,813	0,313	0,625	0,500	0,313	1,000	0,813	
10	0,250	0,625	0,500	0,125	1,000	0,750	0,875	0,375	
11	0,250	0,375	0,750	0,500	0,625	0,125	0,875	1,000	
12	0,625	0,375	0,750	0,875	0,250	0,125	0,500	1,000	
13	0,625	0,250	0,875	0,750	0,375	0,125	0,500	1,000	
14	0,161	0,484	0,677	0,290	0,871	0,355	1,000	0,806	
20	0,273	0,455	0,636	0,636	0,455	0,091	0,818	1,000	
23	0,313	0,625	0,500	0,125	1,000	0,813	0,813	0,313	
24	0,200	0,467	0,733	0,467	0,733	0,200	1,000	1,000	
31	0,125	0,500	0,625	0,250	0,875	0,375	1,000	0,750	
32	0,733	0,333	0,867	0,867	0,333	0,200	0,467	1,000	
34	0,313	0,563	0,563	0,750	0,375	0,125	0,813	1,000	
35	0,273	1,000	0,091	0,576	0,515	0,697	0,818	0,394	
36	0,375	1,000	0,125	0,750	0,375	0,625	0,750	0,500	
37									unplausible Antworten
40	0,625	1,000	0,125	0,750	0,375	0,875	0,500	0,250	
42	0,625	0,375	0,750	0,875	0,250	0,125	0,500	1,000	
Arithm. Mittel	**0,348**	**0,576**	**0,556**	**0,533**	**0,599**	**0,391**	**0,784**	**0,740**	
Anzahl	18	18	18	18	18	18	18	18	
16	0,125	0,500	0,625	0,313	0,813	0,313	1,000	0,813	
17	0,806	0,161	1,000	0,677	0,484	0,290	0,355	0,871	
22									unplausible Antworten
30	0,793	0,448	0,793	1,000	0,241	0,241	0,448	1,000	
39	0,091	0,758	0,333	0,515	0,576	0,333	1,000	0,758	
Arithm. Mittel	**0,454**	**0,467**	**0,688**	**0,626**	**0,528**	**0,294**	**0,701**	**0,860**	
Anzahl	4	4	4	4	4	4	4	4	

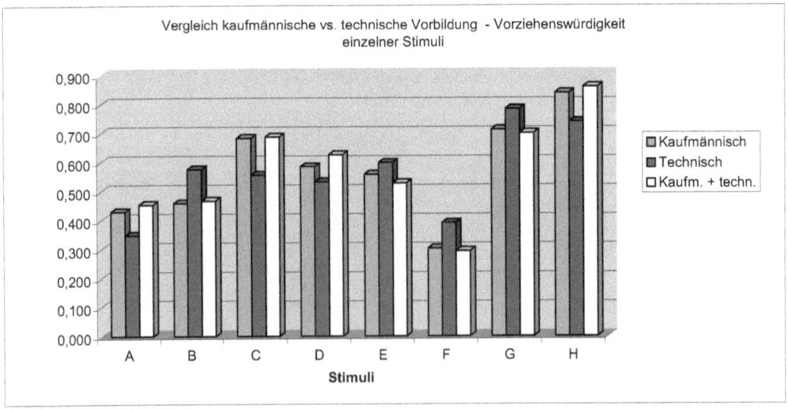

Anhang 7e: Abweichung der Vorziehungswürdigkeit der kaufmännischen und technischen Gruppe zur Gruppe mit beiden Vorbildungen

	A	B	C	D	E	F	G	H	Differenz
Ing. + Kfm.	0,45	0,47	0,69	0,63	0,53	0,29	0,70	0,86	
Ing.	0,35	0,58	0,56	0,53	0,60	0,39	0,78	0,74	
Kfm.	0,43	0,46	0,68	0,58	0,56	0,30	0,71	0,84	
Diff. Ing.	0,23	-0,19	0,19	0,15	-0,12	-0,25	-0,11	0,14	0,01
Diff. Kfm.	0,05	0,01	0,01	0,07	-0,05	-0,02	-0,02	0,02	0,01
Produkt	0,23	0,19	0,19	0,15	0,12	0,25	0,11	0,14	0,17
Produkt	0,05	0,01	0,01	0,07	0,05	0,02	0,02	0,02	0,03

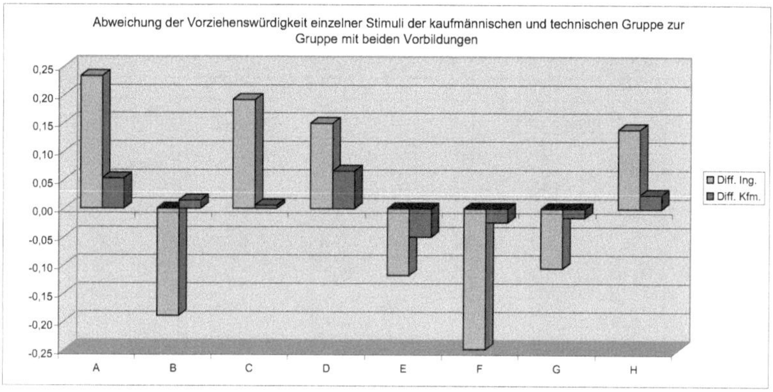

	Einzahlungen		Auszahlungen		Zinssatz		
	Relevanz	Zuverlässigkeit	Relevanz	Zuverlässigkeit	Relevanz	Zuverlässigkeit	Differenz
Ing. + Kfm.	0,88	0,13	0,75	0,25	0,50	0,50	
Ing.	0,83	0,17	0,83	0,17	0,42	0,58	
Kfm.	0,89	0,11	0,89	0,11	0,58	0,42	
Diff. Ing.	-0,49	0,41	-0,28	0,37	0,18	-0,19	0,00
Diff. Kfm.	-0,54	0,46	-0,33	0,42	0,02	-0,03	0,00
Diff. Ing.	0,49	0,41	0,28	0,37	0,18	0,19	0,24
Diff. Kfm.	0,54	0,46	0,33	0,42	0,02	0,03	0,23

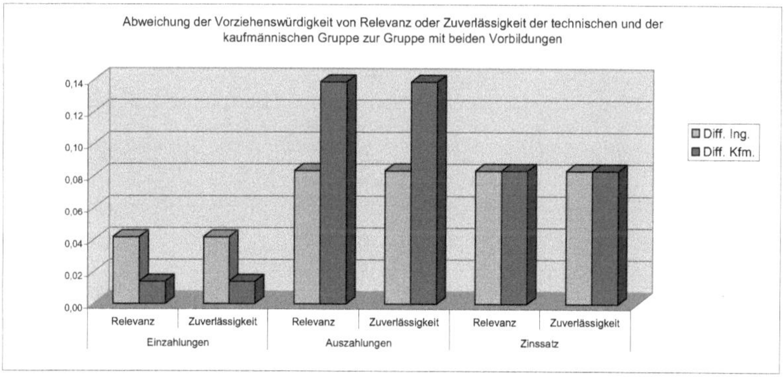

Korrelationskoeffizienten

Vorziehenswürdigkeit von Relevanz und Zuverlässigkeit

	Kfm.	Ing.	Ing._Kfm.
Kfm.	1,000	0,966	0,970
Ing.	0,966	1,000	0,951
Ing. + Kfm.	0,970	0,951	1,000

Vorziehenswürdigkeit der Profilkarten

	Kfm.	Ing.	Ing._Kfm.
Kfm.	1,000	0,789	0,992
Ing.	0,789	1,000	0,835
Ing. + Kfm.	0,992	0,835	1,000

Anhang 7f: Vergleich kaufmännische vs. technische Vorbildung und Verbandszugehörigkeit - Vorziehenswürdigkeit von Relevanz oder Zuverlässigkeit

	Untersuchungsteilnehmer Nr.	Einzahlungen		Auszahlungen		Zinssatz		Anmerkung
		Relevanz	Zuverlässigkeit	Relevanz	Zuverlässigkeit	Relevanz	Zuverlässigkeit	
gif + kaufmännisch	1	1,00	0,00	1,00	0,00	0,50	0,50	
	4	1,00	0,00	1,00	0,00	1,00	0,00	
	6	1,00	0,00	1,00	0,00	0,00	1,00	
	15	1,00	0,00	1,00	0,00	1,00	0,00	
	19	1,00	0,00	0,00	1,00	0,00	1,00	
	25	1,00	0,00	1,00	0,00	1,00	0,00	
	28	1,00	0,00	1,00	0,00	1,00	0,00	
	29	1,00	0,00	1,00	0,00	1,00	0,00	
	33	1,00	0,00	1,00	0,00	1,00	0,00	
	38	1,00	0,00	1,00	0,00	1,00	0,00	
	41	1,00	0,00	1,00	0,00	1,00	0,00	
	43	0,00	1,00	1,00	0,00	0,00	1,00	
	Arithm. Mittel	**0,92**	**0,08**	**0,92**	**0,08**	**0,71**	**0,29**	
BIIS + kaufm.	2							unplausible Antworten
	3	1,00	0,00	1,00	0,00	0,00	1,00	
	8	1,00	0,00	0,00	1,00	0,00	1,00	
	18	1,00	0,00	1,00	0,00	0,00	1,00	
	21	0,00	1,00	1,00	0,00	0,00	1,00	
	26	1,00	0,00	1,00	0,00	1,00	0,00	
	27	1,00	0,00	1,00	0,00	1,00	0,00	
		0,83	**0,17**	**0,83**	**0,17**	**0,33**	**0,67**	
gif + technisch	7	1,00	0,00	0,00	1,00	0,00	1,00	
	9	1,00	0,00	1,00	0,00	0,00	1,00	
	10	1,00	0,00	0,00	1,00	0,00	1,00	
	11	1,00	0,00	1,00	0,00	1,00	0,00	
	12	1,00	0,00	1,00	0,00	1,00	0,00	
	13	1,00	0,00	1,00	0,00	1,00	0,00	
	32	1,00	0,00	1,00	0,00	1,00	0,00	
	Arithm. Mittel	**1,00**	**0,00**	**0,71**	**0,29**	**0,57**	**0,43**	
BIIS + technisch	5	1,00	0,00	1,00	0,00	0,00	1,00	
	14	1,00	0,00	1,00	0,00	0,00	1,00	
	20	1,00	0,00	1,00	0,00	1,00	0,00	
	23	1,00	0,00	0,00	1,00	0,00	1,00	
	24	1,00	0,00	1,00	0,00	0,50	0,50	
	31	1,00	0,00	1,00	0,00	0,00	1,00	
	34	1,00	0,00	1,00	0,00	1,00	0,00	
	35	0,00	1,00	1,00	0,00	0,00	1,00	
	36	0,00	1,00	1,00	0,00	0,00	1,00	
	37							unplausible Antworten
	40	0,00	1,00	1,00	0,00	0,00	1,00	
	42	1,00	0,00	1,00	0,00	1,00	0,00	
		0,73	**0,27**	**0,91**	**0,09**	**0,32**	**0,68**	
kaufm. + techn. – gif	16	1,00	0,00	1,00	0,00	0,00	1,00	
	17	1,00	0,00	0,00	1,00	1,00	0,00	
	22							unplausible Antworten
		1,00	**0,00**	**0,50**	**0,50**	**0,50**	**0,50**	
kaufm. + techn. – BIIS	30	0,50	0,50	1,00	0,00	1,00	0,00	
	39	1,00	0,00	1,00	0,00	0,00	1,00	
	Arithm. Mittel	**0,75**	**0,25**	**1,00**	**0,00**	**0,50**	**0,50**	

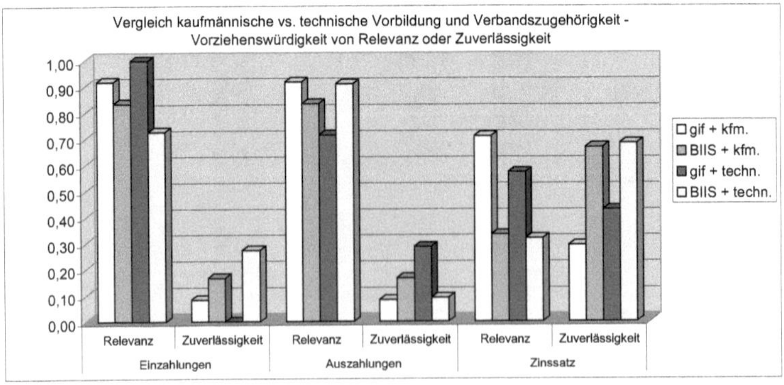

Anhang 8: Anwendung des DCF-Verfahrens - Vorziehenswürdigkeit von Relevanz oder Zuverlässigkeit

	Untersuchungs-teilnehmer Nr.	Einzahlungen		Auszahlungen		Zinssatz		Anmerkung
		Relevanz	Zuverlässigkeit	Relevanz	Zuverlässigkeit	Relevanz	Zuverlässigkeit	
DCF-Verfahren (-)	3	1,00	0,00	1,00	0,00	0,00	1,00	
	10	1,00	0,00	0,00	1,00	0,00	1,00	
	31	1,00	0,00	1,00	0,00	1,00	0,00	
	36	1,00	0,00	1,00	0,00	1,00	0,00	
	41							unplausible Antworten
	44	0,00	1,00	1,00	0,00	0,00	1,00	
	Arithm. Mittel	0,80	0,20	0,80	0,20	0,40	0,60	
DCF-Verfahren (+), aber kleiner 10%	1	1,00	0,00	1,00	0,00	0,50	0,50	
	2							unplausible Antworten
	4	1,00	0,00	1,00	0,00	1,00	0,00	
	5	1,00	0,00	1,00	0,00	1,00	0,00	
	6	1,00	0,00	1,00	0,00	0,00	1,00	
	7	1,00	0,00	0,00	1,00	0,00	1,00	
	13	1,00	0,00	1,00	0,00	1,00	0,00	
	15	1,00	0,00	1,00	0,00	1,00	0,00	
	17	1,00	0,00	1,00	0,00	0,00	1,00	
	18	1,00	0,00	1,00	0,00	0,00	1,00	
	24	1,00	0,00	0,00	1,00	0,00	1,00	
	25	0,00	1,00	1,00	0,00	0,00	1,00	
	26							unplausible Antworten
	28	1,00	0,00	1,00	0,00	0,50	0,50	
	33	1,00	0,00	1,00	0,00	1,00	0,00	
	34	1,00	0,00	1,00	0,00	0,00	1,00	
	35	1,00	0,00	1,00	0,00	0,00	1,00	
	38	1,00	0,00	1,00	0,00	1,00	0,00	
	39	0,00	1,00	1,00	0,00	0,00	1,00	
	43	1,00	0,00	1,00	0,00	0,00	1,00	
	45	1,00	0,00	1,00	0,00	1,00	0,00	
	Arithm. Mittel	0,89	0,11	0,89	0,11	0,42	0,58	
DCF-Verfahren (+), aber größer/gleich 10%	8	1,00	0,00	0,00	1,00	0,00	1,00	
	9	1,00	0,00	1,00	0,00	0,00	1,00	
	12	1,00	0,00	1,00	0,00	1,00	0,00	
	16	1,00	0,00	1,00	0,00	0,00	1,00	
	20	1,00	0,00	0,00	1,00	1,00	0,00	
	21	1,00	0,00	1,00	0,00	0,00	1,00	
	23	1,00	0,00	0,00	1,00	0,00	1,00	
	27	1,00	0,00	0,00	1,00	0,00	1,00	
	29	1,00	0,00	1,00	0,00	1,00	0,00	
	30	1,00	0,00	1,00	0,00	1,00	0,00	
	32	1,00	0,00	1,00	0,00	1,00	0,00	
	37	1,00	0,00	1,00	0,00	1,00	0,00	
	40	0,00	1,00	1,00	0,00	0,00	1,00	
	42	1,00	0,00	1,00	0,00	1,00	0,00	
	47	1,00	0,00	1,00	0,00	1,00	0,00	
	48	0,00	1,00	1,00	0,00	0,00	1,00	
	Arithm. Mittel	0,88	0,12	0,75	0,25	0,50	0,50	

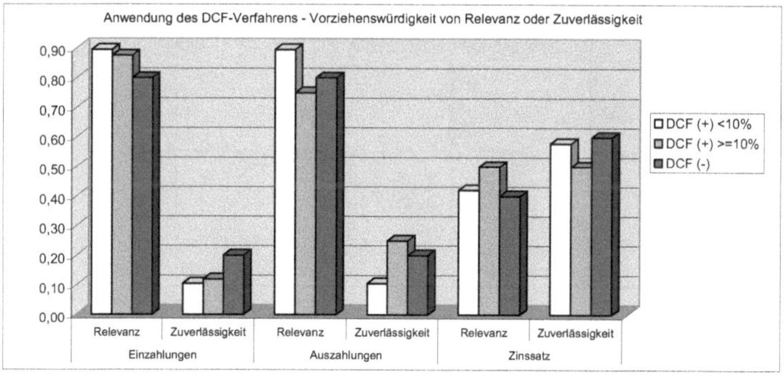

Anhang 9a: Kenntnis der Anforderungen der IFRS an einen durch Schätzung ermittelten Wert

Untersuchungs-teilnehmer Nr.	Anforderungen der IFRS an einen durch Schätzung ermittelten Wert					
	Bekannt		Relevanz überwiegt		Zuverlässigkeit überwiegt	
	Ja	Nein	stark	schwach	schwach	stark
2	x					x
3	x				x	
4	x				x	
5	x			x		
6	x					x
7	x					x
8	x				x	
9	x				x	
12	x			x		
14	x			x		
15	x					x
16	x			x		
17	x					x
18	x			x		
19	x				x	
20	x					x
22	x		x			
23	x					x
24	x				x	
25	x			x		
28	x					x
29	x					x
30	x				x	
31	x				x	
33	x			x		
34	x			x		
36	x			x		
37	x				x	
38	x					
39	x				x	
41	x				x	
42	x					x
43	x					x
Anzahl:	33	0	1	9	11	11

Anhang 9b: Kenntnis der Anforderungen der IFRS - Vorziehenswürdigkeit von Relevanz oder Zuverlässigkeit

	Untersuchungs-teilnehmer Nr.	Einzahlungen		Auszahlungen		Zinssatz		Anmerkung
		Relevanz	Zuverlässigkeit	Relevanz	Zuverlässigkeit	Relevanz	Zuverlässigkeit	
Kenntnis bejaht	2							unplausible Antworten
	3	1,00	0,00	1,00	0,00	0,00	1,00	
	4	1,00	0,00	1,00	0,00	1,00	0,00	
	5	1,00	0,00	1,00	0,00	1,00	0,00	
	6	1,00	0,00	1,00	0,00	0,00	1,00	
	7	1,00	0,00	0,00	1,00	0,00	1,00	
	8	1,00	0,00	0,00	1,00	0,00	1,00	
	9	1,00	0,00	1,00	0,00	0,00	1,00	
	13	1,00	0,00	1,00	0,00	1,00	0,00	
	14	1,00	0,00	1,00	0,00	0,00	1,00	
	15	1,00	0,00	1,00	0,00	0,00	1,00	
	16	1,00	0,00	1,00	0,00	0,00	1,00	
	17	1,00	0,00	0,00	1,00	1,00	0,00	
	18	1,00	0,00	1,00	0,00	0,00	1,00	
	19	1,00	0,00	0,00	1,00	0,00	1,00	
	20	1,00	0,00	0,00	1,00	0,00	1,00	
	22	0,00	1,00	0,00	1,00	0,50	0,50	
	23							unplausible Antworten
	24	1,00	0,00	1,00	0,00	0,50	0,50	
	25	1,00	0,00	1,00	0,00	1,00	0,00	
	28	1,00	0,00	1,00	0,00	1,00	0,00	
	29	1,00	0,00	1,00	0,00	1,00	0,00	
	30	1,00	0,00	1,00	0,00	0,00	1,00	
	31	1,00	0,00	1,00	0,00	0,00	1,00	
	33	1,00	0,00	1,00	0,00	1,00	0,00	
	34	1,00	0,00	1,00	0,00	1,00	0,00	
	36	0,00	1,00	1,00	0,00	0,00	1,00	
	37							unplausible Antworten
	38	1,00	0,00	1,00	0,00	1,00	0,00	
	39	1,00	0,00	1,00	0,00	0,00	1,00	
	41	1,00	0,00	1,00	0,00	1,00	0,00	
	42	1,00	0,00	1,00	0,00	1,00	0,00	
	43	0,00	1,00	1,00	0,00	0,00	1,00	
	Arithm. Mittel	**0,90**	**0,10**	**0,80**	**0,20**	**0,43**	**0,57**	
Kenntnis verneint	1	1,00	0,00	1,00	0,00	0,50	0,50	
	10	1,00	0,00	0,00	1,00	0,00	1,00	
	11	1,00	0,00	1,00	0,00	1,00	0,00	
	13	1,00	0,00	1,00	0,00	1,00	0,00	
	21	0,00	1,00	1,00	0,00	0,00	1,00	
	26	1,00	0,00	1,00	0,00	1,00	0,00	
	27	1,00	0,00	1,00	0,00	1,00	0,00	
	32	1,00	0,00	1,00	0,00	1,00	0,00	
	35	0,00	1,00	1,00	0,00	0,00	1,00	
	40	0,00	1,00	1,00	0,00	0,00	1,00	
	Arithm. Mittel	**0,70**	**0,30**	**0,90**	**0,10**	**0,55**	**0,45**	

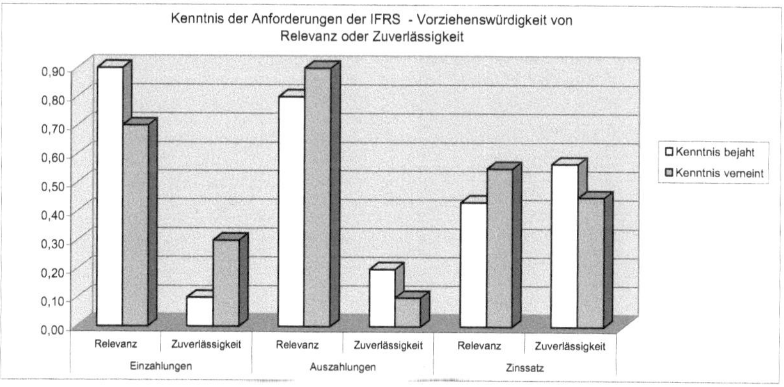

Anhang 10c: Berücksichtigung der Verlautbarungen des IVSC - Vorziehenswürdigkeit von Relevanz oder Zuverlässigkeit

	Untersuchungs-teilnehmer Nr.	Einzahlungen Relevanz	Einzahlungen Zuverlässigkeit	Auszahlungen Relevanz	Auszahlungen Zuverlässigkeit	Zinssatz Relevanz	Zinssatz Zuverlässigkeit	Anmerkung
Berücksichtigung (-)	2							unplausible Antworten
	3	1,00	0,00	1,00	0,00	0,00	1,00	
	4	1,00	0,00	1,00	0,00	1,00	0,00	
	5	1,00	0,00	1,00	0,00	1,00	0,00	
	7	1,00	0,00	0,00	1,00	0,00	1,00	
	9	1,00	0,00	1,00	0,00	0,00	1,00	
	10	1,00	0,00	0,00	1,00	0,00	1,00	
	14	1,00	0,00	1,00	0,00	0,00	1,00	
	15	1,00	0,00	1,00	0,00	0,00	1,00	
	20	1,00	0,00	0,00	1,00	0,00	1,00	
	22							unplausible Antworten
	25	1,00	0,00	1,00	0,00	1,00	0,00	
	27	1,00	0,00	1,00	0,00	1,00	0,00	
	29	1,00	0,00	1,00	0,00	1,00	0,00	
	31	1,00	0,00	1,00	0,00	0,00	1,00	
	32	1,00	0,00	1,00	0,00	1,00	0,00	
	34	1,00	0,00	1,00	0,00	1,00	0,00	
	35	0,00	1,00	1,00	0,00	0,00	1,00	
	37							unplausible Antworten
	38	1,00	0,00	1,00	0,00	1,00	0,00	
	40	0,00	1,00	1,00	0,00	0,00	1,00	
	42	1,00	0,00	1,00	0,00	1,00	0,00	
	43	0,00	1,00	1,00	0,00	0,00	1,00	
	Arithm. Mittel	**0,85**	**0,15**	**0,85**	**0,15**	**0,45**	**0,55**	
Berücksichtigung (+)	1	1,00	0,00	1,00	0,00	0,50	0,50	
	6	1,00	0,00	1,00	0,00	0,00	1,00	
	8	1,00	0,00	0,00	1,00	0,00	1,00	
	11	1,00	0,00	1,00	0,00	1,00	0,00	
	12	1,00	0,00	1,00	0,00	1,00	0,00	
	13	1,00	0,00	1,00	0,00	1,00	0,00	
	16	1,00	0,00	1,00	0,00	0,00	1,00	
	17	1,00	0,00	0,00	1,00	1,00	0,00	
	18	1,00	0,00	1,00	0,00	0,00	1,00	
	19	1,00	0,00	0,00	1,00	0,00	1,00	
	21	0,00	1,00	1,00	0,00	0,00	1,00	
	23	1,00	0,00	0,00	1,00	0,00	1,00	
	24	1,00	0,00	1,00	0,00	0,50	0,50	
	26	1,00	0,00	1,00	0,00	1,00	0,00	
	28	1,00	0,00	1,00	0,00	1,00	0,00	
	30	1,00	0,00	1,00	0,00	0,00	1,00	
	33	1,00	0,00	1,00	0,00	1,00	0,00	
	36	0,00	1,00	1,00	0,00	0,00	1,00	
	39	1,00	0,00	1,00	0,00	0,00	1,00	
	41	1,00	0,00	1,00	0,00	1,00	0,00	
	Arithm. Mittel	**0,90**	**0,10**	**0,80**	**0,20**	**0,45**	**0,55**	
Alle	**Arithm. Mittel**	**0,88**	**0,12**	**0,83**	**0,17**	**0,45**	**0,55**	Vgl. Anhang 5c

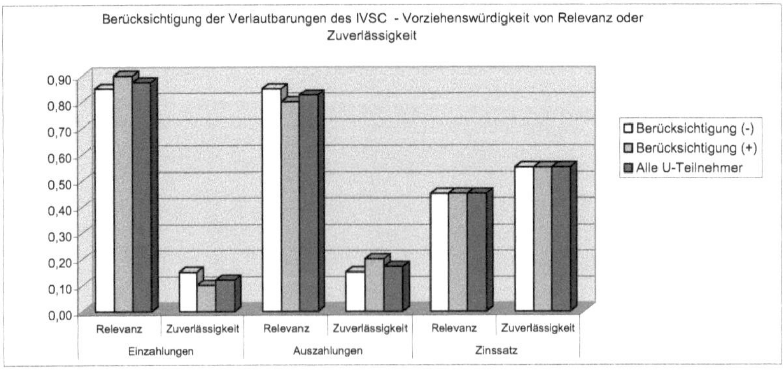

Anhang 10d: Berücksichtigung der Verlautbarungen der TEGoVA - Vorziehenswürdigkeit von Relevanz oder Zuverlässigkeit

	Untersuchungs-teilnehmer Nr.	Einzahlungen Relevanz	Einzahlungen Zuverlässigkeit	Auszahlungen Relevanz	Auszahlungen Zuverlässigkeit	Zinssatz Relevanz	Zinssatz Zuverlässigkeit	Anmerkung
Berücksichtigung (-)	2							unplausible Antworten
	3	1,00	0,00	1,00	0,00	0,00	1,00	
	5	1,00	0,00	1,00	0,00	1,00	0,00	
	8	1,00	0,00	0,00	1,00	0,00	1,00	
	9	1,00	0,00	1,00	0,00	0,00	1,00	
	10	1,00	0,00	0,00	1,00	0,00	1,00	
	14	1,00	0,00	1,00	0,00	0,00	1,00	
	15	1,00	0,00	1,00	0,00	0,00	1,00	
	16	1,00	0,00	1,00	0,00	0,00	1,00	
	18	1,00	0,00	1,00	0,00	0,00	1,00	
	22							unplausible Antworten
	25	1,00	0,00	1,00	0,00	1,00	0,00	
	27	1,00	0,00	1,00	0,00	1,00	0,00	
	30	1,00	0,00	1,00	0,00	0,00	1,00	
	31	1,00	0,00	1,00	0,00	0,00	1,00	
	32	1,00	0,00	1,00	0,00	1,00	0,00	
	34	1,00	0,00	1,00	0,00	1,00	0,00	
	35	0,00	1,00	1,00	0,00	0,00	1,00	
	36	0,00	1,00	1,00	0,00	0,00	1,00	
	37							unplausible Antworten
	38	1,00	0,00	1,00	0,00	1,00	0,00	
	40	0,00	1,00	1,00	0,00	0,00	1,00	
	41	1,00	0,00	1,00	0,00	1,00	0,00	
	42	1,00	0,00	1,00	0,00	1,00	0,00	
	Arithm. Mittel	0,86	0,14	0,90	0,10	0,38	0,62	
Berücksichtigung (+)	1	1,00	0,00	1,00	0,00	0,50	0,50	
	4	1,00	0,00	1,00	0,00	1,00	0,00	
	6	1,00	0,00	1,00	0,00	0,00	1,00	
	7	1,00	0,00	0,00	1,00	0,00	1,00	
	11	1,00	0,00	1,00	0,00	1,00	0,00	
	12	1,00	0,00	1,00	0,00	1,00	0,00	
	13	1,00	0,00	1,00	0,00	1,00	0,00	
	17	1,00	0,00	0,00	1,00	1,00	0,00	
	19	1,00	0,00	0,00	1,00	0,00	1,00	
	20	1,00	0,00	0,00	1,00	0,00	1,00	
	21	0,00	1,00	1,00	0,00	0,00	1,00	
	23	1,00	0,00	0,00	1,00	0,00	1,00	
	24	1,00	0,00	1,00	0,00	0,50	0,50	
	26	1,00	0,00	1,00	0,00	1,00	0,00	
	28	1,00	0,00	1,00	0,00	1,00	0,00	
	29	1,00	0,00	1,00	0,00	1,00	0,00	
	33	1,00	0,00	1,00	0,00	1,00	0,00	
	39	1,00	0,00	1,00	0,00	0,00	1,00	
	43	0,00	1,00	1,00	0,00	0,00	1,00	
	Arithm. Mittel	0,89	0,11	0,74	0,26	0,53	0,47	
Alle	Arithm. Mittel	0,88	0,12	0,83	0,17	0,45	0,55	

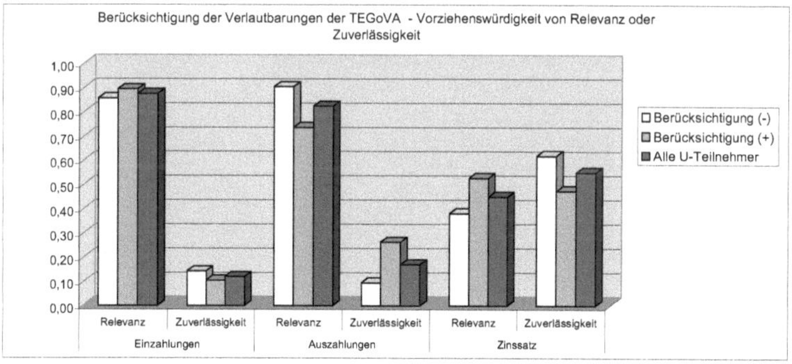

Anhang 11: Immobilienbewertung für Jahresabschlusszwecke

Untersuchungs-teilnehmer Nr.	Immobilienbewertungs für Jahresabschlusszwecke								
	Auschlussfrage		Wenn ja, für IFRS		Wenn ja, wieviele				
	Ja	Nein	Ja	Nein	0-9	10-49	50-99	>100	unbek.
4	x		x		x				
8	x		x					x	
9	x		x		x				
16	x		x		x				
17	x		x					x	
18	x		x					x	
21	x		x			x			
22	x		x					x	
23	x		x		x				
29	x		x			x			
30	x		x					x	
33	x		x			x			
34	x		x		x				
36	x		x		x				
39	x		x					x	
40	x		x				x		
41	x		x				x		
Anzahl:	17	0	17	0	6	3	2	6	0

Anhang 12a: Relevanz überwiegt laut Fragebogen - Vorziehenswürdigkeit von Relevanz oder Zuverlässigkeit

Untersuchungs-teilnehmer Nr.	Einzahlungen		Auszahlungen		Zinssatz		Anmerkung
	Relevanz	Zuverlässigkeit	Relevanz	Zuverlässigkeit	Relevanz	Zuverlässigkeit	
5	1,00	0,00	1,00	0,00	1,00	0,00	
12	1,00	0,00	1,00	0,00	1,00	0,00	
14	1,00	0,00	1,00	0,00	0,00	1,00	
16	1,00	0,00	1,00	0,00	0,00	1,00	
18	1,00	0,00	1,00	0,00	0,00	1,00	
22							unplausible Antworten
25	1,00	0,00	1,00	0,00	1,00	0,00	
33	1,00	0,00	1,00	0,00	1,00	0,00	
34	1,00	0,00	1,00	0,00	1,00	0,00	
36	0,00	1,00	1,00	0,00	0,00	1,00	
Arithm. Mittel	**0,89**	**0,11**	**1,00**	**0,00**	**0,56**	**0,44**	

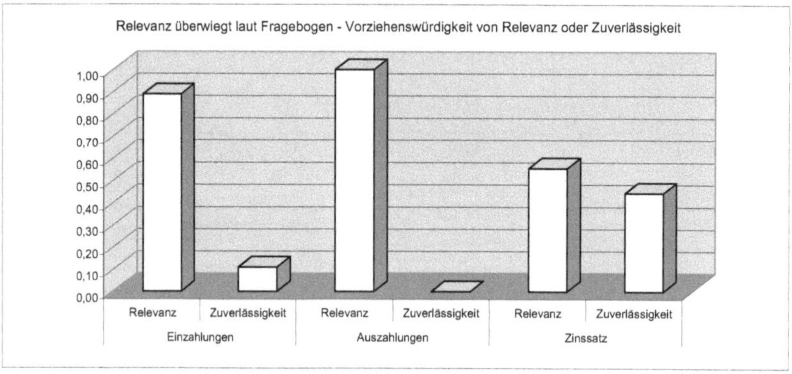

Anhang 12b: Zuverlässigkeit überwiegt laut Fragebogen - Vorziehenswürdigkeit von Relevanz oder Zuverlässigkeit

Untersuchungs-teilnehmer Nr.	Einzahlungen		Auszahlungen		Zinssatz		Anmerkung
	Relevanz	Zuverlässigkeit	Relevanz	Zuverlässigkeit	Relevanz	Zuverlässigkeit	
2							unplausible Antworten
3	1,00	0,00	1,00	0,00	0,00	1,00	
4	1,00	0,00	1,00	0,00	1,00	0,00	
6	1,00	0,00	1,00	0,00	0,00	1,00	
7	1,00	0,00	0,00	1,00	0,00	1,00	
8	1,00	0,00	0,00	1,00	0,00	1,00	
9	1,00	0,00	1,00	0,00	0,00	1,00	
15	1,00	0,00	1,00	0,00	0,00	1,00	
17	1,00	0,00	0,00	1,00	1,00	0,00	
19	1,00	0,00	0,00	1,00	0,00	1,00	
20	1,00	0,00	0,00	1,00	0,00	1,00	
23	1,00	0,00	0,00	1,00	0,00	1,00	
24	1,00	0,00	1,00	0,00	0,50	0,50	
28	1,00	0,00	1,00	0,00	1,00	0,00	
29	1,00	0,00	1,00	0,00	1,00	0,00	
30	1,00	0,00	1,00	0,00	0,00	1,00	
31	1,00	0,00	1,00	0,00	0,00	1,00	
37							unplausible Antworten
39	1,00	0,00	1,00	0,00	0,00	1,00	
41	1,00	0,00	1,00	0,00	1,00	0,00	
42	1,00	0,00	1,00	0,00	1,00	0,00	
43	0,00	1,00	1,00	0,00	0,00	1,00	
Arithm. Mittel	**0,95**	**0,05**	**0,70**	**0,30**	**0,33**	**0,67**	

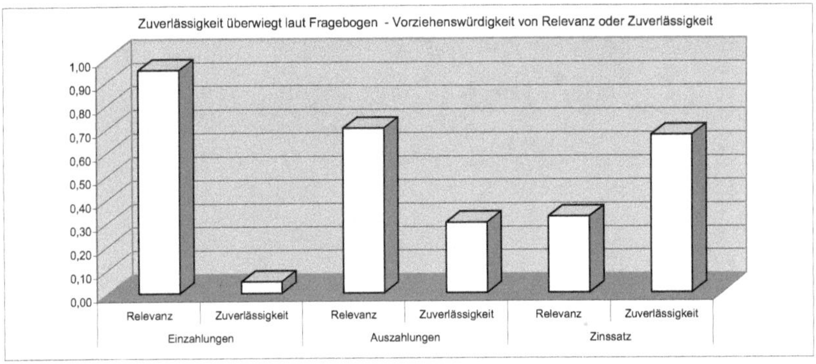

Anhang 13: Anteil der verschiedenen Bewertungsverfahren

Untersuchungs-teilnehmer Nr-	Ertragswert	Anteil in %	Vergleichswert	Anteil in %	DCF	Anteil in %	Sonstige	Erläuterung	Anteil in %	Gründe für DCF
1	x	90	x	5	x	0	x	residual	5	
2	x	90	x	50	x	10	x	Sachwert	20	Nur Plausibilisierung, da investorenspezifisch
4	x	90	x	5	x	5				Abl. von Entwicklungszenarien, Vorteilhaftigkeit
5	x	100	x	100	x	5				Nur zusätzlich, Plausibilisierung
6	x	65	x	15	x	5	x	Sachwert	15	für Investitionsentscheidungen, ergänzend
7	x	60	x	25	x	5	x	Sachwert	20	Transparenz, dyn. strukturierte Cashflows
8	x	80	x	10	x	10				Methodischer Vorteil ggü. dt. Ertrasgwertv., Kundenerwart.
9	x	100	x	20	x	10	x	Sachwert	100	Nie anstelle, nur zusätzlich
11	x	10	x	30	x	60				Kundenwunsch ist DCF
12	x	90	x	8	x	2				Kundenwunsch und Plausibilisierung
13	x	95	x	4	x	1				Genauere Erf. v. Zahlungströmen
14	x	60	x	20	x	10	x	Sachwert	10	auftragsabhängig, Kundenwunsch
15	x	50	x	20	x	5	x	Sachwert	50	Sachwert zur Plausibilisierung, DCF auch
16	x	99	x	1	x	1	x	Sachwert	98	Sachwert zur Plausibilisierung
17	x	50	x	15	x	25	x	residual	10	Kundenwunsch, Genauigkeit ist unterlegen ggü. Dt. Verf.
18	x	80	x	5	x	10	x	residual	5	Nur bei Kundenwunsch, -anfrage
19	x	5	x	15	x	80				
20	x	98			x	2	x	Sachwert		Kundenwunsch
21	x	80	x	10	x	5	x	Sachwert		Nur ergänzend, Plausibilisierung,
22	x	60	x	15	x	5	x	Sachwert	20	Forderung Auftraggeber, Plausibilität
23	x	80	x	20	x	10				Kundenwunsch
24	x	80	x	10	x	5	x	Sachwert	5	ergänzend
25	x	75	x	100	x	25				Individuelle Anp., komplexe Zahlungszenarien
26	x	30	x	20	x	35	x	Sachwert	5	Kundenwunsch
28	x	5	x	5	x	30	x	Marketvalue	60	
29	x	90	x	3	x	6	x		1	
30	x	90	x	5	x	5				Investment
31	x	75	x	20	x	5				Vergleich, Plausibilität
33	x	50			x	50				als Kontrolle, Bedingung des Auftraggebers (intern.)
34	x	65	x	25	x	5	x	residual	5	ergänzend
35	x	70	x	10	x	0	x	Sachwert	20	
36	x	10	x	60	x	15	x	residual	15	Kundenwunsch
38	x	25	x	40	x	30	x	Sachwert	5	Dynamisches Modell, gute Darst. d. Entw. einer Immobilie
39	x	95	x	15	x	5	x	Sachwert	70	nur zusätzlich
41	x	85	x	5	x	5	x	residual	5	komplexe Struktur der Mietverträge, Kundenwunsch
42	x	70	x	10	x	10	x	Sachwert	10	Kundenwunsch
43	x	40	x	10	x	10	x	Sachwert	40	Investitionsrechn., Plausibilität
Anzahl:	37	67,22	35	20,89	37	13,70	25	0	23,76	

Anhang 14a: Verbandszugehörigkeit / Ertragswertverfahren - absolute und relative Häufigkeiten

Ertragswertverfahren - gif			
Kategorien	absolute Häufigkeit	relative Häufigkeit	kumulierte Häufigkeit
5%	3	17,65%	17,65%
15%	0	0,00%	17,65%
25%	1	5,88%	23,53%
35%	0	0,00%	23,53%
45%	4	23,53%	47,06%
55%	0	0,00%	47,06%
65%	3	17,65%	64,71%
75%	0	0,00%	64,71%
85%	0	0,00%	64,71%
95%	6	35,29%	100,00%
Summe	17	100,00%	

Ertragswertverfahren - BIIS			
Kategorien	absolute Häufigkeit	relative Häufigkeit	kumulierte Häufigkeit
5%	0	0,00%	0,00%
15%	1	6,67%	6,67%
25%	0	0,00%	6,67%
35%	1	6,67%	13,33%
45%	0	0,00%	13,33%
55%	0	0,00%	13,33%
65%	0	0,00%	13,33%
75%	2	13,33%	26,67%
85%	6	40,00%	66,67%
95%	5	33,33%	100,00%
Summe	15	100,00%	

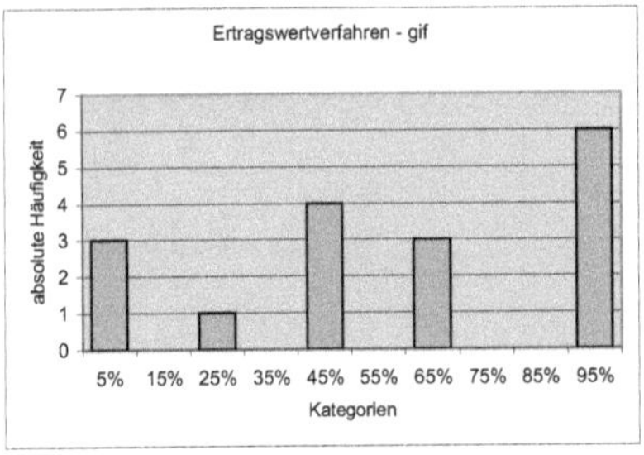

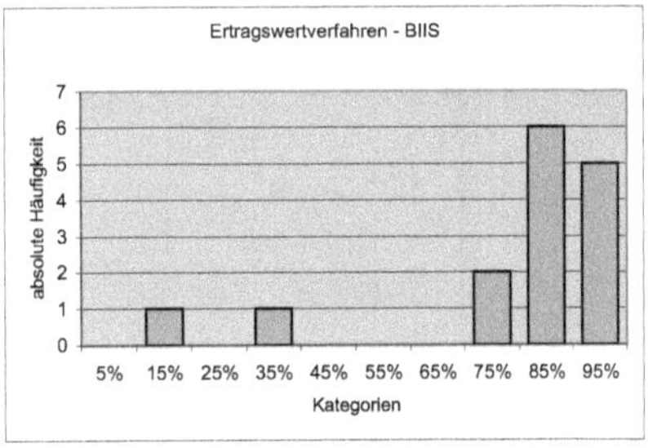

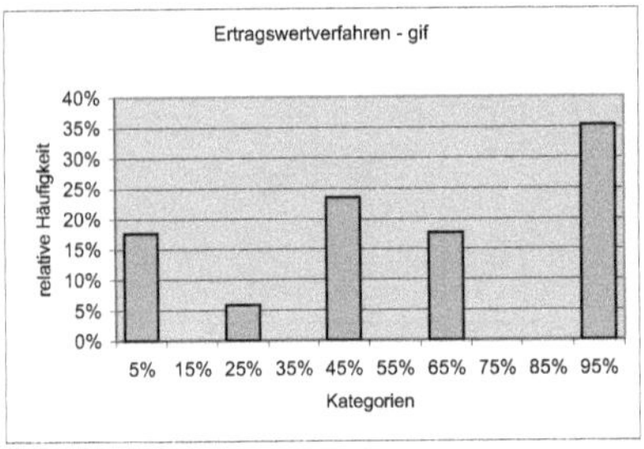

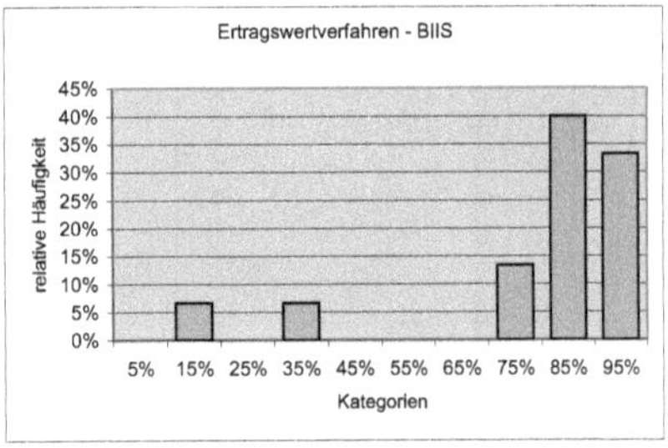

Anhang 14b: Verbandszugehörigkeit / DCF-Verfahren - absolute und relative Häufigkeiten

DCF-Verfahren - gif			
Kategorien	absolute Häufigkeit	relative Häufigkeit	kumulierte Häufigkeit
5%	9	56,25%	56,25%
15%	1	6,25%	62,50%
25%	1	6,25%	68,75%
35%	2	12,50%	81,25%
45%	0	0,00%	81,25%
55%	1	6,25%	87,50%
65%	1	6,25%	93,75%
75%	0	0,00%	93,75%
85%	1	6,25%	100,00%
95%	0	0,00%	100,00%
Summe	16	100,00%	

DCF-Verfahren - BIIS			
Kategorien	absolute Häufigkeit	relative Häufigkeit	kumulierte Häufigkeit
5%	7	53,85%	53,85%
15%	5	38,46%	92,31%
25%	0	0,00%	92,31%
35%	1	7,69%	100,00%
45%	0	0,00%	100,00%
55%	0	0,00%	100,00%
65%	0	0,00%	100,00%
75%	0	0,00%	100,00%
85%	0	0,00%	100,00%
95%	0	0,00%	100,00%
Summe	13	100,00%	

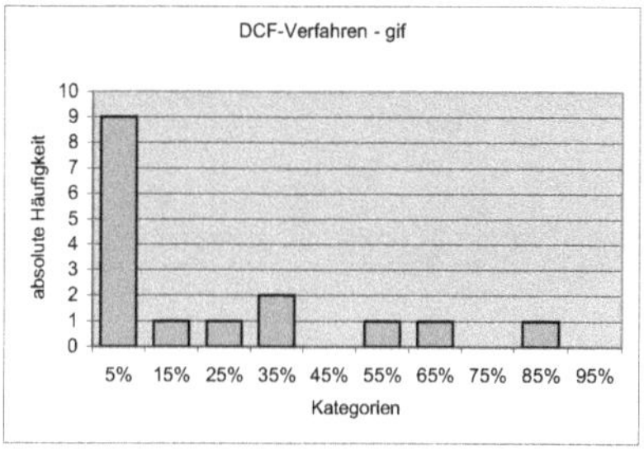

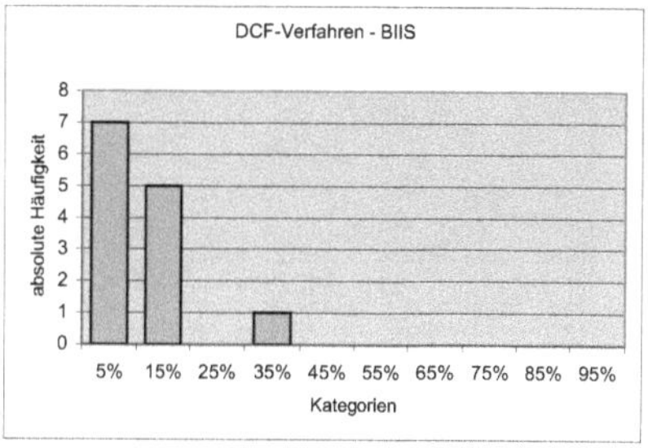

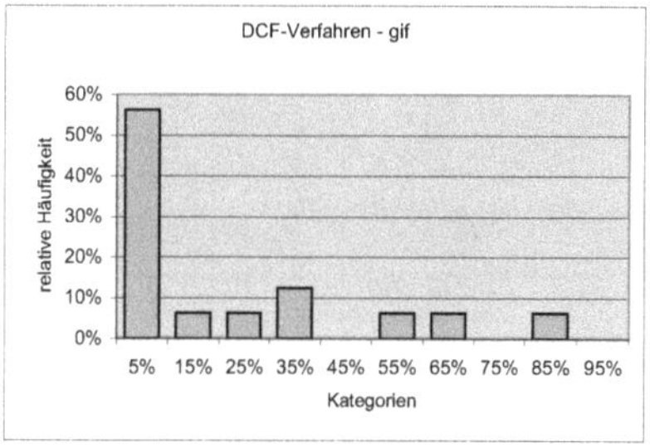

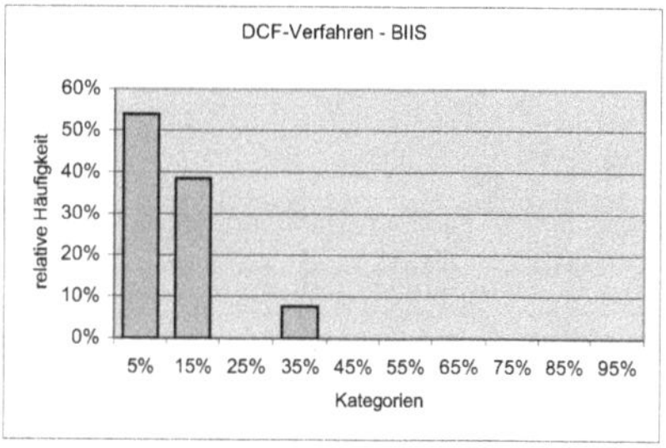

Anhang 15a: Vorbildung / Ertragswertverfahren - absolute und relative Häufigkeiten

Ertragswertverfahren - kaufmännische Vorbildung			
Kategorien	absolute Häufigkeit	relative Häufigkeit	kumulierte Häufigkeit
5%	2	12,50%	12,50%
15%	0	0,00%	12,50%
25%	2	12,50%	25,00%
35%	0	0,00%	25,00%
45%	0	0,00%	25,00%
55%	2	12,50%	37,50%
65%	0	0,00%	37,50%
75%	1	6,25%	43,75%
85%	5	31,25%	75,00%
95%	4	25,00%	100,00%
Summe	16	100,00%	

Ertragswertverfahren - technische Vorbildung			
Kategorien	absolute Häufigkeit	relative Häufigkeit	kumulierte Häufigkeit
5%	0	0,00%	0,00%
15%	2	14,29%	14,29%
25%	0	0,00%	14,29%
35%	0	0,00%	14,29%
45%	0	0,00%	14,29%
55%	1	7,14%	21,43%
65%	2	14,29%	35,71%
75%	3	21,43%	57,14%
85%	2	14,29%	71,43%
95%	4	28,57%	100,00%
Summe	14	100,00%	

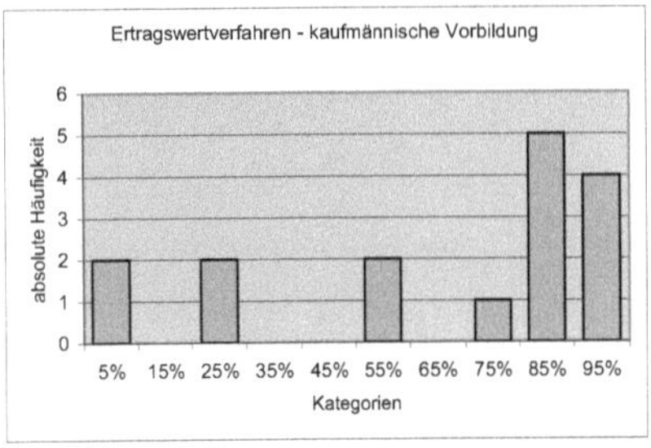

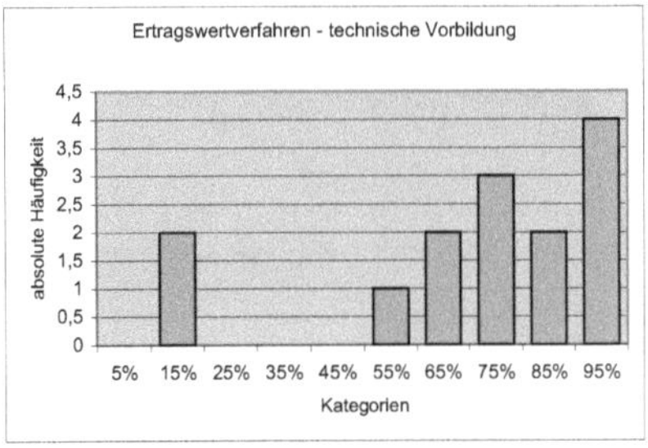

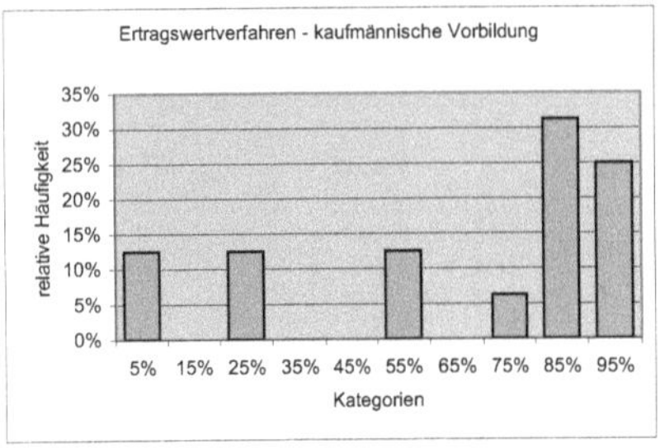

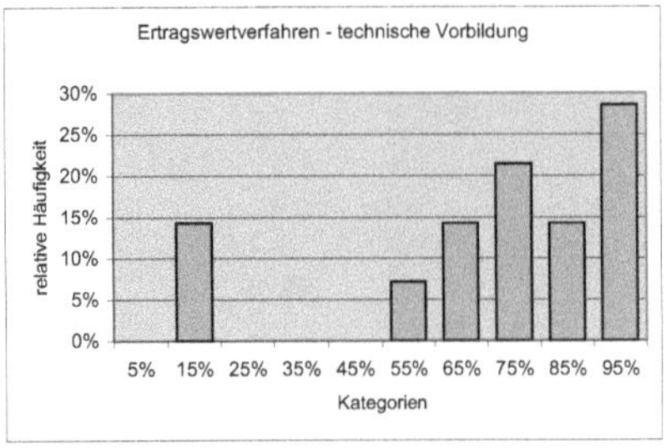

Anhang 15b: Vorbildung / DCF-Verfahren - absolute und relative Häufigkeiten

DCF-Verfahren - kaufmännische Vorbildung			
Kategorien	absolute Häufigkeit	relative Häufigkeit	kumulierte Häufigkeit
5%	6	46,15%	46,15%
15%	3	23,08%	69,23%
25%	0	0,00%	69,23%
35%	2	15,38%	84,62%
45%	0	0,00%	84,62%
55%	1	7,69%	92,31%
65%	0	0,00%	92,31%
75%	0	0,00%	92,31%
85%	1	7,69%	100,00%
95%	0	0,00%	100,00%
Summe	13	100,00%	

DCF-Verfahren - technische Vorbildung			
Kategorien	absolute Häufigkeit	relative Häufigkeit	kumulierte Häufigkeit
5%	6	54,55%	54,55%
15%	4	36,36%	90,91%
25%	0	0,00%	90,91%
35%	0	0,00%	90,91%
45%	0	0,00%	90,91%
55%	0	0,00%	90,91%
65%	1	9,09%	100,00%
75%	0	0,00%	100,00%
85%	0	0,00%	100,00%
95%	0	0,00%	100,00%
Summe	11	100,00%	

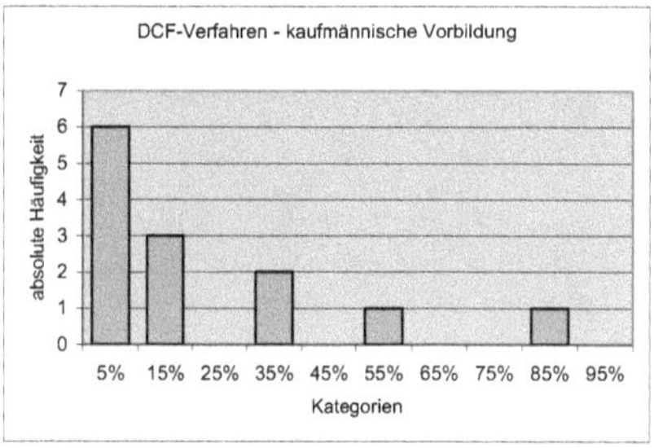

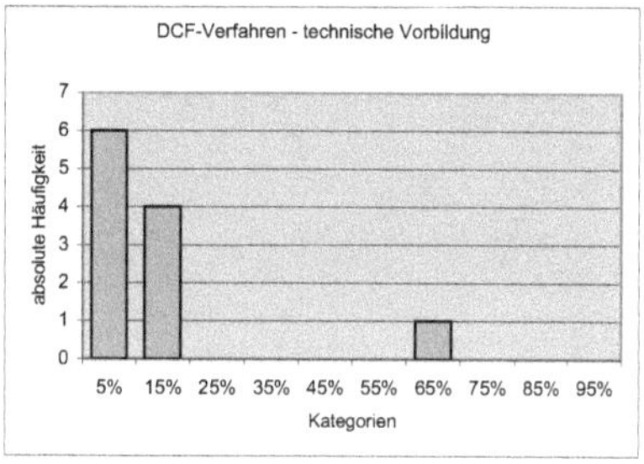

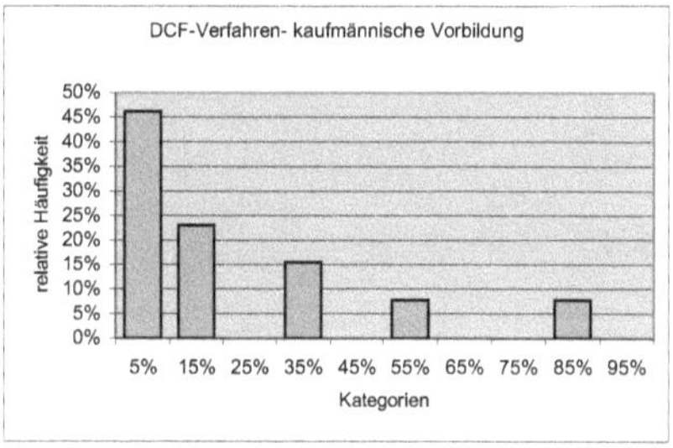

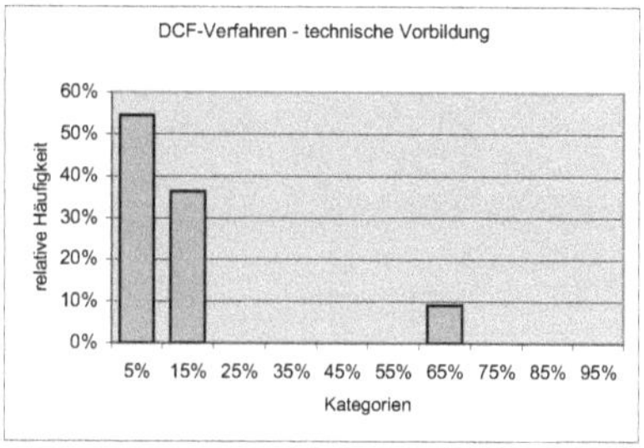

Anhang 16: SPSS-Auswertungen des Moduls CONJOINT

```
SUBJECT NAME:          1

Importance   Utility(s.e.)  Factor

                            Einzahlu    Einzahlungen
 66,67      2,0000( ,2500)     |----      Ist-Mieten mit Branc
           -2,0000( ,2500) ----|          Ist-Mieten mit Markt

                            Auszahlu    Auszahlungen
 33,33      1,0000( ,2500)     |--        Individuellen Einsch
           -1,0000( ,2500)   --|          Pauschalen Sätze, z.

                            Diskonti    Diskontierungszinssatz
   ,00       ,0000( ,2500)     |          Individuell ermittel
             ,0000( ,2500)     |          Vorgegebenen Zinssat

            4,5000( ,2500) CONSTANT

Pearson's R   =  ,976              Significance =  ,0000

Kendall's tau =  ,926              Significance =  ,0011

SUBJECT NAME:          2

Importance   Utility(s.e.)  Factor

                            Einzahlu    Einzahlungen
 33,33      -,7500( ,8750)   --|          Ist-Mieten mit Branc
             ,7500( ,8750)     |--        Ist-Mieten mit Markt

                            Auszahlu    Auszahlungen
 11,11       ,2500( ,8750)     |-         Individuellen Einsch
            -,2500( ,8750)    -|          Pauschalen Sätze, z.

                            Diskonti    Diskontierungszinssatz
 55,56      1,2500( ,8750)     |----      Individuell ermittel
           -1,2500( ,8750) ----|          Vorgegebenen Zinssat

            4,5000( ,8750) CONSTANT

Pearson's R   =  ,645              Significance =  ,0419

Kendall's tau =  ,571              Significance =  ,0239
```

```
SUBJECT NAME:          3

Importance   Utility(s.e.)  Factor

                            Einzahlu    Einzahlungen
 57,14      2,0000( ,0000)     |----      Ist-Mieten mit Branc
           -2,0000( ,0000) ----|          Ist-Mieten mit Markt

                            Auszahlu    Auszahlungen
 28,57      1,0000( ,0000)     |--        Individuellen Einsch
           -1,0000( ,0000)   --|          Pauschalen Sätze, z.

                            Diskonti    Diskontierungszinssatz
 14,29      -,5000( ,0000)    -|          Individuell ermittel
             ,5000( ,0000)     |-         Vorgegebenen Zinssat

            4,5000( ,0000) CONSTANT

Pearson's R   = 1,000              Significance =  .

Kendall's tau = 1,000              Significance =  ,0003

SUBJECT NAME:          4

Importance   Utility(s.e.)  Factor

                            Einzahlu    Einzahlungen
 28,57      1,0000( ,0000)     |--        Ist-Mieten mit Branc
           -1,0000( ,0000)   --|          Ist-Mieten mit Markt

                            Auszahlu    Auszahlungen
 14,29       ,5000( ,0000)     |-         Individuellen Einsch
            -,5000( ,0000)    -|          Pauschalen Sätze, z.

                            Diskonti    Diskontierungszinssatz
 57,14      2,0000( ,0000)     |----      Individuell ermittel
           -2,0000( ,0000) ----|          Vorgegebenen Zinssat

            4,5000( ,0000) CONSTANT

Pearson's R   = 1,000              Significance =  .

Kendall's tau = 1,000              Significance =  ,0003
```

```
SUBJECT NAME:        5

Importance   Utility(s.e.)  Factor

                            Einzahlu   Einzahlungen
 57,14        2,0000( ,0000)   |----     Ist-Mieten mit Branc
             -2,0000( ,0000) ----|       Ist-Mieten mit Markt

                            Auszahlu   Auszahlungen
 28,57        1,0000( ,0000)   |--       Individuellen Einsch
             -1,0000( ,0000)   --|       Pauschalen Sätze, z.

                            Diskonti   Diskontierungszinssatz
 14,29         ,5000( ,0000)   |-        Individuell ermittel
              -,5000( ,0000)   -|        Vorgegebenen Zinssat

              4,5000( ,0000) CONSTANT

Pearson's R   = 1,000                  Significance =  .

Kendall's tau = 1,000                  Significance =  ,0003
```

```
SUBJECT NAME:        6

Importance   Utility(s.e.)  Factor

                            Einzahlu   Einzahlungen
 57,14        2,0000( ,0000)   |----     Ist-Mieten mit Branc
             -2,0000( ,0000) ----|       Ist-Mieten mit Markt

                            Auszahlu   Auszahlungen
 28,57        1,0000( ,0000)   |--       Individuellen Einsch
             -1,0000( ,0000)   --|       Pauschalen Sätze, z.

                            Diskonti   Diskontierungszinssatz
 14,29        -,5000( ,0000)   -|        Individuell ermittel
               ,5000( ,0000)    |-       Vorgegebenen Zinssat

              4,5000( ,0000) CONSTANT

Pearson's R   = 1,000                  Significance =  .

Kendall's tau = 1,000                  Significance =  ,0003
```

```
SUBJECT NAME:        7

Importance   Utility(s.e.)  Factor

                            Einzahlu   Einzahlungen
 57,14        2,0000( ,0000)   |----     Ist-Mieten mit Branc
             -2,0000( ,0000) ----|       Ist-Mieten mit Markt

                            Auszahlu   Auszahlungen
 14,29        -,5000( ,0000)   -|        Individuellen Einsch
               ,5000( ,0000)    |-       Pauschalen Sätze, z.

                            Diskonti   Diskontierungszinssatz
 28,57       -1,0000( ,0000)   --|       Individuell ermittel
              1,0000( ,0000)     |--     Vorgegebenen Zinssat

              4,5000( ,0000) CONSTANT

Pearson's R   = 1,000                  Significance =  .

Kendall's tau = 1,000                  Significance =  ,0003
```

```
SUBJECT NAME:        8

Importance   Utility(s.e.)  Factor

                            Einzahlu   Einzahlungen
 30,77        1,0000( ,2165)   |--       Ist-Mieten mit Branc
             -1,0000( ,2165)   --|       Ist-Mieten mit Markt

                            Auszahlu   Auszahlungen
  7,69        -,2500( ,2165)   -|        Individuellen Einsch
               ,2500( ,2165)    |-       Pauschalen Sätze, z.

                            Diskonti   Diskontierungszinssatz
 61,54       -2,0000( ,2165) ----|       Individuell ermittel
              2,0000( ,2165)     |----   Vorgegebenen Zinssat

              4,5000( ,2165) CONSTANT

Pearson's R   =  ,982                  Significance =  ,0000

Kendall's tau =  ,929                  Significance =  ,0006
```

```
SUBJECT NAME:         9

Importance   Utility(s.e.)  Factor

                            Einzahlu    Einzahlungen
21,43  [ ]     ,7500( ,1768)    |--       Ist-Mieten mit Branc
              -,7500( ,1768)  --|         Ist-Mieten mit Markt
         |
                            Auszahlu    Auszahlungen
[57,14    ]   2,0000( ,1768)    |----     Individuellen Einsch
             -2,0000( ,1768) ----|        Pauschalen Sätze, z.
         |
                            Diskonti    Diskontierungszinssatz
21,43  [ ]    -,7500( ,1768)  --|         Individuell ermittel
               ,7500( ,1768)    |--       Vorgegebenen Zinssat
         |
              4,5000( ,1768) CONSTANT

Pearson's R    =  ,988                  Significance =  ,0000

Kendall's tau =  ,964                   Significance =  ,0005
```

```
SUBJECT NAME:        10

Importance   Utility(s.e.)  Factor

                            Einzahlu    Einzahlungen
28,57 [  ]    1,0000( ,0000)    |--       Ist-Mieten mit Branc
             -1,0000( ,0000)  --|         Ist-Mieten mit Markt
         |
                            Auszahlu    Auszahlungen
14,29   []    -,5000( ,0000)   -|         Individuellen Einsch
               ,5000( ,0000)    |-        Pauschalen Sätze, z.
         |
                            Diskonti    Diskontierungszinssatz
[57,14    ]  -2,0000( ,0000) ----|        Individuell ermittel
              2,0000( ,0000)    |----     Vorgegebenen Zinssat
         |
              4,5000( ,0000) CONSTANT

Pearson's R    = 1,000                  Significance =  .

Kendall's tau = 1,000                   Significance =  ,0003
```

```
SUBJECT NAME:        11

Importance   Utility(s.e.)  Factor

                            Einzahlu    Einzahlungen
[57,14    ]   2,0000( ,0000)    |----     Ist-Mieten mit Branc
             -2,0000( ,0000) ----|        Ist-Mieten mit Markt
         |
                            Auszahlu    Auszahlungen
28,57 [  ]    1,0000( ,0000)    |--       Individuellen Einsch
             -1,0000( ,0000)  --|         Pauschalen Sätze, z.
         |
                            Diskonti    Diskontierungszinssatz
14,29   []     ,5000( ,0000)    |-        Individuell ermittel
              -,5000( ,0000)   -|         Vorgegebenen Zinssat
         |
              4,5000( ,0000) CONSTANT

Pearson's R    = 1,000                  Significance =  .

Kendall's tau = 1,000                   Significance =  ,0003
```

```
SUBJECT NAME:        12

Importance   Utility(s.e.)  Factor

                            Einzahlu    Einzahlungen
14,29   []     ,5000( ,0000)    |-        Ist-Mieten mit Branc
              -,5000( ,0000)   -|         Ist-Mieten mit Markt
         |
                            Auszahlu    Auszahlungen
28,57 [  ]    1,0000( ,0000)    |--       Individuellen Einsch
             -1,0000( ,0000)  --|         Pauschalen Sätze, z.
         |
                            Diskonti    Diskontierungszinssatz
[57,14    ]   2,0000( ,0000)    |----     Individuell ermittel
             -2,0000( ,0000) ----|        Vorgegebenen Zinssat
         |
              4,5000( ,0000) CONSTANT

Pearson's R    = 1,000                  Significance =  .

Kendall's tau = 1,000                   Significance =  ,0003
```

```
SUBJECT NAME:        13

Importance   Utility(s.e.)   Factor

                             Einzahlu    Einzahlungen
28,57        1,0000( ,0000)      |--       Ist-Mieten mit Branc
            -1,0000( ,0000)    --|         Ist-Mieten mit Markt

                             Auszahlu    Auszahlungen
14,29         ,5000( ,0000)      |-        Individuellen Einsch
             -,5000( ,0000)     -|         Pauschalen Sätze, z.

                             Diskonti    Diskontierungszinssatz
57,14        2,0000( ,0000)      |----     Individuell ermittel
            -2,0000( ,0000)  ----|         Vorgegebenen Zinssat

             4,5000( ,0000)  CONSTANT

Pearson's R   = 1,000                    Significance =  .

Kendall's tau = 1,000                    Significance =  ,0003

SUBJECT NAME:        14

Importance   Utility(s.e.)   Factor

                             Einzahlu    Einzahlungen
61,54        2,0000( ,3307)      |----     Ist-Mieten mit Branc
            -2,0000( ,3307)  ----|         Ist-Mieten mit Markt

                             Auszahlu    Auszahlungen
15,38         ,5000( ,3307)      |-        Individuellen Einsch
             -,5000( ,3307)     -|         Pauschalen Sätze, z.

                             Diskonti    Diskontierungszinssatz
23,08        -,7500( ,3307)    --|         Individuell ermittel
              ,7500( ,3307)      |--       Vorgegebenen Zinssat

             4,5000( ,3307)  CONSTANT

Pearson's R   =  ,957                    Significance =  ,0001

Kendall's tau =  ,857                    Significance =  ,0015
```

```
SUBJECT NAME:        15

Importance   Utility(s.e.)   Factor

                             Einzahlu    Einzahlungen
28,57        1,0000( ,0000)      |--       Ist-Mieten mit Branc
            -1,0000( ,0000)    --|         Ist-Mieten mit Markt

                             Auszahlu    Auszahlungen
14,29         ,5000( ,0000)      |-        Individuellen Einsch
             -,5000( ,0000)     -|         Pauschalen Sätze, z.

                             Diskonti    Diskontierungszinssatz
57,14       -2,0000( ,0000)  ----|         Individuell ermittel
             2,0000( ,0000)      |----     Vorgegebenen Zinssat

             4,5000( ,0000)  CONSTANT

Pearson's R   = 1,000                    Significance =  .

Kendall's tau = 1,000                    Significance =  ,0003

SUBJECT NAME:        16

Importance   Utility(s.e.)   Factor

                             Einzahlu    Einzahlungen
57,14        2,0000( ,1768)      |----     Ist-Mieten mit Branc
            -2,0000( ,1768)  ----|         Ist-Mieten mit Markt

                             Auszahlu    Auszahlungen
21,43         ,7500( ,1768)      |--       Individuellen Einsch
             -,7500( ,1768)    --|         Pauschalen Sätze, z.

                             Diskonti    Diskontierungszinssatz
21,43        -,7500( ,1768)    --|         Individuell ermittel
              ,7500( ,1768)      |--       Vorgegebenen Zinssat

             4,5000( ,1768)  CONSTANT

Pearson's R   =  ,988                    Significance =  ,0000

Kendall's tau =  ,964                    Significance =  ,0005
```

```
SUBJECT NAME:         17

Importance   Utility(s.e.)  Factor

                            Einzahlu   Einzahlungen
23,08        ,7500( ,3307)   |--         Ist-Mieten mit Branc
            -,7500( ,3307)  --|          Ist-Mieten mit Markt

                            Auszahlu   Auszahlungen
15,38       -,5000( ,3307)   -|          Individuellen Einsch
             ,5000( ,3307)    |-         Pauschalen Sätze, z.

                            Diskonti   Diskontierungszinssatz
61,54       2,0000( ,3307)    |----      Individuell ermittel
           -2,0000( ,3307) ----|         Vorgegebenen Zinssat

            4,5000( ,3307) CONSTANT

Pearson's R   =  ,957                  Significance =  ,0001

Kendall's tau =  ,857                  Significance =  ,0015
```

```
SUBJECT NAME:         18

Importance   Utility(s.e.)  Factor

                            Einzahlu   Einzahlungen
57,14       2,0000( ,0000)    |----      Ist-Mieten mit Branc
           -2,0000( ,0000) ----|         Ist-Mieten mit Markt

                            Auszahlu   Auszahlungen
28,57       1,0000( ,0000)    |--        Individuellen Einsch
           -1,0000( ,0000)  --|          Pauschalen Sätze, z.

                            Diskonti   Diskontierungszinssatz
14,29       -,5000( ,0000)   -|          Individuell ermittel
             ,5000( ,0000)    |-         Vorgegebenen Zinssat

            4,5000( ,0000) CONSTANT

Pearson's R   = 1,000                  Significance =  .

Kendall's tau = 1,000                  Significance =  ,0003
```

```
SUBJECT NAME:         19

Importance   Utility(s.e.)  Factor

                            Einzahlu   Einzahlungen
40,00       1,5000( ,2165)    |----      Ist-Mieten mit Branc
           -1,5000( ,2165) ----|         Ist-Mieten mit Markt

                            Auszahlu   Auszahlungen
40,00      -1,5000( ,2165) ----|         Individuellen Einsch
            1,5000( ,2165)    |----      Pauschalen Sätze, z.

                            Diskonti   Diskontierungszinssatz
20,00       -,7500( ,2165)  --|          Individuell ermittel
             ,7500( ,2165)    |--        Vorgegebenen Zinssat

            4,5000( ,2165) CONSTANT

Pearson's R   =  ,982                  Significance =  ,0000

Kendall's tau =  ,964                  Significance =  ,0005
```

```
SUBJECT NAME:         20

Importance   Utility(s.e.)  Factor

                            Einzahlu   Einzahlungen
28,57       1,0000( ,0000)    |--        Ist-Mieten mit Branc
           -1,0000( ,0000)  --|          Ist-Mieten mit Markt

                            Auszahlu   Auszahlungen
14,29       -,5000( ,0000)   -|          Individuellen Einsch
             ,5000( ,0000)    |-         Pauschalen Sätze, z.

                            Diskonti   Diskontierungszinssatz
57,14      -2,0000( ,0000) ----|         Individuell ermittel
            2,0000( ,0000)    |----      Vorgegebenen Zinssat

            4,5000( ,0000) CONSTANT

Pearson's R   = 1,000                  Significance =  .

Kendall's tau = 1,000                  Significance =  ,0003
```

SUBJECT NAME: 21

Importance	Utility(s.e.)	Factor	
		Einzahlu	Einzahlungen
28,57	-1,0000(,0000)		Ist-Mieten mit Branc
	1,0000(,0000)		Ist-Mieten mit Markt
		Auszahlu	Auszahlungen
14,29	,5000(,0000)		Individuellen Einsch
	-,5000(,0000)		Pauschalen Sätze, z.
		Diskonti	Diskontierungszinssatz
57,14	-2,0000(,0000)		Individuell ermittel
	2,0000(,0000)		Vorgegebenen Zinssat
	4,5000(,0000)	CONSTANT	

Pearson's R = 1,000 Significance = .

Kendall's tau = 1,000 Significance = ,0003

SUBJECT NAME: 22

Importance	Utility(s.e.)	Factor	
		Einzahlu	Einzahlungen
33,33	-,5000(1,0000)		Ist-Mieten mit Branc
	,5000(1,0000)		Ist-Mieten mit Markt
		Auszahlu	Auszahlungen
,00	,0000(1,0000)		Individuellen Einsch
	,0000(1,0000)		Pauschalen Sätze, z.
		Diskonti	Diskontierungszinssatz
66,67	1,0000(1,0000)		Individuell ermittel
	-1,0000(1,0000)		Vorgegebenen Zinssat
	4,5000(1,0000)	CONSTANT	

Pearson's R = ,488 Significance = ,1100

Kendall's tau = ,463 Significance = ,0627

SUBJECT NAME: 23

Importance	Utility(s.e.)	Factor	
		Einzahlu	Einzahlungen
21,43	,7500(,1768)		Ist-Mieten mit Branc
	-,7500(,1768)		Ist-Mieten mit Markt
		Auszahlu	Auszahlungen
21,43	-,7500(,1768)		Individuellen Einsch
	,7500(,1768)		Pauschalen Sätze, z.
		Diskonti	Diskontierungszinssatz
57,14	-2,0000(,1768)		Individuell ermittel
	2,0000(,1768)		Vorgegebenen Zinssat
	4,5000(,1768)	CONSTANT	

Pearson's R = ,988 Significance = ,0000

Kendall's tau = ,964 Significance = ,0005

SUBJECT NAME: 24

Importance	Utility(s.e.)	Factor	
		Einzahlu	Einzahlungen
66,67	2,0000(,2500)		Ist-Mieten mit Branc
	-2,0000(,2500)		Ist-Mieten mit Markt
		Auszahlu	Auszahlungen
33,33	1,0000(,2500)		Individuellen Einsch
	-1,0000(,2500)		Pauschalen Sätze, z.
		Diskonti	Diskontierungszinssatz
,00	,0000(,2500)		Individuell ermittel
	,0000(,2500)		Vorgegebenen Zinssat
	4,5000(,2500)	CONSTANT	

Pearson's R = ,976 Significance = ,0000

Kendall's tau = ,926 Significance = ,0011

```
SUBJECT NAME:        25

Importance   Utility(s.e.)  Factor

                            Einzahlu    Einzahlungen
  33,33      1,2500( ,1250)    |---       Ist-Mieten mit Branc
            -1,2500( ,1250) ---|          Ist-Mieten mit Markt

                            Auszahlu    Auszahlungen
  20,00       ,7500( ,1250)    |--        Individuellen Einsch
             -,7500( ,1250)  --|          Pauschalen Sätze, z.

                            Diskonti    Diskontierungszinssatz
  46,67      1,7500( ,1250)    |----      Individuell ermittel
            -1,7500( ,1250) ----|         Vorgegebenen Zinssat

             4,5000( ,1250) CONSTANT

Pearson's R   =  ,994                   Significance =  ,0000

Kendall's tau = 1,000                   Significance =  ,0003
```

```
SUBJECT NAME:        26

Importance   Utility(s.e.)  Factor

                            Einzahlu    Einzahlungen
   7,69       ,2500( ,2165)    |-         Ist-Mieten mit Branc
             -,2500( ,2165)   -|          Ist-Mieten mit Markt

                            Auszahlu    Auszahlungen
  30,77      1,0000( ,2165)    |--        Individuellen Einsch
            -1,0000( ,2165)  --|          Pauschalen Sätze, z.

                            Diskonti    Diskontierungszinssatz
  61,54      2,0000( ,2165)    |----      Individuell ermittel
            -2,0000( ,2165) ----|         Vorgegebenen Zinssat

             4,5000( ,2165) CONSTANT

Pearson's R   =  ,982                   Significance =  ,0000

Kendall's tau =  ,929                   Significance =  ,0006
```

```
SUBJECT NAME:        27

Importance   Utility(s.e.)  Factor

                            Einzahlu    Einzahlungen
  28,57      1,0000( ,0000)    |--        Ist-Mieten mit Branc
            -1,0000( ,0000)  --|          Ist-Mieten mit Markt

                            Auszahlu    Auszahlungen
  14,29       ,5000( ,0000)    |-         Individuellen Einsch
             -,5000( ,0000)   -|          Pauschalen Sätze, z.

                            Diskonti    Diskontierungszinssatz
  57,14      2,0000( ,0000)    |----      Individuell ermittel
            -2,0000( ,0000) ----|         Vorgegebenen Zinssat

             4,5000( ,0000) CONSTANT

Pearson's R   = 1,000                   Significance =  .

Kendall's tau = 1,000                   Significance =  ,0003
```

```
SUBJECT NAME:        28

Importance   Utility(s.e.)  Factor

                            Einzahlu    Einzahlungen
  20,00       ,7500( ,1250)    |--        Ist-Mieten mit Branc
             -,7500( ,1250)  --|          Ist-Mieten mit Markt

                            Auszahlu    Auszahlungen
  33,33      1,2500( ,1250)    |---       Individuellen Einsch
            -1,2500( ,1250) ---|          Pauschalen Sätze, z.

                            Diskonti    Diskontierungszinssatz
  46,67      1,7500( ,1250)    |----      Individuell ermittel
            -1,7500( ,1250) ----|         Vorgegebenen Zinssat

             4,5000( ,1250) CONSTANT

Pearson's R   =  ,994                   Significance =  ,0000

Kendall's tau = 1,000                   Significance =  ,0003
```

```
SUBJECT NAME:        29

Importance   Utility(s.e.)   Factor

                             Einzahlu    Einzahlungen
57,14        2,0000( ,0000)     |----      Ist-Mieten mit Branc
            -2,0000( ,0000) ----|          Ist-Mieten mit Markt

                             Auszahlu    Auszahlungen
28,57        1,0000( ,0000)     |--        Individuellen Einsch
            -1,0000( ,0000)   --|          Pauschalen Sätze, z.

                             Diskonti    Diskontierungszinssatz
14,29         ,5000( ,0000)     |-         Individuell ermittel
             -,5000( ,0000)    -|          Vorgegebenen Zinssat

             4,5000( ,0000) CONSTANT

Pearson's R    = 1,000               Significance =  .

Kendall's tau = 1,000                Significance =  ,0003
```

```
SUBJECT NAME:        30

Importance   Utility(s.e.)   Factor

                             Einzahlu    Einzahlungen
14,29         ,5000( ,0000)     |-         Ist-Mieten mit Branc
             -,5000( ,0000)    -|          Ist-Mieten mit Markt

                             Auszahlu    Auszahlungen
28,57        1,0000( ,0000)     |--        Individuellen Einsch
            -1,0000( ,0000)   --|          Pauschalen Sätze, z.

                             Diskonti    Diskontierungszinssatz
57,14       -2,0000( ,0000) ----|          Individuell ermittel
             2,0000( ,0000)     |----      Vorgegebenen Zinssat

             4,5000( ,0000) CONSTANT

Pearson's R    = 1,000               Significance =  .

Kendall's tau = 1,000                Significance =  ,0003
```

```
SUBJECT NAME:        31

Importance   Utility(s.e.)   Factor

                             Einzahlu    Einzahlungen
57,14        2,0000( ,0000)     |----      Ist-Mieten mit Branc
            -2,0000( ,0000) ----|          Ist-Mieten mit Markt

                             Auszahlu    Auszahlungen
14,29         ,5000( ,0000)     |-         Individuellen Einsch
             -,5000( ,0000)    -|          Pauschalen Sätze, z.

                             Diskonti    Diskontierungszinssatz
28,57       -1,0000( ,0000)   --|          Individuell ermittel
             1,0000( ,0000)     |--        Vorgegebenen Zinssat

             4,5000( ,0000) CONSTANT

Pearson's R    = 1,000               Significance =  .

Kendall's tau = 1,000                Significance =  ,0003
```

```
SUBJECT NAME:        32

Importance   Utility(s.e.)   Factor

                             Einzahlu    Einzahlungen
16,67         ,5000( ,4330)     |-         Ist-Mieten mit Branc
             -,5000( ,4330)    -|          Ist-Mieten mit Markt

                             Auszahlu    Auszahlungen
16,67         ,5000( ,4330)     |-         Individuellen Einsch
             -,5000( ,4330)    -|          Pauschalen Sätze, z.

                             Diskonti    Diskontierungszinssatz
66,67        2,0000( ,4330)     |----      Individuell ermittel
            -2,0000( ,4330) ----|          Vorgegebenen Zinssat

             4,5000( ,4330) CONSTANT

Pearson's R    =  ,926               Significance =  ,0005

Kendall's tau =  ,815                Significance =  ,0029
```

```
SUBJECT NAME:        33

Importance   Utility(s.e.)   Factor

                             Einzahlu    Einzahlungen
  9,09        ,2500( ,4841)    |-          Ist-Mieten mit Branc
             -,2500( ,4841)   -|           Ist-Mieten mit Markt

                             Auszahlu    Auszahlungen
 18,18        ,5000( ,4841)    |-          Individuellen Einsch
             -,5000( ,4841)   -|           Pauschalen Sätze, z.

                             Diskonti    Diskontierungszinssatz
 72,73       2,0000( ,4841)    |----       Individuell ermittel
            -2,0000( ,4841) ----|          Vorgegebenen Zinssat

             4,5000( ,4841) CONSTANT

Pearson's R    =  ,906                  Significance =  ,0010

Kendall's tau =  ,714                   Significance =  ,0067

SUBJECT NAME:        34

Importance   Utility(s.e.)   Factor

                             Einzahlu    Einzahlungen
 28,57       1,0000( ,3953)    |--         Ist-Mieten mit Branc
            -1,0000( ,3953)  --|           Ist-Mieten mit Markt

                             Auszahlu    Auszahlungen
 50,00       1,7500( ,3953)    |----       Individuellen Einsch
            -1,7500( ,3953) ----|          Pauschalen Sätze, z.

                             Diskonti    Diskontierungszinssatz
 21,43        ,7500( ,3953)    |--         Individuell ermittel
             -,7500( ,3953)  --|           Vorgegebenen Zinssat

             4,5000( ,3953) CONSTANT

Pearson's R    =  ,939                  Significance =  ,0003

Kendall's tau =  ,837                   Significance =  ,0021
```

```
SUBJECT NAME:        35

Importance   Utility(s.e.)   Factor

                             Einzahlu    Einzahlungen
 20,00       -,7500( ,1250)  --|           Ist-Mieten mit Branc
              ,7500( ,1250)    |--         Ist-Mieten mit Markt

                             Auszahlu    Auszahlungen
 33,33       1,2500( ,1250)    |---        Individuellen Einsch
            -1,2500( ,1250) ---|           Pauschalen Sätze, z.

                             Diskonti    Diskontierungszinssatz
 46,67      -1,7500( ,1250) ----|          Individuell ermittel
             1,7500( ,1250)    |----       Vorgegebenen Zinssat

             4,5000( ,1250) CONSTANT

Pearson's R    =  ,994                  Significance =  ,0000

Kendall's tau = 1,000                   Significance =  ,0003

SUBJECT NAME:        36

Importance   Utility(s.e.)   Factor

                             Einzahlu    Einzahlungen
 28,57      -1,0000( ,5000) ---|           Ist-Mieten mit Branc
             1,0000( ,5000)    |---        Ist-Mieten mit Markt

                             Auszahlu    Auszahlungen
 42,86       1,5000( ,5000)    |----       Individuellen Einsch
            -1,5000( ,5000) ----|          Pauschalen Sätze, z.

                             Diskonti    Diskontierungszinssatz
 28,57      -1,0000( ,5000) ---|           Individuell ermittel
             1,0000( ,5000)    |---        Vorgegebenen Zinssat

             4,5000( ,5000) CONSTANT

Pearson's R    =  ,900                  Significance =  ,0012

Kendall's tau =  ,815                   Significance =  ,0029
```

```
SUBJECT NAME:        37

Importance   Utility(s.e.)   Factor

                             Einzahlu    Einzahlungen
66,67         1,5000( ,7806)     |----     Ist-Mieten mit Branc
             -1,5000( ,7806) ----|         Ist-Mieten mit Markt

                             Auszahlu    Auszahlungen
 ,00           ,0000( ,7806)     |         Individuellen Einsch
               ,0000( ,7806)     |         Pauschalen Sätze, z.

                             Diskonti    Diskontierungszinssatz
33,33          ,7500( ,7806)     |--       Individuell ermittel
              -,7500( ,7806)   --|         Vorgegebenen Zinssat

              4,5000( ,7806) CONSTANT

Pearson's R   =  ,732                Significance =  ,0195

Kendall's tau =  ,617                Significance =  ,0205

SUBJECT NAME:        38

Importance   Utility(s.e.)   Factor

                             Einzahlu    Einzahlungen
14,29          ,5000( ,0000)     |-        Ist-Mieten mit Branc
              -,5000( ,0000)    -|         Ist-Mieten mit Markt

                             Auszahlu    Auszahlungen
28,57         1,0000( ,0000)     |--       Individuellen Einsch
             -1,0000( ,0000)   --|         Pauschalen Sätze, z.

                             Diskonti    Diskontierungszinssatz
57,14         2,0000( ,0000)     |----     Individuell ermittel
             -2,0000( ,0000) ----|         Vorgegebenen Zinssat

              4,5000( ,0000) CONSTANT

Pearson's R   = 1,000                Significance =  .

Kendall's tau = 1,000                Significance =  ,0003
```

```
SUBJECT NAME:        39

Importance   Utility(s.e.)   Factor

                             Einzahlu    Einzahlungen
26,67         1,0000( ,2165)     |--       Ist-Mieten mit Branc
             -1,0000( ,2165)   --|         Ist-Mieten mit Markt

                             Auszahlu    Auszahlungen
46,67         1,7500( ,2165)     |----     Individuellen Einsch
             -1,7500( ,2165) ----|         Pauschalen Sätze, z.

                             Diskonti    Diskontierungszinssatz
26,67        -1,0000( ,2165)   --|         Individuell ermittel
              1,0000( ,2165)     |--       Vorgegebenen Zinssat

              4,5000( ,2165) CONSTANT

Pearson's R   =  ,982                Significance =  ,0000

Kendall's tau =  ,964                Significance =  ,0005

SUBJECT NAME:        40

Importance   Utility(s.e.)   Factor

                             Einzahlu    Einzahlungen
57,14        -2,0000( ,0000) ----|         Ist-Mieten mit Branc
              2,0000( ,0000)     |----     Ist-Mieten mit Markt

                             Auszahlu    Auszahlungen
14,29          ,5000( ,0000)     |-        Individuellen Einsch
              -,5000( ,0000)    -|         Pauschalen Sätze, z.

                             Diskonti    Diskontierungszinssatz
28,57        -1,0000( ,0000)   --|         Individuell ermittel
              1,0000( ,0000)     |--       Vorgegebenen Zinssat

              4,5000( ,0000) CONSTANT

Pearson's R   = 1,000                Significance =  .

Kendall's tau = 1,000                Significance =  ,0003
```

```
SUBJECT NAME:        41

Importance   Utility(s.e.)   Factor

                             Einzahlu    Einzahlungen
57,14         2,0000( ,0000)     |----     Ist-Mieten mit Branc
             -2,0000( ,0000) ----|         Ist-Mieten mit Markt

                             Auszahlu    Auszahlungen
14,29          ,5000( ,0000)     |-        Individuellen Einsch
              -,5000( ,0000)    -|         Pauschalen Sätze, z.

                             Diskonti    Diskontierungszinssatz
28,57         1,0000( ,0000)     |--       Individuell ermittel
             -1,0000( ,0000)   --|         Vorgegebenen Zinssat

              4,5000( ,0000) CONSTANT

Pearson's R    = 1,000                   Significance =   .

Kendall's tau = 1,000                    Significance =  ,0003

SUBJECT NAME:        42

Importance   Utility(s.e.)   Factor

                             Einzahlu    Einzahlungen
14,29          ,5000( ,0000)     |-        Ist-Mieten mit Branc
              -,5000( ,0000)    -|         Ist-Mieten mit Markt

                             Auszahlu    Auszahlungen
28,57         1,0000( ,0000)     |--       Individuellen Einsch
             -1,0000( ,0000)   --|         Pauschalen Sätze, z.

                             Diskonti    Diskontierungszinssatz
57,14         2,0000( ,0000)     |----     Individuell ermittel
             -2,0000( ,0000) ----|         Vorgegebenen Zinssat

              4,5000( ,0000) CONSTANT

Pearson's R    = 1,000                   Significance =   .

Kendall's tau = 1,000                    Significance =  ,0003
```

```
SUBJECT NAME:        43

Importance   Utility(s.e.)   Factor

                             Einzahlu    Einzahlungen
80,00        -2,0000( ,5303) ----|         Ist-Mieten mit Branc
              2,0000( ,5303)     |----     Ist-Mieten mit Markt

                             Auszahlu    Auszahlungen
10,00          ,2500( ,5303)     |-        Individuellen Einsch
              -,2500( ,5303)    -|         Pauschalen Sätze, z.

                             Diskonti    Diskontierungszinssatz
10,00         -,2500( ,5303)    -|         Individuell ermittel
               ,2500( ,5303)     |-        Vorgegebenen Zinssat

              4,5000( ,5303) CONSTANT

Pearson's R    =  ,886                   Significance =  ,0017

Kendall's tau =  ,741                    Significance =  ,0060

SUBFILE SUMMARY - Averaged

Importance   Utility         Factor

                             Einzahlu    Einzahlungen
37,70          ,8663             |----     Ist-Mieten mit Branc
              -,8663         ----|         Ist-Mieten mit Markt

                             Auszahlu    Auszahlungen
23,28          ,5930             |---      Individuellen Einsch
              -,5930          ---|         Pauschalen Sätze, z.

                             Diskonti    Diskontierungszinssatz
39,02          ,0988             |         Individuell ermittel
              -,0988             |         Vorgegebenen Zinssat

              4,5000         CONSTANT

Pearson's R    =  ,994                   Significance =  ,0000

Kendall's tau =  ,929                    Significance =  ,0006
```

Literaturverzeichnis

A

ADAM, D./WITTE, TH. (1979): Merkmale der Planung in gut- und schlechtstrukturierten Planungsituationen, in: WISU – Das Wirtschaftsstudium 1979, S. 128-134.

ADDELMAN, SIDNEY (1962): Orthogonal Main-Effect Plans for Asymmetrical Factorial Experiments, in: Technometrics 1962, S. 21-46.

ADOLF, WINFRIED (2005): Der nachhaltig erzielbare Ertrag - ein veralteter Begriff ?, in: GuG 2005, S. 193-197.

AK SG (2003): Probleme der Prognoseprüfung, Arbeitskreis „Externe und Interne Überwachung der Unternehmung" der SG, in: DB 2003, S. 105-111.

AKERSON, CHARLES B. (2000): Capitalization theory and techniques: study guide with financial tables, 2. Aufl., Chicago 2000.

ALBERT, HANS (1964): Probleme der Theoriebildung. Entwicklung, Struktur und Anwendung sozialwissenschaftlicher Theorien, in: Albert, Hans (Hrsg.): Theorie und Realität: Ausgewählte Aufsätze zur Wissenschaftslehre der Sozialwissenschaften, Tübingen 1964, S. 3-70.

ALBERT, HANS (1972): Theorien in den Sozialwissenschaften, in: Albert, Hans (Hrsg.): Theorie und Realität: Ausgewählte Aufsätze zur Wissenschaftslehre der Sozialwissenschaften, 2. Aufl., Tübingen 1972, S. 3-25.

ALTMEPPEN, HERRMANN (2006): Weniger Kreditausfallrisiko durch Quantifizierung der Leerstandskosten, in: Immobilien & Finanzierung 2006, S. 336-338.

ALTMEPPEN, HERRMANN (2006a): Ein alternativer Weg wird gangbar - das standardisierte DCF-Verfahren, in: Immobilien & Finanzierung 2006, S. 499-501.

APPRAISAL INSTITUTE (2001): The Appraisal of Real Estate, 12. Aufl., Chicago 2001.

ASB (2006): IASB/FASB Conceptual Framework project: draft response to IASB, heruntergeladen unter: http://www.frc.org.uk/images/uploaded/documents/20061102%20Conceptual%20Framework_response%20to%20IASB_FINAL.PDF am 11.11.2006.

ASHTON, ROBERT H./KRAMER, SANDRA (1980): Students as Surrogates in Behavorial Accounting Research: Some Evidence, in: Journal of Accounting Research 1980, S. 1-15.

B

BACHMANN, STEFFEN (2002): Die Bewertung eines Mietwohnhauses (sozialer Wohnungsbau), in: GuG 2002, S. 237-241.

BACKHAUS, KLAUS ET AL. (2006): Multivariate Analysemethoden : eine anwendungsorientierte Einführung, 11. Aufl., Berlin u.a. 2006.

BÄRENZ, CHRISTIAN (2003): Der EuGH und das deutsche Steuerbilanzrecht - Anmerkungen zum Urteil des EuGH vom 7.1.2003, in: DStR 2003, S. 492-495.

BAETGE, JÖRG (1970): Möglichkeiten der Objektivierung des Jahreserfolges, Düsseldorf 1970.

BAETGE, JÖRG/KIRSCH, HANS-JÜRGEN/THIELE, STEFAN (2005): Bilanzen, 8. Aufl., Düsseldorf 2005.

BAETGE, JÖRG/NIEMEYER, KAI/KÜMMEL, JENS (2005): Darstellung der Discounted-Cashflow-Verfahren mit Beispiel, in: Peemöller, Volker (Hrsg.): Praxishandbuch der Unternehmensbewertung, 3. Aufl., Herne u.a. 2005, S. 265-361.

BAETGE, JÖRG/ROß, HEINZ-PETER (1995): Was bedeutet »fair presentation«?, in: Ballwieser, Wolfgang (1995) (Hrsg.): US-amerikanische Rechnungslegung, Stuttgart 1995, S. 29-43.

BAETGE, JÖRG/ZÜLCH, HENNING (2001): Fair Value-Accounting, in: BFuP 2001, S. 543-562.

BAETGE, JÖRG/ZÜLCH, HENNING (2004): Rechnungslegungsgrundsätze nach HGB und IFRS, in: Wysocki, Klaus et. al. (Hrsg.): Handbuch des Jahresabschlusses in Einzeldarstellungen, 2. Aufl., Loseblattsammlung, Stand nach der 34. Ergänzungslieferung, Köln u.a. 2004, Abt. 1/2.

BAETGE, JÖRG/ZÜLCH, HENNING/MATENA, SONJA (2002): Fair Value-Accounting - Ein Paradigmenwechsel auch in der kontinentaleuropäischen Rechnungslegung? (Teil A) - , in: StuB 2002, S. 365-372.

BAETGE, JÖRG/ZÜLCH, HENNING/MATENA, SONJA (2002a): Fair Value-Accounting - Ein Paradigmenwechsel auch in der kontinentaleuropäischen Rechnungslegung? (Teil B) - , in: StuB 2002, S. 417-422.

BÄZNER, BERND/TIMMRECK, CHRISTIAN (2004): Die DCF-Methode im Überblick, in: Richter, Frank/Timmreck, Christian (Hrsg.): Unternehmensbewertung, Moderne Instrumente und Lösungsansätze, Stuttgart 2004, S. 3-19.

BALLHAUS, WERNER/FUTTERLIEB, CHRISITIAN (2003): Fair Value Accounting auf Basis diskontierter Cash-flows gemäß Concept Statement No. 7, in: KoR 2003, S. 564-574.

BALLWIESER, WOLFGANG (1982): Zur Begründbarkeit informationsorientierter Jahresabschlußverbesserungen, in: zfbf 1982, S. 772-793.

BALLWIESER, WOLFGANG (1985): Ergebnisse der Informationsökonomie zur Informationsfunktion der Rechnungslegung, in: Stöppler, Siegmar (Hrsg.): Information und Produktion - Beiträge zur Unternehmenstheorie und Unternehmensplanung, Festschrift zum 60. Geburtstag von Prof. Waldemar Wittmann, Stuttgart 1985, S. 21-40.

BALLWIESER, WOLFGANG (2000): US-amerikanische Rechnungslegung: Grundlagen und Vergleiche mit dem deutschen Recht, 4. Aufl., Stuttgart 2000.

BALLWIESER, WOLFGANG (2002): Informations-GoB - auch im Lichte von IAS und US-GAAP, in: KoR 2002, S. 115-121.

BALLWIESER, WOLFGANG (2003): Rahmenkonzepte der Rechnungslegung: Funktionen, Vergleich, Bedeutung. In: Der Konzern 2003, S. 337-348.

BALLWIESER, WOLFGANG (2003a): Zum risikolosen Zinssatz in der Unternehmensbewertung, in: Richter, Frank/Schüler, Andreas/ Schwetzler, Bernhard (Hrsg.): Kapitalgeberansprüche, Marktwertorientierung und Unternehmenswert, Festschrift für Prof. Dr. Dr. h.c. Jochen Drukarczyk zum 65. Geburtstag, München 2003, S. 19-35.

BALLWIESER, WOLFGANG/KUHNER, CHRISTOPH (1994): Rechnungslegungsvorschriften und wirtschaftliche Stabilität, Bergisch Gladbach 1994.

BALLWIESER, WOLFGANG/KÜTING, KARLHEINZ/SCHILDBACH, THOMAS (2004): Fair value - erstrebenswerter Wertansatz im Rahmen einer Reform der handelsrechtlichen Rechnungslegung? in: BFuP 2004, S. 529-549.

BARRETT, MICHAEL J. ET AL. (1991): American Accounting Association Committee on Auditing and Accounting Measurement, 1989-90, in: Accounting Horizons 1991, S. 81-105.

BARTH, MARY E. (2000): Valuation-based accounting research: Implications for financial reporting and opportunities for future research, in: Accounting and Finance 2000, S. 7-31.

BARTH, MARY E./BEAVER, WILLIAM H./LANDSMAN, WAYNE R. (2001): The relevance of the value relevance literature for financial accounting standard setting: another view, in: Journal of Accounting and Economics 2001, S. 77-104.

BARTH, MARY E./CLINCH, GREG/SHIBANO, TOSHI (2003): Market Effects of Recognition and Disclosure, in: Journal of Accounting Research 2003, S. 581-609.

BARTH, MARY E./LANDSMAN, WAYNE R. (1995): Fundamental Issues Related to Using Fair Value Accounting for Financial Reporting, in: Accounting Horizons 1995, S. 97-107.

BAUMUNK, HENRIK (2005): Anlageimmobilien (IAS 40), in: WEBER, ERNST/ BAUMUNK, HENRIK (HRSG.) (2005): IFRS Immobilien, München 2005, S. 71-97.

BAUMUNK, HENRIK/BÖCKEM, HANNE/SCHURBOHM-EBNETH, ANNE (2002): Die Bilanzierung von Immobilien nach International Accounting Standards, in: GuG 2002, S. 354-361.

BEAVER, WILLIAM H./DEMSKI, JOEL (1979): The Nature of Income Measurement, in: The Accounting Review 1979, S. 38-46.

BEAVER, WILLIAM H. (1989): Financial Reporting: An Accounting Revolution, Englewood Cliffs 1989.

BECHMANN, ARNIM (1978): Nutzwertanalyse, Bewertungstheorie und Planung, Bern u.a. 1978.

BECK, MARTIN (2004): Bilanzierung von Investment Properties nach IAS 40, in: KoR 2004, S. 498-505.

BECK, MARTIN (2004a): Wertermittlung bei Immobilien, in: Richter, Frank/Timmreck, Christian (Hrsg.): Unternehmensbewertung: Moderne Instrumente und Lösungsnsätze, Stuttgart 2004, S. 343-365.

BECK, MICHAEL (2003): Die geeignete Benchmark für die Performance-Messung: Indices deutscher und europäischer Immobilien-AGs, in: Rehkugler, Heinz (Hrsg.): Die Immobilien-AG, Freiburg 2003.

BEHRENDT, WOLFGANG/BAUMUNK, HENRIK (2001): Discounted-Cash-Flow-Verfahren, Wie erhält man objektivierte Diskontierungszinssätze? Teil 1, in: Immobilien Zeitung 2001, Heft Nr. 12, S. 11.

BEHRENDT, WOLFGANG/BAUMUNK, HENRIK (2001a): Discounted-Cash-Flow-Verfahren, Wie erhält man objektivierte Diskontierungszinssätze? Teil 2, in: Immobilien Zeitung 2001, Heft Nr. 13, S. 10.

BEISSE, HEINRICH (1984): Zum Verhältnis von Bilanzrecht und Betriebswirtschaftslehre, in: StuW 1984, S. 1-14.

BERENS, WOLFGANG (1992): Beurteilung von Heuristiken : Neuorientierung und Vertiefung am Beispiel logistischer Probleme, Wiesbaden 1992.

BERNDT, THOMAS (2005): Wahrheits- und Fairnesskonzeptionen in der Rechnungslegung, Stuttgart 2005.

BEYHS, OLIVER (2002): Impairment of Assets, Frankfurt am Main 2002.

BIEKER, MARCUS (2006): Eine ökonomische Analyse des Fair Value Accounting, Frankfurt am Main u.a. 2006.

BIIS (2006): Arbeitskreis DCF-Verfahren: Marktwertkonformes DCF-Verfahren, Plausibilisierung von Marktwerten, Konzeptpapier vom 3.3.2006, Frankfurt am Main 2006.

BINDER, JOHANN/SIEBER, MARTIN/ANGST, JULES (1979): Verzerrungen bei postalischen Befragungen: das Problem der Nichtantworter, in: Zeitschrift für experimentelle und angewandte Psychologie 1979, S. 53-71.

BLAUFUS, KAY (2005): Fair Value Accounting, Wiesbaden 2005.

BMF (2006): Entwurf eines Gesetzes zur Schaffung deutscher Immobilien-Aktiengesellschaften mit börsennotierten Anteilen, Gesetzesentwurf der Bundesregierung, heruntergeladen unter: http://www.bundesfinanzministerium.de/lang_de/DE/Aktuelles/Aktuelle__Gesetze/Gesetzentwuerfe__Arbeitsfassungen/007__a,templateId=raw,property=publicationFile.pdf am 05.11.2006.

BODE, JÜRGEN (1997): Der Informationsbegriff in der Betriebswirtschaftslehre, in: zfbf 1997, S. 449-468.

BÖCKEM, HANNE/SCHURBOHM, ANNE (2002): Die Bilanzierung von Immobilien nach den International Accounting Standards, in: KoR 2002, S. 38-51.

BÖCKEM, HANNE/SCHURBOHM-EBNETH, ANNE (2003): Praktische Fragestellungen der Implementierung von IAS 40 - Als Finanzanlagen gehaltene Immobilien (investment properties), in: KoR 2003, S. 335-343.

BÖCKER, FRANZ (1986): Präferenzforschung als Mittel marktorientierter Unternehmensführung, in: zfbf 1986, S. 543-574.

BÖCKING, HANS-JOACHIM/LOPATTA, KERSTIN/RAUSCH, BENJAMIN (2005): Fair Value-Bewertung versus Anschaffungskostenprinzip - ein Paradigmenwechsel in der Rechnungslegung?, in: Bieg, Hartmut/ Heyd, Reinhard (Hrsg.): Fair Value, Bewertung in Rechnungswesen, Controlling und Finanzwirtschaft, München 2005, S. 93-105.

BÖRDLEIN, STEPHAN/PAUL, EDUARD (1999): Einflüsse supranationaler Entwicklungen auf die Immobilienbewertung in bilanzieller Sichtweise, in: Der langfristige Kredit 1999, S. 76-78.

BOGAJEWSKAJA, JANINA (2006): Exposure Draft des IASB zur Änderung des IAS 1 Presentation of Financial Statements, in: BB 2006, S. 1155-1159.

BONCZEK, WILLI (1978): Stadt und Boden, Hamburg 1978.

BONSE, ANDREAS (2004): Informationsgehalt von Konzernabschlüssen nach HGB, IAS und US-GAAP, Frankfurt am Main 2004.

BORTZ, JÜRGEN (2005): Statistik für Human- und Sozialwissenschaftler, 6. Aufl., Heidelberg 2005.

BORTZ, JÜRGEN/DÖRING, NICOLA (2003): Forschungsmethoden und Evaluation, 3. Aufl., Berlin u.a. 2003 (Nachdruck).

BRAND, EIKE (2000): Verfahrenskritik zum Discounted-Cash-Flow-Verfahren in der Grundstücksbewertung, in: Grundstücksmarkt und Grundstückwert 2000, S. 210-213.

BREALEY, RICHARD A./MYERS, STEWART C./ALLEN, FRANKLIN (2006): Corporate Finance, 8. Aufl., Boston u.a. 2005.

BRUGGER, WALTER (1981): Philosophisches Wörterbuch, 16. (nach der 14. neubearbeiteten) Aufl., Freiburg u.a. 1981.

BUCHHEIM, REGINE/GRÖNER, SUSANNE/KÜHNE, MAREIKE (2004): Übernahme von IAS/IFRS in Europa: Ablauf und Wirkung des Komitologieverfahrens auf die Rechnungslegung, in: BB 2004, S. 1783-1788.

BUHLEMANN, ULF (2006): Immobilien- und Portfoliobewertung für CMBS-Transaktionen, in: Immobilien & Finanzierung 2006, S. 324-325.

BUNGE, MARIO (1967): Scientific Research II. The Search for Truth, Berlin u.a. 1967.

C

CARMONE, FRANK J./GREEN, PAUL E./JAIN, ARUN K. (1978): The Robustness of Conjoint Analysis: Some Monte Carlo Results, in: Journal of Marketing Research 1978, S. 300-303.

CATTIN, PHILIPPE/BLIEMEL, FRIEDHELM (1978): Metric vs. Nonmetric Procedures for Multiattribute Modeling: Some Simulation Results, in: Decision Sciences 1978, S. 472-480.

CHAMBERS, RAYMOND J. (1966): Accounting, Evaluation and Economic Behaviour, Englewood Cliffs 1966.

CHMIELEWICZ, KLAUS (1994): Forschungskonzeptionen der Wirtschaftswissenschaft, 3. unveränderte Aufl., Stuttgart 1994.

CHRISTENSEN, JOHN A./DEMSKI, JOEL S. (2003): Accounting Theory, An Information Content Perspective, Boston u.a. 2003.

CHRISTIE, ANDREW (1992): An Analysis of the Properties of Fair (Market) Value Accounting, in: Lehn, Kenneth/Kamphuis, Robert W. Jr. (Hrsg.): Modernizing U.S. Securities Regulation, Burr Ridge u.a. 1992, S. 85-109.

CLARKSON, PETER/MATTESSICH, RICHARD (1992): A Review of Market Research in Financial Accounting, in: Mattessich, Richard (Hrsg.): Modern Accounting Research: History, Survey, and Guide, Vancouver 1992, S. 361-389.

COENENBERG, ADOLF (1971): Beurteilungskriterien unternehmensexterner Informationssysteme, in: Grochla, Erwin/Szyperski, Norbert (Hrsg.): Management-Informationssysteme. Eine Herausforderung an Forschung und Entwicklung, Wiesbaden 1971, S. 735-759.

COPELAND, THOMAS E./WESTON, J. FRED/SHASTRI, KULDEEP (2005): Financial Theory and Corporate Policy, 4. Aufl., Boston u.a. 2005.

CYERT, RICHARD M./MARCH, JAMES G. (1963): A Behavioral Theory of the Firm, Englewood Cliffs 1963.

D

DEMSKI, JOEL (1973): The General Impossibility of Normative Accounting Standards, in: The Accounting Review 1973, S. 718-723.

DETTMEIER, MICHAEL/PÖSCHKE, MORITZ (2006): IFRS und deutscher REIT - mögliche Stolpersteine für Gesetzgeber und Anwender, in: BB 2006, S. 1731-1736.

DEUTSCHE BUNDESBANK (2006): Monatsbericht April 2006, 58. Jg., Ausgabe Nr. 4, Frankfurt am Main, 2006, heruntergeladen unter http://www.bundesbank.de/download/volkswirtschaft/monatsberichte/2006/200604mb_bbk.pdf am 24.04.2006.

DEUTSCHE BUNDESBANK (2006a): Kapitalmarktstatistik Stand vom 24.4.2006, Frankfurt am Main, 2006, heruntergeladen unter http://www.bundesbank.de/stat/download/stat_urendite_ wpart.pdf am 24.04.2006.

DIETRICH, RICHARD J./HARRIS, MARY S./MULLER, KARL A. (2001): The reliability of investment property fair value estimates, in: Journal of Accounting and Economics 2001, S. 125-158.

DÖLLERER, GEORG (1959): Grundsätze ordnungsmäßiger Bilanzierung, deren Entstehung und Ermittlung, in: BB 1959, S. 1217-1221.

DÖRNER, DIETRICH (1979): Problemlösung als Informationsverarbeitung, Stuttgart u.a. 1979.

DOHRN, MATTHIAS (2004): Entscheidungsrelevanz des Fair Value-Accounting am Beispiel von IAS 39 und IAS 40, Lohmar u.a. 2004.

DORCHESTER, JOHN D./VELLA, JOSEPH J. (2000): Valuation and the Appraisal Institute in Global Economy: The European Initiative, in: The Appraisal Journal 2000, S. 72-85.

DRSC (2006): Stellungnahme des DRSC zum IASB Discussion Paper Preliminary Views on an improved Conceptual Framework for Financial Reporting: The Objective of Financial Reporting and Qualitative Characteristics of Decision-useful Financial Reporting Information, heruntergeladen unter: http://www.standardsetter.de/drsc/news/news.php am 11.11.2006.

DRUKARCZYK, JOCHEN (1993): Theorie und Politik der Finanzierung, 2. Aufl., München 1993.

DRUKARCZYK, JOCHEN (2003): Unternehmensbewertung, 4. Aufl., München 2003.

E

EAA (2006): Comment Letter Nr. 27, Proposed Amendments to IAS 1 Presentation of Financial Statements: A Revised Presentation submitted by the Financial Reporting Standards Committee of the European Accounting Association, July 2006, heruntergeladen unter: http://www.iasb.org/uploaded_files/documents/16_340_ CL27.doc am 30.09.2006.

E&G (2006): E&G-DIMAX, Stand 30.06.2006, heruntergeladen unter: http://www.privatbank.de/web/cmseug.nsf/0/527DEA480C58FCE5C1256FE3005279EE/$file/Zusammensetzung.pdf?OpenElement am 26.08.2006.

EMERY, DOUGLAS R./BARRON, F. HUTTON/MESSIER, WILLIAM F. (1982): Conjoint Measurement and the Analysis of Noisy Data: A Comment, in: Journal of Accounting Research 1982, S. 450-458.

ENGEL, RALF (2002): Das Aus für die DCF-Methode?, in: GuG 2002, S. 321-332.

ENGEL, RALF (2003): Ertragswertverfahren und DCF-Verfahren im Überblick, in: GuG 2003, S. 350-355.

ENGEL, RALF/BÄRWOLF, TIMO (2004): Inflation und Verkehrswert, in: GuG 2004, S. 273-277.

ENGEL, RALF/ESSELMANN, DIRK (2005): Der Einfluss der Modernisierungskosten auf Nutzungsdauer, Ertragswert und Immobilienrenditen; Herleitung einer Rendite-Risiko-Analyse (Teil 1), in: GuG 2005, S. 321-330.

ENGEL, RALF/ESSELMANN, DIRK (2006): Der Einfluss der Modernisierungskosten auf Nutzungsdauer, Ertragswert und Immobilienrenditen; Herleitung einer Rendite-Risiko-Analyse (Teil 2), in: GuG 2006, S. 10-14.

ENGEL-CIRIC, DEJAN (2001): Die Bewertung von Immobilien nach IAS 40, in: BC 2001, S. 125-128.

ENGEL-CIRIC, DEJAN (2002): Einschränkung der Aussagekraft des Jahresabschlusses nach IAS durch bilanzpolitische Spielräume, in: DStR 2002, S. 780-784.

ENGEL-CIRIC, DEJAN (2006): § 16 Als Finanzinvestitionen gehaltene Immobilien, in: Lüdenbach, Norbert/Hoffmann, Wolf-Dieter (Hrsg.): Haufe IFRS-Kommentar, 4. Aufl., Freiburg u.a. 2006, S. 633-673.

ENGELS, WOLFRAM (1962): Betriebswirtschaftliche Bewertungslehre im Licht der Entscheidungstheorie, Köln u.a. 1962.

EPRA (2006): Best Practices Policy Recommendations, January 2006, Schiphol, 2006, heruntergeladen unter http://www.epra.com/ media/EPRA_BPR_Jan_2006_ website.pdf am 27.01.2006.

ERLEI, MATHIAS/LESCHKE, MARTIN/SAUERLAND, DIRK (1999): Neue Institutionenökonomik, Stuttgart 1999.

EVANS, ALEC H./WERNER-EHRENFEUCHT, GÜNTHER (1994): Das »Monte-Carlo-Verfahren« bei der Bewertung von Entwicklungsprojekten, in: GuG 1994, S. 257-263.

EWERT, RALF (1986): Rechnungslegung, Gläubigerschutz und Agency-Probleme, Wiesbaden 1986.

EWERT, RALF (2006): Fair Value-Bewertung und Performancemessung, in: Börsig/Wagenhofer (Hrsg.): IFRS in Rechnungslegung und Controlling, Stuttgart 2006, S. 179-207.

EWERT, RALF/WAGENHOFER, ALFRED (2003): Aspekte ökonomischer Forschung in der Rechnungslegung und Anwendung auf Ausschüttungsbemessung und Unabhängigkeit des Prüfers, in: BFuP 2003, S. 603-622.

F

FARQUHAR, PETER H. (1984): Utility Assessment Methods, in: Management Science 1984, S. 1283-1201.

FASAC (2005): FASAC Meeting Handouts, June 21, 2005, Attachment C: International Convergence - STATUS and PLANS, heruntergeladen unter: http://www.fasb.org/fasac/fasac_06-21-05 _ handout.pdf am 19.09.2006.

FASB (2004): The FASB Report No. 378 (28. Dezember 2004), Norwalk/Connecticut, 2004, heruntergeladen unter http://www. fasb.org /articles&reports/a&r_2004.shtml am 10.02.2005.

FASB (2006): FASB Implications of Convergence, Vortrag von Mike Crooch in Frankfurt am Main im April 2006, heruntergeladen unter: http://www.iasb.org/uploaded_files/documents/16_265_Technical_ Update_Michael_Croochpresentation.pdf am 19.09.2006.

FASB (2006a): Project Update: Conceptual Framework - Joint project of the IASB and FASB, Last revisions: 1, November 2006, heruntergeladen unter http://www.fasb.org/project/conceptual_framework.shtml am 12.11.2006.

FEIGENBAUM, EDWARD A./FELDMAN, JULIAN (1963): Introduction, in: Feigenbaum, E. A./Feldman, Julian (Hrsg.): Computers and Thoughts, a collection of articles, New York u.a. 1963, S. 1-8.

FERNANDEZ, ELVIN (2005): Property Valuation For Company Balance Sheets, Following The Adoption of IFRS, Athen, 2005, heruntergeladen unter http://www.ivsc.org/pubs/papers/05fiabci.pdf am 02.02.2006.

FISCHER-WINKELMANN, WOLF F. (2006): „Weiterentwicklung“ der Grundsätze ordnungsmäßiger Unternehmensbewertung IDW S 1 = IDW ES 1 n. F., in: BFuP 2006, S. 158-179.

FREISLEBEN, NORBERT/LEIBFRIED, PETER (2004): Warum IAS/IFRS-Abschlüsse nicht (miteinander) vergleichbar sind, in: KoR 2004, S. 101-109.

FRENCH, NICK (2002): A Question of Value, A discussion of property pricing and definitions of value, Working Papers in Real Estate & Planning, The University of Reading, UK, 2002, heruntergeladen unter: http://www.reading.ac.uk/LM/LM/fulltxt/0802.pdf am 02.10.2006.

FRENCH, NICK (2003): The RICS valuation and appraisal standards, in: Journal of Property Investment & Finance 2003, S. 495-501.

FRENCH, NICK/GABRIELLI, LAURA (2005): Discounted cash flow: accounting for uncertainty, in: Journal of Property Investment and Finance 2005, S. 76-89.

FRIEß, RÜDIGER/KORMAIER, BENEDIKT (2004): Fair-Value-Ermittlung von Investment Properties mit Hilfe des Ertragswertverfahrens nach WertV?, in: DStR 2004, S. 2024-2028.

G

GANS, CHRISTIAN (1986): Betriebswirtschaftliche Prüfungen als heuristische Suchprozesse, Bergisch Gladbach u.a. 1986.

GDV (2006): Jahrbuch 2006 Die deutsche Versicherungswirtschaft, Berlin 2006, heruntergeladen unter: http://www.gdv.de/Downloads/ Jahrbuch/Jahrbuch_2006.pdf am 23.11.2006.

GEBHARDT, GÜNTHER (1980): Insolvenzprognosen aus aktienrechtlichen Jahresabschlüssen, Wiesbaden 1980.

GELHAUSEN, HANS-FRIEDRICH ET AL. (BEARB.) (2002): Adler/Düring/ Schmaltz, Rechnungslegung nach internationalen Standards, Loseblattsammlung, Stand nach der 1. Teillieferung, Stuttgart 2002.

GIF (2006): Standardisierung des DCF-Verfahrens, Wiesbaden 2006.

GONDRING, HANS-PETER (Hrsg.) (2004): Immobilienwirtschaft, Handbuch für Studium und Praxis, München 2004.

GOTTSCHALK, GÖTZ-JOACHIM (2003): Immobilienwertermittlung, 2. Aufl., München 2003.

GREEN, PAUL E./KRIEGER, ABBA M. (1993): Conjoint Analysis with Product-Positioning Applications, in: Eliashberg, J./Lilien, G.L. (Hrsg.): Marketing, Amsterdam u.a. 1993, S. 467-515.

GREEN, PAUL E./KRIEGER, ABBA M. (1996): Individualized Hybrid Models for Conjoint Analysis, in: Management Science 1996, S. 850-867.

GREEN, PAUL E./KRIEGER, ABBA M./AGARWAL, MANOJ K. (1993): A Cross Validation Test of Four Models for Quantifying Multiattribute Preferences, in: Marketing Letters 1993, S. 369-380.

GREEN, PAUL E./GOLDBERG, STEPHEN M./MONTEMAYOR, MILA (1981): A Hybrid Utility Estimation Model for Conjoint Analysis, in: Journal of Marketing 1981, S. 33-41.

GREEN, PAUL E./RAO, VITHALA R. (1971): Conjoint Measurement for Quantifying Judgemental Data, in: Journal of Marketing Research 1971, S. 355-363.

GREEN, PAUL E./SRINIVASAN, V. (1978): Conjoint Analysis in Consumer Research: Issues and Outlook, in: Journal of Consumer Research 1978, S. 103-123.

GREEN, PAUL E./SRINIVASAN, V. (1990): Conjoint Analysis in Marketing: New Developments with Implications for Research and Practice, in: Journal of Marketing 1990, S. 3-19.

GRÜNIG, RUDOLF/KÜHN, RICHARD (2004): Entscheidungsverfahren für komplexe Probleme, ein heuristischer Ansatz, Berlin u.a. 2004.

GUPTA, V. K./NIGAM, A. K./DEY, A. (1982): Orthogonal Main-Effect Plans for Asymmetric Factorials, in: Technometrics 1982, S. 135-137.

GWIN, CARL R./MAXAM, CLARK L. (2002): Why do real estate appraisals nearly always equal offer price?, in: Journal of Property Investment & Finance 2002, S. 242-253.

H

HAGEST, JOACHIM/KELLINGHUSEN, GEORG (1977): Zur Problematik der Prognoseprüfung und der Entwicklung von Grundsätzen ordnungsmäßiger Prognosebildung, in: WPg 1977, S. 405-415.

HAKANSSON, NILS H. (1981): On the Politics of Accounting Disclosure and Measurement: An Analysis of Economic Incentives, in: Journal of Accounting Research 1981, Supplement, S. 1-35.

HALLER, AXEL (1994): Grundlagen der externen Rechnungslegung in den USA: Unter besonderer Berücksichtigung der rechtlichen, institutionellen und theoretischen Rahmenbedingungen, 4. Aufl., Stuttgart 1994.

HALLER, AXEL (2000): Wesentliche Ziele und Merkmale US-amerikanischer Rechnungslegung, in: Ballwieser, Wolfgang (2000): US-amerikanische Rechnungslegung: Grundlagen und Vergleiche mit dem deutschen Recht, 4. Aufl., Stuttgart 2000.

HALLER, AXEL (2003): IFRS für alle Unternehmen - ein realisierbares Szenario in der europäischen Union? in: KoR 2003, S. 413-424.

HANSMANN, KARL-WERNER (1993): Prognose und Prognosemethoden, in: Wittmann, Waldemar et al. (Hrsg.): Handwörterbuch der Betriebswirtschaftslehre, 5. Aufl., Stuttgart 1993, Sp. 3546-3559.

HANUSHEK, ERIC A./JACKSON, JOHN E. (1977): Statistical Methods for Social Scientists, San Diego u.a. 1977.

HARTMANN, PETER (2006): Übers § 402 Beweis durch Sachverständige, in: Baumbach et al. (Hrsg.): Kommentar zur Zivilprozessordnung, 64. Aufl., München 2006.

HAUSER, JOHN R./URBAN, GLEN L. (1977): A Normative Methodology for Modelling Consumer Response to Innovation, in: Operation Research 1977, S. 579-619.

HAUSRUCKINGER, GERHARD/HERKER, ARNIM (1992): Die Konstruktion von Schätzdesigns für Conjoint-Analysen auf der Basis von Paarvergleichen, in: Marketing, Zeitschrift für Forschung und Praxis 1992, S. 99-110.

HAYN, SVEN (1994): Die International Accounting Standards (Teil 1), in: WPg 1994, S. 713-721.

HEIN, JOACHIM A. (2002): Präferenzmessung von Anlegern : Verfahren der Entscheidungsunterstützung im Portfolio-Management und in der Anlageberatung, Frankfurt am Main u.a. 2002.

HEINTGES, SEBASTIAN (2005): Bilanzkultur und Bilanzpolitik in den USA und in Deutschland, 3. Aufl., Sternenfels 2005.

HEINTGES, SEBASTIAN (2006): Entwicklungen der Rechnungslegung nach internationalen Vorschriften - Konsequenzen für deutsche Unternehmen, in: DB 2006, S. 1569-1576.

HELM, FRANK (2001): Investment Properties - Implikationen für die Rechnungslegung -, Bamberg 2001.

HELMSCHROTT, HARALD (2001): Die Anwendung von IAS 40 (investment property) auf Immobilien-Leasingobjekte, DB 2001, S. 2457-2459.

HEMPEL, CARL G. (1977): Aspekte wissenschaftlicher Erklärung, Berlin u.a. 1977.

HEMPEL, CARL G./OPPENHEIM, PAUL (1948): Studies in the Logic of Explanation, in: Philosophy of Science 1948, S. 135-175.

HENDRICKS, WALTER A. (1949): Adjustment for Bias Caused by Non-Response in Mailed Surveys, in: Agricultural Economics Research, 1949, S. 52-56.

HENNRICHS, JOACHIM (2005): Zur normativen Reichweite der IFRS* - Zugleich Anmerkungen zu den Urteilen des EuGH und FG Hamburg in der Rechtssache „BIAO“, in: NZG 2005, S. 783-787.

HENSEL-BÖRNER, SUSANNE/SATTLER, HENRIK (2000): Ein empirischer Validitätsvergleich zwischen der Customized Computerized Conjoint Analysis (CCC), der Adaptive Conjoint Analysis (ACA) und Self-Explicated-Verfahren, in: ZfB 2000, S. 705-727.

Heuser, Paul J./Theile, Carsten (2005): IAS/IFRS Handbuch, 2. Aufl., Köln 2005.

HINRICHS, KARSTEN/SCHULTZ, ECKHARD (2003): Das Discounted Cash-Flow-Verfahren in der Praxis, in: GuG 2003, S. 265-272.

HIRSHLEIFER, JACK/RILEY, JOHN G. (1992): The analytics of uncertainty and information, Cambridge 1992.

HIRST, ERIC D./HOPKINS, PATRICK E. (1998): Comprehensive Income Reporting and Analysts' Valuation Judgements, in: Journal of Accounting Research 1998, Supplement, S. 47-75.

HIRST, ERIC D./KOONCE, LISA/MILLER, JEFFREY (1999): The Joint Effect of Management's Prior Forecast Accuracy and the Form of Its Financial Forecasts on Investor Judgement, in: Journal of Accounting Research 1999, S. 101-124.

HIRST, ERIC D./KOONCE, LISA/SIMKO, PAUL J. (1995): Investor Reactions to Financial Analysts' Research Reports, in: Journal of Accounting Research 1995, S. 335-351.

HITZ, JÖRG-MARKUS (2005): Rechnungslegung zum Fair Value, Konzeption und Entscheidungsnützlichkeit, Franfurt am Main 2005.

HITZ, JÖRG-MARKUS (2006): SFAS 15X, Fair Value Measurements - Zur Fortentwicklung der Fair Value-Konzeption in der kapitalmarktorientierten Rechnungslegung, in: KoR 2006, S. 357-369.

HITZ, JÖRG-MARKUS/KUHNER, CHRISTOPH (2000): Erweiterung des US-amerikanischen conceptual framework um Grundsätze der Barwertermittlung, in: WPg 2000, S. 889-902.

HÖK, GÖTZ-SEBASTIAN (2002): Discounted Cash Flow-Verfahren in Frankreich, in: GuG 2002, S. 284-285.

HOLTHAUSEN, ROBERT W./WATTS, ROSS L. (2001): The relevance of the value-relevance literature for financial accounting standard setting, in: Journal of Accounting & Economics 2001, S. 3-75.

HOMBURG, CHRISTIAN/PFLESSER, CHRISTIAN (2000): Konfirmatorische Faktorenanalyse, in: Herrmann, Andreas/Homburg, Christian (Hrsg.): Marktforschung: Methoden, Anwendungen, Praxisbeispiele, 2. Aufl., Wiesbaden 2000, S. 413-437.

HOMMEL, MICHAEL (1998): Bilanzierung immaterieller Anlagewerte, Stuttgart 1998.

HOMMEL, MICHAEL/SCHMIDT, REINHARD/WÜSTEMANN, JENS (2004): Adolf Moxter und die Grundsätze ordnungsgemäßer Rechnungslegung - Kontinuität und Zukunft eines Forschungsleitbildes -, in: WPg 2004, Sonderheft, S. S84-S98.

HUBER, JOEL (1975): Predicting preferences on Experimental Bundles of Attributes: A Comparison of Models, in: Journal of Marketing Research 1975, S. 290-297.

HUTCHINSON, NORMAN/NANTHAKUMARN, NANDA (2000): The calculation of investment worth, in: Journal of Property Investment & Finance 2000, S. 33-51.

HÜTTNER, MANFRED/SCHWARTING, ULF (2000): Exploratorische Faktorenanalyse, in: Herrmann, Andreas/Homburg, Christian (Hrsg.): Marktforschung: Methoden, Anwendungen, Praxisbeispiele, 2. Aufl., Wiesbaden 2000, S. 381-411.

HULLE, KAREL VAN (2003): Von den Bilanzrichtlinien zu International Accounting Standards, in: WPg 2003, S. 968-981.

I

IASB (2002): Statement of Sir David Tweedie Chairman International Accounting Standards Board before the Committee on Housing and Urban Affairs of the United States Senate, Washington, D.C., February 14, 2002, heruntergeladen unter http://www.iasb.org/NR/rdonlyres/D411E45B-8704-41E5-B48C-F4CB266B5160/0/TweedieFebruary2002.pdf am 06.05.2004.

IASB (2005): IASB Update June 2005, London 2005.

IASB (2005a): Discussion Paper: Measurement Bases for Financial Accounting – Measurement on Initial Recognition, Main Paper, London 2005.

IASB (2006): Discussion Paper: Preliminary Views on an improved Conceptual Framework for Financial Reporting, London 2006.

IASB (2006a): IASB Update September 2006, London 2006.

IASB (2006b): Discussion Paper Fair Value Measurements, Part 1: Invitation to Comment, London 2006, heruntergeladen unter: http://www.iasb.org/NR/rdonlyres/6C8AF291-EB14-4034-84F1-54305F72024D/0/DDFairValue.pdf am 11.12.2006.

IASB (2006c): Discussion Paper Fair Value Measurements, Part 2: SFAS 157 Fair Value Measurements, London 2006, heruntergeladen unter: http://www.iasb.org/NR/rdonlyres/5D20E453-26D3-4E0A-AB08-FC391917FD89/0/DDFairValue2.pdf am 11.12.2006.

IASB (2006d): Information for Observers, Board Meeting of 17 October 2006, Project: Annual Improvement Project, London 2006, heruntergeladen unter: http://www.iasb.org/NR/rdonlyres/994A8E5 B-157E-4441-AACC-CF731CFFFA5/0/AIP0610ob18a.pdf am 06.12.2006.

ICAS (2006): Principle-Based or Rules-Based Accounting Standards? A Question of Judgement, A Review of the Professional, Academic and Regulatory Literature, Edinburgh 2006, heruntergeladen unter: http://www.icas.org.uk/site/cms/download/rs_PVR_Literature_Review_PW.pdf am 30.10.2006.

ICAS (2006a): Principles not Rules: A Question of Judgement, Edinburgh, 2006, heruntergeladen unter: http://www.icas.org.uk/site/cms/download/rs_Principles_v_ Rules.pdf am 30.10.2006.

IDW (1999): Stellungnahme des IDW zu E64: Investment Properties, in: IDW-Fachnachrichten 1999, S. 553-558.

IDW (2006): IDW Stellungnahme: Discussion Paper- Preliminary Views on an improved Conceptual Framework for Financial Reporting: The Objective of Financial Reporting and Qualitative Characteristics of Decision-useful Financial Reporting Information, in: WPg 2006, S. 1474-1478.

IFD (2006): Einführung eines deutschen REIT („German REIT“, „G-REIT“), Abschlussbericht und Empfehlung der IFD, Frankfurt am Main 2005, heruntergeladen unter: http://www.finanzstandort.de/BaseCMP/documents/5000/IFD_REIT_Abschluss bericht _de.pdf am 30.09.2006.

IMBODEN, CARLO/LEIBUNDGUT, ANDRES/SIEGENTHALER, PETER (1978): Klassifikation heuristischer Prinzipien, in: Die Unternehmung 1978, S. 295-330.

ISENHÖFER, BJÖRN/VÄTH, ARNO/HOFMANN, PHILIP (2005): Immobilienanalyse, in: Schulte, Karl-Werner et al. (Hrsg.): Immobilienökonomie - Betriebswirtschaftliche Grundlagen -, 3. Aufl., München u.a., 2005, S. 391-451.

IVD (Hrsg.) (2006): "Empfehlungen für Liegenschaftszinssätze" des „Fachreferates Sachverständige“ im Immobilienverband Deutschland e. V. (IVD), 2006, heruntergeladen unter http://www. ivd.net/html/0/165/rubrik/433.html am 24.4.2006.

IVSC (1999): Comments by the International Valuation Standards Committee on Proposed International Accounting Standard Investment Property, Exposure Draft E64, London, 1999, heruntergeladen unter http://www.iasb.org.uk/docs/e64/cl22.pdf am 25.1.2006.

IVSC (2000): Global Valuation Issues December 2000 Newsletter, London, 2000, heruntergeladen unter http://www.ivsc.org/pubs/gvi/0012.pdf am 02.02.2006.

IVSC (2005): Introduction, in: IVSC (Hrsg.): International Valuation Standards, 7. Aufl., London 2005, S. 1-17.

IVSC (2005a): General Valuation Concepts and Principles, in: IVSC (Hrsg.): International Valuation Standards, 7. Aufl., London 2005, S. 19-35.

IVSC (2006): Memorandum of Understanding Between The International Valuation Standards Committee and The Appraisal Foundation, "The Madison Agreement", Washington, 2006, heruntergeladen unter: http://www.ivsc.org/pubs/misc/madison_ agreement.pdf am 03.10.2006.

IVSC (2006a): Exposure Draft of Proposed Revised International Valuation Standard 2-Bases Other Than Market Value, Washington, 2006, heruntergeladen unter: http://www.ivsc.org/news/2006/0601nr.pdf am 03.10.2006.

IVSC (2006b): IVSC e-News Issue 4, April 2006, herunter geladen unter: http:// www.ivsc.org/ pubs/enews/0604.pdf am 03.10.2006.

IVSC (2006c): IVSC e-News Issue 7, Oct 2006, heruntergeladen unter: http:// www.ivsc.org/pubs/enews/0610.pdf am 03.11.2006.

J

JAIN, ARUN R. ET AL. (1979): A Comparison of Internal Validity of Alternative Parameter Estimation Methods in Decompositional Multiattribute Preference Models, in: Journal of Marketing Research 1979, S. 313-322.

JANSSEN, OLIVER (2002): Monte-Carlo-Simulationen verbessern die Bewertungsqualität von Immobilien, in: GuG 2002, S. 37-43.

JELLINEK, WALTER (1966): Verwaltungsrecht, unveränderter Neudruck der 3. Aufl. von 1931, Bad Homburg v. d. Höhe u.a. 1966.

JENSEN, MICHAEL C./MECKLING, WILLIAM H. (1976): Theory of the Firm: Managerial Behavior, Agency Costs and Ownership Structure, in: Journal of Financial Economics 1976, S. 305-360.

JENSEN, MICHAEL C. (1983): Organization Theory and Methodology, in: The Accounting Review 1983, S. 319-339.

JOERIS, DAGMAR/SIMON, JÜRGEN (2005): Die Wertermittlung für Zwecke der Beleihung, Zwangsversteigerung und Versicherung, in: SIMON, JÜRGEN ET AL. (2005): Schätzung und Ermittlung von Grundstückswerten, 8. Aufl., Neuwied 2005, S. 605-610.

JOHNSON, TONY/DAVIES, KEITH/SHAPIRO, ERIC (2000): Modern Methods of Valuation of Land, Houses and Buildings, 9. Aufl., London 2000.

JONAS, MARTIN (1995): Unternehmensbewertung: Zur Anwendung der Discounted Cash-flow-Methode in Deutschland, in: BFuP 1995, S. 83-98

JONES, JEFFERSON P. (1999): Present Value-Based Measurement and Fair Value, in: The CPA Journal 1999, S. 28-33.

JOSLIN, ALEXANDER (2005): An investigation into the expression of uncertainty in property valuations, in: Journal of Property Investment & Finance 2005, S. 269-285.

K

KAHLE, HOLGER (2002): Informationsversorgung des Kapitalmarkts über internationale Rechnungslegungsstandards, in: KoR 2002, S. 95-107.

KAHLE, HOLGER (2002a): Bilanzieller Gläubigerschutz und internationale Rechnungslegungs-standards, in: ZfB 2002, S. 695-711.

KAMPMANN, HELGA/SCHWEDLER, KRISTINA (2006): Zum Entwurf eines gemeinsamen Rahmenkonzepts von FASB und IASB, in: KoR 2006, S. 521-530.

KATTE, HANS HERMANN ET AL. (2001): Bewertungssysteme für große Immobilienbestände, in: GuG 2001, S. 1-11.

KEITZ, ISABEL VON (2005): Praxis der IASB-Rechnungslegung, Best practice von 100 IFRS-Anwendern, 2. Aufl., Stuttgart 2005.

KERKHOFF, GUIDO/DIEHM, SVEN (2005): Performance Reporting: Konzepte und Tendenzen im kommenden FASB-/IASB-Standard, in: KoR 2005, S. 342-350.

KESSLER, HARALD (2005): Ist der Fair Value fair?, in: Bieg, Hartmut/Heyd, Reinhard (Hrsg.): Fair Value, Bewertung in Rechnungswesen, Controlling und Finanzwirtschaft, München, 2005, S. 57-81.

KIESO, DONALD E./WEYGANDT, JERRY J./WARFIELD, TERRY D. (2004): Intermediate Accounting, 11. Aufl., New York u.a. 2004.

KIRSCHENHEITER, MICHAEL (1997): Information Quality and Correlated Signals, in: Journal of Accounting Research 1997, S. 43-59.

KIVLIN, JOSEPH E. (1965): Contributions to the Study of Mail-Back Bias, in: Rural Sociology 1965, S. 322-326.

KLEEKÄMPER, HEINZ/KUHLEWIND, ANDREAS-MARKUS/ALVAREZ, MANUEL (2002): Kapitel I: Ziele, Organisation, Entwicklung und Bedeutung des IASB, in: Baetge, Jörg et al. (Hrsg.): Rechnungslegung nach IFRS, Kommentar auf Grundlage des deutschen Bilanzrechts, 2. Aufl., Loseblattsammlung, Stand nach der 2. Teillieferung, Stuttgart 2002, S. 1-53.

KLEIBER, WOLFGANG (2000): Die »europäischen Bewertungsstandards« des Blauen Buchs, in: GuG 2000, S. 321-329.

KLEIBER, WOLFGANG (2004): Was sind eigentlich die sog. internationalen Bewertungsverfahren?, in: GuG 2004, S. 193-207.

KLEIBER, WOLFGANG (2006): Nachhaltige Einnahmen und Ausgaben, in: GuG 2006, S. 25-32.

KLEIBER, WOLFGANG/SIMON, JÜRGEN/WEYERS, GUSTAV (2002): Verkehrswertermittlung von Grundstücken, 4. Aufl., Köln 2002.

KLEIN, GABRIELE (2003): Internationale Rechnungslegung und Konzernabschluss : Entwicklung eines Sollkonzepts für den zukünftigen Standardsetzungsprozess, Wiesbaden 2003.

KLEIN, HEINZ KARL (1971): Heuristische Entscheidungsmodelle; Neue Techniken des Programmierens und Entscheidens für das Management, Wiesbaden 1971.

KLEIN, MARKUS (2002): Die Conjoint-Analyse, Eine Einführung in das Verfahren mit einem Ausblick auf mögliche sozialwissenschaftliche Anwendungen, in: Zentralarchiv für Empirische Sozialforschung, Universität zu Köln: ZA-Information, Nr. 50, Köln 2002, S. 7-45.

KLEY, LUDWIG (2001): Die Fair Value-Bilanzierung in der Rechnungslegung nach den International Accounting Standards (IAS), in: DB 2001, S. 2257-2262.

KORMAIER, BENEDIKT (2006): Eignung des Income Capitalisation Model zur Fair Value-Ermittlung von Investment Properties nach IAS 40, in: KoR 2006, S. 378-385.

KOTHARI, S. P. (2001): Capital markets research in accounting, in: Journal of Accounting & Economics 2001, S. 105-231.

KRIEG, PETER (2005): IFRS-Umstellung insbesondere bezüglich der Immobilien bei der Fraport AG Frankfurt Airport Services Worldwide, in: WEBER, ERNST/BAUMUNK, HENRIK (HRSG.) (2005): IFRS Immobilien, München, Unterschleißheim 2005, S. 308-312.

KRÖNERT, BJÖRN (2001): Grundsätze informationsorientierter Rechnungslegung, eine Untersuchung über die Erfüllung der Informationsfunktion von Jahresabschlüssen durch die US-GAAP, Sternenfels 2001.

KRUSKAL, JOHN B. (1965): Analysis of Factorial Experiments by Estimating Monotone Transformations of the Data, in: Journal of the Royal Statistical Society, Series B 1965, S. 251-263.

KRUSCHWITZ, LUTZ (2004): Finanzierung und Investition, 4. Aufl., München 2004.

KRUSCHWITZ, LUTZ/FISCHER, JOACHIM (1981): Heuristische Lösungsverfahren, in: WiSt – Wirtschaftswissenschaftliches Studium 1981, S. 449-458.

KRUSCHWITZ, LUTZ/LÖFFLER, ANDREAS (2006): Discounted cash flow, Chichester u.a. 2006.

KÜMMEL, JENS (2002): Grundsätze für die Fair Value-Ermittlung mit Barwertkalkülen, Düsseldorf 2002.

KÜMPEL, THOMAS (2002): Die Anschaffungs- und Herstellungskosten als ursprüngliche Bewertungsmaßstäbe für Vermögenswerte nach IAS, in: bilanz & buchhaltung 2002, S. 130-134.

KÜMPEL, THOMAS/BECKER, MICHAEL (2006): Besonderheiten bei der Klassifizierung von Immobilien-Leasingverhältnissen im IFRS-Regelwerk, in: PiR 2006, S. 81-86.

KÜTING, KARLHEINZ/DAWO, SASCHA (2003): Anwendungsfälle der fair-value-Bewertung bei nicht finanziellen Vermögenswerten im Rahmen der International Financial Reporting Standards (IFRS), in: KoR 2003, S. 228-241.

KÜTING, KARLHEINZ/RANKER, DANIEL (2004): Tendenzen zur Auslegung der endorsed IFRS als sekundäres Gemeinschaftsrecht, in: BB 2004, S. 2510-2515.

KÜTING, KARLHEINZ/TRAPPMANN, HELMUT/KEßLER, MARCO (2006): Die Eignung von Bodenrichtwerten zur Ausfüllung der bilanziellen Bewertungsmaßstäbe bei Grundstücken nach HGB und IFRS, in: DB 2006, S. 1853-1861.

KUHLEWIND, ANDREAS-MARKUS (1997): Grundlagen einer Bilanzrechtstheorie in den USA, Frankfurt am Main u.a. 1997.

KUHNER, CHRISTOPH (2001): Das Spannungsverhältnis zwischen Einzelfallgerechtigkeit und Willkürfreiheit - im Recht und in der Rechnungslegung, in: BFuP 2001, S. 523-542.

KUHNER, CHRISTOPH (2004): Auf dem Weg zur Prinzipienbasierung der kapitalmarktorientierten Rechnungslegung? - Einige Anmerkungen zum aktuellen Diskussionsstand -, in: WPg 2004, S. 261-271.

L

LANGE, CHRISTOPH (1989): Jahresabschlußinformationen und Unternehmensbeurteilung, Stuttgart 1989.

LARENZ, KARL (1991): Methodenlehre der Rechtswissenschaft, 6. Aufl., Berlin u.a. 1991.

LEE, CHARLES M.C (2001): Market efficiency and accounting research: a discussion of 'capital market research in accounting' by S.P. Kothari, in: Journal of Accounting & Economics 2001, S. 233-253.

LEFFSON, ULRICH (1987): Die Grundsätze ordnungsmäßiger Buchführung, 7. Aufl., Düsseldorf 1987.

LEFFSON, ULRICH/MEYER ZU LÖSEBECK, HEINRICH (1992): Revision, begriffliche Abgrenzung, in: Coenenberg, Adolf G./Wysocki, Klaus von (Hrsg.): Handwörterbuch der Revision, 2. Auf., Stuttgart 1992, S. 1638-1653.

LEINEMANN, MARTIN (2004): Immobilienbewertung nach IAS/IFRS zu beizulegenden Zeitwerten: Eine Option für den deutschen Mittelstand, in: UM 2004, S. 255-263.

LENZ, HANSRUDI/BAUER, MICHAEL (2002): Die Durchsetzung von Rechnungslegungsnormen bei kapitalmarktorientierten Unternehmen, in: BFuP 2002, S. 246-262.

LEOPOLDSBERGER, GERRIT (1996): Pauschale Bewertungsverfahren für Immobilienmassenbestände, in: GuG 1996, S. 88-91.

LEOPOLDSBERGER, GERRIT/KIEFFER, HAGER (2000): Besonderheiten der Bewertung von Wohnimmobilienportfolios, in: Der Langfristige Kredit 2000, S. 790-799.

LEOPOLDSBERGER, GERRIT/SAFFRAN, PETRA (2005): Bewertung von Immobilien, in: Schulte, Karl-Werner/Bone-Winkel, Stephan/Thomas, Matthias (Hrsg.): Handbuch Immobilien-Investition, 2. Aufl., Köln 2005, S. 429-459.

LEOPOLDSBERGER, GERRIT/THOMAS, MATTHIAS/NAUBEREIT, PHILIPP (2005): Immobilienbewertung, in: Schulte, Karl-Werner et al. (Hrsg.): Immobilienökonomie - Betriebswirtschaftliche Grundlagen-, 3. Aufl., München u.a. 2005, 453-527.

LINTNER, JOHN (1965): The Valuation of Risk Assets and the Selection of Risky Investments in Stock Portfolios and Capital Budgets, in: Review of Economics & Statistics 1965, S. 13-37.

LOIPFINGER, STEFAN (2006): Beispiel grundbesitz-invest: Wie unabhängig sind Sachverständige? in: masterplan news, 2006, S. 1, heruntergeladen unter: https://club.masterplan.de/mp/printnews.mp am 16.01.2006.

LORENZ, DAVID/TRÜCK, STEFAN/LÜTZKENDORF, THOMAS (2006): Adressing risk and uncertainty in property valuations: a viewpoint from Germany, in: Journal of Property Investment and Finance 2006, S. 400-433.

LORSON, PETER (2005): Der Fair Value im System der Wertbegriffe nach IAS/IFRS und US-GAAP, in: Bieg, Hartmut/Bieg, Reinhard (Hrsg.): Fair Value, Bewertung im Rechnungswesen, Controlling und Finanzwirtschaft, München 2005, S. 3-36.

LÜDENBACH, NORBERT (2006): § 2 Darstellung des Abschlusses, in: Lüdenbach, Norbert/ Hoffmann, Wolf-Dieter (Hrsg.): Haufe IFRS-Kommentar, 4. Aufl., Freiburg u.a. 2006, S. 81-118.

LÜDENBACH, NORBERT/FREIBERG, JENS (2006): Zweifelhafter Objektivierungsbeitrag des Fair Value Measurement-Projekts für die IFRS-Bilanz, in: KoR 2006, S. 437-445.

LÜDENBACH, NORBERT/HOFFMANN, WOLF-DIETER (2003): Imparitätische Wahrscheinlichkeit - Zukunftswerte im IAS-Regelwerk, in: KoR 2003, S. 5-14.

LÜDENBACH, NORBERT/HOFFMANN, WOLF-DIETER (2003a): Vom Principle-based zum Objective-oriented Accounting, in: KoR 2003, S. 387-398.

LÜDENBACH, NORBERT/HOFFMANN, WOLF-DIETER (2006): § 1 Rahmenkonzept (Framework), in: Lüdenbach, Norbert/Hoffmann, Wolf-Dieter (Hrsg.): Haufe IFRS-Kommentar, 4. Aufl., Freiburg u.a. 2006, S. 25-79.

M

MACKMIN, DAVID/EMARY, RICHARD (2000): The assessment of worth: the need for standards, in: Journal of Property Investment & Finance 2000, S. 52-65.

MAG, WOLFGANG (1977): Entscheidung und Information, München, 1977.

MAINES, LAUREEN A./MCDANIEL, LINDA S. (2000): Effects of Comprehensive-Income Characteristics on Nonprofessional Investors' Judgements: The Role of Financial-Statement Presentation Format, in: The Accounting Review 2000, S. 179-207.

MANDL, GERWALD/RABEL, KLAUS (1997): Unternehmensbewertung, Wien 1997.

MARCH, JAMES G./SIMON, H. A. (1958): Organizations, New York u.a. 1958.

MARTEN, KAI-UWE/QUICK, RAINER/RUHNKE, KLAUS (2006): Lexikon der Wirtschaftsprüfung, Nach nationalen und internationalen Normen, Stuttgart 2006.

MATSCHKE, MANFRED JÜRGEN/BRÖSEL, GERRIT (2005): Unternehmensbewertung, Wiesbaden 2005.

MAYER-WEGELIN, EBERHARD (2006): Kriterien der Wesentlichkeit bei den Entscheidungen im Enforcement, in: BB 2006, Special zu Heft Nr. 17, S. 8-14.

McPARLAND, CLARE/ADAIR, ALASTAIR/MCGREAL, STANLEY (2002): Valuation standards, A comparison of four European countries, in: Journal of Property Investment & Finance 2002, S. 127-141.

MEEK, GARY K. (2000): Vereinigte Staaten von Amerika, in: Haller, Axel/Raffournier, Bernard/Walton, Peter (2000) (Hrsg.): Unternehmenspublizität im internationalen Wettbewerb, Stuttgart 2000, S. 153-203.

MÉNARD, CLAUDE/SHIRLEY, MARY M. (2005): Introduction, in: Ménard, Claude/Shirley, Mary M. (Hrsg.): Handbook of New Institutional Economics, Berlin u.a. 2005, S. 1-18.

MESSIER, WILLIAM F./EMERY, DOUGLAS R. (1980): Some Cautionary Notes on the Use of Conjoint Measurement for Human Judgement Modeling, in: Decision Sciences 1980, S. 678-690.

MEYER, MARCO (2005): Unternehmenswertorientierte Berichterstattung auf Basis der IAS-IFRS, Wiesbaden 2005.

MILLER, PAUL B. W. (1985): The Conceptual Framework: Myths and Realities, in: Journal of Accountancy 1985, March, S. 62-71.

MINSKY, MARVIN (1961): Steps Toward Artificial Intelligence, in: Proceedings of the Institute of Radio Engineers, Heft January, 49. Jg., 1961, S. 8-30; zitiert nach dem Wiederabdruck in: Feigenbaum, Edward A./Feldman, Julian (Hrsg.): Computer and Thought, New York u.a. 1963, S. 406-450.

M. M. WARBURG & CO (2006): REITs in Deutschland, Update, Aktien Research Deutschland, 2006, Hamburg, heruntergeladen unter: http://reits-in-deutschland.de/fileadmin/templates/pdf/M.M.Warburg_REITs-Studie.pdf am 01.11.2006.

MÖLLER, KLAUS-W. (1995): Liegenschaftszinssätze, in: GuG 1995, S. 346-347.

MOERSCH, MATHIAS (2006): Sind börsennotierte Immobilien wirklich Immobilien?, in: Immobilien & Finanzierung 2006, S. 506-508.

MOSSIN, JAN (1966): Equilibrium in a Capital Asset Market, in: Econometrica 1966, S. 768-783.

MOXTER, ADOLF (1983): Grundsätze ordnungsmäßiger Unternehmensbewertung, 2. Aufl., Wiesbaden 1983 (unveränderter Nachdruck 1991).

MOXTER, ADOLF (1983a): Bedeutung und Methodik betriebswirtschaftlicher Gewinnermittlung, in: DB 1983, S. 133-134.

MOXTER, ADOLF (2003): Grundsätze ordnungsmäßiger Rechnungslegung, Düsseldorf 2003.

MOZES, HAIM (1992): A Framework for Normative Accounting Research, in: Journal of Accounting Literature 1992, S. 93-120.

MÜLLER-MERBACH, HEINER (1981): Heuristics and their design: a survey, in: European Journal of Operational Research 1981, S. 1-23.

MUJKANOVIC, ROBIN (2002): Fair Value im Financial Statement nach international accounting standards, Stuttgart 2002.

MÜLLER, STEFAN/KESSELMANN, PETER (1994): Die Preisbereitschaft von Konsumenten bei umweltfreundlich verpackten Produkten, in: zfbf 1994, S. 260-278.

MULLER, KARL A./RIEDL, EDWARD J. (2002): External Monitoring of Property Appraisal Estimates and Information Asymmetry, in: Journal of Accounting Research 2002, S. 865-881.

MÜNCHEHOFEL, MICHAEL/SPRINGER, ULRICH (2004): Verkehrswertermittlung ohne Gutachterausschuss, in: GuG 2004, S. 208-212.

MÜNCHEHOFEL, MICHAEL/SPRINGER, ULRICH (2004a): Der Risikobezogene Ansatz der Immobilienbewertung (»RO-Verfahren«), in: GuG 2004, S. 257-263.

MUNCKE, G./DZIOMBA, M./WALTHER, M. (2002): Standort- und Marktanalysen in der Immobilienwirtschaft, in: Schulte, Karl-Werner/Bone-Winkel, Stephan (Hrsg.): Handbuch Immobilien-Projektentwicklung, 2. Aufl., Köln 2002, 129-200.

N

NAUMANN, KLAUS-PETER/BREKER, NORBERT (2003), Bewertungsprinzipien für die Rechnungslegung nach HGB, Bilanzsteuerrecht und IAS/IFRS, in: v. Wysocki, Klaus/Schulze-Osterloh, Joachim/ Hennrichs, Joachim (Hrsg.): Handbuch des Jahresabschlusses in Einzeldarstellungen (HdJ), 2. Aufl., Loseblattsammlung, Stand nach der 32. Ergänzungslieferung, Köln u.a. 2003, Abt. I/7.

O

OBERMAIER, ROBERT (2005): Unternehmensbewertung, Basiszinssatz und Zinsstruktur, Kapitalmarktorientierte Bestimmung des risikolosen Basiszinssatzes bei nicht-flacher Zinsstruktur, in: Regensburger Diskussionsbeiträge zur Wirtschaftswissenschaft, Nr. 408, Regensburg 2005, heruntergeladen unter: http://www.opus-bayern.de/uni-regensburg/volltexte/2005/599/pdf/RDB_408_Basiszinssatz.pdf am 15.10.2006.

OLBRICH, MICHAEL (2003): Zur Bilanzierung von als Finanzinvestition gehaltenen Immobilien nach IAS 40, in: BFuP 2003, S. 346-357.

OLBRICH, MICHAEL (2006): Nochmals: Zur Fragwürdigkeit eines wertorientierten Controllings auf Basis von IAS 36, in: KoR 2006, S. 685-687.

OTT, RICHARD/LENZEN, ACHIM (2004): Anforderungen an eine Software für die Risikoanalyse, in: Immobilien & Finanzierung 2004, S. 799-801.

o.V. (2005): Verbändeklage gegen IVD eingereicht, in: IZ aktuell vom 15.12.2005, Email-Newletter 2005.

o.V. (2006): Wehe, wenn aus "Papiergewinnen" Verluste werden!, in: IZ 2006, Ausgabe Nr. 15, S. 7.

P

PAREDES, TROY A. (2003): Blinded by the Light: Information Overload and its Consequences for Securities Regulation, in: Washington University Law Quarterly 2003, S. 417-485.

PAUL, EDUARD (2001): Immobilienbewertung in Europa - Wertlehren, Definitionen und Verfahren, in: Gondring, Hanspeter/Lammel, Eckard (Hrsg.): Handbuch Immobilienwirtschaft, Wiesbaden 2001, S. 611-636.

PAUL, EDUARD (2005): Bewertung von Unternehmensimmobilien, in: Peemöller, Volker (Hrsg.): Praxishandbuch der Unternehmensbewertung, 3. Aufl., Herne u.a. 2005, S. 548-594.

PELLENS, BERNHARD (1989): Der Informationswert von Konzernabschlüssen : eine empirische Untersuchung deutscher Börsengesellschaften, Wiesbaden 1989.

PELLENS, BERNHARD/FÜLBIER, ROLF UWE/GASSEN, JOACHIM (2006): Internationale Rechnungslegung, 6. Aufl., Stuttgart 2006.

PERLET, HELMUT (2003): Fair Value-Bilanzierung bei Versicherungsunternehmen, in: BFuP 2003, S. 441-456.

PETERSEN, HAUKE (2006): DCF-Prognoseverfahren oder Verkehrswertermittlungsmethode, in: GuG 2006, S. 142-144.

PFAFF, DIETER (2001): Performancemessung und Vertragsfunktion, in: zfbf 2001, Sonderheft Nr. 51, S. 1-25.

PFAFF, DIETER/KUKULE, WILFRIED (2006): Wie fair ist der fair value?, in: KoR 2006, S. 542-549.

PFNÜR, ANDREAS (2002): Betriebliche Immobilienökonomie, Heidelberg 2002.

PLENKER, SINA/PLENKER, HERBERT (2006): Der determinierte Verkehrswert aus der Sicht des Konstruktivismus (Teil 2), in: GuG 2006, S. 282-289.

POPPER, KARL R. (1964): Die Zielsetzung der Erfahrenswissenschaft, in: Albert, Hans (Hrsg.): Theorie und Realität, Tübingen 1964, S. 73-86.

POPPER, KARL R. (1964a): Naturgesetze und theoretische Systeme, in: Albert, Hans (Hrsg.): Theorie und Realität, Tübingen 1964, S. 87-102.

POPPER, KARL R. (2005): Logik der Forschung, 11. Aufl., Tübingen 2005.

PREIßLER, GERALD (2002): „Prinzipienbasierung" der IAS? in: DB 2002, S. 2389-2395.

PRIETZE, OLIVER/WALKER, ANDREAS (1995): Der Kapitalisierungszinsfuß im Rahmen der Unternehmensbewertung, in: DBW 1995, S. 199-211.

Q

QUENTIN, JÖRG (2006): Abhängige Gutachter?, in: Wirtschaftswoche 2006, Heft Nr. 11 vom 13.03.2006, S. 207.

R

RANKER, DANIEL (2006): Immobilienbewertung nach HGB und IFRS, Auslegung, Konzeption und Einzelfragen der Bilanzierung des Anlagevermögens, Berlin 2006.

REHKUGLER, HEINZ/SCHULZ-WULKOW, CHRISTIAN (2003): Vom Net Asset Value zum Börsenkurs, in: Rehkugler, Heinz (Hrsg.): Die Immobilien-AG, Freiburg 2003.

REHKUGLER, HEINZ/SCHINDLER, FELIX (2005): Investment Property - Anwendungshinweise für die Praxis (IAS 40), in: Accounting 2005, S. 5-8.

REICHEL, REINER (2006): Gutachter bekommen Konkurrenz, in: HB Immobiliennews vom 30.1.2006.

REITMANN, WALTER R. (1964): Heuristic Decision Procedures, Open Constraints, and the Structure of Ill-Defined Problems, in: Shelly/Maynard, W./Bryan, Glenn L. (Hrsg.): Human Judgments and Optimality, New York u.a. 1964, S. 282-315.

RESTANI, ROBERT (2004): Entwicklungsperspektiven für das Immobiliengeschäft, in: GuG 2004, S. 19-22.

RICHTER, RUDOLF/FURUBOTN, EIRIK G. (2003): Neue Institutionenökonomik, eine Einführung und kritische Würdigung, 3. Aufl., Tübingen 2003.

RICS (2003): RICS Appraisal and Valuation Standards, Red Book 5th ed., London 2003.

ROLAND BERGER (2006): REITs - Chancen für den deutschen Immobilien- und Finanzmarkt, Diskussionspapier, Frankfurt am Main, 27. September 2006, heruntergeladen unter: http://www.biis.info/ uploads/ media/ REITs_FINAL_Version.ppt am 03.11.2006.

RÖNZ, BERND/STROHE, HANS GERHARD (1994): Lexikon Statistik, Wiesbaden 1994.

RÖSSLER, RUDOLF/LANGNER, JOHANNES / SIMON, JÜRGEN (1986): Schätzung und Ermittlung von Grundstückswerten, 5. Aufl., Neuwied u.a. 1986.

RUHNKE, KLAUS (2000): Normierung der Abschlussprüfung, Stuttgart 2000.

RUHNKE, KLAUS (2003): Bedeutung des Börsenkurses bei Unternehmensevaluationen, in: Heintzen, Markus/Kruschwitz, Lutz (Hrsg.): Unternehmen bewerten, Berlin 2003, S. 75-99.

RUHNKE, KLAUS (2005): Rechnungslegung nach IFRS und HGB : Lehrbuch zur Theorie und Praxis der Unternehmenspublizität ; mit Beispielen und Übungen, Stuttgart 2005.

RUHNKE, KLAUS/NERLICH, CHRISTOPH (2004): Behandlung von Regelungslücken innerhalb der IFRS, in: DB 2004, S. 389-395.

RUHNKE, KLAUS/SCHMIDT, MARTIN (2003): Überlegungen zur Prüfung von beizulegenden Zeitwerten, in: WPg 2003, S. 1037-1051.

RUHNKE, KLAUS/SCHMIDT, MARTIN (2005): Fair Value und Wirtschaftprüfung, in: Bieg, Hartmut/Heyd, Reinhard (Hrsg.): Fair Value, Bewertung in Rechnungswesen, Controlling und Finanzwirtschaft, München, 2005, S. 574-597.

S

SATTLER, HENRIK/HENSEL-BÖRNER, SUSANNE (2000): A comparison of conjoint measurement and self-explicated approaches, in: Gustafsson, A./Herrmann, A. (Hrsg.): Conjoint measurement: Methods and applications, 2. Aufl., Berlin u.a. 2000, S. 121-134.

SCHACHT, ULRICH/GÄNSLER, KATRIN (2006): Der deutsche Real Estate Investment Trust (REIT) als Anlageinstrument für den deutschen Immobilien- und Kapitalmarkt, in: DStR 2006, S. 1518-1523.

SCHÄFERS, WOLFGANG/MATZEN, FRANK J. (2006): Bewertung von Immobilienunternehmen, in: Drukarczyk, Jochen/Ernst, Dietmar (Hrsg.): Branchenorientierte Unternehmensbewertung, München 2006, S. 451-493.

SCHANZ, GÜNTHER (1988): Methodologie für Betriebswirte, 2. Aufl., Stuttgart 1988.

SCHEFFLER, ISRAEL (1957): Explanation, Prediction, and Abstraction, in: The British Journal for the Philospohy of Science 1957, S. 293-309.

SCHILDBACH, THOMAS (1999): Zeitbewertung, Gewinnkonzeptionen und Informationsgehalt - Stellungnahme zu „Financial Assets and Liabilities - Fair Value or Historical Cost?“, in: WPg 1999, S. 177-185.

SCHILDBACH, THOMAS (2002): IAS als Rechnungslegungsstandards für alle, in: BFuP 2002, S. 263-277.

SCHILDBACH, THOMAS (2002a): US-GAAP, amerikanische Rechnungslegung und ihre Grundlagen, 2. Aufl., München 2002.

SCHILDBACH, THOMAS (2003): Prinzipienorientierung - wirksamer Schutz gegen Enronitis? in: BFuP 2003, S. 247-266.

SCHMIDT, JÜRGEN (1996): Die Gutachterausschüsse, bewährte und unverzichtbare Einrichtungen für Verwaltung und Wirtschaft, in: GuG 1996, S. 351-353.

SCHMIDT, MARTIN (2005): Rechnungslegung von Finanzinstrumenten, Wiesbaden, 2005.

SCHMIDT, MARTIN (2006): Fair value measurement issues, in: United Nations (Hrsg.): International Accounting and Reporting Issues, 2005 Review, United Nations Conference on Trade and Development, New York u.a. 2006, S. 120-131.

SCHMIDT, MARTIN (2006a): Der Bewertungsmaßstab bei erstmaliger Erfassung, in: KoR 2006, S. 65-75.

SCHNEIDER, ARNOLD (1984): Modeling External Auditors' Evaluations of Internal Auditing, in: Journal of Accounting Research 1984, S. 657-678.

SCHNEIDER, DIETER (1989): Agency Costs and Transaction Costs: Flops in the Principal-Agent-Theory of Financial Markets, in: Bamberg, Günter/Spremann, Klaus (Hrsg.): Agency Theory, Information, and Incentives, corrected Reprint, Berlin u.a. 1989, S. 481-494.

SCHNEIDER, DIETER (1997): Betriebswirtschaftslehre, Band 3: Theorie der Unternehmung, München u.a. 1997.

SCHNEIDER, DIETER (1998): Marktwertorientierte Unternehmensrechnung: Pegasus mit Klumpfuß, in: DB 1998, S. 1473-1478.

SCHÖLLHORN, THOMAS/MÜLLER, MARTIN (2004): Bedeutung und praktische Relevanz des Rahmenkonzeptes (framework) bei Erstellung von IFRS-Abschlüssen nach zukünftigem „deutschen Recht“ (Teil 1), in: DStR 2004, S. 1623-1628.

SCHÖLLHORN, THOMAS/MÜLLER, MARTIN (2004a): Bedeutung und praktische Relevanz des Rahmenkonzeptes (framework) bei Erstellung von IFRS-Abschlüssen nach zukünftigem „deutschen Recht“ (Teil 2), in: DStR 2004, S. 1666-1670.

SCHÖN, WOLFGANG (2004): Kompetenzen der Gerichte zur Auslegung der IAS/IFRS, in: BB 2004, S. 763-768.

SCHREIBER, STEFAN (2006): IFRIC-Interpretationen - Beteiligung von IFRS-Anwendern am Entwicklungsprozess und aktuelle Entwürfe, in: BB 2006, S. 1379-1385.

SCHRÖDER, JAKOB (2001): F&E-Bilanzierung als Einflußfaktor der F&E-Freudigkeit, Frankfurt am Main u.a. 2001.

SCHULTE, KARL-WERNER/LEOPOLDSBERGER, GERRIT (2006): Bewertung von Immobilien, in: Drukarczyk, Jochen/Ernst, Dietmar (Hrsg.): Branchenorientierte Unternehmensbewertung, München 2006, S. 429-450.

SCHULZ-KLEEßEN, WOLF-EBERHARD (2005): Herbsttagung TEGoVA: TEGoVA erkennt nun alle Zertifizierer an, in: Der Sachverständige 2005, S. 362.

SCHWERDTFEGER, HEIKE (2006): Offene Immobilienfonds, in: Wirtschaftswoche 2006, Heft Nr. 7 vom 09.02.2006, S. 112-114.

SCHWETZLER, BERNHARD (1996): Zinsänderungsrisiko und Unternehmensbewertung: Das Basiszinsfußproblem bei der Unternehmensbewertung, in: ZfB 1996, S. 1081-1101.

SEARFOSS, GERALD/WEISS, JUDITH (1990): Current Value Reporting for Real Estate, in: Journal of Accountancy 1990, October, S. 69-75.

SHANNON, CLAUDE (1949): The Mathematical Theory of Communication, in: Shannon, Claude/Weaver, Warren (Hrsg.): The Mathematical Theory of Communication, Urbana 1949, S. 3-91.

SHARPE, WILLIAM F. (1964): Capital Asset Prices: A Theory of Market Equilibrium und Conditions of Risk, in: The Journal of Finance 1964, S. 425-442.

SHIM, EUN-SUP D./LARKIN, JOSEPH M. (1998): Towards Relevancy in Financial Reporting: Mark-to-Market Accounting, in: Journal of Applied Business Research 1998, Spring, S. 33-42.

SIEGEL, STANLEY (1997): The Coming Revolution in Accounting: The Emergence of Fair Value as Fundamental Principle of GAAP, in: WPK-Mitt. S/1997, Sonderheft Juni 1997, S. 81-90.

SIGLOCH, JOCHEN/SCHMIDT, LUTZ/HAGEBÖKE, JENS (2005): Die Clusterbewertung für Großimmobilienbestände als Ausnahmefall vom Einzelbewertungsgrundsatz, in: DB 2005, S. 2589-2595.

SIMON, HERBERT A./NEWELL, ALLEN (1958): Heuristic Problem Solving: The Next Advance in Operation Research, in: Operations Research 1958, S. 1-10.

SIMON, JÜRGEN (2003): Berücksichtigung von Leerständen und sonstigen Abweichungen vom Normalfall, in: GuG 2003, S. 273-281.

SIMON, JÜRGEN (2006): Internationale Bewertungsstandards, in: GuG 2006, S. 270-281.

SIMON, THORE (2004): Verbessert die Monte-Carlo-Simulation die Grundstückswertermittlung?, in: GuG 2004, S. 93-101.

SIMON, THORE (2005): Statistische Methoden bei der Grundstückswertermittlung, in: Simon, Jürgen et al. (2005): Schätzung und Ermittlung von Grundstückswerten, 8. Aufl., Neuwied 2005, S. 611-679.

SIMON, JÜRGEN/SIMON, THORE (2005): Grundbegriffe und Grundsätze der Verkehrswertermittlung, in: Simon, Jürgen et al. (2005): Schätzung und Ermittlung von Grundstückswerten, 8. Aufl., Neuwied 2005, S. 1-45.

SNAVELY, HOWARD (1967): Accounting Information Criteria, in: Journal of Accounting Review 1967, S. 223-232.

SOMMER, GOETZ/KRÖLL, RALF (1995): Anzuwendende Liegenschaftszinssätze aus einer empirischen Untersuchung, in: GuG 1995, S. 290-292.

SOMMER, GOETZ/HAUSMANN, ANDREA (2006): Liegenschaftszinssätze aus einer empirischen Analyse, in: GuG 2006, S. 139-141.

SPANHEIMER, JÜRGEN (2002): Internationale Rechnungslegung, Hintergründe, Entwicklungstendenzen, Folgewirkungen, Düsseldorf 2002.

SPECK, JOSEF (Hrsg.) (1980): Handbuch wissenschaftstheoretischer Begriffe, Göttingen 1980.

SRINIVASAN, V. (1988): A Conjuncitve-Compensatory Approach to the Self-Explication of Multiattributed Preferences, in: Decision Sciences 1988, S. 295-305.

SRINIVASAN, V./SHOCKER, ALLAN D. (1973): Linear Programming Techniques for Multidimensional Analysis of Preferences, in: Psychometrika 1973, S. 337-369.

STALLMEIER, CHRISTIAN (1993): Die Bedeutung der Datenerhebungsmethode und des Untersuchungsdesigns für die Ergebnisstabilität der Conjoint-Analyse, Regensburg 1993.

STANNIGEL, HELLMUT/KREMER, EDUARD/WEYES, GUSTAV (1984): Beleihungsgrundsätze für Sparkassen, Stuttgart 1984.

STARBATTY, NIKOLAUS (2001): Fair Value Accounting gemäß Statement of Financial Accounting Concept No. 7, in: WPg 2001, S. 543-558.

STEINER, PETER/UHLIR, HELMUT (2001): Wertpapieranalyse, 4. Aufl., Heidelberg 2001.

STERLING, ROBERT R. (1970): Theory of the measurement of enterprise income, Lawrence 1970.

STREIM, HANNES (1975): Heuristische Lösungsverfahren, Versuch einer Begriffsklärung, in: Zeitschrift für Operations Research 1975, S. 143-162.

STREIM, HANNES (2000): Die Vermittlung von entscheidungsnützlichen Informationen durch Bilanz und GuV – Ein nicht einlösbares Versprechen der internationalen Standardsetter, in: BFuP 2000, S. 111-131.

STREIM, HANNES/BIEKER, MARCUS/ESSER, MAIK (2003): Vermittlung entscheidungsnützlicher Informationen durch Fair Values – Sackgasse oder Licht am Horizont?, in: BFuP 2003, S. 457-479.

STREIM, HANNES/BIEKER, MARCUS/ESSER, MAIK, (2005): Fair Value Accounting in der IFRS-Rechnungslegung - eine Zweckmäßigkeitsanalyse, in: Schneider, Dieter et al. (Hrsg.): Kritisches zu Rechnungslegung und Unternehmensbesteuerung, Festschrift zur Vollendung des 65. Lebensjahres von Theodor Siegel, Berlin 2005, S. 87-109.

STREIM, HANNES/BIEKER, MARCUS/LEIPPE, BRITTA (2001): Anmerkungen zur theoretischen Fundierung der Rechnungslegung nach International Accounting Standards, in:

Schmidt, Hartmut/Ketzel, Eberhart/Prigge, Wolfgang (Hrsg.): Wolfgang Stützel - Moderne Konzepte für Finanzmärkte, Beschäftigung und Wirtschaftsverfassung, Tübingen 2001, S. 177-206.

STÜTZEL, WOLFGANG (1967): Bemerkungen zur Bilanztheorie, in: ZfB 1967, S. 314-340.

STURGES, H. A. (1926): The Choice of a Class Intervall, in: Journal of the American Statistical Association 1926, S. 65-66.

SWIERINGA, R. J./WEICK, K. E. (1982): An Assessment of Laboratory Experiments in Accounting, in: Journal of Accounting Research 1982, S. 56-101.

SWOBODA, BERNHARD (2000): Messung von Einkaufsstättenpräferenzen auf der Basis der Conjoint-Analyse, in: DBW 2000, S. 149-166.

T

TEICHERT, THORSTEN (2000): Conjoint-Analyse, in: Herrmann, Andreas/ Homburg, Christian (Hrsg.): Marktforschung, 2. Aufl., Wiesbaden 2000, S. 471-511.

THÖNE, CHRISTIAN (2000): Britische Bewertungsverfahren, in: Schulte, Karl-Werner et al. (Hrsg.): Immobilienökonomie - Betriebswirtschaftliche Grundlagen -, 2. Aufl., München u.a. 2000, S. 574-609.

TILLMANN, ALBERT (2003): Unternehmens- und Immobilienbewertung, in: BFuP 2003, S. 329-345.

TSCHEULIN, DIETER (1991): Ein empirischer Vergleich der Eignung von Conjoint-Analyse und "Analytic Hierarchy Process" (AHP) zur Neuproduktplanung, in: ZfB 1991, S. 1267-1280.

TSCHEULIN, DIETER (2000): Analytic Hierarchy Process, in: Herrmann, Andreas / Homburg, Christian (Hrsg.): Marktforschung, 2. Aufl., Wiesbaden 2000, S. 579-606.

V

VATER, HENDRIK (2002): Bilanzierung von Immobilien nach IAS 40 „Immobilienanlagen“, in: BuW 2002, S. 535-539.

VATER, HENDRIK (2002a): Fair Value - des Rätsels Lösung?, in: BBK 2002, Loseblattsammlung, S. 453-665.

VATER, HENDRIK (2006): Anatomie der Rechnungslegung nach US-amerikanischen Grundsätzen, in: WPg 2006, S. 940-950.

VEIT, KLAUS-RÜDIGER (2002): Bilanzpolitik, München 2002.

VOGEL, ROLAND R. (2000): Angelsächsische Investitionsverfahren und marktorientierte Verkehrswertermittlung in Deutschland, in: GuG 2000, S. 202-209.

VOGEL, ROLAND R. (2005): Bilanzen, Werte und Sachverstand - Erklärung der in Deutschland öffentlich bestellten und vereidigten Sachverständigen an die Bundesministerien der Justiz und der Finanzen sowie die Deutsche Prüfstelle für Rechnungslegung e.V., Berlin, in: Der Sachverständige 2005, S. 163-166.

VOGELS, MANFRED (1996): Grundstücks- und Gebäudebewertung – marktgerecht, 5. Aufl., Wiesbaden u.a. 1996.

VOLK, GERRIT (1990): Jahresabschluß und Information, Heidelberg 1990.

VRIENS, MARCO (1995): Conjoint analysis in marketing, developments in stimulus representation and segmentation methods, Capelle a/d IJssel 1995.

W

WAGENHOFER, ALFRED (2002): Die Roller des IASB in der Internationalisierung der Rechnungslegung, in: BFuP 2002, S. 230-245.

WAGENHOFER, ALFRED (2005): Internationale Rechnungslegungsstandards – IAS, IFRS, 5. Aufl., Frankfurt am Main 2005.

WAGENHOFER, ALFRED (2006): Fair Value-Bewertung im IFRS-Abschluss und Bilanzanalyse, in: IRZ 2006, S. 31-38.

WAGENHOFER, ALFRED/EWERT, RALF (2003): Externe Unternehmensrechnung, Berlin u.a. 2003.

WALBRÖHL, VICTORIA (2001): Die Immobilienanlageentscheidung im Rahmen des Kapitalanlagemanagements institutioneller Anleger, Köln 2001.

WALTER, MELANIE (2000): Der Liegenschaftszins: Wird er überhaupt ermittelt? 70% der Gutachterausschüsse umgehen den Weg der eigenen Berechnung, in: IZ 2000, Ausgabe Nr. 1-2, S. 8.

WEBELER, ROLF MORITZ (2004): Bewertung im Wandel: die Sicht der IVG, in: Immobilien & Finanzierung 2004, S. 80-81.

WENGER, EKKEHARD (2003): Der unerwünscht niedrige Basiszins als Störfaktor bei der Ausbootung von Minderheiten, in: Richter, Frank/Schüler, Andreas/Schwetzler, Bernhard (Hrsg.): Kapitalgeberansprüche, Marktwertorientierung und Unternehmenswert, Festschrift für Prof. Dr. Dr. h.c. Jochen Drukarczyk zum 65. Geburtstag, München 2003, S. 475-495.

WERNER, JOACHIM (1997): Lineare Statistik : Das Allgemeine Lineare Modell, Weinheim 1997.

WHITE, DARRON ET AL. (2003): Internationale Bewertungsverfahren für das Investment in Immobilien, 3. Aufl., Wiesbaden 2003.

WILD, JÜRGEN (1970): Probleme der theoretischen Deduktion von Prognosen, in: ZgS 1970, S. 553-576.

WILK, LISELOTTE (1975): Die postalische Befragung, in: Holm, Kurt (Hrsg.): Die Befragung 1, München, 1975, S. 187-222.

WILKIE, WILLIAM L./PESSEMIER, EDGAR A. (1973): Issues in Marketing's Use Of Multi-Attribute Attitude Models, in: Journal of Marketing Research 1973, S. 428-441.

WILLIS, DIANA W. (1998): Financial Assets and Liabilities - Fair Value or Historical Cost? in: WPg 1998, S. 854-860.

WITTINK, DICK R./CATTIN, PHILIPPE (1981): Alternative Estimation Methods for Conjoint Analysis: A Monte Carlo Study, in: Journal of Marketing Research 1981, S. 101-106.

WITTMANN, WALDEMAR (1956): Der Wertbegriff in der Betriebswirtschaftslehre, Köln u.a. 1956.

WITTMANN, WALDEMAR (1959): Unternehmung und unvollkommene Information, Unternehmerische Voraussicht - Ungewißheit und Planung, Köln u.a. 1959.

WOLLMERT, PETER/ACHLEITNER, ANN-KRISTIN (1997): Konzeptionelle Grundlagen der IAS-Rechnungslegung (Teil I), in: WPg 1997, S. 209-222.

WOLLMERT, PETER/ACHLEITNER, ANN-KRISTIN (1997a): Konzeptionelle Grundlagen der IAS-Rechnungslegung (Teil II), in: WPg 1997, S. 245-256.

WOLLMERT, PETER/ACHLEITNER, ANN-KRISTIN (2002): Kapitel II: Konzeption der IAS-Rechnungslegung, in: Baetge, Jörg et al. (Hrsg.): Rechnungslegung nach IFRS, Kommentar auf Grundlage des deutschen Bilanzrechts, 2. Aufl., Loseblattsammlung, Stand nach der 2. Teillieferung, Stuttgart 2002, S. 1-11.

WOLZ, MATTHIAS (2003): Wesentlichkeit im Rahmen der Jahresabschlussprüfung, Bestandsaufnahme und Konzeptionen zur Umsetzung des Materialitygrundsatzes, Düsseldorf 2003.

WÜSTEMANN, JENS (1999): Generally accepted accounting principles : zur Bedeutung und Systembildung der Rechnungslegungsregeln der USA, Berlin 1999.

WÜSTEMANN, JENS/KIERZEK, SONJA (2006): Das europäische Harmonisierungsprogramm zur Rechnungslegung: Endorsement und Enforcement von IFRS, in: BB 2006, Special zu Heft Nr. 17, S. 14-22.

XYZ

YOSHIDA, TAKESHI (1976): Methode und Aufgabe der Ermittlung der Grundsätze ordnungsmäßiger Buchführung, in: Baetge, Jörg/Moxter, Adolf/Schneider, Dieter (Hrsg.): Bilanzfragen, Festschrift zum 65. Geburtstag von Ulrich Leffson, Düsseldorf 1976, S. 49-63.

ZANGEMEISTER, CHRISTOF (1976): Nutzwertanalyse in der Systemtechnik, Eine Methodik zur multidimensionalen Bewertung und Auswahl von Projektalternativen, 4. Aufl., München 1976.

ZEIßLER, MAIK (2001): Marktkonforme Liegenschaftszinssätze für Gewerbeimmobilien, in: GuG 2001, S. 269-275.

ZEIßLER, MAIK (2002): Bewirtschaftungskosten für Gewerbeimmobilien, in: GuG 2002, S. 197-203.

ZELDITCH, MORRIS/EVAN, WILLIAM M. (1962): Simulated Bureaucracies: A Methodological Analysis, in: Geutzkow, Harold (Hrsg.): Simulation in Social Science: Readings, Englewood Cliffs 1962, 48-60.

ZIMMER, HERBERT (1956): Validity of Extrapolating Nonresponse Bias from Mail Questionnaire Follow-ups, in: The Journal of Applied Psychology 1956, S. 117-121.

ZIMMERMANN, PETER/HELLER, ROBERT E. (1995): Der Verkehrswert von Grundstücken, Rechtliche Belastungen und ihr Einfluß auf die Wertfindung, München 1995.

ZIMMERMANN, JOCHEN/VOLMER, PHILIPP (2006): FASB und IASB auf dem Weg zu einer neuen Erfolgsrechnung, in: PiR 2006, S. 105-111.

ZÜLCH, HENNING (2003): Die Bilanzierung von Investment Properties nach IAS 40, Düsseldorf 2003.

ZÜLCH, HENNING (2004): Immobilienbewertung: Aktueller Stand der Harmonisierungstendenzen, in: UM 2004, S. 213-220.

ZÜLCH, HENNING (2005): Die Rechnungslegungsnormen des IASB, in: PiR 2005, S. 1-7.

ZÜLCH, HENNING (2005a): Investment Properties: Begriff und Bilanzierungsregeln nach IFRS, in: PiR 2005, S. 67-72.

ZÜLCH, HENNING/WILLMS, JESCO (2005): Anwendung des Fair Value Model nach IAS 40 im Sanierungsfall: Praktische Probleme und Lösungsansätze, in: BB 2005, S. 372-377.

Kolibri 360 GmbH
Ferdinand-Jühlke-Straße 7
99095 Erfurt, Deutschland
produktsicherheit@kolibri360.de